Hobbit Presse
PAPERBACK

DIE EPEN UM OSTEN ARD

Das Geheimnis der großen Schwerter
Der Drachenbeinthron
Der Abschiedsstein
Die Nornenkönigin
Der Engelsturm

Einzelromane aus Osten Ard
Das Herz der verlorenen Dinge
Die Brüder des Windes (erscheint im Frühjahr 2022)

Der letzte König von Osten Ard
Die Hexenholzkrone (2 Bände)
Das Reich der Grasländer (2 Bände)

Tad Williams, 1957 in Kalifornien geboren, studierte in Berkeley und arbeitete anschließend in vielen verschiedenen Jobs. Mit »Das Geheimnis der Großen Schwerter« und »Otherland« gelang ihm der Durchbruch zum weltweit bekannten Fantasyautor.

TAD WILLIAMS

DIE HEXENHOLZ KRONE

1

Der letzte König von Osten Ard 1

Aus dem Amerikanischen von
Cornelia Holfelder-von der Tann
und Wolfram Ströle

Klett-Cotta

Wegen des großen Textumfangs erscheint *Die Hexenholzkrone. Der letzte König von Osten Ard 1* in zwei Teilbänden.

FSC www.fsc.org MIX Papier | Fördert gute Waldnutzung FSC® C014496

Hobbit Presse
www.hobbitpresse.de
J. G. Cotta'sche Buchhandlung Nachfolger GmbH
Rotebühlstraße 77, 70178 Stuttgart
Fragen zur Produktsicherheit: produktsicherheit@klett-cotta.de

Die Originalausgabe erschien unter dem Titel »The Witchwood Crown. The Last King of Osten Ard Volume 1« im Verlag DAW Books, New York

Umschlaggestaltung: Birgit Gitschier, Augsburg
Illustration: Melanie Korte, Inkcraft
Gesetzt von C.H.Beck.Media.Solutions, Nördlingen
Gedruckt und gebunden von GGP Media GmbH, Pößneck
ISBN 978-3-608-98477-4

Dritte Auflage, 2026

INHALT

Zweiter Teil

WAISEN

KARTEN

VORBEMERKUNG DES VERFASSERS

Viele Leser dieses Buchs wissen schon, dass es Teil einer Geschichte ist, die eine Rückkehr nach Osten Ard darstellt, einer Welt, die ich in einem früheren Fantasy-Zyklus geschaffen habe. Wenn Sie es nicht wussten, keine Panik, lesen Sie einfach das hier:

Sie *müssen* die früheren Bücher nicht kennen, um die neuen Bände mit Genuss lesen zu können – diese Geschichte spielt rund dreißig Jahre später, und ich habe mein Bestes getan, entscheidende Dinge, die früher passiert sind, unterwegs zu erklären –, aber vielleicht möchten Sie sie ja trotzdem lesen. (Ich habe es getan. Ich musste sie lesen, um diese neuen Bücher schreiben zu können.) Eine Zusammenfassung des vorausgegangenen Zyklus *Das Geheimnis der Großen Schwerter* finden Sie beispielsweise auf der Website von DAW Books, *dawbooks.com*, oder auf meiner Website, *tadwilliams.de*. Ein Test steht NICHT an.

Der erste Zyklus, *Das Geheimnis der Großen Schwerter*, besteht in der deutschen Ausgabe aus den Büchern:

Der Drachenbeinthron
Der Abschiedsstein
Die Nornenkönigin
Der Engelsturm

Die neue Saga, die insgesamt *Der letzte König von Osten Ard* heißt, wird aus folgenden Büchern bestehen:

Die Hexenholzkrone Teil 1
Die Hexenholzkrone Teil 2
Das Reich der Grasländer Teil 1
Das Reich der Grasländer Teil 2
Die Kinder des Seefahrers * *(The Navigator's Children)*

Hinzu kommen noch zwei kürzere Romane, die nicht direkt Teil der neuen Geschichte sind, aber viele Charaktere und historische Ereignisse aus den anderen Büchern aufgreifen. Der erste, *Das Herz der verlorenen Dinge*, ist bereits erschienen. Der zweite, der im Englischen den vorläufigen Arbeitstitel *The Shadow of Things to come (Der Schatten der kommenden Dinge)* trägt, ist noch nicht geschrieben, wird aber vermutlich einige Zeit vor *Die Kinder des Seefahrers* erscheinen.

* Die endgültigen deutschsprachigen Titel standen bei Drucklegung dieses Bandes noch nicht fest.

OSTEN ARD
Nakkiga
Urmsheim
nach Tumetai
Hikehikayo
NORNFJÄLLE
Tungoldyr
Mintahoq
Sikkihoq
DIMMERSKOG
Elvritshalla
Skoggey
YIQANUC
Kaldskryke
RIMMERSGARD
Naarved
Vestvennby
Saegard
FROSTMARK
CIRCOILLE
Naglimund
WALDHELM
Da'ai Chikiza
Mezutu'a
Hernysadharc
ALDHEORTE
HERNYSTIR
Nad Mullach
Enki-e-Shao'saye
Sesuad'ra
Westfold
ERKYNLAND
Erchester
Hochhorst
(Asu'a)
Gadrinsett
Crannhyr
Abaingeat
Falshire
HOCH-
THRITHING
Grenefod
Meremund
Wentmünd
SILBERMEER
Kementari
WIESEN-THRITHING
WARINSTEN
PERDRUIN
SEEN-
THRITHING
Ansis Pelippe
EMETTIN-BUCHT
NABBAN
Nabban
Vara
N
Kwanitupul
BUCHT VON FIRANNOS
WRAN
NARAXI
HARCHA
NASCADU
2017

VORSPIEL

Ross und Reiterin glitten bergab durch das Kynswaldgehölz, das aus Lärchen, glanzblättrigen Buchen und mit Kätzchen behangenen Eichen bestand. Lautlos erschienen sie in einem Sonnenlichtkegel, dann im nächsten. Sie bewegten sich in einem Tempo fort, das jeden Sterblichen erschreckt hätte. Doch der helle Mantel der Reiterin schien sämtliche Farben der Umgebung zu reflektieren, sodass ein unkonzentrierter Betrachter nur eine kurze Bewegung wahrgenommen, nur an einen Windhauch gedacht hätte.

Die milde Luft gefiel Tanahaya. Die Musik der Waldinsekten auch, das Zirpen von Grashüpfern und das Summen fleißiger Honigsammlerinnen. Auch wenn der Geruch der Sterblichensiedlung stark und dieser Wald nur ein vorübergehender Schutz war, sagte sie doch innerlich Dank für dieses heitere Zwischenspiel.

Preis dir, Mutter Sonne. Preis für die Düfte des Wachsens. Preis für die Bienen und ihren goldenen Tanz.

Nach den Maßstäben ihres Volkes war sie noch jung, erst wenige hundert Jahre auf der weiten Erde. Viele dieser Jahre hatte Tanahaya von Shisae'ron im Sattel verbracht, zuerst als Botin ihres Clanoberhaupts Himano von den blühenden Hügeln, später dann, nachdem sie dem Haus der Tanzenden Jahre ihre Fähigkeiten bewiesen hatte, in allen möglichen Missionen für ihre Freunde im Clan. Doch dieser Ritt in die Sterblichenhauptstadt schien der gefährlichste zu sein, und mit Sicherheit war er der seltsamste. Sie hoffte, dass sie stark und schlau genug war, um das in sie gesetzte Vertrauen nicht zu enttäuschen.

Tanahaya wurde öfter als ungewöhnlich weise für ihr Alter bezeichnet, aber sie verstand noch immer nicht, warum ihre Freunde die Angelegenheiten von Sterblichen so wichtig nahmen – speziell derjenigen Sterblichen, die diesen Teil der Welt bewohnten. Und noch unerklärlicher fand sie es jetzt, da doch klar schien, dass die Zida'ya überhaupt keinem dieser kurzlebigen Wesen mehr trauen konnten.

Aber da kam die Burg, ihr Ziel, gerade eben durch die Bäume in Sicht. Beim Anblick der trutzigen Türme und mächtigen Steinmauern konnte Tanahaya kaum glauben, dass dort einst Asu'a gestanden hatte, die größte und schönste Stadt ihres Volkes. Konnte in diesem plumpen Steingebilde, das die Menschen Hochhorst nannten, noch etwas vom alten Zuhause der Zida'ya übrig sein?

Ich darf nicht darüber nachdenken, was sein könnte, was ich fürchte oder was ich hoffe. Pferd und Reiterin flogen weiter bergab. *Ich darf nur sehen, was ist. Sonst erfülle ich meinen Schwur nicht und lasse meine Freunde im Stich.*

Am Waldrand machte sie halt. »*Tsa*, Spinnenseide«, flüsterte sie, und das Pferd stand vollkommen still, während Tanahaya horchte. Neue Geräusche drangen jetzt den Hang herauf, zugleich mit einem neuen unerfreulichen Geruch, den tierischen Ausdünstungen ungewaschener Sterblicher. Tanahaya schnalzte mit der Zunge, und Spinnenseide trat seitwärts ins Schattendunkel.

Tanahaya hatte eine Hand am Schwertgriff, als ein Mädchen mit goldenem Haar ins Sonnenlicht herausgerannt kam, in der einen Hand einen schwingenden Korb mit Vorfrühlingsblumen, Narzissen, Schneeglöckchen und lila Krokussen. Tanahayas Sinne sagten ihr, dass das Kind nicht allein war, darum hielt sie sich noch im Schatten zwischen den Bäumen, als auch schon ein halbes Dutzend Bewaffneter keuchend und eisenklirrend hinter dem Kind hergerannt kam. Doch Tanahaya entspannte sich rasch. Es war klar, dass die Bewaffneten der Kleinen nichts tun wollten. Trotzdem erstaunte es sie, dass Sterblichensoldaten so leichtsinnig waren: Sie hätte den meisten von ihnen einen Pfeil in den Leib jagen können, ehe sie auch nur gemerkt hätten, dass sie nicht allein im Kynswald waren.

Eine Sterblichenfrau mit einem Hut, so groß wie ein Wagenrad, folgte den Bewaffneten auf die Lichtung. »Lillia!«, rief die Frau und blieb dann keuchend stehen. »Renn doch nicht weg, Kind! Oh, was bist du ungezogen! Läufst einfach davon, und wir dürfen hinter dir herrennen!«

Das Kind blieb stehen, die Augen vor Staunen aufgerissen. »Aber schau doch mal, Tante Rhoner! Beeren!«

»Beeren? Im Monat Marris? Du verrücktes kleines Ding!« Die Frau, die immer noch nach Atem rang, war wohl nach Sterblichenmaßstäben hübsch – groß, mit feinen, aber kräftigen Wangenknochen. Aus dem, was das Kind gesagt hatte, schloss Tanahaya, dass es Gräfin Rhona von Nad Glehs war, eine der besten Freundinnen der Sterblichenkönigin. Tanahaya fand nichts Seltsames daran, dass eine hohe Adlige ein Kind hütete, auch wenn es andere vielleicht gewundert hätte. »Nein, Lämmchen, du gehst jetzt mit mir nach Hause«, sagte die Gräfin. »Das da sind Eulenbeeren, von denen wirst du krank.«

»Nein, werd ich nicht«, verkündete das Kind. »Weil es nämlich Waldbeeren sind. Und Waldbeeren haben Zauberkräfte. *Feenzauberkräfte.*«

»Zauber.« Die Frau mit dem Hut klang entrüstet, aber selbst aus dieser Entfernung sahen Tanahayas scharfe Augen, dass ein Lächeln um ihren Mund spielte. »Ich geb dir gleich Feenzauber, *mu'harcha!* Du wolltest erste Frühlingsblumen suchen, und ich bin mit dir losgegangen. Wir sind jetzt seit Stunden draußen – und bei Deanaghas makellosen Röcken, schau mich an! Ich bin völlig verdreckt und von Brennnesseln zerstochen!«

»Das sind keine Brennnesseln, das sind Beerensträucher«, sagte das goldhaarige Kind. »Deswegen haben sie Dornen. Damit niemand die Beeren isst.«

»Diese Beeren will sowieso niemand außer den Vögeln. Nicht mal Hirsche gehen da dran!«

Die Soldaten, die wegen ihrer schweren Kettenhemden noch immer mächtig schnaufend und mit vor Schweiß glänzenden Gesichtern dastanden, strafften sich allmählich wieder. Das Mädchen hatte ihnen offensichtlich ein langes, ermüdendes Rennen über die Bergflanke geliefert. »Sollen wir sie ergreifen, Erlaucht?«, fragte einer.

Die Gräfin runzelte die Stirn. »Lillia, wir müssen jetzt zurück. Ich möchte mein Mittagsmahl.«

»Ich muss gar nichts, wenn du mich nicht ›Prinzessin‹ oder ›Hoheit‹ nennst.«

»Sei nicht albern! Deine Großeltern sind weg, und ich bin deine Wärterin, mein Löwenjunges. Komm jetzt. Ärgere mich nicht.«

»Wenn nur Onkel Timo hier wäre. Der lässt mich immer Sachen machen.«

»Onkel Timo ist dein ergebener Dienstmann. Nein, er ist dein hilfloser Sklave und lässt dir alles durchgehen. Ich bin aus härterem Holz geschnitzt. Komm jetzt.«

Das Mädchen namens Lillia blickte von der Gräfin auf all die dunklen Sträucher voller bläulich weißer Früchte, seufzte und trottete dann zurück. Wäre der Henkel länger gewesen, hätte der Korb über den Lehmboden geschleift. »Wenn Oma und Opa wiederkommen, sag ich's ihnen«, warnte sie die Gräfin.

»Sagst du ihnen was?« Die Gräfin sah sie stirnrunzelnd an. »Dass ich dich nicht allein in den Wald rennen lasse, damit dich die Wölfe und Bären fressen?«

»Ich könnte ihnen ja Beeren geben. Dann würden sie mich nicht fressen.«

Die Gräfin nahm die Kleine bei der Hand. »Nicht mal hungrige Bären fressen Eulenbeeren. Und die Wölfe würden lieber *dichdich dichdichdich* fressen.«

Staunend sah Tanahaya dem Grüppchen nach, bis es in einem Gehölz aus Eichen und Eschen weiter unten am Hang verschwand. Die Vorstellung, dass dieses kleine Geschöpf namens Lillia zur Frau werden, vielleicht heiraten und Kinder und Enkel bekommen, alt werden und sterben würde – alles in nicht viel mehr als einem Großjahr ihres Volkes! Tanahaya dachte, dass man sich als Sterblicher fühlen musste, als versuche man ein ganzes Leben in dem Moment zwischen Absturz und Aufprall zu leben – ein rauschender, wirbelnder Fall in den Tod. Wie machten das diese armen Kreaturen nur?

Erstmals kam es Tanahaya von Shisae'ron in den Sinn, dass sie aus diesem Auftrag vielleicht etwas lernen konnte. Es war ein überraschender Gedanke.

Dieses kleine Wesen war also Lillia, die Enkeltochter von Königin Miriamel und König Seoman – den Sterblichenherrschern, zu denen ihre Mission sie führte. Sie würde diese temperamentvolle kleine Hummel von einem Mädchen also wiedersehen.

Hummel? Nein, Schmetterling, dachte sie mit jähem Bedauern. *Ein kurzes prächtiges Leuchten, dann wird sie so schnell wie alle Sterblichen schon zu Staub werden.*

Doch Tanahaya wusste, wenn sich die Befürchtungen ihrer Freunde als begründet erwiesen, dann würde für dieses Schmetterlingskind und alle übrigen Sterblichen auf dem Hochhorst das Ende sogar noch schneller kommen.

Als sie ihr Pferd wieder zügelte, um die Burg zu studieren, hörte sie immer noch das leise Rasseln von den Rüstungen der Soldaten und die Stimme des goldhaarigen Mädchens, keine Worte, sondern nur ein melodisches Plappern, das aus dem Wald heraufdrang. Der Wind drehte, und der Gestank nach Sterblichen, nach ungewaschenen Körpern und nicht gewechselter Kleidung, verstärkte sich jäh. Mit Mühe schaffte sie es, sich nicht umzudrehen und zu flüchten. Sie würde sich daran gewöhnen müssen.

Tanahaya hatte die klobigen, freudlosen Bauten der Menschen noch nie gemocht, und der Hochhorst, diese mächtige Sterblichenfestung, bildete da keine Ausnahme. Trotz seiner Größe schien er kaum mehr zu sein als eine Ansammlung achtlos errichteter Behausungen hinter rohen Steinmauern, ineinander geschachtelt wie die Wuchsringe von Pilzen. Das ganze plumpe Bauwerk klebte an einer hohen Landspitze über der weiten Bucht namens Kynslagh wie das schlampige Nest irgendeines Seevogels. Selbst die roten Ziegel, die viele der Gebäude deckten, erschienen ihr so trist wie getrocknetes Blut. Ja, Tanahaya fand, dass die berühmte Sterblichenfeste eher wie ein Gefängnis aussah. Es war kaum zu fassen, dass vor nur wenigen Sterblichenjahrzehnten – einem Wimpernschlag nach den Maßstäben ihres Volkes – der Angriff des Sturmkönigs auf die Menschen genau hier gescheitert war, so kurz vor dem Ziel. Sie glaubte immer noch das Geschrei jenes Tages zu hören, die zahllosen Schatten zu spüren, die sich nicht zerstreuen wollten, die Qual und Todesangst so vieler. Die Zeit selbst wäre hier um ein Haar entmachtet worden. Wie konnten die Sterblichen weiter an einem solchen Ort leben? Fühlten sie denn nicht all die rastlosen Toten um sich herum?

Das kleine Mädchen zu beobachten, hatte sie einen Moment lang aufgeheitert, ein Gefühl, das jetzt verflog wie Staub in einem heißen, trockenen Wind. Unwillkürlich wanderte ihre Hand zu dem Zeugen in ihrem Gürtelbeutel, dem heiligen, alten, abgegriffenen Spiegel, der es ihr ermöglichte, über weite irdische Entfernungen mit denen zu sprechen, die sie entsandt hatten. Es war ja noch nicht zu spät, noch konnte sie ihre Lieben in Jao é-Tinukai'i bitten, jemand anderen für diese Aufgabe zu finden.

Tanahayas Impuls hielt nicht an. Es war nicht an ihr, über diese kurzlebigen Kreaturen zu urteilen, ihre Aufgabe war es, für ihr eigenes Volk zu tun, was man ihr aufgetragen hatte.

Schließlich, ermahnte sie sich, *tanzt sich ein Jahr nicht selbst ins Sein. Alles ist Opfer.*

Sie ließ den Beutel mit dem Spiegel los und nahm die Zügel wieder auf. Selbst auf diese Entfernung war der Gestank nach Sterblichen schier unerträglich. Wie viel schlimmer würde er sein, wenn sie erst dort war und durch die engen Gassen ritt?

Etwas traf sie mit Wucht im Rücken. Tanahaya rang nach Luft. Sie versuchte zu erkennen, was es war, und gleichzeitig ihr Schwert zu ziehen, doch da traf sie schon ein zweiter Pfeil, diesmal in die Brust.

Die Sitha wollte sich auf den Pferdehals ducken, aber das drückte den zweiten Pfeil nur noch schmerzhafter in ihren Körper. Sie fühlte einen kühlen Hauch auf dem Rücken und wusste, es war Blut, das ihr Hemd durchtränkte. Sie fasste den zweiten Pfeil und brach den Schaft dicht an ihren Rippen ab. Von diesem Hindernis befreit, warf sie sich auf Spinnenseides Hals und klammerte sich fest, nur noch an Flucht denkend. Um den Schaftrest herum trat stoßweise ihr Blut hervor. Doch noch während sie dem Pferd die Hacken gab, sirrte ein weiterer Pfeil und bohrte sich, nur eine Spanne von ihren Fingern entfernt, in den Hals des Tiers. Spinnenseide bäumte sich auf und schrie vor Schmerz und Schreck. Tanahaya versuchte sich auf dem Pferd zu halten, doch ein vierter Pfeil traf sie in den Rücken, zwischen die Schulterblätter, und schleuderte sie aus dem Sattel. Sie stürzte durch die Luft, und einen verrückten Augenblick lang war es fast, als flöge sie. Dann traf etwas ihren Körper, ein mächtiger Schlag wie von der Hand eines Riesen, und lautloses Dunkel flutete über sie hinweg wie ein Fluss.

Erster Teil

WITWEN

Nakkiga
WEISSFJÄLLE
HIMILFJÄLLE
NORNFJÄLLE
Hikehikayo
VESTIVEGG
Tungoldyr
DIMMERSKOG
Elvritshalla
Alte Frostmarkstraße
Kaldskryke
Frostmarkstraße
Naarved
Venniging
Radfik Foss
Graoivask
OSTERDYR-EBENE
RIMMERSGARD
Vestvennby
Haethstadt
DRORSHULLVENN
Saegard
Vestvenn-Fluss
Hullnir
FROSTMARK
Rodstanby
CIRCOILLE
Runchester
Grünwate
Dunath-Turm
Naglimund
Hewenshire
Neue Frostmarkstraße
Inniscrich
St. Hoderund's
Mezutu'a
GRIANSPOG
Grünwate
KNOCH
Hernysadharc
Tinsett
Ballacym
HERNYSTIR
Ach Samrath
Königliche Nordstraße
Cuihmne
Nad Mullach
Utanyeat
Cuihmne
FIATHCOILLE
Sistan
Cluia
Wulfholt
Baraillean
Flett
DILLATHI
Westfold
KYNSWALD
ERKYNLAND
Erchester
Hoehhorst
Abaingeat
Grenefod
Crannhyr
Cellodshire
Gleniwent
Meremund
Wentmünd
SILBERMEER
Kementari
WARINSTEN
Warinsten
2017

Heuschrecken legten ihre Eier im Leib
Eines toten Soldaten ab. Geschlüpft,
Schwang sich die Brut davon, das Schwirren
Unheilverkündend, die Panzer hart.
Keinem entging, dass sie aus
Ungestilltem Zorn geboren war.
Der Schwarm flog geschwind nach Norden,
Verbarg wie ein Vorhang den Himmel.
Als ihn die Frau des Soldaten erblickte
Wurde sie bleich und rang nach Luft.
Sie wusste, er war tot, gefallen,
Sein Leichnam in der Wüste verschollen.
In jener Nacht ritt sie im Traum
Ein weißes Pferd, zu schnell
Um Spuren zu hinterlassen, und kam
An die Stelle, wo er im Sand lag.
Sie sah sein Gesicht, zerfressen,
Und blutige Tränen füllten ihre
Augen. Und von Stund an verbot sie
Ihren Kindern, je einem Insekt
Ein Leid zu tun, das sich von den Toten
Genährt haben konnte. Sie hob
Das Gesicht zum Himmel und sagte:
»O Heuschrecken, seid ihr auf der Suche
Nach einem Ort zum Überwintern,
So findet ihr Zuflucht in meinem Herzen.«

– Hsu Chao, »Der Heuschreckenschwarm«

1

DER GLORREICHE

Die Wände des Zeltpavillons beulten sich und schlugen im stärker aufkommenden Wind. Tiamak fühlte sich wie im Inneren einer Trommel. Viele Leute im Zelt versuchten sich Gehör zu verschaffen, und über all den Lärm schwang sich die klare Stimme eines jungen Spielmanns auf.

»Besungen sei das Heldentum
Des glorreichen Königs *Seoman!*
Verbreitet sei der Kampfesruhm
Des glorreichen Königs Seoman!«

Der König sah nicht glorreich aus. Er sah müde aus. Tiamak bemerkte die Falten in Simons Gesicht, die gekrümmten Schultern. Als erwarte er einen Schlag. Aber dieser Schlag hatte ihn schon vor sieben Jahren ereilt.

Tiamak schlängelte sich zwischen Höflingen und wichtigen Amtsträgern hindurch, die sich um den improvisierten Thron des Königs scharten. Es war einer von zwei hochlehnigen Holzstühlen, die, mit den königlichen Farben drapiert, unter einem Banner mit dem roten und dem weißen Drachen in der Zeltmitte standen. Der andere Stuhl war leer. Für einen improvisierten Thronsaal mitten auf einer Wiese in Hernystir, dachte Tiamak, war das allemal passabel. Ganz offensichtlich war es aber der Ort, an dem König Seoman nicht sein wollte. Nicht heute.

Das Schwert in seiner rechten Hand
Im Herzen schieren Löwenmut
So hielt Seoman wacker stand
Wo andere floh'n der Feinde Wut

Als über uns kam das Nornengezücht
Und Riesen vor den Toren brüllten
Und Feindessegel dicht an dicht
Unseren stolzen Gleniwent erfüllten …

»Ich verstehe kein Wort«, sagte der König mit erhobener Stimme zu einem der Höflinge. »Wahrhaftig, guter Mann, ich habe nichts von dem verstanden, was Ihr gerade gesagt habt, bei diesem ganzen Geschrei und Gegröle. Warum sollten sie denn die Brücken zäumen? Haben sie Angst, die rennen davon, wenn man sie nicht am Zügel führt?«

»*Säumen*, die Brücken *säumen*, Majestät.«

Der König sah ihn verdrossen an. »Ich weiß, Baron Murtach. Es sollte ein Scherz sein. Aber ich verstehe es trotzdem nicht.«

Das entschlossene Lächeln des Höflings bröckelte. »Es ist Tradition, dass die Leute nicht nur die Straßen, sondern auch die Brücken säumen, aber die Hernystiri fürchten, die Brücken könnten das Gewicht aller nicht aushalten.«

»Und deshalb müssen *wir* auf unsere Wagen verzichten und zu Fuß kommen? Wir alle?«

Der Höfling zog den Kopf ein. »König Hugo ersucht darum, ja, Majestät.«

Als auf dem Swertcliff hoch und hehr
Erschienen des Sturmkönigs Mannen
Wer stand da auf des Hochhorst Wehr
Und jagte sie alle wieder von dannen?

Besungen sei das Heldentum
Des glorreichen Königs Seoman!
Verbreitet sei der Kampfesruhm
Des glorreichen Königs Seoman!

König Simon hatte den Kopf zur Seite geneigt, aber nicht zu der, von der ein Bote dringlich auf ihn einsprach, nachdem er sich endlich bis zum improvisierten Thron vorgearbeitet hatte. Etwas lenkte Simon ab. Tiamak dachte, dem König dabei zuzusehen, wie er in immer gereiztere Stimmung verfiel, sei, wie ein Sumpfboot dabei zu beobachten, wie es voll Wasser lief: Wenn nicht bald jemand etwas unternähme, würde es ein Unglück geben.

Erschlug den Drachen, grimm und kalt
Bannte den Winter mit eigener Hand
Zähmte die Sithi, stolz und alt
Und rettete das bedrohte Land …

Murtach sprach noch immer in das eine Ohr des Königs, und der andere Bote hatte gerade zum dritten Mal angesetzt, als Simon plötzlich aufstand. Die Höflinge wichen zurück wie Hetzhunde, wenn der gejagte Bär sich plötzlich umdreht. Sein Bart, in dessen Rot sich nicht nur reichlich Grau mischte, sondern auch der breite weiße Streifen da, wo ihn einst das spritzende Drachenblut getroffen hatte, ließ den König, wenn er zornig war, ein wenig wie einen ädonitischen Propheten früherer Zeiten wirken.

»Das geht zu weit!«, brüllte Simon. »Es reicht ja wohl schon, dass ich vor lauter Lärm nicht denken kann und dass jeder hier im Lager will, dass ich irgendetwas tue … oder nicht tue. Muss ich mir da auch noch solch haarsträubende Lügen und Übertreibungen anhören?« Er zeigte mit dem Finger auf den Übeltäter. »Du da! Muss ich das?«

Dort, wo der königliche Finger hinwies, stand der junge Spielmann mit den geweiteten Augen eines im Nachtdunkel äsenden Tiers, das sich plötzlich im Fackelschein wiederfindet. Er schluckte. Was eine ganze Weile zu dauern schien. »Verzeihung, Majestät?«, piepste er schließlich.

»Dieses Lied! Dieses absurde Lied! ›*Erschlug den Drachen, grimm und kalt*‹ – eine glatte Lüge!« Der König schritt auf den dünnen, dunkelhaarigen Sänger zu, der vor der mächtigen Gestalt zu schrumpfen schien wie eine schmelzende Schneeflocke. »Beim vermaledeiten Baum, ich habe diesen Drachen nicht erschlagen, ich habe ihn nur ein bisschen angestochen. Und ich hatte fürchterliche Angst. Und die Sithi habe ich auch nicht gezähmt, Usires noch mal!«

Der Spielmann sah zu ihm auf, und sein Mund arbeitete stumm.

»Und der Rest ist noch schlimmer. Bannte den Winter? Ebenso gut könntest du sagen, dass ich die Sonne täglich aufgehen lasse!«

»A-aber … es ist doch nur ein Lied, Majestät«, sagte der Spielmann schließlich. »Ein sehr bekanntes und beliebtes Lied – alle möchten es hören …«

»Pah.« Aber Simon brüllte jetzt nicht mehr. Es war wie bei einem Gewitter – nach dem Donner kam nur noch der kalte Regen. »Dann geh und sing es für alle, aber nicht für mich. Oder besser noch, wenn wir wieder auf dem Hochhorst sind, geh zu dem alten Sangfugol und frag ihn, wie es wirklich war. Frag ihn, wie es wirklich war, als die Finsternis des Sturmkönigs über uns kam und wir uns alle vor Angst nassgepisst haben.«

Der junge Mann schien verwirrt und ermutigt zugleich. »Aber das Lied *ist* doch von Sangfugol, Majestät. Er hat es mich gelehrt …«

Simon knurrte: »Dann sind eben alle Barden Lügner. Los, Junge, geh mir aus den Augen.«

Der Spielmann sah ziemlich verzweifelt aus, als er sich zum Zeltausgang durchzwängte. Tiamak fasste ihn am Ärmel und sagte: »Warte draußen auf mich.«

Der junge Mann hatte vor lauter Bestürzung kaum hingehört. »Verzeihung?«

»Warte draußen. Ich hole dich gleich.«

Der Jüngling sah ihn misstrauisch an, aber jeder am Hof kannte den kleinen Wranna und wusste, wie nah er dem Königspaar stand. Der Harfner blinzelte und versuchte sich zu fassen. »Wie Ihr befehlt, Herr.«

Simon scheuchte bereits die übrigen Höflinge aus dem Pavillon. »Genug! Geht jetzt, alle miteinander. Ich kann nicht alles tun und schon gar nicht auf einmal! Lasst mich in Ruhe!«

Tiamak wartete, bis die Menschenwelle an ihm vorbei und aus dem Zelt geschwappt war, und wartete dann noch etwas, bis der König aufhörte, wütend umherzustapfen, und sich wieder auf seinen Thronstuhl fallen ließ. Simon blickte zu seinem Ratgeber auf, und seine Miene war leer und unglücklich. »Seht mich nicht so an, Tiamak.«

Der König war kaum je barsch zu denen, die ihm dienten, und deshalb sehr beliebt. Zu Hause in Erkynland nannten ihn viele den »König aus dem Volk« oder gar den »König aus der Küche«, weil er einst Küchenjunge auf dem Hochhorst gewesen war. Im Allgemeinen erinnerte sich Simon sehr gut daran, wie es sich anfühlte, von den Mächtigen missachtet oder heruntergeputzt zu werden. Aber manchmal, vor allem, wenn ihm der Seelenschmerz so zusetzte wie heute, wurde er übellaunig.

Tiamak wusste natürlich, dass diese Stimmung kaum je lange anhielt und es dem König schon sehr bald leidtat. »Ich wüsste nicht, dass ich Euch auf irgendeine besondere Art und Weise ansehe, Majestät.«

»Veräppelt mich nicht. Natürlich tut Ihr das. Diesen traurigweisen Blick setzt Ihr auf, wenn Ihr darüber nachdenkt, was für ein Strohkopf so ein Monarch doch sein kann. Und der betreffende Monarch bin fast immer ich.«

»Ihr braucht Ruhe, Majestät.« Mit dem König sprechen zu

dürfen wie unter alten Freunden, war ein Privileg, und Tiamak hätte es sich niemals in Gegenwart anderer erlaubt. »Ihr seid müde und gereizt.«

Der König öffnete den Mund, sagte dann aber nur mit einem Kopfschütteln: »Heute ist ein schlimmer Tag. Ein sehr schlimmer. Wo ist Miriamel?«

»Die Königin hat für heute alle Audienzen abgesagt. Sie ist spazieren.«

»Freut mich für sie. Hoffentlich hat sie ihre Ruhe.«

»Soweit sie es wünscht, ja. Ihre Damen sind bei ihr. Sie hat ganz gern ein wenig Gesellschaft am … an Tagen wie diesem.«

»An Tagen wie diesem wäre ich gern mit Binabik und seinen Leuten auf einem Berg in den Trollfjälls, wo man nichts sieht als Schnee und nichts hört als den Wind.«

»Wind gibt es reichlich auf dieser Wiese«, sagte Tiamak. »Aber nicht allzu viel Schnee, wenn man bedenkt, dass es noch fast zwei Wochen bis Winterende sind.«

»Oh, ich weiß, welchen Tag wir haben, welchen Monat«, sagte Simon. »Ihr braucht mich nicht daran zu erinnern.«

Tiamak hüstelte. »Natürlich nicht. Aber werdet Ihr meinen Rat befolgen? Ein wenig zu ruhen? Euer Gemüt ein wenig abkühlen zu lassen?«

»Es war nur … diesen Unsinn hören zu müssen, immer und immer wieder … Simon der Held, diesen ganzen Quatsch. Ich war nicht besonders heldenhaft, als mein Sohn …«

»Bitte, Majestät.«

»Aber ich hätte es nicht an dem Harfner auslassen dürfen.« Wieder hatte sich der Sturm schnell verzogen, und Simon schüttelte den Kopf. »Er hat mir mit seinem Gesang schon manch schöne Stunde beschert. Es ist ja nicht seine Schuld, dass Lügen so schnell Geschichte werden. Vielleicht sollte ich ihm sagen, dass ich ungerecht zu ihm war und es mir leidtut.«

Tiamak verkniff sich das Lächeln. Ein König, der sich entschuldigte! Kein Wunder, dass er diesem Herrscherpaar so treu verbunden war, durch Bande, stärker als Eisen. »Ich muss gestehen, es sah Euch gar nicht ähnlich, Majestät.«

»Dann geht und sucht ihn, würdet Ihr das tun?«

»Ich glaube, er steht draußen vor dem Zelt, Majestät.«

»Bei Sankt Tunath und der heiligen Rhiap, Tiamak, würdet Ihr bitte aufhören, mich Majestät zu nennen, wenn wir allein sind? Ihr sagt, er ist ganz in der Nähe?«

»Ich gehe nachsehen, Simon.«

Der Spielmann hatte sich, um dem frischen Marris-Wind zu entgehen, in eine Falte der Zeltwand gleich neben dem Eingang gedrückt. Er folgte Tiamak in den Pavillon, als erwarte er sein Todesurteil.

»Da bist du ja«, sagte der König. »Komm her. Du heißt Rinan, richtig?«

Die ohnehin schon geweiteten Augen des Harfners wurden noch weiter. »Ja, Majestät.«

»Ich war hart zu dir, Rinan. Heute ... heute ist für mich kein glücklicher Tag.«

Tiamak dachte, dass der Harfner wie jeder am Hof nur zu genau wusste, welcher Tag heute war, aber der junge Mann war so klug, den Mund zu halten, während der König nach Worten suchte.

»Jedenfalls tut es mir leid«, sagte der König. »Komm morgen wieder zu mir, dann bin ich eher in Stimmung für deinen Gesang. Aber sag dem alten Halunken Sangfugol, er soll dich ein paar Lieder lehren, die sich der Wahrheit zumindest nähern, wenn sie schon nicht direkt mit ihr ringen.«

»Ja, Majestät.«

»Dann geh jetzt. Du hast eine schöne Stimme. Bedenke immer, dass die Musik eine Gabe ist, die verantwortungsvoll gehandhabt werden will, denn sie kann gefährlich sein – sie vermag einem Menschen das Herz zu durchbohren, da, wo es Speer oder Pfeil nicht vermögen.«

Während der junge Mann eilends den Pavillon verließ, sah Simon seinen alten Freund an. »Jetzt muss ich wohl all die anderen wieder hereinholen und auch bei ihnen Abbitte tun?«

»Ich wüsste nicht, warum Ihr das tun solltet«, erklärte Tiamak. »Ihr habt ihnen schon all die Stunden seit Eurem Frühstück gewidmet. Ich glaube, es täte Euch gut, jetzt etwas zu essen und Euch auszuruhen.«

»Aber ich muss König Hugo antworten und auf seine verdammten ›Vorschläge‹ reagieren.« Simon zupfte an seinem Bart. »Was soll das, Tiamak? All diese unsinnigen Bedingungen – man könnte meinen, er will gar nicht, dass wir nach Hernysadharc kommen. Ist es ihm zu viel, selbst diesen kleinen Hofstaat zu beherbergen und zu verköstigen?«

»Oh, bestimmt nicht. Die Hernystiri sind immer sehr penibel mit ihren Ritualen.« Doch tatsächlich gefiel Tiamak dies alles auch nicht. Auf bestimmten Arrangements zu bestehen, war eine Sache, den Hochkönig und die Hochkönigin wegen Protokollfragen, die schon vor Wochen hätten geklärt sein können, zwei Tage auf einer zugigen Wiese warten zu lassen, war eine ganz andere. Immerhin wäre ohne den Hochkönigsthron, den Simon und Miriamel repräsentierten, der König von Hernystir gar kein König. Aber Hugo, dachte Tiamak, war ja auch noch ein vergleichsweise junger König: Vielleicht war seine Unhöflichkeit ja auch nur mangelnder Erfahrung geschuldet. »Ich bin sicher, Baron Murtach, Graf Eolair und ich werden bald alles geregelt haben«, sagte er.

»Hoffentlich habt Ihr recht, Tiamak. Sagt ihnen, wir sind mit allem einverstanden, und er soll uns die verdammte Einladung morgen früh schicken. Es hat einen traurigen Grund, dass wir überhaupt hier sind, und heute ist ein trauriger Jahrestag. Da scheint es mir sinnlos, um solche Dinge zu feilschen – die Zahl der Banner, die Höhe der Throne, den Weg des Zuges …« Er machte eine wegwerfende Handbewegung. »Wenn Hugo sich aufspielen will, bitte. Von mir aus mag er sich kindisch benehmen, aber Miri und ich brauchen es nicht zu tun.«

»Vielleicht tut Ihr dem König von Hernystir ja unrecht«, sagte Tiamak milde, aber in der Tiefe seines Herzens glaubte er es selbst nicht.

»Können wir da drin baden, Papa?«

Der schwarze Fluss war schnell und lautlos. »Ich glaube nicht, Junge.«

»Und was ist auf der anderen Seite?«

»Das weiß niemand.«

Es war eine Mischung aus Traum und Erinnerung an damals, als er den kleinen Johan Josua nach Grenburn unten am Fluss mitgenommen hatte, um ihm die Überschwemmung zu zeigen. Nach der Niederlage des Sturmkönigs waren die Winter wärmer geworden, und in den Jahren nach dem Fall des Turms schwollen die Flüsse von Erkynland durch die Schneeschmelze an, traten über die Ufer und verwandelten die Wiesen und Felder beidseits des Gleniwent in eine einzige große Wasserfläche, aus der Inseln aus schwimmenden Trümmern von Häusern und Scheunen hervorragten. Johan Josua war fast fünf, als Simon ihn nach Grenburn mitnahm, und er hatte viele Fragen. Wobei er immer viele Fragen hatte.

»Geh nicht in den Fluss, Papa«, sagte sein Traumsohn.

»Bestimmt nicht.« Simon lachte nicht, aber damals hatte er gelacht, weil ihn die ernste Warnung des Kleinen amüsierte. »Der Fluss ist zu breit, Johan Josua. Ich bin erwachsen, aber ich glaube nicht, dass ich so weit schwimmen könnte.« Er deutete hinüber, auf eine Stelle, die höher lag. Sie war weiter entfernt, als er einen Pfeil hätte schießen können.

»Wenn ich reinginge, würdest du dann hinter mir herkommen?«, fragte das Kind. »Oder wenn ich reinfallen würde?«

»Natürlich.« Er erinnerte sich daran, wie bestimmt er das gesagt hatte. »Ich würde reinspringen und dich rausziehen. Sofort!«

Doch etwas lenkte ihn ab, ein Traumgeräusch, von dem er wusste, er sollte es nicht beachten, aber es war schwer, das erregte Gebell von Hetzhunden zu überhören. Seit ihn damals die unheimliche weiße Sturmspitzen-Meute verfolgt hatte, ließ ihm dieses Geräusch das Blut in den Adern gefrieren.

»Papa?« Der Junge klang jetzt weiter weg, doch Simon hatte dem Fluss den Rücken gekehrt und blickte über Felder, die sich verdunkelten, weil die Sonne hinter Wolken verschwand. Irgendwo in der Ferne bewegte sich etwas am Boden. Es bewegte sich wie ein einziges Etwas – keine jagende Meute, sondern ein einzelnes lauerndes Etwas …

»Papa?«

So leise! Und der kleine Prinz hielt nicht mehr seine Hand – wie war das geschehen? Obwohl es nur ein Traum war, obwohl Simon halb wusste, dass er im Bett lag und schlief, durchschoss ihn kalte Angst, als ob sein Gehirn zu Eis erstarrte. Sein Sohn war nicht mehr neben ihm.

Er blickte sich panisch um, konnte aber zunächst nichts erkennen. Das ferne Gebell wurde lauter. Dann sah er den kleinen Kopf auf dem dunklen Fluss auf und ab tanzen, sah die kleinen Hände, emporgereckt, wie um einem Freund zu winken – einem falschen Freund, einem verlogenen Freund –, und sein Herz schien stehenzubleiben. Er rannte los, rannte, rannte eine Ewigkeit, aber die Entfernung verringerte sich nicht. Die Wolken verdichteten sich, und die Sonne war jetzt fast weg. Er glaubte einen schrecklichen dünnen Schrei zu hören, ein Spritzen und Platschen, doch obwohl er mit ganzer Kraft in die Richtung drängte, in der er das Kind zuletzt gesehen hatte, kam er der Stelle nicht näher.

Er schrie und sprang ab, als könnte er es über die unüberwindliche Kluft doch noch schaffen, durch die schiere Kraft seiner Verzweiflung … seiner Reue!

»Simon!«

Eine kühle Hand auf seiner Stirn hielt ihn nieder. Im ersten Moment war er so außer sich vor Panik, dass er sie wegzuschlagen versuchte. Dann hörte er einen erschrockenen leisen Laut und wusste wieder, wo er war.

»M-miri?«

»Ein schlimmer Traum, Simon. Du hast schlecht geträumt.« Als sie fühlte, wie sich seine Muskeln entspannten, nahm sie die Hand von seiner Stirn. Ihr anderer Arm, der auf seiner Brust lag, lockerte sich, und sie sank neben ihm ins zerwühlte Bett zurück. »Soll ich dir irgendetwas bringen lassen?«

Er schüttelte den Kopf, aber das konnte sie ja nicht sehen. »Nein, ich …«

»War es der gleiche Traum wie letztes Mal? Der Drache?«

»Nein. Es ging um Johan Josua, als er klein war. Natürlich – ich denke ja seit Tagen nur an ihn.«

Simon lag eine ganze Weile stumm da und starrte ins Dunkel. An ihrem Atem hörte er, dass auch sie nicht wieder eingeschlafen war. »Ich habe geträumt«, sagte er schließlich, »dass er mir entschlüpft ist. Ich bin hinterhergerannt, konnte ihn aber nicht einholen.«

Sie sagte immer noch nichts, legte ihm aber eine Hand an die Wange.

»Sieben Jahre, Miri, sieben Jahre ist es her, dass ihn das verfluchte Fieber dahingerafft hat, und es hört einfach nicht auf.«

Sie bewegte sich. »Glaubst du, mir geht es anders? Ich vermisse ihn tagein, tagaus!«

An ihrer Stimme hörte er, dass sie wütend war, auch wenn er nicht genau wusste, warum. Wie konnten die Priester sagen, der Tod sei ein mächtiger Freund, wenn er doch kam wie ein feindliches Heer, das nahm, was es wollte, und den Frieden auf Jahre hinaus zerstörte. »Ich weiß, Liebste, ich weiß.«

Nach einer Weile sagte sie: »Und der Gedanke, dass jedes Jahr ein neunter Marris kommt, bis an unser Lebensende. Das war einst so ein glücklicher Tag, als er geboren wurde.«

»Es sollte immer noch ein glücklicher Tag sein, Geliebte. Gott nimmt jeden wieder zu sich, aber unser Sohn hat uns einen Erben geschenkt, bevor wir ihn verloren haben. Er hat uns so viel gegeben.«

»Einen Erben.« Ihre Stimme klang spröde. »Ich will *ihn*. Ich will Johan Josua. Stattdessen haben wir jetzt für den Rest unserer Tage *sie* am Hals.«

»Du hast selbst gesagt, die Witwe sei ein geringer Preis für unsere Enkeltochter, von unserem Enkelsohn und Thronerben ganz zu schweigen.«

»Das habe ich gesagt, bevor Morgan ein junger Mann wurde.«

»Ha!« Simon war nicht zum Lachen zumute, aber es war besser als Fluchen. »Mann ist ja wohl übertrieben.«

Miriamel atmete durch, bevor sie sagte: »Er ist so alt wie du bei unserer Hochzeit. Manns genug, um hinter den Frauen her zu sein. Manns genug, um den lieben langen Tag zu trinken und zu spielen und zu tun, wonach ihm gerade der Sinn steht. Du warst in seinem Alter nicht so!«

»Ich habe Geschirr gespült, Kartoffeln und Zwiebeln geschält und die Burg gefegt, meine Liebe – aber nicht freiwillig. Und dann habe ich für Josua gekämpft – aber auch das war nicht wirklich freiwillig.«

»Trotzdem. Mit diesen nichtsnutzigen Kumpanen, wie soll er da je erwachsen werden? Er wird sich an ihnen orientieren.«

»Er wird aus diesen Dummheiten herauswachsen, Miri. Er muss.« Aber so ganz glaubte Simon das selbst nicht. Ihr Enkelsohn schien ihm manchmal ebenso verloren wie der Sohn, den der schwarze Fluss des Todes davongetragen hatte.

Nachdem sie wieder eine Weile schweigend im Dunkeln gelegen hatte, sagte sie: »Und die Kleine vermisse ich auch. Ich meine unsere Enkelin.« Miriamel legte ihrem Mann den Arm über den

Bauch und rückte näher an ihn heran, er fühlte ihre angespannten Muskeln. »Ich wollte, wir hätten sie nicht zu Hause gelassen. Glaubst du, sie gehorcht Rhona?«

»Nie und nimmer.« Jetzt lachte er wirklich ein bisschen. »Du machst dir zu viele Sorgen, Liebste. Du weißt, wir konnten Lillia nicht mitnehmen. In Rimmersgard ist noch Winter, und die Luft wird eisig und fieberträchtig sein. Wir haben den Enkel mitgenommen, der davon profitieren wird.«

»Profitieren. Wie kann jemand, der schon seinen Vater verloren hat, davon profitieren, einen alten Mann sterben zu sehen?«

»Prinz Morgan muss lernen, dass er nicht nur er selbst ist. Er ist die Hoffnung vieler Menschen.« Simon wurde endlich wieder schläfrig. »Wie du und ich, Liebste.« Er meinte es nett, fühlte aber, wie sie sich wieder versteifte. »Ich muss jetzt schlafen. Du auch. Quäl dich nicht mit unnötigen Sorgen, Miri. Komm, leg den Kopf auf meine Brust, ja?« Manchmal, vor allem, wenn sie unglücklich war, vermisste er sie schrecklich, obwohl sie sich ganz in seiner Nähe befand.

Als sie gerade ihren Kopf auf seine Brust bettete, spannte sich ihr Körper plötzlich wieder an. »Sein Grab!«, flüsterte sie. »Wir haben keine …«

Simon streichelte ihr Haar. »Doch, haben wir. Oder zumindest hat Pasevalles in seinem letzten Brief versprochen, Blumen hinzubringen und auch dafür zu sorgen, dass Erzbischof Gervis die *Mansa* für Johan Josua hält.«

»Ah.« Ihre Muskeln entspannten sich wieder. »Pasevalles ist ein guter Mann. Was für ein Glück, dass wir ihn haben.«

»Allerdings. Jetzt sollten wir beide schlafen, Miri. Morgen wird ein anstrengender Tag.«

»Warum? Lässt Hugo uns endlich ein?«

»Das will ich ihm geraten haben. Langsam verliere ich die Geduld.«

»Ich mochte ihn nie. Schon auf den ersten Blick nicht.«

»Stimmt, aber du magst auch nicht viele Leute auf den ersten Blick, Liebste.«

»Das stimmt nicht. Früher schon.« Sie rutschte etwas näher an ihn heran. Der Wind frischte wieder auf, ließ die Zeltschnüre draußen sirren. »Da hatte ich wohl noch mehr Liebe in mir. Jetzt habe ich manchmal das Gefühl, ich hätte sie aufgebraucht.«

»Bis auf die Liebe zu mir und deinen Enkeln, oder?«

Sie schwieg ein bisschen länger, als es Simon lieb war. »Ja«, sagte sie dann, »natürlich.« Aber dieser Tag des Jahres war immer vom Tod ihres Sohnes überschattet. Da war ihre Bitterkeit verständlich.

Und irgendwann, während er dem Lied des Windes lauschte, schlief Simon wieder ein.

2

DAS BESTE ZELT IN DER GANZEN FROSTMARK

Er folgte seinem Vater schon lange, schien ihm, auch wenn er nicht mehr wusste, wann oder wo sie losgegangen waren. Der Himmel war schon dunkel und die vertraute große Gestalt nur noch ein Schemen vor ihm, manchmal kaum zu sehen, da der Weg sich durch die immer dichter werdende Dämmerung wand. Er wollte, er wäre nicht zu alt, um sich noch an die Hand seines Vaters zu klammern. Aber er war zu alt, oder?

Er wusste nicht, wie alt er war.

»Papa, warte!«, rief er.

Sein Vater sagte etwas, aber Morgan konnte es nicht verstehen. Irgendetwas schien die Stimme seines Vaters immer zu dämpfen, Türen, Entfernung oder auch schlichte Zerstreutheit. Er eilte ihm hinterher. Er war außer Atem, die kurzen Beine taten ihm weh, und er versuchte, die Geräusche in den Bäumen zu überhören, die ihm die ganze Zeit folgten: seltsame Stimmen, leise wie die Geister von Tauben. Wo waren sie hier, sein Vater und er? Wie waren sie hierhergekommen? So viele Bäume! Waren sie in dem Wald aus Großvaters Geschichten? Dieser dunklen, geheimnisvollen Welt voller sonderbarer Geräusche und lauernder Augen?

»Papa?« Er schrie jetzt schon fast. »Wo bist du? Warte auf mich!«

Überall waren Bäume, und das Mondlicht war so schwach, dass er den Weg kaum sah. Während er hinter der Gestalt seines Vaters herlief, die hinter den Wegbiegungen verschwand, schienen sich die Baumwurzeln im Matsch unter seinen Füßen zu winden wie silbrige Schlangen, die sich um seine Füße schlingen wollten. Ein paarmal kam er ins Stolpern und wäre fast hingefallen, aber er zwang sich weiterzulaufen. Der ganze Wald um ihn herum schien sich jetzt zu bewegen, die Bäume drehten sich und ließen die Äste hängen wie erschöpfte Tänzer ihre Arme. Er blieb stehen und horchte, hörte aber nur die unheimlichen, seufzenden Geisterlaute über sich.

»Papa! Wo bist du? Komm zurück!«

Er glaubte, von irgendwo vor sich die verhaltene Stimme seines Vaters zu hören, war sich aber nicht sicher, ob sie »Ich höre dich!« sagte oder »Ich fürchte mich ...!«

Aber Väter fürchteten sich doch nicht. Sie blieben bei einem. Sie beschützten einen. Sie hatten selbst keine Angst.

»Papa?«

Der Weg war verschwunden. Er fühlte, wie sich die Wurzeln unter seinen Füßen bewegten, während die Äste herabgriffen, um ihn zu packen und in Finsternis zu hüllen.

»Papa? Lass mich nicht allein!«

Aber er war allein – verlassen und elend. Er war nur ein umherirrendes Waisenkind.

»Papa!«

Keine Antwort. Nie eine Antwort. Er versuchte sich loszureißen, aber die Bäume hielten ihn fest.

Es war immer das Gleiche ...

Morgan, Prinz von Erkynland und Thronerbe von Johan Presbyters Reich, plumpste aus seinem Feldbett, weil er so heftig mit dem Mantel kämpfte, in dem er sich verheddert hatte. Noch halb im Albtraumwald gefangen, lag er eine ganze Weile auf den klammen Teppichen, und sein Herz schlug heftig. Schließlich setzte er sich auf und versuchte herauszufinden, wo er sich befand und was passiert war. Er fror trotz der Decke, die um seinen Hals geschlungen war. Etwas in der Nähe machte scheußliche, röchelnde Geräusche. Morgan spähte ängstlich ins Dunkel, merkte dann aber, dass das Geräusch nur das Schnarchen seines Knappen Melkin war.

Wie beruhigend, dass wenigstens einer *hier schlafen kann.*

Langsam kam die Erinnerung wieder. Er war auf der Reise mit seinen königlichen Großeltern. Er und Melkin befanden sich in seinem Zelt mitten auf irgendeiner Wiese vor Hernysadharc, der Hauptstadt von Hernystir, und es war kalt, weil der Frühling erst in zwei Wochen begann. Am Abend hatte es ein Bankett gegeben, mit zu viel Gerede. Und zu viel Wein, auch wenn er jetzt wünschte, er hätte noch mehr davon getrunken – viel mehr, um die Kälte zu verjagen, die bis ins Mark gehende, fiebrige Kälte eines weiteren Albtraums.

Er bemerkte, dass sein Gesicht feucht war. Er hatte im Schlaf geweint.

Papa. Ich konnte ihn nicht einholen … Da, wo sein Herz hätte sein müssen, schien ein Loch zu sein – als ob der Wind geradewegs durch ihn hindurchblies. Wütend wischte er sich mit dem Ärmel über das Gesicht.

Heulst wie ein Kind. Idiot! Memme! Wenn dich jemand gesehen hätte!

Wein. Er brauchte Wein. Morgan wusste aus Erfahrung, dass ein großer Becher verlässlichen sauren Rotweins das kalte Loch in seinem Innersten erwärmen und den Traum aus seinem Kopf verscheuchen würde. Aber er hatte keinen Wein. Er hatte alles getrunken, was ihm an der Tafel des Königs und der Königin angeboten worden war, und es hatte nicht gereicht, um ihm eine traumlose Nacht zu bescheren.

Kurz erwog er, einfach zu versuchen, ob er wieder einschlafen konnte. Draußen wehte ein eisiger Wind, und das Lager war voller Leute, die nur zu gern zu seinen Großeltern rennen und ihnen erzählen würden, dass sie ihn zu dieser Nachtzeit draußen hatten herumstolpern sehen. Aber die Erinnerung an diesen endlosen Waldweg, an das schreckliche Gefühl, seinen Vater niemals einholen zu können, war einfach zu viel.

Wein. Ja, es wäre gut, die närrischen Diskussionen seiner Freunde zu hören, etwas Normales, Beruhigendes. Und es wäre noch besser, wieder betrunken zu sein, betrunken genug diesmal, um nicht die Stimmen im Wald zu hören, nicht die Kälte des Verlassenseins zu spüren, vielleicht überhaupt nicht zu träumen.

Morgan rappelte sich hoch und zwängte sich aus dem Zelt, auf der Suche nach wohltuendem Vergessen. Er wusste ziemlich genau, wo er danach suchen musste.

Keine königliche Proklamation oder sonstige offizielle Bekanntmachung erklärte das Zelt der nabbanaischen Ritter Astrian und Olveris zur Schenke. Die Anwesenheit des trinkerprobten Ritters Porto und ein einigermaßen konstanter Weinvorrat genügten.

Das große königliche Lager war dunkel, aber zwei Laternen gaben dem Zelt fast schon etwas Festliches. Der alte Ritter Porto starrte in seinen Becher und nickte. »Steh uns bei, Herr, wenn wir schwach sind«, sagte er in seinem trübseligsten Ton. »Und heb dir, wenn's recht ist, noch ein bisschen Beistand auf, weil wir bald wieder schwach sein werden.« Er nahm einen langen Schluck, wischte sich dann mit dem Handrücken über den Mund und den struppigen weißen Bart. »Das ist der letzte«, sagte er. »Bei Gott, was gäbe ich nicht alles für ein bisschen von dem Roten aus Onestris, den sie zu Hause in der *Maid* ausschenken. Das ist ein reifer Wein für einen reifen Mann. Dieses … dieses Traubenwasser hier ist ja noch nicht mal alt genug, um von der Existenz der Sünde zu wissen.«

»Man braucht nichts von der Sünde zu wissen, um sie zu genießen«, sagte Ritter Astrian.

»Bitte, Herr«, sagte die junge Frau auf Astrians Schoß. Sie versuchte, sich loszumachen und aufzustehen, aber es gelang ihr nicht. »Ich werde bestraft, wenn ich nicht wieder an meine Arbeit gehe! Lasst mich los.«

Astrian hielt sie eisern fest, glich nur ihr Zappeln durch Bewegungen seiner Knie so weit aus, dass sie nicht von seinem Schoß kippte. »Wie?«, fragte er. »Willst du wirklich in die entsetzliche Langeweile bei den Stallmägden zurück?« Er zog am Mieder der jungen Frau, bis deren Brüste herauszuhüpfen drohten.

»Herr!« Sie griff schnell zu, um den Stoff festzuhalten, und Astrians nunmehr ungehinderte Hände wanderten woanders hin.

Die Zeltklappe wackelte, ging aber nicht auf. Etwas ziemlich Großes hatte sich darin verfangen, und die Zeltstangen schwankten wie im Sturm.

»Der Kronprinz von ganz Osten Ard scheint sich verheddert zu haben«, sagte Ritter Astrian. »Wer ihn befreit, bekommt zur Belohnung sicher ein beträchtliches Besitztum.«

»Ihr bekommt gleich einen beträchtlichen Tritt in den Arsch«, sagte die Stimme, deren Eigentümer sich im Tuch der Zeltklappe wand wie ein Schmetterling, der seinem Kokon zu entkommen suchte. »Sobald ich Euch finde.«

»So eile doch jemand unserem edlen Prinzen zu Hilfe – schnell!«, rief Astrian. »Ich würde es ja selbst tun, aber im Moment stecke ich mitten in einem erbitterten Kampf.« Er schaffte es schließlich, so fest zu ziehen, dass die junge Frau nicht dagegenhalten konnte, und ihre Brüste sprangen hervor. Doch statt zu kapitulieren und sich irgendwie zu bedecken, verdoppelte das Mädchen seine Fluchtanstrengungen und schlug schimpfend um sich.

»*Die Glocken, die Glocken!*«, sang Ritter Astrian. »*In ganz Nabban erschallt ihr Geläut. Den Erlöser hängen sie heut, auch wenn keine Hand am Stricke zieht. Dass er unser Herr ist, kündet der Glocken Lied!*«

Mit Hilfe des mürrischen schwarzhaarigen Ritters Olveris gelangte Prinz Morgan schließlich durch die Zeltklappe. Sein Haar, eine Nuance zu braun, um golden zu sein, klebte ihm im Gesicht, feucht von schmelzenden Schneeflocken. Seine Brauen, ein wenig dunkler und dicker als sein Haar, hoben sich in zerstreutem

Missfallen, als er sah, wie die Magd sich zu befreien versuchte. »Bei Gottes Augen, Astrian, was macht Ihr da? Lasst das arme Mädchen los. Und gieß mir jemand einen Becher von etwas Starkem ein!« Er sah sich um. »Wie? Kein Einsatz für Euren Herrn? Das nenne ich Verräter!«

»Wir haben eben den letzten Wein getrunken, Hoheit«, sagte Porto und wischte sich schuldbewusst die Oberlippe. »Das Fass ist so trocken wie die Dünen von Nascadu.«

»Verflucht!« Morgan schien aufrichtig bestürzt. »Nichts, um üble Träume zu ersäufen? Oh, na dann, zerstreut Ihr mich, Astrian. Ihr schuldet mir noch ein Spiel, und ich werde mir mein Geld zurückholen. Und diesmal nehmen wir nicht Eure Würfel, listiger Beinahe-Zwerg.«

»Grausame Worte«, sagte Astrian grinsend. Die Pferdemagd versuchte immer noch, von seinem Schoß zu entkommen, und schien den Tränen nahe. »Ich bin zwar nicht der größte Mann in diesem Königreich, aber ich bin auch nicht so winzig, wie Ihr mich hinstellt. Mein Kopf ist auf Höhe von Olveris' Hals, und da bei ihm über diesem Punkt nichts Brauchbares ist, sind wir praktisch gleich.«

»Gütiger Ädon!« Morgan ließ sich vorsichtig auf einen hölzernen Schemel sinken und setzte ein finsteres Gesicht auf. »Malträtiert Ihr sie immer noch? Ich sagte, lasst das Mädchen los, Astrian! Wenn sie nicht hier sein will, soll sie gehen.« Er trat nach Astrians Bein, packte dann die finstere Miene weg und zeigte der jungen Frau ein Lächeln, das durch die Röte seines Gesichts ein wenig an edelmännischer Würde einbüßte. »Er bittet dich um Verzeihung, Mädel.«

»Ja, natürlich, mein Prinz.« Astrian ließ das Mädchen los, als es sich gerade gegen ihn stemmte, sodass es zu Boden gefallen wäre, hätte Olveris es nicht aufgefangen und gestützt, bis es das Gleichgewicht wiedergefunden hatte. Der großgewachsene Ritter sagte nichts, wie es seine Art war, bedachte Astrian aber mit einem Augenrollen, als er seinen Platz auf einer Holzkiste wieder einnahm.

»Ich entschuldige mich für Ritter Astrian«, sagte Morgan zu dem Mädchen. »Er ist ein ungehobelter Kerl. Und wie heißt du, mein Kind?«

Ihr Gesicht war von der Anstrengung so rot wie das des Prinzen vom Alkohol, und ihre Augen waren geweitet wie die eines verschreckten Pferdes, doch als sie ihre Brüste wieder im Mieder verstaut hatte, tat sie ihr Bestes, vor Morgan zu knicksen. »Danke, Hoheit. Ich bin Goda, und ich bin nur hergekommen, um diesen Männern auszurichten, dass Herr Jeremias sagt, sie kriegen keinen Wein mehr. Er sagt, sie haben sowieso schon das meiste von dem getrunken, was für den Rückweg gedacht war.« Trotz ihrer resoluten Worte schien sie kurz davor, loszuweinen.

»Dann ist es ja gut, dass es in Hernysadharc Met geben wird.« Morgan entließ sie mit einer Handbewegung. Sie raffte ihre Röcke und rannte förmlich aus dem Zelt.

»Wenn sie uns je in die Stadt lassen.« Portos Stimme klang so düster wie eine Totenglocke. »Auf dieser Wiese hier werden wir demnächst verdursten.«

»Ich muss sagen, Hoheit«, sagte Astrian, »*Ihr* seht aus, als hättet Ihr schon etwas gefunden, das Euch diese traurige Reise erleichtert. Habt Ihr es mitgebracht, um es mit Euren Weggefährten zu teilen?«

»Teilen?« Morgan schüttelte den Kopf. »Ich musste den längsten Abend meines Lebens bei meinen Großeltern an der königlichen Tafel verbringen und mir alle meine Sünden, meine und Eure Sünden, besser gesagt, in exo … etso … extenso vorhalten lassen. Dann habe ich versucht zu schlafen und …« Er verzog das Gesicht und wedelte die Erinnerung weg. »Egal. Ich habe mir jeden Tropfen, den ich ergattern konnte, verdient, aber es war längst nicht genug.« Er seufzte. »Sei's drum, wenn es nichts mehr zu trinken gibt, machen wir eben ein Spielchen.« Jetzt, da die junge Frau weg war, hing Morgan schlaff auf seinem Schemel und man sah, was er wirklich war, ein sehr junger Mann, der zu viel getrunken hatte.

»Dann habt Ihr also nichts mitgebracht, Hoheit?«, fragte Porto.

»Ich habe an der Tafel meiner Großeltern alles hinuntergekippt, was in meine Reichweite kam. Aber es war nicht genug. Sie haben alle immer nur *geredet.* Und noch dazu über nichts. Über den verdammten Hernystiri-König und dass der königliche Schmied schon aus Eisenabfällen Hufnägel machen muss und dass die Hernystiri-Bauern in der Gegend sich beschweren, das königliche Reisegefolge würde ihr Land plündern. Und nachdem ich mir das den ganzen Abend antun musste, werde ich jetzt schon wieder nüchtern. Ich bin nicht gern nüchtern.« Er sah Astrian an. »Apropos plündern, ich kann nicht umhin zu bemerken, dass am Spieß über Eurem Feuer eine Keule von irgendwas steckt. Sieht am ehesten aus wie die Überreste eines fetten Mastschweins.«

»Nein, nein, eines wilden Ebers aus den Hügeln, Hoheit«, sagte Astrian. »Stimmt doch, Porto? War eine ganz schön anstrengende Hatz.«

Porto sah mehr als nur ein bisschen verlegen drein. »Oh, ja, war es.«

»Quer durch seinen Koben zweifellos.« Morgan runzelte die Stirn. »O Gott, diese Langeweile!« Doch der Prinz wirkte eher gequält als gelangweilt. »Ach ja, und dann kam noch mittendrin ein Bote aus Elvritshalla. Die Rimmersleute bitten uns, uns zu beeilen, wenn wir Hernystir verlassen haben. Anscheinend ist der Herzog noch nicht tot.«

»Aber das sind ja großartige Nachrichten!«, sagte Porto und setzte sich etwas gerader hin. »Der alte Isgrimnur lebt noch? Großartig!«

»Ja. Juhu, vermutlich.« Morgan sah Astrian streng an. »Warum würfeln wir noch nicht, Mann? Warum steckt mein Geld immer noch in Eurer Tasche?«

»Herr«, sagte Porto. »Ich will ja niemanden tadeln, aber Herzog Isgrimnur war einer der wichtigsten Verbündeten Eurer Großeltern. Ich habe mit ihm vor über dreißig Jahren am Hochhorst gekämpft und dann noch einmal am verfluchten Tor von Nakkiga.«

»Ihr nennt das immer noch ›kämpfen‹?« Astrian grinste höhnisch. »Ich glaube, der Ausdruck dafür ist ›sich verstecken‹.«

Porto sah ihn finster an. »Es ist unter meiner Würde, auf solch elende Lügen zu antworten. Wart Ihr dabei? Nein. Ihr wart damals noch ein kleines Kind, habt Eure Kindsmagd geärgert, während ich gegen die Nornen mein Leben riskiert habe.«

Astrian lachte nur laut.

Porto stand mühsam auf und stieß mit dem Kopf ans Zeltdach. Man sagte, von all den Rittern, die je für den Hochkönigsthron gekämpft hätten, sei nur der berühmte Camaris größer gewesen als Porto. Aber da endete der Vergleich auch schon. »Was gibt's da zu lachen?«, polterte der alte Soldat. »Soll ich Euch Ritter Lachvogel nennen? Und was ist das?« Er zog einen Anhänger aus seinem Halsausschnitt, eine glatte weibliche Form, aus einem gerundeten blauen Kristall geschnitzt. »Habe ich das hier nicht einem Feenkrieger abgenommen, nachdem ich ihn erschlagen hatte? Das ist Nornenwerk, echt und original. Spottet Ihr nur, Ihr habt keine solche Trophäe.«

Ritter Olveris sagte: »Zweifellos habt Ihr es einem von ihnen abgenommen, der sterbend am Boden lag. Und ihm dann das Schwert in den Rücken gerammt, um ihm den Rest zu geben.«

Prinz Morgan fuhr zusammen. »Beim vermaledeiten Baum, Olveris, Ihr sagt so lange gar nichts, und dann sprecht Ihr ohne Vorwarnung aus einem dunklen Winkel. Ich dachte schon, hier spukt es!«

Der Schwarzhaarige antwortete nicht. Er hatte sich mit dieser langen Rede völlig verausgabt.

»Jetzt habt Ihr Porto genug gepiesackt«, sagte der Prinz. »Los,

Astrian, spielen wir ›Werfer sagt an‹ oder Hyrka? Ich lasse diesen Tag nicht enden, ohne dass er mir etwas Gutes getan hat, und Euch an den Bettelstab zu bringen, würde mich sehr glücklich machen. Ich hatte keinen guten Tag beim Würfeln mehr, seit wir die Grenze nach Hernystir überschritten haben.«

»Hier draußen gibt es keine Grenzen«, sagte Astrian, während er die Würfel des Prinzen eingehend inspizierte, sie in der Hand wog und die Augen auf Sauborsten oder aufgebrachtes Blei abtastete. »Die können wir nehmen«, sagte er und gab sie zurück.

»Was redet Ihr da für einen Unsinn?«, fragte der Prinz. »Keine Grenzen?« Er machte seinen ersten Wurf. »Zehn, zwei Hände. Ihr könntet setzen, während Ihr Eure Bemerkung erläutert.«

»Die Sache ist die, Hoheit«, sagte Astrian. »Wir sind seit Tagen in Hernystir. Nach Rimmersgard sind es noch zwanzig Meilen. Wer wohnt in Ballydun, der ummauerten Stadt gleich östlich von uns, was denkt Ihr?«

Morgan zuckte mit den Schultern und sah, wie Astrian eine Sechs und eine Vier würfelte. Alles, was der Ritter tat, war von kompakter Eleganz, insbesondere sein Umgang mit dem Schwert, wobei seine Schnelligkeit und Beweglichkeit seine geringe Körpergröße mehr als ausglichen. Er wurde oft einer der besten Schwertkämpfer überhaupt genannt, nicht zuletzt von sich selbst. »Hernystiri, nehme ich an«, sagte Morgan. »Ritter, Adlige, gewöhnliches Volk, das übliche Sortiment eben.«

»Rimmersleute, Hoheit. Sie haben sich nach irgendeinem Krieg vor vielen hundert Jahren dort niedergelassen und nie wieder weggerührt. Die meisten Bewohner haben Nordländerblut.« Jetzt war Astrian dran, und er warf sofort »Klöten«, wie die Soldaten sagten: zwei Einsen. Er wischte den kleinen Topf von der als Spieltisch dienenden Kiste in seinen Beutel. »Ich *mag* Eure Würfel, mein Prinz. Also, habt Ihr das Dorf bemerkt, durch das wir heute Morgen gekommen sind? Wobei Ihr nicht aussaht, als bekämt Ihr viel mit.«

»In meinem Schädel dröhnte es wie von Euren verdammten nabbanaischen Glocken. Aber doch, ja, ich glaube, ich habe es gesehen. Ein paar Kinder und Leute sind herausgekommen, um uns zuzuwinken, richtig?«

»Richtig. Und wisst Ihr, welche Sprache sie dort sprechen?«

»Nein, beim ewigen Ädon, woher soll ich das wissen?«

»Sie sprechen natürlich Hernystiri – schließlich sind wir in Hernystir.« Astrian grinste. »Aber ihr Blut ist erkynländisch, so wie Eures, und sie benutzen viele erkynländische Wörter. Versteht Ihr?«

»Verstehe ich was?« Morgan hatte auch beim zweiten Wurf verloren, und seine Laune, die sich kurzzeitig gehoben hatte, verschlechterte sich zunehmend. »Dass niemand hier zu wissen scheint, welche Sprache er sprechen sollte? Beim vermaledeiten Baum, Mann, warum sollte mich das interessieren?«

»Weil es zeigt, dass Grenzen unsinnig sind, meistens jedenfalls. Es gibt einige wenige, wie zum Beispiel die Grenze zwischen Rimmersgard und den Nornfjällen, die wirklich von Bedeutung sind, weil sie von beiden Seiten erbittert verteidigt werden. Aber hier in der Frostmark ist alles miteinander vermischt – Hernystiri, Rimmersleute, Erkynländer. Hier sprechen die Leute einen Mischmasch aus verschiedenen Sprachen. Sie erinnern sich an Fehden, die viele hundert Jahre zurückliegen, aber sie reden so, dass ihre Vorfahren Blut vor den Augen sehen würden.«

»Scherzt nicht über die Nornfjälle«, sagte Porto. »Ihr wart nicht dort bei Nakkiga. Ihr habt sie nicht gesehen, diese … diese Kreaturen, habt sie nicht singen hören, so lieblich wie Kinder, sogar beim Töten und beim Sterben.«

»Ich scherze keineswegs«, sagte Astrian. »Gebe Gott, dass die Weißfüchse im Norden bleiben, wo sie hingehören. Aber die übrigen Völker Osten Ards vermischen sich, so wie das Wachs verschiedenfarbiger Kerzen ineinanderläuft und verschmilzt. Bald wird es keinen Unterschied mehr geben zwischen einem Rimmersmann und einem Hernystiri oder zwischen einem Nabbanai-Adligen und einem Barbaren aus den Thrithingen. Das ist der Fluch des Friedens.«

»Frieden ist kein Fluch«, sagte der alte Porto.

»Ich würde gern ein paar Heldentaten vollbringen, die eines Prinzen würdig sind«, sagte Morgan traurig, während er einen weiteren Haufen Münzen in Astrians Beutel verschwinden sah. »Muss ja vielleicht kein großer Krieg sein, aber es ist über zwanzig Jahre her, dass wir gegen die Thrithingbewohner gekämpft haben, und ich wüsste keine Bedrohung, auf die man hoffen könnte. Es ist eine schlechte Zeit, um jung zu sein.«

»Porto würde sagen, es gibt keine schlechte Zeit, um jung zu sein«, sagte Olveris aus dem hinteren Teil des Zelts. »Und er würde auch sagen, es gibt keine gute Zeit, um alt zu sein.«

»Ich kann für mich selbst sprechen, Olveris«, sagte der großgewachsene Ritter. »Ich bin noch nicht so alt oder so betrunken, dass man mich deuten muss wie einen Mann von den Naraxi-Inseln.« Sein Gesicht wurde länger. »Trotzdem, Olveris hat nicht unrecht.«

»Wird es jemals wieder einen Krieg geben?«, fragte Morgan.

»Oh, ich glaube schon«, sagte Astrian. »Mit zu viel Frieden kommen die Menschen nicht gut zurecht. Jemand wird schon einen Grund zum Streiten finden.«

»Ich kann nur beten, dass Ihr recht habt«, sagte Morgan. »Ha! Schaut euch das an, ein Paar Bierkarren! *Dieser* Pott gehört mir.« Er zog die Münzen zu sich, aber eine fiel von der Kiste auf den dunklen Boden. Er ging auf die Knie, um sie zu suchen.

»Um ehrlich zu sein, Hoheit, das Würfeln wird mir ein wenig langweilig«, sagte Astrian.

»Natürlich, jetzt, wo ich gerade anfange, mein Geld zurückzugewinnen!« Morgan tauchte triumphierend wieder auf, die entflohene Münze in der Hand. »Was gibt es denn sonst zu tun? Es ist ja bestimmt schon bald Mitternacht, und Ihr habt mir doch gesagt, es gibt keinen Wein mehr.«

»Wer weiß?«, sagte Astrian.

»Wer weiß?« Morgan zog eine Grimasse. »Alles außer ›doch‹ ist gemein, weil ich gut noch mehr vertragen könnte.«

Ritter Porto hob den Kopf. »Ich staune über Euer Trinkvermögen, junger Gebieter. Das müsst Ihr von Eurer Mutter haben. Euer verstorbener Vater hat, wie ich mich erinnere, nie etwas Stärkeres getrunken als dünnsten, mit Wasser versetzten Wein …« Seine Augen weiteten sich vor Bestürzung. »Oh, Hoheit, verzeiht mir. Ich vergaß, welcher Tag heute ist.«

»Idiot«, sagte Olveris.

Morgan schüttelte den Kopf, als sei er verärgert. »Scheltet den alten Porto nicht. Was kümmert's mich? Die Toten sind tot – es hilft nichts, so viel an sie zu denken«, sagte er dann doch nur.

Porto wirkte immer noch betroffen, jetzt aber auch ein wenig verwundert. »Ah, aber ich bin sicher, er wacht vom Himmel aus über Euch, Prinz Morgan. Ich an seiner Stelle …« Er schwieg, hing plötzlich seinen Gedanken nach.

»Nur Ihr vermögt so geschickt, eine Unterhaltung zu ersticken, alter Narr«, sagte Astrian zu ihm. »Wir sprechen von Wein, und plötzlich kommt Ihr mit Tod *und* Himmel, den beiden Hauptfeinden des Trinkvergnügens.«

Morgan schüttelte wieder den Kopf. »Ich sagte, lasst ihn, alle beide. Wenn mein Vater über mich wachen würde, wäre es das erste Mal. Nein, wirklich – ich will Euch eine Geschichte erzählen. Einmal, als ich noch klein war, ging ich zu seinem Gemach, um ihm zu erzählen, dass ich ganz allein mein Pferd gesattelt und geritten hatte. Als er die Tür aufmachte, sagte er, ich solle meinem Herrn sagen, er wolle nicht gestört werden.«

»Verstehe ich nicht«, sagte Porto stirnrunzelnd.

»Er hielt mich für einen Pagen von Graf Eolair.« Morgan lachte, schien es jedoch nicht wirklich lustig zu finden.

»Vielleicht hat ihn die Sonne geblendet«, sagte Porto. »Ich bin so gut wie blind, wenn mir die Sonne in die Augen scheint …«

»Es war nicht das erste Mal, dass er seinen eigenen Sohn nicht erkannte, und auch nicht das letzte.« Morgan blickte einen Moment zu Boden, dann wandte er sich an Astrian. »Wir sprachen von Wein. Warum? Ist doch noch welcher da?«

Ritter Astrian lächelte. »Zufällig wollen sich ein paar Dorfmädchen, denen wir begegnet sind, heute Abend mit uns im Birkenhain am Rand der Wiese treffen. Ich habe ihnen gesagt, wenn sie Wein mitbrächten, würden sie vielleicht sogar den Prinzen von ganz Osten Ard kennenlernen.«

Kurz hellte sich Morgans Miene auf, doch dann breitete sich ein Schatten über sein Gesicht. »Ich kann nicht, Astrian. Meine Großeltern haben gesagt, ich muss morgen früh bereit sein, in Hernysadharc einzureiten, sobald die Einladung da ist. Deshalb soll ich am Ende der zweiten Nachtwache in meinem Zelt sein.«

»Sie wollen, dass Ihr ausgeruht seid, richtig? Damit Ihr Euch den Hernystiri präsentieren könnt, wie es sich für einen Prinzen geziemt?«

»Vermutlich.«

»Was, glaubt Ihr, wäre dann besser, verdrossen und nüchtern zu Bett zu gehen, nachdem ich Euch noch mehr Geld abgenommen habe, oder eine vergnügliche Zeit mit ein paar Weibsbildern zu verbringen und Eure trockene Kehle ausreichend zu befeuchten, damit Ihr friedlich und selig schlafen könnt?«

Morgan musste lachen. »Bei Gott, Ihr hättet den Erlöser vom Heiligen Baum herabschwatzen können, Astrian. Na ja, vielleicht gehe ich für ein Weilchen mit. Aber Ihr müsst versprechen, mir dabei zu helfen, zu den königlichen Zelten zurückzukommen. Mein Großvater ist sowieso schon wütend auf mich.« Er machte ein beleidigtes Gesicht. »*Er* hat Abenteuer erlebt. *Er* hat Drachen getötet. Aber was erwartet er von mir? Dass ich endlose, grässliche Zeremonien über mich ergehen lasse. Den ganzen Tag stillsitze, während irgendwelche Schwachköpfe von Gerechtigkeit und Steuern und Hufen Land reden, so eintönig wie das Summen von Bienen an einem heißen Tag. Das schläfert doch jeden ein, ob er nun Wein getrunken hat oder nicht.« Er stand auf und wischte sich trockenes Gras und Dreck von den Kleidern, wenn auch im Laternenlicht schwer zu sagen war, ob es sein Erscheinungsbild wesentlich verbesserte. Ein Ärmel war zerrissen, und die Knie seiner Hose waren jetzt feucht von Matsch. »Olveris, Porto, kommt Ihr?«

Olveris tauchte so plötzlich aus dem Schatten auf wie ein Schachtelmännchen. Porto schüttelte nur den Kopf. »Ich bin zu alt, um mich Nacht für Nacht solchen Torheiten hinzugeben«, sagte er. »Ich bleibe hier und denke über meine Seele nach.«

»Die ist der Teil von Euch, der es am wenigsten wert ist, etwas für ihn zu tun, alter Mann.« Astrian stand auf und streckte sich. »Und wenn Ihr mir jetzt folgen wollt, Hoheit, ich glaube, ein paar Damen erwarten uns.«

»Es wundert mich, dass ein so kleiner Mann solchen Erfolg bei den Frauen hat«, sagte der Prinz und blickte mit einigem Hochmut auf seinen Freund.

»Ha«, sagte Olveris und blickte seinerseits auf den Prinzen hinab, der in Wirklichkeit nicht mal eine Spanne größer war als Astrian. »Ich sehe hier *zwei* kleine Männer.«

»Schweigt, Bohnenstange«, sagte Morgan.

»Das braucht Euch nicht zu wundern, Hoheit.« Astrian grinste. »Wie beim Fechten gilt es nur, die Waffe geschickt und lange genug zu gebrauchen, um einen Treffer zu landen.« Er machte eine ironische Verbeugung, stolzierte hinaus und überließ es Prinz Morgan und Ritter Olveris, ihm zu folgen.

Als sie gegangen waren, erhob sich Porto ächzend und sah sich im Zelt um, ob nicht doch jemand etwas Trinkbares übriggelassen hatte. Nach einigem vergeblichen Suchen seufzte er und folgte schließlich seinen Kameraden durchs Lager in Richtung Birkenwäldchen.

Der Prinz wusste, er hatte den Wachposten zugewinkt. So viel war sicher. Bis dahin war alles bestens gewesen. Doch jetzt schien er gefangen wie ein Fisch im Netz, und zwar völlig überraschend.

Er hatte heute so seine Probleme mit Zeltklappen, das zumindest war unstrittig.

Morgan hieb auf das schwere Zelttuch ein, drehte sich, versuchte, die Kante zu finden. Kein Glück. Er machte noch einen Schritt vorwärts, aber jetzt schien aus irgendeinem Grund Zelttuch vor und hinter ihm zu sein. Welcher Verrückte baute denn ein Zelt mit zwei Klappen? Und wann hatten sie dieses hier gegen das vollkommen taugliche Zelt ausgetauscht, das er bewohnt hatte? Der Prinz fluchte und grabbelte wieder herum, packte dann so viel Stoff von der Klappe, wie er greifen konnte, hob ihn hoch, stolperte vorwärts, das schwere Zelttuch auf Kopf und Schultern. Über ihm erschienen Sterne.

Kurz fragte er sich, warum in seinem Zelt Sterne waren, aber dann begriff er, dass er irgendwie wieder hinausgelangt war. Er musste dringend pissen, also öffnete er seine Kniehose und entließ einen mächtigen Strahl. Er beobachtete, wie dieser im kräftigen Wind zerstob und dann schließlich versiegte. Er beschloss, es noch mal mit der Zeltklappe aufzunehmen.

Ach ja. Ich habe getrunken. Das erklärte vieles.

Diesmal löste er das Rätsel schon nach kurzem Fummeln und Knurren und schaffte es zwei Schritte ins Zelt hinein, ehe er mit dem Schienbein gegen irgendein Hindernis stieß. Es tat so gemein weh, dass er immer noch auf einem Bein hüpfte und fluchte wie ein Meremund-Schiffer, als jemand die Klappe einer Blendlaterne öffnete, die das Innere des Zelts in Licht tauchte.

»Wo bist du gewesen?«, fragte seine Großmutter, die Königin, streng. Morgan wäre beinah umgefallen, ehe er sich wieder darauf besann, dass man auf zwei Beinen das Gleichgewicht besser halten konnte. Er hatte den Schock über das helle Licht und Königin Miriamels Stimme noch nicht überwunden, als diese schon fortfuhr: »Und was erlaubst du dir, Kind? Bring bitte deine Kleidung in Ordnung.«

Er fummelte herum, um seine Hose zuzumachen. Vom Wein waren seine Finger so schwerfällig wie Rohwürste. »Ich … Majestät, ich …«

»Oh, um alles Guten in der Welt willen, setz dich hin, bevor du noch über etwas fällst und dir den Hals brichst.«

Er ließ sich auf die Kiste plumpsen, die ihn gerade so heimtückisch attackiert hatte. Sein Schienbein pochte immer noch. »Bin ich … ist das … ich dachte …«

»Ja, du junger Tor, das hier ist dein Zelt. Ich habe auf dich gewartet. Gott, du bist ja sturzbetrunken. Stinkbesoffen trifft es noch besser.«

Er versuchte zu lächeln, aber es fühlte sich nicht so an, als bekäme er es hin. »Kann nichts dafür. Aschtr'n. Aschtr'n hat Baron Colfers Männer schum Wetttrinken gefordert.« Die längste Zeit hatte Morgan geglaubt, der Mann, mit dem er Becher um Becher mithielt, sei Baron Colfer selbst. Es hatte ihn erstaunt, dass der Baron so jung und so muskulös war und dass er einen tätowierten Heiligen Baum auf der Stirn hatte. Erst als Morgan kotzend auf die Knie gesunken war und die Männer des Barons einen gewissen ›Ochs‹ bejubelten, war ihm aufgegangen, dass der Baron selbst gar nicht da war.

Er würde sich jetzt nicht so scheußlich fühlen, wenn er gewonnen hätte. Das wäre die Standpauke wert gewesen.

»Du ahnst nicht, was für ein Glück du hast, dass ich es bin, die auf dich gewartet hat, und nicht dein Großvater. Er findet sowieso schon, dass du allmählich peinlich wirst.«

»Bin nicht … peinlich. Bin ein Prinsch.«

Seine Großmutter verdrehte die Augen. »Oh, bitte! Verhält sich so ein Prinz, der den Geburtstag seines Vaters ehrt? Trinkt bis in den frühen Morgen? Stolpert halbbekleidet in sein Zelt zurück, nach Erbrochenem und billigen Duftsäckchen stinkend?

Kannst du deine Zeit nicht wenigstens mit Frauen verbringen, die sich einen anständigen Pomander leisten können? Du stinkst wie ein Markttag am Abend.«

Ja, da waren ein paar Mädchen gewesen, daran erinnerte er sich jetzt wieder. Er und Astrian hatten sie in ihr Dorf zurückbegleitet, um sie zu beschützen. Olveris war damit beschäftigt gewesen, eine ältere Frau zu beschützen, die er kennengelernt hatte, aber dann war es irgendwie verwirrend geworden, als sich der Fußmarsch in ein Versteckspiel verwandelte. Und dann war da nasses Gras gewesen. Jemand hatte ›Sofra‹ geheißen, jemand sehr Freundliches. Und danach war er wieder hier im Lager gewesen und hatte mit dieser dämonischen Zeltklappe gerungen. Darauf gewartet, dass sein fauler Knappe wach wurde und ihm half … apropos. »Wo ist Melkin?«

»Wenn du deinen Knappen meinst, den habe ich vor kurzem losgeschickt, mir eine Decke zu holen. Ich hatte nicht damit gerechnet, so lange warten zu müssen, und mir wurde kalt.«

Sie klang sehr, sehr ungehalten. »Bitte, Majestät. Großmutter. Ich weiß, du bist verärgert, aber … aber ich kann es erklären.«

Königin Miriamel erhob sich. »Da gibt es nichts zu erklären, Morgan. Was du getan hast, ist nicht interessant oder außergewöhnlich, bis auf die Tatsache, dass du der Erbe des Hochkönigsthrons bist.« Sie ging zur Zeltklappe. »Wir werden nur ein, zwei Tage in Hernysadharc sein – wo, wie man mir sagte, die Leute jetzt schon über dich und deine Freunde tuscheln –, dann müssen wir weiter nach Elvritshalla in Rimmersgard, um von einem der besten Männer, die dein Großvater und ich je kannten, Abschied zu nehmen. Du wirst dort nicht einfach nur ein Besucher sein, du wirst das sein, was sie über Jahre von demjenigen in Erinnerung behalten, der eines Tages ihr oberster Gebieter sein wird, demjenigen, vor dem selbst der König von Hernystir und der Herzog von Rimmersgard das Knie zu beugen haben. Willst du dich zum Gespött machen wie schon in Erchester und auf dieser ganzen

Reise? Willst du dir die Loyalität der Leute verdienen oder ihre Verachtung?« Sie schloss die Klappe der Blendlaterne wieder, sodass da nur noch ihre Stimme im dunklen Zelt war. »Wir brechen morgen schon früh auf. Noch ist Isgrimnur am Leben, aber wie lange, das weiß niemand. Du wirst bei Sonnenaufgang im Sattel sitzen. Wenn du pünktlich und präsentabel bist, erzähle ich deinem Großvater nichts von dieser Nacht. Denk dran, bei Sonnenaufgang.«

Morgan stöhnte unwillkürlich. »Zu früh! Warum denn so früh?« Er versuchte sich zu erinnern, was Astrian gesagt hatte, weil es in dem Moment logisch geklungen hatte. »Ich habe doch nur Wein getrunken, damit ich besser schlafen kann und nicht … ich meine, damit ich ein guter Prinz sein kann. Ein besserer Prinz.«

Eine ganze Weile herrschte Schweigen. Dann war da erneut die Stimme der Königin, so kalt wie eine Klinge. »Dein Großvater und ich sind diese Dummheiten leid, Morgan. Wir sind sie wirklich leid.«

Die Königin schien keine Probleme mit der Zeltklappe zu haben, sie trat einfach lautlos in die Nacht hinaus. Morgan saß im Dunkeln auf der Truhe und fragte sich, warum für alle anderen immer alles so viel leichter zu sein schien.

3

GESPRÄCH MIT EINEM LEICHENRIESEN

Der Mond war schon fast voll, lag aber wie auch die Sterne hinter einem Wolkenvorhang verborgen. Jarnulf konnte sich leicht vorstellen, in jenem hohen Dunkel zu schweben, wo nur Gott lebte wie ein Beichtpriester, der sich in seinem dunklen Kasten den ganzen Tag die Sünden der Menschen anhörte.

Aber Gott, dachte er, *hat nicht die ganze Zeit diesen Leichengeruch in der Nase. Oder doch? Denn wenn Gott den Geruch des Todes nicht mag, warum macht er dann so viele tote Menschen?*

Jarnulf blickte auf den Leichnam, der nahe dem Baumstamm am Rand der Bestattungsplattform lag. Es war eine alte Frau oder jedenfalls war es eine gewesen: die Hände von vielen Jahren harter Arbeit so knorrig wie Baumwurzeln, der Körper nur mit einer dünnen Decke zugedeckt wie für eine Sommernacht statt für die Ewigkeit. Ihr Kinn war hochgebunden, und in den Augenhöhlen hatte sich Schnee gesammelt, sodass sie wie blind und der Welt entrückt wirkte. Hier im äußersten Norden von Rimmersgard mochten sie zwar am Altar des neuen Gottes und seines Sohnes Usires Ädon beten, aber sie ehrten auch noch die alten Götter und die alten Gebräuche: Die Tote hatte dicke Birkenrindenschuhe an, was hieß, dass sie nicht für ein triumphales Erscheinen am himmlischen Hof des Erlösers Usires gekleidet war, sondern für den langen Marsch durch die kalten, stillen Lande des Todes.

Es schien barbarisch, Tote einfach den Aasfressern und Elementen zu überlassen, aber die Rimmersleute, die bei diesem uralten Wald lebten, fanden es so natürlich, wie es die Südländer fanden, ihre Toten in kleine Steinhäuser zu legen oder in Löchern zu vergraben. Doch was Jarnulf interessierte, waren nicht die lokalen Sitten und Gebräuche, und nicht einmal die Meinungen, was die Seele der toten Frau im Jenseits erwartete, sondern die Aasfresser, die der Leichnam anlocken würde – insbesondere eine Sorte.

Der Wind frischte auf, trieb Wolken über den schwarzen Himmel und fuhr in die Baumkronen. Die Plattform, auf der Jarnulf dreißig Ellen über dem eisigen Boden saß, schaukelte wie ein kleines Boot auf rauher See. Er zog den Mantel enger um sich und wartete.

Er hörte es, bevor er irgendetwas sah: ein Rascheln im Geäst, das aus dem Rhythmus der Windgeräusche herausfiel. Seine Nase nahm es wenige Augenblicke später wahr, und obwohl der Leichnam am anderen Ende der Plattform seinen eigenen Geruch verströmte, erschien Jarnulf dieser, verglichen mit dem neuen Gestank, schon fast angenehm. Er war dankbar, als der Wind drehte, obwohl es ihm einen Moment lang unmöglich machte, das Nahen jenes Wesens zu verfolgen, auf das er seit dem Ende des dunklen nördlichen Nachmittags wartete.

Jetzt sah er es oder jedenfalls einen Teil davon – ein Aufschimmern langer, bleicher Gliedmaßen in einem nahen Baum. Wie er gehofft hatte, war es ein Leichenriese, ein Hune, der zu klein oder zu alt war, um erfolgreich zu jagen, und deshalb auf tote Tiere oder Menschen angewiesen war. Der sinkende Mond gab immer noch genügend Licht, dass Jarnulf die langen Beine arbeiten sah, als die Kreatur durch die Baumkronen auf ihn zukam wie eine riesige weiße Spinne. Jarnulf atmete tief durch und fragte sich wieder, ob er es bereuen würde, Bogen und Köcher am Boden gelassen zu haben. Doch damit wäre das Klettern schwierig gewesen, und selbst mehrere Pfeile würden einen Riesen nicht schnell genug töten, sodass sie ihm auf einem so engen Kampfplatz nichts genützt hätten – zumal sein Vorhaben nicht war, die Kreatur zu töten, sondern Antworten aus ihr herauszubekommen.

Natürlich hatte er Angst. Nur ein Verrückter hätte keine gehabt, also sprach er im Stillen das Nachtgebet des Mönchs, eines von *Vaters* Lieblingsgebeten.

Ädon zu meiner Rechten, Ädon zu meiner Linken
Ädon vor mir, Ädon hinter mir
Ädon im Wind und im Regen, der auf mich fällt
Ädon in Sonne und Mond, die mir leuchten
Ädon in jedem Auge, das mich sieht, und jedem Ohr, das mich hört
Ädon in jedem Mund, der von mir spricht
Jedem Herzen, das mich liebt
Erlöser, sei mit mir, wohin ich auch wandere
Erlöser, führe mich den richtigen Weg
Erlöser, gib mir den Segen deiner Gegenwart
Wie ich dir mein Leben gebe.

Als Jarnulf sein stilles Gebet beendet hatte, verschwand die bleiche Kreatur, die eben noch im Nachbarbaum gewesen war, unter dem Rand der Plattform, und gleich darauf fühlte er, wie diese sich unter ihm neigte, als sich der Hune hinaufzog. Zuerst erschienen die Hände, mit knotigen Knöcheln und schwarzen Krallen und jede so groß wie eine Speisenplatte, dann kam der Kopf, ein weißer Klumpen, der sich emporschob, bis die glitzernden Zwillingsmonde der Augen sichtbar wurden. Trotz seiner Furcht dachte Jarnulf, dass das Monster hastig zusammengeschustert wirkte, besonders da die langen behaarten Gliedmaßen seltsame Winkel bildeten. Es zog sich so vorsichtig auf die Plattform hinauf, dass das Holz unter dem enormen Gewicht kaum knarrte.

Die glitzernden Augen wandten sich keinen Moment von der toten Frau am anderen Ende.

Jarnulf hatte schon viele Riesen gesehen, sogar gegen einige gekämpft und es überlebt, aber die abergläubische Furcht verschwand nie ganz. Die zotteligen, kräftigen Gliedmaßen waren wesentlich länger als seine, doch dieses Exemplar war älter und kleiner als die meisten seiner Artgenossen. Ja, nur die Arme und Beine waren von voller Größe, der geschrumpfte Körper und der kleine Kopf schienen irgendwie dazwischen zu hängen, sodass es aussah wie ein behaarter Krebs oder ein langbeiniges Rieseninsekt. Das Fell des *Njar-Hunen* war stellenweise schütter, und selbst im Mondlicht konnte Jarnulf erkennen, dass das einstige Schneeweiß jetzt mit Altersgrau durchsetzt war.

Doch auch wenn das Monster alt war, vergegenwärtigte sich Jarnulf, vermochte es selbst einen kräftigen Mann mühelos zu töten. Wenn ihn diese grotesken Krallenhände zu fassen bekämen, würden sie ihn im Nu zerreißen.

Der Riese bewegte sich über die Plattform auf die Leiche zu, als Jarnulf plötzlich laut sagte: »Was machst du da, Nachtdieb? Mit welchem Recht störst du die Totenruhe?«

Das Ungeheuer fuhr erschrocken zusammen, und Jarnulf sah, wie die Beinmuskeln sich anspannten, sei es zum Angriff oder zur Flucht. »Rühr dich nicht, Leichenfresser«, sagte er in der Sprache der Hikeda'ya, nicht sicher, ob es ihn überhaupt verstand, geschweige denn antworten konnte. »Ich bin genau hinter dir. Eine Bewegung, die mir nicht passt, und mein Speer durchbohrt dein Herz. Aber du sollst wissen: Wenn ich dich töten wollte, gottlose Kreatur, wärst du schon tot. Ich will nur reden.«

»Du … willst … reden?« Die Stimme des Riesen hatte nichts Menschliches, klang eher wie das Krächzen eines Papageis von den südlichen Inseln, war aber so tief, dass Jarnulf sie in seinem Körper spürte. Doch die alten Geschichten waren offenbar wahr:

Manche der älteren Hunen konnten tatsächlich Wörter verstehen und gebrauchen, was hieß, dass es nicht umsonst gewesen war, dieses schreckliche Risiko einzugehen.

»Ja. Dreh dich um, Monster. Zu mir.« Jarnulf steckte das Ende seines Speers zwischen zwei der zusammengebundenen Äste, die die Plattform bildeten, und richtete ihn so aus, dass die Spitze auf das Herz des Riesen zeigte wie auf einen Magneteisenstein. »Ich weiß, du denkst, du könntest dich hinunterschwingen und entkommen, bevor ich dich ernstlich verletzen kann. Aber wenn du das tust, wirst du nie hören, welchen Handel ich dir anbiete, und du wirst sehr wahrscheinlich heute Nacht nichts fressen. Hast du zufällig Hunger?«

Das Monster hockte in einem Gewirr seiner eigenen Arme und Beine wie ein grässlich missgestalteter Bettler und starrte Jarnulf mit boshaft glimmenden Augen an. Sein Gesicht war rissig und zerfurcht wie altes Leder, die Haut viel dunkler als das Fell. Der Riese war tatsächlich alt, das bewiesen seine steifen Bewegungen und sein pendelnder Hängebauch, aber die verengten Augen und die überwiegend heilen Zähne verkündeten, dass er trotzdem noch gefährlich war. »Hunger …?«, knurrte er.

Jarnulf zeigte auf den Leichnam. »Beantworte meine Fragen, dann kannst du dein Mahl haben.«

Die Kreatur musterte ihn misstrauisch. »Nicht … dein …?«

»Das da? Nein, diese alte Frau ist nicht meine Großmutter oder Urgroßmutter. Ich kenne nicht mal ihren Namen, aber ich habe gesehen, wie ihre Angehörigen sie hier heraufgebracht haben, und ich habe sie miteinander reden hören. Ich weiß, dass du und deinesgleichen überall in diesem Teil Rimmersgards Baumbeisetzungsstätten plündert, obwohl euer Revier viele Meilen weiter nördlich liegt. Die Frage ist … warum?«

Der Riese starrte unverwandt auf die Speerspitze nur wenige Ellen vor seiner haarigen Brust. »Ich sage, was du willst wissen, dann du trotzdem töten. Nicht reden so. Nicht Speer.«

Jarnulf senkte den Speer langsam auf das Holz, legte ihn so hin, dass selbst die langen Arme des Riesen ihn nicht erreichen konnten, ließ jedoch die Hand darüber schweben. »Also, sprich jetzt, Ausgeburt des Teufels. Ich warte, dass du mir sagst, *warum.*«

»Warum *was?*«, knurrte die Kreatur.

»Warum ihr plötzlich wieder in Rimmersgard umherstreunt und noch dazu so weit südlich, in Landen, aus denen ihr vor Generationen vertrieben wurdet. Welcher Notstand hat euch Teufelsbrut aus den Nornfjällen hierhergetrieben?«

Der Leichenriese starrte Jarnulf so wachsam an wie vorher die Speerspitze, und sein Atem ging rauh. »Was … ist … ›Notstand‹?«, fragte er schließlich.

»Schlechte Zeiten. Los, sag, warum seid ihr hier? Warum habt ihr wieder begonnen, in den Menschenlanden zu jagen? Und warum stehlen die ältesten und schwächsten von euch – wie du – die Toten der Menschen, um sich zu ernähren? Ich will es wissen. Hast du mich verstanden?«

»Verstanden, ja.« Der Riese nickte, eine groteske Geste bei einer solchen Bestie, und verzog sein Gesicht zu einem Gewirr von Falten. »Spreche deine Wörter, ich … ja.« Aber die Kreatur war schwer zu verstehen, weil die krummen Zähne und das nicht-menschliche Maul ihrer Sprache etwas Tierisches gaben. »Warum hier? *Hunger.*« Das Monster streckte seine graue Zunge hervor und fuhr sich damit über die rissigen Lippen, was Jarnulf wieder bewusst machte, dass es genauso gern ihn fressen würde wie die namenlose Alte, deren Freiluftgrab das hier war. Selbst wenn dieses Ungeheuer seine Fragen beantwortete, konnte er dann wirklich zulassen, dass es den Leichnam einer Ädonitin schändete? Wäre das nicht eine Sünde wider den Himmel, die genauso schwer wog wie die des Riesen?

Herr, mein Gott, betete er, *gib mir Weisheit, wenn es so weit ist.* »›Hunger‹ reicht nicht als Antwort, Riese. Warum kommt ihr bis nach Rimmersgard? Was ist dort oben im Norden los?«

Endlich, als wäre er zu einem Entschluss gekommen, verzog der Riese das Maul zu einer Art Grinsen, einem Zähneblecken, das eher warnend als freundlich wirkte. »Ja, wir reden. *Ich* rede. Aber erst sagen Namen. Ich …« Er schlug sich mit einer mächtigen Hand auf die Brust. »Bur Yok Kar. Jetzt du. Sag.«

»Ich sage dir meinen Namen nicht, Kreatur. Wenn du dich auf mein Angebot einlassen willst, dann gib mir, was ich verlange. Wenn nicht, nun gut, dann endet unser Handel eben anders.« Er legte die Hand auf den Speerschaft neben sich. Die glimmenden Augen des Riesen huschten zu der Waffe, dann wieder zu Jarnulfs Gesicht.

»Du fragst, warum *Hojun*, warum Riesen kommen hier«, sagte die Kreatur. »Für Fressen. In Norden viele Mäuler hungrig. Zu viele Mäuler.«

»Was meinst du mit ›zu viele Mäuler‹?«

»*Higdaja*, du sagst Nornen. Zu viele. Norden ist aufgewacht. Jäger sind … überall.«

»Die *Nornen* jagen euch? Warum?«

»Für kämpfen.«

Jarnulf setzte sich auf seine Fersen und versuchte, sich einen Reim darauf zu machen. »Das ist doch unsinnig. Warum sollten die Hikeda'ya gegen euch kämpfen wollen? Ihr Riesen wart ihnen doch immer zu Willen.«

Das Ungetüm drehte den Kopf hin und her. Das Gesicht war nicht menschlich, aber in den Augen glomm etwas, ein größeres Maß an Intelligenz, als er zunächst gedacht hatte. Es erinnerte Jarnulf an einen großen Affen, den er einmal gesehen hatte, die Trophäe eines Händlers in Narveed, der das Tier in einem Käfig im Hof seines Hauses hielt. Die Augen des Affen waren so menschlich gewesen wie die eines Mannes, und wie er so zusammengesunken in der Ecke seines viel zu kleinen Gefängnisses gesessen hatte, war Verzweiflung von ihm ausgegangen. *Nicht alles, was denkt, ist ein Mensch*, hatte Jarnulf damals gedacht, und jetzt dachte er es wieder.

»Nicht kämpfen gegen«, sagte der Riese mit rauher Stimme. »Sie wollen, wir kämpfen *für* sie. Wieder.«

Er brauchte einen Moment, um es zu verstehen. »Für die Nornen kämpfen? Gegen wen?«

»Menschen. Wir sollen kämpfen gegen Menschen.« Der Riese entblößte die Zähne. »Wie dich.«

Das war unmöglich. Es konnte nicht stimmen. »Wovon redest du? Die Hikeda'ya sind nicht stark genug, um wieder gegen die Menschen zu kämpfen. Sie haben im Sturmkönigskrieg fast alles verloren, und es sind kaum noch welche übrig. Das ist doch alles vorbei.«

»Nichts vorbei. Nie vorbei.« Aber der Riese sah ihn nicht an, sondern starrte gebannt auf den Leichnam der alten Frau. Dachte wieder an sein Nachtmahl.

»Ich glaube dir nicht«, sagte Jarnulf.

Bur Yok Kar wandte sich ihm zu, und er glaubte fast schon so etwas wie Belustigung in dem hässlichen, ledrigen Gesicht zu sehen. Jäh ging Jarnulf auf, wo er war, was er hier machte und wie verrückt das war, und sein Herz begann zu rasen. »Glauben, nicht glauben, einerlei«, erklärte der Riese. »Ganzer Norden wacht auf. Sind überall, die *Higdaja*, die Weißen. Sind alle wieder wach und hungrig nach Krieg. Weil *sie* ist wieder wach.«

»Sie?«

»Königin mit Silbergesicht. Wieder wach.«

»Nein. Die Königin der Nornen? Nein, das kann nicht sein.« Jarnulf war, als ob sich Gott selbst aus dem Himmel herabgebeugt und ihn ins Gesicht geschlagen hätte. Von einem Moment auf den anderen war alles, was ihn *Vater* gelehrt hatte – all seine Gewissheiten – über den Haufen geworfen worden. »Du lügst mich an, Tier.« Er wollte unbedingt glauben, dass es so war. »Jeder weiß, dass die Nornenkönigin seit der Niederlage des Sturmkönigs im Todesschlaf liegt. Schon über dreißig Jahre! Sie wird nie wieder erwachen.«

Der Riese richtete sich langsam auf, ein neues Lodern in den Augen. »Bur Yok Kar lügt nicht.« Die Bestie hatte Jarnulfs kurze Unaufmerksamkeit bemerkt, und noch während ihm das klar wurde, tat sie schon einen Schritt auf ihn zu. Obwohl noch immer die halbe Länge der Plattform zwischen ihnen lag, setzte die Kreatur einen riesigen, knorrigen Fuß auf die Speerspitze und klemmte sie so auf den zusammengebundenen Ästen fest. »Noch mal Frage. Was *dein* Name, kleiner Mann?«

Wütend und erschrocken über seinen Fehler stand Jarnulf auf und machte einen langsamen Schritt rückwärts, zum Rand der Plattform. Er verlagerte sein Gewicht auf den hinteren Fuß. »Name? Ich habe viele Namen. Manche nennen mich die Weiße Hand.«

»Weiße Hand?« Der Riese machte noch einen schlurfenden Schritt auf ihn zu, ohne den Speer freizugeben. »Nein! In Norden wir gehört von Weiße Hand. Großer Krieger, stark – nicht dünn wie du.« Die Kreatur gab ein Geräusch von sich, halb Schnauben, halb Grunzen, ein Lachen vielleicht, dachte Jarnulf. »Schau! Du legst Speer weg. Jäger, Krieger, niemals legt Speer weg.« Jarnulf roch jetzt verwestes Menschenfleisch unter den Krallen und zwischen den Zähnen des Riesen und zugleich den Gestank der Bestie selbst, sauer-stechend und so stark, dass er selbst durch den steifen, kalten Wind drang. »Ich schon gegessen junge Menschen wie dich.« Der Leichenriese grinste jetzt, die Augen beim Gedanken an ein lebendes Mahl zu glitzernden Schlitzen verengt. »Zart. Fleisch geht leicht von Knochen.«

»Ich bin fertig mit dir, gottlose Kreatur. Ich habe erfahren, was ich wissen wollte.« Doch in Wahrheit wollte Jarnulf nur fliehen, irgendwohin rennen und über das nachdenken, was die Kreatur gesagt hatte. Die Nornenkönigin wach? Die Nornen vor einem neuen Krieg? Das konnte doch alles gar nicht sein.

»*Du* fertig? Mit *mir?*« Wieder das belustigte Schnauben, gefolgt von dem Aasgeruch. Obwohl der Riese sich zu ihm herabbeugte, sah Jarnulf den hässlichen Kopf immer noch hoch über sich, und er war jetzt auch in Reichweite der schrecklich langen Arme. Dieses Monster mochte ja alt sein und sich seine Nahrung von Bestattungsplattformen stehlen müssen, aber es wog immer noch etwa dreimal so viel wie er, und er saß hier auf dieser hohen, kleinen Plattform in der Falle. Jarnulf machte noch einen letzten Schritt rückwärts, tastete mit dem Fuß nach dem Rand der Plattform. Dahinter wartete nur noch ein tiefer Fall durch spitze Äste auf steinigen Boden.

Nicht mal genug Schnee, um meinen Aufprall zu dämpfen, dachte er. *O Herr, mache meinen Arm stark und mein Herz standhaft, in deinem Namen und im Namen deines Sohnes, Usires Ädon.* Als ob er plötzlich die Kälte bemerkte, zog er seinen Mantel fester zusammen. Der Riese beachtete die kleine, unwichtige Bewegung gar nicht; vielmehr beugte sich der mächtige, hämisch grinsende Kopf noch weiter herab, bis er auf gleicher Höhe mit seinem war. Jarnulf konnte nirgendwo hin, und das wusste der Riese. Er streckte eine mächtige Hand aus und legte sie in einer grotesken Nachahmung von Zärtlichkeit an Jarnulfs Wange. Die Finger, jeder so dick wie der Schaft des jetzt unerreichbaren Speers, krümmten sich, aber Jarnulf duckte sich vor ihnen weg, ehe sie in sein Haar greifen und ihm den Kopf umdrehen konnten. Wieder standen sie sich gegenüber, Mann und Riese.

»Weiße Hand, du sagst.« Da es Jarnulfs Speer mit dem Fuß sicher festgeklemmt hielt, hatte es das Monster nicht eilig. »Warum sie nennen dich so, kleiner Rimmersmann?«

»Das wirst du nicht verstehen, nicht sofort jedenfalls. Und ich bin gar nicht in Rimmersgard geboren, sondern in Nakkiga selbst.«

Die rissigen Lippen schürzten sich verächtlich. »Du nicht Higdaja, du nur Mensch. Du denkst, Bur Yok Kar dumm?«

»Dein Problem ist nicht, dass du dumm bist«, sagte Jarnulf. »Dein Problem ist, dass du bereits tot bist.« Jarnulf blickte abwärts. Gleich darauf tat es auch das Monster.

An dem Griff in Jarnulfs Hand funkelten ein paar Zoll einer silbrigen Klinge im Sternenlicht. Der Rest war bereits tief in den Bauch des Monsters gedrungen. »Es ist sehr lang, dieses Messer«, erklärte Jarnulf, als der Unterkiefer des Riesen herabsank. »So lang, dass mich kein Blut befleckt. Darum trage ich den Namen Weiße Hand. Aber mein Messer ist auch lautlos und scharf wie der Wind, und kalt. Fühlst du schon, wie kalt es ist?« So schnell, dass der Riese nur ein Mal blinzeln konnte, packte Jarnulf den Messergriff mit beiden Händen, riss die Klinge von der Taille der Kreatur bis ans Brustbein hoch und drehte sie dabei. Das Ungeheuer heulte vor Verblüffung und Schmerz auf und schlug die riesigen Hände über die Wunde, während Jarnulf sich an ihm vorbeiwarf, den Griff seines langen Messers noch immer fest umklammert. Als er in die Mitte der Plattform taumelte, glitt die Klinge aus dem behaarten Leib des Riesen, gefolgt von Gedärm und Blut. Das Monster heulte noch einmal auf und hob dann die bluttriefenden Hände zu den fernen Sternen empor, als klage es sie dafür an, dass sie so etwas zuließen. Als es mit heraushängenden Eingeweiden auf ihn zutorkelte, hatte Jarnulf seinen Speer wieder aufgehoben.

Er hatte keine Zeit, den langen Speer umzudrehen, also packte er ihn nur fest und stürmte auf das Monster los. Er rammte das abgerundete Schaftende in das blutige Loch im Leib des Riesen, der vor Pein ohrenbetäubend brüllte. Die zusammengebundenen Äste unter ihnen wackelten und schwankten, und aus dem Geäst über ihnen fielen Schneeklumpen herab, während der Riese heulte und wütete und an dem Speerschaft zerrte, aber Jarnulf pflanzte die Beine fest auf und schob, über den Speer geduckt, das Schaftende tief in die inneren Organe des Monsters.

Der Leichenriese taumelte rückwärts, die Arme wie Windmühlenflügel kreisend, das Maul ein Loch, das zu groß für den Kopf schien, und verschwand dann plötzlich über den Rand der

Plattform. Jarnulf hörte es im Fallen durch Äste brechen, hörte den dumpfen Aufschlag und dann nichts mehr.

Jarnulf blickte hinab, hielt sich dabei am Rand der Plattform fest. Ihm war schwindelig, und seine sämtlichen Muskeln zuckten. Der Riese lag am Fuß des Baums, ein Wirrwarr von überlangen Gliedmaßen. Jarnulf konnte durchs Geäst nichts allzu Genaues erkennen, sah aber, wie sich unter dem behaarten Etwas eine schwarze Lache im Schnee ausbreitete.

Leichtsinnig, schalt er sich selbst. *Und es hätte dich fast das Leben gekostet. Dafür kann Gott nicht stolz auf dich sein.* Aber die Worte des Monsters hatten ihn schockiert.

Konnte der Riese gelogen haben? Aber warum? Er hätte doch keinen Grund dazu gehabt. Die Silberne Königin sei erwacht, das hatte er gesagt, und deshalb erwache der ganze Norden. Das würde allerdings erklären, warum die Riesen jetzt bis nach Rimmersgard herabkamen, und es würde auch die Gerüchte erklären, die Jarnulf gehört hatte, von Hikeda'ya-Kriegern, die an Orten gesichtet worden seien, wo man jahrelang keine mehr gesehen hatte. An der Grenze herrschte auf jeden Fall Aktivität, waren überall Truppen aus Nakkiga und ihre Späher. Aber wenn der Riese tatsächlich die Wahrheit gesagt hatte, hieß das, dass Jarnulf sich in vielen wichtigen Punkten geirrt hatte. Er hatte eine Brücke betreten, die er für sicher gehalten hatte, die jetzt aber, da es zum Umkehren viel zu spät war, unter ihm knackte.

Also ist Vaters *Mörderin nicht aus der Welt, nicht im Traumland verschollen und so gut wie tot, sondern lebendig und wieder auf Krieg aus. Das heißt, alles, was ich getan habe, die Leben, die ich ausgelöscht habe, die Angst, die ich unter den Hikeda'ya zu verbreiten versucht habe … es war alles umsonst. Das Ungeheuer ist wach.*

Bis zu diesem Moment hatte Jarnulf geglaubt, er sei der Rächer Gottes. Und nicht nur Gottes, sondern auch *Vaters*. Jetzt entpuppte er sich als Narr.

Er sah von der Plattform hinab, bis es ihm sicher schien, dass der Riese tot war, und seine eigenen Gliedmaßen nicht mehr zitterten, dann warf er den Speer über den Rand und machte sich an den Abstieg. Der Wind wurde stärker, brachte jetzt Schnee von Norden her; als er auf dem Boden anlangte, war Jarnulf weiß bestäubt. Er wischte das Blut und die Eingeweidespuren von seinem Speer und trennte dann mit seinem langen, scharfen Messer dem Riesen den Kopf ab. Er setzte den Kopf in eine tiefe Astgabel des Bestattungsbaums; die schwarzen Augen waren erloschen und in letzter Verblüffung aufgerissen, das scharfzahnige Maul stand dümmlich offen. Er hoffte, der Kopf würde anderen Riesen eine Warnung sein, den Menschensiedlungen fernzubleiben, sich leichtere Beute zu suchen als die Leichen von Rimmersleuten, aber die Toten zu schützen, war jetzt nicht seine Hauptsorge.

»Wir Menschen haben die Königin-Hexe zurückgeschlagen und besiegt.« Er sprach zu sich selbst, so leise, dass ihn kein anderes Wesen, kein Vogel und kein Eichhörnchen, hören konnte. »Wenn sie wirklich zurückgekehrt ist, werden sie diesmal Menschen wie ich vernichten.« Doch Jarnulf hatte sich und Gott schon öfter Dinge gelobt, und es hatte sich jedes Mal als leeres Versprechen erwiesen.

Nein, spar deine Worte für Passenderes, sagte er sich. *Beten zum Beispiel.*

Jarnulf die Weiße Hand schulterte den langen Speer und machte sich auf den Rückweg in den Teil des verschneiten Waldes, wo er sein Pferd zurückgelassen hatte.

4

GESCHWISTERMONARCHEN

Wie um den Einzug des Hochkönigspaares zu krönen, war die Sonne hinter den Morgenwolken hervorgekommen und verströmte ihr Licht großzügig über die Hügel von Hernysadharc. Selbst die Goldscheibe auf dem Dach des Taig funkelte in der Ferne wie eine emporgeworfene Münze, so als ob der Palast die Ankunft der hohen Gäste ebenfalls feierte.

Simon kämpfte gerade selbst mit einer Goldmünze, einer Prunkmünze von ungewöhnlichen Ausmaßen, die seinen Mantel zusammenhalten sollte und deren harter Rand an seinem Hals schabte. Sein Freund, der Kammerherr, hatte darauf bestanden, dass er sie trug.

»Denkt daran, Ihr seid der Hochkönig und die Hochkönigin«, sagte Jeremias und stach die Nadel mit solchem Nachdruck durch den schweren Mantelstoff, dass der Hochkönig zusammenzuckte. »Ich bin nicht den ganzen weiten Weg mitgekommen, um Euch beide herumlaufen zu sehen wie Bettler.«

»Dann hättest du eben zu Hause bleiben sollen«, knurrte Simon. Die Warterei hatte seine Nerven strapaziert. In Jeremias' rundem Gesicht stand eine so tiefe Gekränktheit, dass Simon sich schon fast entschuldigt hätte, aber der Rand des Schmuckstücks grub sich immer noch schmerzhaft in seine Kinnpartie, also widerstand er dem Impuls.

»Ich bin der Kammerherr und für den königlichen Haushalt zuständig«, sagte Jeremias steif.

»Dieser Haushalt befindet sich in Erkynland«, erklärte Simon. »Wir sind in Hernystir.«

»Der Haushalt befindet sich da, wo Ihr und die Königin seid … Majestät.« Jeremias sagte dieses letzte Wort mit besonderer Betonung. Der König wusste, es war für seinen Kindheitsfreund manchmal schwer, mit der Distanz zurechtzukommen, die jetzt zwischen ihnen lag, selbst wenn er ihm nahe genug war, um auf seine Wange zu atmen wie jetzt. »Früher, so heißt es, sei der alte König Johan manchmal ein Jahr lang von Burg zu Burg gereist, ehe er wieder auf den Hochhorst zurückkehrte, also habt Ihr wenig Grund, Euch zu beklagen. So. Und jetzt fummelt bitte nicht mehr daran herum. Es sieht prächtig aus.«

Simon starrte in den Handspiegel, den ihm einer von Jeremias' Dienern hinhielt. »Es sieht aus, als wäre ich für mein Begräbnis hergerichtet. Zu etwas anderem bin ich auch kaum fähig, wenn ich so eingewickelt bin.«

»Manche Leute würden das vielleicht nicht gerade für einen gelungenen Scherz halten«, wies ihn seine Gemahlin zurecht. »Ja, manche Leute würden vielleicht sagen, der König lässt seine schlechte Laune an allen aus, nur nicht an dem, der sie verursacht hat.«

Simon warf ihr einen warnenden Blick zu. Im Moment waren sie beide nicht sonderlich gut auf König Hugo von Hernystir zu sprechen, aber derlei Dinge erörterte man vor niemandem außer den wichtigsten Ratgebern. »Genug jetzt, Kammerherr«, sagte Simon und nahm sachte Jeremias' Hand weg, als dieser die Prunkmünze noch ein letztes Mal mit einem Taschentuch polieren wollte. »Du hast recht, und ich muss mich wohl entschuldigen. Es sieht wirklich prächtig aus.«

»Das will ich doch hoffen«, sagte Jeremias, dessen Gesicht rot war vor Anstrengung.

Der königliche Zug bewegte sich langsam die Hauptstraße von Hernysadharc hinauf, vorbei an winkenden und jubelnden Hernystiri, die die Straße säumten. Viele drängten sich auch auf vorstehenden Balkonen oder saßen sogar auf schrägen Dächern. Die Häuser und Läden waren festlich hergerichtet, leuchtende Banner und frische Tünche schienen das Sonnenlicht doppelt so hell zurückzuwerfen. Simon und Miriamel ritten Seite an Seite, wie sie es immer taten, Monarch und Monarchin, nicht Monarch und königliche Gemahlin. Anfangs war es Simon gewesen, der auf dieser Unterscheidung bestand, aber im Lauf der Jahre hatte Miriamel immer größeren Wert darauf gelegt, die Leute daran zu erinnern, dass sie selbst die Tochter eines Königs war, so besudelt dessen Name jetzt auch sein mochte, und zudem die Enkelin von Johan dem Priester, dem Begründer des Hochkönigtums, das ihnen jetzt die Oberherrschaft über weite Teile Osten Ards verlieh.

»Hugo hätte uns am Tor entgegenkommen sollen«, sagte die Königin so leise, dass nur Simon es hören konnte. »Und das werde ich ihm auch sagen.«

»Gib ihm eine Chance, Liebste.« Simon winkte der Menge zu. »Du siehst ja, er hat die Leute zu unserem Empfang aus den Häusern kommen lassen.«

»Er hätte sie ja wohl kaum drinnen halten können«, sagte sie. »Und warum sollte er sie nicht aus den Häusern kommen lassen? Wir sind der Hochkönig und die Hochkönigin. Er ist doch selbst nur deshalb König, weil sein Urgroßvater meinem Großvater einen Gefallen getan hat. Darum durfte Hernystir seine Krone behalten.«

»Trotzdem, er ist nun mal ein König, und Könige haben ihren Stolz. Genau wie Königinnen.«

»Stell es nicht so hin, als ob nur *ich* mich darüber beschwere, Simon.« Ihre Stimme war energisch, aber in ihrem Blick lagen neben Ärger auch Liebe und leise Belustigung. »Du bist zu nett und hasst Streit, aber es gibt nun mal Leute – und ich fürchte, Hugo gehört dazu –, die das für Schwäche halten.«

»Ja, ich hasse Streit. Also lass uns jetzt keinen führen.« Er winkte wieder den jubelnden Hernystiri zu. An der Straße hüpften ein paar kleine Mädchen auf und ab und schwenkten bunte Bänder, die in der Luft leuchteten wie ein zerfranster Regenbogen. »Schau dir die an. Da bekomme ich Sehnsucht nach Lillia.«

»Unsere Enkelin wäre hier draußen auf der Straße und würde versuchen, den Zug anzuführen.«

Simon lächelte. »Ja, das stimmt.«

Miriamel seufzte. »Guter Gott, gib mir Kraft.« Sie blickte die Straße entlang, die, so weit das Auge reichte, von Menschen gesäumt war. »In diesem Tempo erreichen wir den Taig nicht vor der Dunkelheit.«

»Geduld, meine Liebe. Geduld.«

»Für mich nichts mehr, danke.«

Graf Eolair legte die Hand über seinen Becher und ließ sie dort, bis der Diener weitergegangen war. Er hätte gern noch etwas Wein getrunken, und nach einem langen Tag in strahlender Sonne, dem vierzehn düstere Wolkentage vorausgegangen waren, hätte er auch sicher noch den einen oder anderen Becher verdient, aber Eolairs Gespür für Konflikte, das so gut trainiert war wie die Nase eines Jagdhunds, riet ihm zur Zurückhaltung. Königin Miriamels und König Simons Marschall, besser bekannt als die Hand des Hochkönigsthrons, wollte nicht, dass der Alkohol an diesem Abend seine Gedanken lähmte.

Die Szenerie als solche hätte Eolair kaum vertrauter sein können. Der hölzerne Palast namens Taig war für ihn einst eine Art zweites Zuhause gewesen, in seinen jüngeren Jahren, als er an diesem Hof zuerst als königlicher Gesandter und schließlich als geschätzter Ratgeber gedient hatte. Die Atmosphäre in der Großen Halle, wo uralte geschnitzte Tierfiguren und andere Totems von den Deckenbalken hingen, war ohne Zweifel festlich: die leuchtenden Farben des Hernystiri-Adels in seinen besten Kleidern, die Geräuschkulisse von beschwipstem Lachen und der Duft von saftigem Schweinebraten. Aber irgendetwas war eigenartig. Natürlich waren Königin Miriamel und König Simon ungehalten wegen der Verzögerungen und der Ungewissheit, die ihnen König Hugo zugemutet hatte, aber Eolair wurde das Gefühl nicht los, dass da noch etwas im Gange war.

Ein paar Stühle weiter wurde Königin Miriamel von Gräfin Tylleth, einer attraktiven Witwe, die mit großer Sicherheit König Hugos Frau werden würde, unterhalten oder, wie sie es zweifellos genannt hätte, *abgelenkt*. Vielen am Hof von Hernystir erschien die Gräfin mit ihren fast dreißig Jahren zu alt, obwohl die Kinder aus ihrer ersten Ehe mit dem verstorbenen Grafen von Glen Orrga bewiesen, dass sie zumindest fruchtbar war. Tatsächlich entsprach Gräfin Tylleth mit ihrer hübschen, fraulichen Figur, ihrem glänzend kastanienbraunen Haar und ihrer gesunden Gesichtsfarbe ein wenig Eolairs Vorstellung von der hernystirischen Göttin Deanagha oder sogar der großen Mircha, der Regengöttin, selbst.

Die Hochkönigin bildete einen krassen Kontrast zu der dunklen Tylleth. Miriamels goldenes Haar war inzwischen weitgehend grau, und sie trug es in schlichten Zöpfen unter einem dezenten Kronreif. Ihre Wangen waren blass, ihre grünen Augen umschattet, und Eolair machte sich Sorgen um sie. Es war das erste Mal, dass das Königspaar sich Prinz Johan Josuas Geburtstag woanders als zu Hause stellte. Zudem war Königin Miriamel empört über König Hugos Verhalten ihr und ihrem Gemahl gegenüber, und Eolair konnte es ihr nicht verdenken, so wenig wie ihren Ärger darüber, dass Hugos Mätresse sie mit Beschlag belegte.

Und tatsächlich schien die Königin in diesem Moment Tylleths Geplapper endgültig leid, denn sie blickte König Simon an in dem Versuch, ihn auf sich aufmerksam zu machen. Er sah es zwar, aber

Hugo hatte sich zu ihm hinübergebeugt und redete leise und lebhaft auf ihn ein, und Simon konnte nur hilflos die Achseln zucken.

Eolair veränderte seine Sitzposition, und seine Gelenke beschwerten sich deutlich über das lange Sitzen auf einer harten Bank. Er wünschte jetzt doch allmählich, er hätte sich noch mehr Wein einschenken lassen, und sei es nur, um seine alten Knochen zu besänftigen. Es verging kaum ein Tag, ohne dass Eolair – einst einer der besten Reiter und Schwertkämpfer von Hernystir – sich darüber wunderte, was das Alter mit ihm gemacht hatte.

Ich bin ein Spielzeug der Zeit geworden, dachte er traurig. *Sie spielt mit mir wie ein Kind mit einer Puppe, reißt da ein Stück ab und dort eins, schleift mich durch den Dreck und setzt mich dann an eine Als-ob-Festtafel.*

Aber dieser Abend war kein kindliches Nachspielen der Gepflogenheiten von Erwachsenen. Er war eine todernste Angelegenheit: Der Monarch von Hernystir empfing seine Lehnsherren, den König und die Königin von Erkynland. Simon und Miriamel hatten die Oberherrschaft über Hugos Königreich Hernystir und fast das ganze übrige Osten Ard kraft des Hochkönigsbanns, jenes Imperiums, das Miriamels Großvater, Johan von Warinsten, mit seiner starken Hand und seinem Schwert geschaffen hatte. Doch selbst in den besten Zeiten hatten manche der untergeordneten Landesherren Johans Oberherrschaft nur widerwillig akzeptiert.

Eolair konnte nicht umhin, sich zu fragen, ob Hugo inzwischen auch zu diesen Landesherren gehörte. Oder wie sonst erklärte sich sein sonderbares Verhalten, Simon und Miriamel so lange außerhalb der Stadt warten zu lassen? Und als sie dann eingeritten waren, hatte Hugo sie erst im Taig selbst empfangen, was nicht gerade eine Demonstration von Untertänigkeit war. Aber Hugo war, wie kaum jemand besser wusste als Eolair, immer schon launenhaft und eigensinnig gewesen.

Hugos Vater, Prinz Gwythinn, war als einer der Ersten in jenem großen Krieg gefallen, der Simon und Miriamel auf den Thron gebracht hatte. Gwythinn war von abtrünnigen Rimmersmännern getötet und verstümmelt worden, Gefolgsleuten von Miriamels Vater, König Elias von Erkynland, der den lügnerischen Versprechungen des Sturmkönigs Ineluki erlegen war. Gwythinns Leichnam hatten sie liegengelassen, sodass ihn seine Blutsverwandten schließlich fanden. Als sein Vater, König Lluth, nicht lange danach im Kampf gegen die Rimmersmänner fiel, waren nur Lluths Tochter Maegwin und die junge Gemahlin des Königs, Inahwen, übrig, um die Führung ihres gebrochenen Volkes zu übernehmen. Dann hatte Maegwin der Wahnsinn ereilt, und mit ihr schienen Eolairs letzte Hoffnungen für sein Heimatland gestorben zu sein.

Der Angriff des Sturmkönigs auf die Menschenlande war zwar schließlich gescheitert, doch im nachfolgenden Chaos war dem darniederliegenden, führerlosen Volk von Hernystir nahezu jeder Zusammenhalt verlorengegangen. In den ersten paar Monaten hatten erstaunlich viele Adlige mit dürren, wenn nicht gar aberwitzigen Begründungen Anspruch auf den Thron erhoben, und es hatte so ausgesehen, als könnte nur ein Bürgerkrieg die Entscheidung bringen. Dann war eine Art Wunder geschehen. Alle waren sich sicher gewesen, dass die königliche Linie mit Maegwin erloschen war, bis eine junge Frau am Hof von ihren Eltern gedrängt wurde, ihre Geschichte zu erzählen und das Kind zu präsentieren, das sie heimlich auf dem Land hatte zur Welt bringen müssen – Prinz Gwythinns Bastard.

Gwythinn war gestorben, ohne die junge Frau geheiratet zu haben, aber er hatte gewisse Versprechungen gemacht, und ihre Familie besaß einen Ring und Briefe von ihm als Beweis. Der Hof war sehr daran interessiert, wieder eine königliche Familie zu haben, daher unterstützten die klügeren Adligen, die nicht wollten, dass ihr leidendes Volk gleich wieder in einen Krieg gestürzt wurde, die Ansprüche des Kindes – nicht zuletzt Eolair selbst. So entschied sich das Ganze am Ende zu Gunsten des kleinen Hugo ubh-Gwythinn. Als seine Mutter wenige Jahre später einem Fieber erlag, wurde Hugo in die Obhut der Königinwitwe Inahwen gegeben, die ihr Bestes tat, ihn zum künftigen König zu erziehen, und solange für ihn die Regentschaft führte – mit Hilfe des Grafen Eolair, sooft ihn Simon und Miriamel und der Hochkönigshof in Erkynland entbehren konnten.

Und jetzt, dachte Eolair, saß Hugo hier, inzwischen ein Mann von über dreißig Jahren, aber von seiner Erscheinung her in vielem noch immer das launische, kraftstrotzende Kind, das durch den Taig gefegt war wie ein Frühjahrssturm, der die Fensterläden aufriss. Noch immer die gleichen großen, runden Augen, die so unschuldig blicken konnten, so erstaunt über jeden Tadel. Noch immer das gleiche dunkle Lockenhaar, das nie anliegen wollte, sondern bei jedem Kopfschütteln, jedem lauten Lachen hüpfte. Die runden Wangen waren verschwunden, das hübsche Gesicht schmal geworden, aber Eolair fiel es immer noch leicht, in dem Monarchen den charmanten Jungen zu sehen.

Warum beunruhigte ihn dann der heutige Hugo so?

Der König ertappte ihn dabei, wie er ihn anstarrte. »Eolair! Mein edler Eolair *Tarna*, Mehr-als-Onkel! Warum schaut Ihr so bedrückt drein? Muss ich den Schankknaben wegen Faulheit schlagen? Junge! Bring dem Grafen von Nad Mullach Wein!«

Eolair lächelte. »Nein, Majestät, man hat mich reichlich und regelmäßig versorgt, und Eure Tafel ist prachtvoll. Ich denke nur nach.«

»Bah. Nachdenken. Euer Trübsinn wird auf uns alle abfärben.« Hugo hob seinen Becher und wartete, dass sich das weinselige Stimmengewirr in der Großen Halle legte. »Stattdessen sollten wir alle feiern und fröhlich sein! Es ist in der Tat ein seltenes Fest, wenn unser Brudermonarch und unsere Schwestermonarchin uns die Ehre ihres Besuchs geben!«

Eolair sah Miriamel im selben Moment aufblicken, in dem Simon den Blick senkte. Beide hatten Hugos Wortwahl bemerkt.

Als sich die Hochrufe legten und die Leute anfingen, mit ihren Bechern zu winken, damit ihnen nachgeschenkt würde, erhob sich die Königinwitwe von ihrem Platz. Hugo bemerkte es. »Meine Liebe, warum verlasst Ihr uns?«

»Ich bitte um Verzeihung, Majestät, aber ich fühle mich ein wenig matt, und der Wein ist zu viel für meinen Kopf. Es ist keine Dreistigkeit dem Hochkönig und der Hochkönigin gegenüber, aber mir ist plötzlich nicht gut.« Inahwen sah Hugo nicht in die Augen, und ihre Schultern waren gestrafft, als erwarte sie irgendeine heftige Antwort, was Eolair seltsam vorkam: Auch wenn sie nicht Hugos Mutter war, so war sie doch in seinem Leben die Person, die dem am nächsten kam.

»Oh, dann wollt Ihr mir bitte verzeihen, dass ich Euch einen derart ermüdenden Abend zugemutet habe, liebe Stiefmutter.« Hugo lächelte. Sein Gesichtsausdruck schien ganz normal, aber Inahwen wandte den Kopf ab, als schmerzte sie der Anblick.

»Ganz und gar nicht ermüdend, Majestät«, sagte sie. »Wie könnte das sein, in bester und höchster Gesellschaft?« Sie lächelte und verneigte sich vor Simon und Miriamel, aber Eolair schien es, als hätte die Königinwitwe Mühe, ein Zittern der Unterlippe zu unterdrücken.

»Bleibt bitte nicht unseretwegen, Königin Inahwen«, sagte Simon. »Aber wir werden Euch doch hoffentlich vor unserer Abreise noch einmal sehen?«

Inahwen versicherte es ihnen und ging an der Tafel entlang zur Tür. König Hugo berührte Simon jetzt an der Schulter und zog ihn wieder ins Gespräch. Eolair nutzte die Gelegenheit, um Inahwen zu folgen.

»Arme Königin«, sagte Gräfin Tylleth.

Miriamel war nicht sicher, ob sie richtig gehört hatte. »Verzeihung?«

»Die arme Königinwitwe. Sie mag diese Tafelrunden nicht.« Die dunkelhaarige Frau lachte. »Ich kann es ihr nicht verdenken. Sie können auch wirklich ermüdend sein. Der König liebt Geselligkeit, aber die älteren Leute am Hof finden die langen Abende manchmal strapaziös.«

Miriamel war nicht so viel jünger als Inahwen, dass sie die Frau vor sich gern von den »älteren Leuten« hätte reden hören. »Eure Königin hat viel dafür getan, dieses Königreich während des Sturmkönigskriegs und danach zu erhalten.«

»Gewiss, gewiss!« Tylleth lachte wieder, als wäre es ein bisschen komisch, dass sich jemand an ihren Worten stieß. »Deshalb sollte sie sich erst recht ausruhen, jetzt, wo Hugo auf dem Thron ist.« Gräfin Tylleth wirkte so schön und dumm wie ein Pfau, aber Miriamel konnte sich des Gefühls nicht erwehren, dass sie unter dieser Fassade etwas Gewichtigeres und möglicherweise Dunkleres verbarg.

Lass dich nicht zu kleinlicher Eifersüchtelei verleiten, schalt sie sich. *Denk an St. Yistrins weise Worte: ›Gott schenkt uns allen Jugend und nimmt sie uns wieder.‹ Was hast du zum Ausgleich für diesen Verlust gewonnen? Geduld? Vielleicht ein bisschen Weisheit? Dann sei geduldig, und vielleicht wirst du auch weise sein.* Dieses Festbankett zu absolvieren, war harte Arbeit, wie die Urteile des Schwurgerichts zu prüfen oder die Staatsfinanzen mit Pasevalles durchzugehen. Sie lächelte nach Kräften und sagte: »Verzeiht meine Direktheit, Gräfin Tylleth, aber herrscht hier in Hernystir nicht immer noch Sorge wegen der Thronfolge?«

Tylleth tat diese Kleinigkeit mit einer Handbewegung ab. »Oh, glaubt mir, Hugo hat Bastarde genug, falls sich je die Notwendigkeit eines Erben stellen sollte, bevor er und ich einen hervorgebracht haben.«

Miriamel fand diese junge Frau mehr als irritierend. »Ihr scheint unbesorgt.«

»Wir werden ein Kind bekommen. Die Götter haben es mir versprochen.« In ihren Augen, die mit dunklem Lidstrich umrandet waren – ein Schminkstil, der Miriamel fast ausschließlich südländisch erschien –, stand nicht der Hauch eines Zweifels. »Ich hoffe, es beleidigt Euch nicht, wenn ich von meinem Glauben an die Götter meines Volkes spreche. Selbst hier in Hernystir ist wohlbekannt, welch fromme Ädonitin Ihr seid.«

Miriamel konnte nur den Kopf schütteln, obwohl sie das deutliche Gefühl hatte, dass das alles andere als ein Kompliment gewesen war. »Natürlich nicht. Der König und ich haben nie versucht, anderen unseren Glauben aufzuzwingen.« Wieder tat sie ihr Bestes, um zu lächeln. »Und natürlich beten wir dafür, dass der Himmel Euch mit einem gesunden Kind segnen möge.« Miriamel fragte sich, ob diese Frau nicht ganz richtig im Kopf war. War sie wirklich überzeugt, dass es so einfach sein würde, einen Erben hervorzubringen? Das war doch vermessen, selbst mit Gottes Hilfe. Miriamel und Simon hatten es in all ihren gemeinsamen Jahren nur zu einem Kind gebracht, und dieses Kind war tot. Hätte Johan Josua nicht jung geheiratet, gäbe es jetzt keinen männlichen Erben. Der Hochkönigsbann selbst wäre in Gefahr, weil alle seine Teile womöglich wieder ins Chaos stürzen würden, wenn sie und Simon starben, was ja eines Tages geschehen würde.

Gebe Gott, dass ich zuerst gehe, dachte sie plötzlich. *Ich hätte nicht die Duldsamkeit, sie alle zu ertragen, wenn Simon nicht mehr da wäre. Er war immer der Duldsame.* Miriamel blickte zu ihrem Mann hin. *Manchmal zu duldsam.* Im Moment wirkte Simon selbst wie einer der müden Alten. Er lächelte verkrampft, während König Hugo ihm auf die Schulter schlug und in einem fort auf ihn einredete, über die Jagd oder sonst irgendetwas, was ihren Mann denkbar wenig interessierte. Da er von frühester Jugend an in den dampfenden Küchen des Hochhorst hatte schuften müssen, war Simon nie in den typischen Beschäftigungen des Adels unterwiesen worden. Außerdem mochte er das Gebell von Hetzhunden nicht. Und sie auch nicht.

»Majestät?«, fragte Tylleth. »Habe ich etwas gesagt, an dem Ihr Anstoß nehmt?« Doch um die Lippen der Frau schien der Hauch eines Lächelns zu spielen. Etwas an dieser Königsgemahlin-in-spe reizte Miriamel bis aufs Blut, das ließ sich nicht leugnen. Sie wünschte sich plötzlich sehnlichst, woanders zu sein. »Nein, natürlich nicht, Gräfin Tylleth. Es war nur ein langer Tag.«

König Hugos schwerer Stuhl schabte über den Boden – Steinfliesen jetzt, nicht mehr die Binsenstreu von einst. Obwohl die alten Holzfiguren noch immer an prominenter Stelle von der Decke hingen, sah inzwischen sogar der schlichte, hölzerne Taig zunehmend anders aus, wie einer der Paläste von Nabban vielleicht. »Ich will einen Trinkspruch ausbringen!«, rief Hugo. »Lasst uns die Becher noch einmal erheben, bevor der Abend dahingeht. Auf unsere geliebten Mitmonarchen, die uns mit ihrer Gesellschaft beehren, König Simon und Königin Miriamel!«

»Auf König Simon und Königin Miriamel!«, riefen die, die noch nüchtern genug waren, um die Namen und Titel in die richtige Reihenfolge zu bringen. Dem lauten Stimmenchor folgte erwartungsvolle Stille. Simon sah seine Frau an, und sie nickte. Er legte eine Hand auf den Tisch und stemmte sich auf die Füße.

»Auf König Hugo und den Thron von Hernystir«, sagte Simon und erhob seinen Becher. »Möge der Hirsch von Hernystir noch lange auf diesen wundervollen Wiesen äsen. Und wie ich höre, wird der König auch bald heiraten.« Er nickte Tylleth zu, die sich gerader aufrichtete. »Möge die Verbindung gesegnet sein.« Aus der dichtgefüllten Halle hallten lautstarke Wiederholungen des Trinkspruchs und Hochrufe.

Noch etwas war geboten, aber Miriamel versuchte, es nicht zu offensichtlich zu signalisieren. Dank jahrelanger Übung bemerkte Simon ihre Miene, und zu ihrer Befriedigung deutete er sie richtig.

»Und«, hob er an und brachte so das wiedereinsetzende Gemurmel zum Verstummen, »ich möchte noch einen letzten Trinkspruch ausbringen. Dies ist ein Abend der Wiederbegegnung mit alten Verbündeten und des Kennenlernens neuer Freunde, aber wie Ihr wisst, sind es nicht nur freudige Angelegenheiten, die uns hierhergeführt haben. Die Königin und ich sind auf dem Weg nach Elvritshalla, um uns der traurigen Aufgabe zu stellen, Abschied von einem lieben Freund und treuen Bundesgenossen zu nehmen – Herzog Isgrimnur. Bitte erhebt Eure Becher zu seinen Ehren.«

»Auf Herzog Isgrimnur!«, antworteten viele, aber das Echo war doch leiser als bei den vorherigen Trinksprüchen, und Miriamel hörte ganz deutlich jemanden an der Tafel sagen: »Ein Eisbart weniger!« Ehe sie fragen konnte, wer eine so verächtliche Bemerkung gemacht hatte, lenkte Simon ihren Blick auf sich und schüttelte den Kopf. Kurz wurde sie fast so zornig auf ihn wie auf den Dummkopf, der den guten alten Herzog geschmäht hatte, aber es hatte sich noch immer als richtig erwiesen, Simon zu vertrauen. *Geduld*, ermahnte sie sich. *Er hat recht. Nicht hier, nicht heute Abend.* Sie atmete tief durch und versuchte, ihre Wut verrinnen zu lassen, so wie der Wein, der beim Erheben der Becher verschüttet worden war, ins leinene Tischtuch sickerte. Sie fragte sich, ob sich die roten Flecken je ganz herauswaschen lassen würden.

Er holte sie im unteren Burghof vor der Großen Halle ein.

»Königin Inahwen! Hoheit!«

Inahwens Zofe ging taktvoll noch ein paar Schritte weiter, als ihre Herrin sich umdrehte. Kurz sah Eolair nicht die reife, fast schon alt zu nennende Frau, die die Halle verlassen hatte, sondern die goldhaarige, glatthäutige Inahwen von einst, jetzt ringsum von Schatten bedroht.

»Es ist mir eine Ehre, Graf Eolair«, sagte sie auf Hernystiri.

Die weichen Laute seiner Muttersprache riefen so viel in ihm wach, nicht zuletzt die Erinnerung an das warme Kitzeln, wenn Inahwen ihm ins Ohr geflüstert hatte – vor so langer Zeit, dass es in einem anderen Leben gewesen zu sein schien. »Bitte, Herrin, aus Eurem Mund hat ein Titel etwas Beschämendes, jedenfalls für mich. Wir haben uns so lange nicht gesehen, Inahwen. Ihr seht gut aus.«

Ihr Lächeln war nicht sonderlich überzeugend. »Ich sehe aus wie das, was ich bin, eine alte Frau, alt und im Weg.«

»Niemals.« Aber ihre Worte ließen ihn aufhorchen. »Wobei im Weg? Habt Ihr etwas gegen die anstehende Heirat des Königs?«

Sie sah zu ihrer Zofe hinüber, die ein Stück weiter so tat, als betrachtete sie die Sterne, und dann zu den beiden Wachen, die sie von der Großen Halle her begleitet hatten. »Oh, nein. Wer könnte etwas dagegen haben, dass der König glücklich wird? Aber kommt doch mit ins Kleine Haus der Königin und unterhaltet Euch ein wenig mit mir. Ich habe keinen Wein, der Eurer wert wäre, aber vielleicht ist noch ein bisschen Met von den Mittwinterfestlichkeiten übrig.«

»Ich habe seit Monaten keinen Met mehr getrunken, nein, schon seit zwei Jahren, seit ich das letzte Mal in Hernysadharc war. Es wäre mir eine große Ehre.«

Das Kleine Haus der Königin war in Wirklichkeit gar nicht so klein – ein quadratischer, dreistöckiger Bau im modernen Stil nahe der äußeren Mauer des Taig. Eolair setzte sich in einen tiefen Sessel im Empfangszimmer, und die Zofe wurde in die Küche geschickt, um nachzusehen, ob noch Met da war.

»Ich habe für den Anfang noch eine Flasche hier«, sagte Inahwen, nahm eine Tonflasche von einem Schränkchen und schenkte zwei wundervoll gefertigte Gläser voll. »Er ist aus Circoille-Kleehonig gemacht.«

Eolair nahm sein Glas und schnupperte daran, während sie sich ebenfalls in einem Sessel am Kamin niederließ. »Herrlich. Wozu brauchen wir dann noch mehr?«

»Weil es meiner Zofe ein Weilchen etwas zu tun gibt. Ihr habt mir eine Frage gestellt. Ich habe Euch eine Antwort gegeben. Habt Ihr sie mir abgenommen?«

Es amüsierte ihn schon fast, diese Version von Inahwen zu sehen. »Ihr seid also unter die Verschwörer gegangen? Wo ist die schüchterne, ehrliche junge Frau geblieben, die ich einst kannte?«

Sie sah ihn traurig an. »Ihr macht Euch über mich lustig, Eolair.«

»Nein. Ganz und gar nicht. Dann sagt es mir jetzt: Missfällt Euch der Gedanke, dass der König heiraten wird?« Er dachte, es wäre nicht verwunderlich, wenn Inahwen Hugo behüten wollte, und Tylleth war nun gewiss keine unterwürfige junge Braut.

»Dass er heiratet, ist eine Notwendigkeit. Wisst Ihr, wie viele Kinder er gezeugt hat, ohne auch nur eines anzuerkennen? Sieben. Sieben, von denen man weiß. Könnt Ihr Euch den Aufruhr vorstellen, wenn er ohne einen offiziellen Erben sterben würde?«

Die bloße Vorstellung, dass ein halbes Dutzend Prätendenten Anspruch auf den Thron von Hernystir erheben könnten, ließ Eolair schaudern. »Ja, das kann ich. Dann ist die Heirat also eine gute Sache?«

»Wenn er eine andere heiraten würde, wäre sie das, ja.« Und obwohl sie allein in dem großen Raum waren, senkte sie die Stimme. »Aber nicht, wenn es diese kleine Hexe ist.«

Eolair erschrak über ihre harten Worte. »Ist sie wirklich so schlimm? Oder hat ihr Vater zu hohe Ambitionen? Er war doch ein getreuer Gefolgsmann von König Lluth, wenn ich mich recht erinnere.«

»Nein, ihr Vater ist ganz verlässlich, ein dicker, alter Gutsherr, jetzt, da seine Kriegerjahre vorbei sind, ein Bauer im Grunde, der gern isst und trinkt und mit seinem Vieh prahlt. Er hat viel Land hinzugewonnen, als er Tylleth mit dem Grafen von Glen Orrga verheiraten konnte. Nein, es ist die Tochter selbst, die ich fürchte, Tylleth.« Die Königinwitwe schürzte verächtlich die Lippen. »Sie ist eine Hexe.«

»Ihr gebraucht dieses Wort schon zum zweiten Mal. Besagt es mehr, als dass sie Euch missfällt?«

Inahwen blickte einen Moment in ihr Glas. Die langen Schatten, die der Feuerschein in den Raum warf, bebten wie in unguter Erwartung. »Ich weiß es nicht, Eolair, aber ich habe viele Gerüchte gehört, und einiges davon macht mir Angst.«

»Wie lauten diese Gerüchte?«

»Wenn ich es Euch sage, werdet Ihr glauben, ich hätte den Verstand verloren.« Sie schüttelte den Kopf. »Es wird gemunkelt, Tylleth habe einen sehr alten, sehr schlimmen Kult wiederaufleben lassen.«

»Kult?« Er war verdutzt. »Ich weiß nicht, ob ich es richtig verstehe, Herrin, und würde es ohnehin nicht glauben. Gerade Ihr solltet doch wissen, dass Favoritinnen des Königs oft hässliche Dinge nachgesagt werden.«

Inahwen verzog das Gesicht. »Ja, auch über mich waren gemeine Gerüchte im Umlauf. Aber mich hat nie jemand bezichtigt, die Verehrung der Krähenmutter zu betreiben.«

»Der …« Eolair traute seinen Ohren kaum. »Der Waisenmacherin? Der Morriga?« Selbst hier drinnen am Feuer lief ihm ein kalter Schauder über den Rücken. »So verrückt wäre doch niemand. Hernystir hat Jahrhunderte gebraucht, um diesen grässlichen Kult auszurotten.«

»Aber das ist es, was mir zugetragen wird und zwar von Leuten, die keine Veranlassung haben, mich zu belügen. Sie sagen, Tylleth ist seit einiger Zeit fasziniert von der Dunklen Mutter und sie und einige Anhänger versuchen, sie heraufzubeschwören.«

»Aber warum?« Eolair hatte schon ewig nicht mehr an Morriga die Krähenmutter gedacht. Seit König Tethatains Zeiten vor dreihundert Jahren hatte kein Hernystiri ihr mehr offen geopfert. Ihre letzten Anbeter, ein dreckiger, von Inzucht gezeichneter Haufen tief im nördlichen Circoille-Wald, war von Lluths Vater, König Llythin, vernichtet worden, lange bevor Eolairs Eltern geboren wurden. *Selbst ein so von sich eingenommenes Geschöpf wie Gräfin Tylleth kann doch wohl nicht auf die Idee verfallen, derart schreckliche Praktiken wiederzubeleben*, dachte er. »Warum sollte sie etwas so Verrücktes tun?«

»Woher soll ich das wissen? Es heißt, die Morriga sei ihr im Traum erschienen.« Jetzt, im hellen Feuerschein, erschien ihm Inahwen blass und erschöpft. »Ich hoffe, es ist nur eine vorübergehende Mode, Eolair, ein Zeitvertreib gelangweilter Höflinge. Aber ich erinnere mich, was meine Großmutter über die Morriga-Anbeter ihrer Kindheit erzählt hat, wie verängstigt die Leute in ihrem Dorf waren, wie sie weite Umwege machten, nur um nicht dem Blick irgendwelcher Krähenmutter-Verehrer ausgesetzt zu sein.«

Eolair wurde plötzlich beklommen zumute, aber er wollte es nicht zeigen. »Selbst wenn an diesen Gerüchten etwas dran sein sollte, sähe Gräfin Tylleth in diesem Treiben doch sicher nur ein Amüsement, etwas, womit man die alten Leute im Taig schockieren kann.« Er versuchte ein Lachen. »Alte Leute wie Euch und mich.«

»Vielleicht«, sagte Inahwen bar jeder Heiterkeit. »Aber eins kann ich beschwören, teurer Graf, Hugo ist nicht mehr derselbe, seit er sich mit ihr eingelassen hat. Er war ja immer schon unstet, voller Launen. Ihr erinnert Euch doch?«

»Allerdings. Als er ein Junge war, habe ich mir oft gewünscht, ich könnte ihn übers Knie legen.«

»Ich wollte, Ihr hättet es getan. Ich wollte, jemand hätte es getan. Aber jetzt … Ich weiß nicht, Eolair. Er hat sich verändert, und das macht mir Angst. Wie er jetzt immer dreinschaut, als ob er ein köstliches Geheimnis hätte! Es ist, als hätte sie ihm etwas eingeredet, etwas, das ihn glauben macht, über jede Gefahr erhaben zu sein. Das müsst Ihr doch auch bemerkt haben! Alles, was er heute getan hat, der ganze Ablauf dieses Besuchs, diente doch nur dazu, den Hochkönigsthron zu brüskieren. Das war nicht der Hugo, den ich habe aufwachsen sehen. Dieses Kind mochte ja verwöhnt sein, dickköpfig …« Sie runzelte die Stirn und schwieg. Gleich darauf kam die Zofe mit einem großen Krug herein, den sie mühsam vor sich herbalancierte.

»Gefunden, Herrin«, sagte sie.

»Habt Ihr gehört?« Inahwen bemühte sich zu lächeln. »Herrin. Noch nicht mal mehr ›Hoheit‹.«

Die Zofe sah betroffen drein. »Verzeihung, Hoheit, ich …«

»Stell das ab, Kind.« Inahwen bedeutete ihr, den Krug auf das niedrige Tischchen zu stellen. »Und jetzt geh zu Bett. Der Graf und ich werden unsere Unterhaltung bald beenden. Er findet allein hinaus.«

Die Zofe nickte, stellte ihre Last ab und eilte dann zur Treppe.

Eolair wartete, bis er oben eine Tür zugehen hörte. »Gibt es irgendetwas, das ich wissen sollte? Oder tun kann?« Er bedeckte Inahwens Hand mit seiner. »Ich sähe Euch gern glücklicher.«

»Dann sprecht mit den Göttern. Nur ihre Pläne zählen, nicht unsere.«

Er sah sie voller Zuneigung an, betrachtete die Falten in ihrem einst so glatten Gesicht, die von durchlebtem Leid erzählten und von den flüchtigen Momenten des Glücks. Nicht genug Glücksmomenten.

Zu wenige bei uns beiden, dachte er. *Und mit Sicherheit zu wenige, die wir geteilt haben.* Im großen Krieg gegen den Sturmkönig hatten sie jeweils einen Menschen verloren, dessen Stelle niemand einnehmen konnte, Inahwen ihren königlichen Gemahl und Eolair König Lluths Tochter Maegwin. Wie viel ihm die tapfere, verwirrte Maegwin bedeutete, hatte Eolair erst erkannt, als es zu spät war. Machte er jetzt mit Inahwen den gleichen Fehler?

Es gibt so wenig Trost auf dieser Welt, dachte er. *War es töricht von mir, mich immer von der Pflicht leiten zu lassen?*

»Inahwen …«, setzte er an, aber sie schüttelte bereits den Kopf.

»Ich ahne, was Ihr denkt, mein braver Graf. Das ist sinnlos. Wir sind, was wir sind, und unsere Wege verliefen nur kurze Zeit Seite an Seite. Aber Ihr werdet mir immer teuer sein, Eolair.«

»Und Ihr mir, Hoheit.« Er trank den Rest seines zweiten Bechers Met und fühlte den Honigwein in den Beinen, als er aufstand, um in die Große Halle zurückzugehen. »Ich werde eingehend überdenken, was Ihr gesagt habt, und mich auch selbst umhören. Und seid versichert, dass Königin Miriamel und König Seoman von Euren Befürchtungen erfahren werden.« Er verbeugte sich und küsste ihr behutsam die Hand. »Mögen die Götter über Euch wachen.«

»Über uns alle, lieber Eolair.« Jetzt lächelte sie, aber es war ein halbherziges Lächeln. »Es ist so seltsam, Euch ergraut zu sehen! Ich mag gar nicht daran denken, wie ich für Euch aussehen muss. Ja, mögen die Götter aufmerksam über uns wachen, denn wir alle brauchen die Hut der Götter.«

5

WACH

Sie blinzelte. Tzoja blinzelte immer, wenn sie durch das große Tor von Nakkiga nach draußen trat, und jedes Mal tränten ihr die Augen. Der eisige Winter hatte sie monatelang im Berg gefangen gehalten, und nun blendete sie selbst das von Wolken erstickte weiße Glimmen, das die nördliche Sonne war.

Sie bedeutete ihrer Eskorte zu warten, bis sie wieder richtig sehen konnte. Die Männer der Hauswache blieben in einer Entfernung stehen, die genau so kalkuliert war, dass sie sowohl Tzojas hohen Status als Eigentum eines Magisters demonstrierte als auch den Unmut der Wächter darüber, eine Sterbliche beschützen zu müssen, auch wenn sie die Lieblingskonkubine ihres Herrn war.

Als sie wieder klar sehen konnte, ging Tzoja vor den vier schweigenden Hikeda'ya-Wächtern die vielfach gesprungene und verfärbte Steintreppe zum Feld der Banner hinab, das einst der Ort triumphaler Feierlichkeiten gewesen war, jetzt jedoch den sogenannten Markt der Tiere beherbergte. Die Luft außerhalb des Bergs war frisch und kalt, aber erfüllt von Düften des nahegelegenen Heiligen Hains, dem harzigen Geruch von Nadelbäumen, dem zitronigen von Birken und dem honigsüßen von Seidelbast. Selbst der Gestank des fermentierten Fischs, der überall auf dem Markt aus Tonkrügen verkauft wurde, war ihr schon fast willkommen, denn er erinnerte sie an ihr altes Leben in Rimmersgard, bevor die Nornen sie entführt hatten. Und wie immer, wenn Tzoja draußen im Licht und an der Luft war – obgleich inmitten anderer Sklaven und ihrer leichenblassen Aufseher –, kreisten ihre Gedanken um die Freiheit. Auch wenn sie schon lange eingesehen hatte, dass es nie dazu kommen würde, träumte sie immer noch von Flucht.

Sie ging an einer unordentlich aufgebauten Reihe mit Ständen von sterblichen Verkäufern entlang und blieb stehen, um ein Paar Handschuhe zu mustern, das auf einem verwitterten Steintisch auslag. Die Frau, die es gemacht hatte, hockte zusammengeduckt dahinter, um sich vor dem Wind zu schützen. In den ersten Jahren ihrer Gefangenschaft hatte Tzoja Trost darin gesucht, ein paar warme Kleidungsstücke zu horten, für den Fall, dass sich je die Gelegenheit zur Flucht bot. Solche dicken, fellgefütterten Handschuhe wären besser als die, die sie in ihrem Versteck liegen hatte, zusammen mit den Goldmünzen, der Kleidung und anderen wichtigen Dingen. Doch Tzoja konnte sich nicht mehr einreden, dass sie den Berg verlassen würde, selbst wenn sich die Chance ergäbe. Nezerus Geburt hatte alles verändert.

Sie legte die Handschuhe auf den Stein zurück. Die Hauswächter des Enduya-Clans folgten ihr, als sie weiterging. Die zusammengekauerte Frau sah nicht einmal auf.

Der Markt der Tiere trug seinen Namen deshalb, weil fast alle Käufer und Verkäufer Sterbliche waren und die Hikeda'ya diese als Tiere betrachteten. Der Markt schoss im Windkindsmond aus dem Boden und fand dann während der ganzen warmen Jahreszeit einmal in jedem Mond statt. Sterbliche Leibeigene und Sklaven aus den entlegeneren Hikeda'ya-Landen kamen, um Handelsgeschäfte mit ihresgleichen zu machen, sowohl denen, die im Berg selbst lebten, als auch denen aus den neuen Siedlungen davor, einer Ansammlung wackliger Behausungen, die in jüngerer Zeit auf den Ruinen des Nakkiga-von-einst entstanden waren, der früheren Hikeda'ya-Stadt außerhalb des Berges.

Viele, die auf den Markt kamen, waren Aufseher auf der Suche nach billigen Decken, Kleidern und Nahrungsmitteln für Sterblichen- und Wechselwesen-Arbeiter. Einige wenige bessergestellte Sterbliche wie Tzoja, hauptsächlich Leibsklaven und andere Schoßtiere des Hikeda'ya-Adels, sahen sich nach Luxusgütern um: Duftwässern, Getränken und Esswaren, die dem Menschengeschmack eher entsprachen als das, was ihnen ihre Herren gaben. Doch obwohl die meisten Erzeugnisse nur für Sterbliche und die allerärmsten Hikeda'ya bestimmt waren – kein Norne, der etwas auf sich hielt, würde sich je unter das Menschenvieh mischen –, wurde Tzoja doch ständig daran erinnert, dass sie jetzt unter den Feen lebte.

Unter die Hunderte und Aberhunderte von Sterblichen (und das kleinere Kontingent bewaffneter Nornenwächter, die den Markt beaufsichtigten) mischte sich auch eine große Zahl der einzigen Sklavenkreaturen, die die Nornen für noch geringer erachteten als Sterbliche – Tinukeda'ya oder »Wechselwesen« in ihrer ganzen aberwitzigen Vielfalt. Da waren natürlich die Träger, zweibeinige Lasttiere, fast so groß wie wilde Riesen, mit gewaltigen, muskulösen Schultern, winzigen Köpfen und leeren Gesichtern, die ihre Miene auch dann nicht veränderten, wenn der Besitzer unter seiner monströsen Last ins Stolpern kam. Aber Tinukeda'ya gab es noch in allerlei anderer Gestalt, von den wieselnden, behaarten kleinen Kreaturen, die auf den höchstgelegenen Bergbauernhöfen in anderen Teilen der Nornfjälle arbeiteten, bis zu den schlanken, traurig aussehenden Steingräbern, die, obwohl sie so spindeldürr waren, nicht nur schneller graben konnten als Menschen oder Nornen, sondern auch Stein so leicht und mühelos zu bearbeiten vermochten, wie andere weiches Holz schnitzten. Tzoja beobachtete mit grimmiger Belustigung, wie zwei solche Steingräber nahezu lautlos mit einem Schmucksteinverkäufer feilschten. Den eulenäugigen Wesen war die Sonne sichtlich unangenehm und sie hatten es eilig, wieder ins wohltuende Dunkel zu kommen – das genaue Gegenteil dessen, was Tzoja sich wünschte. Doch die äußere Gestalt allein bedeutete nichts, nicht hier: Ihre Nornenbesitzer selbst sahen zwar menschenähnlicher aus als irgendein Wechselwesen, unterschieden sich aber dennoch von Tzoja wie eine Wildkatze von einem Kaninchen.

Inzwischen hätte sie daran gewöhnt sein müssen. *Wie lange kann man an einem solchen Ort leben und immer noch das Gefühl haben, in einem schrecklichen Traum gefangen zu sein?* Aber das war eine müßige Frage, denn Tzoja wusste, die Antwort lautete: *ewig*. Oder zumindest bis zu ihrem Tod.

Tzoja tat ihr Bestes, solch düstere Gedanken zu verscheuchen und ihre knapp bemessene Zeit im Sonnenlicht zu genießen, aber das war nicht leicht. Sie wusste, die sinnlosen Fluchtphantasien würden nie ganz verschwinden. Sie hatte zu viele Jahre unter offenem Himmel gelebt, um sich je vollkommen zu fügen. Aber sie brauchte sich ja nur umzuschauen, um wieder zu wissen, wie vergeblich jede Hoffnung war. Die Sklaven sahen die Nornenwächter nie an und sprachen nie lauter als im Flüsterton, selbst wenn sie mit anderen Sterblichen feilschten. In Rimmersgard, wo sie so viele Jahre in glücklicher Unwissenheit bei Valada Roskva gelebt hatte, der Matriarchin und Heilerin, die ihr ein Heim gegeben hatte, hätte ein Geräuschpegel wie der dieses Marktes als angemessen für ein Begräbnis gegolten. Doch in dem Berg, der jetzt und für immer ihr Zuhause war, würde man so viele Sterblichenstimmen auf einmal für unerträglichen, aufrührerischen Lärm halten und rasch gewaltsam zum Schweigen bringen. Daher flüsterten die Sklaven auch hier draußen im Freien nur. *Was hat man von Freiheit, die man nicht nutzen darf?*, fragte sie sich. *Ist das bloße Geschenk des Lebens so viel wert?*

Aber es war ja nicht ihr eigenes Leben, das sie in dieser Ergebenheit ausharren ließ. Und seit sie jenes geliebte Leben hervorgebracht hatte, wusste Tzoja, dass sie dazu verurteilt war, inmitten eines Volkes zu leben und zu sterben, das ihr fremder war als die wilden Tiere, und dass sie niemals echten Frieden finden würde.

Selbst Tzojas Herr und Liebhaber Viyeki, der in so vielem anders war als die anderen Nornen und sie rücksichtsvoller behandelte, als es je ein anderer seines Volkes getan hätte, verstand Tzojas innere Unruhe nicht. Er schien sie für eine drollige, aber unerklärliche Sterblicheneigenheit zu halten, so wie ein Kind lachen mochte, wenn ein Hund seinen eigenen Schwanz jagte, weil es nur das Komische daran sah und nicht die furchtbare Vergeblichkeit. Und Viyeki war noch mit Abstand der Beste von ihnen.

Es dauerte lange, die krummen Reihen der Stände abzugehen, und leichter Schneefall setzte ein, aber Tzoja war entschlossen, so lange wie möglich im Licht zu bleiben. Der Markt war groß; er fand auf dem einstigen Feld der Banner statt, einem vor dem Tor des Bergs gelegenen Zeremonialgelände, das seinem eigentlichen Zweck zuletzt vor Jahrhunderten gedient hatte, als die Hikeda'ya noch fast den gesamten Norden beherrschten. Verändert hatte sich alles durch die Rimmersmänner, die lange vor Tzojas Geburt aus dem verlorenen Westen nach Osten Ard gekommen waren. Die bärtigen Krieger waren auf einem Eroberungszug durch Erkynland gestürmt und hatten Nornen und Sithi in großer Zahl sowie viele Sterbliche getötet. Nach der Ankunft der Nordmänner, so hatte ihre Herrin Roskva sie gelehrt, hatten die Sithi ihre alten Städte aufgegeben und waren in die Wälder geflohen, während die Nornen sich hierher, in ihre Hauptstadt und letzte Bastion im Berg, zurückzogen und schworen, diese niemals aufzugeben, sondern zu kämpfen, bis der letzte Hikeda'ya sein Leben gelassen hätte. Und nachdem Tzoja jetzt zwei Jahrzehnte unter diesen stolzen Unsterblichen verbracht hatte, bezweifelte sie nicht, dass sie genau das tun würden.

Und wenn nun wieder Krieg kommt? Auf wessen Seite werde ich dann sein? Der meines eigenen Volkes? Oder der meiner Tochter?

Die Wächter warfen ihr verdrossene Blicke zu. Sie fanden ganz offensichtlich, dass es Zeit war, in den Berg zurückzukehren, aber Tzoja wusste, das Wetter konnte noch mal umschlagen und wieder tiefen Schnee bringen, was hieße, dass es einige Monde lang keinen Markt im Freien geben würde. Also ignorierte sie die Blicke, ging weiter bis an den Rand des Markts und tauschte Gutscheine des Bauleute-Ordens gegen Haselnüsse und Moltebeeren, getrocknete Speiserüben, Pastinaken und wilden Sellerie, ja sogar ein Sortiment von gedörrtem Flussfisch, hauptsächlich Barsch und Hecht – alles Dinge, die sie an ihre Zeit bei Roskva erinnerten, ihre glücklichen Tage der Freiheit, die so lange zurücklagen. Erst als die Sonne fast bis zu den Gipfeln im Westen herabgesunken war und die Drachenwache den Markt zu schließen begann, bedeutete sie ihrer Eskorte widerstrebend, dass sie bereit war, nach Hause zu gehen.

Wenn ich einen Korb hätte, der groß genug wäre, würde ich ein Stück Sonne mitnehmen. Ich glaube, dann könnte ich mich mit allem abfinden.

So viel würde sie gar nicht mitnehmen müssen, dachte sie: Ihr Leben im Berg würde nur einen Bruchteil des Lebens ihres Herrn währen, obwohl er ein paar Hundert Jahre älter war als sie. Sie fragte sich oft, ob sich jemand von den Unsterblichen an sie erinnern würde, wenn sie tot war. Oder würde sie dann vergessen wie ein herabgefallenes Blatt?

Aber was ist mit Nezeru? Wird meine Tochter, die vielleicht fast so langlebig ist wie ihr Vater, sich noch in ein paar Hundert Jahren an mich erinnern? Und Viyeki? Wird ein großer Herr wie er sich daran erinnern, dass er einmal eine Sterbliche geliebt hat? Warum sich weiterschleppen, wenn am Ende doch das Gleiche wartet – Dunkelheit und Stille.

Die Sonne war fast verschwunden. In der äußeren Stadt und auf dem Marktplatz wurde es jetzt so kalt, dass ihr Atem wie dichter Nebel vor ihren Augen stand. Sie zitterte. Sie war schon zu spät dran, und sie wagte es nicht, Viyeki zu verärgern. Nicht mal über ihren Tod konnte sie frei entscheiden, denn sie hatte dem Schicksal eine Geisel geliefert – ihr einziges Kind.

Also wieder nach drinnen, zurück in die stillen, endlosen Hallen aus Stein. Zurück zu den unverständlichen Ritualen, den maskierten Gesichtern, dem ständigen Wissen, dass, auch nachdem sie eine wertvolle Kriegerin geboren hatte, sie selbst, Tzoja, immer noch als eine Art Tier galt.

Ach, meine schöne, mutige Nezeru, mein Kind, dachte sie. *Auch wenn du mich nicht verstehst und meine Sterblichenschwächen verachtest, liebe ich dich doch. Für dich werde ich im Dunkel weiterleben.*

Liebte sie auch Viyeki, den Vater ihrer Tochter? Was empfand sie für ihren unsterblichen Herrn, ihren *Eigentümer?* Mehr als nur Dankbarkeit, weil er ihr Freiheiten gewährte, die die wenigsten ihrer Mitsklaven genossen? Weil er sie mit echter Freundlichkeit behandelte, ja sogar mit einer Art Zärtlichkeit, so unüblich das auch bei den Hikeda'ya sein mochte?

Tzoja hatte keine Antwort darauf. Sie verabschiedete sich widerwillig von der Sonne und wandte sich dann dem hohen, abweisenden Tor des Bergs zu, doch in einem kleinen Akt der Rebellion ließ sie die Hikeda'ya-Wächter ihre Einkäufe tragen.

Tief im Berg saß Viyeki Sey-Enduya, Großmagister des Bauleute-Ordens der Königin, in seinem Garten und las. Gerade ließ er ein Gedicht von Shun'y'asu auf sich wirken.

Wie das Schweigen der Vögel
Im Augenblick vor Sonnenaufgang
So die Stille des Herzens
Im Augenblick vor dem Tod
Dann kommt das Licht.

Stille, ja, dachte Viyeki. *Vor dem Tod ist sie in der Tat ein wertvolles Geschenk. Danach aber ist sie selbst für die Ärmsten von uns reichlich zu haben.*

Shun'y'asus Gedichte hatten Viyekis Meister Yaarike, dem vorigen Großmagister des Bauleute-Ordens, viel bedeutet. Dieser Band war das Lieblingsbuch des alten Adligen gewesen. Er hatte ihn seinem Nachfolger geschenkt, und sooft Viyeki die Worte las, sah er Yaarike Sey-Kijana vor sich: streng, manchmal von überraschendem Humor, aber immer voller Geheimnisse.

Wie die meisten Hikeda'ya schätzte Viyeki die Stille, aber sie war nicht das, was er an seinem Garten am meisten liebte. Dieses noble Wohnviertel auf der zweiten Ebene Nakkigas war ohnehin ruhig, bis auf die gelegentlichen Schritte von Sklaven oder das leise Rasseln einer Patrouille bewaffneter Wachen: Sein Haus war bereits ein Refugium vor allem Lärm. Was Viyeki suchte, war nicht Stille, sondern Einsamkeit.

Nach den Maßstäben Nakkigas war der Garten des Großmagisters luxuriös und groß, wie es dem Vorsteher eines der wichtigsten Orden gebührte. Ein Schacht führte von der Gesteinsdecke der Kaverne senkrecht hinauf bis zur steinernen Haut des Bergs und im Winkel zu einer Öffnung in dessen eisiger Flanke, sodass Sonnenlicht die polierten Schachtwände hinabgespiegelt wurde und eine helle Lichtsäule in der Mitte des Gartens bildete. Um diese Jahreszeit plätscherte Schmelzwasser aus einer Gesteinsritze in der Wand der Gartenkaverne in das rechteckige Bassin und lockte Vögel von draußen an. An einem guten Tag wie heute konnte es sein, dass ein halbes Dutzend Bergsperlinge und ein paar Steindohlen im flachen Wasser plantschten, ihr Gefieder schüttelten und sich flüsternd unterhielten. Selbst die Vögel schienen in Nakkiga ihre Stimmen zu dämpfen, als wären sie in ewiger Trauer.

Jetzt hörte Viyeki ein weiteres Geräusch, leiser noch als die Vogellaute – ein Einatmen. Da er allein schon daran seinen Sekretär Yemon erkannte, schob er rasch den Gedichtband unter ein anderes Buch, das Exemplar von *Die Hand der Königin und ihre fünf Finger*, das traditionell jedem Magister überreicht wurde. Yemon schien Viyeki treu ergeben, aber er wäre auch ein Tor gewesen, wenn er diesen Eindruck nicht vermittelt hätte, und Shun'y'asus

Gedichte waren schon lange vom Palast verboten. Obwohl Viyekis Exemplar von *Die Farbe des Wassers* ein Geschenk seines Meisters Yaarike war, der als großer Held galt, wäre es doch sehr unklug von Viyeki gewesen, sich beim Lesen dieses oder irgendeines anderen vom Hamakha-Clan der Königin als verdächtig erklärten Buchs ertappen zu lassen.

Vor allem jetzt. Vor allem heute.

»Ich störe Euch, Herr.« Es klang nicht wie eine Entschuldigung, eher, als hoffe Yemon insgeheim, dass es so war.

Viyeki sah auf und spiegelte Yemons betont ausdruckslose Miene zurück. »Ganz und gar nicht. Sagt, was Euch herführt.«

Der kleine, untersetzte Yemon war ein ausgezeichneter Sekretär, gescheit, aufmerksam und ohne engere Familie, die ihn von seinen Pflichten hätte abhalten können. Er war aber auch ehrgeizig und hatte mit an Sicherheit grenzender Wahrscheinlichkeit vor, eines Tages die Stelle seines Herrn einzunehmen (was für alle nicht gänzlich dummen Unterlinge eines jeden Ordens in Nakkiga galt). Es wäre töricht von Viyeki gewesen, etwas anderes zu erwarten, aber er musste ja Yemons Aufstieg nicht noch beschleunigen, indem er sich mit Shun'y'asus Gedichten erwischen ließ. Er riskierte einen kurzen Blick auf seinen Schoß, um sich zu vergewissern, dass das verbotene Buch nicht zu sehen war.

»Euer Termin im Palast ist bei der Abendglocke, Herr«, erinnerte ihn Yemon, obwohl sie beide wussten, dass Viyeki eher seinen eigenen Namen vergessen würde als eine Einbestellung zur Mutter des Volkes. »Soll ich die Sänfte eine Stunde vorher bereithalten lassen, oder wünscht Ihr, das Haus früher zu verlassen?«

»Ich brauche die Sänfte nicht. Ich gehe zu Fuß.«

Er brauchte Yemon nicht anzusehen, um zu wissen, dass dieser, wie immer, wenn sein Herr etwas tat, das er für verschroben oder töricht hielt, eine Augenbraue minimal hochzog – eine winzige Bewegung, die so viel sagte, wie es ein verächtliches Schnauben getan hätte.

»Danke, Yemon. Ihr könnt gehen.«

Natürlich war eben diese Einbestellung zu Königin Utuk'ku der Grund, weshalb Viyeki die Einsamkeit gesucht hatte und weshalb er der Versuchung erlegen war, das verbotene Buch mitzunehmen. Obwohl Shun'y'asu von der Blaugeistspitze schon lange, lange tot war, hatte sie doch in schwermütigen und zugleich tanzenden Worten genau solche Momente beschrieben, in denen man zwischen Pflichterfüllung und dem Widerstand des eigenen Gewissens zu wählen hatte. Viyeki hatte schon öfter auf solch hohen, beängstigenden Graten gestanden, aber er konnte es immer noch nicht leiden.

Diesmal war das Dilemma simpel, jedenfalls im Grunde: Viyeki war die höchste Ehre zuteilgeworden, die einem Hikeda'ya zufallen konnte, eine Einladung zu einer Audienz bei Königin Utuk'ku, der unsterblichen Herrscherin von Nakkiga und Mutter des Volkes. Aber er wollte nicht hin. Ja, er hatte, das musste er sich eingestehen, Angst davor.

Der Bote hatte die Einladung in den königlichen Palast erst vor einer Stunde überbracht. Es würde das erste Mal sein, dass Viyeki der Königin seine Aufwartung machte, seit sie aus dem jahrzehntelangen tiefen Schlaf, dem *Keta-yi'indra*, erwacht war, und auch das erste Mal, dass er sie sah, seit er zum Großmagister der Bauleute aufgestiegen war. Der Gedanke an diese Audienz erfüllte ihn mit Furcht, nicht zuletzt, weil seine Loyalität zu seinem ehemaligen Meister Yaarike bedeutete, dass er selbst dem Palast Dinge verschwiegen hatte. Viyeki hatte in den Jahren, da die Königin schlief, schwierige Entscheidungen treffen müssen, und er hatte immer versucht, das zu tun, was das Beste für seine Monarchin und sein Volk war, aber er wusste so gut wie jeder andere, dass bester Wille und beste Absichten nicht vor dem Unmut der Königin schützten. Die Gruben auf dem Feld der Namenlosen waren voll mit den verkohlten Gebeinen derer, die es gut gemeint, sich aber bei ihr unbeliebt gemacht hatten.

Er seufzte und rief nach einem Diener. Gleich darauf kam ein gebeugter alter Hikeda'ya, dessen Name Viyeki immer wieder entfiel, auf leisen, nackten Sohlen herbei.

»Erinnere Herrin Khimabu bitte daran, dass ich bei der Abendglocke eine Audienz bei der Königin persönlich – sie möge ewig über uns herrschen – habe«, trug ihm Viyeki auf. »Ich weiß nicht, wann ich zurück bin, weil das in der Hand der Mutter Aller liegt, also sag meiner Frau bitte, ich bedaure sehr, aber sie möge ohne mich essen.«

Der Diener verbeugte sich und ging. Die Störungen hatten die Vögel längst wieder den Schacht emporgescheucht, sodass das Bassin still dalag. Kurz hoffte Viyeki, er könnte seine Gedanken wieder zur Ruhe bringen und noch etwas Frieden finden, aber der Garten schien jetzt nicht mehr derselbe, das herabfallende Licht zu grell, das Plätschern zu laut, als ob der Schreck über die Einbestellung auch seine Augen und Ohren schreckhaft gemacht hätte.

Warum fürchte ich diejenige, die uns so viel gegeben hat? Was stimmt mit mir nicht, dass ich unsere Königin, unsere Beschützerin vor einer Welt, die uns hasst, nicht rückhaltlos liebe und ihr nicht uneingeschränkt vertraue?

Viyeki fand darauf keine Antwort. Er stand auf, strich seine Kleider glatt und ging auf die Suche nach seiner sterblichen Konkubine, in der Hoffnung, dass sie inzwischen vom Markt vor dem Tor zurück war.

Als sie nackt in Tzojas schmalem Bett lagen, läutete die große steinerne Glocke im fernen Märtyrer-Tempel einmal für die halbe Stunde.

»Ich stehe wieder auf«, erklärte Viyeki.

»Das wäre mir eine Freude.«

»Sei nicht verrucht, Tzoja. Ich bin zur Königin geladen.« Aber er wollte sich nicht aus ihren Armen lösen. Ihre warme Haut an seiner schien eine Art Zauber, der die Angst besiegte. Wie seltsam, dachte er, dass diese sterbliche Sklavin, diese wilde, kurzlebige Kreatur aus dem verhassten Rimmersgard, ihm Frieden zu schenken vermochte, wenn es sonst nichts und niemand konnte.

»Dann müsst Ihr natürlich gehen«, sagte sie. »Ihr werdet Euch ja wohl nicht weigern?«

»Weigern?« Viyeki hätte beinahe gelacht, aber die Überraschung darüber war wie ein Stolpern, während er auf einem schmalen Steg über einem Abgrund balancierte – es machte ihm nur die gähnende Tiefe unter sich bewusst. »Ich weiß, dass du vieles nicht weißt, kleine Sterbliche, aber jeder andere Hikeda'ya würde dich dafür auspeitschen. Der Königin etwas abschlagen? Ebenso gut könnte ich mir das Herz aus der Brust reißen und darauf herumtrampeln.«

»Aber Ihr habt doch gewiss nichts von ihr zu befürchten, mein hoher Herr. Während sie schlief, habt Ihr doch alles getan, was sie gewollt hätte, und Ihr habt es gut gemacht.« Tzoja stützte sich auf einen Ellbogen und ihre Brüste berührten jetzt seinen Arm. Viyeki strich mit dem anderen Zeigefinger darüber. Wie unschuldig sie doch war! Und wie wenig sie von dem Dornengestrüpp wusste, das ein Leben im Dienst der Königin war. »Selbst ich habe meinen Teil getan«, sagte sie munter. »Habe ich ihr nicht eine Kriegerin für unseren erhabenen Orden der Opfermutigen geliefert?«

»Scherze nicht!«

Tzoja zog die Augenbrauen zusammen. Ihr dunkles Haar war ganz durcheinander und verschwitzt. Sie schüttelte sich die Strähnen aus dem Gesicht. »Das war nicht meine Absicht, Herr. Gemeinsam haben wir beide eine Tochter hervorgebracht, die so klug und fähig ist, dass sie schon in jüngeren Jahren als irgendjemand sonst dazu auserwählt wurde, eine Klaue der Königin zu werden! Eure Ehefrau kann so etwas nicht von sich behaupten, obwohl sie mich behandelt, als ob *sie* Nezeru geboren hätte und ich nur Euer Abendessen bereiten lasse.«

»Genug!«, sagte Viyeki. Warum wollten ihn heute alle peinigen? »Wir werden nicht mehr davon sprechen. Unsere Gesetze stammen aus dem Garten selbst und sind nicht anzuzweifeln. Wenn dich irgendjemand so reden hört, wirst du einen qualvollen Tod sterben, und ich kann nichts zu deiner Rettung tun.«

Tzoja schwieg. Viyeki nickte billigend. Sterbliche, selbst die klügsten unter ihnen, waren wie die Vögel der Wiesen, zwitscherten und schwatzten den ganzen Tag. Aber diese hier, das musste er gestehen, bezauberte ihn immer noch, auch wenn sich schon die ersten Zeichen ihrer Sterblichkeit im Gesicht und am Körper zeigten. Selbst in der kurzen Blüte ihrer Jugend hatte sie nie die eisige Schönheit seiner Frau Khimabu besessen, aber etwas an ihr hatte ihn auf den ersten Blick angezogen. Tzojas Jugend verging jetzt, so wie sich am Ende des Sommers die Blätter wellten, aber das, was Viyeki so angezogen hatte – und was er bis jetzt nicht benennen konnte – war immer noch da, in jedem ihrer Blicke und jeder ihrer Bewegungen.

Ist es das Rätselhafte selbst, das mich fasziniert?, fragte er sich. *Oder die beängstigende Lust an etwas Gestohlenem, Verbotenem?* Schließlich würde ihn jeder seiner Untergebenen, der ihn so freimütig mit einer Sterblichen sprechen sähe, als wäre ein solches Tier einer Hikeda'ya gleichgestellt, augenblicklich denunzieren.

Das ist das Problem, wenn man zu große Höhen erklimmt, dachte er, jetzt schon mutlos, obwohl die eigentliche Prüfung noch vor ihm lag. *Umso mehr Leute beobachten einen voll Neid, und mit jedem Schritt droht ein tieferer Fall.*

Er stand auf und begann sich anzukleiden.

»Ich werde Euch vermissen, Herr«, sagte sie. »Meine Tage sind einsam.«

Er ignorierte es. Sie sagte immer solche Dinge, nachdem sie sich gepaart hatten. Er wusste nicht, wie er darauf reagieren sollte, so wenig, wie wenn sein Kriegsross oder seine Jagdeule plötzlich auf diese Art mit ihm sprechen würde.

Als Viyeki sein Gewand um sich geschlungen und gegürtet hatte, klopfte er sich ab, um sicherzugehen, dass er keine Waffe und keinen sonstigen für Besucher der Königin verbotenen Gegenstand bei sich trug. Er bejahte diese Verbote von ganzem Herzen, aber sie erschienen ihm doch auch ein bisschen albern: Wer sollte denn so verrückt sein, Königin Utuk'ku die Ewig-Lebende anzugreifen? Nicht nur wegen der ständigen Anwesenheit ihrer Leibwachen, der Zähne der Königin, die sich aus den besten Kriegern Nakkigas rekrutierten. Nein, der unbezwingbarste Schutz der Königin war sie selbst. Kein Lebender konnte die Grenzen ihrer Macht auch nur erahnen. Die unsterbliche Monarchin der Hikeda'ya wurde von ihrem gesamten Volk verehrt, aber sie wurde auch gefürchtet und zwar selbst von ihren mächtigsten Untertanen.

Viyeki war immer noch ärgerlich auf Tzoja wegen ihrer unverantwortlichen Fragen; er verließ ihre Räume ohne die üblichen gefühlvollen Abschiedsworte, die ihr so viel bedeuteten.

Die Fackel des königlichen Boten tanzte vor ihm her, sie war eher ein rituelles Banner als eine Lichtquelle. Mit seinem Sekretär Yemon und einem kleinen Kontingent von Männern seiner Hauswache folgte Viyeki dem Boten die große Freitreppe zur dritten Ebene mit dem Palast hinauf, vorbei an der schimmernden Fläche der Weißen Gärten, die auf einer hohen Steininsel zwischen den beiden Ebenen lagen. Viyeki fand die Pilzgärten immer schon tröstlich. Einmal hatte er sie sogar Tzoja gezeigt, doch statt ihn zu verstehen, hatte seine sterbliche Konkubine verstört auf den Wald von gewundenen leichenblassen Stielen, die zarten Lamellenfächer und die im leisesten Luftzug nickenden Hüte reagiert. Sie hatte gesagt, es erinnere sie an Würmer in einer Schaufel voll feuchter, dunkler Erde, und hatte ihn schon nach kurzer Zeit gedrängt, sie wieder hinauszubringen. Er war enttäuscht, ja fast schon verärgert gewesen, dass sie die unvergleichliche Schönheit dieses Ortes nicht erkannte, aber schließlich war Tzoja ja nur eine Sterbliche. Kein Wunder, dass sie in allem nur Tod und Vergänglichkeit sah.

Dennoch hätte Viyeki jetzt viel dafür gegeben, durch diese Gärten spazieren zu können, selbst in ignoranter Begleitung.

Als der königliche Bote sie weiter aufwärts führte, wehte ein kaum wahrnehmbarer Windhauch eine Wolke von Sporen empor und zu ihnen herüber; jeder Schritt, den sie machten, verwirbelte die Schwaden. Viyeki musste daran denken, was die Dichterin Lu'uya über genau diese Stelle Nakkigas geschrieben hatte:

Wenn Erdstern und Schneezunge ihre Samen entließen, durchschritt ich die nackte Nacht, tanzende Sterne zu meinen Füßen.

Lu'uya war schon über ein Dutzend Großjahre – fast achthundert Sterblichenjahre – tot, aber was sie über die Weißen Gärten geschrieben hatte, war immer noch wahr. In der Beständigkeit lag die größte Schönheit Nakkigas.

Als sie sich dem Palast näherten, hängten sich bange Gedanken an Viyeki wie die Bettler Shun'y'asus. Er wollte ja glauben, dass diese Einbestellung nur ein ganz normaler Vorgang war, dass die erwachte Königin lediglich gemäß einem Protokoll ihre höchsten Minister zur Audienz einberief, aber er wusste, er hatte sich größerer Verbrechen schuldig gemacht als nur der Lektüre verbotener Verse.

Er hatte mit seinem Meister Yaarike und anderen Dinge verheimlicht, die sie während des Heilschlafs der Königin getan hatten. Was zählte es da, dass sie ihr Handeln an dem ausgerichtet hatten, was sie für das Wohl der Hikeda'ya hielten? Die Königin war nicht nur die oberste Macht, sie war die Gerechtigkeit selbst, der Geist und das Gewissen des Volkes. Wie könnte er vor sie treten und nicht alles gestehen, was er getan oder auch nur zu tun erwogen hatte? Und wenn er es gestand, wie konnte er dann eine geringere Strafe erwarten als die Ächtung und Vernichtung seiner Person und seiner Familie?

Atme und beruhige dich, Viyeki Sey-Enduya, ermahnte er sich. *Du bist ein adliger Hikeda'ya und ein Kind des heiligen Gartens. Selbst wenn dich der Tod erwartet, willst du ihm gegenübertreten wie ein furchtsames Kind?*

Großzelebrant Zuniyabe empfing Viyeki am Eingangstor des Palastes. Zuerst schien es ja eine Ehre, dass der alte Zuniyabe persönlich gekommen war, statt einen Unterling zu schicken, doch der maskierte Großzelebrant würdigte ihn keines Wortes, machte nur die rituelle Geste der Achtung und dann das Zeichen, dass Viyeki ihm folgen solle. Viyeki ließ sich natürlich nicht die geringste Reaktion auf dieses unheilverkündende Schweigen anmerken, sondern machte nur ein Zeichen der Einwilligung und ging hinter dem maskierten Zuniyabe her.

Als Besucher brauchte man immer einen Führer durch den königlichen Palast, auch wenn es sich dabei kaum je um jemand so Hochstehenden handelte. Der *Omeiyo Hamakh* hieß nicht nur Irrgarten, sondern war auch ein solcher, ein unendlich kompliziertes Puzzle aus steinernen Räumen und Gängen, schmalen Brücken und augenscheinlich sinnlosen Treppen, die nirgendwohin führten – ein riesiges Mysterium, das man niemals durch Glück allein enträtseln konnte. Nur die höchsten Zelebranten kannten den Weg ins Innerste des Labyrinths, wo die Königin wartete.

Während ihn der ehrwürdige Zuniyabe immer tiefer in den Irrgarten hineinführte, konnte Viyeki nur daran denken, wer ihn hierherbestellt hatte, wer im Zentrum dieses Spinnennetzes aus Stein saß. *Utuk'ku die Älteste, die Mutter Aller, das Herz des Volkes.* Die Ehrentitel und preisenden Beiworte, die er als Kind gelernt hatte, tauchten nacheinander in seinem angsterfüllten Kopf auf. *Weiser als weise. Stärker als stark. Unsterblich. Allsehend.*

Schließlich kamen sie in einen Gang mit lauter Türen, eine so schlicht und unscheinbar wie die andere. Zuniyabe blieb stehen und legte die behandschuhte Hand auf Viyekis Arm. »Ich verlasse Euch jetzt«, sagte der Großzelebrant, dessen Gesichtsausdruck wegen der Elfenbeinmaske nicht zu sehen war. Er zeigte auf eine der Steintüren. »Sie wartet.« Zuniyabe machte eine höfliche, aber knappe Verbeugung und ging davon.

Wohl zum halbdutzendsten Mal, seit er sein Haus verlassen hatte, befahl Viyeki seine Seele dem Garten. *Verschwindet, Bettler*, befahl er den sinnlosen, quälenden Gedanken, als er die Tür öffnete und hindurchtrat – ins Dunkle.

Das Dunkel hinter der Tür war nicht so vollkommen, wie er zuerst gedacht hatte. Eine einzelne Fackel brannte am Ende eines Gangs aus glattem Stein, über einer Tür, so schlicht wie die, durch die er gerade gekommen war. Kurz hielt er die Reihen unbeweglicher Gestalten zu beiden Seiten des Gangs für Statuen, doch dann sah er, dass sie die glatten, das ganze Gesicht bedeckenden Helme und schneeweißen Rüstungen von Utuk'kus Leibgarde trugen, den Zähnen der Königin. Es waren keine Steinfiguren; Reg- und Lautlosigkeit waren der Normalzustand dieser Krieger.

Viyekis Vater Urayeki war Hofkünstler, immer sachlich und korrekt seinen hochedlen Sujets gegenüber, zu Hause im Familienkreis aber ausgelassener und manchmal sogar regelrecht versponnen. In Viyekis Kindheit hatte ihm sein Vater einmal erzählt, die Zähne der Königin seien in Wirklichkeit Geister von Kriegern, die bei der Verteidigung der Königin gefallen seien; ihre Tapferkeit habe ihnen das Privileg eingebracht, sie bis in alle Ewigkeit beschützen zu dürfen. Irgendwann hatte Viyeki die Wahrheit erfahren, aber die Geschichte war doch hängen geblieben. Und wenn sie auch vielleicht keine Geister waren, wusste doch niemand außer den höchsten Zirkeln des Irrgartenpalasts und der Opfermutigen Genaueres über die Zähne, wie sie ausgewählt und ausgebildet wurden, wo in dem riesigen Palast sie wohnten oder wie auch nur einer von ihnen hieß. Ein Opfermutigen-Kommandeur hatte Viyeki einmal in betrunkenem Zustand erzählt, die Elitekrieger der Königin überlieferten bei der Zeremonie, bei der sie ihre heiligen Helme aus weißem Hexenholz aufsetzten, ihre Zunge dem Messer.

Was muss das für eine Welt gewesen sein, als es noch so viel Hexenholz gab, dachte Viyeki, als er durch das Spalier von schweigenden, behelmten Kriegern ging. *Nur die Königin selbst bleibt unvergänglich und unverändert. Alles andere, was die Hikeda'ya haben, geht verloren, wird kraftlos, zerfällt zu Staub …*

Als er vor der Tür am Ende des Gangs ankam, öffnete sie sich, obwohl keine der Wachen sich gerührt hatte und auf der anderen Seite niemand stand. Viyeki trat über die Schwelle in Licht und weiten Raum.

Gesichter. Sie waren das Erste, was er sah, an allen Wänden des großen Raums und auch an der Decke – riesige Gesichter, manche nobel unbewegt, manche schmerzverzerrt, und sie gehörten alle derselben Person. Viyeki hatte diese Züge tausendmal an Denkmälern und auf Wandbildern gesehen. Er kannte sie so gut wie die seiner Familie. Es war Drukhi der Weiße Prinz, der Märtyrer-Sohn der Königin, der ihn von allen Seiten ansah. Die meisten Porträts waren in *Srinyedu* ausgeführt, einer heiligen Webkunst, die die Hikeda'ya aus dem Garten mitgebracht hatten, aber auch die Bodenfliesen zeigten verschiedene Momente aus Drukhis gewaltsam verkürztem Leben. In der Mitte des Raums, unter den Augen all dieser weinenden, leidenden Drukhis, umgab ein kugelförmiges, filigranes Gebilde ein mächtiges Bett, und beides ruhte auf einem Sockel von schwarzem Stein. In der Mitte des Betts sah Viyeki, wie ein Ei in einem Nest, die silbern maskierte Gestalt Utuk'kus.

Er war im Prunkschlafgemach der Königin selbst.

Im Schock warf er sich so schnell auf die Knie, dass er schmerzhaft auf den harten Boden krachte, und presste dann in einer Pose vollkommener Unterwerfung die Stirn auf die Hände. Er wartete mit geschlossenen Augen, doch als schließlich eine Stimme sprach, war es nicht die der Königin.

»Seid gegrüßt, Großmagister Viyeki. Willkommen zur Audienz in Gegenwart der Mutter des Volkes.«

Das Gesicht noch immer auf den Händen, presste Viyeki die Zähne aufeinander. Er kannte diese barsche Stimme nur zu gut und hörte sie in diesem Moment gar nicht gern. Was machte Akhenabi hier, als einziger der Minister?

»Ihre Majestät spricht, und wir alle gehorchen«, antwortete Viyeki vorsichtig. »Ihre Majestät hat gesprochen, und ich habe gehorcht.«

»Steht auf, Magister«, sagte der Herr des Sanges. »Keine übertriebenen Förmlichkeiten. Die Königin wünscht es nicht.«

»Tiefsten Dank der Mutter des Volkes«, sagte Viyeki, »und Dank auch Euch für Eure Willkommensworte, Herr Akhenabi.« Viyeki stand auf, vermied es aber immer noch, auf die schlanke, weitgehend weiß verhüllte Gestalt auf dem großen Bett zu blicken. Den Großmagister der Sänger anzusehen, war zwar unangenehm genug, aber immer noch leichter.

»Ihr könnt Euch an die Königin wenden«, instruierte ihn Akhenabi, als wäre er ein frischgebackener Akolyth. »Es ist Euch gestattet.«

Viyeki schaffte es, sich seiner Herrscherin zuzuwenden, konnte sie aber immer noch nicht direkt ansehen. Sein Herz schlug heftig. Er war während des langen Schlafs der Königin zum Magister befördert worden und ihr nie persönlich begegnet. Er hätte nie gedacht, dass er so überwältigt von ihrer Gegenwart sein würde, doch all die Dinge, die man ihm in seiner Kindheit erzählt hatte, all die Einzelheiten der langen Geschichte seines Volkes unter ihrer Herrschaft, waren plötzlich in ihm emporgestiegen wie eine mächtige Flut und hatten jeden anderen Gedanken weggeschwemmt. Was zählte schon, was er glaubte oder beabsichtigte? Viyekis ganze Existenz gehörte dem Denken und Wollen hinter dieser glänzenden, gleichmütigen Silbermaske, sein Leben war *ihr* Eigentum. Wie könnte es je anders sein?

Er konnte jedoch nicht umhin wahrzunehmen, dass die Mutter Aller in dem mächtigen Bett mit dem kugelförmigen Baldachin aus filigranem Hexenholz überraschend klein schien. Trotz seiner Größe war der Baldachin so fein gearbeitet wie kostbarster Schmuck, so erhaben schön wie ein Eisring um den Mond. Nachdem er ihn einen Augenblick lang diskret studiert hatte, erkannte Viyeki, dass der Baldachin der porösen Hülle eines Hexenholzkerns ähneln sollte. Und durch diese Form, wurde ihm klar, verkündete der Baldachin, dass die Königin der *Kei-in* war, der heilige Hexenholzsamen, aus dem alles andere hervorgegangen war – der Ursprung des Volkes der Hikeda'ya und der Quell aller Gaben, die ihm zuteilgeworden waren. Kein Wunder, dass sie ihre Untertanen hier zur Audienz empfing.

Dieser Keim aller Dinge, die alterslose Königin, ruhte in der Mitte des Betts, an Kissen gelehnt und bis zur Körpermitte zugedeckt. Wie immer trug Utuk'ku Trauerkleidung – Kleid, Handschuhe und Kapuzenmantel in eisigem Weiß –, doch die Augen, die ihn durch die Löcher der glänzenden Maske anblickten, waren so dunkel wie die Leere zwischen den Sternen.

Sie sah *ihn* an, wurde Viyeki jäh klar, und er starrte zurück, direkt ins Gesicht der Mutter des Volkes. Entsetzt über diese ungewollte Unverschämtheit, presste er die Stirn wieder auf die Bodenfliesen. »Ich sage dem Garten jeden Tag tausendmal Dank, dass Ihr zu uns zurückgekehrt seid, Majestät.«

Eine elfenbeinfarbene Gottesanbeterin in einem Käfig auf dem Nachttisch der Königin hatte bei Viyekis plötzlicher Bewegung den Kopf gedreht, fuhr jetzt aber wieder fort, sich zu putzen. Das Schweigen zog sich hin. Schließlich blickte Viyeki auf und bezwang den Drang, noch mehr Lobpreisungen und Dankesworte hervorzusprudeln, weil das wie Schwäche oder schlechtes Gewissen ausgesehen hätte und beides nichts war, was man in Gegenwart der Königin zeigen sollte. Endlich nickte Utuk'ku kaum merklich, die erste Bewegung, die er sie machen sah. Als sie zu ihm sprach, kamen die Worte nicht aus ihrem Mund, sondern drangen direkt in sein Denken, wie flüssiges Metall, das man ihm in die Ohren goss, jäh, erschreckend und schmerzhaft.

»*Wenn man lange genug im Ödland des Schlafes wandelt*«, sagte die Königin, »*entdeckt man, dass die Sterne Augen sind.*«

Viyeki hatte keine Ahnung, was das bedeuten sollte. »Ja, o Mutter Aller.«

»Die Königin ist noch immer nicht ganz wohlauf nach ihrem langen Schlaf, Magister Viyeki.« Akhenabis kratzige Stimme klang am ehesten amüsiert, aber wie immer bei den Ältesten, ob nun der Königin, dem Herrn des Sanges oder sonst jemandem aus dem schrumpfenden Kreis derer, die noch aus den frühesten Jahren nach der Vertreibung aus dem Garten stammten, konnte man unmöglich sagen, was hinter der Maske war, die sie alle trugen. Während sich die Züge der Königin für immer hinter glattem Silber verbargen, bedeckte Akhenabis Gesicht ein faltiges, fast schon durchscheinendes Gebilde aus hellem Leder mit feinen, silbrigen Runen darauf. Es war an den Seiten und um die Löcher für Mund und Augen herum direkt mit seiner eigenen Haut vernäht. Gerüchte besagten, diese Maske sei einst das lebende Gesicht eines seiner Rivalen gewesen. »Mit Hilfe meiner Sänger erholt sich die Mutter des Volkes – sie lebe ewig in Glanz und Ruhm – rasch von ihren enormen Anstrengungen im Rückkehrkrieg«, fuhr Akhenabi fort. »Doch die Belange unseres Volkes können nicht auf ihre völlige Genesung warten, daher will auch sie es nicht tun. Sie wünscht, dass ich mit Euch über die Projekte spreche, mit denen Eure Bauleute auf den tieferen Ebenen begonnen haben.«

»Es ist mir eine Ehre, unserer geliebten Monarchin Bericht zu erstatten«, sagte Viyeki, jetzt schon ein wenig zuversichtlicher. Wenn die Königin etwas über seine Arbeit wissen wollte, war er ja vielleicht doch nicht hier, um bestraft zu werden. »Wie Großmagister Akhenabi bestätigen kann, oh große Königin, erweitern wir die Stadt auf den unteren Ebenen von Nakkiga, um Raum für all die neuen Sklaven und Halbblutarbeiter zu schaffen.« Er sagte das mit einer gewissen Befriedigung. Er und sein Orden hatten während des langen Schlafs der Königin hart für sie und das Volk gearbeitet. »Zweihundert meiner Bauleute leiten das Unternehmen. Sie befehligen tausend Sterbliche und noch einmal halb so viele Tinukeda'ya – Träger, Steinhauer und andere. Wir werden rechtzeitig zum Drukhi-Tag fertig sein.«

»Genug«, sagte Akhenabi unvermittelt. »Diese Details sind belanglos, da die Königin die sofortige Einstellung der Arbeiten gebietet.«

Viyeki hatte Mühe, Luft zu holen. »Aber … aber wir …!«, hob er an.

»Widersprecht Ihr der Königin, Magister?«

»Ich … nein, niemals! Das würde mir nicht im Traum einfallen«, sagte er, um Worte ringend. »Aber es ist doch schon so viel Arbeit gemacht worden!«

»Das ist unwichtig, Magister Viyeki«, erklärte der Herr des Sanges. »Die Mutter Aller hat andere Aufgaben für Euch und Euren Orden.«

Viyeki sah sein bedeutendstes Unternehmen als Großmagister, seinen ganzen Stolz, in sich zusammenstürzen, als ob ein dummer Lehrling auf eine verhängnisvolle Schwachstelle einer Gesteinswand eingehauen hätte. »Gewiss«, sagte er, nachdem er einen Moment lang versucht hatte, seine im Schock davongaloppierenden Gedanken wieder einzufangen. »Unser Leben gehört ihr, immerdar.«

»Königin Utuk'ku wird erfreut sein, das zu hören«, sagte Akhenabi. »Denn während unsere Monarchin im tiefen *Keta-yi'indra* lag, haben einige ihrer Adligen Entscheidungen gefällt, die von Rechts wegen allein der Mutter Aller zustehen. Die alte Stadt vor dem Bergtor wiederaufzubauen beispielsweise. Oder Sterbliche zu Konkubinen zu nehmen, nur um mehr Kinder zu zeugen, mehr *Halbblut*kinder!«

Viyeki fühlte, wie sich eine eisige Faust um sein Herz schloss.

»Tatsächlich war ihre Majestät erstaunt, was sich alles während ihres *yi'indra* verändert hat.« Akhenabi sprach mit einem wohldosierten Zischen in der Stimme, als Ausdruck seiner Verachtung für jeden, der den Willen der Königin zu verfälschen suchte. »Dinge, die seit der Anlandung der Acht Schiffe nie zur Debatte standen, wurden in *ihrem* Namen angeordnet, während sie schlief! Ja, Magister, unsere Königin ist ungehalten – *sehr* ungehalten –, insbesondere den Adligen gegenüber, die diese Entscheidungen vorgeblich zum Wohl aller fällten, in Wahrheit aber zur Befriedigung ihrer körperlichen Gelüste und ihrer Habgier.«

Natürlich war der Herr des Sanges an jeder der Entscheidungen, die er da anführte, selbst beteiligt gewesen, aber er hatte es nicht zum ältesten und mächtigsten Höfling der Königin gebracht, indem er sich zu Fehlern bekannte.

Viyeki glaubte doch wieder, dass am Ende dieser Audienz sein Todesurteil warten würde. *Will Akhenabi mich opfern, und Tzoja ist sein Vorwand? Aber wenn ich den Hamakha-Folterern übergeben werde, weiß ich doch Dinge über den Herrn des Sanges selbst, die er bestimmt nicht vor der Königin enthüllt sehen möchte. Kann es also sein, dass er mich nur warnen will? Will er mich vielleicht sogar daran erinnern* – der Gedanke war bizarr, aber schlüssig –, *dass wir gemeinsame Interessen haben, dass wir einander vor Entdeckung schützen müssen, jetzt, da die Königin wach ist?* Inmitten so vieler seltsamer Dinge war das vielleicht das Allerseltsamste: die Vorstellung, dass Viyeki zu einem dauerhaften Bündnis mit dem Herrn des Sanges gezwungen sein könnte. Sein alter Meister Yaarike hatte recht gehabt, es gab keine seltsamere Gebieterin als die Macht.

»Ihr werdet einsehen, Magister«, sagte Akhenabi scharf, »dass angesichts so vieler unerwünschter Veränderungen unsere geliebte Herrin nach Ihrem Erwachen nicht auch noch mit ansehen will, wie ihr Bauleute-Orden sich abplagt, um Sklaven mehr Komfort zu bieten. Unser Volk wird nicht dahinschwinden, es braucht weder sie noch die Mischlinge, die uns diese verräterischen Adligen aufgezwungen haben. Das Einzige, worüber unsere geliebte Königin noch nicht befunden hat, ist, ob einige dieser Fehler in aufrechter Absicht gemacht wurden oder ob sie alle ein Angriff auf ihre Souveränität waren. Begreift Ihr das, Magister?«

»Gewiss«, sagte Viyeki. »Ich bin dankbar, dass sie ein so niedriges Objekt wie mich an ihren Gedanken teilhaben lässt.«

»Gut. Und die Königin wünscht, dass Ihr auch jene Bauleute zurückbeordert, die an der Verstärkung der alten Mauern arbeiten. Euer ganzer Orden wird neue Arbeit erhalten.«

Das war noch verblüffender als die Order, die Erweiterung der Sklavenviertel zu beenden. Die alten Mauern und ihre Wachtürme zählten zu den wichtigsten Verteidigungsanlagen Nakkigas gegen die Sterblichen, und sie bedurften dringend der Instandsetzung.

»Ich weiß nicht genau, ob ich Euch richtig verstehe«, sagte Viyeki vorsichtig. »Sprechen wir von den Mauern um Groß-Nakkiga, den Mauern rund um unser altes Gebiet und die Stadt außerhalb des Bergs? Während die Königin schlief, sind doch die mordenden Nordmänner deshalb bis vor unser Tor gelangt, weil jene Mauern in schlechtem Zustand waren, aber jetzt haben wir sie schon fast wieder uneinnehmbar gemacht.«

»Ihr vergeudet Eure Zeit und die Kräfte Eurer Arbeiter auf diese nutzlosen Mauern, Magister der *Bauleute.*« Akhenabi sprach den Namen des Ordens voller Verachtung aus. »Die Königin sagt, wir brauchen uns nicht mehr vor den Sterblichen zu schützen.«

Viyeki war sprachlos. »Wir … nicht?«

»Nein.« Die Stimme des Sängers wurde noch barscher. »Vielmehr werden sich die Sterblichen bald vor uns schützen müssen. Der jüngste Rückkehrkrieg ist nicht vorbei. Aber diese Audienz ist es gleich.« Akhenabi vollführte mit den behandschuhten Händen eine Aufmerksamkeit gebietende Geste, aber Viyeki war so verdattert, dass er gar nichts hätte sagen können. »Die Königin befiehlt die sofortige Einstellung aller Bauarbeiten auf den unteren Ebenen und an den äußeren Mauern Nakkigas. Ihr werdet persönlich dafür sorgen, dass das geschieht, Magister Viyeki. Später wird man Euch mitteilen, welche neuen Arbeiten Euer Orden zu verrichten hat. Ist das klar?«

Anscheinend musste er nicht sterben, jedenfalls nicht jetzt, aber darüber hinaus begriff Viyeki kaum etwas. War das eine Intrige von Akhenabi, um noch mehr Macht an sich zu reißen? Gab der Zauberer nur den Willen der Königin weiter? Wollte Utuk'ku wirklich wieder Krieg gegen die Sterblichen führen? Oder verfolgte er seine eigenen Pläne und berief sich dabei auf sie? Akhenabi war abgründig und raffiniert, aber er musste doch wohl wissen, wie aussichtlos ein solcher Krieg wäre. Auch mit der neuen Generation von Mischlingskriegern waren die Hikeda'ya den Nordmännern an ihren Grenzen zahlenmäßig weit unterlegen, ganz zu schweigen von den übrigen Sterblichen in all ihren hässlichen Wespennestädten in der gesamten bekannten Welt.

»Ja«, sagte er nur. »Ich werde wie immer tun, was meine Königin wünscht, und ich danke Ihr und dem heiligen Garten für das in mich gesetzte Vertrauen.«

»Ein Letztes noch, das unsere geliebte Mutter Aller klarstellen möchte«, erklärte der Herr der Sänger. »Von jetzt an sind auf Befehl der Königin alle sterblichen Zuchtfrauen bei den restlichen Sklaven in den Stallungen der unteren Ebenen zu halten, außer sie werden gerade benötigt, und auch danach sind sie unverzüglich dorthin zurückzubringen. Habt Ihr gehört, Großmagister?«

Viyeki konnte nur stumm nicken.

»Gut. Das Vertrauen der Königin in ihre edlen Minister ist, wie auch ihre Liebe zu ihrem Volk, wunderbar groß. Aber nicht unendlich.«

In der Wand öffnete sich eine Tür. Akhenabi blickte hinüber, sah dann wieder Viyeki an. Die Botschaft war eindeutig.

Viyeki verbeugte sich. »Wir alle schlafen, bis uns die Königin aufweckt«, sagte er und vollführte die rituellen, demütigen Abschiedsgesten, ehe er sich rückwärts aus dem großen weißen Schlafgemach entfernte.

Betäubt wie nach einem schweren Sturz, schaffte er es mit Mühe, nicht die Palasttreppe hinunterzustolpern und durch die Gänge zu wanken wie ein Betrunkener. Er konnte sich auf das, was gerade passiert war, einfach keinen Reim machen. Wusste die Königin wirklich, was vor sich ging, oder traumwandelte sie immer noch, und es schien nur so, als wäre sie wach? War Akhenabi ein Feind oder ein bizarrer Verbündeter, und musste er, Viyeki, seine Favoritin Tzoja wirklich aus seinem Haus entfernen? Und am meisten verstörte ihn: Was in aller Welt konnte der Herr des Sanges gemeint haben, als er sagte: »Der Rückkehrkrieg ist nicht vorbei«? War das nur ein Spruch, der Mut machen sollte? Aber warum dann die Arbeiten an den äußeren Mauern einstellen? Viyeki war mit allen möglichen Befürchtungen in diese Audienz gegangen, aber darauf, dass er am Ende davon so verwirrt sein würde, wäre er nie gekommen.

Seine Hauswachen und sein Sekretär warteten vor dem Torhaus des Palasts auf ihn. Yemon konnte unmöglich ahnen, was bei der Audienz passiert war, aber er sah seinem Herrn wohl an, dass er nicht in seinen Gedanken gestört werden wollte, also begleitete er ihn schweigend nach Hause zurück. Er kam auch nicht dazu, irgendwelche Fragen zu stellen, sobald sie drinnen waren, denn Viyeki ließ sie alle ohne weitere Anweisungen stehen, verschwand in seinem Arbeitszimmer und verriegelte die Tür hinter sich.

Seine Frau Khimabu konnte ihn nicht hervorlocken, als sie ankündigte, sie gehe jetzt ins Bett – Viyeki schickte sie laut und ärgerlich weg. Und als viel später Tzoja leise an die Arbeitszimmertür klopfte und etwas rief, bekam sie gar keine Antwort.

6

EINE AVERSION GEGEN WITWEN

Auch als Hernysadharc schon mehrere Tagesritte hinter ihnen lag, war die Königin noch immer verärgert.

Der Frühling kam jetzt mit Macht, obwohl sie nach Norden ritten. Vom Schnee waren nur noch einzelne Flecken auf freiem Feld und etwas Weiß auf den Bäumen und oberen Berghängen geblieben, und im Wind lag ein Dufthauch von Gras und ersten Blüten. Das hätte die Reise eigentlich angenehm machen müssen, aber Miriamel konnte ihre schlechte Laune nicht abschütteln.

»Eure Majestät sehen ein wenig streng aus«, sagte ihr Mann. »Zum Fürchten, würde ein Geringerer als ich vielleicht sogar sagen.«

Simon wollte sie nur erheitern, das wusste sie, aber ihr war nicht danach. »Wenn du es unbedingt wissen willst, ich bin immer noch wütend auf dieses gackernde, gefiederspreizende Miststück Tylleth.«

»Dann hältst du sie also für eine echte Gefahr?« Simons Gesichtsausdruck zeigte, dass er es wirklich wissen wollte. Miri durchflutete eine jähe Welle der Dankbarkeit, dass sie einen solchen Mann gefunden hatte, einen, den interessierte, was sie dachte, weil er ihr vertraute und sie liebte, nicht wegen der Krone auf ihrem Kopf. *Könnte ich mit einem anderen zusammen herrschen? Eine solche Welt kann ich mir gar nicht vorstellen.*

»Wenn sie einfach nur irgendeine Schnattergans von Hofdame wäre, die Hugo in sein Bett holt, nein, dann würde ich sie nicht dafür halten«, erklärte sie. »Aber sie hat ihn um den Finger gewickelt. Und du hast ja gehört, was Eolair sagt. Hexerei!«

Simon runzelte die Stirn. Sie ritten ein kleines Stück hinter der Vorhut, konnten also ausnahmsweise unter vier Augen reden. »Mag sein. Aber selbst dann, gib ihr nicht so schnell die alleinige Schuld«, sagte er. »Hugo hat sich verändert, seit ich ihn das erste Mal getroffen habe, und nicht zum Guten.«

»Zweifellos. Aber du hast nicht so viel mit ihr geredet wie ich. Obwohl diese Frau wahrlich nichts unterlassen hat, um deine Aufmerksamkeit auf sich zu lenken.«

Simon zog die Augenbrauen zusammen. »Meinst du?«

»Meine ich? Gebenedeite Elysia, sie hat praktisch ihren Busen an deinem Arm gerieben, als sie uns herumführten, und sich an dich geschmiegt wie eine rollige Katze.«

»Habe ich gar nicht bemerkt.«

»Das nehme ich dir nicht ab – wie könnte irgendein Mann die Brüste dieser Frau nicht bemerkt haben? Sie hat sie ja praktisch auf einem Kissen vor sich hergetragen und wie Kronjuwelen präsentiert.«

Simon grinste, und einen Moment lang war er wieder ein Junge. »Na gut, meine Liebe, du hast recht, ich habe es bemerkt. Es war mir peinlich, weil ich wusste, du schaust zu. Ich schwöre dir, ich mache mir nicht das Geringste aus …«

»Darum geht es nicht. Sei nicht albern.«

»Ach, Frau, du bist mir immer noch betörend genug.«

»Hör auf. Mit deinen Späßen bringst du mich nicht vom Thema ab. Diese Frau macht mir Angst. Selbst Inahwen – die sanfte Königin Inahwen! – bezeichnet sie als Gefahr. Tylleth versucht, Dämonen heraufzubeschwören! Wie damals Pryrates!« Sie beide wären dem roten Priester beinahe zum Opfer gefallen, sie wusste, darüber würde Simon nicht so scherzhaft hinweggehen.

»Ja, ja, ich habe gehört, was Eolair zu berichten hatte.« Simon schüttelte den Kopf. »Aber wir haben schon genügend andere Probleme, Liebste. Und Hernystir mag ja dem Hochkönigsthron unterstehen, aber es ist immer noch ein eigenes Königreich. Was sollen wir denn tun? Die Geliebte des Königs ergreifen lassen und wegen versuchter Dämonenbeschwörung vor Gericht stellen? Ädonitische Herrscher, die heidnische Adlige wegen Hexerei verurteilen? Vielen Hernystiri geht es ohnehin schon gegen den Strich, von ausländischen Ädoniten beherrscht zu werden. Da könnten wir gleich die Inquisitoren des Heiligen Kollegiums ausschicken.«

»Verschließe nicht die Augen, Simon«, sagte sie schärfer als beabsichtigt. »Nicht jeder ist so wohlmeinend wie du. Du bist manchmal einfach zu arglos.«

»Behandle mich bitte nicht wie ein Kind, Miri.« Seine heitere Gelassenheit kippte jetzt in Verärgerung um. »Belehre mich nicht, als wäre ich immer noch ein Küchenjunge. Nicht nach all den Jahren.«

Sie ritten eine Weile schweigend dahin. Es tat ihr leid, dass sie ihn zurechtgewiesen hatte, aber nicht *so* leid, dass sie sich hätte entschuldigen wollen. Dass ihr Mann stets dazu neigte, den Leuten zu vertrauen, war einer der Gründe, warum sie ihn immer noch so sehr liebte, aber das hieß nicht, dass sie nicht recht hatte.

Miriamel hatte schon eine heftige Abneigung gegen Hugos Zukünftige gefasst, bevor ihnen Eolair von seinem Gespräch mit Königin Inahwen erzählt hatte. Sicher, Gräfin Tylleths familiärvertrautes Geschnatter – als wäre Miriamel, selbst Königin und Tochter und Enkeltochter von Königen, nicht mehr als eine ältere Schwester – war ihr gegen den Strich gegangen. Aber außerdem schien sich diese Frau über alles, was um sie herum vorging, zu amüsieren, nicht so wie Miriamels liebe Freundin Rhona, die die meisten Dinge auf der Welt von Herzen komisch fand, sondern auf die überlegene Art von jemandem, der ein Geheimnis hat, das jeden schockieren würde, der darum wüsste. Das, was ihr dann über Inahwens Befürchtungen berichtet worden war, hatte ihr eigenes Misstrauen nur untermauert. Dennoch, in einem hatte Simon recht: Der Hochkönigsthron hatte genügend handfestere und dringendere Probleme. Etwa den idiotischen Beinahe-Krieg zwischen der Nördlichen Allianz und der Tochter des alten Wichtigtuers Stréawe, der Gräfin von Perdruin, der den Handel in ganz Osten Ard ins Chaos stürzen konnte.

Doch bei alldem, merkte Miriamel, spürte sie auch eine Traurigkeit in sich, die nichts mit Staatsangelegenheiten zu tun hatte.

»Es war schwer, an seinem Geburtstag auf einer solchen Reise zu sein«, sagte sie. Es waren die ersten Worte, die seit einer ganzen Weile zwischen ihr und Simon fielen. »Ich dachte nicht, dass es so schwer sein würde, nach all den Jahren. Aber für mich war es schwer.«

Ihr Mann nahm das Friedensangebot an. »Für mich auch, Liebste. Ich komme mir manchmal vor wie eine Katze.« Er bemerkte ihren Blick und lächelte traurig. »Der alte Shem Pferdeknecht hat immer gesagt, er müsse die Stallkatzen genau beobachten, denn wenn sie eine kleine Verletzung hätten, einen Rattenbiss oder eine Wunde von den Krallen einer anderen Katze, dann würde äußerlich bald alles verheilt wirken, die Wunde aber unter der Haut weiterschwären. Manchmal würde die Katze Wochen später daran sterben, wenn sie längst wieder gesund wirkte.«

»Na, das ist ja ein sehr beruhigender Gedanke.«

Er wurde rot. »Ich meine ja nur, dass Schmerz … dass manchmal nicht alles so weit verheilt ist, wie wir glauben, Liebste.«

Sie merkte, dass sie es wieder tat, ihn wegbiss, wenn sie ihre alte Kameradschaft am dringendsten brauchte – das, was sie von Anfang an so fest verbunden hatte wie später dann die Liebe, die daraus wurde. So verhielt sie sich vor allem, wenn sie über Johan Josua sprachen, als ob ihr Mann irgendwie an diesem schmerzlichen Verlust schuld wäre und nicht nur leidtragend wie sie. »Tut mir leid. Du hast recht. Es ist manchmal einfach schwer. Ich dachte, es würde mit den Jahren leichter werden. Und meistens ist es ja inzwischen auch leichter. Aber wenn nicht …«

»Ich versuche, an all das Gute zu denken, das uns sein Leben beschert hat, auch wenn es so kurz war. Ich halte mir vor Augen, was wir immer noch Gutes haben … Morgan und Lillia.«

»Zählst du die Witwe auch dazu?«

Sein Lächeln wirkte ein wenig bemüht. »Idela ist die Mutter unserer Enkelkinder. Und ich glaube nicht, dass sie so schrecklich ist, wie du sie manchmal hinstellst.«

»Johan Josua hätte nicht so jung heiraten sollen. Und er hätte nicht *sie* heiraten sollen.«

»Er hat sie geliebt. Niemand konnte es ihm ausreden, Miri. Das weißt du doch selbst.«

»Aber wir waren seine Eltern! Wir hätten …!« Diesmal schluckte sie die Worte hinunter, bevor sie herauskommen konnten, und schnaubte dann. »Alle Heiligen, steht mir bei! Ich kann mich selbst nicht hören!« Sie beugte sich im Sattel vor und kämmte mit den Fingern durch die Mähne ihres Pferds, um sich abzulenken. Sie sah, dass Eolair neben ihnen ritt, nah, aber nicht zu nah. »Heute erscheint mir alles traurig oder beängstigend«, erklärte sie ihrem Gemahl. »Isgrimnur, Johan Josuas Geburtstag und dieses verrückte, rüpelhafte Schauspiel in Hernystir. Hugo hat uns behandelt wie irgendwelche unwichtigen alten Verwandten. Und drei Tage mit dieser Hexe, die er heiraten will, das hat es nur noch schlimmer gemacht. Dämonen hin oder her, diese Tylleth hat ihren Mann wahrscheinlich umgebracht. Die Leute glauben es jedenfalls.«

»Die Leute glauben vieles. Und oft täuschen sie sich.« Diesmal wirkte Simons Lächeln ein wenig spitzbübisch. »Vielleicht hast du einfach nur eine Aversion gegen Witwen.«

Sie funkelte ihn finster an, wusste aber, dass es nur ein Scherz war. »Da ist Eolair. Frag *ihn* noch mal, was er von ihr hält. Und was Königin Inahwen meint.«

Sie hatte Eolairs Namen so laut gesagt, dass er herüberschaute. Sein Gesichtsausdruck war sorgsam unbeteiligt. »Ihr habt mich gerufen, Majestät?«

»Ihr reitet schon eine ganze Weile neben uns her, guter Graf«, sagte sie. »Ich sehe doch, wie Ihr nur darauf wartet, dass wir aufhören zu reden.«

»Ich möchte Eure Majestäten nicht stören.«

»Dann nennt es, uns vor uns selbst retten«, sagte der König. »Miri und ich sind beide nicht so gut aufgelegt. Kommt her, reitet hier neben uns und sagt, was Euch beschäftigt.«

Eolair sah Miriamel an, und sie nickte. »Also gut«, sagte er. »Gerade ist ein Bote aus Hernysadharc gekommen. Pasevalles Eilnachricht traf nach unserer Abreise dort ein, deshalb hat Hugo sie uns per Kurier hinterhergeschickt.«

»Sehr freundlich von ihm«, sagte Simon tonlos.

Eolair war der Letzte, dem etwas entging, nur weil es unausgesprochen blieb. »Majestäten, ich weiß immer noch nicht, was König Hugo sich dabei gedacht hat, Euch vor den Toren warten zu lassen«, sagte er. »Ich entschuldige mich nochmals im Namen all meiner Landsleute für dieses sonderbar unhöfliche Benehmen. Königin Inahwen war erstaunt und schämte sich dafür, dass der König Euch so lange vor den Mauern hinhielt. Sie hat es mir selbst gesagt.«

Simon winkte ab. »Inahwen ist nett, war es immer schon. Ich nehme das nicht allzu ernst. Männer sind Männer, ob Könige oder Küchengehilfen, wie ich wohl am besten weiß. Hugo ist vielleicht ein wenig trunken von seiner eigenen Größe und der bevorstehenden Heirat. Was Gräfin Tylleth angeht …« Simon hatte gerade das zerbrochene Siegel auf den gefalteten Papieren in Eolairs Hand bemerkt. »Ach, genug jetzt von ihr. Was hat Großkanzler Pasevalles zu berichten?«

»Wollt Ihr es nicht selbst lesen, Majestät?«

»Ich kenne Euch zu gut um zu glauben, dass Ihr dieses Siegel aufgebrochen hättet, wenn der Brief nicht an Euch adressiert wäre, und ich weiß auch, dass Ihr die Nachrichten gelesen habt und wahrscheinlich mehr als einmal, weil Ihr jemand seid, der ›nie Zeit für saubere Hände hat‹, wie meine alte Vorgesetzte Rachel der Drache zu sagen pflegte. Also erzählt uns bitte, was Pasevalles schreibt, oder zumindest das, was wir wissen müssen.«

Miriamel nickte. Als sie noch jung gewesen waren und ihre plötzliche Macht ihnen noch wie ein Wachtraum erschien, hatte Simon versucht, allen alles zu sein, hatte nie jemandem einen Gefallen verweigert und nie eine Bitte um Hilfe ignoriert. Miriamel, die am Hof ihres Vaters zuerst in Meremund und dann auf dem Hochhorst aufgewachsen war, hatte bereits gewusst, dass ein Monarch, der nicht manchmal auf Abstand gehen konnte, kein guter Monarch war. Es hatte Jahre gedauert und die Besetzung der wichtigsten Hofämter mit einigen alten, verlässlichen Freunden gebraucht, aber schließlich hatte ihr Gemahl doch gelernt, dass er nicht allen alles sein konnte.

Eolair entfaltete die Papiere und fand, wie Miriamel nicht anders erwartet hatte, sofort den ersten Punkt, den er besprechen wollte, ein paar Seiten nach dem Anfang. Er bereitete sich auf alle seine Aufgaben, und seien sie noch so klein, mit der peinlichen Sorgfalt eines gegen eine feindliche Übermacht stehenden Generals vor.

»Nach längeren Ausführungen über die Einweihung des neuen Kapitelsaals und die Arbeiten an der Bibliothek – sowie einige andere Dinge, die ich auf später verschiebe, wie etwa die Beschwerde der Allianz über Yissolas jüngste *Freveltaten*, wie sie es nennen – kommt der Großkanzler zum eigentlichen Punkt.« Eolairs markantes, wettergegerbtes Gesicht verzog sich zu einer drolligen Grimasse, und Miriamel musste daran denken, dass sie ihn einst für einen der bestaussehenden Männer von ganz Osten Ard gehalten hatte. »Ich wollte, unser Freund Pasevalles würde sich überreden lassen, die wichtigsten Dinge an den Anfang des

Briefes zu setzen, aber er schreibt immer noch nach der Schule eines Provinzhofes, voller blumiger Einleitungsworte und förmlicher Phrasen, sogar in einer Eilbotschaft.« Eolairs Augen weiteten sich ein wenig. »Verzeiht, Majestäten. Es sollte nicht klingen, als würde ich den Großkanzler kritisieren. Er ist ein fähiger Mann und ein hervorragender Verwalter …«

Simon lachte. »Keine Sorge, wir wissen, dass Ihr ihn bewundert.«

»Allerdings. Ihr könnt Euch glücklich schätzen, ihn zu haben, Majestäten, und bei ihm sind der Hochhorst und Erkynland während Eurer Abwesenheit in bester Hut.«

»Aber als wir diese Reise nach Rimmersgard beschlossen haben, wart Ihr Euch da nicht so sicher, oder?«, sagte Simon. »Lasst gut sein, ich ziehe Euch nur auf, alter Freund. Ich weiß, Ihr habt nur Eure Pflicht getan. Es ist problematisch, wenn der König und die Königin ihrem Hof so lange fernbleiben. Aber jetzt zurück zum eigentlichen Thema von Pasevalles Brief.«

»Ich lese Euch das am besten vor«, sagte Eolair und bewegte die schweren Pergamentblätter vor und zurück, bis er die richtige Entfernung von seinen Augen gefunden hatte. »*Aber, meine allergnädigsten Gebieter, ich fürchte, die Nachrichten aus Eurem südlichen Herzogtum Nabban sind nicht so gut …*«, begann er.

»Er kann schon ein wenig weitschweifig sein, unser Pasevalles, was?«, bemerkte Simon, als Eolair fertig war.

»Aber der Kern ist klar«, sagte Miriamel. »Herzog Saluceris ringt heftiger denn je mit seinem Bruder, und Drusis scharrt wie immer mit den Hufen, um die Grenze Nabbans weiter in die Thrithinge zu verschieben. Und der Rest von Nabban wartet wie immer, wer gewinnt, als wäre es nur ein Pferderennen.«

»Drusis behauptet, er will nur die nabbanaischen Siedler vor Überfällen der Thrithingbewohner schützen«, sagte Eolair. »Aber letztlich verhält es sich so, wie Ihr sagt, Majestät, ja. Ich fasse jetzt Pasevalles übrige Ausführungen zusammen. Er glaubt, der Wunsch nach Ausdehnung ins Grasland ist sowohl in den Häusern des nabbanaischen Dominiats als auch im gesamten restlichen Land zu stark, als dass Herzog Saluceris seinem Bruder solche Akte der Aggression offen untersagen könnte, und er ist sich auch nicht sicher, ob der Herzog eine offene Auseinandersetzung mit Drusis überleben würde.«

»Meint er wirklich ›überleben‹?«, fragte Miriamel, jetzt erstmals beunruhigt. »Das sind doch sicher nur Meinungsverschiedenheiten. Das benidrivinische Haus ist das Geschlecht des Helden Camaris selbst, und Saluceris ist der rechtmäßige Herzog von Nabban, nicht nur nach ihren eigenen Gesetzen, sondern auch nach denen des Hochkönigsbanns. Bei den Heiligen, Simon und ich haben Saluceris selbst gekrönt, in der Sancellanischen Ädonitis, vor Gott und ganz Nabban!«

»Alles richtig«, sagte Eolair. »Und ich glaube nicht, dass Drusis sich offen gegen seinen Bruder erheben und gegen so viele Gesetze und Sitten verstoßen würde. Aber ein Meuchelmord, der ihm nicht direkt angelastet werden könnte, würde Drusis zum nächsten Herzog machen, da Saluceris' Sohn noch ein Kind ist. Ich sage das ungern, aber wie Eure Majestäten wissen, ist Mord im Süden seit langem eine beliebte Methode, um an die Macht zu kommen.«

Simon gab ein frustriertes Knurren von sich. »Das ist wahrlich vertrackt. Aber was können Miri und ich tun? Es wäre ja wohl eine allzu grobe Einmischung, Saluceris Truppen zu schicken, ohne dass er darum gebeten hat.« Er blickte auf die Marschkolonne von Bewaffneten hinter und die berittene Vorhut vor ihnen. »Nicht, dass wir irgendwelche Truppen hätten, die wir entbehren könnten, jetzt, da die Pflanzzeit kommt. Vielleicht hat Herzog Osric ja recht, wenn er sagt, wir bräuchten ein größeres stehendes Heer …«

Als der König eine ganze Weile geschwiegen hatte und klar

war, dass er seinen Gedanken nicht fortführen wollte, ergriff Eolair wieder das Wort. »Um das klar zu sagen, Majestäten, Großkanzler Pasevalles erwartet von Euch im Moment keine Lösung, er möchte nur, dass Ihr wisst, welche Nachrichten er derzeit aus Nabban erhält, damit eine mögliche Veränderung der Lage nicht völlig überraschend kommt.«

»Mit anderen Worten«, sagte Miriamel, »er möchte seine Besorgnis und Hilflosigkeit mit uns teilen.«

Eolairs Stirn runzelte sich kaum merklich. »Das ist wohl in solchen Fällen leider nicht selten die Pflicht eines treuen Untertanen, meine Königin.«

Miriamel wusste, sie war unangemessen bissig, aber all die belastenden Einzelheiten des Regierungshandwerks legten sich wie ein Schatten auf den Frühlingstag.

»Du siehst aus, als dächtest du nach, meine kluge Gemahlin«, sagte Simon. »Du warst viel öfter in Nabban als ich, und deine Familie ist dort immer noch sehr mächtig. Was sollten wir tun?«

Miriamel schüttelte den Kopf. »Meine nabbanaischen Verwandten sind fleißig dabei, Öl ins Feuer zu gießen, höchstwahrscheinlich in eigennütziger Absicht, und meinem Vetter Dallo Ingadaris gäbe ich nicht mal mein Pferd zu halten, aus Angst, er würde es stehlen. Aber da sind immer noch viele andere Ingadariner, denen ich vertraue. Ich werde ihnen schreiben und fragen, wie sie das Ganze sehen und ob der Streit der Brüder wirklich so gefährlich ist, wie Pasevalles vermutet.«

»Über diesen Drusis haben wir schon genug gehört, um wenig von ihm zu halten«, sagte Simon. »Er ist zweifellos ein arroganter, aufreizender Kerl. Aber ein Mann allein kann ja wohl nicht ein ganzes Land zum Krieg aufstacheln.«

»Man sollte es nicht meinen«, sagte Eolair. »Aber es sind schon seltsamere Dinge passiert. Doch wie Eure Majestät schon sagten, Truppen können wir nicht entsenden, wenn wir nicht darum ersucht worden sind, das würden uns die Nabbanai mit Recht verübeln. Und das hier ist ja nur *ein Brief*. Pasevalles stammt selbst aus Nabban, also fühlt er Stürme dort vielleicht stärker, als wir übrigen sie wahrnehmen würden. Aber wenn wir zurück sind, nun ja, dann wäre es vielleicht nicht verkehrt, Nabban genauer im Auge zu behalten. Die Nabbanai sind ein großes und oft streitsüchtiges Volk. Verzeiht, meine Königin, ich wollte Euch nicht kränken.«

Nach kurzem Schweigen sagte Miriamel: »Kränken? Nein, Eolair, ich habe das oft genug selbst gesagt. Aber diese Reise hat gerade erst begonnen, und ich sehe jetzt schon überall Probleme heraufziehen.« Obwohl die Schneeflecken immer noch glitzerten und der Himmel wolkenlos war, schien die Sonne doch schwächer geworden zu sein. »Ich wollte, wir wären zu Hause.«

»Dieses Gefühl haben wir alle zuweilen, Liebste«, sagte Simon. »Jedenfalls in Zeiten wie diesen.«

Er-der-stets-auf-Sand-tritt, warum hast du dein Kind an einen so seltsamen Ort geführt?

Die Götter aus Tiamaks Kindheit im Wran waren nicht annähernd so mächtig und allgegenwärtig wie die Gottheit, die sein Herr und seine Herrin verehrten, aber manchmal konnte er nicht umhin zu denken, dass ein bisschen mehr Aufsicht ihrerseits trotzdem gut wäre, zumal auf dieser königlichen Reise in kalte nördliche Länder.

Er zog den Mantel enger um sich. An die Trockenländerkleidung würde er sich nie gewöhnen, aber jetzt war er doch unsagbar froh, geeignete Sachen für diese kalten nördlichen Lande anzuhaben und nicht das, was er während des ersten Teils seines Lebens getragen hatte: selten mehr als einen Lendenschurz und gelegentlich Sandalen. Allein der Gedanke daran, wie es wäre, so beinahe-nackt ins eisige Rimmersgard zu reisen, ließ ihn frösteln, obwohl etliche Reiter in seiner Nähe die Helme abgenommen hatten, um die Vorfrühlingssonne zu genießen.

Sonne, dachte er. *Bei uns in den Sümpfen hätte niemand eine so dünne*

Schleimsuppe ›Sonne‹ genannt. Hier ist es ja nicht mal warm genug, um eine kältestarre Schildkröte auf einen Stein zu locken.

Nicht dass Tiamak seine Sumpfheimat wirklich vermisst hätte. Selbst in Haindorf war er ein Außenseiter gewesen, ein seltsamer junger Mann, der lesen und schreiben lernte und zum Studieren nach Ansis Pellipé in Perdruin ging – eine *Stadt*! Aber er vermisste das Gefühl von Sicherheit, das er als Kind in den Sümpfen gehabt hatte, unter den ausladenden Ästen und schweren Blättern, wo alles bekannt und vertraut war. Jetzt wurde ihm die Welt mit jedem Jahr fremder.

Nicht mehr allzu viele Jahre, und ich bin richtig alt, dachte er. *Wird mir die Welt dann ganz und gar fremd sein?*

Tiamak war noch nie so weit im Norden gewesen, das war auch ein Grund. Nicht nur die kalte Luft, auch die schiere Größe des Himmels war so anders, dieses weite Blau, das ihm das Gefühl gab, auf einem Hochplateau zu stehen statt in einem Flachland mit Flüssen und schneefleckigen Wiesen. Aber der Schnee verschwand jetzt, weil die Tage wärmer wurden, rief er sich in Erinnerung. Er musste daran denken, ein Dankgebet zu sprechen. Letztes Jahr um diese Zeit war, wie seine Kameraden nie müde wurden zu erzählen, dieser Teil Osten Ards hüfthoch verschneit gewesen, der Himmel, aus dem immer noch Schnee herabwirbelte, so grau wie Blei.

Das ist doch ein guter Punkt, um mit meiner Danksagung anzufangen, sagte er sich. *Danke, Er-der-die-Bäume-biegt. Danke, dass da überhaupt Sonne ist und nicht zu viel Schnee!*

Er würde vielleicht anders empfinden, vermutete er, wenn es nicht ein so trauriger Anlass wäre, der sie in den Norden führte: der baldige Tod des Herzogs Isgrimnur von Elvritshalla. Doch wäre es ein geringerer Grund gewesen, hätte er den König und die Königin wahrscheinlich nicht begleitet. Isgrimnur war auch Tiamaks Freund. Gemeinsam mit Miriamel, die damals noch ein Mädchen gewesen war, hatten sie unglaublichen Widrigkeiten getrotzt und aussichtslose Situationen überlebt. Das allein hätte es für Tiamak schon zur Ehrenpflicht gemacht, in diesen verstörenden Teil der Welt zu reisen, doch über die Jahre hatte sich die Freundschaft zwischen ihm und Isgrimnur in gänzlich unerwarteter Weise weiterentwickelt und vertieft. Der polterige Herzog, der Tiamak zuerst so groß wie ein Haus erschienen war, hatte sich als ebenso weise wie laut und als ebenso feinsinnig wie tapfer erwiesen. Sie hatten Briefe gewechselt, nur einige wenige im Jahr, die sie in die Diplomatenpost zwischen Elvritshalla und dem Hochhorst steckten, aber es hatte genügt, um die Freundschaft überaus lebendig zu halten.

Und die meiste Zeit war es sogar eine Freundschaft zu dritt gewesen, denn Isgrimnurs Gemahlin Gutrun hatte die Briefe ihres Mannes immer sorgfältig durchgelesen, Wörter ergänzt, die der Herzog in der Eile vergessen hatte, hie und da einen Grammatikfehler korrigiert (Isgrimnur sei im heimischen Rimmerspakk auch nicht besser, hatte sie Tiamak oft erzählt) und eigene Passagen voller nützlicher Nachrichten aus Rimmersgard und lustiger Anekdoten über ihren Mann hinzugefügt. Als ihn vor einigen Jahren die Nachricht von Gutruns Tod erreicht hatte, war das einer der traurigsten Tage in Tiamaks Leben gewesen. Persönlich erlebt hatte er sie kaum, aber durch die Briefe ihres Mannes, wo sie immer zwischen dessen krakeligen Zeilen hervorlugte, hatte sie sich eine Heimat in Tiamaks Herzen geschaffen.

Es war so schmerzlich gewesen, sie zu verlieren, dachte er. *Und jetzt den Herzog. Warum muss Sie-die-darauf-wartet-alles-wieder-zu-sich-zu-nehmen damit so lange warten? Warum kommt die Sichel erst, wenn wir so an die Welt gewöhnt sind, wenn der Schmerz für die Sterbenden und die Zurückbleibenden am größten ist?*

Tiamak versuchte, eine bequemere Position auf dem harten Kutschbock zu finden. Er war immer noch nicht so weit zum Nordländer geworden, dass er gern auf einem Pferd ritt, und er war auch nicht groß und gepolstert genug, um lange bequem auf einem sitzen zu können, selbst wenn er es gewollt hätte. Zu Hause stand für ihn ein Esel im Stall, ein nicht gerade schönes, aber leidlich ruhiges Geschöpf namens Scand, doch es war nicht infrage gekommen, die Reise auf diesem Tier zu machen, das sich die ganze Zeit hätte abmühen müssen, um mit den Pferden Schritt zu halten. Also saß der kleine Wranna jetzt neben dem Kutscher der Equipage, die für das Königspaar gedacht war, die dieses aber bisher nur als rollenden Schrank für Kleidung und andere Dinge benutzt hatten. Auf dem Hochhorst ritt Tiamak Scand nur, wenn er im Freien sein wollte, und dann fast immer in Gesellschaft der kleinen Prinzessin Lillia und ihres Ponys. Die Enkelin des Königspaars war fast so dickköpfig wie der Esel, aber Tiamak liebte sie in einem Maße, wie er es nie für möglich gehalten hätte, noch mehr, als er die Kinder seiner Schwester geliebt hatte, obwohl die mit ihm blutsverwandt waren.

Es war nicht nur wegen seiner ergebenen Treue zu Simon und Miriamel. Tiamak mochte auch Prinz Morgan, aber etwas an der Kleinen brachte sein Herz zum Schmelzen, und wenn sie ihn »Onkel Timo« nannte, war er schlichtweg hilflos. Selbst wenn im Wran noch etwas auf ihn gewartet hätte, selbst wenn ihn die Ältesten angefleht hätten, zurückzukommen und ihr Oberhaupt zu sein, wäre Tiamak wahrscheinlich gar nicht fähig gewesen, das kleine Mädchen zu verlassen. Er wollte Lillia heranwachsen sehen, wollte dabei sein, wenn das helle Köpfchen immer verständiger wurde, wollte miterleben, wie sie lernte, diesen enormen Ehrgeiz und diese Zielstrebigkeit auf etwas Höheres zu richten als nur darauf, ihren Sklavenonkel Tiamak zu zwingen, ihr im Schlamm von Kynswaldbächen phantastische Wasserradsysteme zu bauen.

Doch dass er Isgrimnur verlieren würde und dass er die kleine Lillia vermisste, war noch nicht alles, was Tiamak bedrückte. Als die Nachricht vom Zustand des Herzogs auf dem Hochhorst eintraf, hatte Tiamak gerade mit seinem großen Werk begonnen. Es zu planen, hatte Jahre in Anspruch genommen, doch statt diese Mühe jetzt endlich Früchte tragen zu sehen, war er hier, hundert Meilen von der Burg entfernt. Er wusste, bis zu seiner Rückkehr würden Wochen vergehen, und in seiner Abwesenheit stand die Arbeit an seinem Projekt praktisch still.

Und ich bin doch nicht mehr jung, dachte er traurig. *Wer weiß, wie viel Zeit mir noch bleibt, um dieses heilige Werk zu vollenden?*

Es war, so würden die meisten Leute wohl sagen, nur eine Bibliothek, eine Sammlung von Büchern und Schriftrollen, etwas, das selbst Isgrimnur wahrscheinlich für eine bizarre Verschwendung von Zeit und Platz halten würde. Doch es sollte die erste richtige freie Bibliothek werden, die je in den nördlichen Ländern erbaut wurde, und Tiamak, der sich als Kind gefragt hatte, ob er je ein eigenes Buch besitzen würde, bedeutete sie alles. Sie würde dem Andenken von Prinz Johan Josua gewidmet sein, Miriamels und Simons verstorbenem Sohn, das lag Tiamak am Herzen, denn er hatte den jungen Mann sehr gern gehabt. Johan Josua hatte Bücher und Wissen genauso geliebt wie er, und Tiamak hatte den Ehrgeiz, die Bibliothek, die den Namen des Prinzen tragen würde, zu einem bedeutenden Zentrum der Gelehrsamkeit zu machen.

Aber bis wir aus Rimmersgard zurück sind, kann ich nichts tun, als dem Baumeister ab und zu einen Brief zu schicken und um Geduld zu beten.

Eine jähe Bö von den bläulichen Bergen im Norden her verursachte Tiamak Gänsehaut, und obwohl schon den ganzen Tag ein unangenehmer Wind wehte, überraschte ihn dieser eisige Hauch doch, denn er drang ihm bis ins Mark und die Innereien. Unwillkürlich formte er Kreise mit Daumen und Zeigefingern, um Unglück abzuwenden, so wie er es als Kind immer getan hatte.

Wenn ich in Haindorf wäre, dachte er, *wäre ich mir sicher, dass Sie-die-darauf-wartet-alles-wieder-zu-sich-zu-nehmen mir ihren kalten Atem in den Nacken geblasen hat, um mich daran zu erinnern, dass sie Pläne hat, die niemand von uns kennt.*

Was natürlich stimmte, denn es stimmte immer. Die Traurigkeit wegen Isgrimnur machte ihn dünnhäutig, ließ ihn vor Schatten erschrecken, unter jähen Böen erschaudern.

Während Tiamak seine Gedanken wieder auf die Bibliothek und die mit ihr verbundenen Hoffnungen zu richten versuchte, hörte er hinter sich jemanden rasch heranreiten. Er drehte sich auf dem Kutschbock um und sah, wie einer von Eolairs Bediensteten sein großes, dunkles Pferd neben der Kutsche zügelte.

»Verzeihung, Herr«, sagte der Reiter zu Tiamak. »Der Marschall hat mir aufgetragen, Euch das hier zu geben. Es kam mit den Eilbotschaften aus Erkynland.«

Als Eolairs Reiter sich entfernte, betrachtete Tiamak den versiegelten Brief, und ihm wurde etwas leichter ums Herz. Das ausgefallene Siegel verriet ihm sofort, von wem der Brief war. Statt eines Metallpetschafts oder eines Siegelrings drückte seine Frau Thelía immer eine kleine getrocknete Blume in das geschmolzene Siegelwachs. Da sie den Brief schon vor mehreren Monaten, im Feyever, abgeschickt hatte, war es diesmal eine der ersten Wildblumen, die in Erkynland blühten, ein leuchtend gelbes Blümchen, das Sonnenlöwe oder manchmal auch Huflattich genannt wurde. Sie hatte sie bestimmt beim Sammeln von Kräutern und Heilpflanzen im Burggarten gepflückt, und es hätte ihn eigentlich wärmen müssen, die trotz der langen Reise noch leuchtenden Blütenblätter zu sehen, aber er spürte stattdessen die Nachwirkungen des eisigen Hauchs von eben. Er faltete die Briefblätter auseinander und begann zu lesen, in der Hoffnung auf gute Nachrichten oder zumindest nichts, was ihn beunruhigen würde. Tatsächlich begann der Brief in Thelías üblichem Plauderton. Es schien lediglich um alltägliche Dinge zu gehen: ein paar Entscheidungen wegen des Baumaterials für die Bibliothek, die er ihr hoffentlich brieflich werde mitteilen können, die Verwendung von wildem Majoran und was er aus seiner Kindheit im Wran darüber wisse. Doch dann kam er zum letzten Teil.

Eins noch, mein geduldiger Ehemann, eine kleine, aber sonderbare und interessante Geschichte.

In deiner Abwesenheit wurde ich einmal gerufen, um meine Heilkunst an einem Küchenbediensteten auszuüben, einem alten Mann hernystirischer Abkunft, der in einem Anfall in der Vorratskammer zu Boden gestürzt war. Ich weiß nicht, ob du ihn kennst. Er heißt Riggan und ist ein dünner, gnomenhafter Bursche von sechzig Jahren oder mehr, mit großen, vorquellenden Augen und rauher Haut. Er war nicht schlimm verletzt, aber er ist des Westerling kaum mächtig, daher bat ich Gräfin Rhona, mir zu helfen. Sie fragte ihn in seiner eigenen Sprache, was passiert sei, und er antwortete: ›Ich höre die Morriga Selbstgespräche führen. Jede Nacht, und ich kann nicht schlafen.‹

Gräfin Rhona schien ein bisschen erschrocken und erklärte mir, die Morriga sei eine alte hernystirische Göttin des Todes und der Schlacht. Sie werde in ihrem Volk nicht mehr angebetet, sei aber immer noch gefürchtet, man mache sie für Albträume und andere Übel verantwortlich. Dann, noch bevor ich nachfragen konnte, sagte dieser Riggan wieder etwas in seiner Sprache, und das ist es, was ich dir erzählen will, weil ich denke, es interessiert dich. Er sagte: ›Sie holt uns zurück. Sie holt uns alle zurück. Sie ist die silbermaskierte Herrin der Tränen.‹ Ich frage dich, mein Gemahl, klingt das nicht, als ob die Nornenkönigin Utuk'ku, die einst eine unmittelbare Gefahr für die ganze Menschheit war, irgendwie zu einer Schauergestalt für Küchenbedienstete geworden ist? Die Sithi-Freunde des Königspaares glaubten, dass Utuk'kus Macht mit der Niederlage des Sturmkönigs für immer vernichtet worden sei, und ich bete, dass das stimmt. Wenn sie jetzt nur noch ein Mythos ist, ein verblassender Albtraum, dann danke ich unserem gnädigen Gott, dass er uns alle vor ihren bösen Plänen bewahrt hat.

Ich wollte nicht länger bei diesem Riggan bleiben, als er sich einigermaßen erholt zu haben schien, denn er war mir doch unheimlich mit seinem seltsamen Gesicht und seinen glotzenden Fischaugen, und es war auch beunruhigend, die sonst so gelassene und kluge Gräfin Rhona so bleich werden zu sehen, als der Mann die Morriga erwähnte – die ›Mutter aller Dämonen‹, wie Rhona sie nennt. Meine ädonitischen Schwestern würden das, was diesen Mann quält, als Werk des Teufels ansehen, aber mein Denken ist mittlerweile so von deinem geprägt, lieber Tiamak, dass ich vermute, es ist nur die Verquickung einer Krankheit seines Geistes mit Geschichten, die er als Junge gehört hat. Ja, ich nehme es als Beweis für das, was du immer sagst, mein lieber Mann: ›Wahrheit und Unwahrheit gehen einen langen Weg gemeinsam, bevor sie getrennte Wege gehen …‹

Hätte er ihren Brief ein paar Tage früher bekommen, wäre die Geschichte vom Anfall des Küchenbediensteten nur eine Kuriosität gewesen, mit der er sich zu einem späteren Zeitpunkt noch einmal hätte befassen können, doch jetzt bewirkte die Geschichte von dem Verrückten, der von der Nornenkönigin träumte, dass Tiamak sich fühlte wie ein Reisender bei Nacht in einem fernen Land, der hört, wie ihm etwas durchs Gebüsch folgt. Am Abend nach ihrem Aufbruch aus Hernysadharc hatte Graf Eolair dem Königspaar und Tiamak erzählt, was Königin Inahwen über Gräfin Tylleth zugetragen worden war, dass sie und einige andere am Hof eine schreckliche alte Göttin verehrten, die Morriga, und jetzt fiel ihm dieser Name wieder ein.

Es muss Zufall sein, sagte sich Tiamak. Eolair hat ja selbst gesagt, die Angst vor der Göttin und die Geschichten, die sie hervortreibt, seien so alt wie Hernystir selbst. Doch noch während er sich gut zuredete, überlief ihn wieder der kalte Schauer, und diesmal war da kein Wind, auf den er es schieben konnte.

Die silbermaskierte Herrin der Tränen … Eine tiefsitzende Furcht presste ihm das Herz zusammen. *Etwas kommt, das alles bedroht*, dachte er hilflos – *meine Bibliothek, die königlichen Kinder, den Thron. Ich fühle es.* Er rang mühsam nach Atem, und sein Herz flatterte in seiner Brust wie ein gefangener Vogel. Der Kutscher knallte mit der Peitsche, um die Pferde beisammen zu halten; er nahm offensichtlich nichts wahr außer dem Klimpern der Geschirre und dem Stampfen der Hufe. Der Himmel über ihnen war immer noch blau, die Sonne schien, aber Tiamak fühlte sich, als hätte er den Fuß auf vermeintlich festen Boden gesetzt und dann gemerkt, dass unter seiner Sohle nichts war als gähnende Leere.

7

DIE INSEL DER KNOCHEN

Die anderen Mitglieder der Hand der Königin saßen stumm unten am Strand und warteten auf das Schiff. Schon seit Stunden harrten sie an dem steinigen Strand aus, reglos wie Statuen, auch jetzt noch, da der Wind stärker wurde und der Nachmittag sich mit der Sonne neigte. Sie würden wohl auch noch stundenlang genauso reglos dasitzen, aber Nezeru hatte das Meer noch nie gesehen. Es hatte sie so fasziniert mit seiner Weite, seiner Lebendigkeit, seiner sich unablässig verändernden Oberfläche und seinen Farben, dass sie auf die Klippen über dem abgelegenen Strand geklettert war, um eine bessere Aussicht zu haben.

Das Erstaunlichste war nicht einmal die Größe des Ozeans, so bemerkenswert sie auch war: Die Schneefelder nördlich des großen Berges, in dem ihr Zuhause lag, schienen ähnlich endlos. Es waren auch nicht die herrlichen Farben – das durchscheinende Jadegrün der Wogen, die Grau- und Blau- und Schwarztöne, mit denen es sich abwechselte, und die weißen Gischtkämme –, denn für Hikeda'ya-Augen waren auch die großen Eisflächen der Nornfjälle ein Farbenspiel. Nein, das Erstaunlichste für Nezeru war die *Lebendigkeit* des Meers, die ständige Bewegung in verschiedene Richtungen, die dazu führte, dass Wellen sich schnitten, was Wasser in gewichtslosen Schaum verwandelte und hoch in die Luft schleuderte. Und nicht nur das Wasser selbst war lebendig: Seevögel tanzten auf den Wellen auf und ab oder schwebten in kreisenden Wolken darüber, und ihr Geschrei erfüllte die Luft. Die meisten machten Jagd auf die silbrigen Fische, die in fast jeder Welle glitzerten. Überall war Leben. Nezeru wusste, wenn sie einen Sack Nakkiga-Gerste, so groß wie ein Haus, nähme und auf dem verschneiten Boden außerhalb ihres Heimatbergs auskippte, würde nicht ein Tausendstel dieser Vielfalt von Lebewesen erscheinen. Krähen würden kommen, ja, ein paar Seidenschwänze und bei Dunkelheit dann Ratten und Mäuse, aber so etwas wie dieses Chaos von Stimmen und Bewegung hatte das Land um Nakkiga herum nicht zu bieten.

Sie hockte auf der Klippe und sah zu, wie die Sonne aufs Meer herabsank und die Wellenkämme kupferrot färbte. Als das letzte bisschen des Tagsterns hinter dem Horizont versank, leuchtete dieser grün auf, und in diesem Moment blickte Nezeru zufällig die Kliffwand zu ihren Füßen hinab. Etwas Helles lag dort, nur wenige Armlängen unter ihr, schimmernd im letzten Tageslicht.

Ohne Zögern schwang sich Nezeru über die Kliffkante und ließ sich vorsichtig an der steilen Felswand hinab, prüfte jeden Griff und jeden Tritt, ehe sie ihm ihr Gewicht anvertraute, denn der Sandstein war alt und mürbe. Bald schon war sie, an einem Arm hängend und auf einer Fußspitze balancierend, neben einem Vogelnest und dessen einzigem Inhalt, einem hellen, braungefleckten Ei.

Ein Möwennest, befand sie, als sie das unordentliche Gebilde aus Stöckchen, Federn und Lehm inspizierte. Nur wenige Möwen verschlug es landeinwärts bis zum Rumiya-See bei dem großen Berg, aber die, die es dort gab, waren von großem Interesse für die Hikeda'ya und ihre Diener, deren Kost durch die bittere Kälte und die gefrorenen Böden ihrer Heimat stark eingeschränkt war. Nezeru wusste, wie Möwennester aussahen und wie die Vögel und ihre Eier schmeckten.

Vorsichtig hob sie das gesprenkelte Ei an, wog es in der Hand. Es schien noch früh im Jahr für Gelege, aber ohne Zweifel schlummerte da drinnen etwas Warmes, Lebendiges. Kurz erwog sie, das Ei mitzunehmen – Handführer Makho war sehr knauserig mit Essen –, doch nachdem sie stundenlang auf der Klippe gestanden hatte, fühlte sie sich hier fast schon wohl. Außerdem enthielt das Nest nur dieses eine Ei, das deshalb eher zum Bewundern als zum Verbrauchen da zu sein schien. Es war ein sonderbares Gefühl, es widersprach so ziemlich allem, was sie gelernt hatte, aber Nezeru legte das Ei behutsam wieder ins Nest zurück.

Als sie die Kliffwand wieder hinaufkletterte, ging am Himmel über ihr das Lila in Schwarz über. Sie hielt inne und blickte nach Westen, wo die Sonne untergegangen war und das letzte Tageslicht auf verlorenem Posten kämpfte. Ganz am Horizont, so fern, dass es weniger scharfen Augen als denen einer Hikeda'ya entgangen wäre, sah sie die hellen geometrischen Formen von Segeln. Sie blickte auf den Strand hinab, war sich aber sicher, dass das nahende Schiff für Makho und die anderen noch nicht sichtbar war. Als sie das letzte Stück hinaufkletterte, froh, die Überbringerin der Nachricht sein zu können, trug ein Luftwirbel plötzlich den scharfen Geruch von Gefahr heran.

Als sie über die Kliffkante spähte, war da ein Wildschwein auf seiner abendlichen Nahrungssuche. Es hatte sie noch nicht bemerkt, aber sie wusste, das würde sich bald ändern. Zuerst hielt sie es für einen großen wilden Eber, weil es dreimal so schwer zu sein schien wie sie, mit übel spitzen Hauern, so lang wie ihre Zeigefinger, doch der Geruch und die Jahreszeit ließen darauf schließen, dass es eine mächtige Sau war, und diesem Fall führte es wahrscheinlich Junge und würde entsprechend angriffslustig sein. Und um leichter klettern zu können, hatte Nezeru Schwert und Bogen bei ihrem Marschgepäck unten am Strand gelassen.

Während sie sich auf halbwegs ebenen Boden hinaufhievte, zog sie ihr Messer aus der Scheide, auch wenn ihr das nicht besonders viel Mut machte. Selbst von einem Speer durchbohrt, konnte sich ein Wildschwein auf seinen starken, stämmigen Beinen noch bis an den Jäger, der den Speer hielt, heranarbeiten und ihm das Gedärm herausreißen, bevor es zusammenbrach.

Nezeru hatte schon öfter getötet und nicht nur Tiere, aber sie wollte es nicht tun, wenn es sich vermeiden ließ. Dieses Geschöpf hatte ihr nicht nachgestellt. Es hatte vielleicht Junge zu beschützen. Dennoch, der Gestank der Sau war stark, selbst gegen den Seewind mit seiner vielschichtigen Duftmischung. Wenn sie erst kürzlich geferkelt hatte, gäbe es für sie wahrscheinlich nur den Kampf bis zum Tod, es sei denn, Nezeru rannte um ihr Leben, und eine Opfermutige rannte nicht davon – schon gar nicht eine Klaue der Königin.

Jetzt hatte die Sau sie gesehen. *Sie wird den Kopf schwingen, um mir mit diesen Hauern das Fleisch aufzureißen*, dachte Nezeru. *Mein Messer ist nicht lang genug, um ihr bis ins Herz zu gehen, aber ein wohlgezielter Stich durchs Auge könnte vielleicht…*

Ehe sie den Gedanken zu Ende denken konnte, kam das Wildschwein auf sie zugeprescht. Es schleuderte mit den Hinterbeinen die lockere, kalte Erde empor und grunzte und quiekte. Der ersten Attacke wich Nezeru aus. Die Sau warf sich so schnell herum und attackierte erneut, dass Nezeru nichts weiter tun konnte, als hochzuspringen und sich auf den Schultern des Tiers abzustützen, wobei sich harte Borsten in ihre Hände gruben. Das Wildschwein warf die Schnauze hoch, um sie im Sprung zu erwischen, und schüttelte den mächtigen Kopf. Die erdverkrusteten Hauer verfehlten Nezerus Bauch um weniger als eine Handbreit.

Sie kam auf, wirbelte herum, das Messer vor sich. Das Wildschwein bewegte sich seitwärts, tat sein Bestes, Nezeru an der Kliffkante in die Enge zu treiben. Es gab hier so wenig Pflanzenwuchs, dass ihr klar war: Wenn sie über die Kante getrieben würde, fände sie nichts, um sich daran festzuhalten, würde nichts ihren Sturz auf den steinigen Strand bremsen. Aber über das riesige Tier zu springen, hatte schon beim ersten Mal kaum geklappt, wenn sie es noch mal versuchte, würden ihr diese tödlichen Sichelzähne mit einiger Wahrscheinlichkeit Bauch oder Bein aufreißen.

Sie sah sich kurz nach der Kliffkante um, duckte sich dann, folgte mit dem vor sich ausgestreckten Messer der Bewegung des hin- und herschwingenden Wildschweinkopfs. Nezeru beschloss, nach dem Auge zu stoßen oder vielleicht auch, wenn sie Glück hatte und der ersten Attacke der Hauer ausweichen konnte, blitzschnell zu versuchen, der Sau Bauch oder Kehle aufzuschlitzen. »Bist du sicher, dass du das willst, Mütterchen?«, fragte sie. »Ich würde dir dein Leben nur nehmen, um meins zu verteidigen.«

Aus den wutroten Augen sprach keine ähnliche Einstellung. Die Wildsau schüttelte den Kopf und gab wieder ein wütendes Grunzen von sich. Im nächsten Moment wurde das Tier seitwärts zu Boden geschleudert, als hätte es der Blitz getroffen. Es stieß ein schrilles Quieken aus, das wie der Schreckensschrei eines denkenden Wesens klang, und kroch dann wackelig in Richtung Unterholz, einen langen Speerschaft über den blutigen Boden schleifend.

Kemme, einer der Opfermutigen aus Nezerus Hand, trat hinzu und setzte der Wildsau den bestiefelten Fuß auf die Rippen, um seinen Speer herauszuziehen. Das Tier schrie wieder und ruderte mit den Beinen, aber Kemme schien ihm die Eingeweide zerfetzt zu haben, und das letzte Aufbäumen war schnell vorbei. Kemme wischte den Speerkopf an der borstigen Schwarte ab und sah dann Nezeru mit kaum verhohlenem Missfallen an. »Das Schiff ist da«, sagte er. »Handführer Makho befiehlt dir, an den Strand zu kommen.« Er schulterte den Speer, drehte sich um und ging los, ohne das zuckende Tier noch eines Blickes zu würdigen.

»Aber was ist mit dem Wildschwein?«, sagte Nezeru, als ihre wild wirbelnden Gedanken wieder Wortgestalt annahmen.

»Wir haben genug zu essen.« Kemme hatte offensichtlich wenig Lust, einer jüngeren Opfermutigen Begründungen zu liefern. »Eine Kriegshand, noch dazu eine, die aus Klauen der Königin besteht, schleppt keine Nahrung mit sich herum, wie hilflose Sterbliche es tun.«

»Aber auf dem Schiff werden doch Sterbliche sein«, sagte sie. »Die haben doch sicher Verwendung für das Fleisch.« Sie wusste nicht, ob sie das tote Tier allein an den Strand hinunterschleppen konnte, aber sie war bereit, es zu versuchen. Besser, als es einfach zu vergeuden.

Kemme drehte sich nicht mal um. »Lass es liegen«, sagte er.

Das Schiff ankerte weit draußen in der Bucht. Als Nezeru ein paar Schritte hinter Kemme den Fuß der Klippen erreichte, näherte sich ein Langboot dem Strand, das von einem halben Dutzend bärtiger Männer gerudert wurde. Sie hatte nicht direkt Angst vor Sterblichen, aber beim Anblick so vieler auf einmal stellten sich ihr doch die Nackenhaare auf. Handführer Makho sprach gerade mit Ibi-Khai vom Orden der Echos, und Nezeru hielt Abstand, denn sie hatte es nicht eilig, dafür gerüffelt zu werden, dass sie sich auf den Klippen herumgetrieben hatte. Sie fragte sich gerade, wo das fünfte Mitglied ihrer Hand war, als sie hinter sich eine Präsenz fühlte, als ob jemand oder etwas sie gleich berühren würde. Sie fuhr herum und zog dabei wieder das Messer. Die Klinge verharrte einen Zoll vor der Kehle des Halbbluts Saomeji.

Der Zauberer verzog keine Miene und machte keine Abwehrbewegung, nur seine Lippen kräuselten sich zu etwas, das aussah wie Belustigung. »Wir konnten dich nicht finden«, war alles, was er sagte. Während die anderen Klauen jetzt, da sie die verschneite Landschaft verlassen hatten, ihre Mäntel mit der schwarzen Seite nach außen drehten, trug der Sänger seinen weiterhin so stolz mit der weißen nach außen, als wäre er im Ordenshaus der Sänger in Nakkiga. Für jemanden, der genauso ein Außenseiter war wie Nezeru, schien Saomeji wenig Angst zu haben, sich von den anderen abzuheben.

»Danke, Handbruder«, sagte sie so gleichgültig wie möglich. Sie war entschlossen, sich ihm gegenüber nicht allzu ehrerbietig zu verhalten, obwohl sie ihn – wie seinen ganzen Orden – fürchtete. Nein, *weil* sie ihn fürchtete, wollte sie es nicht tun. »Ich war nur auf den Klippen und habe Ausschau nach dem Schiff gehalten.«

Saomeji sah sie an. Er hatte eigentümlich goldene Augen, wenngleich seine Haut so weiß war wie die eines Reinblütigen. ›Verräteraugen‹ nannte man solche Augen in Nakkiga, denn es war die Augenfarbe der Sithi, obwohl sich die Wege der beiden verwandten Stämme schon vor langer Zeit getrennt hatten. Solche Merkmale von vor der Trennung wurden bei den Hikeda'ya verachtet, auch wenn sie vor allem bei den ältesten Clans auftraten. Da sie selbst ein Halbblut war, fragte sich Nezeru, wie sehr Saomeji wohl darunter zu leiden gehabt hatte, einen sterblichen Elternteil zu haben. Ihn zu fragen, hätte jedoch eine Form von Vertrautheit hergestellt, die sie nicht wollte.

Als sie und Saomeji zu den anderen stießen, richtete Makho seinen harten Blick auf sie, der sie unsicher machte. Seine Augen waren so gefühllos wie die eines jagenden Adlers. Nezeru bewunderte ihn, seit sie in den Orden eingetreten war, und hatte immer versucht, ihm an Reinheit des Geistes und steinerner Unerschütterlichkeit nachzueifern, doch so sehr sie sich auch bemühte, die menschliche Hälfte ihres Erbes würde wohl immer verhindern, dass sie von ihm und den anderen als echte Hikeda'ya anerkannt wurde. Es gab jetzt viele Mischlinge in Nakkiga, und sie alle reiften schneller als Reinblütige, obwohl sie fast genauso lange zu leben schienen. Nezeru war bereits eine mit den Todesgesängen versehene Opfermutige geworden, als ihre reinblütigen Altersgenossen noch kaum so weit waren, in einen Orden einzutreten, geschweige denn, dessen höchste Weihen zu erlangen, aber sie würde nie das Selbstbewusstsein von jemandem haben, der selbstverständlich dazugehörte. Sie war halbsterblich, und ihr Vater war zwar ein bedeutender Mann, aber kein Opfermutiger. Nur Taten konnten den Makel ihres unreinen Blutes aufheben.

Die Ruderer setzten ihr Langboot auf den Strand. Wie die meisten Sterblichen, die hier im Norden am Meer lebten, sahen sie aus, als führte ihre Abstammungslinie nach Rimmersgard zurück, doch im Unterschied zu ihren Verwandten weiter im Süden, die schon lange kein Seefahrervolk mehr waren, bestritten diese sogenannten Schwarzen Rimmersmänner ihren Lebensunterhalt immer noch auf dem Wasser, indem sie entlang der Küste Handel trieben und sogar Schiffe anderer Völker überfielen und ausraubten, wenn die sich zu weit aus sicheren südlichen Gewässern hinauswagten. Doch das war nicht der einzige Grund, warum sie von ihren Verwandten in Rimmersgard verachtet wurden. Die Schwarzen Rimmersmänner waren seit Jahrhunderten mit den Hikeda'ya verbunden, viele als Gefangene, die wie Tiere gehalten wurden und schwere Arbeiten für ihre Hikeda'ya-Herren verrichten mussten. Doch ob Sklaven oder Freie – sie wurden gewöhnlich von ihren Vettern als Abtrünnige gehasst.

Auf ein Zeichen von Makho hin stiegen die Klauen der Königin schweigend in das Boot, und die Sterblichen, die sie furchtsam anstarrten, ruderten sie zu dem wartenden Schiff hinaus.

Der Kapitän der *Hringleit*, ein Sterblicher mit grauem Bart und wettergebeiztem Gesicht, bemühte sich, so zu tun, als wäre an diesen Passagieren nichts Ungewöhnliches, doch Nezeru wusste, dass es zwischen den Küstenlanden und Nakkiga seit dem Ende des Sturmkönigskriegs vor Jahrzehnten kaum direkten Kontakt gegeben hatte. Diese Sterblichen mochten sich sogar eingeredet haben, sie seien keine Sklaven der Königin mehr, bis Makho und die übrigen Klauen in dem Küstendorf erschienen waren und verlangt hatten, zu den entlegeneren nördlichen Inseln gebracht zu werden. Die Vorstellung erfüllte Nezeru mit bitterer Belustigung.

Der Kapitän schien diese Gewässer wirklich gut zu kennen, denn sie segelten bei Nacht. Während die dunklen Stunden vergingen, sah Nezeru die vertrauten Sternbilder, das Tor, die Schlange, die Laterne und die Eule, am Himmel funkeln, als wollten sie sie daran erinnern, dass sie, ganz gleich, wohin sie reiste, immer noch unter dem Schutz des Gartens stand.

Als es Morgen wurde, war keinerlei Land mehr zu sehen, nur grauer Himmel und Wasser. Nezeru schlief eine Weile, ohne die Augen zuzumachen, ließ ihre Gedanken driften.

Als sie wieder erwachte, stand die Sonne schon höher, aber noch weit von ihrem mittäglichen Höhepunkt. Ein kleines Stück von ihr entfernt schärfte Handführer Makho sein Hexenholzschwert Kaltwurz an einem Polierstein. Sie hatte ihn dies schon hundertmal tun sehen, seit sie im vorigen Mond Nakkiga verlassen hatten, aber es faszinierte sie immer noch: seine vollkommene Aufmerksamkeit, die unerschütterliche Gleichförmigkeit seiner Bewegungen. Es war aber auch ein Schwert, das diese Fürsorge verdiente, eine Klinge mit einer makellosen Herkunftsgeschichte. Ihr Opfermutigen-Kamerad Kemme hatte ihr einmal in ehrfürchtigem Ton erzählt, Kaltwurz habe einst einem Bruder des großen Ekimeniso gehört, des langverstorbenen Gemahls der Königin. Später dann habe es eine nähere Verwandte Makhos geführt, Generalin Suno'ku, die geliebte Heldin, die während der Belagerung Nakkigas gefallen war.

Nezeru bemühte sich zuzusehen, ohne allzu offensichtlich zu starren, denn es empfahl sich nicht, in einem solchen Moment die Konzentration ihres Handführers zu stören. Makho hatte Ibi-Khai einmal ins Gesicht geschlagen, weil dieser gehustet hatte, als Kaltwurz nicht in seiner Scheide steckte. Während sie verfolgte, wie die langen, hellen Finger des Handführers die Klinge über den Stein führten, merkte sie, wie sie förmlich in die Muster des Hexenholzes hineingesogen wurde, diese grauen Linien, ähnlich den Wirbeln auf einer Fingerkuppe und so fein, dass man sie kaum sah. Jedes Hexenholzschwert war so individuell wie sein Besitzer, die Maserung unterschied sich von Hexenholzbaum zu Hexenholzbaum. Auch ohne die Verzierungen waren keine zwei Hexenholzschwerter gleich.

Solche Klingen waren jetzt seltener denn je, da Hexenholz immer knapper wurde. Nezeru hatte munkeln hören, dass die Haine jetzt tote Orte seien, da nur wenige Bäume noch lebten und wüchsen und diese wenigen aus Sicherheitsgründen in einen Garten im königlichen Palast verpflanzt worden seien. Es wurde sogar gemunkelt, auch diese Bäume seien bereits halb tot. Nezeru dachte, dass ein solcher Verlust eine fast noch größere Tragödie wäre als die Vertreibung ihres Volkes aus dem Garten oder das, was es in diesen neuen Landen durch die Sterblichen erlitten hatte. Noch war das Volk am Leben, und wenn sie stark waren, würden die Hikeda'ya vielleicht existieren, bis die Welt selbst endete, aber ohne Hexenholz würde nie mehr eine heilige Klinge geschmiedet werden, würde das beschädigte große Tor von Nakkiga nie wieder richtig erneuert werden können. Altes Hexenholz ließ sich nicht noch einmal schmieden. Wenn es zerstört wurde, verflogen die Zauber, und es war nur noch ein Ding wie jedes andere auf der müden, sterblichen Welt.

Am zweiten Tag auf dem Sterblichen-Schiff sah Nezeru Inseln, manche nicht mehr als Felsbrocken, die kaum aus den Wellen ragten, andere groß genug und mit Bewuchs. Ein kaltes, windgepeitschtes Atoll trug sogar bewaldete Hügel und eine Siedlung von schilfgedeckten Häusern nah am Meer.

»Wer wohnt denn an so einem Ort?«, fragte sie Makho, als sie daran vorbeifuhren, aber der Handführer ignorierte sie.

»*Oosei*, so nennen wir sie.« Der Sänger Saomeji stand auf einmal dicht neben ihr, und diesmal hatte sie ihn nicht kommen hören. »Sie sind so ähnlich wie die Trolle in den östlichen Bergen oder die Sterblichen des Südens, die Sumpfbewohner.«

Sie fragte sich, warum der Sänger so erpicht darauf schien, mit ihr zu reden. Wollte er etwas von ihr? Über ihre Hand-Kameradschaft hinaus – jenseits ihrer heiligen Mission für die Königin? Sie war froh, dass er ebenfalls ein Halbblut war und daher kein Recht hatte, sie zur Paarung zu zwingen, so wie Makho und die anderen.

»Ja, sie sind wie die Trolle und die Wilden aus dem Wran«, sagte Kemme, ein narbiger, hartgesottener Veteran der Schlachten von Asu'a und Nakkiga. »Sie bluten und sie sterben. Und eines Tages werden wir sie und alle übrigen Sterblichen von den Landen der Königin fegen.« Er drehte sich um und ging übers Deck davon. Die Sterblichen-Seeleute wichen ihm hastig aus. Nezeru wollte ihm folgen, aber Saomeji verstellte ihr mit einer anmutigen und gleichzeitig entschiedenen Bewegung den Weg. »Wir haben noch Zeit, bis wir die Knocheninsel erreichen.«

»Je schneller wir unsere Aufgabe für die Königin erfüllen, desto glücklicher werde ich sein«, sagte sie, aber ausnahmsweise fand sie das, was er gesagt hatte, interessant. Es war das erste Mal, dass sie etwas Näheres über ihre Mission erfuhr, und den Namen der Insel hatte sie noch nie gehört.

Saomeji stand immer noch da. »Wenn du mehr über die Oosei oder sonst etwas über diese Gegend erfahren willst, würde ich mein Wissen gern mit dir teilen.«

»Das ist sehr freundlich«, antwortete sie, »aber ich bin sicher, derlei Dinge wären zu hoch für mich.« Ihr Vater hatte ihr immer erklärt, die Anhänger Akhenabis, des Herrn des Sanges, seien so unvorhersehbar und tödlich wie Nattern und in Dingen beschlagen, die das Verständnis der Mitglieder anderer Orden überstieg. Jeder in Nakkiga wusste, dass die Sänger der Lieblingsorden der Königin waren, dass seine Spruchkundigen und Beherrscher der überlieferten Künste noch mehr galten als selbst der uralte Orden der Zelebranten oder Nezerus mächtiger Opfermutigen-Orden, aber sie hätte niemals den Weg des Kriegers nur aus

Machtgründen gegen irgendetwas anderes eingetauscht. Sie hatte zu hart darum gekämpft, nicht nur eine Opfermutige, sondern sogar als erstes Halbblut eine Klaue der Königin zu werden. Wer würde diese Ehre gegen ein Leben voller dunkler Tätigkeiten und hässlicher Geheimnisse eintauschen? »Ich bin nur für eine einzige Aufgabe ausgebildet«, sagte sie mit möglichst fester Stimme. »Die Feinde der Königin zu töten.«

Saomeji mochte ihre Gedanken erraten haben. »Verachte mein Wissen nicht, Opfermutige. Ein Schwert nützt nichts ohne eine Hand, die es hält, und eine Hand nützt nichts ohne das Denken, das sie leitet. Mein Blut ist nicht reiner als deines, und doch habe ich es schon weit gebracht.«

»Dass ich hier bin, beweist, dass auch ich von meinem Orden nicht verachtet werde. Trotzdem danke, Sänger, dass du mir etwas über die Eingeborenen erzählt hast.« Sie machte die kleinste, gerade noch annehmbare Andeutung einer Verneigung und schlüpfte an ihm vorbei.

Am vierten Tag auf See, weit draußen im steingrauen Meer, erreichten sie die größte Insel, die sie bisher gesehen hatten. Auf ihr erhob sich ein großer Berg mit einem schneebestäubten Kegelstumpf als Gipfel. Etwa ein halbes Dutzend kleinerer Hügel klammerte sich an ihn wie eine Schar müder Kinder, und sie alle waren am Fuß in Nebel gehüllt. Nezeru sah nur wenige große Bäume, aber überall, wo das Land nicht gerodet war, bedeckten es grünes Gras und dichtes Gebüsch. Auf dem nächstgelegenen Plateau erblickte sie eine größere Siedlung, mehrere Dutzend Häuser mit Grasdächern. Die Häuser waren von erdnahen Wölkchen umgeben, die sich von Näherem als Schafe entpuppten. Weiter oben auf den Berghängen tummelte sich Rotwild.

Dutzende kleiner braunhäutiger Leute kamen an den Strand gelaufen, um zuzuschauen, wie das Schiff in der Bucht vor Anker ging, und obwohl sie eher zurückhaltend als freudig wirkten, begegneten die Männer, Frauen und Kinder den Hikeda'ya ohne Furcht. Die Inselbewohner waren tatsächlich klein, wenn auch nicht so klein wie die Sterblichen aus den Trollfjällen, doch wie um die Einförmigkeit der Landschaft auszugleichen, trugen sie fast alle farbenfrohe Kleidung aus Wollstoff und Leder.

Als Makho und der Kapitän in das Dorf gingen, folgte ihnen die Menge ins Zentrum der Grasdachhäuser. Dort kam ein alter Mann in einer Tracht aus perlenbestickten Häuten langsam aus der größten Hütte. In der einen Hand hielt er ein Zepter aus einem Hirschgeweih, in der anderen ein gekrümmtes Knochenmesser, das über und über mit Schnitzereien verziert war. Der alte Mann schwenkte diese Gegenstände in der Luft und begann in einer kehligen Sprache zu sprechen, die anders war als alles, was Nezeru je gehört hatte.

Der Kapitän dolmetschte. »Der Älteste heißt Euch willkommen. Er sagt, es ist eine Ehre, Abgesandte der Wissenden zu empfangen. Sie haben Euch zu Ehren ein Festmahl vorbereitet. Ihr werdet heute in seiner Hütte nächtigen und morgen dann den Goaddi besteigen.«

Makhos Gesicht war ausdruckslos. »Nein. Sagt ihm, wir wollen die Knochen jetzt sehen.«

Etwas verdutzt übersetzte der Kapitän dies dem Ältesten und den anderen Dorfbewohnern. Der alte Mann erhob wieder sein Zepter, diesmal, um damit auf den hohen Gipfel zu deuten.

»Er sagt, der Schrein ist hoch droben auf dem Goaddi, und es ist schon fast Abend. Die Pfade sind im Dunkeln zu gefährlich. Außerdem könntet Ihr die Hüter des Schreins durch Euer unerwartetes Auftauchen erschrecken.«

»Das spielt keine Rolle«, sagte Makho. »So hat es unsere Königin befohlen. Ihr Wort ist uns Gesetz. Wenn wir heute Abend nicht mehr bis dorthin kommen, übernachten wir am Berg und gehen morgen früh weiter.«

Nezeru wusste nicht, von wessen Knochen Makho sprach oder

warum es so wichtig war, sie zu sehen, doch beim Anblick der seltsamen kleinen Leute um sie herum und des üppigen, unendlich abwechslungsreichen Grüns der Inselvegetation erfüllte sie plötzlich Stolz. Wer hätte gedacht, dass ein Halbblutkind so weit von Nakkiga fortsegeln und solche Dinge sehen könnte? Wenn sie nicht ihrem Herzen gefolgt und in den Opfermutigen-Orden eingetreten wäre, würde sie jetzt im Bauleute-Orden ihres Vaters stumpfsinnig Stein auf Stein schichten oder vielleicht die zweite Ehefrau eines seiner Unterlinge sein. Was würde Großmagister Viyeki sagen, der sie unbedingt vom Eintritt in den Opfermutigen-Orden hatte abbringen wollen, wenn er sie jetzt bei ihrem Dienst an der Mutter des Volkes hier am äußersten Rand der Welt sähe? Bestimmt würde er sich seines Kleinmuts schämen. Bestimmt würde er zugeben müssen, dass seine Tochter die richtige Wahl getroffen hatte.

Von Einheimischen geführt, legten sie noch vor Einbruch der Dunkelheit den größten Teil des Wegs bis zum Berggipfel zurück. Ihre Führer staunten, dass die Fremden so schnell vorankamen, aber sie wussten ja auch nichts von der Ausbildung, die alle Klauen der Königin durchgemacht hatten, von all den endlosen Strapazen und Entbehrungen, die sie noch weiter abhärteten und jeden von ihnen, selbst den Flüsterer und den Sänger, so zäh und skrupellos gemacht hatten wie wilde Tiere. Als es zumindest für die Sterblichen-Führer zu dunkel zum Weitergehen wurde, befahl Makho, das Lager für die Nacht aufzuschlagen.

Als Nezeru es sich gerade an einem windgeschützten Plätzchen hinter einem grasbedeckten Hügel bequem machen wollte, erschien Makho. »Ich habe dich gesucht.« Aber er sah sie kaum an. »Ich will mich heute Nacht mit dir paaren. Erwarte mich.«

Wie angekündigt kam er zu ihr, als der Mond schon hoch stand. Nezeru fühlte sich nicht geschmeichelt, wäre aber auch nicht auf die Idee gekommen, sich zu beklagen: Zu den Bürden ihres gemischten Blutes gehörte es nun mal, reinblütigen Männern zur Verfügung zu stehen, da es die Pflicht aller Hikeda'ya war, zum Wachstum des Volkes beizutragen, damit es bald stark genug wäre, um die Feinde der Königin zu vernichten und eine Welt, die dessen dringend bedurfte, harmonisch zu ordnen. Und es war umso nötiger, als reinblütige Frauen bislang nicht viele Kinder von Halbblutmännern bekamen – wenn auch, wie viele Adlige klagten, nicht wegen mangelnden Bemühens.

Makho ließ sie sich ganz ausziehen, bevor er sie bestieg. Nezeru fror nicht, und es war mit Sicherheit auch nicht Schamhaftigkeit, die ihr zu schaffen machte, aber sie wünschte doch, er hätte es ihr nicht befohlen. Ein Teil von ihr hatte Angst, von einem der anderen beobachtet zu werden, vor allem von Saomeji, obwohl sie nicht genau wusste, warum. Wenn der Akt für sie etwas Lustvolles gehabt hätte, wäre es durch dieses Unbehagen getrübt worden, aber von Lust konnte sowieso nicht die Rede sein.

Ihre Mutter Tzoja hatte dieses geschlechtliche Beisammensein zweier Individuen einmal ›Liebe machen‹ genannt, was Nezeru für eine dieser törichten, sentimentalen Sterblichen-Ideen hielt – so sentimental und töricht, wie ihre Mutter nun einmal sein konnte. Tzoja hatte Nezeru auch oft zu trösten versucht, wenn ihr Vater sie bestraft hatte, obwohl Nezeru die Umarmungen und das sinnlose Bedauern immer abzuschütteln versuchte. Was sie mit Makho tat, hatte mit Liebe nichts zu tun, nur mit Pflichterfüllung, aber das reichte. Die Hikeda'ya waren jetzt nur noch wenige. Ihre sterblichen Feinde waren viele und vermehrten sich wie die Frösche, brachten alljährlich Tausende ihrer Art hervor; bald würde die Welt voll von jenen anderen sein, aber das Volk und sogar der Garten selbst wären vergessen, als hätten sie nie existiert.

Makho behandelte sie jedenfalls nicht sonderlich gefühlvoll. Seine Art, den Akt zu vollziehen, war wie sein Körper: so hart und glatt wie Hexenholz. Er kam ohne einen Laut zum Ende, und als er von ihr hinunterrollte, war es, als ob sie plötzlich gar nicht mehr da wäre, obwohl sie im bläulich-weißen Mondlicht dalag und seine Flüssigkeit und ihren eigenen Schweiß auf ihrer Haut trocknen fühlte. Aber sie fand, dass sie das Recht hatte, ihm noch eine Frage zu stellen.

»Was für Knochen?«

Er sah auf sie herab. Sein Ton sagte ihr, dass er ihre Anwesenheit schon so gut wie vergessen hatte. »Knochen?«

»Ihr habt den Sterblichen gesagt, dass wir hier sind, um die Knochen zu sehen.«

Makho drehte sich weg. »Die Königin hat uns ausgeschickt, die Knochen Hakatris zu finden.«

Kurz wusste sie nicht, warum ihr der Name bekannt vorkam. Dann, plötzlich, traf es sie wie ein Schlag. »Hakatri? Meint Ihr wirklich den Bruder des Sturmkönigs Ineluki?«

»Gibt es noch einen anderen?« Diesmal war Makhos Ton unverhohlen verächtlich, und er antwortete auf keine Fragen mehr.

8

BEGEGNUNG AUF DER LATERNENBRÜCKE

Die letzten Tage des Monats Marris vergingen mit kalten Frostmark-Winden, und das Königspaar rückte mit seinem Gefolge über die Ebene von Rimmersgard nach Norden in Richtung Elvritshalla vor. Sie kamen nur im Schneckentempo voran, wie Morgan fand, da der Zug bei den Ländereien einiger besonders mächtiger Adliger und auch in größeren Städten wie dem hochgelegenen, windigen Naarved haltmachte. Seine Großeltern erklärten ihm zwar jedes Mal den Grund des Besuchs, um ihn auf seine künftigen Aufgaben als Herrscher vorzubereiten, aber die Aufenthalte mit den vielen Reden und langweiligen Zeremonien waren einander so ähnlich, dass er sie schon bald nicht mehr auseinanderhalten konnte. Die Reise zog sich in die Länge und die weite, fremdartige Landschaft mit dem endlosen Himmel, die ihn am Anfang so fasziniert hatte, wurde gewöhnlich und eintönig. Sogar sein Interesse für die hübschen Gesichter der jungen Rimmersgarder Frauen erlahmte. Der Marris ging zu Ende, ein genauso windiger Avrel begann, und Morgan versank in grüblerischen Gedanken.

Oft, wenn er in der Monotonie der kargen nördlichen Landschaft fast einschlief, dachte er an seinen verstorbenen Vater, was er auf der bisherigen Reise nach Möglichkeit vermieden hatte, obwohl die Erinnerungen nicht alle unglücklich waren.

Ein einsamer, vom Wind gebeugter und geformter immergrüner Baum inmitten der Ödnis erinnerte ihn an die kunstvoll zu Tieren geschnittenen Büsche zu Hause im Heckengarten, und dabei fiel ihm ein Tag aus seiner Kindheit ein, an dem sein Vater ihn auf die Schultern genommen hatte, damit er die Heckentiere aus der Nähe betrachten konnte. Zwar hatten sie von oben kaum mehr wie Tiere ausgesehen und die so sorgfältig aus Buchsbaumzweigen gestalteten Augen und Mäuler waren zu einem grünen Durcheinander verschmolzen, aber der kleine Morgan war trotzdem nicht enttäuscht gewesen. Die Aussicht von den Schultern des Vaters hatte ihm das erhebende Gefühl gegeben, plötzlich groß und erwachsen zu sein. Über die Heckentiere und die Gartenmauer hinweg hatte er in andere Teile des Inneren Zwingers geblickt. Ein berauschendes Gefühl der Macht hatte ihn erfasst, alles war ihm in diesem Augenblick möglich erschienen.

Eines Tages werde ich so groß sein, hatte er gedacht. *Und dann kann ich machen, was ich will.*

»Geh mit mir nach draußen, Vater!«, hatte er gerufen. »Ich will wissen, ob ich so groß bin wie die Burgmauer!«

Sein Vater hatte gelacht und sich an seiner Begeisterung gefreut. Er hatte ihn zu der riesigen alten Festeiche am anderen Ende des Gartens getragen, damit er deren jahrhundertealte Rinde befühlen konnte. Sie hatte so viele Risse und Knorren, dass der kleine Morgan unwillkürlich an die gepanzerte Haut eines Drachen denken musste.

Doch dann hatte Prinz Johan Josua das Interesse an Frau und Kind verloren und war so tief in seine alten Bücher und seine Schreibarbeit eingetaucht, dass er Morgan und seiner Mutter oft nicht einmal mehr zum Essen Gesellschaft leistete. Und selbst wenn er es in seinen späteren Tagen einmal tat, schien er doch immer an etwas anderes zu denken oder an einem anderen Ort zu sein.

Morgan konnte deshalb auch nicht so um ihn trauern wie seine Großeltern, mit wohlgesetzten Worten und stummen Gebeten. Er hatte das Gefühl, dass sein Vater ihn schon Jahre vor seinem Tod verlassen hatte.

Von der Kuppe eines Hügels blickten Simon und die anderen Reiter auf den Flusslauf hinunter. Fast das ganze Drorshull-Tal lag vor ihnen ausgebreitet. Obwohl der Avrel schon einige Tage alt war, häufte sich der Schnee noch so hoch, dass an vielen Stellen alles bis auf die Dächer der Häuser und Gehöfte darunter begraben war. Die Kirchtürme der Dörfer schienen gleichsam auf Zehenspitzen zu stehen.

»Seht dort«, sagte Morgan und streckte den Arm aus. »Wollen wir da hin?«

Der königliche Zug war dem Flusslauf einige kalte Tage lang durch eisigen Regen und schmerzhafte Graupelschauer hindurch gefolgt und jetzt sah es so aus, als hätten sie ihr Ziel endlich erreicht, eine große, von Mauern umgebene Stadt am Ende des Tals, wo sich der Gratuvask zu zwei Armen verzweigte. Auf dem Hügel in ihrer Mitte stand eine trutzige Burg, umgeben von vier stämmigen Türmen mit steilen Kegeldächern.

»Elvritshalla«, sagte Simon. »Gott sei gepriesen, wir sind endlich angekommen. Ich war schon so lange nicht mehr hier!«

Obwohl der graue Nachmittag noch nicht weit fortgeschritten war, war die Stadt ein Meer funkelnder Lichter ähnlich einem glimmenden Kohlenbett. Morgan zeigte zum Fluss. »Und was sind das für Lichter, die über den Fluss führen, Großvater?«

»Das ist die Lyktenspan – auf Westerling die ›Laternenbrücke‹«, erklärte der König. »Sie wird auf ihrer ganzen Länge von Laternen beleuchtet. Die Laternen werden gewöhnlich abends bei Sonnenuntergang angezündet und bei Sonnenaufgang gelöscht, aber heute wurden sie offenbar früher angezündet, vielleicht wegen uns!«

»Das würde mich nicht überraschen«, sagte Miriamel. »Schließlich sind wir die Hochkönige. Und wir kommen auch nicht jede Woche zu Besuch.«

»Sie ist wirklich sehr schön«, sagte Morgan pflichtschuldig, aber Simon fand trotzdem, er hätte etwas mehr Begeisterung zeigen können. Er selbst war in die Lyktenspan verliebt, seit er sie zum ersten Mal gesehen hatte. Die fernen Lichterreihen schienen gleichsam wie durch Magie über dem Fluss zu schweben.

»Wusstest du«, sagte er an seinen Enkel gewandt, »dass die Laternen im Winter manchmal tagelang brennen, weil die Sonne gar nicht mehr aufgeht?« Auf Morgans zweifelnden Blick hin runzelte er die Stirn. »Du kannst mir ruhig glauben, Junge, es ist die Wahrheit. Im Sommer ist es dann umgekehrt, die Sonne steht tagelang am Himmel.«

Morgan war sichtlich bemüht, es seinen Großeltern recht zu machen, aber in seinem jugendlichen Stolz fürchtete er offenbar, dass er mit einem Witz zum Narren gehalten wurde, den die anderen alle schon kannten. »Stimmt das wirklich, Großmutter?«, rief er.

»Im Unterschied zu einigen anderen Dingen, die dein Großvater erzählt, ja, das stimmt wirklich. Herzogin Gutrun pflegte davon zu sprechen, wie sie im Winter Angst bekam, weil es sich so anfühlte, als sei die Sonne für immer untergegangen. Aber frag mich nicht, wie so etwas sein kann.«

»Es liegt meines Wissens daran, dass das Himmelsgewölbe gekrümmt ist«, sagte Simon. »Oder so ähnlich. Morgenes hat es mir einmal erklärt.«

»Frag doch Tiamak, Morgan«, schlug die Königin vor. »Er hat in seinen vielen Büchern bestimmt irgendwo eine Erklärung gelesen.«

»Das werde ich.« Aber der Prinz konnte nicht verbergen, dass die Aussicht auf einen gelehrten Vortrag über die Funktionsweise des Firmaments ihn nicht gerade begeisterte. Simon spürte einen verärgerten Stich. Was konnte den Jungen denn überhaupt begeistern? Morgan würde einmal der Herrscher über dieses Land und den größten Teil der bekannten Welt sein, doch tat er so, als sei das eine Bürde, die er gar nicht wollte. Simon musste sich zusammenreißen, damit er Miriamel keine Vorwürfe machte. Sie sorgte sich ständig um ihren Enkel und wollte ihn vor seinen eigenen Fehlern beschützen. Simon wusste natürlich, warum – wie hätte es auch anders sein können, nach dem schrecklichen Verlust, den Miriamel, den sie alle erlitten hatten? Aber den Jungen vor den Folgen seiner Fehler zu beschützen, erschien ihm trotzdem falsch.

Gut, er hat seinen Vater verloren. Aber ich habe schon vor meiner Geburt beide Eltern verloren und hatte auch keine liebevollen Großeltern, keine jüngere Schwester und nichts von dem, was Morgan hat. Ich hatte von der Küchenarbeit Blasen an den Händen und Rachel der Drache zog mir ständig die Ohren lang. Würde der Junge mit mir tauschen wollen?

Er holte tief Luft. »Es würde dir nicht schaden, etwas mehr über die Geschichte der Länder zu lernen, die dem Hochkönig unterstehen…«, begann er.

Doch Morgan merkte, worauf er hinauswollte, und warf rasch ein: »Warum ist die Brücke so hoch? Ich habe noch nie eine so hohe Brücke gesehen.«

Simon musste zugeben, dass das eine berechtigte Frage war, und sein Ärger verging. Dumm war sein Enkel immerhin nicht. Die Lyktenspan ruhte auf gewaltigen steinernen Bögen und war so hoch, dass nicht einmal die von dem schäumenden Fluss aufgewirbelte Gischt bis nach oben spritzte.

»Das liegt daran, dass der Gratuvask bei der Frühjahrsschmelze über die Ufer tritt und das Wasser mannshoch oder noch mehr ansteigt und wochenlang so bleibt«, erklärte er. »Es stürzt so schnell vom Gebirge herunter, dass es voll von weißem Schaum ist. Und eiskalt! Ich höre noch, wie Isgrimnur sagte, das sei kein Wasser, sondern geschmolzenes Eis. ›Kaum geschmolzenes Eis‹, wie er sich ausdrückte.« Simon lachte.

Morgan sah ihn mit einem eigentümlichen Gesichtsausdruck an, als sei er bemüht, einen neuen Gedanken zu verstehen. »Du und Großmutter, ihr sprecht oft von dem Herzog. Ihr müsst ihn sehr gemocht haben. Schade, dass ich ihn nicht kennengelernt habe.«

Simon war über seine Worte ein wenig überrascht und argwöhnte zunächst, sie könnten nur als Ablenkung gemeint sein. Doch dann nickte er und lächelte. »Herzog Isgrimnur war ein bedeutender Mann«, sagte er und verbesserte sich sofort. »*Ist* ein bedeutender Mann, vielleicht sehen wir ihn ja schon heute wieder. Er ist der beste Freund, den Erkynland und der Hochkönigsbann je hatten, und er hat mir und deiner Großmutter unzählige Male das Leben gerettet. Ich bete zu Gott, dass er jetzt, da du erwachsen bist, noch einmal Gelegenheit haben wird, dich zu sehen, und das nicht nur, weil du den Thron eines Tages von uns erben und über sein Volk herrschen wirst. Es würde der Königin und mir viel bedeuten, wenn er dir seinen Segen geben könnte.«

✣

Das ständige Tosen des Flusses in den Ohren, folgten sie seinem Verlauf im Talgrund, vorbei an stattlichen Gehöften und wohlhabenden Dörfern, die fast vollständig unter dem Schnee begraben lagen. Der Schnee türmte sich stellenweise so hoch, dass von den Häusern nur noch der aus den Kaminen wehende Rauch zu sehen war. Morgan schien den Anblick zu genießen, Miriamel dagegen sehnte das Ende des Ritts herbei. Sie hatte genug von der Kälte, vor allem aber wollte sie endlich Gewissheit, dass ihr geliebter Isgrimnur noch lebte.

Am meisten schienen den Prinzen die hausgroßen Eisbrocken zu beeindrucken, die auf dem aufgewühlten, rasch dahinströmenden Gratuvask an ihnen vorbeitrieben. Miriamel musste unwillkürlich lächeln, als sie sein andächtiges Gesicht sah, und ihr fiel ein, wie ihr Mann in seinem Alter gewesen war – ein Küchenjunge, der Dinge sah, die selbst erfahrene Reisende nie gesehen hatten: die schöne Ruinenstadt Da'ai Chikiza der Sithi, den gewaltigen Felsen des Sesuad'ra … sogar gegen einen Drachen hatte er gekämpft wie ein Held aus dem Märchen! Auch wenn der König jetzt in einer sonderbaren Anwandlung von Bescheidenheit nicht mehr darüber sprechen wollte, änderte das nichts daran, dass er ein außergewöhnlicher Mensch war.

Trotz seines fortgeschrittenen Alters war Simon fast zwei Handbreit größer als Morgan. Ansonsten überwogen die Gemeinsamkeiten, dachte Miriamel. Simons Sturheit hatte Morgan in vollem Umfang geerbt, doch wie ihr Mann gern einwandte, war auch Miriamel kein Schössling, der sich im Wind beugte. Und Morgans Vater Johan Josua zu etwas zu bringen, auf das er keine Lust hatte, war so mühsam gewesen wie einen Dachs aus dem Bau zu ziehen. Und Morgans Mutter Idela war kaum gefügiger gewesen, auch wenn sie so tat. Nein, Miriamel musste gerechterweise zugeben, dass Morgans Eigensinn ein generationenübergreifendes Problem der ganzen Familie war.

Sie betrachtete die beiden Silhouetten vor den Laternen der Brücke, und einen Moment lang erschienen ihr Mann und ihr Enkel wie die Flügel eines Triptychons, ähnlich dem mit dem Leben des Usires hinter dem Altar der Burgkapelle zu Hause. Auf der einen Seite stand aufrecht und mit seinem von grauen Strähnen durchzogenen roten Bart der Patriarch Simon, auf der anderen sein Spross Morgan, der Milchbart, der noch glaubte, sich durch Trinken und Frauengeschichten beweisen zu müssen. Doch die Mitteltafel mit dem Bildnis ihres Sohnes Johan Josua, das Verbindungsstück zwischen den beiden Flügeln, fehlte. Ihr Sohn, ihr schöner Sohn, der zu einem stattlichen und klugen jungen Mann herangewachsen war, war sogar für seine eigenen Kinder nur noch ein Schatten. Sein Tod hatte eine Lücke in ihrem Leben hinterlassen, die nichts ausfüllen konnte, egal was sie und der Rest der Familie auch vorgaben.

Die Erinnerung tat ihr in der Seele weh. Sie wollte beten, aber da meldete sich der familienbedingte Eigensinn und verhinderte es. Egal was die Priester behaupteten, wie konnte ein solcher Verlust Gottes Wille sein? Warum hatte ihr der Schöpfer, dem sie doch stets gedient hatte, so gut sie es vermochte, das einzige Kind weggenommen?

Der königliche Zug hatte Reiter vorausgeschickt, die der Stadt sein Kommen ankündigen sollten. Vor über einer Stunde waren sie über die Brücke und durch ein dunkles Tor verschwunden, doch immer noch nicht zurückgekehrt. Miriamel machte sich allmählich Sorgen. Sie hatte keine Ahnung, was schiefgegangen sein könnte. Dank des alten Herzogs war Rimmersgard der treuste Verbündete der Hochkönige. Es erschien unwahrscheinlich, dass sie hier mit denselben Problemen zu kämpfen hatten wie bei ihrem Besuch in Hernystir.

»Ah, seht dort«, rief Morgan. »Da kommt jemand aus der Stadt. Gerade hat er das andere Ende der Brücke betreten.«

Simon kniff die Augen zusammen. »Was gäbe ich darum, noch einmal junge Augen zu haben! Ist es ein Bote von uns?«

Morgan schüttelte den Kopf. »Er ist noch zu weit weg, um das erkennen zu können, aber ich glaube nicht. Etwas an ihm ist sonderbar. Und er ist allein.«

»Sonderbar?«

»Ich kann es noch nicht genauer sagen, Großvater. Darf ich ein Stück vorreiten, um besser sehen zu können?«

»Nein«, sagte Miriamel entschieden. »Das darfst du nicht, Morgan.«

Simon warf ihr einen bedeutungsschweren Blick zu. Er glaubte, dass sie zu vorsichtig war, sie spürte es. »Vielleicht darf er ja doch, aber natürlich nur mit Erlaubnis der Königin. Und wenn er ein paar Reiter von der Erkynwache mitnimmt. Denk dran, Morgan, die Rimmersgarder gehören zu unseren ältesten Verbündeten und wir haben keinen Grund, ihren Absichten zu misstrauen.«

»Aber wenn ihm etwas zustößt?«, wandte Miriamel ein. »Er ist der Thronerbe!«

»Wir können auch alle im Bett an der Roten Pest sterben. Oder vom Blitz erschlagen werden.« Der König merkte, dass er laut geworden war, und senkte die Stimme. »Sei gerecht, Miri. Als man dir gesagt hat, du solltest vorsichtig sein und nichts wagen, was hast du getan, meine Liebe? Du bist ganz allein und mitten in der Nacht losgeritten, nur mit einem Mönch als Begleiter, der zugleich ein Dieb war.«

Miriamel versuchte, ihren gar nicht königinnenhaften Ärger hinunterzuschlucken. »Darf man denn nicht mehr aus seinen Fehlern lernen? Sollen wir unsere Kinder und Enkel dieselben Fehler machen lassen, ohne etwas zu sagen?«

»Vielleicht lernen sie nur so das, was wir auch gelernt haben«, sagte Simon. »Mir hat das, was Morgenes oder Rachel mir beibringen wollten, erst eingeleuchtet, wenn ich ihren guten Rat missachtet und eine furchtbare Dummheit gemacht habe.« Er setzte seine unschuldigste Miene auf. »Komm schon, Miri. Lass Prinz Morgan mit der Erkynwache vorreiten und herausfinden, wer da kommt.«

Miriamel war wie so oft hin- und hergerissen. Einerseits hätte sie ihrem Mann am liebsten einen Kuss gegeben, andererseits wollte sie ihn ohrfeigen. Stattdessen warf sie ihm einen Blick zu, der klarstellte, dass diese Diskussion noch nicht beendet war. Dann erteilte sie widerstrebend ihre Zustimmung.

Während Morgan einige Erkynwachen um sich sammelte, ließ

Simon Rinan rufen, den Spielmann. Seit er den jungen Harfner vor ein paar Tagen so heftig ausgescholten hatte, begegnete er ihm mit ausgesuchter Freundlichkeit.

Als der Musikant schließlich kam, wirkte er so eingeschüchtert wie eine Katze in einem Zimmer, in dem lauter Betrunkene tanzten. »Majestät?«

»Du reitest mit mir«, befahl der König. »Jemand hole dem Burschen ein Pferd!«

»Selbstverständlich, M-Majestät. Es wäre mir eine Ehre.«

»Du hast doch nicht immer noch Angst vor mir wegen neulich?« Simon schüttelte den Kopf. »Das brauchst du nicht. Ich benötige deine Hilfe.«

»Majestät?«

»Überleg dir bitte noch ein anderes Wort und sag nicht immer dasselbe. Und lass das Ding mit den Saiten auf deinem Rücken hängen. Ich brauche nicht deine Musik, sondern deine Augen.« Simon bemerkte den entsetzten Blick des Mannes. »Gütiger Gott, ich will sie dir nicht wegnehmen! Du sollst nur für mich sehen, was ich auf die Entfernung in der Abenddämmerung nicht mehr sehen kann.«

»Jawohl, Majestät.«

Morgan und seine Eskorte ritten los und hatten schon bald den Anfang der Lyktenspan erreicht. Die Königin und der König sahen ihnen nach. Die Gestalt, die ihnen entgegenkam, war in der Mitte der Brücke angelangt, doch aufgrund der Entfernung konnte Miriamel lediglich einen dunklen Schatten erkennen, der sich bewegte.

»Was siehst du, Harfner?«, wollte der König wissen. »Beim Baum, Bursche, rede!«

Der Spielmann verharrte einen Moment lang vornübergebeugt und mit zusammengekniffenen Augen. »Der Reiter aus Elvritshalla«, sagte er schließlich, »ist irgendwie … hm … also etwas an ihm ist merkwürdig, Majestät.«

»Das habe ich doch schon von Morgan gehört! Was beim heiligen Sutrin heißt das denn? Inwiefern merkwürdig?«

Miriamel musste gegen ihren Willen lächeln. »So beruhige dich doch und lass den armen Mann zu Wort kommen.«

Simon presste ungeduldig die Lippen aufeinander. »Also sprich weiter. Was siehst du?«

Der Harfner hatte die Augen immer noch zusammengekniffen. »Er ist ziemlich klein, glaube ich. Jetzt, wo unsere Soldaten und der Prinz sich ihm nähern ... doch, er ist klein. Und ...« Rinan leckte sich die Lippen. »Ich schwöre Euch, Majestät, er reitet nicht auf einem Pferd. Es sieht aus ... es ist schwer zu erkennen, aber ich könnte schwören ...« Er sah den König und die Königin verlegen und schuldbewusst an. »Bitte bestraft mich nicht, aber ich glaube, der Mann aus Elvritshalla sitzt tatsächlich auf ... auf einer Art *Hund.*«

Der König war kein gewalttätiger Mensch. Er hatte über die Jahre zwar hin und wieder in Momenten besonderer Wut mit Gegenständen um sich geworfen, wie die Diener des Hochhorst bezeugen konnten, aber Miriamel wusste, dass er niemals einen Untertanen geschlagen hätte. Doch als er jetzt fassungslos zu fluchen begann, sah sie, dass Rinan sich auf die Ohrfeige gefasst machte, die seiner Meinung nach unweigerlich auf eine so lachhafte Feststellung folgen musste. Zu seiner Überraschung blieb die Ohrfeige aus, und seine Überraschung wuchs noch weiter, als sein Herr plötzlich seinem Pferd die Sporen gab, Königin und Harfner stehen ließ und auf die Brücke zugaloppierte, als führte er eine Armee in die Schlacht. Unter den Wachen wurden überraschte Rufe laut und sie schickten sich an, Simon zu folgen, doch Miriamel hielt sie mit erhobener Hand zurück.

Das Echo der Hufschläge verklang und Rinan wandte sich an die Königin. »Majestät?«, brachte er schließlich heraus. »Habe ich etwas falsch gemacht? Majestät?«

»Wie bitte?«

»Verzeiht, meine Königin, aber was war das gerade? Ist der König böse auf mich?«

Miriamel lächelte. »Nein, sei unbesorgt, junger Mann. Das hat gar nichts mit dir zu tun. Er will nur einen alten Freund begrüßen.«

✣

Morgan und seine Soldaten hatten gerade überrascht angehalten und betrachteten die Erscheinung vor ihnen mit einigem Misstrauen, da hörten sie auf der Brücke hinter sich Hufgeklapper. Morgans Pferd, das bereits durch den seltsamen kleinen Mann verunsichert war, der ihnen auf einem riesigen, weißen Wolf entgegenkam, scheute so heftig, dass Morgan Mühe hatte, sich im Sattel zu halten. Sobald er sich wieder gefangen hatte, riss er sein Schwert aus der Scheide. Ob er jetzt wie ein Held aus grauer Vorzeit um Leben und Tod kämpfen musste? Von seiner Aufregung angesteckt, zogen einige Soldaten ebenfalls die Schwerter.

»Halt!«, rief eine Stimme. »Steckt die Schwerter ein! Ich bin's, euer König!« Hastig machten die Männer auf der Brücke ihrem im Galopp nahenden König Platz. Morgan konnte nur zusehen, wie Simon in den Steigbügeln stehend und mit flatternden roten, von grauen Strähnen durchzogenen Haaren an ihnen vorbeipreschte. Der König streifte ihn mit einem Blick.

»Großvater …?«, rief Morgan. »Majestät?«

Sowohl der König als auch die Gestalt auf dem Wolf waren in der Mitte der Brücke stehengeblieben und stiegen ab. Sie hatten nur Augen für einander.

»Binabik!«, rief Simon und zog die kleine Gestalt in seine Arme wie ein Vater, dessen Kind nach schmerzlich langer Abwesenheit zurückgekehrt ist.

»Freund Simon!«, rief der kleine Mann, der dem König kaum

bis zur Hüfte reichte, und lachte, während der König ihn so heftig herumwirbelte, dass Morgan schon fürchtete, die beiden könnten von der Brücke in den eisigen Gratuvask fallen. Der Prinz trieb sein Pferd an, um das zu verhindern, aber auch, weil er wissen wollte, was hier vorging. Bei dem Mann handelte es sich offenbar um den fast schon legendären Trollfreund seines Großvaters.

»Bei uns sagt man, einen alten Freund zu treffen sei wie ein einladendes Feuer in der Nacht zu finden«, sagte der kleine Mann ein wenig atemlos von der heftigen Umarmung des Königs. »Schon der Anblick deines Gesichts wärmt mich, Simon.«

»Es ist wunderbar, dich zu sehen, Binabik«, sagte Simon freudestrahlend und setzte ihn endlich ab. »Aber bist nur du gekommen, uns zu begrüßen?«

»Die Rollen und Kurbeln des Frostmarktors wollen sich nicht drehen und das Tor geht nicht auf. Viele Reiter warten dir zu Ehren, aber sie sind auf der anderen Seite gefangen. Nur die edle Vaqana und ich waren so klein, dass wir uns durchzwängen konnten.« Er tätschelte die unnatürlich große Wölfin mit ihrem zottigen, makellos weißen Fell, der die Menschen um sie herum überhaupt nichts auszumachen schienen, was umgekehrt nicht gerade galt. »Aber habe keine Ängstlichkeit«, fuhr Binabik fort. »Ich denke, das Tor wird repariert sein, wenn deine Leute hier eintreffen. Wo ist Miriamel, deine Liebste? Es geht ihr doch gut, wie ich hoffe?«

»Sie wartet da hinten an der Brücke und kann nicht verstehen, warum ich plötzlich wie ein Verrückter losgeritten bin.« Der König grinste so breit, dass er ganz senil wirkte, wie Morgan fand. »Wie gut es tut, dich zu sehen.« Simon betrachtete die Wölfin, die sich gesetzt hatte und sich in aller Ruhe putzte. »Und du sagtest, das sei ...?«

»Die getreue Vaqana«, erklärte der Troll. »Ja, eine Nachfahrin der edlen Qantaqa ist sie. Auch ich freue mich so sehr, dich zu sehen, Freund Simon, nach viel zu vielen Jahren!« Binabik hielt sich an einem Büschel schneeweißen Fells fest und stieg auf den breiten Rücken der Wölfin, die es aus alter Gewohnheit geduldig ertrug. Jetzt endlich bemerkte Binabik auch Morgan. »Ha! Ich glaube, ich sehe ein Gesicht, das sich sehr verändert hat, seit ich es zum ersten Mal gesehen habe. Ist das wahrhaftig dein Enkel?«

König Simon nickte lächelnd. Einen Moment lang konnte Morgan sich sogar einbilden, er sehe stolz aus. »So ist es! Er hat sich bestimmt sehr verändert. Das ist Prinz Morgan, unser Enkel und Erbe.«

»Seht ihn an, ein erwachsener Mann!«, krähte der Troll. »Oder wie wir auf dem Mintahoq sagen: *hanno aia mo siqsiq, chahu naha!* – die Jahreszeiten anzuhalten ist, als wollte man eine Lawine mit einem Fingerhut auffangen.«

Der König wandte sich an seinen Enkel. »Morgan, das ist Binabik von Yiqanuc, mein bester Freund. Du hast ihn zuletzt vor über zehn Jahren gesehen, als du noch ein Kind warst. Erinnerst du dich?«

Morgan wollte schon verneinen, da stellte sich tatsächlich eine Erinnerung an eine Gruppe von kleinen Männern und Frauen ein, denen er vorgestellt worden war. Am Hof war er schon oft Zwergen begegnet, aber diese Leute mit ihren dunklen, ernsten Gesichtern und fremdartigen Kleidern hatten anders ausgesehen und ihm Angst gemacht. »Ganz vage, glaube ich.«

»Du wirst in Osten Ard keinen besseren Mann finden, egal wie groß.« Der König wirkte glücklicher, als Morgan ihn seit langem erlebt hatte. »Und deiner lieben Frau, Binabik? Geht es ihr gut? Und eurem Kind?«

»Beide befinden sich wohl und begleiten mich, doch das Mädchen ist vom Kind zur Frau herangewachsen. Und sie hat ihren *nukapik* mitgebracht – ihren Heiratsfreund. Wir sind alle zusammen hierher geritten, die anderen auf ihren Widdern, ich auf der tapferen Vaqana.« Binabik kraulte die Wölfin hinter den Ohren und verzog das braune Gesicht zu einem breiten Lächeln, was er den vielen Falten nach zu schließen oft tat. »Du wirst sie heute Abend sehen, denke ich. Gut, vielleicht nicht die Widder, die ausruhen und fressen.«

»Und wie geht es Isgrimnur?«

»Der Herzog lebt noch, Sedda, unsere Dunkle Mutter, sei gepriesen, aber er ist sehr alt und seine Schwachheit wächst. Doch wird er sich freuen, dich zu sehen, Freund Simon, sehr freuen.«

In diesem Moment ertönte von der Stadtmauer von Elvritshalla am Ende der Laternenbrücke her ein Kreischen. Morgan erschrak, sodass sein Pferd wieder scheute und er es beruhigen musste.

»Und das war, wenn ich mit meiner Vermutung richtig liege, das Frostmarktor, das endlich aufgeht«, sagte Binabik. »Kommt, Simon-König und fast erwachsener Morgan-Prinz! Isgrimnurs Sohn Grimbrand und die Untertanen des Herzogs stehen bereit, euch willkommen zu heißen. Ich bin nur zuerst hinausgeschlüpft und habe ihnen die Überraschung verdorben. Kommt!«

Morgan war froh darüber, den kalten Winden der Frostmark endlich hinter den Stadtmauern zu entkommen. Ganz Elvritshalla schien die Straßen zu säumen, um die Ankunft des Königspaars mit seinem Gefolge zu erleben, oder zumindest die Straße zwischen dem Tor und der herzoglichen Residenz auf dem felsigen Hügel in der Mitte der Stadt. Die Menschen schwenkten Fackeln und Laternen, andere lehnten aus Fenstern oberer Stockwerke, und trotz der späten Stunde jubelten sie dem vorbeireitenden Königspaar zu, als sei es gekommen, um ihren sterbenden Herzog wieder gesund zu machen.

Niemand schien Morgan zu erkennen, was den Prinzen aber nicht weiter störte. Er hatte sich in der letzten Zeit alle Mühe gegeben, es seinen Großeltern recht zu machen, aber jetzt wollte er auf keinen Fall noch mehr der endlosen Zeremonien über sich ergehen lassen, mit denen die nächsten Tage zweifellos angefüllt sein würden. Stattdessen wollte er sich mit Astrian und den anderen so schnell wie möglich an einen Ort zum Trinken zurückziehen, in eine behagliche, warme Schenke weit weg von der schrecklichen höfischen Langeweile. Er ließ den Blick über die überwiegend hellhäutigen Bürger von Elvritshalla wandern und entdeckte unter ihnen eine ganze Reihe hochgewachsener und wohlgestalteter junger Damen, die den Frauen von Erchester, der Hauptstadt, durchaus ebenbürtig waren. Ihre Haare glänzten golden wie ganz neue, noch ungebrauchte Münzen. Er hatte schon geglaubt, der Frauen des Nordens überdrüssig zu sein, war sich aber auf einmal nicht mehr so sicher. Er begann sich sogar darauf zu freuen, mit einigen weiblichen Untertanen des Herzogs ins Gespräch zu kommen.

Eines Tages sind das auch meine Untertanen, dachte er plötzlich. *Wenn ich König bin*. Es war eine seltsame, aber durchaus interessante Vorstellung.

»Da seid Ihr ja, mein Prinz!« Porto lenkte sein Pferd neben seins. Der alte Ritter hatte sich einen Schal um Hals und untere Gesichtshälfte geschlungen, als hätte er eben erst einen heulenden Schneesturm überstanden. »Es tut gut, in der Stadt zu sein, nicht wahr? Ich war jahrelang nicht mehr hier, nicht seit damals nach der Belagerung, als wir mit Herzog Isgrimnur herkamen.«

»Diese Geschichte habe ich schon so oft gehört, dass ich sie selbst erzählen könnte, ohne mehr von der Wahrheit abzuweichen als Ihr«, sagte Morgan. »Wahrscheinlich sogar weniger, weil laut Astrian die Hälfte davon erfunden und der Rest übertrieben ist.«

Porto sah ihn gekränkt an. »Dieser Astrian aus Nabban hat doch keine Ahnung und will mich nur ärgern. Er lag noch als Säugling in den Armen seiner Mutter, als ich gegen die Nornen gekämpft habe.«

Morgan grinste. »Um ehrlich zu sein, interessieren die Kämpfe gegen die Nornen mich im Moment weniger, alter Knabe. Wo geht man hier hin, wenn man ordentlich trinken und singen will und keine Lust auf den ganzen Quatsch hat, wegen dem meine Großeltern gekommen sind?«

Astrian tauchte an seiner anderen Seite auf. Er wirkte so frisch und gepflegt, als sei er gerade erst aufgebrochen und hätte nicht schon einen langen, anstrengenden Ritt hinter sich wie jeder andere auch. »Mein Prinz! Ich fürchtete schon, Ihr wärt mit Eurer Familie zur Burg geritten.«

»Ich versuche gerade von Porto zu erfahren, wo man hier ausgehen kann. Er behauptet, schon hier gewesen zu sein.«

»Behauptet?« Porto richtete sich im Sattel zu seiner vollen Größe auf und sah aus wie ein Storch, der sich im Nest zum Abflug bereit macht. »Ich versichere Euch, dass man Porto von Ansis Pellipé in den Schenken der Kopstade auch nach all den Jahren nicht vergessen hat!«

»Das klingt schon besser«, sagte Morgan. »Was ist die Kopstade?«

»Der Marktplatz und seine Umgebung«, antwortete der alte Ritter. »Wir sind schon daran vorbeigekommen, Hoheit. Er lag in der Nähe des Tors.«

»Dann lass uns umkehren.«

»Lieber nicht, mein Prinz.« Ungewöhnlicherweise riet diesmal Astrian zur Mäßigung. »Wenigstens nicht heute Abend. Man erwartet bestimmt, dass Ihr mit Euren Großeltern zumindest an einigen der … Formalitäten teilnehmt. Mit dem alten Herzog und so …« Er machte eine unbestimmte Handbewegung.

»*Nein!*« Morgan merkte, dass er es fast laut gerufen hatte und spürte, wie er rot wurde. »Nein, ich möchte nicht einem alten Mann beim Sterben zusehen. Das geht mich nichts an. Er ist der Freund meiner Großeltern.«

Astrian zuckte mit den Schultern. »Wie Ihr wünscht. Aber findet zumindest heraus, wo Ihr untergebracht seid, Hoheit, bevor

Ihr Euch ins Nachtleben stürzt. Die Burg von Elvritshalla ist ziemlich groß und Ihr solltet wissen, wo Ihr schlafen werdet.«

»Schlafen? Wer redet denn von Schlafen?« Morgan sah ihn bitter an. »Wie grausam von Euch, mir das Herz so zu brechen, Astrian, von Euch hätte ich das nicht erwartet. Ich will doch nur ein wenig trinken und mich vergnügen.«

»Aber Ihr habt selbst gesagt, dass Eure Großeltern böse auf Euch seien, Hoheit.« Astrian hob den Kopf, als Olveris sich ihnen näherte. Er war abgestiegen und führte sein Schlachtross am Zügel durch das Gedränge auf der breiten Straße. »Hilf mir, Freund«, rief Astrian ihm zu. »Ich versuche gerade, unseren guten Prinzen zu überzeugen, dass er zumindest am ersten Abend den Wünschen des Königs und der Königin entsprechen sollte.«

Olveris schnitt eine Grimasse. »Astrian als Verfechter von Anstand und Sitte? Offenbar haben wir die falsche Abzweigung genommen und sind im Land der Feen gelandet.«

»Das ist nicht witzig!«, sagte Porto erschrocken. »Nicht hier im Norden. Denn die Feen sind hier näher als du denkst, und wilder. Morgen früh wirst du in der Ferne die Sturmspitze sehen.«

»Solange sie in der Ferne bleibt«, sagte Morgan.

Es war natürlich ein Zufall, doch da fegte ein kalter Windstoß durch die Straße und ließ die Fahnen an den Häusern knallen. Morgan fröstelte trotz seines Panzers und Waffenrocks.

✣

Es ist ein Vergnügen, Euch wiederzusehen, Sisqinanamook«, sagte Miriamel. Sie standen in einem niedrigen, aber prächtig ausgestatteten Vorzimmer der herzoglichen Residenz am Kamin. Simon wusste, dass Miriamel ihre Worte, die sie bereits seit Wochen in Hernystir und Rimmersgard wiederholte, diesmal ernst meinte. Sie hatte Binabiks Frau schon immer gemocht, seit ihrem gemeinsamen Kampf.

Sisqi neigte den Kopf, sichtlich erfreut darüber, dass Miriamel sie mit vollem Namen angeredet hatte. »Das Vergnügen ist ganz meinerseits, große Königin.«

Miriamel überging die Anrede mit einer wegwerfenden Handbewegung. »Ihr habt die lange Reise von Eurem Berg eigens unternommen, um Isgrimnur zu besuchen! Gott möge Euch segnen!«

»Wir mussten es tun«, sagte Binabik. »Er ist der beste Rimmersmann, den wir je das Glück hatten kennenzulernen.«

Miriamel lächelte. »Wie Simon sagt, ist auch Eure Tochter in Elvritshalla. Ich freue mich so darauf, sie zu sehen. Sie muss jetzt eine erwachsene Frau sein!«

Sisqi lächelte. »Erwachsen ist sie, Qina, ja. Und hier mit ihrem Mann.«

»Sie ist verheiratet?«, fragte Simon.

»Bald«, sagte Binabik. »Wenn Qina und Snenneq zum Mintahoq zurückkehren, werden sie zum Chidsik Ub Lingit gehen – erinnerst du dich an diesen Ort, Freund Simon, an dem du einst Sisqis Eltern angefleht hast, mein Leben zu verschonen? Dort werden sie vor den Vorfahren und unserem Volk ihre Hände zusammenbinden.«

Die Tür zum Gemach des Herzogs ging auf und Grimbrand kam heraus, um sie zu begrüßen. Mit seinen schwarzen Haaren, dem breiten Gesicht und der stämmigen Gestalt sah er seinem Vater ähnlicher, als sein älterer Bruder Isorn es je getan hatte, dachte Simon. Trotzdem berührte es ihn seltsam, zu sehen, wie viele graue und weiße Strähnen Grimbrands Bart inzwischen durchzogen.

Beim Baum des Erlösers, wann sind wir alle so alt geworden?

Grimbrand war noch zu jung gewesen, um im Sturmkönigskrieg zu kämpfen, und hatte während des Exils seiner Familie bei Verwandten gelebt. Er war zu einem Mann herangewachsen, der überlegt und gerecht handelte und viele der besten Charakterzüge seines Vaters besaß. Es war beruhigend zu wissen, dass wenigstens ein Land des Hochkönigbanns in guten Händen sein würde.

»Er ist soeben aufgewacht, Majestäten.« Grimbrand lächelte erschöpft. »Wenn Ihr alle zugleich hineingeht, wird es ihm womöglich zu viel. Darf ich den Hochkönig und die Hochkönigin zuerst bitten?«

Simon sah Binabik an. »Mit Gewissheit«, sagte der kleine Mann lächelnd. »Geht hinein.«

»Tiamak sollte auch hier sein«, meinte Miriamel. »Er und der Herzog sind einander herzlich zugetan. Aber er ist noch auf der Suche nach unserem Enkel, Prinz Morgan.«

»Dann kommt«, sagte Grimbrand. »Die anderen können gleich nachfolgen, und wenn Ihr Euch Sorge um Euren Enkel macht, lasse ich ihn von meinen Leuten suchen.«

»Nicht nötig«, erwiderte Miriamel hastig. »Er taucht bestimmt bald wieder auf.«

»Wie Ihr wünscht, Majestät.« Grimbrand winkte sie zur Tür.

Das herzogliche Schlafgemach sah noch so aus, wie Simon es von seinem Besuch vor über zehn Jahren in Erinnerung hatte. Es war eine Art Gedenkstätte für Isgrimnurs geliebte Frau Gutrun, Grimbrands Mutter. Überall brannten Kerzen, insbesondere auf einem niedrigen Tisch vor einem gemalten Porträt von ihr. Ihr Stuhl und ihr Nähkasten standen immer noch an dem größten Fenster des Zimmers, das zu Simons Überraschung geöffnet war. Die Rimmersleute schienen der Frischluft in einem Maße zugetan, das Erkynländern ein Graus gewesen wäre. Der Baldachin des gewaltigen Betts in der Mitte des Zimmers bewegte sich im nächtlichen Wind. Simon fühlte sich unwillkürlich an ein Schiff erinnert, das mit geblähten Segeln aufs Meer hinaustrieb.

Dabei fuhren die Rimmersmänner gar nicht mehr zur See, fiel ihm ein.

Zwei Priester, die am Fuß des Betts gebetet hatten, standen auf und verließen das Zimmer. Simon und Miriamel traten näher und Simon war einen Moment lang verwirrt. Dieser schlafende

Fremde hatte mit Isgrimnur nichts gemein! Niemals war dieser auf Kissen gelagerte Alte, der seinen Kopf nicht mehr halten konnte, ihr Freund, der Herzog, einer der größten und stärksten Männer, die Simon kannte. Die Wangen dieses fast Fremden waren eingefallen, Haare und Bart schneeweiß und schütter, der Hals viel zu dünn. Niemals konnte ein solcher Hals ein so edles Haupt wie das von Isgrimnur getragen haben.

Die Augenlider des Alten zuckten und öffneten sich dann. Im ersten Moment fand sein Blick keinen Halt und wanderte über Decke und Wände. Grimbrand trat vor und kniete sich neben das Bett.

»Bist … bist du das, Isorn?« Was sie da hörten, war nur mehr ein geisterhaftes Echo der donnernden Stimme des Herzogs.

Grimbrand war in den vergangenen Monaten vermutlich oft mit dem Namen seines toten Bruders angeredet worden, denn er machte sich nicht die Mühe, den Vater zu verbessern. »Vater, Freunde von dir sind hier. Königin Miriamel und König Simon sind eigens aus Erkynland gekommen.«

Der wandernde Blick richtete sich auf Simon, und da schien der Mann in dem verbrauchten Körper etwas munterer zu werden. Er runzelte die Stirn, kniff die Augen zusammen und riss sie dann ganz weit auf. »Gott im Himmel, Ihr seid es tatsächlich.« Sein Blick wanderte zu Miriamel und er lächelte. »Ihr seid beide gekommen, Gott segne und beschütze Euch. Kommt, gebt mir Eure Hände. Gebt sie mir, denn ich fürchte, wir werden uns in dieser Welt nicht mehr begegnen.«

Simon und Miriamel traten jeder auf eine Seite des Betts und ergriffen seine Hände. Simons Augen hatten sich mit Tränen gefüllt und drohten überzulaufen. Die Knochen des alten Mannes fühlten sich so zerbrechlich an wie Eierschalen. »Natürlich sind wir gekommen«, sagte Simon. Seine Stimme drohte zu versagen. »Natürlich.«

»Gott segne *Euch*, Onkel.« Miriamel hatte Isgrimnur immer

Onkel genannt, obwohl sie nicht blutsverwandt mit ihm war. »Auch dafür, dass Ihr auf uns gewartet habt.« Sie verstummte und Tränen liefen ihr über die Wangen.

»Wie geht es dem Reich?«, fragte Isgrimnur. »Steht alles … gut?«

»Alles ist gut, Onkel«, sagte Miriamel.

»Schön, schön.« Die vielen Worte schienen den Herzog zu ermüden. Er schloss die Augen und atmete eine Weile nur aus und ein. Seine Brust hob und senkte sich. »Und Josua? Prinz Josua? Gibt es Nachricht von ihm?«

Simon schluckte. Der Gedanke an Miriamels Onkel, nach dem ihr Sohn Johan Josua benannt war, schmerzte sehr. »Leider nein. Wir haben lange nach ihm, seiner Frau Vara und den Kindern der beiden gesucht, aber sie blieben spurlos verschwunden.«

Isgrimnur schüttelte den Kopf. »Zehn Jahre, nein, zwanzig! Zwanzig Jahre. Nach so langer Zeit ist er wohl tot, fürchte ich.«

Simon drückte ihm unendlich behutsam die Hand. »Wir werden die Suche nie aufgeben.«

»Ich werde es jedenfalls nicht mehr erleben, wenn er gefunden wird.« Isgrimnur öffnete die Augen. »Bist du das, Simon? Sag, dass du es wirklich bist. Ich träume in letzter Zeit so viel, dass ich gar nicht mehr weiß, ob ich wache oder schlafe.«

»Ich bin es wirklich, Isgrimnur. Derselbe verwahrloste Junge, den Ihr vor so langer Zeit in der Nähe von St. Hoderund in der Frostmark gefunden habt.«

Isgrimnur lächelte schwach. »Verwahrlost! Ihr beschönigt Euren Zustand. Wie ich mich erinnere, wart Ihr abgemagert und verängstigt wie ein nasses Kätzchen!« Sein Lachen ging in Husten über, doch er hob beruhigend die Hand. »Nein, es geht schon wieder. Der Husten ist harmlos. Nur das Gewicht auf meiner Brust ist immer schwerer zu ertragen.« Er ließ den Kopf auf die Kissen sinken. »Simon, mein guter Junge. Nein, ich vergesse mich. Ihr seid der König! Der Hochkönig!«

»Und seine Frau überseht Ihr?«, fragte Miriamel, doch in einem scherzenden Ton.

»Überhaupt nicht, meine Königin.« Isgrimnur nahm Simons Hand ein wenig fester. »Ich bitte Euch um einen Gefallen, Euch beide. Ihr müsst mir etwas versprechen.«

Simon brauchte Miriamel nicht anzusehen, um die Antwort zu kennen. Mit seiner freien Hand wischte er sich die Tränen von den Wangen. »Alles, was Ihr wollt, Herzog Isgrimnur. Wir schulden Euch mehr, als wir Euch je zurückzahlen können. Dasselbe gilt für alle Königreiche der Menschen.«

»Gutrun und ich waren die Paten der Kinder Prinz Josuas. Jetzt, wo Josua und Vara verschwunden sind, habe ich um die Kinder Angst …«

»Es sind keine Kinder mehr«, warf Simon sanft ein. »Sie wurden im Jahr der Niederlage des Sturmkönigs geboren.«

»Trotzdem.« Aus Isgrimnurs hinfälliger Stimme klang wieder ein wenig das berüchtigte Poltern von einst. »Habt Ihr die lange Reise nur deshalb gemacht, um einem Sterbenden ins Wort zu fallen?«

Simon musste ein Lächeln unterdrücken. »Verzeiht, Herzog. Was können wir für Euch tun?«

»Die Kinder suchen. Wenn Ihr schon die Eltern nicht findet, dann wenigstens die Kinder. Tut für sie, was Gutrun und ich versprochen haben, aber nicht tun konnten. Findet sie und sorgt dafür, dass sie sicher sind und alles haben, was sie für ein zufriedenes Leben brauchen.«

»Wir haben schon nach ihnen gesucht und werden sie weiter suchen, alter Freund. Und eines Tages werden wir sie finden.«

Isgrimnur starrte ihn an, als wisse er nicht, ob er ihm glauben sollte. »Versprecht Ihr es mir?«

»Natürlich«, sagte Simon ein wenig gekränkt und betrübt. Er sah Miriamel an. »Wir versprechen es Euch bei der Ehre unserer Familie und der Euren.«

»Gutrun hätte mich schon längst auf die Suche geschickt, aber Ihre Krankheit …« Der Herzog schüttelte den Kopf. »Ich werde ihr bald begegnen, Gott und den Heiligen sei Dank. Sehr bald!«

»Das werdet Ihr, Onkel«, sagte Miriamel. »Sie erwartet Euch.«

»Und Isorn auch.« Isgrimnurs Lippen zitterten. »Es ist so lange her, dass ich die lieben Gesichter der beiden gesehen habe …« Die Augen des Alten hatten sich gerötet. »So lange …«

»Du bist müde, Vater«, sagte Grimbrand vom Fuß des Betts. »Es warten noch andere, aber vielleicht solltest du zuerst ausruhen.«

»Andere?« Isgrimnurs Kräfte schienen sich neu zu beleben. Er drückte Simon ein letztes Mal die Hand und dann Miriamel. »Wen meinst du?«

»Draußen warten noch weitere Freunde«, erklärte Miriamel. »Graf Eolair und Binabik und seine Frau …«

»Binabik? Der Troll ist hier? Holt ihn rein! Holt alle rein!« Der Herzog schaffte es sogar, sich auf den Kissen ein wenig höherzuschieben. Zum ersten Mal erkannte Simon in der auf dem Bett ausgestreckten kraftlosen und knochigen Vogelscheuche wieder den alten Freund. »Ädon und seine Engel können ruhig noch eine Weile auf mich warten. Sie haben mich dann ja lange genug.«

Binabik und Sisqi traten als Erste ein, klein wie Kinder. Ihnen folgten mit bekümmerter Miene Eolair und Tiamak, der aufgrund seines Humpelns langsamer war. Er trat zu Simon und sagte leise: »Ich kann Morgan nicht finden, Majestät. Auch Binabiks Tochter und ihr Freund suchen ihn.«

Simon holte tief Luft, um seinen Ärger zu bezähmen. »Habt Ihr auch in den Bierschenken nachgesehen?«

»Davon gibt es allein an der Hauptstraße schon einige Dutzend«, flüsterte Tiamak. Simon sah seine Frau an und schüttelte den Kopf. Miriamel presste die Lippen zusammen.

»Begrüßt jetzt Isgrimnur«, sagte Simon leise. Obwohl es in ihm brodelte wie in einem auf dem Feuer vergessenen Topf, klopfte er dem alten Freund auf die Schulter. Tiamak konnte nichts dafür, dass ihr Enkel ein Taugenichts war.

»Moment, wer ist das?« Isgrimnur atmete wieder schneller und seine Stimme war schwächer geworden, doch er hob den Kopf vom Kissen. »Doch nicht Tiamak? Mein Mann aus dem Wran?«

»Doch, ich bin es, Herzog Isgrimnur.« Tiamak hinkte an die Seite des Alten.

»Miriamel, kommt noch einmal her.« Isgrimnur streckte die Hand nach ihr aus. »Kommt zurück. Siehst du uns drei, Grimbrand?« Er nickte zu Tiamak und der Königin hin. »Ja?«

»Natürlich, Vater.«

»Man würde es nicht denken, wenn man mich hinfälliges Wrack sieht, aber wir drei sind zusammen durch die halbe Welt gezogen. Von Kwanitupul durch das Wran und dann über die Thrithinge zum Abschiedsstein, alles zu Fuß. Sogar in das Nest der schrecklichen Ghants sind wir eingedrungen und haben es lebend wieder verlassen! Schönes Abenteuer, was? Eine spannendere Geschichte findet man nicht, darauf wette ich. Und auch Camaris hat uns begleitet, der größte Krieger aller Zeiten!«

»Und außerdem Cadrach«, fügte Miriamel hinzu. »Der arme, verrückte Cadrach.«

»Ihr wart tapfer wie eine Wölfin«, sagte Isgrimnur. »Ihr …« Er brach ab, um Luft zu holen, musste jedoch husten, und es dauerte eine Weile, bis er wieder sprechen konnte. Was er auch tat, obwohl sein Sohn ihn drängte, auszuruhen. »Herrliche Geschichte«, keuchte er. »Jemand sollte ein Lied daraus machen.«

»Ist schon passiert«, sagte Simon und lachte. »Es gibt sogar mehrere Lieder. Dutzende! Mein Gott, habt Ihr sie hier oben nicht gehört? Ich hätte den Hof sofort nach Rimmersgard verlegt, wenn ich das gewusst hätte!«

»Das Lied … das Lied …« Isgrimnur hatte offenbar etwas sagen wollen, verstummte aber. »Wovon haben wir gesprochen?«

»Dass wir wieder zusammen sind«, sagte Miriamel, beugte sich über ihn und küsste ihn auf die eingefallene Wange. »Und niemand kann uns nehmen, was wir gemeinsam erlebt haben.«

»Gott schütze Euch«, sagte Tiamak leise. Er drückte Isgrimnurs Hand an sein Gesicht und weinte ungehemmt. Der Alte schien es nicht zu bemerken.

»Ich glaube … ich glaube, ich muss schlafen … nur kurz …«

»Natürlich.« Miriamel richtete sich auf. »Wir kommen später wieder, Onkel, wenn Ihr Euch ausgeruht habt.«

»Wir werden ein paar Tage hier sein«, fügte Simon hinzu. »Also keine Angst, wir haben noch viel Zeit, sowohl für Neuigkeiten wie für alte Geschichten.«

Binabik strich über die Hand des Alten, dann legte er die Faust an seine Brust, eine Geste der Trolle, mit der sie ihre Herzensgefühle ausdrückten, wie Simon wusste. Sisqi neigte den Kopf, dann wandten die beiden sich ab und gingen nach draußen.

Als Nächster kniete sich Eolair neben das Bett und küsste die Hand des Herzogs. »Es ist schön, Euch zu sehen, Herr«, sagte er nur, dann stand er auf und ging ebenfalls. Simon wollte dem Alten gerade eine gute Nacht wünschen, da sah er im Vorzimmer ein bekanntes Gesicht. »Morgan!«, flüsterte er laut. »Komm herein!«

Der Prinz trat ein. In seinem Blick lag etwas Gehetztes. »Ich habe euch gesucht«, sagt er leise. Er vermied es sorgfältig, den Alten auf dem Bett anzusehen. »Die Burg ist ein Labyrinth!«

»Die Burg oder die Kopstade?«, fragte Simon mühsam beherrscht. »Komm her.«

Isgrimnurs Augen waren zugefallen, aber als Simon sich über ihn beugte und ihn auf die Wange küsste, gingen sie wieder auf. »Simon, mein Junge? Bist du es? Bist du jetzt wirklich König oder habe ich das nur geträumt?« Das Atmen schien ihm Mühe zu bereiten. »Ich träume so viel … und alles geht ineinander über …«

»Ihr habt es nicht geträumt, Herzog Isgrimnur. Und dass Miriamel und ich herrschen, haben wir zum großen Teil Euch zu verdanken, Eurem Sohn Isorn und noch einigen edlen Seelen. Aber jetzt sollt Ihr den Thronerben kennenlernen, Prinz Morgan. Ich hoffe, Ihr gebt ihm Euren Segen.«

»Prinz Morgan?« Isgrimnur klang überrascht. »Ihr habt einen Säugling auf die weite Reise mitgenommen?«

»Nein, seht doch, Onkel«, sagte Miriamel. »Er ist jetzt erwachsen.«

»Knie dich hin«, flüsterte Simon, an Morgan gewandt. »Nimm seine Hand.«

Morgan sah aus, als wäre er am liebsten woanders und nicht in diesem zugigen Schlafgemach, aber er streckte gehorsam den Arm aus und nahm die knochige Hand des Herzogs. Isgrimnur starrte einen Augenblick lang zur Decke, dann schien er sich zu besinnen und betrachtete prüfend den an seinem Bett knienden Thronerben. »Gott segne Euch, junger Mann«, sagte er. »Handelt Gott wohlgefällig und Euer Tun wird Früchte tragen. Und folgt dem Rat Eurer Eltern.«

Morgan sah verwirrt seinen Großvater an, doch Simon bedeutete ihm mit einem Kopfschütteln, zu schweigen. »Danke, Isgrimnur«, sagte der König. »Wir bereiten ihn auf seine Aufgabe vor, so gut wir können.«

»Und bestimmt macht Ihr es gut«, sagte Isgrimnur. »Er ist ein tüchtiger junger Mann.« Aber seine Augen waren schon wieder zugefallen. »Gott segne Euch, mein Sohn«, sagte er müde und kaum noch hörbar. Seine Finger ließen die Hand des Prinzen los. »Mögen Usires und … und die Heiligen über Euch wachen und … Euch beschützen.«

»Ihr seid müde, Isgrimnur.« Simon nickte Morgan zu, und der Prinz sprang auf wie von einer Last befreit. »Wir gehen jetzt und lassen Euch ruhen. Aber wir sind eben erst gekommen und haben später noch Zeit zum Reden.«

Isgrimnurs Augen gingen einen Spalt auf und richteten sich auf Simon und dann Miriamel. »Vergesst nicht, was Ihr mir versprochen habt«, sagte er überraschend eindringlich. »Vergesst nicht unsere Patenkinder Deornoth und Derra. Das war mein letztes Versprechen an Gutrun und ich kann ihr bei unserem Wiedersehen nur in die Augen blicken, wenn ich weiß, dass Ihr mein Versäumnis wiedergutmachen werdet.«

»Wir werden die beiden nicht vergessen, Onkel«, sagte Miriamel. »Niemals.«

»Gut.« Er schloss die Augen. »Dann ist alles gut …«

Als sie merkten, dass er schlief, gingen sie. Nur Grimbrand blieb am Bett seines Vaters sitzen. Die beiden Priester waren wie von Zauberhand wieder aufgetaucht, knieten am Fuß des Bettes und murmelten die Worte des *Exsequis.*

Simon wusste nicht, wie spät es war, nur dass die Glocken schon vor geraumer Zeit Mitternacht geschlagen hatten, denn er war bei dieser Gelegenheit kurz aufgewacht. Er meinte sich zu erinnern, dass er wieder vom Feuer geträumt hatte, wie so oft in den vergangenen Monaten, aber genau konnte er sich nur an ein Gesicht aus Rauch erinnern, das abwechselnd geweint und gelacht und in einer Sprache mit ihm geredet hatte, die ihm fremd war.

»Wer ist da?« Er setzte sich auf und tastete nach dem Dolch, den er neben seinem Bett bereithielt. Dann fiel ihm ein, dass er ja gar nicht in seinem eigenen Bett lag, dass er sich in einem ganz anderen Land befand. »Wer ist da?«

»Nur ich, Majestät, Tiamak.« Der kleine Mann kam ein paar Schritte ins Zimmer. »Ihr habt mich mit den Wachen sprechen hören. Schläft die Königin?«

Simon blickte zu Miriamel hinüber, die wie eine erschöpfte Schwimmerin bewegungslos ausgestreckt unter der Bettdecke lag. »Ja. Soll ich sie wecken?«

»Diese Entscheidung überlasse ich Euch, Majestät. Aber ich habe eine Nachricht.«

Erst jetzt fiel Simon auf, dass Tiamaks Stimme seltsam erstickt klang. »Um was geht es?« Aber offenbar weinte Tiamak und Simon glaubte die Antwort zu kennen.

»Herzog Isgrimnur, der brave Mann … ist vor einer Stunde gestorben. Sein Sohn hat es mir soeben gesagt. Verzeiht, dass ich Euch geweckt habe, aber ich dachte, Ihr würdet es wissen wollen. Ich danke Ihr-die-darauf-wartet-alles-wieder-zu-sich-zu-nehmen, dass wir rechtzeitig hier waren, um ihn noch einmal zu sprechen.«

Tiamak ging und Simon blickte auf seine schlafende Frau. Plötzlich lasteten das alte Gemäuer der Burg, das Land Rimmersgard, das ihm so nah und zugleich fremd war, und die Erwartungen und Ängste der Untertanen seiner sämtlichen Länder unerträglich schwer auf seiner Brust. Und obwohl Miriamel nur wenige Handbreit von ihm entfernt lag, fühlte er sich so einsam wie seit Jahren nicht mehr.

Er überlegte, ob er in diesem Leben je wieder gut schlafen würde. Vielleicht waren die, die wie Isgrimnur gegangen waren, doch zu beneiden.

9

IM HERZEN DES KYNSWALDS

Großkanzler Pasevalles hatte den Vormittag überwiegend damit verbracht, sich die Klagen einer Gruppe wohlgenährter, reicher Kaufleute über die Gräfin Yissola von Perdruin anzuhören, die versuchte, der Nördlichen Allianz die Aufsicht über den Schiffsverkehr in erkynländischen Gewässern zu entreißen. Wenn man die Kaufleute reden hörte, war die Dame eine Mischung aus Teufel und Pirat, beides in der schlimmstmöglichen Ausführung. Er hatte die Männer nach Kräften zu besänftigen versucht, aber es schien ihnen hauptsächlich darum zu gehen, zu jammern, wie sie es schon seit jeher taten und auch weiter zu tun gedachten. Pasevalles jedenfalls war um ein interessiertes Gesicht bemüht gewesen, was immer er in Wahrheit von ihnen denken mochte, als der Bote von der Wache des Nearulagh-Tors eintrat. Die Kaufleute hörten nicht auf zu reden, auch als Pasevalles sich zur Seite beugte und den Wachmann anhörte, und sie hätten die Störung womöglich gar nicht bemerkt, wäre er ihnen nicht laut ins Wort gefallen.

»Ich bitte um Verzeihung, meine Herren, aber es ist etwas sehr Wichtiges passiert. Ich muss Euch verlassen, doch ich versichere Euch, dass ich Eure Sorgen dem König und der Königin vortragen werde.«

»Es geht uns nicht nur darum, dass unsere Sorgen vorgetragen werden, Großkanzler«, sagte ein besonders dicker Kaufmann, Baron Tostig, der sich seinen Titel mit den Gewinnen eines lukrativen Handels mit Wolle und Fellen von einem verarmten Gutsbesitzer erkauft hatte. »Wir wollen, dass etwas geschieht.«

»Das wollen auch der König und die Königin, seid versichert, aber erst müssen sie nach Erkynland zurückkehren.« Es war schwer, bei solchen Leuten, denen es nur um den Profit in ihren Büchern ging und nie um das Gemeinwohl, nicht die Geduld zu verlieren. Jedoch war Pasevalles ein erfahrener Diplomat, auch schon bevor er zugestimmt hatte, den mit dem Königspaar reisenden Graf Eolair als Hand des Throns zu vertreten. »Und was ich eben gesagt habe, stimmt ebenfalls, meine Herren, ich werde gebraucht. Vater Wibert, bringt die Herrschaften bitte hinaus.«

Während der Sekretär die Kaufleute, die gar nicht aufhören wollten, sich zu beschweren, mit ausgebreiteten Armen zur Tür hinauskomplimentierte, suchte Pasevalles hastig nach seinem Mantel. Dann eilte er durch den Inneren Zwinger zu den Ställen und lieh sich ein frisches, bereits gesatteltes Postpferd. Wenig später ritt er zwischen den schneidig salutierenden Wachen des Nearulagh-Tors hindurch nach draußen. Die Wachleute mochten den Kanzler, weil sie wussten, dass er ihre Partei ergriffen hatte, als Herzog Osric, der Konnetabel, die Zahl der Wachen hatte verkleinern wollen.

Auf der Großen Zeile trabte er durch Erchester und zu den Vorstädten weiter draußen, ein Gewirr von Straßen, das mit dem Wachstum der Stadt entstanden war. Er war unwillkürlich beeindruckt davon, wie sehr die Stadt sich während seiner Zeit im Hochhorst verändert hatte. Vor zwanzig Jahren hatte Erchester an der Stadtmauer geendet, jetzt reichte es weit darüber hinaus, und der ganze Swertcliff war von windschiefen Hütten und unmittelbar daneben von überraschend solide gebauten Häusern bedeckt. Nur die Straßen waren meist noch ausgetretene Wege und zu dieser Jahreszeit vom winterlichen Regen aufgeweicht. Als Pasevalles ein paar Jahre nach dem Sturmkönigskrieg hergekommen war, hatten Burg und Stadt nur zehntausend Einwohner gehabt, obwohl es sich um die Hauptstadt von ganz Osten Ard handelte. Jetzt wohnten hier bestimmt fünfmal so viele Menschen. Eines nicht allzu fernen Tages würden die neuen Bürger außerhalb der eigentlichen Stadt auch eine Mauer zu ihrem Schutz verlangen.

Nur im Westen waren die Häuser nicht wie ein Gewimmel von Pilzen vor der Stadtmauer aus dem Boden geschossen, denn dort lag hingestreckt wie ein schlafendes Tier der königliche Forst Kynswald. Von Jahr zu Jahr wurde es schwieriger, ihn gegen die wachsende Bevölkerung zu verteidigen. Einerseits brauchte man ihn wegen des Wilds, das gelegentlich für die königliche Tafel geschossen wurde, andererseits sollte das großflächige Fällen von Bäumen für Bauholz verhindert werden, denn der Kynswald lag viel näher an der Stadt als der riesige Aldheorte. Erst im vergangenen Herbst hatte das Königspaar die Zahl der königlichen Förster verdoppeln müssen, auch wenn König Simon Bedenken gehabt hatte. »Was ist denn, wenn die Leute verhungern?«, hatte er gefragt. »Soll man sie hängen, nur weil sie einen Hasen gefangen haben?«

»Wenn die Hungernden wissen, dass sie im königlichen Wald etwas zu essen finden«, hatte Miriamel erwidert, »springt dort bald kein Hase mehr und auch kein Reh und kein Wildschwein.«

König und Königin waren ein interessantes Paar, dachte Pasevalles, und allem Anschein nach so verschieden, wie Mann und Frau nur sein konnten. Simon war stolz auf seine Herkunft aus einfachen Verhältnissen und hätte, wenn es nach ihm gegangen wäre, die meiste Zeit im Stall oder in der Küche verbracht und mit den Dienern geplaudert. Die Königin dagegen stammte aus einem alten Königsgeschlecht und wusste mit den Privilegien umzugehen, die mit Reichtum und vornehmem Geblüt einhergingen. Außerdem hielt sie leidenschaftlich an allem fest, was sie für richtig erachtete: Wenn sie über etwas zu Gericht saß, urteilte sie zwar gerecht, ließ sich aber nicht von Mitleid beeinflussen wie ihr Mann.

Die äußeren Stadtviertel blieben hinter Pasevalles zurück und er lenkte sein Pferd von der Straße durch den Kynswald herunter und in den Wald hinein. Sein Sekretär Wibert wäre außer sich gewesen, hätte er gewusst, dass der Großkanzler die Stadt ohne Eskorte verlassen hatte, aber manchmal wollte Pasevalles eben nicht warten, wie zum Beispiel jetzt.

Es war nicht leicht, die Stelle zu finden, aber schließlich sah er am Hang etwas rot und weiß durch die Bäume blitzen – die beiden aufgerichteten Drachen aus dem Wappen des Königshauses. Er band sein Pferd an einen Ast und stieg zu Fuß weiter hinunter. Zwei Erkynwachen und ein königlicher Förster mit einer Feder am Hut warteten mit einem vierten Mann, einem mageren Burschen in einer zerlumpten Weste, der neben ihnen kniete und aussah, als hätte er schon seit einiger Zeit draußen geschlafen.

»Hängt mich nicht, Herr!«, rief er schrill, als Pasevalles vor den Männern stand. »Ich habe sie nur gefunden. Ich habe nichts getan!«

Halb begraben im Laub vor ihren Füßen sah Pasevalles die eindeutigen Umrisse einer menschlichen Leiche. Er wandte sich an den Mann mit der Feder. »Wie heißt du, Förster? Erzähl mir, was hier vorgefallen ist.«

Der Förster hatte ein ausgemergeltes, hageres Gesicht, und er hätte selbst ein Komplize des um sein Leben bettelnden Mannes sein können, wenn er nicht Förster gewesen wäre. »Natan heiße ich, Durchlaucht. Mit meinem Burschen habe ich eine Runde durch den Wald gedreht, als dieser hier plötzlich schreiend aus den Bäumen gerannt kommt, als seien die Weißfüchse hinter ihm her. Er rief, da liege eine Leiche im Wald. Eine Frau.«

»Hat er etwas bei sich gehabt? Ein totes Tier?«

»Nein!«, rief der zerlumpte Mann und brach in Tränen aus. »Ich habe mich nur verirrt!«

Pasevalles wusste es besser, aber er wartete die Antwort des Försters ab.

»Nein, Herr. Seine Hände waren leer und seine Tasche auch.«

Pasevalles wandte sich dem Mann zu. »Wie heißt du? Sag die Wahrheit, sonst finde ich sie heraus und dann ergeht es dir schlecht.«

»Dregan, Herr, aber ich habe nichts verbrochen! Ich schwöre es beim Namen des heiligen Sutrin!«

Pasevalles schüttelte den Kopf. »Du kannst gehen. Aber ich will deinen Namen nie wieder hören, Dregan. Und wenn du noch einmal im königlichen Wald erwischt wirst, so wirst du dir wünschen, wir hätten dich gleich gehängt.«

Unter Dankesbeteuerungen sprang der zerlumpte Mann auf und rannte den Hang hinauf in Richtung der Stadt. Die Erkynwachen sahen ihm enttäuscht nach wie Jagdhunde, die nicht von der Leine gelassen werden.

»Mit Verlaub, Herr, aber Ihr wisst, dass er nur wegen einer Sache hier im Wald war«, sagte der Förster Natan.

»Natürlich, aber wenn wir ihn mit Prügeln bestraft hätten, wäre er in wenigen Tagen wieder hier. So hat er mir seinen Namen gesagt und wird nicht so schnell zurückkehren.« Pasevalles trat zu der Leiche und kniete sich daneben. »Er hat euch also zu dieser Leiche geführt. Was geschah dann?«

»Ich habe meinen Burschen geschickt, um die Wachen zu holen.«

»Und wir haben einen Boten zu Euch geschickt, Durchlaucht«, sagte ein Wachmann. Er klang stolz.

»Gut. Ihr habt alles richtig gemacht.« Pasevalles beugte sich über die Leiche und schob die feuchten Blätter zur Seite, die daran festklebten. Er sah nur die Hälfte des Gesichts, aber schon die war seltsam genug, schmal, mit einem hohen Wangenknochen und weniger bleich, als er es sich vorgestellt hatte. Noch seltsamer war, dass er nirgends Spuren von Verwesung entdeckte, obwohl die Leiche, dem vielen Laub nach zu urteilen, das sie bedeckte, schon tagelang hier lag. Und es schien sich tatsächlich um eine Frau zu handeln. »Ich sehe kein Anzeichen für ...«, begann er, da schrie der Förster hinter ihm erschrocken auf.

»Das Auge!«, rief er. »Es hat gezuckt! Ich habe es genau gesehen!« Er wich hastig einige Schritte zurück.

»Sei kein Narr«, wies Pasevalles ihn zurecht, doch dann sah auch er es, ein ganz schwaches Zucken des Augenlids. Sein Herz begann zu klopfen. »Bei Ädon, ich entschuldige mich. Du hattest recht.«

Pasevalles machte sich daran, das Laub zu entfernen, das die Frau bedeckte. Die Erkynwachen knieten sich neben ihn, um ihm zu helfen, der Förster blieb dagegen in sicherer Entfernung stehen.

Als sie die Frau vollständig freigelegt hatten, schlug ein Wachmann das Zeichen des Baums über seiner Brust. Die anderen starrten die Frau an, dann taten sie dasselbe.

»Ist das ... eine Fee, Herr?«, fragte der zweite Wächter.

»Eine Sitha, meinst du? Oder eine Norne?« Pasevalles seufzte. Er hatte schon halb mit so etwas gerechnet, seit der König und die Königin nach Rimmersgard aufgebrochen waren, mit einer größeren Krise, die ihn von der Arbeit abhalten würde, die er sich eigentlich für die Zeit ihrer Abwesenheit vorgenommen hatte. »Ich vermute, dass sie eine Sitha ist, auch wenn ich selbst noch nie einer begegnet bin.« Er nahm den schmutzigen Ärmel der Frau zwischen die Finger und spürte den glatten Stoff, der schlüpfrig war wie Seide von den südlichen Inseln. Jetzt, da sie die Frau freigelegt hatten, fiel ihm auf, dass ihre Brust sich kaum merklich bewegte. »Gott steh uns bei, sie atmet noch. Helft mir.« Er rollte sie auf die Seite und atmete scharf ein, als er die drei abgebrochenen Pfeile sah, die aus ihrem Körper ragten, und die Mengen getrockneten Bluts, das aus den Wunden ausgetreten war. »Rasch«, befahl er dem Förster, »lauf in die Stadt und beschaff ein Segeltuch oder eine feste Decke. Irgendetwas, auf dem wir sie tragen können. Und halte einen Karren bereit, wenn wir sie den Hang hochgetragen haben.«

»Wohin sollen wir sie denn bringen, Herr?«, fragte ein Wachmann, während der Förster den Hang hinaufeilte.

»In den Hochhorst. Herr Tiamak ist mit dem König und der Königin unterwegs, aber ich finde schon jemanden, der sich um sie kümmert. Hat sie etwas gesagt oder sonst irgendein Geräusch gemacht?«

»Nein! Wir hielten sie für tot, Herr.«

»Was sie eigentlich auch sein sollte. Ein Sterblicher wäre an diesen Wunden längst gestorben.«

Im äußeren Thronsaal wartete Prinzessin Lillia auf ihn, als er vom Burggarten her eintrat.

»Die Mittagsglocke hat schon vor ganz langer Zeit geläutet«, sagte sie. »Ihr habt nicht die Wahrheit gesagt. Ihr habt gesagt, Ihr würdet mir um Mittag eine Geschichte erzählen, und ich habe die ganze Zeit gewartet …«

»Das tut mir sehr leid, Hoheit.« Pasevalles hielt die Tür für die Wachen und ihre Last auf. »Aber wir haben diese Frau verletzt im Wald gefunden und ich muss ihr helfen. Wisst Ihr vielleicht, wo Thelía ist?«

»Sie ist heute zum Markt gegangen«, sagte Lillia. »Ich wollte mitkommen, aber Tante Rhoner meinte, das geht nicht.«

»Aha. Nun, ich habe ein kleines Problem und brauche Hilfe, Hoheit. Könntet Ihr wohl Gräfin Rhona verständigen und sie bitten, herzukommen?«

»Das muss ich nicht tun! Ich bin eine Prinzessin!«

Pasevalles holte tief Luft. »Natürlich, Ihr habt vollkommen recht«, sagte er. »Bitte entschuldigt, Prinzessin.« Er wandte sich an die Wachen, die mit der verwundeten Sitha auf der Decke hereinstolperten. »Legt sie hier hin«, befahl er. »Sobald wir ein sauberes Zimmer gefunden haben, bringen wir sie dorthin.«

»Wer ist das?«, fragte Lillia mit großen Augen. »Ist sie tot?«

»Nein, aber sehr schwer verletzt.« Pasevalles wandte sich wieder an die Wachen. »Einer holt die Oberste Kammerfrau, der andere den Apotheker Bruder Etan. Ihr findet ihn im Kräutergarten hinter den Ställen.« Er sah die Prinzessin an. »Ich verspreche Euch, dass ich Euch bald eine Geschichte erzähle. Aber Ihr wollt doch sicher auch, dass ich dieser armen Frau helfe.«

Lillia runzelte die Stirn, blickte aber unverwandt auf die Gestalt auf der provisorischen Trage. »Schon. Vielleicht könnte ich ja doch Tante Rhoner suchen.« Die Prinzessin war sichtlich hin- und hergerissen, aber dann verschränkte sie die Hände auf dem Rücken und entfernte sich langsam hüpfend, um die Gräfin zu suchen.

»Da seid Ihr ja!«, rief Rhona. »Was versteckt Ihr Euch in einem Gästezimmer? Ich habe Euch überall gesucht! Ihr seid derzeit ein vielgefragter Mann, Großkanzler. Beide Prinzessinnen, Mutter wie Tochter, suchen Eure Gesellschaft.« Sie machte einen Schritt in das Zimmer, sah die auf dem Bett liegende Gestalt und blieb wie angewurzelt stehen. »Beim Schwarzen Hasen, wer ist das?«

»Eine Sitha-Frau, die man halbtot im Kynswald gefunden hat«, antwortete Pasevalles. In Gedanken war er noch bei dem, was die Gräfin soeben gesagt hatte. »*Beide* Prinzessinnen? Ich weiß, dass ich Lillia eine Geschichte erzählen soll, aber was will ihre Mutter?«

»Was Prinzessin Idela will, ist für mich wie immer ein Geheimnis.« Gräfin Rhona hatte seinerzeit damit angefangen, Idela im Scherz ›die Witwe‹ zu nennen, weil sie so viele Jahre nach Prinz Johan Josuas Tod immer noch Schwarz trug, während sie sonst keine allzu große Trauer erkennen ließ. »Aber was fehlt dieser armen Frau?«

»Sie hat mehrere Pfeilwunden erlitten und lag damit tagelang im Wald, lebt aber noch. Jetzt wisst Ihr so viel wie ich.«

»Sie lebt noch?« Sichtlich zwischen Faszination und Mitleid schwankend, beugte die Gräfin sich über die bewegungslose Gestalt. »Und Ihr seid sicher, dass es sich um eine Sitha handelt?«

»Seht sie an. Was sollte sie sonst sein?«

»Sie könnte genauso gut eine Norne sein. Bei den gütigen Göttern, haltet Ihr es wirklich für eine gute Idee, sie in den Hochhorst zu bringen?«

»Wir könnten sie nirgendwo sonst pflegen – und für ihre Sicherheit sorgen, falls sie überlebt. Jemand hat versucht, sie zu töten, Gräfin! Und nein, sie ist keine Norne. Nornen haben keine solch goldene Haut. Für eine Sitha hat sie allerdings vergleichsweise helle Haut.«

In die Augen der Gräfin war ein abwesender Blick getreten. »Ich war noch ein kleines Mädchen, als die Sithi nach Hernystir kamen. Ihre Zelte bedeckten die Wiesen so weit das Auge reichte, und sie leuchteten in allen Farben, die es auf Gottes Erde gibt. Meine Mutter sagte, es sei, als wären die alten Zeiten zurückgekehrt.«

»Hat Eure Mutter auch gesagt, wie man eine Sitha am Leben erhält?« Sofort bereute Pasevalles seinen vorwurfsvollen Ton. Rhona war eine wichtige Verbündete, die beste Freundin der Königin und Mitglied des Inneren Rats. »Verzeiht, Gräfin, ich bitte um Entschuldigung. Ich scheine meine Manieren im Kynswald gelassen zu haben.«

Die Gräfin lächelte. »Ihr braucht Euch nicht zu entschuldigen, Großkanzler. Ich vermag mir vorzustellen, welch Strapaze dieser Tag für Euch war, und es ist kaum Mittag vorbei. Aber was wolltet Ihr von mir? Ich tauge nicht viel als Heilerin oder Krankenschwester. Habt Ihr Thelía verständigt?«

»Hier bin ich, Herr, hier bin ich!« Bruder Etan trat eilig durch die Tür. Sein jungenhaftes Gesicht war gerötet und glänzte schweißnass. »Tut mir leid, dass ich so lange gebraucht habe. Ich musste noch in mein Zimmer und meine Sachen holen.« Sein

Blick flog zu der Frau auf dem Bett. »Du meine Güte! Die Wache hatte recht! Eine Sitha!«

»Sie hat drei schlimme Wunden und die Pfeilspitzen stecken noch darin«, erklärte Pasevalles. »Und sie lag mehrere Tage im Wald. Ach ja, und Thelía ist auf den Markt gegangen. Könnt Ihr etwas für diese arme Frau tun, Bruder?«

Der Mönch wischte sich mit dem Ärmel seiner Kutte über das Gesicht. »Dazu müsste ich mir sie zuerst genauer ansehen.«

Pasevalles zeigte auf zwei Zofen, die das Krankenbett vorbereitet und sich dann schweigsam in eine Zimmerecke zurückgezogen hatten. »Diese braven Frauen werden Euch helfen, sie zu versorgen, Bruder. Wenn sie aufwacht oder anfängt zu reden, verständigt mich bitte sofort, egal zu welcher Tages- oder Nachtzeit. Die Frau kann uns vielleicht als Einzige zur Aufklärung dieses Verbrechens verhelfen. Denn seid versichert, es war kein Versehen. Wer immer auf sie geschossen hat, wollte sie ermorden.«

»Aber warum?«, fragte die Gräfin. »Und was hatte sie hier zu suchen? Sithi wurden seit Jahren nicht mehr in der Stadt gesehen.«

»Wir hätten auch diese Sitha nicht bemerkt, wenn ein Wilderer sie nicht zufällig halb von Laub zugedeckt gefunden hätte«, sagte Pasevalles. »Ich überlasse Euch jetzt Eurem Wirken, Bruder Etan. Und denkt daran, mich sofort zu verständigen, wenn sie aufwacht oder spricht.«

»Selbstverständlich, Durchlaucht.«

Gräfin Rhona begleitete den Großkanzler durch den langgestreckten Saal der Königlichen Galerie. »Sie trägt Reitkleider«, sagte sie nach einer Weile.

»Das stimmt. Ich habe so eine Vermutung, dass ein Freund des Königspaares aus dem Feenvolk sie geschickt hat. Auch deshalb möchte ich unbedingt dabei sein, wenn sie redet. Wir haben von den Sithi so lange nichts mehr gehört. König Simon und Königin Miriamel würden es mir nie verzeihen, wenn ich sie sterben ließe.«

Die Gräfin berührte seinen Arm. Sie war die Frau des Grafen Nial von Nad Glehs, eines wichtigen Adligen, und hatte einen scharfen Verstand und ein scharfes Auge. In höfischen Angelegenheiten war sie mit Pasevalles meist einer Meinung. »Ihr dürft Euch nicht zu viel aufbürden«, sagte sie jetzt. »Ihr habt getan, was Ihr konntet.«

»Aber Ihr kennt ja das Problem mit königlichen Hoheiten«, sagte er, »obwohl ich gleich hinzufügen muss, dass unsere anders sind als die meisten. Trotzdem fällt es ihnen schwer, Verantwortung abzugeben, und wer sie einmal enttäuscht, bekommt sie nicht so leicht wieder übertragen.«

Gräfin Rhona lachte. »Wie gesagt, Ihr bürdet Euch zu viel auf. Aber ich weiß immer noch nicht, warum Ihr mich habt holen lassen. Doch ganz offensichtlich nicht aufgrund meiner Fähigkeiten als Heilerin.«

»Ah richtig, das habe ich ganz vergessen. Ihr sagtet heute Morgen, Ihr wolltet Eurem Mann mit dem Postreiter eine Nachricht senden. Weilt der edle Graf denn noch in Hernysadharc?«

»Er wird nicht vor der Feier der Elysiamansa aufbrechen.« Sie lächelte traurig. »Ich vermisse ihn.«

»Natürlich. Ich frage mich nur, ob Euer Bote noch eine zweite Nachricht überbringen kann – eine, die Euer Mann ganz verschwiegen für mich weiterreichen könnte …?«

»Da seid Ihr ja, Fürst Pasevalles!«

Er drehte sich um. Prinzessin Idela näherte sich ihnen mit zwei Zofen. Vermutlich kamen sie aus der Kapelle. Pasevalles verspürte Ungeduld in sich aufsteigen. Prinz Josuas Witwe, eine hübsche junge Frau, hatte ihn zu sprechen verlangt, aber vermutlich wollte sie damit nur ihr Geltungsbedürfnis befriedigen. Es schmeichelte zwar seiner Eitelkeit, machte ihm aber entschieden das Leben schwer.

»Hoheit, meine Damen.« Er verbeugte sich. »Es ist mir eine Ehre.«

»Ach guten Tag, Gräfin«, sagte Idela und lächelte Rhona an. »Ich hoffe doch, Lillia hat Euch heute nicht zu sehr geärgert. Wo ist sie?«

Nur Pasevalles bemerkte das kurze Stocken, bevor die Gräfin antwortete. »Sie hat sich hingelegt, Hoheit. Sie wollte ihrem Pony heute Morgen beibringen, einen Hut zu tragen, und das hat sie sehr angestrengt.«

»Ach, mein kleiner Schatz.« Die Prinzessin, die nie Königin sein würde, wandte sich an Pasevalles. »Ich muss etwas Wichtiges mit Euch besprechen, Großkanzler. Doch ich habe den Eindruck, dass Ihr mir ausweicht. Bin ich so furchterregend, dass Ihr vor mir flieht wie vor einem Ungeheuer aus dem Märchen?«

Rhona nahm das als Hinweis, dass ihre Anwesenheit nicht mehr erwünscht war. Sie verabschiedete sich mit einem Blick, der voller Mitgefühl war, von Pasevalles.

Pasevalles verbarg seinen Ärger hinter einem Lächeln. Ausgerechnet an diesem Tag! »Keineswegs, Prinzessin, aber weniger angenehme Pflichten haben mich den ganzen Tag beansprucht, denen ich wohl oder übel genüge tun musste.«

»Und was könnte so wichtig sein, Großkanzler?« Es war klar, wo die kleine Lillia gelernt hatte, zu schmollen, wenn sie ihren Willen nicht bekam, aber Pasevalles wollte Idela nichts von der Sithi-Frau erzählen. Idela hätte sich sofort eingemischt, und Pasevalles war nicht bereit, die Aufgabe aus der Hand zu geben. Er würde die Prinzessin später in Kenntnis setzen.

»Nichts von großer Bedeutung, Hoheit.« Er holte tief Luft und schob seine Sorgen beiseite, so gut er konnte. Er hatte alles Notwendige veranlasst und konnte im Moment nicht mehr tun. Jetzt lag es an der Sitha, ob sie überlebte oder nicht. »Was kann ich für Euch tun?«

»Es geht um die Bibliothek von Meister Tiamak. Gut, eigentlich gehört sie wohl dem König und der Königin, aber Ihr wisst, was ich meine. Tiamak scheint dieser Tage nur noch damit beschäftigt.«

»Im Moment allerdings nicht, wie Ihr wisst, da er das Königspaar auf der Reise nach Elvritshalla begleitet.«

»Ja, aber deshalb will ich ja mit Euch sprechen. Tiamak scheint der festen Ansicht zu sein, alle alten Bücher im Hochhorst müssten gesammelt, verzeichnet und in seine Bibliothek eingeordnet werden.« Die Prinzessin schüttelte den Kopf. »Wirklich alle!«

»Das heißt bestimmt nicht, dass er Euch Eure Bücher nehmen will, Hoheit.« Idela war bekannt dafür, dass sie oft im Buch Ädon las oder zumindest Passagen auswendig lernte, mit denen sie andere auf ihre Schwächen hinweisen konnte. »Es geht Tiamak vor allem darum, die seltenen Bücher zu erhalten, Prinzessin.« Je länger das Gespräch andauerte, desto stärker spürte er den Druck seiner anderen Pflichten. Idela dagegen, die es gewohnt war, dass andere für sie da waren und Zeit für sie hatten, wann immer es ihr beliebte, wunderte sich ganz offensichtlich über seine Zerstreutheit.

»Aber genau das meine ich doch«, sagte sie. »Mein Johan Josua hatte viele Bücher, wie Ihr wisst, sehr viele Bücher! Ich hatte manchmal schon Sorge, dass er keine Zeit mehr für mich hat. Sogar als Morgan geboren wurde, konnte die Hebamme ihn nur mit Mühe dazu bringen, sein Buch wegzulegen und das Zimmer zu verlassen.«

»Euer Mann wäre ein großer Gelehrter geworden, Hoheit – er war sogar einer, obwohl ihm nur so wenig Zeit blieb. Er hatte eine seltene Gabe.« Was durchaus stimmte, nur vermutete Pasevalles, dass Idelas Bestreben für Johan Josua in eine andere Richtung gegangen war.

»Es gibt eine Sammlung von Büchern, die Tiamak noch nicht gesehen hat. Ich selbst würde sie nicht anfassen, nur Gott weiß, was für Schreckensgeschichten und Gotteslästerungen sie enthalten, aber sie sehen für mich sehr alt aus. Einige sind nur Pergamentrollen, die von Schnüren zusammengehalten werden. Ich wünschte mir, Ihr könntet sie Euch ansehen. Wenn sie in die Bibliothek gehören, die Tiamak zusammen mit dem König und der Königin aufbaut, kann er sie gerne haben.«

»Verzeiht, Hoheit, aber warum ich? Was in die Bibliothek gehört, kann doch Meister Tiamak sicher am besten beurteilen.«

»Aber er ist so gierig! Ich kann mich nicht darauf verlassen, dass er nur die wirklich alten und wertvollen Bücher nimmt. Und ich will nicht Dinge verlieren, die meinem Mann gehört haben. Sie sind alles, was ich noch von ihm habe.«

Pasevalles wusste genau, dass sie ihn eigentlich nur eine Weile für sich haben und stärker an sich binden wollte. Nur die Mutter des Thronerben zu sein, genügte Idela nicht, deshalb beteiligte sie sich rege an den fortwährenden Machtspielen im Hochhorst. Aber war das der einzige Grund? Schon im vergangenen Jahr hatte sie ihn ständig rufen lassen und ihn um seine Meinung gebeten. Pasevalles fragte sich allmählich, ob sich dahinter ein tieferes Interesse verbarg. Sie war keine atemberaubende Schönheit, aber gewiss hübsch, mit großen Augen und einer vornehmen, geraden Nase ähnlich der ihres Vaters Osric. Ein Mann, der seine Stellung verbessern wollte, konnte Schlimmeres tun, als mit der Witwe des Prinzen anzubandeln.

Solange er sie sich gewogen halten konnte, ermahnte er sich in Gedanken. Und das war eher ungewiss. Die Prinzessin hatte ihre Stellung sicher und war entsprechend gegen die meisten Formen der Überredungskunst gefeit.

Die Beziehung zu ihr war jedenfalls heikel und schwierig und Pasevalles wollte sich gerade jetzt nicht damit beschäftigen.

Er nahm die Hand der Prinzessin und küsste sie. »Ihr überschätzt mich, Hoheit. Ich verstehe nur wenig von gelehrten Dingen. Schließlich habe ich nur eine einfache Schulbildung genossen, wie man sie an einem provinziellen Hof wie dem von Metessa erhält. Aber ich werde über Euer Problem nachdenken und Euch schon bald eine Lösung vorschlagen. Darf ich mich jetzt mit Eurer Erlaubnis wieder meinen weniger interessanten

Pflichten zuwenden?« Er lächelte, in der Hoffnung, sie dadurch zu besänftigen, egal was ihre wahren Absichten waren.

»Natürlich, mein lieber Pasevalles. Ihr seid ein so guter Mensch. Geht und tut, was Ihr tun müsst. Ich weiß, dass der König und die Königin Euch bestimmt schrecklich viele lästige Pflichten übertragen haben, solange Eolair abwesend ist.«

Und Ihr seid ein beträchtlicher Teil davon, Hoheit – oder könntet es werden, wenn ich nicht aufpasse. »Ihr seid zu freundlich, Prinzessin.« Er verbeugte sich und ging. Hinter sich hörte er Idela und ihre Zofen leise sprechen und kichern. Es klang wie Feenmusik im Wind.

10

DIE GESÄNGE DER LICHTLOSEN

Niemand, der in Nakkiga wohnte, war wirklich überrascht, wenn Soldaten vor seiner Tür standen, aber Viyeki hatte nicht damit gerechnet, dass mitten in der Nacht ein ganzer Trupp der gefürchteten Hamakha-Wurmtöter-Wachen vor seinem Haus eintreffen und ihn auffordern würde, mitzukommen. Die Männer, deren Gesichter hinter Helmen verborgen waren und deren Worte streng und vollkommen ausdruckslos klangen, drohten ihm nicht, aber es war klar, dass er keine andere Wahl hatte, als sie zu begleiten.

Viyeki wusste, dass eine solche Aufforderung im Allgemeinen das förmliche Vorspiel einer Hinrichtung war. Trotz seiner Panik fragte er sich unwillkürlich, warum die Mutter Aller ihn vor wenigen Tagen noch empfangen und ihm neue Befehle erteilt hatte, wenn er jetzt so vollständig in Ungnade gefallen war. Steckte dahinter vielleicht eine Intrige Akhenabis, um ihn gleichsam auf Befehl der Königin aus dem Weg zu räumen? Dann war das eine neue List des Herrn des Sanges, denn gewöhnlich verschwanden seine Feinde einfach oder erlagen plötzlich geheimnisvollen Leiden.

Immerhin konnte der Anführer der Wache eine Einbestellung mit dem Siegel der Königin vorweisen. Viyeki blieb also nichts anderes übrig, als mitzukommen und auf alles gefasst zu sein.

Sein Sekretär Yemon war seltsamerweise nicht im Haus, und so wies Viyeki seinen zweiten Schreiber an, er möge die Wachen bitten, aus Achtung vor seinem Amt kurz zu warten. Er hieß seine Diener, ihm seine Amtsgewänder anzuziehen, den großen Überrock und die Schärpen und Gürtel, während er selbst sich nach Kräften bemühte, bewegungslos dazustehen, Arme und Gesicht möglichst ruhig zu halten und ganz ruhig zu atmen.

»Wohin bringt man mich?«, fragte er, als der Schmuckkragen befestigt wurde.

»Darüber darf ich keine Auskunft geben«, sagte der Anführer der Wurmtöter. »Nur dass Ihr möglichst schnell mit uns kommen sollt, Großmagister.«

In diesem Augenblick stürzte Viyekis Frau ins Zimmer. Ein Diener erschrak darüber so sehr, dass er die Zeremonialhacke des Magisters fallen ließ. Klirrend schlug sie auf dem Boden auf, während die Wachen ganz ruhig ihre Speere auf die Frau richteten. »Was geht hier vor?«, fragte Khimabu empört. Obwohl sie nur ein zerknittertes Nachtgewand trug, musterte sie die Wachen verächtlich. Viyeki bemerkte, dass sie einen flüchtigen Blick auf sein Bett warf, gewiss um festzustellen, ob Tzoja bei ihm gewesen war. »Was wollen diese Leute von uns, Viyeki?«

»Ich weiß es nicht, aber sie haben eine Einbestellung im Namen der Königin dabei. Wir müssen auf die Weisheit unserer Mutter vertrauen, dass sich alles zum Rechten fügen wird. Ich habe nichts Falsches getan.« Er blickte in das ausdruckslose Gesicht des Anführers. »Das stimmt doch?«

Der Mann starrte ihn nur unbewegt an. »Ich darf keine Auskunft geben, Großmagister.«

»Ach ja, das sagtet Ihr bereits.« Viyeki schnippte mit den Fingern und seine Diener traten vor, um ihm in das letzte Kleidungsstück zu helfen, den schweren Übermantel. »Wie soll ich Euch anreden? Habt Ihr einen Namen?«

»Ich bin ein Anführer des Stummen Gerichts des Hamakha-Clans«, antwortete der Soldat. »Mehr braucht Ihr nicht zu wissen.«

Wie steif er ist, wie buchstabengetreu er seine Pflicht erfüllt!, dachte Viyeki. Er überlegte, ob der Anführer womöglich ein Halbblut war wie seine Tochter Nezeru. Mischlinge waren dieser Tage sehr verbreitet, vor allem in den Reihen der Opfermutigen und der Clan-Wachen. Wie viele der vor seiner Tür versammelten Wurmtöter waren die Frucht solcher Verbindungen? Mischlinge schienen die meisten Soldaten zu stellen – doch waren sie auch, wie sein Meister Yaarike einst gehofft hatte, wahrhaftige Hikeda'ya durch und durch? Oder nur grobe Nachahmungen, Kampfhunde, verkleidet mit dem Putz des Gartens?

Was spielt das für eine Rolle, dachte er mit düsterer Belustigung, *wenn sie mich nur zur Hinrichtung abholen? Das kann sogar ein abgerichteter Hund.* »Also gut … Anführer«, sagte er. »Ich bin bereit.«

Er trat durch die Haustür und ging an seinen eigenen Wachen vorbei auf die breite, stille Straße hinaus. Seine Frau folgte ihm zur Tür. »Viyeki!«, rief sie. »Bring keine Schande über unsere Familie.«

»Wie könnte ich das, meine liebe Khimabu«, antwortete er, »solange du treu zu mir stehst und mich stützt?«

Das Letzte, das er von ihr sah – vielleicht das Letzte für immer, dachte er unwillkürlich –, war ihre schlanke, helle Gestalt in der Tür und wie sie die Diener wieder ins Haus schickte, bevor die anderen Bewohner der zweiten, adligen Ebene der Stadt die Schande der Familie mitbekamen.

Wenn Viyeki gehofft hatte, dass es sich lediglich um eine Einbestellung in den Palast handelte, wurde er schnell eines Besseren belehrt. Statt die große Treppe zur heiligen dritten Ebene und zum *Omeiyo Hamakh* hinaufzusteigen, führten die Wachen ihn in das Labyrinth der Stadt hinunter. Sie überquerten den verlassenen Neumond-Markt und gingen am Rand des geisterhaften, mit Spinnweben verhängten Spinnenwäldchens entlang stadtauswärts, durch die von dem donnernden Tränenfall emporgeschleuderten Dampfwolken hindurch und an der gewaltigen, senkrecht aufragenden Säule von Tzaaitas Stein vorbei. Sie gelangten zur Herzwandtreppe und stiegen sie zu den unterirdischen Ebenen der Stadt hinunter. Viyeki hatte es aufgegeben, zu raten, wohin er gebracht wurde. Jede neue Möglichkeit, die ihm einfiel, war noch schlimmer als die vorangegangene.

Auf der ersten der unteren Ebenen lagen die Gemeinschaftstempel und die Massenfriedhöfe der unteren Kasten, die *sojeno nigago-zhe* oder »kleinen Gärten der Erinnerung«. Diejenigen Hikeda'ya, die so arm waren oder aus so bescheidenen Verhältnissen stammten, dass sie kein Familiengrab hatten, die aber andererseits ihre Toten auch nicht einfach in eine feurige Spalte werfen oder auf die brennenden Aschehaufen auf dem Feld der Namenlosen legen wollten, hatten solche gemeinsamen Gedenkparks mit Symbolen des Verlorenen Gartens angelegt. Jede dieser Stätten wurde – wie die Welt der Wachenden von der Königin – von einem Hüter mit silbernem Gesicht beschützt, einer schlichten, aufrechten Statue aus Stein. Im Vorbeigehen beneidete Viyeki unwillkürlich die in den bescheidenen Gemeinschaftsgräbern Ruhenden. Er fürchtete inzwischen, dass ihm ein noch einfacherer Ruheplatz beschieden war.

Doch wurde schnell klar, dass sogar das Feld der Namenlosen mit seinen im Hals brennenden Funken und rauchigen grauen Winden offenbar noch nicht würdelos genug für ihn war. Die Wachen geleiteten ihn daran vorbei, und sie stiegen eine Ebene nach der anderen hinunter in die tiefsten Tiefen der Stadt. Er hatte sich auf Demütigung und Hinrichtung gefasst gemacht, aber jetzt sah es so aus, als erwarte ihn nicht der zwar schändliche, aber wenigstens rasche Tod des in Ungnade gefallenen Adligen, sondern etwas noch Schlimmeres.

Gehen wir denn zur Quellkammer? Beim Gedanken an diesen unheilvollen Ort, eine riesige, natürliche Höhle tief im Herzen des Berges, bekam Viyeki weiche Knie. Die Kammer beherbergte sowohl den Quell wie die Atmende Harfe, und von beidem ging eine geradezu legendäre, schreckliche Macht aus. Er konnte sich nur mit Mühe aufrecht halten.

Hab Vertrauen zur Königin, ermahnte er sich, als Verzweiflung ihn zu übermannen drohte. *Denk an den Garten. Vertraue dem Weg.* Aber die alten, vertrauten Worte klangen so hohl und leer wie die alterslosen, unergründlichen Tiefen des Berges, die ihn umschlossen.

Immer tiefer führten die Wachen ihn hinunter, auf selten benutzten Treppen, die so dunkel waren, dass sie ihn an den Armen festhalten mussten, während sie sich langsam die Stufen hinuntertasteten. Es kam Viyeki vor, als kletterten sie in den Schlund einer riesigen Bestie, was nicht nur seiner Angst und Phantasie zuzuschreiben war, denn mit jedem Schritt wurde die Luft wärmer und drückender und der Fels, der ihn umgab, schien sich zu beleben.

Einmal, als jungen Akolythen, hatte man ihn an einem Geschirr in eine der tiefsten inneren Klüfte Nakkigas hinuntergelassen. Die damalige beklemmende, ihm jede Orientierung raubende Finsternis hatte sich ein wenig angefühlt wie jetzt, nur dass diesmal die stickige Luft unter einem langsamen, schweren Puls zu erzittern schien, ähnlich dem Schlag eines gewaltigen Herzens, wie er ihn noch nie gespürt hatte.

Denk an den Garten. Mehr konnte er nicht tun, mehr nicht denken. *Vertraue dem Weg.*

Die Angst, gegen die Viyeki kämpfte, seit die Soldaten mit ihren Drachenhelmen vor seiner Tür aufgetaucht waren, ließ ein wenig nach, als sie an einer Falkenpfad genannten Stelle anlangten, einem breiten, spiralförmigen Treppenschacht, in den gewundene Treppen aus verschiedenen Ebenen mündeten. Zum ersten Mal sah er auch, dass er nicht die einzige gutgekleidete Gestalt war, die zur Quellkammer hinuntergeleitet wurde. Er konnte die anderen Adligen zwar nicht erkennen, weil die Luft seltsam dicht war, als würden sie in brackigem Wasser schwimmen, aber er zählte mindestens ein Dutzend weiterer Geleitzüge auf dem Weg nach unten. War es denn denkbar, dass so viele wichtige Hikeda'ya alle zur gleichen Zeit hierhergebracht wurden, um ausgelöscht zu werden? Eine so waghalsige Tat passte nicht zu Akhenabi, der immer alles sorgfältig plante.

Am unteren Ende des Falkenpfads kamen die verschiedenen Gruppen zusammen und warteten vor einem schmalen Durchgang, aus dem Licht in ungewöhnlichen Farben auf ihre Gesichter fiel – kränkliches Gelb, tiefes Karmesin und leichenhaftes Graublau. Seine Wächter schoben ihn weiter, und zum ersten Mal sah er jetzt, dass die anderen Gäste (oder Gefangenen) nicht nur Magister waren wie er, sondern auch geringere Amtsträger, außerdem einige Dutzend Clan-Führer, einflussreiche Geistliche und weitere wichtige Männer und Frauen der herrschenden Kaste. Wenn Akhenabi sie wirklich alle einsperren oder hinrichten wollte, dachte Viyeki verwirrt, wäre damit fast die ganze Elite von Nakkiga ausgelöscht.

Dann sah er, dass Hamakha-Wachen einen Mann zum Durchgang führten, bei dem es sich um Großmarschall Muyare Sey-Iyora persönlich handelte. Muyare war ein Adliger von besonderem Ansehen und Befehlshaber sämtlicher Armeen der Königin. Er war damit gewiss einer der Hauptrivalen Akhenabis, aber auch sehr mächtig. Nie hätte er sich willig als Gefangener durch Nakkiga führen lassen. Viyeki war überzeugt, dass die Soldaten des Marschalls nie zugelassen hätten, dass man ihn gegen seinen Willen aus dem Ordenshaus der Opfermutigen abführte. Doch auch wenn der Marschall freiwillig mitgekommen sein musste, seine Miene war von tiefem Kummer gezeichnet, was Unbehagen in Viyeki aufkeimen ließ.

Von den Soldaten begleitet, schoben Viyeki und die anderen Würdenträger sich auf den Durchgang zu. Sie zwängten sich hindurch und stiegen die breite Treppe zur Quellkammer hinunter. Die Hitze wurde immer beklemmender und Viyeki hatte das Gefühl, zu ersticken. Schon als er den Fuß auf die erste Stufe setzte, war ihm, als betrete er nicht einfach ein weiteres Gewölbe des großen Nakkiga, sondern den Raum an sich, eine absolute Leere, die man nicht begreifen konnte. Einen Augenblick lang vermochte er oben und unten nicht zu unterscheiden und begann in blinder Panik zu schwanken, bis jemand seinen Arm nahm und er eine leise Stimme hörte.

»Alles in Ordnung, Magister?« Es war Luk'kaya, die Anführerin der Ernteleute und eine der wenigen Verbündeten Viyekis unter den Ordensführern.

»Ich danke Euch, Großsammlerin, aber es geht schon«, sagte er, obwohl er insgeheim froh über ihre Anwesenheit war. »Ich habe nur eine Stufe übersehen.«

Trotz der vielen Adligen und Wachen, die gemeinsam hinunterstiegen, war in dem Treppenschacht bis auf das federleichte Rascheln der Gewänder nichts zu hören. Die Luft schien immer noch stickiger und drückender zu werden, aber Viyeki stellte fest, dass er, wenn er sich zusammenriss, normal atmen konnte, wenn auch flacher als gewöhnlich.

Er war noch nie in seinem langen Leben in der Quellkammer gewesen, und als er jetzt vom Treppenschacht in die Höhle trat, sah er sich unwillkürlich ängstlich und zugleich fasziniert um. Bogenförmige Galerien zogen sich in mehreren Etagen um sie herum, doch ganz besonders fesselte in eine Öffnung in der Mitte des Höhlenbodens, ein zerklüftetes Loch, eingefasst in ein Rund aus behauenen, eingelegten Steinen – die Mündung der Quelle. Das Licht, das aus ihr aufstieg, schien schwerer zu sein als normales Licht. Es breitete sich über den Steinboden aus, erreichte aber nicht das Dunkel über den oberen Galerien. In seinem matten, ockerfarbigen Schein meinte Viyeki Gesichter zu erkennen, die aus den dunklen Öffnungen in den Wänden auf ihn niederblickten – oder zumindest Gegenstände, die wie Gesichter aussahen.

Der Quell selbst leuchtete grell wie eine der Spalten des Berges, aus denen Flammen schlugen, doch schien das dicke Licht von einer noch älteren Quelle zu stammen als die inneren Feuer des Berges. Ein düster gelbes Licht, wie es die Welt erleuchtet haben mochte, noch bevor die ersten Sterne funkelten, und in dem die Kammer von allen Seiten bedrohlich näher zu kommen schien. In der wabernden Lichtsäule darüber hing ein schemenhaftes Etwas, so wirklich wie mundgeblasenes Glas und zugleich so flüchtig wie Rauch, ein Etwas, das Viyeki weder genau erkennen noch überhaupt gedanklich fassen konnte. Das war die Atmende Harfe, ein heiliger Gegenstand, der aus dem untergegangenen Kementari nach Nakkiga gebracht worden war, als die Unsterblichen vor der plötzlichen Zerstörung der großen Stadt geflohen waren. Aus einem bestimmten Blickwinkel erschien die Harfe Viyeki so nah, dass er sie berühren konnte, aber wenn er den Kopf nur ein wenig drehte, hingen nur noch einige kaum sichtbare Umrisse in der Luft, Linien, die nur zu erahnen waren und zwischen denen sich Räume mit endlosen Ausblicken zu öffnen schienen, von denen ihm die Augen schmerzten. Als Viyeki sich endlich von dem Anblick losriss, schien die Harfe wie ein Schatten weiter vor ihm zu stehen, egal wohin er blickte.

Aber nicht einmal Quell und Harfe konnten seine Aufmerksamkeit lange fesseln, denn jetzt fiel sein Blick auf die schlanke Gestalt mit silberner Maske, die hell und bewegungslos wie eine Statue auf dem großen Thron aus schwarzem Stein saß, und er konnte sich wie alle seines Volkes nicht mehr von ihr abwenden.

Mutter Aller, gib deinem Diener Kraft. Beim Anblick der Königin fielen ihm die Worte des alten Gebets ein. *Mein Leben gehört dir, wie auch mein Körper und meine Seele dir gehören.*

Wenn das eine Hinrichtung ist oder sogar die Auslöschung der ganzen Adelskaste, dachte er, *erfolgt sie wenigstens auf ihren Befehl.* Die Vorstellung war seltsam beruhigend. Er wusste dann zumindest, dass nicht Chaos eingekehrt war, dass die Mutter des Volkes noch in Nakkiga herrschte und nicht Akhenabi.

Der Herr des Sanges war natürlich ebenfalls anwesend. Er stand neben dem Thron der Königin und hatte den Blick zum Quell gerichtet. Das eigenartig pulsierende Licht färbte Utuk'kus weiße Trauerkleidung mit erdigen Gelb- und schillernden Blautönen. Von Akhenabis Kapuzenmantel wurde es dagegen verschluckt, sodass es aussah, als stehe der mächtige Sänger in seinem eigenen Schatten. Nur seine mit Runen bemalte Maske aus getrocknetem Fleisch war deutlich zu erkennen.

Noch mehr überraschte Viyeki allerdings die Gestalt auf der anderen Seite des Throns: Jijibo der Träumer, ein Nachfahre der Königin, den man so selten außerhalb des Palasts sah, dass er im übrigen Nakkiga schon geradezu zu einer Legende geworden war. Während Utuk'ku und Akhenabi bewegungslos zusahen, wie die Menge sich versammelte, bewegte der dürre Jijibo sich zuckend. Seine Finger bogen sich wie im Krampf und sein breiter Mund arbeitete unablässig, während er unverständliche Dinge in sich hineinmurmelte.

Viyeki wusste aus Erfahrung, dass die Worte des Träumers von seinen Gedanken direkt auf seine Zunge sprangen, ohne die geringste Rücksichtnahme auf Angemessenheit oder Höflichkeit oder auch nur die Vernunft. Die meisten Adligen von Nakkiga hielten ihn für vollkommen verrückt – ein in ihrem Volk seltenes, aber nicht unbekanntes Leiden –, denn er trug oft Kleider, die nicht zusammenpassten, und sprach laut mit sich selbst, oft unverständliches Zeug. Doch der Träumer dachte sich gern Dinge aus, die der Königin gefielen, deshalb konnte er sich frei bewegen und überwiegend tun, was er wollte. Vor allem Viyekis Orden der Bauleute musste sich immer wieder mit ihm beschäftigen, wenn er plötzlich Grundstücke oder Materialien beanspruchte, die sie selbst hatten verwenden wollen. Doch als Verwandter und

Günstling der Mutter Aller war Jijibo vielleicht nur Akhenabi an Macht unterlegen, deshalb musste Viyekis Orden ihm meist wohl oder übel seinen Willen lassen.

Weil seine Sicht durch die vielen anderen behindert wurde, bemerkte er erst, als er dem Thron der Königin direkt gegenüberstand, eine Gruppe von Gestalten, die bereits zu Füßen der Königin knieten. Auf den ersten Blick sah es so aus, als sollten sie von ihr geehrt werden, doch ihre gesenkten Köpfe und gefesselten Hände sagten Viyeki mehr über die Art der ihnen bevorstehenden Ehrung, als ihm lieb war.

Sobald die letzten Adligen sich hinter Viyeki aufgestellt hatten, begannen in den unbekannten Tiefen unter der Quellkammer die Lichtlosen zu singen, leise, sonderbare Laute, fremdartig wie die Rufe einer Rohrdommel im Moor und zugleich vielschichtig wie eine Sprache. Manche behaupteten, die Lichtlosen hätten schon in den Tiefen gelebt, bevor die Hikeda'ya zum Berg gekommen waren, andere, dass ihre Vorfahren zusammen mit Königin Utuk'ku und den Keida'ya auf den Acht Schiffen vom fernen Garten gekommen seien. In Wirklichkeit war nicht einmal bekannt, ob es sich um mehrere Wesen handelte oder nur um eins mit vielen Stimmen. Falls die Königin mehr über sie wusste, sprach sie jedenfalls nie davon.

Während die Anwesenden mehr oder weniger schweigend warteten, spürte Viyeki, wie die Anspannung und Furcht der anderen wuchs. Sie kamen ihm vor wie eine Vogelschar, die jederzeit erschrocken auffliegen konnte. Die meisten waren wie er verwirrt und verängstigt wegen der unerwarteten Einbestellung, den Hamakha-Wachen, die sie hergebracht hatten, und der Abteilung gepanzerter Zähne der Königin hinter dem Thron.

Wenn wir nicht hingerichtet werden, dachte Viyeki, *dann muss es wirklich schwerwiegende Neuigkeiten geben, dass die Königin uns alle in die Quellkammer bestellt, um sie zu verkünden. Werden wir angegriffen? Belagern die Sterblichen uns erneut?*

Akhenabi breitete die Arme aus und seine langen Ärmel hingen wie Fledermausflügel nach unten. »Ruhe für die Königin«, rief er. »Vernehmt die Mutter Aller.«

War bisher höchstens ein Flüstern zu hören gewesen, wurde es auf die Worte des Herrn des Sanges hin schlagartig totenstill. Utuk'ku beugte sich vor. Ihre Augen glänzten in den Schlitzen der Maske.

Ich brauche euch, meine Kinder.

Die Königin sprach die Worte nicht aus, sondern sie drangen unvermittelt in die Köpfe der Anwesenden ein wie ein Donnerschlag, mit einem so ohrenbetäubenden Krachen, dass Viyeki einen langen Moment wie von Sinnen war und keinen klaren Gedanken fassen konnte.

Ich bin schwach, fuhr die Königin fort, obwohl die Wucht ihrer Gedanken Viyeki Tränen des Schmerzes in die Augen trieb. *Ich habe meine Kraft dafür aufgebraucht, unser Volk zu verteidigen. Der heilige Schlaf, aus dem ich soeben erwacht bin, war mein letzter – zu schlafen kann mir nicht mehr helfen.*

Viele Adlige begannen zu stöhnen, entweder vor Schmerzen angesichts der Gewalt ihrer Worte oder aus Angst vor ihrer Bedeutung, aber Utuk'ku sprach weiter. *Nur mit der Hilfe eurer Herzen und Hände kann ich die gegenwärtige Gefahr überstehen – nur damit können wir alle überleben.*

Überwältigt vom Schrecken dieser Botschaft, sanken einige Adlige auf die Knie und drückten die Gesichter an den Höhlenboden wie Opfertiere in Erwartung ihres Todes. Jijibo der Träumer lachte und führte mit schlenkernden Gliedern einen kleinen Freudentanz neben dem schwarzen Thron der Königin auf, als hätte er sich nie besser amüsiert.

Akhenabi hob die Arme und breitete die behandschuhten Hände aus, und wieder kehrte Stille ein. »Unsere geliebte Königin hat sowohl hier wie auch in den Gefilden jenseits des Lebens so lange und schwer für uns gekämpft«, verkündete er, »dass sie schrecklich müde ist. Sie hat mich gebeten, für sie zu sprechen.« Er hob einen Arm höher und ballte die Finger zur Faust. »Hört denn eure Königin! Wir sind in Gefahr! Aber bevor wir uns vor den neuen Gefahren schützen können, die uns bedrohen, müssen wir unser Haus in Ordnung bringen. Unter uns sind welche, die den *Keta-yi'indra* der Königin ausgenützt haben, Verräter, die versucht haben, den langen Schlaf zu ihrem Vorteil zu missbrauchen.« Er machte eine Pause und sein maskiertes Gesicht blickte ausdruckslos über die versammelten Adligen und Soldaten. »Freigeister, Diebe und Verräter. Doch jetzt wird ihre gerechte Strafe sie ereilen.«

Zwei hochgewachsene Zähne der Königin traten vor, packten die erste kniende Gestalt, rissen sie auf die Füße und drehten sie mit dem Gesicht zu den versammelten Adligen um. Das Gesicht, obwohl übel misshandelt, war Viyeki nur allzu bekannt. Es handelte sich um Yemon, seinen Sekretär.

Seine Panik kehrte zurück wie ein eisiger Windstoß. Alles in ihm drängte danach, zu fliehen, doch seine Glieder wollten ihm nicht gehorchen. Er konnte nur dastehen, zusehen und abwarten. *Ich werde also doch sterben*, dachte er. *Akhenabi hat jemanden gefunden, der mich denunziert. Leb wohl, meine Familie. Die Schande ist hoffentlich nicht unerträglich groß. Leb wohl, Nezeru, meine Tochter und Erbin.* Doch im selben Moment trat ihm plötzlich das Bild seiner sterblichen Geliebten Tzoja vor Augen statt desjenigen seiner rechtmäßigen Ehefrau. Hoffentlich bestrafte man sie und ihre Tochter nicht für seine Fehler.

Nacheinander wurden die anderen vor der Königin knienden Gefangenen hochgezerrt, mit Namen genannt und gewaltsam zur Menge der Zuschauer umgedreht. Zu Viyekis wachsender Verwirrung bekleidete keiner einen höheren Rang als Yemon. Unter ihnen waren einige Priester, der Sekretär eines anderen Magisters und ein Befehlshaber der Opfermutigen, der erst vor kurzem zum General befördert worden war. Die wichtigste Gefangene war Nijika, eine Heeressängerin, an die Viyeki sich aus der Zeit erinnerte, als die Nordmänner den Berg belagert hatten. Sie hatte wie Yemon frische Wunden im Gesicht und am Kopf und hatte seit ihrer Gefangennahme offenbar einiges durchgemacht. Trotzdem stand sie mit ausdruckslosem Gesicht zwischen den Zähnen der Königin, während die Zuschauer sie unruhig murmelnd anstarrten und aus der Tiefe der Gesang der Lichtlosen heraufschallte. Nachdem Nijika benannt und der Menge gezeigt worden war, zwang man sie und die anderen Gefangenen, sich erneut zu Füßen des großen steinernen Throns niederzuknien.

»In diesen schrecklichen Zeiten sehen wir uns inneren und äußeren Gefahren gegenüber«, rief Akhenabi. »Während die geliebte Mutter des Volkes geschlafen hat, haben diese schändlichen Verbrecher sich verschworen, ihren Willen zu missachten. Sie haben Gesetze und Anordnungen erlassen, die unseren ältesten Traditionen widersprachen, ihr eigenes Volk schwächten und die Erinnerung an unseren Garten zum Gespött machten.«

Wie vom Donner gerührt hörte Viyeki ihm zu. Es würde doch wohl kein Anwesender glauben, dass diese kleine Gruppe unbedeutender Beamter angeregt hatte, halbsterblichen Mischlingen das Recht zu geben, in wichtige Orden der Hikeda'ya wie die der Opfermutigen und der Sänger einzutreten. Um so grundlegende Veränderungen durchzuführen, hatte es der vereinten Kräfte von Marschall Muyare und Viyekis Meister Yaarike bedurft, und darüber hinaus der von Akhenabi selbst und einiger weiterer mächtiger Adliger. Hatte der mächtige Sänger die Königin von einer so offensichtlichen Lüge überzeugen können? Oder steckte etwas anderes dahinter?

Der erste Gefangene, Yemon, wurde auf den Knien vor die Füße der Königin gezerrt. Er wimmerte, doch als er sich in Scham und Panik von dem mit der glänzenden Maske bedeckten Gesicht der Königin abwenden wollte, packten starke Hände seinen Kopf und hielten ihn fest, sodass er sich nicht bewegen konnte. Viyeki hatte erwartet, dass Akhenabi eine Liste von Anklagen gegen den Gefangenen verlesen würde, doch stattdessen streckte die Mutter des Volkes den Arm aus und berührte mit ihrer weiß behandschuhten Hand Yemons Stirn. Der glücklose Sekretär begann zu zittern, immer heftiger, bis es aussah, als schüttelte ein unsichtbares Raubtier ihn im Maul. Die Wachen ließen ihn plötzlich los, als sei er glühend heiß. Yemon begann gellend und wild zu schreien, während gleichzeitig der Gesang der Lichtlosen anschwoll und die Luft in der Höhle noch wärmer und dichter wurde.

Ein sonderbarer Schatten glitt von dort, wo die Hand der Königin ihn berührt hatte, über den Gefangenen und breitete sich langsam von seinem Kopf über seinen Körper aus wie Tinte, die auf Löschpapier zerfloss. Yemons Schreie wurden leiser, bis nur mehr sein pfeifend entweichender Atem zu hören war, und im nächsten Moment löste er sich in eine Wolke von Asche oder schwarzem Staub auf. Viyeki hätte fast laut aufgestöhnt vor Ekel und Horror.

Vor den gebannten Blicken der atemlos schweigenden Zuschauer wurde die nächste gefesselte Gestalt vor die Königin gezerrt, und die Prozedur wiederholte sich bei ihr und allen weiteren angeblichen Verrätern. Dann war die letzte Gefangene, Heeressängerin Nijika, an der Reihe. Sie kniete bereits in den über den Boden wehenden Überresten ihrer Vorgänger.

Nijika wollte nicht stumm auf den Tod warten und wimmerte auch nicht, wie Yemon es getan hatte. Stattdessen rief sie laut und deutlich, so dass alle versammelten Adligen sie hören konnten: »Hikeda'yei! Ich weiß nicht, was ich getan habe, aber wenn meine Königin und mein Herr sagen, dass ich schuldig bin, dann bin ich es fraglos. Wisset nur eins, und dies sind meine letzten, wahrhaftigen Worte. Ich liebe meine Königin mehr als mein Leben und mehr als die Ehre meiner Familie, meines Clans und meines

Ordens. Als ich Sängerin wurde, schwor ich, dass ich frohen Herzens mein Leben für sie geben würde. Die Art, auf die ich es nun tue, ist ohne Belang. Ich sterbe ohne Bedauern, weil meine Mutter es wünscht.«

Die Königin hielt inne, während das Licht aus dem Quell über ihre silberne Maske spielte, und einen Moment lang glaubte Viyeki schon, die Worte der Sängerin hätten sie erweicht und sie würde Milde walten lassen. Dann streckte sie die Hand aus, doch statt Nijikas Stirn zu berühren, legte sie die Finger wie segnend an die Brust der Heeressängerin. Die Sängerin warf den Kopf zurück wie vor unaussprechlichen Schmerzen oder in Ekstase. Die Königin beugte sich weiter vor und schien die Hand in Nijikas Körper zu schieben. Die Gefangene schrie jetzt wie von Sinnen, wie Viyeki noch nie jemanden hatte schreien hören, dann fraß der Schatten sich auch über sie wie ein Flächenbrand und sie zerfiel zu einem Haufen schwarzer Teilchen, die sich mit dem Staub ihrer Vorgänger mischten. Doch noch während das ascheähnliche Pulver zu Boden sank und der Rauch verging, sah Viyeki, dass die Königin etwas in der Hand hielt – Nijikas Herz, das noch nass war und an einigen Stellen verkohlt, als hätte die Königin es aus einem Feuer gezogen.

Hier, Herr des Sanges. Utuk'kus Gedanken galten Akhenabi, aber sie bohrten sich wie Pfeile aus Eis in Viyeki hinein. *Haltet das in Eurem Ordenshaus in Ehren. Die Umstände mögen die Heeressängerin zu einer Verräterin gemacht haben, aber ihr Herz blieb wahrhaftig.*

Der Herr des Sanges nahm das verkohlte Herz von der Königin entgegen, nickte in offenkundiger Dankbarkeit und trat zurück. »Damit ist die Verschwörung niedergeschlagen«, verkündete er. »Dasselbe Schicksal trifft unweigerlich jeden, der unsere Königin und ihr Volk verrät.«

Die Anwesenden in der Quellkammer bekundeten laut ihre Zustimmung und ihren Dank und priesen die Königin und Akhenabi, dass diese sie vor den Verrätern gerettet hatten. Doch Viyeki fiel auf, dass Muyare, der Marschall der Opfermutigen und Anführer der Armeen der Königin, nicht in ihren Beifall einfiel. Der große Krieger hielt den Blick gesenkt und die Arme hingen an seinen Seiten herab. Und Viyeki begriff, dass das, was hier vor sich ging, noch nicht vorbei war.

»Hört mich an, denn ich spreche im Namen der Königin!«, rief Akhenabi. »Hört, warum ihr gebraucht werdet, warum eure Kraft und Treue unser einziger Schutz vor der Vernichtung sind!« Er hob erneut die Arme und wartete darauf, bis das erschrockene Murmeln der Anwesenden wieder der Stille gewichen war. »Jawohl, der Vernichtung! Ihr habt alle von Ineluki, dem Sturmkönig, gehört, der gegen die Sterblichen gekämpft hat, bis sie ihn vernichtet haben, und dann vom Tod zurückgekehrt ist, um erneut gegen sie zu kämpfen. Im Rückkehrkrieg wurde er dann endgültig besiegt – demselben Krieg, der unsere Königin in den Heilschlaf gezwungen hat, aus dem sie erst jetzt erwacht ist.«

Die Königin hatte, während Akhenabi sprach, das Gesicht mit der Maske gehoben und blickte am Quell und an der Atmenden Harfe vorbei in die hintersten Höhen der Höhle, in denen die Kälte von oben auf die aus den Tiefen des Berges aufsteigende feuchte Wärme traf, sodass dort Schneeflocken durch die Luft wirbelten.

»Als Ineluki von den Zida'ya noch lebte und König war und die mächtige Festung Asu'a gegen die plündernden Nordmänner verteidigte«, fuhr Akhenabi fort, »bat er unsere Königin um Hilfe im Kampf gegen die Sterblichen. Sie schickte ihm die edelsten Herzen des Ordens des Sanges, fünf unserer ältesten, weisesten und fähigsten Sänger. Diese fünf Fürsten des Sanges – Karkkaraji, Sutekhi, Ommu, Enah-gé und Uloruzu, mögen sie in der Erinnerung so lange weiterleben wie der Garten selbst! – wurden später die Rote Hand genannt. Sie halfen Ineluki mit ihrer Kraft und ihrem Wissen, manipulierten die Grenzen der Zeit und des Raums und beschworen mit ihrem Gesang uralte Mächte und furchtbare Geister, doch nicht einmal sie konnten die Massen der Nordmänner mit ihren Waffen aus Eisen besiegen. In seiner Verzweiflung suchte Ineluki nach einer Waffe, die so verheerend war, dass man die Pest der Sterblichen damit für immer vom Angesicht der Erde tilgen konnte. Doch er blieb erfolglos und wurde vernichtet. Die fünf Helden der Roten Hand starben an seiner Seite, Asu'a fiel an die sterblichen Eindringlinge.«

Bekümmerte Rufe wurden laut, als hätten die Anwesenden diese alte und bekannte Geschichte zum ersten Mal gehört. Selbst die Lichtlosen schienen betroffen. Wie in dumpfer Klage tönten ihre fremdartigen Stimmen aus der Tiefe herauf.

»Damit verschwand das letzte Königreich unserer Art aus dieser Welt«, sagte Akhenabi, »genauer das letzte mit Ausnahme unserer Heimat Nakkiga in diesem Berg. Inelukis Angehörige von den Zida'ya flohen in die Wälder und andere Verstecke. Wir Hikeda'ya zogen uns hinter unser großes Tor zurück, während die Sterblichen einer Flut gleich alles überschwemmten, was uns lieb und teuer war. Doch war Ineluki nicht ganz verschwunden, auch wenn seine irdische Hülle tot war. Sein Zorn war so groß, dass er an den Zwischenorten als Geist in blindwütiger Raserei nachwirkte – bis unsere Königin ihn dort fand.« Er verbeugte sich als Zeichen seiner Dankbarkeit vor Königin Utuk'ku. Die meisten Anwesenden folgten seinem Beispiel. »Jawohl«, fuhr er lauter fort, »unsere Königin hat ihn unter Einsatz ihres eigenen kostbaren Lebens in jener dunklen Region gesucht, in der das Leben selbst der Feind ist. Und als sie fand, was von ihm übriggeblieben war – eine kleine, unsterbliche Flamme des Zorns –, barg sie ihn in den endlosen Korridoren der Atmenden Harfe. Mit vereinten Kräften haben unsere Königin und Ineluki Sturmkönig auch die Geister der Roten Hand zurückgeholt.«

Wir haben den wahren Tod von euch abgewehrt! Es waren nur Gedankenfetzen, aber sogar sie waren so stark, dass viele aufschrien, als sie sie hörten. *Alles für euch! Und jetzt ist derselbe Tod hinter mir her!* Einige Hikeda'ya starrten die Königin stöhnend und mit offenem Mund an.

»Also bereiteten wir einen neuen Angriff auf die Sterblichen vor und der Rückkehrkrieg wurde fortgesetzt«, sagte Akhenabi. »Aber wieder fielen uns Verräter in den Rücken. Diesmal kamen sie aus unseren eigenen Reihen – Inelukis Verwandte schlugen sich feige auf die Seite der Sterblichen. Das abtrünnige Haus der Tanzenden Jahre zog mit den übrigen Zida'ya gegen uns, und vor weniger als einem halben Großjahr wurden wir vor den Toren Asu'as besiegt. Ineluki Sturmkönig, dieses edle Herz, das sich für sein Volk geopfert hat, fiel dem Nicht-Sein anheim und ist für immer für uns verloren – einer der tapfersten unserer Könige ausgelöscht. Und als er und die Rote Hand erneut scheiterten, wäre auch unsere geliebte Königin fast vernichtet worden.«

Einige Hikeda'ya schrien wütend auf und schüttelten die Fäuste, als wären die verräterischen Zida'ya hier in den Tiefen Nakkigas anwesend und könnten bestraft werden.

»Alles war vergeblich!«, rief Akhenabi. »Wie schmeckt das bitter! Kein Gift ist diesem Geschmack vergleichbar. Doch unterschätzt unsere Königin nicht, die uns allezeit liebt und beschützt. Denn in der schlimmen Zeit nach der Niederlage, als sie im *Keta-yi'indra* verloren umherirrte, suchte sie weiter nach einer Möglichkeit, unsere Feinde zu vernichten. Und sie hat eine gefunden.«

Das wütende Geschrei verstummte und Stille kehrte ein. Sogar die Lichtlosen verstummten und schienen zu lauschen.

»Ineluki und auch die meisten Mitglieder der Roten Hand gab es nicht mehr«, fuhr der Herr des Sanges fort. »Aber eine, die sich für uns und die Königin geopfert hatte, lebte noch! Und Utuk'ku, die Mutter Aller, hat diesen furchtlosen Geist in jenem Land gefunden, in dem Schlaf und Tod sich begegnen.«

Obwohl Akhenabi sprach, wandten sich aller Augen der bewegungslos dasitzenden Königin zu.

»Denn trotz aller Bemühungen der Sterblichen ist Ommu die

Stimmlose, eine der Größten unseres Volkes, beim Untergang des Sturmkönigs nicht vollständig zugrunde gegangen«, rief Akhenabi. »Was für eine Hingabe, Hikeda'yei! Nachdem sie schon einmal von Sterblichen ermordet wurde, kehrte sie vom Tod zurück, um erneut für uns zu kämpfen, und wurde abermals von sterblichen Händen grausam ermordet – doch wollte sie trotzdem nicht sterben!« Erschrockenes und zugleich staunendes Murmeln wurde laut. »Voll der Geheimnisse der Zwischenorte und unvermindert nach der Rache dürstend, die uns vorenthalten wurde, hat Ommu die Flüsternde nicht aufgegeben. Und während ich hier spreche, klammert sie sich in den schauerlichen Gefilden jenseits des Lebens an das Leben selbst! Und in dieser gegenwärtigen Stunde wird die Königin Ommu zu uns zurückholen – doch nur mit eurer Hilfe.«

Viyeki war über diese Ankündigung genauso fassungslos wie alle anderen, doch zugleich hatte er Zweifel. Selbst wenn die bizarre Geschichte von Ommus Überleben stimmte, was konnte der Tod die untote Sängerin gelehrt haben, das er sie nicht schon beim ersten Mal gelehrt hatte? Inwiefern konnte die Rückkehr eines Mitglieds der Roten Hand die Geschicke der Hikeda'ya wenden, wenn selbst die Königin und Ineluki das nicht geschafft hatten? Und warum hatte man ihn und die anderen Anführer der Stadt hierher in die Quellkammer gebracht?

»Wir werden jetzt alles für ihre Rückkehr vorbereiten«, rief Akhenabi.

Während er noch sprach, tauchte aus einer hinteren Galerie der Höhle ein Trupp von Zähnen der Königin auf. Vier von ihnen trugen eine offene Zeremonialsänfte, in der schwankend eine junge Frau der Hikeda'ya saß. Sie trug eine Robe, die dem Kleid der Königin an Pracht in nichts nachstand, ein Meisterwerk aus gemusterter Spinnseide, und ihre pechschwarzen Haare waren wie für eine Hochzeit kunstvoll gelockt und aufgesteckt worden. Trotz der kostbaren Kleider und ihrer beträchtlichen Schönheit kannte Viyeki sie nicht. Als die Wachen die Sänfte am Rand des Quells abstellten, fiel ihr Kopf zur Seite. Sie schien ihre Umgebung nicht wahrzunehmen, weder die versammelten Adligen noch die Atmende Harfe, ja nicht einmal die Königin selbst.

Man hat ihr kei-vishaa *gegeben*, begriff Viyeki. *Sie wandelt im Traum. Aber warum? Wer ist sie und was geht hier vor?*

»Neigt die Köpfe, Hikeda'yei!«, befahl Akhenabi. »Leiht eurer Königin die Kraft eurer Herzen, dann wird die Mutter des Volkes eine zu euch zurückholen, der die Sterblichen nichts anhaben konnten, so oft sie es auch versucht haben.« Er senkte die Stimme. Offenbar sollte das Bedauern ausdrücken, dachte Viyeki. »Diese Rückkehr ist allerdings nicht umsonst, sie wird nicht schmerzlos an uns vorübergehen. Lob sei dem getreuen Marschall Muyare, Großmagister des Ordens der Opfermutigen, dass er auf Wunsch der Königin seine Enkelin Ya-Jalamu als Öffnerin des Weges zur Verfügung stellt.«

»Gelobt sei Muyare!«, rief jemand. »Möge der Garten seiner ewig gedenken und ihn segnen!«

»Gelobt sei die Königin!«, rief ein anderer. »Gelobt sei die Mutter von uns allen!«

Viyeki war von denselben Gefühlen erfüllt wie die anderen, der Angst und der Begeisterung über den Kampf der Königin um ihrer aller willen, doch einige seiner Zweifel blieben. Das Mädchen mochte nur eine von mehreren Enkelinnen Muyares sein und zum Teil sterblich – Viyeki hatte gehört, ihre Mutter sei eine menschliche Sklavin, wie seine Tzoja –, aber trotzdem konnte er nicht glauben, dass der Marschall sie freiwillig einem so schrecklichen Schicksal überlassen hatte, egal wie vornehm der Zweck. Muyare war ein mächtiger Mann, der über die gesamte bewaffnete Macht des Ordens der Opfermutigen gebot. Nur ein Befehl der Königin selbst konnte ihn dazu bewegt haben.

»Unsere Hochachtung gilt dem vornehmen Geschenk des Großmagisters!«, rief Akhenabi. »Wir ehren seine Treue und das verdienstvolle Opfer seiner Enkelin, das die Tür für Ommus Rückkehr zu uns öffnen wird. Die Königin ordnet an, dass ein nach Ya-Jalamu benannter neuer Verband des Ordens der Opfermutigen geschaffen wird, der Verband Seyt-Jalamu!«

Die versammelten Adligen bekundeten laut ihre Zustimmung und Dankbarkeit, nur Muyare blickte weiter starr zu Boden, als verursache ihm das von Akhenabi gepriesene Opfer nur Schmerzen. Er konnte es ganz offensichtlich nicht ertragen, seine Enkelin anzusehen, obwohl die ihn in ihrer durch *kei-vishaa* verursachten Trance gar nicht wahrgenommen hätte.

»Jetzt bittet eure Königin um euer Schweigen!«, rief Akhenabi und es wurde still. Sogar das Pulsieren der Luft schien schwächer zu werden. Nur der ferne Gesang der Lichtlosen tönte von unter der Höhle weiter zu ihnen herauf. »Sie braucht auch eure Herzen und Gedanken«, sagte der Herr des Sanges. »Nur wenn die große Ommu zurückkehrt, kann unsere Königin denen widerstehen, die danach trachten, uns zu vernichten. Wenn wir überleben wollen, müssen wir die Flüsternde vom Tod zurückholen, damit sie unserer geliebten Königin im Kampf ums Überleben beisteht. Es ist Zeit, den Weg zu öffnen.«

Viyeki hörte, wie ein neuer Ton sich in den Gesang der Lichtlosen mischte, leise zunächst, doch dann immer lauter und höher, bis er durch ihr heiseres Gebrumm schnitt wie ein einzelner heller Faden durch einen dunklen Wandteppich. Er kam von Akhenabis Orden der Sänger, der neben Ya-Jalamus Sänfte kniete. Immer mehr Sänger fielen ein und es klang, als hätten die eisigen Gebirgswinde zu einer Stimme gefunden. So scharf und kalt waren die Silben, dass sie die Körper der Zuhörer zu durchdringen schienen und ihre inneren Organe in Eis verwandelten.

Warum ein solches Ritual in unserer Anwesenheit vollziehen?, fragte Viyeki sich. *Der Sängerorden hatte seine Macht doch nie öffentlich zur Schau gestellt. Warum jetzt?*

Die Frage wurde beantwortet, als er spürte, wie etwas seine

Gedanken berührte, ein tastender Druck, der sich schon bald fordernd verstärkte. Es war die Königin, erkannte er, die die Kontrolle über seine Gedanken und die der anderen Adligen übernahm und sie zu einer Einheit verband, um mit ihrer Kraft und ihrer eigenen die Schleier wegzureißen, die das Leben umhüllten. Instinktiv widersetzte er sich dem Drängen, aber nur kurz, denn er besaß nicht annähernd die Kraft der Königin. Wenige Momente später waren er und die anderen keine einzelnen Hikeda'ya mehr, sondern ein einziges Werkzeug in der festen Hand Utuk'kus. Er spürte die Gefühle der Königin, ihre wilde Entschlossenheit und sogar ihre kalte Zufriedenheit darüber, dass sie alle unterworfen und zu einer Einheit verbunden hatte.

»Wehrt euch nicht gegen die Mutter Aller!«, rief Akhenabi, als hätte er Viyekis Widerstreben gespürt. »Und jetzt Ruhe. Ruhe für die Worte der Öffnung.«

Der Gesang wurde schlagartig lauter und schmerzte noch mehr in den Ohren, und die Worte donnerten wie Hammerschläge. Und dann wurde es plötzlich dunkel in der Höhle und furchtbar kalt, als hätte jemand mitten im grimmigen Winter die Tür aufgerissen. Doch was Viyeki durch Utuk'kus Gedanken spürte, war noch tausendmal schlimmer. Jenseits der Höhle, in der sie standen, jenseits ihres heiligen Bergs und jenseits des Lebens spürte er eine so schreckliche und absolute Kälte, dass kein Lebewesen sich ihr nähern konnte. Nur Königin Utuk'ku wagte es, gepanzert mit dem Gesang von Akhenabis Günstlingen und die Gedanken ihrer Untertanen schwingend wie eine Waffe, gegen diese letzte, alles Leben verschluckende Finsternis anzutreten. Viyeki spürte, wie sein Herz angesichts der Finsternis aus Angst so schnell schlug, dass er fürchtete, es könnte zerspringen. Zugleich erschien ihm alles unendlich weit weg. Er kam sich vor wie eine einzelne Blase unter Tausenden von Blasen auf einem der schäumenden heißen Seen Nakkigas.

Muyares Enkelin begann sich gegen ihre Fesseln zu wehren.

Sie warf den Kopf zurück und riss den Mund auf, als würde sie ertrinken. Viyeki konnte angesichts der immer stärker werdenden Dunkelheit nicht viel erkennen – sogar das ockerfarbene Licht des Quells schien schwächer zu werden und zu ersterben –, doch je lauter der Gesang wurde, desto schneller und unkontrollierter wurden die Bewegungen der jungen Frau in der Sänfte, bis ihr Kopf mit heftigen, ruckartigen Bewegungen hin und her flog. Marschall Muyare ächzte laut und schien zu ihr eilen zu wollen, doch ein General seines Ordens legte ihm die Hand auf die Schulter. Der Marschall fasste sich und starrte wieder unbewegt vor sich hin, aber Viyeki spürte, dass er hinter seiner steinernen Fassade verzweifelte wie ein in die Falle gegangenes Tier.

Das Licht des Quells leuchtete nur noch ganz matt wie ein ferner, erlöschender Stern. Ya-Jalamu richtete ihre blicklosen Augen auf die Zuschauer und öffnete den Mund zu einem Schmerzensschrei, der nie ertönte. Hilflos und wie in Trance gefangen, meinte Viyeki seine eigene Tochter Nezeru vor sich zu sehen und zu hören, wie sie rief, er solle ihr helfen, während er ihr doch nicht helfen konnte.

Das ist der andere Zweck, begriff er in seiner Verzweiflung. *Es soll nicht nur Ommu zurückgeholt werden, Akhenabi will uns zeigen, dass die Königin nur auf ihn hört, dass er allein jetzt über Leben und Tod gebietet. Ob Muyares Enkelin oder meine Tochter – egal wie mächtig ein Adliger oder Clan ist, der Herr des Sanges gibt uns zu verstehen, dass er sich nehmen kann, was er will, die Königin wird es immer billigen.* Viyeki blickte zu Utuk'ku, die die Qualen des Mädchens ohne jedes Zeichen von Mitleid verfolgte, und spürte, wie etwas in ihm zerbrach, das sein ganzes Leben dort gewesen war – ein Glaube, ein Vertrauen.

Es könnte meine eigene Tochter sein, musste er in einem fort denken. *Es könnte Nezeru sein.*

Ya-Jalamu zappelte und strampelte auf ihrer Sänfte immer heftiger. Kurz sah es so aus, als könnte sie in ihrer Verzweiflung die schweren Fesseln zerreißen. Dann begannen ihre Knochen zu leuchten. Zuerst erglühte der Schädel hinter ihrem Gesicht und die blasse Haut schien in seinem grellen Licht auf wie das geölte Pergament einer Laterne. Als Nächstes begannen die ins Leere greifenden Hände zu gleißen und von ihren Kleidern, die sie mit ihrem Zappeln zerknittert und zerrissen hatte, stieg Rauch auf. Im nächsten Moment rollte der Stoff sich zusammen, wurde schwarz und löste sich auf der elfenbeinweißen Haut in Rauch und Asche auf, bis die Enkelin des Marschalls nackt war. Beine und Arme waren in Flammen gehüllt, all ihre Geheimnisse waren den starrenden Blicken der Zuschauer preisgegeben.

Dann fing auch das Fleisch von Ya-Jalamu Feuer. Die Flammen züngelten sogar aus Mund und Nase und aus den Augenwinkeln und im nächsten Moment stand die ganze Haut in Flammen. Ya-Jalamu warf den Kopf zurück und Dampf quoll aus ihrem klaffenden Mund. Ein brennender roter Schauer stieg aus ihrer Kehle auf und verteilte sich in allen Richtungen über die Sänfte, doch die Trage bestand aus altem, besonders gehärtetem Hexenholz, dem bloße Flammen nichts antun konnten. Allein das Mädchen brannte.

Nur mit Mühe vermochte Viyeki, die Knie durchzudrücken und sich aufrecht zu halten. Ihm war, als würde auch er brennen, doch nicht sein Fleisch, sondern seine Gedanken, seine Überzeugungen verbrannten zu Asche.

Schon bald war von Ya-Jalamu nichts mehr zu sehen bis auf eine kaum wahrnehmbare Bewegung in den Tiefen des Feuers, ein paar durch die Luft wirbelnde Aschekrümel und zwei fuchtelnde schwarze Stöcke. So gewaltig war die Hitze, dass die Luft trügerisch zu flimmern begann, doch Viyeki spürte sie nicht, und die um die Sänfte knienden Sänger schienen sie auch nicht zu bemerken. Einige wenige Schritte vom Herzen des Feuers entfernt starrte Königin Utuk'ku hinter ihrer gesichtslosen Maske auf das Schauspiel. Ihre Gedanken waren Viyeki so schleierhaft wie die

Wünsche eines fernen Gestirns. Doch spürte er in seinem Geist noch ihre Gegenwart, und wie er sie so anstarrte, spürte er auch, wie etwas aus den finsteren Gefilden jenseits der ihm bekannten Welt in ihre Welt herüberkam. Etwas von jenem leblosen Ort erzwang sich einen Weg aus der Kälte und Finsternis in die Welt der Lebenden.

Die Flammen begannen zu erlöschen und die Sänfte der Königin wurde wieder sichtbar. Doch statt der verkohlten Überreste, die Viyeki zu sehen erwartet hatte, statt der zu Asche verbrannten Knochen lag dort etwas anderes, ein sonderbares Wesen – eine Gestalt aus flackerndem rotem Licht, eingehüllt in Rauch.

»*Ommu k'rei!*«, rief Akhenabi. »Ommu die Flüsternde, du bist vom Tod zu uns zurückgekehrt! Möge deine Weisheit und Kraft dazu beitragen, dein Volk zu retten – das Volk, für dessen Schutz du zwei Mal dein Leben gegeben hast!«

Der Griff, mit dem die Königin Viyekis Gedanken hielt, lockerte sich, und er sank wie viele andere neben ihm von Furcht erschöpft auf die Knie. Er brachte es nicht fertig, die Gestalt auf der Sänfte anzusehen, zu fremdartig wirkte sie und zu bizarr. Außerdem schien sie gleichzeitig weit entfernt und schrecklich nah zu sein, als sei sie nicht vollständig in den räumlichen Dimensionen seiner Welt angekommen.

Erst als Akhenabi und seine Sänger aufstanden und die Gestalt umringten, merkte er, dass er die ganze Zeit die Luft angehalten hatte und schon fast ohnmächtig war. Mit einem rauhen Seufzer ließ er sie entweichen. Einige Adlige waren bewusstlos zu Boden gesunken. Andere hatten sich anbetend vor der Königin niedergeworfen, voller Staunen darüber, wie sie den Tod überlistet hatte, und überwältigt von der Vorstellung, dass sie selbst dazu auch einen kleinen Beitrag geleistet hatten.

Die Lichtlosen verstummten und das Ritual schien beendet, doch da begann die von rotem Licht umspielte Gestalt auf der Sänfte wie von einem Krampf befallen lautlos zu zucken. Viyeki spürte, wie die zwischen der Kammer der Harfe und den Gefilden jenseits des Lebens gespannte Membran unter einer heftigen Berührung erzitterte wie von einer todgeweihten Fliege, die in einem Spinnennetz zappelte. Er schien selbst ein Faden dieses Netzes zu sein. Wirbelnder Nebel hüllte die Sänfte und die Gestalt darauf ein. Viyeki war überrascht – war es möglich, dass Ya-Jalamu immer noch um den Körper kämpfte, den Akhenabi ihr weggenommen hatte? Eine tapfere Frau mit einem tapferen Herzen! Doch kurz darauf meinte er etwas ganz anderes zu spüren, eine große Kraft, die versuchte, Ommu nach draußen in die Welt der Lebenden zu folgen – ein altes, böses Etwas voller Hass. Sein Herz schlug immer schneller, bis es ihm aus der Brust zu springen drohte.

Das Licht des Quells flammte auf, gleißend wie eine irdische Sonne, und wurde wieder schwächer, während ein stummer Schrei höchster Not erklang und die Adligen sich vor Entsetzen und Schmerzen an die Köpfe fassten. Im selben Moment breitete sich das geradezu körperlich spürbare Gefühl eines Endes in der Kammer aus, als seien die Gedankenfäden, die sie verbanden, alle gleichzeitig gerissen. Ganz offensichtlich hatte sich der Weg in die äußere Finsternis, den sie geöffnet hatten, soeben wieder geschlossen.

Ommu! Ommu she'she mue'ka! Die Königin hatte lange nicht gesprochen und jetzt trafen ihre plötzlichen Worte Viyeki wie die Schläge eines Schmieds auf einen Amboss, und ihre triumphierende Wucht trieb ihm erneut die Tränen in die Augen. *Sie ist zurückgekehrt, die Flüsternde! Gepriesen sei sie!*

»Jawohl, gepriesen sei sie!«, rief Akhenabi. »Mit Ommus Hilfe wird unsere große Königin Rache nehmen für alles, was uns angetan wurde. Wir werden die Sterblichen vom Angesicht der Erde tilgen! Wir werden die Hexenholzkrone für uns beanspruchen!«

Der Quell schien wie am Anfang nur noch schwach. Akhenabis Günstlinge wickelten die leuchtende Gestalt in weiße Stofftücher wie einen Leichnam, der auf die Rückkehr zum Garten vorbereitet wird. Nur dass dieses ›Ding‹ lebte, auch wenn es sich wie ein Säugling ruckartig bewegte, als beherrschte es seine Glieder noch nicht richtig. Die Flammen waren erloschen, aber die Gestalt glühte noch, sodass es aussah, als wickelten Akhenabis Sänger einen geschmolzenen Stein ein.

Schließlich waren sie fertig und traten von der Sänfte zurück. Obwohl die dort sitzende Gestalt von Kopf bis Fuß in Bandagen gehüllt war, bewegte sie sich weiter unkontrolliert, und bei jeder Bewegung sickerte rubinrotes Licht zwischen den Bandagen hervor. Akhenabi trat zu ihr, hängte ihr den Zeremonialmantel der Sänger über die Schultern und setzte ihr die Kapuze auf, sodass der gesichtslose Kopf nicht mehr zu sehen war und das Leuchten fast vollkommen verschwand. Die Adligen, die noch bei Sinnen und nicht zu Boden gesunken waren, sahen apathisch und benommen zu und wirkten fast beschämt.

Die Wachen der Königin hoben die Sänfte auf und trugen sie mitsamt der verhüllten Gestalt zu dem bogenförmigen Durchgang. Die restlichen Zähne mit ihren weißen Helmen traten hinter dem Thron hervor und machten sich daran, die verwirrt schweigenden Adligen von Nakkiga durch die Höhle zur Treppe zurückzutreiben. Was in der Quellkammer letztlich vorgegangen war, war nicht klar. Viyeki hatte das Gefühl, dass sie alle an einem folgenreichen Handel beteiligt gewesen waren, dessen Zweck sie nicht kannten.

Was ist hier wirklich passiert?, fragte er sich. *Haben wir es mit einer so schrecklichen Bedrohung zu tun, dass ein so schreckliches Ritual, die Ermordung einer unschuldigen Frau, unsere einzige Wahl war? Warum haben wir dann nicht schon angefangen, uns auf eine weitere Belagerung vorzubereiten?*

Mit solchen zweifelnden und wohl auch verräterischen Gedanken beschäftigt, sah er Jijibo den Träumer nicht näher kommen und bemerkte den seltsamen Spross der Königin erst, als der ihn am Arm packte. Erschöpft und verängstigt, wie er war, fuhr er zurück.

»Glückwunsch!«, sagte Jijibo grinsend. »*Hea-hai*, aber seht ihn euch an! Er denkt zu viel und jetzt ist er davon krank geworden!«

Viyeki brauchte in seiner Verwirrung einen Moment, um zu begreifen, dass Jijibo auf seine absonderliche Weise von ihm sprach. »Was soll das heißen, Glückwunsch?«, fragte er.

»Er weiß es wirklich nicht«, sagte Jijibo und schüttelte sich belustigt. »Eure Familie hat Aufmerksamkeit erregt, Magister Viyeki, jawohl! An einigen sehr hohen Stellen!«

Viyeki hatte keine Ahnung, was der seltsame Verwandte der Königin meinte, trotzdem überlief es ihn kalt. »Ich fürchte, ich kann Euch nicht folgen.«

»Nein, nicht wahr? Noch nicht. Aber es ist nicht immer gut, Aufmerksamkeit zu erregen. Seht Euch den an!« Jijibo zeigte auf jemanden hinter Viyeki, dann wandte er sich ab und stieg lachend und mit sich selbst redend die Treppe hinauf.

Viyeki drehte sich verwirrt um und sah Marschall Muyare, der soeben von seinen Offizieren aus der Quellkammer geführt wurde. Einige trösteten ihn über seinen Verlust, andere gratulierten ihm zu der großen Ehre, die ihm widerfahren sei. Der Großmarschall würdigte sie keines Blickes, sondern starrte nur geradeaus und wirkte so verloren und verwirrt, als sei er vom Blitz getroffen worden.

11

DER DRITTE HERZOG

Die Trauergäste hatten sich warm angezogen und in der großen St. Helvardskathedrale roch es nach Pelzen und Fackelrauch. Miriamel hatte eigentlich geglaubt, der Geruch so vieler auf engstem Raum versammelter Leute mache ihr nichts aus, aber jetzt war ihr ein wenig schwindlig.

Frode, der Eskritor von Elvritshalla, war schon sehr alt und nicht besonders gut zu Fuß. Als er jetzt die Kanzel hinaufstieg, hätte die Königin ihn am liebsten von hinten angeschoben, aber sie rief sich ins Gedächtnis, dass Geduld gegenüber anderen, vor allem Alten und Schwachen, zu den Kardinaltugenden der Kirche gehörte.

An seinem Platz angekommen, zog der Eskritor zwei in ein Gestell gefasste Augengläser aus seinem goldenen Ornat und klemmte sie auf den Rücken seiner langen, schmalen Nase.

»Morgenes hatte auch so was«, flüsterte Simon ihr zu. »Man nennt es ›Brille‹.«

Frode blickte über die Versammlung von mehreren Hundert besonders wichtigen Rimmersgardern, zu denen noch Besucher aus dem Süden kamen, und räusperte sich. Für Miriamel klang es wie die Trompete einer angreifenden Armee. Sie hatte Beerdigungen nie gemocht, und jetzt, in einem Alter, da Beerdigungen immer häufiger wurden, mochte sie sie noch weniger.

»Vor langer Zeit«, begann der Eskritor mit hoher, aber überraschend kräftiger Stimme, »war hier eine Wildnis, ein in vieler Beziehung dunkler Ort. Bevor wir nach Rimmersgard kamen, lebten unsere Vorfahren auf der anderen Seite des Ozeans in Ijsgard, einem grünen Land im Westen. Es ging ihnen dort gut, aber sie dankten Gott nicht dafür, sondern beteten zu den heidnischen Göttern ihrer Väter. Zur Strafe schickte der Herr eine große Katastrophe. Der höchste Berg des Landes ging in Flammen auf und fiel auf ihre wichtigsten Städte, und der Himmel verdunkelte sich. Elvrit der Weitblickende führte sein Volk auf vielen Schiffen durch die Finsternis und über das Meer hierher und rettete es so. Und er errichtete ein großes Königreich, in dem er regierte und nach ihm seine Kinder. Sein mächtigster Nachfolger war Fingil, der zu seinen Lebzeiten von den Himilfjällen bis zum Gleniwent im Süden herrschte. Er wurde Fingil der Große genannt.«

Fingil der Große, dachte Miriamel. *Oder Fingil Blutfaust, wie das Volk ihn nannte, das vor den Nordmännern hier gelebt hatte. Was hat dieses Geschwätz mit dem lieben Isgrimnur zu tun?* Traurig betrachtete sie den Sarg ihres alten Freundes, eingehüllt in die Fahnen seiner Familie und von Elvritshalla, auf dem die herzogliche Krone lag.

»Aber Elvrits Volk brachte seine alten Götter in das neue Land mit«, fuhr der Eskritor fort, »und folgte immer noch nicht dem Wort unseres Herrn, des wahren Gottes. Also schickte der Herr ihm als Strafe den großen Drachen. Er drang in den Hochhorst ein, tötete König Ikferdig, Fingils Nachfolger, und trieb unser Volk in die nördlichsten Länder hinauf, in denen die Nornen und Riesen und andere schreckliche Feinde lebten.

Ädonitische Priester wie der heilige Helvard versuchten, unser Volk vor Gottes Zorn zu retten und zum rechten Glauben zu führen, aber erst König Johan von Erkynland, der mächtige Priester Johan, konnte den großen Drachen töten und führte Gott den Herrn wieder heim nach Rimmersgard.

Später kämpfte Johan gegen den letzten König von Rimmersgard, Jormgrun Rothand, der die Reliquien der alten Götter in der Schlacht mitführte, und bei Naarved besiegte er ihn.

Und dann entschied Priester Johan in seiner Weisheit, dass der brave Isbeorn von allen Adligen über die Einwohner des neueroberten Landes herrschen sollte – aber nur, wenn er den falschen Göttern entsagte und sich zum wahren Gott bekannte, der seinen Sohn Usires geopfert hatte, auf dass die Menschen ewig leben könnten.

Herzog Isbeorn bekannte sich zum wahren Gott – der Höchste sei gepriesen – und wurde ein guter Herrscher, der lange regierte. Sein Sohn Isgrimnur regierte sogar noch länger. Der Gott, dem er treu diente, gab ihm ein langes Leben, und heute sind wir hier, um dieses Leben zu feiern.

Unser geliebter Herzog Isgrimnur hat landauf landab in Osten Ard die Schlachten des Herrn gekämpft. Er kämpfte gegen die Barbaren der Thrithinge und gegen den schrecklichen Sturmkönig, als dieser bereits vor den Toren des Hochhorst, vor der Hauptstadt Johans stand. Mit seiner Hilfe konnten die Stadt und das Volk der Ädoniter, und vielleicht alle Menschen, vor der Vernichtung gerettet werden. Später trieb Isgrimnur die Nornen bis zu ihren elenden Behausungen in den Nornfjällen hinauf, wo sie solche Verluste erlitten, dass sie sich verstecken mussten und die Menschen seither nicht mehr belästigt haben.

Jetzt ist unser geliebter Herzog zum Herrn heimgekehrt und sitzt zur Rechten eines Fürsten, der noch mächtiger ist als König Johan Presbyter. Doch hat er uns nicht schutzlos zurückgelassen. Sein Sohn Grimbrand wird die Krone des Seefahrers tragen und im Namen von Johans Erben, König Seoman und Königin Miriamel, über Rimmersgard als Teil des Hochkönigsbanns herrschen. Zwei Herzöge hat Gott dem Land gegeben und jetzt einen dritten, ebenfalls einen gottesfürchtigen Mann, auf dass weiter Frieden herrschen möge.«

Der Eskritor machte eine Pause, nahm seine Augengläser ab und putzte sie mit seiner Stola. Miriamel begann schon zu hoffen, der lange Nachmittag könnte sich dem Ende nähern, zumindest der Teil, der in der verrauchten, zugigen Kirche stattfand. Was sie betraf, konnte er gar nicht früh genug enden: Die Tage nach dem Ableben des Herzogs waren mit allen möglichen Verpflichtungen angefüllt gewesen. Sie hatte unendlich viele Adlige des Nordens kennengelernt und wusste schon nicht mehr, was Grimbrand ihr über jeden erzählt hatte.

»Doch erinnern wir uns daran, dass die Gnade Gottes nur den Gerechten gilt«, fuhr Eskritor Frode mit weithin tönender Stimme fort. »So wie Grimbrand seinem Vater und seinem Großvater als der dritte Herzog von Elvritshalla nachfolgt, müssen wir alle, lasst es uns nicht vergessen, dem Willen des Herrn nachfolgen. Denn nur Gottes Hand kann unser Volk beschützen und zu Frieden und Wohlstand führen.«

Zur Erleichterung der Königin stimmte er nun die Schlussgebete der *Mansa sea Cuelossan* an. Miriamel streckte die Hand nach Simon aus, um seine warme beruhigende Anwesenheit zu spüren. Simon zuckte ein wenig zusammen, vielleicht weil sie ihn aus seinen Gedanken aufgeschreckt und in die Gegenwart zurückgeholt hatte, doch dann umfasste er ihre Hand mit seiner großen.

»Es ist wirklich sonderbar, wenn du mich fragst«, sagte Simon, als sie dem Bildnis des Herzogs nach draußen zur Anlegestelle folgten.

»Früher haben die Rimmersleute ihre Toten immer verbrannt«, erklärte Miriamel.

»Ja, und früher haben sie auch die Erkynländer getötet. Von den Sithi und allen anderen ganz zu schweigen.«

»Pssst! Willst du, dass Grimbrand dich hört?« Der Nachfolger des Herzogs ging mit Frau und Kindern nur wenige Schritte hinter ihnen. Dahinter kamen Isgrimnurs Töchter Signi und Ismay mit ihren Männern Valfrid und Tonngerd von Skoggey. Signi war inzwischen selbst schon Großmutter, fiel Miriamel ein. Wieder war sie davon überwältigt, wie rasend schnell die Jahre seit ihrem letzten Besuch vergangen waren. Damals war Signi eine Braut mit rosigen Wangen gewesen und Grimbrand ein junger Mann, dem der erste Bart spross. Ein junger Mann war er längst nicht mehr. Geduldig hatte er lange Jahre gewartet, bis er den Platz seines Vaters einnehmen konnte. Er war ein braver Mann und Miriamel wusste Rimmersgard bei ihm in vertrauenswürdigen Händen. Trotzdem fühlte es sich unbeschreiblich seltsam an, hinter dem großen, aus Stroh gefertigten Modell von Elvrits Schiff *Sotfengsel* herzugehen und zu wissen, dass ihr Freund Isgrimnur nun nie mehr da sein würde.

»Wie kommt es, dass jetzt wir die Alten sind, Simon?«

»So wie immer.« Die Sonne brach durch die Wolken, nachdem es den ganzen grauen Vormittag über immer wieder leichte Schneeschauer gegeben hatte. Der Schnee war inzwischen zu Wasserpfützen geschmolzen. Simon kniff die Augen gegen das helle Licht zusammen. »Die anderen sagen einem, was man zu tun hat. Man tut sein Bestes, ohne immer Erfolg zu haben, und eines Tages merkt man, dass man jetzt selber den anderen sagt, was sie tun sollen.«

»Ja, aber niemand hört einem zu. Sieh dir Grimbrands Sohn Isvarr an. So höflich und aufmerksam. Und wo ist *unser* Enkel? In der Kathedrale hat er sich irgendwo nach hinten verdrückt und danach habe ich ihn nicht mehr gesehen. Er sollte neben uns gehen. Dadurch, dass er einfach verschwunden ist, beleidigt er Isgrimnurs Andenken.«

Simon presste die Lippen zusammen. »Ich will nicht über Morgan sprechen. Wenn er sich wieder mit seinen sogenannten Freunden heimlich abgesetzt hat, kläre ich das später mit ihm. Jetzt bin ich so wütend, dass ich schon halb versucht bin, ihn irgendwo in der Frostmark zurückzulassen. Soll er doch selbst zusehen, wie er nach Hause kommt.«

Auch Miriamel ärgerte sich über ihren Enkel, und in den Ärger mischte sich Ratlosigkeit. Egal was sie sagten oder taten, der Junge schien es förmlich darauf anzulegen, sie zu enttäuschen. »Genau das habe ich vorhin gemeint. Wie sind wir zu alten Leuten geworden, die immer über die Jungen lästern? Wir waren damals doch auch nicht immer brav. Du hast mehr Schläge bekommen als ein fauler Ackergaul, weil du nicht tun wolltest, was man dir sagte.«

Simon verzog das Gesicht. »Shem hätte einen Ackergaul nie so behandelt wie Rachel mich. Mit einem Besenstiel! Auf die Rückseiten der Beine!«

»Pssst!«, zischte Miriamel erneut und musste zu ihrer Überraschung trotz des ernsten Anlasses lachen. »Nicht so laut. Ich würde sagen, du hast es verdient.«

»Sagt die Frau, die gegen den Wunsch ihres Vaters aus dem Hochhorst weggelaufen ist, gegen den Wunsch ihres Onkels aus Naglimund und gegen unser aller Wunsch, einschließlich des meinen, aus unserem Lager.«

»Du hast nicht versucht, mich aufzuhalten, Lügner. Du bist sogar mitgekommen.«

»Ich wollte dich beschützen. Aber trotzdem ...« Seine Miene veränderte sich plötzlich und die Falten auf seiner Stirn wurden tiefer. »Trotzdem habe ich dich schon da mehr als alles geliebt, Miri.«

Sie war gerührt, aber zugleich traurig. »Ich weiß. Und wir haben unser Leben gut gemeistert. Wenn wir irgendwann zum Swertcliff getragen werden, haben wir nichts zu bereuen.«

Er runzelte die Stirn. »Wie das? Gibt es denn nichts mehr, das du noch tun willst?«

»Ich weiß nicht, mein Lieber. Manchmal frage ich mich, ob die Ideen, die ich in meiner Jugend hatte, nicht einfach nur dumm waren. Damals erschien alles so klar und eindeutig ... jetzt ist es das überhaupt nicht mehr.«

Simon hob den Kopf und sah zu, wie das Schiffsmodell ins Wasser gelassen wurde. »Wir sind da. Ich finde es verdammt noch mal sehr sonderbar, eine Puppe aus Stroh zu basteln und dann zu verbrennen.«

»Nicht fluchen. Alle haben ihre Bräuche.«

»Aber die Rimmersleute verabscheuen das Meer doch.«

»Weil es ihre Heimat verschlungen hat«, sagte Miriamel. »Aber was es auch getan hat, man kann es nicht besiegen.« Sie blieben stehen und warteten, bis die restliche Prozession ebenfalls angehalten hatte.

Das Schiff schwamm inzwischen am Ufer des breiten Gratuvask, und die Strohpuppe, die Isgrimnurs Leiche darstellen sollte, war mit Geschenken überhäuft. Ein schwarzgewandeter Priester stieg das Ufer hoch und reichte Simon und Miriamel die Fackel. Wie sie es vorher vereinbart hatten, lehnten sie diese ab und bedeuteten ihm, sie stattdessen Grimbrand zu geben. Der Sohn des Herzogs, der mit seinen breiten Schultern und dem schwarzen, von grauen Strähnen durchzogenen Bart dem Verstorbenen gespenstisch ähnlich sah, kletterte vorsichtig das aufgeweichte Ufer zum Wasser hinunter, sprach ein stummes Gebet und warf die Fackel auf das Schiff. Anschließend schoben die Priester das schwankende Gefährt auf den Fluss hinaus.

»Sein Schiff dem Meer!«, rief Eskritor Frode. »Seine Seele dem Himmel!«

Das Stroh fing rasch Feuer und die Puppe des Herzogs verschwand schon bald in den Flammen. Das brennende Schiff trieb mit der Strömung hinaus, und einen Moment lang schien es, als sei ein Stück der untergehenden Sonne in den Fluss gefallen.

Mein Vater, mein Onkel Josua, Camaris, Isgrimnur – fast die ganze Generation vor uns ist tot, dachte Miriamel. *Sie haben uns ein Reich hinterlassen, aber haben sie uns auch genug Weisheit gegeben, es zu erhalten?*

Ein Windstoß fuhr vom Gebirge herunter und trieb einen Funkenregen vom brennenden Stroh über den breiten Fluss, der zischend im Wasser verglühte.

Nein, halt, Ihr habt vergessen, auf die heilige Gutfrida zu trinken.« Ritter Astrian musste so heftig lachen, dass er kaum sprechen konnte. »Schenkt dem Prinzen noch einmal ein!« Einige andere Gäste der Schenke lachten ebenfalls und feuerten den Prinzen an, andere dagegen wirkten keineswegs erfreut darüber, dass hier am Tag der Beerdigung des Herzogs ein Saufgelage veranstaltet wurde. Morgan wiederum ärgerte sich über ihre Missbilligung. Hatten sie nicht auch schon gründlich auf den verstorbenen Herzog angestoßen? Und waren die Rimmersleute nicht ein Volk, das dem Trinken zugetan war? Wie konnte man eine Beerdigung gebührend feiern, ohne einen zu heben?

Astrian nahm eine neue Schale und schöpfte reichlich Bier hinein, von dem ein Teil auf dem Tisch landete. Olveris betrachtete die Pfütze und zog sein langes Gesicht in bekümmerte Falten. »Du verschwendest das gute Bier.«

»Nein, ich teile es mit den Göttern des Nordens.« Astrian legte Morgans Hände um die hölzerne Schale. »Macht es diesmal richtig, Hoheit.«

»Aber die Leute hier sind doch Ädoniten«, sagte Morgan und blickte auf die in seinen zittrigen Händen hin und her schwappende Flüssigkeit. »Oder nicht? Doch. Die alten Götter sind … alt.«

»Nicht so alt wie Porto!«, trumpfte Astrian auf.

Als der alte Ritter seinen Namen hörte, hob er ächzend den Kopf, den er auf seine Arme gebettet hatte, und betrachtete den Prinzen mit zusammengekniffenen Augen. »Hoheit, was tut Ihr hier? Wir dachten, Ihr wärt bei Eurer Familie.«

»Ach seid doch still, Porto, Ihr Spaßverderber«, rief Astrian. »Er ist seit einer Stunde hier.«

»Man kann nicht ewig trauern«, erklärte Morgan. In Wirklichkeit hatte ihn ein Höfling von Elvritshalla, ein schrecklicher Langweiler, von der Beerdigung vertrieben, ein Than Sowieso. Der alte Trottel war vor Jahren einmal auf dem Hochhorst gewesen und fühlte sich deshalb befugt, dem Sohn des Prinzen Johan Josua seine lückenhaften Erinnerungen an den Vater aufzudrängen. Um ihn zum Schweigen zu bringen, hatte Morgan sogar gesagt, er könnte sich kaum an seinen Vater erinnern – eine schreckliche Lüge, die den Höfling aber nur dazu provoziert hatte, sich in weiteren Ausführungen über die Weisheit und edle Gesinnung des Prinzen seligen Angedenkens zu ergehen, bis Morgan nur noch die Möglichkeit gesehen hatte, ihm entweder den Kopf abzuschlagen oder aber an einen ruhigen Ort zu flüchten, an dem er das ganze Gejammer vergessen konnte.

»Kommt, mein Prinz«, drängte Astrian. »Überlasst den alten Miesepeter Porto seinen Träumen von vergangener Glorie und trinkt!«

»Also gut.« Morgan hob die Schale hoch. »Auf die heilige Gutfrida, möge sie die Händler beschützen.«

»Die Reisenden, nicht die Händler«, verbesserte Olveris. »Ihr müsst noch einmal trinken, wenn Ihr nicht aufpasst.«

»Es gibt gewiss Schlimmeres«, rief Astrian.

»Also, auf die heilige Gutfrida, möge sie die Reisenden beschützen.« Morgan führte die Schale an die Lippen und trank sie auf einen Zug leer. Am Ende verschluckte er sich allerdings und musste husten, weshalb Astrian ihm einreden wollte, dass er noch eine Schale trinken müsste. »Nein, bei Gott«, erwiderte der Prinz. »Jetzt seid Ihr dran. Ich muss pinkeln.«

»Aber nicht hier«, sagte Ritter Porto. »Mit Verlaub, Hoheit, bitte nicht hier, wenn es recht ist.«

»Wie denn, haltet Ihr mich für einen Barbaren von den Thrithingen?« Morgan stand mit einiger Mühe auf und schwankte zur Tür der Schenke. Er wunderte sich, wie ruhig es hier und in anderen Schenken an diesem Abend zuging. Die Gäste schwiegen geradezu verdrossen. Dabei war der Tod des Herzogs doch nicht überraschend gekommen, nicht bei seinem fortgeschrittenen Alter.

Morgan kam an der Tochter des Wirts vorbei, einer jungen

Frau mit draller Oberweite, die aussah, als wüsste sie einige interessante Dinge. Er drehte sich nach ihr um, aber die Bewegung brachte ihn aus dem Gleichgewicht und er musste sich an einem Tisch festhalten, worauf die dort sitzenden Männer sich belästigt fühlten. »Bitte ergebenst um Entschuldigung«, sagte er mit einer Verbeugung, die nicht viel besser gelang als die Drehung. Auf dem weiteren Weg zur Tür prallte er noch gegen einige Tische. Es sah aus, als spielte jemand mit dem Prinzen Kegeln.

Dieser blöde Schwätzer aus der Frostmark, dachte er. Inzwischen war ihm gehörig schwindlig. *Erzählt mir von meinem eigenen Vater, wo gibt's denn so was? Und will gar nicht mehr aufhören zu reden. War er denn dabei? Hat er gehört, wie mein Vater im tödlichen Fieber stöhnte und weinte? Hat er die Angst auf seinem Gesicht gesehen …?* Morgan schüttelte den Kopf und versuchte die schlimmen Erinnerungen loszuwerden, die sich wie Schnee, der vom grauen Himmel niederschwebte, auf ihn gelegt hatten, aber Erinnerungen schmolzen nicht so schnell wie Schneeflocken.

Es war eine große Erleichterung, an der Außenwand der Schenke die Blase zu entleeren, aber zugleich hatte er das hartnäckige Gefühl, dass er beobachtet wurde. Er drehte sich um. Ein Ungeheuer mit weißem Fell und blitzenden Fängen, zwischen denen eine rote Zunge heraushing, starrte ihn an.

Dass seine Knie unter ihm eingeknickt waren und er auf dem matschigen Boden saß, merkte er erst, als der kleine Mann, der neben dem Wolf stand, ihm die Hand hinstreckte. »Vaqana ist keine Gefahr«, sagte er. »Sie wollte Euch keine Angst machen.«

Das war leicht gesagt und schwer zu glauben, zumindest für Morgan, als er auf das grinsende Maul des Wolfes starrte, das nur wenige Zoll von seinem Gesicht entfernt war. »Ihr seid dieser Troll«, sagte er schließlich. »Der Freund von Großvater.«

Der kleine Mann nickte und lächelte. »Binabik werde ich genannt, ja, ein Troll. Und der Freund Eures Großvaters, auf ewig. Und Ihr seid Prinz Morgan.«

»Meines Wissens ja. Seid Ihr sicher, dass er nicht beißt?«

»Er?« Der Troll sah sich um. »Ach, Ihr meint Vaqana. Sie. Nein, sie wird nicht beißen.« Er hob den Kopf. Einige Einheimische sahen ihnen zu. Ihre Mienen waren nicht besonders freundlich. »Sie beißt erst, wenn ich zu ihr sage: ›beiß‹«, ergänzte er.

Morgan ignorierte die ausgestreckte Hand und stand ganz langsam auf, nur für den Fall, dass die Wölfin nicht so friedlich gesinnt war wie ihr Herr. Er stellte fest, dass er seine Hose nicht so vollständig geschlossen hatte, wie er geglaubt hatte, und brachte sich in Ordnung, dankbar dafür, dass er sich beim unerwarteten Anblick der weißen Wölfin nicht vollgepinkelt hatte. Inzwischen fühlte er sich wieder einigermaßen nüchtern. Vielleicht lag es am Schreck, obwohl er den eisigen Wind dafür verantwortlich machte. Dass die Rimmersgarder, die an diesem kalten, grauen Ort wohnten, überhaupt je nüchtern waren, grenzte an ein Wunder.

Als er mit den Hosenbändern fertig war, betrachtete er den Troll und die grinsende Wölfin. »Hm«, brummte er schließlich. »Also, ich muss jetzt wieder zu meinen Freunden hinein.« Weil er das Gefühl hatte, noch etwas sagen zu müssen, da seine Großeltern bestimmt von der Begegnung erfahren würden, fügte er hinzu: »Ich wünsche Euch einen schönen Tag«, so deutlich, wie er es in seinem angetrunkenen Zustand herausbekam. Doch der kleine Mann wollte nicht aufhören, ihn anzustarren. Er hatte braune Augen und ihr Blick war überraschend eindringlich.

»Ich habe Euch vorhin in der Kirche gesehen, als die Reden für Herzog Isgrimnur gehalten wurden«, sagte Binabik. »Ihr hattet einen Blick der Trauer, war mein Eindruck. Habt Ihr den braven Mann gut gekannt?«

Gott steh mir bei, dachte Morgan. *Er weiß, dass ich betrunken bin, und zwingt mich absichtlich dazu, mit ihm zu reden.* »Ich habe den Herzog erst am Tag seines Todes kennengelernt«, erwiderte er. »Oder nein, ich glaube, ich bin ihm als Kind einmal begegnet. Er war groß und hatte eine laute Stimme.« Das stimmte auch, im Unterschied zu der Lüge über seinen Vater. Morgan hatte seinen Großvater auf seiner vorangegangenen Reise in den Norden nicht begleitet, und fast sein gesamtes Wissen über den Herzog von Elvritshalla stammte von den langen und zweifellos übertriebenen Schilderungen seines Großvaters.

Diesmal lächelte Binabik breiter. »Eine laute Stimme, gewiss! Wie ein Widder, der seine Rivalen anblökt. Aber Isgrimnur hatte noch mehr als eine laute Stimme, viel mehr.«

»Daran zweifle ich nicht.« Morgan wollte nur noch in die dämmrige Schenke zu der Gesellschaft ganz normaler Menschen zurückkehren – und zum Bier. Warum wollten an diesem Tag unbedingt alle mit ihm über Tote sprechen? »Aber ich sollte jetzt …«

»Ich bin nach der Beerdigung des Herzogs heute Abend mit meiner Familie durch die Stadt spaziert«, sagte Binabik. »Eure Großmutter, die Königin, war der Sorge, wir könnten von den Menschen hier beschimpft werden, weil sie und mein Volk jahrelang miteinander verfeindet waren und es immer noch viele *Croohok* gibt – Rimmersleute –, die keine Trolle mögen. Aber ich mag es immer, zu lernen, und Lernen geht am besten durch Sehen und Tun. Meint Ihr nicht auch?«

»Wie bitte? Doch, schon.« Morgan stand kurz davor, sich einfach abzuwenden und nach drinnen zu gehen. »Ja, Lernen … ist bestimmt gut.«

»Ich freue mich, dass wir beide diese Meinung haben«, sagte Binabik und nickte lächelnd. »Denn hier kommen meine Tochter Qina und Klein-Snenneq, ihr *nukapik* – ihr ›Verlobter‹, wie Ihr sagen würdet. Qina hat eine Müdigkeit der Stadt und würde gern in unser Nachtquartier zurückkehren, aber Snenneq hat noch den Wunsch, mehr über die Art der Rimmersgarder zu erfahren. Es wäre eine Freundlichkeit für Euch, ihm diesen Ort zu zeigen.«

»Diesen …«

»Ja, Prinz Morgan, ich denke, der Ort, an dem Ihr und Eure

Freunde esst und Euch erholt, würde ihm gefallen. Klein-Snenneq nimmt gern an derlei Vergnügungen teil und sein Talent im Singen, Spielen und Kräftemessen ist beträchtlich.« Binabik musste den entsetzten Ausdruck auf Morgans Gesicht gesehen haben, denn er fügte hinzu: »Ihr braucht keine Angst zu haben. Snenneq hat sein eigenes Geld.«

»Aber …«

»Ah, da kommen sie ja schon zu uns.« Binabik wandte sich ab und winkte zwei Gestalten, die durch die enge, nachtdunkle Gasse näher kamen. Beide trugen dicke Felljacken und kamen Morgan klein vor, wobei die eine Gestalt noch viel kleiner war als die andere – vermutlich war sie die Tochter des Trolls. Die Rundung ihrer Hüften und etwas in ihrem runden Gesicht, das er nicht hätte erklären können, sagten ihm, dass es sich um eine Frau handelte.

Morgan war in Erchester und gelegentlich auf dem Hochhorst schon Zwergen begegnet, meist Spielleuten, die mit den Soldaten reisten, aber Trolle schienen noch etwas anderes zu sein. Sie waren zwar untersetzt und hatten kurze Beine, doch ansonsten glich ihre Gestalt mehr der von Menschen. Die Tochter des Trolls hatte ein hübsches Gesicht mit Mandelaugen und glatter, brauner Haut und einen wohlgeformten Körper, soweit man das durch die dicken Kleider hindurch feststellen konnte, aber sie war nicht größer als Morgans kleine Schwester Lillia. Dagegen reichte der junge männliche Troll mit seinem Schopf schwarzer Haare Morgan fast bis zum Brustbein.

»Ah, Qina, meine Tochter, du bist hier!«, rief Binabik. »Komm und begrüße Prinz Morgan. Und dieser junge Mann ist ihr Freund Klein-Snenneq.«

»Es tut Freude, Euch kennenzulernen, Hoheit Morgan.« Qina verschränkte die Arme vor der Brust in einer Geste, die Morgan nicht verstand. War das eine Verbeugung oder bedeutete es etwas anderes? Er war immer noch von dem vielen nach Wacholder duftenden Bier benommen und schien die Chance verpasst zu haben, zu verschwinden, also lächelte er gequält, nickte und murmelte das, was er immer murmelte, wenn er mit Leuten sprach, die er nicht kannte, und seine Großeltern ihm dabei zusahen.

Klein-Snenneq schien nicht sonderlich beeindruckt, einen Prinzen königlichen Geblüts kennenzulernen, doch er verschränkte die Arme, wie Qina es getan hatte, und ließ den Kopf auf und ab hüpfen wie eine Wachtel. »Ja, natürlich. Ein bedeutsames Treffen ist das.«

Auch diese Bemerkung war Morgan rätselhaft. Während Binabik schnell in der Trollsprache mit den Neuankömmlingen sprach, blickte der Prinz verzweifelt zur Tür der Schenke, in der Hoffnung, einer seiner Freunde würde auf der Suche nach ihm herauskommen. Er spürte etwas Kleines, Kaltes an der Hand und blickte hinunter. Qina hatte ihren Handschuh ausgezogen und drückte seine Fingerspitzen. »Hm …?«, murmelte er etwas ratlos.

»Ich habe ihr den Handgriff der Freundschaft gezeigt, wie ihr *utku* – ›Tiefländer‹ bedeutet es in Yiqanuc – ihn verwendet«, erklärte Binabik.

»Freundschaft und danke«, sagte Qina und hielt seine Finger weiter mit ihrer kleinen Hand umklammert. »Dafür, dass Ihr Klein-Snenneq mehr von hier zeigt. Weil ich müde bin, ist es sehr gütig und Ihr erweist als wahrhaftiger Pinz.«

»Prinz«, verbesserte Binabik sanft.

»Prinz«, wiederholte Qina. Sie errötete ein wenig und ließ endlich seine Hand los. »Ihr seid ein wahrhaftiger Prinz.«

Flucht war unmöglich und dasselbe galt für jede Form des Widerstands. Abwartend stand Morgan da, während die junge Trollfrau die Wange an der ihres Verlobten rieb und sich dann mit ihrem Vater durch die lange Gasse in Richtung der Burg von Elvritshalla entfernte. Die riesige weiße Wölfin trottete neben ihnen her. Nachtschwärmer, die die beiden Trolle unter anderen

Umständen womöglich beschimpft hätten, entfernten sich nach einem Blick auf Vaqana unauffällig.

Morgan war nicht sicher, was soeben passiert war, aber er wünschte schon jetzt, es wäre nicht geschehen.

»Also wir vergnügen uns jetzt wie richtige Rimmersgarder, was?«, erklärte sein neuer Gefährte und grinste so breit, dass seine Augen fast zugingen. »Der Prinz und Klein-Snenneq! Her mit dem Bier und dem stinkenden Fisch!« Dann, als sie schon auf dem Weg nach drinnen waren, sagte er unvermittelt: »Mein künftiger Schwiegervater ist ein braver Mann.«

Morgan antwortete nicht. Die Gäste der Schenke hoben die Köpfe, als sie die quietschende Tür aufdrückten, und die meisten wirkten über seinen Begleiter nicht erfreut.

»Weil ich ihm gesagt habe, dass ein Treffen von Euch und mir benötigt ist«, fuhr der Troll fort. »Ich will Euch doch helfen.«

»Helfen?« Bei allen Heiligen, wie weit hinten saßen seine Freunde eigentlich in dieser blöden Schenke? Er war doch auf dem Weg nach draußen nicht so weit gegangen! »Inwiefern helfen?«

»Wie ich meinem künftigen Schwiegervater gesagt habe, dem Singenden Mann Binabik, will ich Euch helfen, Eure Bestimmung zu finden, so wie er es für Euren erlauchten Großvater König Seoman getan hat.«

Der Prinz nahm sich fest vor, ab jetzt jede weitere Bemerkung dieses offenbar total verrückten Burschen zu ignorieren. Und der kleine Freund seines Großvaters, Bini-Irgendwas, hatte ihn offenbar ganz bewusst für seine Schikanen ausgewählt, das würde er ihm nicht vergessen und niemals verzeihen.

Olveris hatte recht – man darf kleinen Leuten nicht vertrauen.

»Wer ist Euer neuer Gefährte?«, fragte Porto, als Morgan den Tisch endlich in einer ganz anderen dunklen Ecke fand, als er in Erinnerung hatte. Der alte Ritter kniff die Augen zusammen. »Sieht nicht aus wie die Rimmersgarder, die ich kenne. Vielleicht eine Landpomeranze aus dem hohen Norden?«

»Das ist …« Morgan hatte den Namen vergessen. »Schnee-Eck. Oder war es Schneck …?«

»Snenneq«, verbesserte der Troll. »Und ich werde Klein-Snenneq genannt, weil mein Vater und mein Großvater auch so hießen.«

Astrian war sichtlich entzückt, jemanden kennenzulernen, der noch kleiner war als er. »Also Schneck! Und was willst du trinken, Herr Schneck? Vielleicht einen Schluck Milch? Mit einem Stück Brot zum Eintunken und Lutschen?«

Snenneq lächelte höflich, sodass seine gelben Zähne zu sehen waren. »Kein Kind. Ich bin Qanuc.«

»Schneck der Kneck!«, krähte Astrian. »Willkommen in unserer lustigen Runde!«

Sogar Olveris musste grinsen. Aber nicht alle in der dämmrigen Schenke waren gleichermaßen erfreut über den neuen Gast. Von den Nachbartischen hörte Morgan einige abschätzige Bemerkungen über den Troll.

»Die meinen wohl, sie seien überall willkommen«, empörte sich jemand.

Warum muss ich mich mit diesem kleinen Kobold herumschlagen?, dachte Morgan. *Am Ende werde ich hier noch hochkant hinausgeworfen.* Er konnte sich schon gar nicht mehr vollständig daran erinnern, wie viel Unrecht ihm an diesem Tag widerfahren war, doch er war überzeugt, dass es eine ganze Menge sein musste. »Gebt ihm was zu trinken, Porto, aber beeilt Euch um Gottes willen.«

Der Ritter schenkte dem Neuankömmling eine Schale ein, starrte ihn dabei aber so eingehend an, dass das meiste Bier danebenging. Ritter Olveris betrachtete kummervoll die wachsende Pfütze auf der abgenutzten Tischplatte. »Ich weiß, was du bist«, sagte Porto schließlich und schob die Schale vor Snenneq. »Ein Troll. Auf dem Rückweg von Nakkiga sind wir welchen begegnet.«

Offenbar hörten ihm viele andere Gäste zu, denn auf seine

Worte hin begann erneut aufgeregtes Getuschel, auch wenn es diesmal nicht mehr ganz so ablehnend klang.

Snenneq nickte. »Stimmt. Unser Hirte und unsere Jägerin haben sie losgeschickt, um euch beim Kampf gegen die Hikeda'ya zu helfen, aber sie kamen, als Belagerung schon zu Ende war.«

»Hikadikadek, sagt der Schneck von den Kneck«, witzelte Astrian ein wenig zu laut und ziemlich betrunken. »Und warum schicken sie Leute wie dich in den Kampf gegen die Nornen?«

Klein-Snenneq sah ihn an und lächelte wieder, aber diesmal verging das Lächeln schneller.

»Unterschätzt die mal nicht«, sagte Porto, in Erinnerungen versunken. »Die kleinen Trolle haben in Erkynland erbittert gekämpft. Ich habe es mit eigenen Augen gesehen.«

Olveris sah zur Decke, aber Astrian beugte sich vor. »Wirklich? Sind sie zwischen den Weißfüchsen hin und her gerannt und haben sie gegen das Schienbein getreten? Oder haben sie sich vielleicht in ihren Satteltaschen versteckt und sie dann überraschend angegriffen?«

»Ich habe diesen Witz über Euch gemacht, Astrian«, protestierte Morgan. »Das mit dem den Feind ans Schienbein treten. Das ist von mir.«

»Schon, aber bei Euch war es eine witzige Übertreibung«, erwiderte Astrian. »Meine Frage ist dagegen ernst gemeint.«

»Manchmal sorgte der Sturmkönig mit seiner Magie dafür, dass es auf dem Hochhorst so heftig stürmte und schneite, dass wir nichts mehr sehen konnten«, sagte Porto, ohne auf Astrian einzugehen. Er kam zunehmend in Fahrt. »Aber die Trolle, die finden sich überall zurecht ...«

»Warum finden sie dann nicht den Weg zurück an den Ort, von dem sie gekommen sind?«, schimpfte ein großer, bärtiger Rimmersmann an einem Nachbartisch. Seine Gefährten lachten dröhnend und prosteten ihm mit ihren Schalen zu, in denen das Bier schwappte. »Wir brauchen sie hier nicht.«

Klein-Snenneq lächelte erneut, aber diesmal war das Lächeln anders. Es reichte nicht bis zu seinen Augen, deren Blick hart war, wie Morgan bemerkte. Astrian hatte diesen Blick auch, wenn er betrunken und wütend war. Und auch sein Großvater blickte manchmal so, meist wenn jemand davon sprach, wie die Starken die Schwachen auf grausame Weise ausnützten.

Morgan überlegte plötzlich, ob sie ihre gesellige Runde vielleicht besser an einen anderen Ort verlegen sollten.

Der bärtige Hüne war sogar im Sitzen noch größer als Klein-Snenneq, der neben ihn getreten war und geduldig wartete, bis der Rimmersgarder ihn bemerkte.

»Was willst du?« Der Hüne lief rot an, stellte seine Schale ab und ballte die Fäuste.

»Ich wollte Euch bitten, mit mir ein Spiel zu spielen«, sagte Snenneq freundlich.

Der Mann glotzte den kleinen schwarzhaarigen Störenfried verwirrt an. »Ein Spiel? Was für ein Spiel?«

»Gibt es hier auch Ringkämpfe nur mit den Armen und Händen?«, fragte der Troll. »Ich glaube doch.«

Morgan hatte zwar vieles von dem vergessen, was sein Großvater ihm über Trolle erzählt hatte, aber er hätte sich bestimmt erinnert, wenn sie mit übermenschlichen Kräften gesegnet gewesen wären oder der Fähigkeit, einen abgerissenen Arm nachwachsen zu lassen, wie Eidechsen es mit ihrem Schwanz tun konnten. »Schnee … ich meine Snenneq«, rief er. »Komm doch wieder an unseren Tisch.«

»Armdrücken?« Der Rimmersmann lachte dröhnend und winkelte den Arm an. »Du meinst das? Darin kann mich hier niemand besiegen, auch nicht deine schwächlichen Freunde.« Sein Blick wanderte von Astrian zu Porto und verweilte auf Olveris, der zwar nicht ganz so groß war wie Porto, dafür aber deutlich mehr Muskeln hatte. Dann spuckte er auf den mit Stroh bedeckten Boden. »Ich bin Lomskur der Schmied. Als kleiner Junge habe ich einem Stier mit bloßen Händen das Genick gebrochen. Mit deinen Freunden gebe ich mich nicht ab.« Er warf Morgan einen bösen Blick zu, der daraufhin auf seiner Bank noch etwas weiter zurückrückte. »Ich will nicht, dass die Leute des Herzogs mich in Ketten legen, weil ich diesem Milchgesicht zu nahe getreten bin. Kehre also freiwillig auf deinen stinkenden Berg zurück, Eiskobold, bevor ich dich gewaltsam dorthin befördere.«

Einige lachten und johlten, aber einer rief auch warnend: »Vorsicht, Lomskur! Dort sitzt der Thronfolger.«

Der Hüne schnaubte. »Ich ärgere Seine Allerhöchste Hoheit doch nicht. Aber sein Schoßhund ärgert mich.«

»Die Qanuc sind Hunde von niemandem.« Klein-Snenneq lächelte nicht mehr. »Will das bedeuten, dass Lomskur ängstlich ist, gegen mich armzudrücken?«

»Gegen dich?« Der Bärtige starrte ihn entgeistert an und seine Wut schien noch zu wachsen. »Sieh dich an! Ich könnte dich als Zahnstocher verwenden.«

»Nein, nur Armdrücken.« Der Troll sprang überraschend behende neben Lomskur auf die Bank und streckte den Arm aus. »Hier, los.«

Lomskurs Kumpane brüllten jetzt alle durcheinander. Die meisten waren dafür, den Troll auf der Stelle zu Kleinholz zu machen, aber der Schmied starrte unschlüssig auf Klein-Snenneqs ausgestreckte Hand. »Wirklich?« Er runzelte die Stirn. »Und das ist kein Trick? Ich bin nur zum Vergnügen hier und will nicht plötzlich ein Trollmesser in der Kehle stecken haben.«

»Kein Trick. Bei der Ehre des Prinzen.« Snenneq hielt ihm den Arm weiter hin.

Morgan wollte aufstehen, aber Astrian packte ihn an seinem Wams und zog ihn zurück. »Lasst die beiden kämpfen, Hoheit«, sagte er leise. »Seid kein Spielverderber – wie immer es ausgeht.«

Lomskur wandte sich dem Troll zu und setzte sich rittlings auf die Bank, was eine Weile brauchte, denn seine Beine waren so breit wie die Hüften anderer Menschen. Als er schließlich richtig saß, schlug er den Ellbogen auf die Tischplatte, dass das Geschirr in die Höhe sprang. Der Troll kniete sich ihm gegenüber so auf die Bank, dass er den Ellbogen aufstützen und trotzdem nach der Hand des anderen greifen konnte. Die beiden waren so unterschiedlich groß, dass der Rimmersmann seinen Arm fast auf den Tisch legen und die Hand nach unten drehen musste, um die Hand des Trolls nehmen zu können. Sie verschwand in seiner Pranke.

Er begann plötzlich zu lachen. »Feige bist du schon mal nicht. Wenn du das überstehst, kleiner Schneekäfer, kaufe ich dir einen Krug Bier ganz für dich allein, um die Schmerzen hinunterzuspülen.«

Snenneq nickte ernst. »Dasselbe werde ich auch für Euch tun. Wenn Ihr den Kampf übersteht.«

Die Gäste hatten sich inzwischen als Zuschauer um die beiden versammelt. Sogar der Wirt war aus dem Hinterzimmer gekommen. Nervös wischte er sich die Hände immer wieder an einem schmutzigen Lappen ab.

»Los!«, schrie einer von Lomskurs Kumpanen.

Der Kampf hätte eigentlich sofort vorbei sein müssen, und fast wäre es auch so gekommen. Das gerötete Gesicht grimmig gerunzelt, drückte Lomskur auf Klein-Snenneqs Arm, bis der Handrücken des Trolls zitternd nur noch einen Fingerbreit von der Tischplatte entfernt war. Die meisten Rimmersmänner waren sich des Ausgangs so gewiss, dass sie nicht wagten, sich auch nur einen Moment abzuwenden, um etwas zu trinken, überzeugt, dass sie dann das Ende verpassen würden. Stattdessen tasteten sie blind nach ihren Schalen. Doch Snenneq ließ sich nicht unterkriegen. Er veränderte die Stellung von Knien, Rücken und Schultern ein wenig, so schien es Morgan, und hielt Lomskur stand, der sich weit nach links lehnte, um den Druck aufrechtzuerhalten. Wieder veränderte Snenneq seine Haltung ein wenig und schob den Ellbogen näher an den von Lomskur heran, und aus irgendeinem Grund machte diese kleine Veränderung des Winkels dem Hünen zu seiner eigenen Überraschung sichtlich zu schaffen.

Die Momente zogen sich in die Länge und die vor Anstrengung verzerrten Gesichter von Lomskur und Klein-Snenneq erstarrten zu Masken. Sobald es so aussah, als würde der Hüne den Widerstand des so viel kleineren Trolls doch endlich überwinden, bewegte der Troll sich wieder – immer nur ein wenig, aber immer genug, um zu verhindern, dass der Schmied seine Hand ganz auf den Tisch drückte.

Unter den Zuschauern breitete sich Unruhe aus, allerdings weniger deshalb, weil es so unglaublich schien, dass ein Troll einem fast dreimal so großen Mann standhielt, sondern weil sie argwöhnten, dass er sich dabei eines faulen Tricks bediente. Jemand rief, man solle unter dem Tisch nachsehen, der Troll stütze sich dort irgendwie ab oder erhalte betrügerische Hilfe, aber Morgan und seine Gefährten saßen unverändert an ihrem Tisch und Snenneq kniete weiter auf der Bank. Offenbar war hier eine Art Zauber im Spiel, und nicht wenige Gäste sahen sich abergläubisch um, als erwarteten sie, dass gleich ein Überfallkommando der Nornen oder ein Drache oder ein anderes sagenhaftes Ungeheuer durch die Tür brechen würde.

Dann begann Lomskur zur völligen Überraschung sämtlicher Anwesenden, Morgan und seine Freunde definitiv eingeschlossen, müde zu werden. Schweiß rann ihm über das Gesicht und tropfte aus seinem Bart, und sein Gesicht nahm die Farbe gebackenen Ädonmansa-Schinkens an. Klein-Snenneq lehnte sich immer weiter zurück, zog Lomskurs Hand langsam in seine Richtung und vergrößerte den Winkel, in dem ihre Hände sich gepackt hielten, bis der Arm des Hünen fast ausgestreckt und nur noch wenige Zoll von der Tischplatte entfernt war.

Dann vollführte der Troll ohne jede Vorwarnung eine ruckartige Drehung mit dem Handgelenk. Lomskur entfuhr ein Schmerzensschrei und im nächsten Moment drückte der Troll seinen Handrücken auf die Tischplatte.

Einen Augenblick herrschte Totenstille. Lomskur hielt sich die Hand und konnte vor Schmerzen nichts sagen. Morgan und seine Gefährten waren so verblüfft, dass sie ebenfalls stumm blieben.

»Bei allem, was heilig ist«, sagte Astrian andächtig, »warum habe ich keine Wette abgeschlossen?« Während Lomskur sich das schmerzende Handgelenk rieb, sprang Klein-Snenneq von der Bank herunter und ging zu einem Bierfass, das neben dem Pferdeknecht der Schenke stand. Einige große Humpen aus Steingut waren gerade für andere Gäste gefüllt und auf das Fass gestellt worden, damit der Schaum sich ein wenig setzen konnte. Der Troll zog eine Münze aus seiner dicken Jacke, ließ sie auf das Fass fallen, nahm mit jeder Hand einen Humpen und kehrte zu Lomskurs Tisch zurück. Dort hielt er Lomskur einen Humpen hin. Der Hüne sah ihn mit geröteten Augen geradezu verstört an.

»Ich hatte versprochen, ich würde für Euch ein Bier kaufen«, sagte Klein-Snenneq.

Lomskur glotzte ihn an, dann wurde sein bereits rotes Gesicht noch röter wie bei einem Säugling, der gleich in Geschrei ausbricht, und er schlug Snenneq die beiden Humpen mit einer heftigen Armbewegung aus der Hand. »Betrug!«, brüllte er. »Du kleiner Teufel! Ich weiß zwar nicht, wie du es angestellt hast, aber …«

Ohne den Satz zu beenden, schlug er mit seiner gewaltigen Faust nach Snenneqs Gesicht. Der Troll duckte sich so geschickt unter dem Schlag weg, dass Morgan einen Moment lang schon glaubte, der Schmied hätte ihm den Kopf sauber von den Schultern abgetrennt. Lomskur fluchte und wollte sich auf Snenneq werfen. Wenn ihm das gelang, konnte kein Trick der Welt dem Troll das Leben retten, davon war Morgan überzeugt. Doch Snenneq war irgendwie schon zur Seite gerollt und hatte dabei die Griffe der beiden hinuntergefallenen Humpen gepackt. Lomskur, der auf dem Boden kniete, schien es die Sprache vollends verschlagen zu haben. Er wandte sich fauchend hin und her, aber Snenneq wich ihm immer wieder aus. Lomskur nahm eine schwere Schüssel vom Tisch und schleuderte sie ihm entgegen, aber der Troll duckte sich nur. Brüllend wie ein verwundeter Bär, stand Lomskur auf. In seiner Hand blitzte etwas.

»Vorsicht!«, rief Morgan. »Er hat ein Messer!«

Die Gäste in der Nähe der Tür fanden, der geeignete Moment zum Aufbruch sei gekommen, die restlichen Zuschauer dagegen waren wie gelähmt und unfähig, sich vom Anblick des Hünen loszureißen, der mit seinem tückisch langen Messer jetzt auf den Troll losging. Keiner seiner Freunde oder der anwesenden Rimmersmänner machte Anstalten, ihn aufzuhalten, was man ihnen auch schwerlich zum Vorwurf machen konnte.

Klein-Snenneq wich zunächst einfach zurück, doch dann ging ihm der Platz aus. Lomskur trieb ihn mit schwerfälligen, unbeholfenen Schritten beharrlich in eine Ecke. Und dort würden Snenneq auch die beiden Humpen nicht mehr schützen, die er wie Schilde vor sich hielt. Zum ersten Mal wurde dem Prinzen klar, welche Schande es für ihn bedeutete, wenn einem der Trollfreunde seines Großvaters etwas passierte.

Der Hüne stieß mit seinem Messer zu und schnitt durch die Jacke des Trolls. Morgan meinte sogar, Blut zu sehen. »Genug!«, rief er. »Hör auf, Mann! Als Erbe des Hochthrons befehle ich dir, die Waffe wegzulegen!«

Doch Lomskur war schon viel zu wütend, um sich noch um den Prinzen zu scheren, wenn er ihn überhaupt hörte. Jemand rannte nach draußen und rief nach der Stadtwache, aber Morgan glaubte nicht, dass die Soldaten rechtzeitig da sein würden, bevor jemand verletzt oder getötet wurde. »Astrian!«, rief er. »Olveris! Helft dem kleinen Burschen!«

»Es ist sein Kampf«, erwiderte Astrian. »Er hat den Mann herausgefordert.«

»Aber der Mann hat ein Messer!«

»Trotzdem.« Astrian wendete den Blick nicht von den Kämpfenden ab. »Es ist unsere Aufgabe, *Euch* zu beschützen, mein Prinz, nicht einen Troll, der sich aus dem Gebirge hierher verirrt hat.«

In seiner Enttäuschung und Angst wollte Morgan schon selbst das Schwert ziehen, um das Kräfteverhältnis auszugleichen, doch er kam nicht mehr dazu. Als der Hüne wieder auf Klein-Snenneq einstach, duckte dieser sich nicht weg, sondern schlug stattdessen die Humpen von beiden Seiten gegen Lomskurs Hand. Laut fluchend ließ Lomskur das Messer fallen. Aus seinen Knöcheln quoll Blut. Im nächsten Moment kniete der Troll schon vor ihm und schlug ihm einen der schweren Humpen gegen das Knie. Unter Schmerzensgeheul ging Lomskur zu Boden. Er versuchte gar nicht erst, wieder aufzustehen, sondern wälzte sich schreiend hin und her und hielt sich das Bein.

»Ich habe ihm nur ein Bier gekauft, weil ich ein Versprechen gemacht habe«, sagte Klein-Snenneq hörbar verärgert, dann holte er mit dem anderen Humpen in einem weiten Bogen aus und schlug ihn Lomskur an die Schläfe. Der Hüne blieb wie ein Sack Getreide liegen und rührte sich nicht mehr.

Plötzlich sprangen überall Rimmersmänner von ihren Plätzen auf. Morgan hatte nicht den Eindruck, als wollten sie dem Sieger gratulieren. Snenneq kehrte ganz ruhig an den Tisch des Prinzen zurück, was dem gar nicht recht war, weil der wütende Mob dem Troll folgte. Morgan fragte sich, ob diese Leute noch daran dachten, dass er, Morgan von Erkynland, der Thronfolger war. Er hoffte es.

»Genug! Zurück!« Astrian war aufgesprungen und hatte klirrend das Schwert aus der Scheide gezogen. »Zurück, ihr Gesindel. Den Ersten, der noch einen Schritt auf den Prinzen zumacht, ersteche ich.« So betrunken er eben noch gewesen war, jetzt hielt er sein Schwert so ruhig wie ein Goldschmied, der seinen Meißel an einen großen, noch unbearbeiteten Edelstein setzt. Die aufgebrachten Gäste blieben stehen und musterten ihn stumm und feindselig. Astrian nickte ihnen zu wie ein Lehrer, der mit seinen klugen Schülern zufrieden ist. »Hoheit«, sagte er so laut, dass es alle hören konnten, »ich schlage vor, wir verabschieden uns von hier.«

»Ich stimme Euch zu.« Doch auf dem Weg zur Tür bemerkte Morgan, dass Klein-Snenneq noch zwischen ihrem Tisch und der aufgebrachten Menge stand. »Du da, Troll! Komm lieber mit uns mit.«

»Ich bekomme noch das Geld für die beiden Humpen zurück«, sagte der kleine Mann und blickte stirnrunzelnd auf die leeren Humpen in seinen Händen. »Und man hatte nicht einmal die Liebenswürdigkeit, mich meinen trinken zu lassen.«

»Lass ihn stehen.« Morgan winkte ihm ungeduldig. »Wir gehen und du solltest das auch.«

Klein-Snenneq schüttelte enttäuscht den Kopf, stellte die Humpen aber auf den Tisch und folgte dem Prinzen und seinen Freunden. Auch Porto und Olveris hatten inzwischen ihre Schwerter gezogen. Ungehindert traten sie auf die Straße hinaus und schlugen die Tür hinter sich zu.

»Du meine Güte«, sagte Ritter Porto. »Die haben sich kaum verändert, seit ich ein junger Mann war, diese Rimmersgarder.«

»Damals lebten die Rimmersleute noch im verlorenen Westen.«

»Wie hast du das gemacht?«, fragte Morgan den Troll. »Wie konntest du diesen Rüpel besiegen?«

Der kleine Mann zuckte die Schultern. »Kein Trick. Es ist wie beim Stockkampf – eine Frage der Balance, das ist die ganze Geschichte. Und noch etwas, für das ich aber das Wort nicht kenne. Es bedeutet, dass man die Kraft, mit der man zieht, und die Richtung verändert. Man muss spüren, was der andere tut. Kein Trick, kein Geheimnis. Ich kann Euch das ohne große Anstrengung zeigen. Ich kann Euch überhaupt viel beibringen, Prinz Morgan. Wir werden berühmte Freunde sein.«

Morgan starrte ihn an. »Du sagst immer so merkwürdige Sachen. Wovon um alles in der Welt faselst du? Wir kennen uns doch erst seit kurzem.«

»Es ist mir bestimmt, Euer Gefährte zu sein, Morgan-Prinz.« Der Troll nickte entschieden. »Davon bin ich fest überzeugt und in mir fließt das Blut eines Singenden Mannes. Das werde ich eines Tages sein und deswegen weiß ich gewisse Dinge.« Er nickte wieder, als würden diese unsinnigen Worte alles beweisen.

»Du meine Güte, nein«, sagte Astrian belustigt. »Wenn du der Gefährte des Prinzen wärst, bräuchte der Prinz ja uns nicht mehr. Womit sollen Olveris und ich uns dann vergnügen? Aber wir werden dich vorübergehend als Lehrling in unsere vornehme Zunft aufnehmen, Drachentöter, solange du genügend Geld hast, unsere Getränke zu bezahlen. Seid Ihr einverstanden, Olveris? Porto?«

»Was?«, fragte Porto. »Mit Verlaub, Hoheit, aber es folgen uns einige Männer aus der Schenke. Sogar eine ganze Menge. Und ist das die Stadtwache, der sie winken …?«

»Leider erfordern dringende Angelegenheiten unsere Anwesenheit anderswo«, erklärte Astrian und führte sie entschlossen in eine dunkle Gasse.

Der Marsch zurück zur Burg von Elvritshalla war lang. Morgan wurde allmählich wieder nüchtern und zugleich wuchs in ihm das ungute Gefühl, dass seine Großeltern bestimmt auch von diesem neuen Vorfall erfahren würden. Und dann würde alles wieder irgendwie seine Schuld sein. *Aber was habe ich falsch gemacht? Nichts. Ich wollte nur Großvaters Freund helfen, dem berühmten Troll Bini-Irgendwas. Ist es meine Schuld, dass er mir diesen kleinen Verrückten aufgedrängt hat?*

Er sah, wie der kleine Verrückte einen Trinkschlauch an den Mund hob und eine Flüssigkeit hineinspritzte. Schlagartig waren seine düsteren Gedanken verflogen. »Was trinkst du da?«

Klein-Snenneq hielt ihm den Schlauch hin. »Probiert, wenn Ihr wollt, Morgan-Prinz. Ich trinke das natürlich lieber als das schwache Bier der *croohok*. Das Bier ist für mich nur Wieselpisse.«

Morgan hob den Schlauch und spritzte sich einen großen Schluck in den Mund.

Olveris und Porto halfen ihm wieder auf die Beine, während Astrian vor Lachen brüllte. Morgan konnte eine Weile nicht sprechen vor lauter Husten und Nach-Luft-Schnappen. Als er sich ein wenig erholt hatte, fragte er, immer noch atemlos: »Was war das denn?«

»*Kangkang*«, sagte Klein-Snenneq. »Er hat wirklich Güte, ja? Und wenn das *burruk* kommt, das … Räuspern? Rülpsen?« Er lachte. »O ja! Aber er brennt wie Feuer, wie der Atem eines Drachen. Macht müde Männer munter, jawohl.« Der Troll hob die Hand und klopfte Morgan auf den Ellbogen. »Wusstet Ihr, dass mein Großvater am Sesuad'ra, wie die Sithi ihn nennen, an der Seite Eures Großvaters gekämpft hat – in der berühmten Schlacht auf dem gefrorenen See? Mein Großvater ist dort gefallen. Aber ich mache daraus nicht einen Vorwurf an Euch, Morgan-Prinz.« Der Troll klopfte ihm wieder beruhigend auf den Ellbogen. »Trotz dieser Traurigkeit können wir einander Freunde sein. Und jetzt, wo Ihr mehr Zeit mit mir verbringen werdet, werdet Ihr so viele nützliche Dinge von mir lernen.«

»Denk nur immer dran, Geld mitzubringen«, sagte Ritter Astrian und streckte die Hand nach dem Schlauch aus, um ebenfalls vom Kangkang zu kosten. »Der Durst ist eine teure Geliebte.«

12

DER BLUTIGE SAND

Der Morgenhimmel schien so hell zwischen den Ästen hindurch und es gab so viel Neues zu sehen, zu riechen und zu hören, dass es Nezeru schwerfiel, sich auf das, was vor ihr lag, zu konzentrieren. Aus dem Wald, der die Bergflanke bedeckte, drang ohrenbetäubendes Vogelgezwitscher. Farben, darunter mehr Grüntöne, als sie je für möglich gehalten hätte, brandeten gegen ihre Augen an wie das Meer gegen die felsige Küste.

Sie hatte seit ihrem Aufbruch aus Nakkiga in so kurzer Zeit so viel gesehen, zuerst die von pulsierendem Leben erfüllten Ebenen und Küstengebiete, dann das Schiff und den endlos weiten Ozean und jetzt am Berghang dieser Insel ein schrilles Durcheinander von Farben und von tausend verschiedenen Bäumen und rankenden Pflanzen, die sich um die Wette der Sonne entgegenstreckten. Sie konnte kaum glauben, dass ausgerechnet ihr das alles passierte, einem Halbblut und vielleicht der jüngsten Klaue, die je das Vertrauen der Königin genossen hatte.

Sieh mich nur an, Vater!, frohlockte sie innerlich. *Auf Befehl der Königin persönlich suchen wir die Knochen von Hakatri, dem Bruder des Sturmkönigs!* Es war wie ein Märchen – ein neues Märchen, dessen Ende sie nicht schon hundertmal gehört hatte.

»Du machst zu viel Lärm«, knurrte Makho, ihr Anführer. »Ich kann jeden Schritt von dir hören.«

Die Klauen der Königin, die Führer aus dem Dorf und ihr Dolmetscher, der Schiffskapitän, hatten sich im ersten Licht des

Morgengrauens, sobald die Sterblichen etwas sehen konnten, erneut an den Aufstieg gemacht. Makho war spürbar verärgert über diese Verzögerung aufgrund menschlicher Unzulänglichkeiten, aber die Inselbewohner hatten zu bedenken gegeben, der Schrein, wie der Kapitän ihn nannte, werde vor Fremden bewacht und es gebe keine Möglichkeit, die Wächter im Voraus von der Ankunft der Hikeda'ya zu verständigen.

Die Sonne stieg höher und Nezeru gewöhnte sich ein wenig an das grüne Farbenmeer. Doch an den Hängen zu beiden Seiten des Bergpfads waren weiter die erstaunlichsten Farben zu sehen, die Nezeru immer wieder in Entzücken versetzten, karmesinrote, becherförmige Blumen wie fallende Blutstropfen, ganze Felder schwankender gelber Blütendolden und lavendelfarben blühendes Heidekraut, das sich wie ein Pelzmantel über die Hänge legte. Der Sänger Saomeji musste unbedingt alles benennen und riss Nezeru immer wieder aus ihrer Andacht – die Butterblumen in feuchten Gräben, die Polsternelken und der Steinbrech, als könnten die Namen den Genuss steigern oder als sei etwas zu wissen irgendwie besser als es einfach nur zu sehen.

Die Sonne stand noch keineswegs im Zenit, als sie am »Ort der Knochen«, wie der Kapitän ihn nannte, haltmachten, einem großen, niedrigen, runden Haus aus Stein mit einem Dach aus Grassoden. Aus dem Haus kamen mehrere kleine, braunhäutige Leute, um sie zu begrüßen, alle männlich und kahlrasiert, in gelbe und blaue Gewänder gekleidet und mit um die Hüften geschlungenen bunten Schals als Gürtel. Einige sahen noch aus wie Kinder, fand Nezeru. Alle blickten den Hikeda'ya und ihren Begleitern mit der größten Neugier entgegen. Dann, als Makho und seine Gefährten sich der Eingangstür des Hauses näherten, trat eine letzte kleine Gruppe heraus, zwei kahlrasierte Männer, die einen dritten stützten, den merkwürdigsten und ältesten Sterblichen, den Nezeru je gesehen hatte, mit einer Haut so voller Falten, als bestehe er aus in Streifen geschnittenem Fleisch.

Der Kapitän trat vor und hielt eine lange Rede in der Sprache der Einheimischen. Der runzlige Alte nickte und lächelte, und als der Kapitän fertig war, antwortete er ihm ebenfalls ausführlich.

»Der Oberpriester heißt Euch willkommen«, erklärte der Kapitän. »Er freut sich sehr, dass das Volk, von dem die Knochen stammen, gekommen ist, um seine Aufwartung zu machen. Ihr sollt wissen, dass er und die Priester vor ihm schon seit mehr Jahren auf die Knochen aufpassen, als die Wiese Grashalme hat, und das auch weiter tun werden, bis die Sonne vom Himmel fällt.«

Nezeru begriff, dass es sich hier um eine Art religiösen Schrein handelte und all diese Männer und Jungen entweder Priester waren oder zum Priester ausgebildet wurden, ähnlich wie die neuen Ordensmitglieder zu Hause. Aber wie war es dazu gekommen, dass Sterbliche die Überreste Hakatris bewachten?

Makho war kein Mann vieler Worte. »Sagt ihm, dass wir die Knochen jetzt gleich sehen wollen.«

Seine schroffe Art sorgte unter den Priestern für einige Verunsicherung, aber sie führten die Besucher schließlich nach drinnen. Der große Hauptraum, dessen Boden aus gestampfter Erde bestand, war dunkel bis auf die Feuerstelle in der Mitte und das Abzugsloch im Dach. An den Wänden hingen mit farbigen Symbolen bedeckte Tierhäute. Es roch nach vielen verschiedenen Dingen, vor allem nach den Körpern der Sterblichen, aber darunter nahm Nezeru auch aromatische Öle wahr und die verkohlten Überreste von Blumen und Pflanzen, kleine Opfergaben, die über viele Jahre hier verbrannt worden waren und alles mit ihrem süßlichen Duft durchdrangen.

Der alte Oberpriester sagte etwas und machte eine Handbewegung.

»Das Feuer brennt immer«, übersetzte der Kapitän. »Deshalb fällt immer Licht auf die heiligen Knochen.«

Gleich hinter dem Feuer lag in einer flachen Vertiefung eine Ansammlung brauner Knochen eines Skeletts – alle ordentlich aufeinandergelegt, mit dem Schädel obendrauf. Die Knochen zeigten seltsame Einkerbungen und Löcher, als hätte jemand versucht, Musikinstrumente daraus zu schnitzen und sein Werk dann unvollendet beiseitegelegt.

Wieder sprach der alte Priester. »Er sagt: ›*Seht, das sind die Knochen des Brennenden Mannes*‹«, übersetzte der Kapitän. Die anderen Priester ließen eine Art Stöhnen hören, aber genau gleichzeitig, sodass es klang wie ein eingeübtes Ritual.

»Seht die Narben, die durch das Drachenblut verursacht wurden«, sagte Saomeji. Er sprach leise, aber seine Stimme klang freudig erregt. Auch Nezeru erfüllte der Anblick der Überreste Hakatris mit Ehrfurcht. Hakatri war der Bruder des Sturmkönigs, der vom Drachen Verbrannte, verehrt von den Sithi und den Nornen. Gemeinsam mit seinem jüngeren Bruder, der später als Ineluki Sturmkönig in der ganzen Welt bekannt sein sollte, hatte er den schwarzen Lindwurm Hidohebhi erschlagen. Aber Hakatris Wunden hatten nicht heilen wollen, und das hatte ihn aus seiner Heimat vertrieben, und weder Zida'ya noch Hikeda'ya hatten ihn danach je wiedergesehen. Konnten das wirklich seine Knochen sein? Nezeru warf Makho einen Blick zu, aber das Gesicht ihres Anführers zeigte keinerlei Zweifel.

»Wegen dieser Knochen sind wir gekommen«, sagte er nur. »Sterblicher, sagt dem Priester, dass unsere große Königin sie braucht und wir sie deshalb jetzt mitnehmen werden.«

Der Kapitän starrte ihn nur an, und sein bärtiges Gesicht war so bleich, dass er fast schon aussah, als gehörte er zu Nezerus Gruppe. »Aber das k-kann ich nicht sagen«, stammelte er. »Sie werden uns töten!«

Makho sah ihn verächtlich an. »Möglich, dass sie es versuchen. Trotzdem, sagt es ihnen.«

»Bitte zwingt mich nicht dazu, Unsterblicher«, flehte der Kapitän.

»Sagt es ihnen!«

Die Priester sahen sie besorgt an, denn sie spürten, dass etwas nicht stimmte, aber als der Kapitän Makhos Worte übersetzte, schrien sie auf. Der alte Priester machte sich von seinen Gehilfen los, humpelte nach vorn, bis er zwischen Makho und den Knochen stand, und hob zitternd die Arme. Aus seiner schrillen Stimme klangen Erregung und Zorn. Der Kapitän wollte übersetzen, was er sagte, aber Makho brachte ihn mit einer Handbewegung zum Schweigen.

»Seine Einwände interessieren mich nicht. Sie sind unwichtig. Die Königin Aller hat uns geschickt, die Knochen ihres Angehörigen zu holen. Sagt dem Alten, dass seine Leute gut auf sie aufgepasst haben und die Königin ihnen dafür dankbar ist. Das muss genügen.«

Der Kapitän hatte gerade erst begonnen zu sprechen, da schrie der Alte wie in höchster Not auf, wandte sich ab und warf sich über das sandige Bett mit den Knochen und deckte sie mit seinem ausgemergelten Körper zu. Makho starrte zuerst ihn an und dann die anderen Priester und Novizen, die mit vor Empörung finsteren Gesichtern durch die Tür drängten.

Er hielt sein Schwert so schnell in der Hand, dass Nezeru gar nicht gesehen hatte, wie er es zog. Im nächsten Moment fuhr es durch die Luft und der Kopf des alten Priesters rollte über den Boden. Noch bevor das Blut aus dem durchtrennten Hals spritzen konnte, hatte Makho die Leiche mit dem Fuß von den Knochen heruntergeschoben, sodass das Blut nur auf die Steine des Grubenrands floss und in den Spalten dazwischen versickerte. Die anderen Priester schrien erschrocken auf.

»Sammel die Überreste des edlen Hakatri ein, Sänger«, befahl Makho. »Wir kehren zum Schiff zurück.«

Während Saomeji hastig gehorchte, stürzte sich ein Gehilfe des toten Priesters mit einem wütenden Schrei auf Makho, doch der hob nur mit einer nachlässigen Handbewegung sein Schwert Kaltwurz, und schon fuhr die Klinge aus Hexenholz durch den

Leib des Mannes. Weitere Priester strömten in das Tempelgebäude, schrien, als hätten sie den Verstand verloren, und packten die Nornen mit dem offensichtlichen Ziel, sie in Stücke zu reißen. Kemme tötete gleich zwei auf einmal, indem er sie mit seinem Speer durchbohrte wie mit einem Bratspieß.

»Draußen holen einige Hilfe«, rief Ibi-Khai vom Eingang.

Nezeru spürte, wie etwas sich um ihren Hals legte und sie nach hinten riss. Einer der kahlköpfigen Priester, der klein war, aber drahtig und kräftig, hatte ihr ihren eigenen Bogen quer über den Hals gezogen und versuchte jetzt, sie mit der Sehne zu erwürgen. Im letzten Augenblick konnte sie eine Hand zwischen Bogensehne und Hals schieben, aber der Sterbliche stemmte ihr sein Knie in den Rücken und zog mit aller Macht am Bogen. Inmitten der allgemeinen Aufregung wurde sie von ihren Kameraden getrennt und bekam die Sehne nicht so zu fassen, dass sie sie von ihrem Hals wegziehen konnte. Also tastete sie mit der freien Hand nach ihrem Messer und schnitt die Sehne durch. Der Bogen fiel nutzlos zu Boden, und Nezeru wirbelte herum und schlitzte das sackartige Gewand des Priesters auf und dann seinen Bauch. Er sackte mit einem überraschten und enttäuschten Blick zusammen, aus dem jede Angriffslust gewichen war.

Zu Makhos Füßen lagen bereits drei weitere tote Priester, aber Makho schien die vor Kummer wie rasenden Priester kaum wahrzunehmen. »Nezeru, Kemme, verfolgt die Fliehenden«, befahl er. »Sie dürfen das Dorf nicht erreichen, sonst alarmieren sie die anderen und fallen über uns her wie die Ameisen. Saomeji, du sorgst dafür, dass den Knochen nichts passiert. Womöglich müssen wir uns den Weg zum Ufer freikämpfen.«

»*Rayu ata na'ara*«, antwortete Nezeru, eine alte Formel, die bedeutete: »Ich höre die Königin in Eurer Stimme.« Sie musste über ein Opfer Kemmes springen, einen Priester, der sich an der Tür auf dem Boden krümmte und sich aufrichten wollte, obwohl ihm beide Arme fehlten und aus den Stümpfen das Blut sprudelte.

Draußen hatte Kemme seinen Bogen angelegt. Als Nezeru aus dem Tempel trat, ließ er gerade den ersten Pfeil fliegen. Einer der fliehenden sterblichen Priester stolperte, ging zu Boden und stand nicht wieder auf. Im nächsten Moment schoss Kemme wieder und ein zweiter Priester ging zu Boden.

Nur wenige fliehende Priester waren noch an dem Abschnitt des Hangs zu sehen, den Kemme zu seinem Schussfeld erwählt hatte. Nezeru überließ sie Kemme und lief hinter den anderen her. Sie hatte keinen Bogen mehr, nur noch ihr Schwert und ein Messer, aber dann musste sie die Priester eben einholen und erstechen, was ihr als einer mit den Todesgesängen der Königin versehenen Opfermutigen nicht schwerfallen dürfte. Und noch etwas erleichterte ihr die Verfolgung: Überdeutlich hing die Witterung der Sterblichen in der Luft, wie eine nach Angst und Anstrengung riechende Wolke.

Sie eilte hangabwärts und berührte mit den Füßen kaum den Boden. Nach hundert Schritten hatte sie den ersten Priester eingeholt. Er war älter und größer als Nezeru, aber nicht annähernd so gut in Form wie eine Klaue der Königin. Er war stehen geblieben, um zu verschnaufen, und als er sie kommen sah, presste er resigniert die Lippen zusammen und hob einen großen Ast vom Boden auf, der von einem Baum abgebrochen war. Die Art, wie er ihn hielt, zeigte, dass er Erfahrung im Kämpfen hatte, aber Nezeru wollte sich auf keinen längeren Schlagabtausch einlassen, da sie weiter hangabwärts einen weiteren Sterblichen witterte. Wenn sie hier zu lange brauchte, konnte der andere vielleicht ins Dorf entkommen und die Einheimischen warnen.

»Blut des Gartens, führe meinen Arm«, betete sie leise und wog ihr Messer in der Hand. Dann, bevor sie dem Priester so nahe gekommen war, dass er mit seinem provisorischen Knüppel treffen konnte, ließ sie es fliegen. Der Priester ließ den Ast fallen, sank auf die Knie und griff nach dem Messer, das in seiner Kehle steckte. Nezeru machte drei Schritte auf ihn zu, und da lag er bereits mit dem Gesicht nach unten auf dem Boden und rührte sich nicht mehr, während sein Blut die grasbewachsene Erde tränkte. Nezeru stellte den Fuß auf seinen Kopf, drückte ihn zur Seite und ein letzter, rasselnder Atemzug entwich aus seiner zerfetzten Kehle. Dann zog sie ihr Messer heraus und eilte weiter hangabwärts hinter ihrem nächsten Opfer her.

Seine Furcht war überdeutlich zu riechen, sein Schweiß dagegen roch merkwürdig süß. Sie brauchte auch länger als erwartet, bis sie ihn schließlich ein paar Dutzend Schritte vor ihr durch das Unterholz brechen hörte. Der Mann lief überraschend schnell und sie begann, sich ein wenig zu sorgen. Kein sterblicher Priester konnte so durchtrainiert und körperlich gestählt sein wie sie durch ihre Jahre beim Orden der Opfermutigen. Aber wie konnte er dann so geschwind durch das dichte Unterholz und die eng zusammenstehenden Bäume schlüpfen?

Sie gelangte auf offenes Gelände und überblickte den Hang unter ihr, und da sah sie endlich den kahlen Kopf ihres Opfers in der Sonne glänzen wie einen Tautropfen auf einem Blatt. Es handelte sich um ein Kind, einen jungen Novizen. Nezeru kannte sich mit Sterblichen kaum aus, aber der Novize konnte das Alter, in dem Jungen ihre Mütter zum ersten Mal verlassen und ihren Vätern auf das Feld oder in den Wald folgten, noch nicht lange überschritten haben.

Im nächsten Moment verschwand er auf dem Weg nach unten wieder hinter Bäumen. Nezeru beschleunigte, aber sein Vorsprung war schon ziemlich groß. Wenn sie nicht schnell an eine freie Stelle kam, die ihr die Möglichkeit bot, ihn zu töten, würde er in Hörweite des Dorfes sein, bevor sie es verhindern konnte.

Sie rannte weiter, auf den nächsten Aussichtspunkt zu, und wäre ein paarmal fast gestürzt, was die Suche sofort beendet hätte. Endlich kam sie an eine Stelle, von der aus sie einen großen Teil des Hangs unter sich überblicken konnte. Sie hob ihr Messer und wartete darauf, dass der Junge in einer etwas breiteren Lücke zwischen zwei Bäumen auftauchte. Nezeru gehörte unter den Opfermutigen ihres Ranges zu denen, die am besten mit dem Wurfmesser umgehen konnten, und ihre Messer waren ein Geschenk ihres Vaters – zwei wunderbar ausbalancierte alte Dolche, geschmiedet von Handwerkern der Tinukeda'ya. Jetzt brauchte sie nur noch zu warten.

Es dauerte nicht lange. Der Junge machte so viel Lärm, dass sie fast schon mit geschlossenen Augen auf ihn hätte zielen können. Als er in dem Spalt zwischen den beiden Bäumen auftauchte, stieß sie einen triumphierenden Schrei aus. Er sollte vor Schreck kurz stehen bleiben und ihr so Gelegenheit geben, ihn zu treffen.

So kam es auch. Auf ihren Schrei hin kam der Junge ins Stolpern, und während er noch um sein Gleichgewicht kämpfte, sah er in blinder Panik hangaufwärts. Er war wirklich noch sehr klein. Für einen Erwachsenen waren seine Beine zu kurz und der kahle Kopf zu groß. In dem Moment, in dem er eingerahmt von den Baumstämmen taumelnd dastand, sah sie sogar seinen kindlich gerundeten Bauch und seine mit Tränen gefüllten Augen. Sie brauchte nur noch das Messer zu werfen.

Aber sie tat es nicht.

Im nächsten Moment hatte der kleine Mönch sich wieder gefangen und war verschwunden. Sie hörte seine Schritte leiser werden und auch sein Geruch begann im Wind zu verfliegen.

Nezeru war über sich selbst erstaunt. Sie hatte versagt – nicht einmal versucht hatte sie es! Warum hatte sie ihre Kameraden im Stich gelassen und ihre Königin verraten? Sie wusste es nicht. Irgendetwas an dem Kind – vielleicht dass es so klein war und so … *wirklich* – hatte sie auf unvorhergesehene Weise verwirrt.

Ich habe mein Volk verraten. Sie konnte an nichts anderes mehr denken. Dabei hätte sie den Jungen ganz leicht töten können und er hätte keine Bedrohung mehr dargestellt. Aber sie hatte es nicht getan. Ihr war, als hätte ihr Körper sie ohne jede Erklärung verraten.

Sie verstand nicht, was passiert war. Jetzt konnte sie nur nach oben zu Makho und den anderen zurückkehren. Sie war eine Verräterin und hatte den Tod verdient, das war die einfache Wahrheit.

Doch sie wollte nicht sterben.

»Aber wenn du sogar seine Augen gesehen hast, wie konntest du ihn verfehlen?« Makho war verständlicherweise wütend. Die fünf Klauen eilten bergab, der sterbliche Kapitän folgte ihnen, so gut er es vermochte, doch war sein Fluchen so weit hinter ihnen zurückgeblieben, dass man es kaum noch hörte.

»Das habe ich doch gesagt, mein Messer hat eine Ranke gestreift und wurde abgelenkt.« Nezeru hatte noch nie einen anderen Opfermutigen angelogen. Es fühlte sich sehr merkwürdig an, als stellte man fest, dass man entgegen landläufiger Meinung doch auf Luft gehen konnte. Doch wie beim Gehen auf Luft konnte sie sich nicht vorstellen, dass dieses Gefühl anhalten würde. Und sie wusste, was passieren würde, wenn die Wahrheit herauskäme, und das versetzte sie in Panik. *Es ist schon schlimm genug, dass ich versagt habe – aber sich auch noch feige vor der Strafe zu drücken, indem man den eigenen Handführer anlügt …?* Ihr war, als hätte man ihr und nicht dem runzligen Oberpriester den Kopf abgeschlagen. In einem einzigen Augenblick hatte sich alles, was sie bisher geglaubt hatte, in Nichts aufgelöst.

»Lass uns nicht die Zeit mit Reden verschwenden!«, bat Saomeji. Er trug beim Laufen das Bündel mit den Knochen in den Armen wie eine Mutter ihr Kind.

»Der Sänger hat recht«, sagte Makho. »Wir werden uns über dein Versagen später noch unterhalten, Klaue Nezeru. Jetzt müssen wir leise sein. Die Sterblichen greifen uns womöglich schon vor dem Dorf an.«

Er behielt recht. Die Sterblichen ließen nicht lange auf sich warten. Noch bevor die Nachmittagssonne hinter dem Berg verschwunden war, wurden die Klauen von einer Gruppe von Männern aus dem Dorf angegriffen. Anders als die Priester hatten sie sich mit Pfeil und Bogen und außerdem Knochenmessern und Steinkeulen bewaffnet. Zu ihrem Pech kämpften sie nicht gegen andere Sterbliche, sondern gegen ausgebildete Soldaten der Königin des Nordens. Ibi-Khai wurde von einem Pfeil am Arm verwundet, Nezeru entging einem Keulenschlag auf ihren Schädel nur, indem sie zwischen die Beine des Angreifers hechtete und ihn von hinten zu Fall brachte, ansonsten erging es den bewaffneten Inselbewohnern gegen die Klauen der Königin nicht besser als den unbewaffneten Priestern. Nachdem sie sich schließlich zurückgezogen hatten, lagen zwei Dutzend Leichen auf dem Boden und keine davon war ein Hikeda'ya.

Als sie am Fuß des Berges ankamen, neigte sich der Tag bereits dem Ende zu. Der Himmel hatte sich purpurrot verfärbt wie ein Bluterguss, doch das Dorf war von zahlreichen Feuern hell erleuchtet. Am Strand der Bucht, in der die *Hringleit* der Schwarzen Rimmersmänner ankerte, warteten sehr viele Dörfler. Die Matrosen hatten mitbekommen, was passiert war, und warteten mit ihrem Boot weiter draußen, wo die Pfeile und Steine der Dörfler ihnen nichts anhaben konnten. Nezeru schätzte, wie lange es dauern würde, zu ihnen hinauszuschwimmen.

Dann hatte sie keine Zeit mehr, überhaupt an etwas zu denken, denn die Dörfler fielen in Scharen und mit wildem Geschrei über sie her. Es war nicht mit dem bewaffneten Angriff am Berghang zu vergleichen. Unter den verzweifelten Angreifern befanden sich auch Frauen und sogar Kinder, einige mit bloßen Händen, andere mit schweren Steinen oder Schaufeln. Im dämmrigen Licht sah Nezeru einige Frauen mit beinernen Nähnadeln auf ihre Gefährten einstechen, den einzigen Waffen, die sie hatten auftreiben können.

Auf dem Weg durch das Gewühl zum Strand durfte Nezeru in ihrer Verteidigung nicht wählerisch sein, aber sie vermied es möglichst, Kinder oder Frauen unnötig zu töten. Stattdessen stieß sie sie von sich weg oder schlug sie mit dem Knauf ihres Schwerts oder Dolchs bewusstlos. Saomeji, der neben ihr lief und die heiligen Knochen an die Brust drückte, schien keine solchen Skrupel zu haben. Jedes Mal, wenn ihm ein Einheimischer entgegentrat, schnellte seine bloße Hand vor wie eine zubeißende Schlange. Was er berührte, ging mit einem dumpfen Schlag in Flammen auf. Es stank nach verbranntem Fleisch und ein weiterer Angreifer stürzte zu Boden. Die altgedienten Opfermutigen Makho und Kemme stürmten wie ein tödlicher Wirbelwind durch das Chaos, töteten alles, was ihnen nahe kam, und verwandelten lebendiges Fleisch so schnell in leblose Klumpen, dass Nezeru oft gar nicht mitbekam, was sie taten. Als Makho schließlich das Ufer erreichte, war sein Gesicht blutig zerkratzt, und Strähnen seiner langen weißen Haare hatten sich aus seiner Frisur gelöst und schlugen wie eine zerfetzte Fahne im Wind hin und her.

Das Langboot näherte sich ihnen. Makho packte Saomeji und schob ihn ins tiefere Wasser. Der Sänger hob die Knochen hoch über seinen Kopf und watete hinaus, ohne auf die primitiven Pfeile der Dörfler zu achten, die platschend um ihn herum ins Wasser fielen. Makho ging hinter ihm her, den Rücken dem Meer zugewandt, bis das Wasser ihm an die Hüfte reichte, und deckte seine Flucht.

Nezeru folgte den anderen und musste sich durch eine Gruppe von älteren Männern und Frauen durchkämpfen, um zum Ufer zu gelangen. Sie schlug ihre welken Arme beiseite, als wären es Äste, die ihr Gesicht streiften. Kemme ging vor ihr durch das seichte Wasser und mähte die Angreifer in einem großen Halbkreis nieder, den sein Schwert beschrieb. Der Strand war mit Leichen übersät. In vielen Kehlen, Bäuchen oder Rücken steckten schwarze Pfeile. Der Flüsterer Ibi-Khai war dicht hinter Kemme.

Er hielt den verwundeten Arm an die Seite gedrückt und hatte den Kopf gesenkt, um ein kleineres Ziel zu bieten. Wasser spritzte um ihn herum auf, als er zum Langboot watete. Nezeru glaubte schon, sie hätten es geschafft, da sah sie den sterblichen Kapitän des Schiffes aus dem Wald torkeln und zusammenbrechen. Er war ganz offensichtlich am Ende seiner Kräfte. Die Dörfler sahen ihn und einige schickten sich an, ihn zu umzingeln.

Kann das Schiff ohne den Kapitän fahren?, überlegte Nezeru. Sie eilte über den Strand zurück und sprang mitten zwischen die Dörfler und schlug mit ihrem Schwert in alle Richtungen. Überrascht ließen die Dörfler von ihrem Opfer ab. Einige hielten sich blutende Wunden. Nezeru zerrte den Kapitän auf die Beine und stieß ihn vor sich her ins Wasser. Sie wartete, bis er wieder selbst gehen konnte, dann folgte sie ihm. Die anderen Mitglieder der Hand der Königin waren, angeführt von Saomeji und seiner kostbaren Beute, schon fast beim Langboot angekommen.

Die anderen Klauen werden mich hier zurücklassen, begriff sie plötzlich. *Was auch seine Richtigkeit hat. Die Königin würde es so wollen. Wenn ich das Boot nicht erreiche, lassen sie mich hier.* Sie wusste, was ihr blühte, wenn sie den wütenden Dörflern in die Hände fiele. Wie auch immer diese Leute zu den Reliquien Hakatris gekommen waren, sie schienen sie anzubeten.

Und wenn wir ihnen ihren Gott weggenommen haben …

Etwas traf sie so plötzlich und mit solcher Wucht in den Rücken, dass sie für einen Moment glaubte, ein Pfeil hätte sie durchbohrt. Dann spürte sie, wie Hände an ihren Haaren zerrten, Fingernägel ihr das Gesicht zerkratzten, und sie hörte, wie jemand wild schrie. Ihr Schwert hatte sie fallen gelassen, es lag außer Reichweite im Sand, aber sie bekam eins ihrer Wurfmesser zu fassen und zog es aus dem Gürtel. Damit stach sie nach hinten zu. Sie erwischte etwas, das sich fleischig anfühlte. Unmittelbar hinter ihrem Ohr schrie jemand gellend auf und der Griff der Hände lockerte sich für einen Moment. Nezeru wog ab, wo sich der

Kopf ihres Gegners befinden musste, und schlug erneut hinter sich, diesmal mit dem Knauf des Messers. Zu ihrer Befriedigung traf sie auch. Der Angreifer ließ sie los. Nezeru kroch zu ihrem Schwert, doch gerade als sie es packte, wurde sie erneut angegriffen. Sie drehte sich um und versuchte, den wie verrückt an ihr zerrenden Gegner wegzustoßen. Er war klein, aber um die Mitte sehr dick, wie sie in dem kurzen Augenblick feststellte, den sie brauchte, um sich von ihm zu befreien. Sie hörte, wie Makho den Matrosen über das Wasser zurief, sie sollten sich beeilen, aber zugleich ertönten ganz in ihrer Nähe wütende Schreie. Der, der sie angegriffen hatte, würde bald Hilfe erhalten.

Taumelnd stand sie auf und sah, dass ihre Gegnerin eine junge Frau mit wirren schwarzen Haaren und rot verweinten Augen war. Sie hatte die Finger wie Krallen gekrümmt und versuchte erneut, Nezeru das Gesicht zu zerkratzen. Nezeru stieß ihr Schwert in den Mantel der Frau und tief in ihren runden Leib. Die Augen der Frau quollen vor und sie öffnete den Mund, wie um etwas zu sagen. Ihre Zunge und ihre Zähne waren voller Blut. Mit einem dumpfen Laut fiel sie auf den roten Sand und aus ihrem Mantel rollte ein blutbeflecktes Bündel. Sie hatte sich einen Säugling an die Brust gebunden und Nezeru hatte mit ihrem Schwert Mutter und Kind durchbohrt.

Mein Vater, Fürst Viyeki, es tut mir leid, war ihr erster Gedanke. *Wie wird es dich beschämen, eine solche Tochter zu haben.*

Ein Pfeil mit einer Knochenspitze bohrte sich neben ihrem Fuß in den Sand, kaum eine Handbreit vom erschlafften Gesicht der toten Frau entfernt. Nezeru wandte sich ab und rannte ins Wasser.

13

GRÄFIN ALVAS GESCHICHTE

Genug geweint, Freunde«, rief Simon laut. »Seit dem Tod des guten Herzogs haben wir tagelang nichts anderes getan. Heute Abend soll es anders sein, auf königlichen Befehl sollt ihr trinken und lachen!«

»Dafür brauchen wir keinen königlichen Befehl«, warf Miriamel ein. »Und sowieso, solange ich mich dir nicht anschließe, ist es nur ein halber königlicher Befehl.«

»Und?« Er hob den Becher, den aufmerksame Diener bereits zwei Mal aufgefüllt hatten, und nahm einen langen Zug daraus. »Schließt du dich mir an?«

»Musst du das noch fragen? In Anwesenheit all unserer Freunde? Ja, ich finde ebenso wie du, dass wir mehr als genug geweint haben. Lass uns unsere Trauer für eine Nacht zur Seite schieben und Isgrimnurs Leben feiern.«

»Und auch unser Leben«, ergänzte Eolair lächelnd. »Denn wir alle, die wir heute hier sind, haben viel durchgemacht.«

»Manche würden sogar sagen, dass wir die Welt besser gemacht haben«, sagte Tiamak und wischte sich den Bierschaum vom Mund. »Und Isgrimnur hat dazu einiges beigetragen.«

Simon grinste belustigt – er hatte den Eindruck, dass der sonst so enthaltsame Wranna ein wenig beschwipst war. »Wahr gesprochen, Bruder Tiamak, und ich stimme auch Eolairs Worten zu. Wir sind hier alle Freunde, aber Freunde mit einer Geschichte, wie sie nur wenige haben.« Er sah sich in der Halle um. Die Urenkel des Herzogs tollten über den mit Teppichen belegten Boden und im Kamin brannte ein großes, behagliches Feuer. »Freunde … und ihre Angehörigen, die ebenfalls zur Familie gehören … oder meine ich, die ebenfalls Freunde sind? Wie auch immer.« Er hob seinen Becher. »Lasst uns auf den neuen Herzog trinken, Grimbrand, auf die neue Herzogin, Sorde, und auf Isgrimnurs ganze brave Familie!«

Die anderen wiederholten seine Worte. Isgrimnurs Tochter Signi und ihr Mann hatten eine große Kinder- und Enkelschar zu dem geselligen Beisammensein mitgebracht, Herzog Grimbrands Sohn Isvarr und seine blonde Frau hatten vier flachsblonde, wilde Jungen beigesteuert, die ausschließlich mit Brüllen, Rennen und Kämpfen beschäftigt schienen. Zwei von Isvarrs Schwestern hatten ebenfalls Kinder. Es wäre schwer gewesen, genau zu bestimmen, wie viele Kinder anwesend waren, jedenfalls eine Menge.

Sieh dir die vielen Enkel und Urenkel an, die Isgrimnur hat, dachte Simon mit plötzlicher Wehmut. *Was für eine schöne, große Familie er und Gutrun gegründet haben.* Er warf Miriamel einen Blick zu, um zu sehen, ob sie wie so oft seine Stimmung teilte, aber seine Frau saß auf einer Bank vor dem Kamin und unterhielt sich mit Sisqi und Herzogin Sorde. Sie wirkte glücklich und zufrieden.

Nur ich hänge hier so verdrießlich herum, dachte er. Er leerte seinen Becher. »Gott segne den alten Isgrimnur!«, rief er und bedeutete einem Diener, seinen Becher wieder zu füllen.

»Ein schöner Abschluss«, sagte Grimbrand und stand auf. »Ich denke, für mich und meine Familie ist es Zeit, dass wir uns in unsere Gemächer zurückziehen und unsere vornehmen Gäste ihren Gesprächen überlassen. Ihr habt bestimmt viel zu besprechen und Erinnerungen auszutauschen.« Er verbeugte sich vor Miriamel und winkte seiner Frau.

Auf dem Weg nach draußen begrüßten die beiden und ihre vielen Kinder und Diener ein älteres Paar, das soeben durch die Tür kam.

»Sludig!« Simon stand hastig auf und hätte dabei fast dem Diener den Bierkrug aus der Hand geschlagen. »Gott segne und bewahre Euch, alter Knabe. Ich suche Euch schon seit der Beerdigung!«

Der Rimmersmann, der seit der Zeit, als sie gemeinsam durch den Norden gezogen waren, deutlich stämmiger geworden war, breitete die Arme aus. »Ist es gestattet, den König und die Königin zu umarmen?«

»Der König wäre böse, wenn Ihr es nicht tut.« Simon ließ sich von dem nordischen Bären in die Arme schließen. »Miri, sieh mal, wer da ist! Sludig der Verdrießliche, der so tut, als sei er der Graf von Engby.«

»*Jarl* von Engby«, verbesserte Sludig ihn und lächelte in seinen Bart, während er Simon an sich drückte. Sein Schnurrbart war trotz der vielen Jahre noch überwiegend gelb, aber er hatte seit ihrer letzten Begegnung wirklich ganz beträchtlich an Umfang zugelegt. »Außerdem sagen wir hier ›Than‹ statt ›Baron‹. Wir sind noch nicht ganz dem überkultivierten südlichen Lebensstil Eurer Majestäten zum Opfer gefallen.«

»Von wegen!«, fiel Sludigs Frau ein. »Mein Mann trinkt statt Bier inzwischen überwiegend perdruinesischen Wein, der für teures Geld zu uns in den Norden transportiert wird. Ihr dürft das mit seinem nördlichen Stolz also nicht zu wörtlich nehmen.«

»Danke für die Aufklärung«, sagte Simon. »Und willkommen, Gräfin Engby.« Er war Sludigs Frau auf Isgrimnurs Beerdigung nur kurz begegnet, hatte sie aber auf Anhieb gemocht. Sie war jünger als ihr Mann, eine hochgewachsene, breitschultrige Frau mit offenem, freundlichem Gesicht und einer raschen Auffassungsgabe.

»Bitte ›Alva‹, Majestät, oder ›Gräfin Alva‹, wenn es unbedingt sein muss. In einem hat mein Mann recht, wir sind hier oben nicht so kultiviert wie anderswo.«

»Ich freue mich sehr, Euch wiederzusehen, Gräfin Alva«, sagte Miriamel von ihrer Bank am Feuer. »Kommt zu mir, dann können wir uns richtig unterhalten, während die Männer sich ihre Märchen erzählen.«

»Sind die vielen Geschichten aus der alten Zeit wirklich erfunden?«, fragte Alva mit gespielter Unschuld. »Ich habe es schon immer geargwöhnt. All die Drachen und Feen und Heldentaten, bei denen nur die Männer dabei waren – was für einen Unsinn sie manchmal verzapfen!« Der leichte Ton ihrer Worte passte allerdings nicht zu dem plötzlichen Ernst, der wie ein Schatten über ihr Gesicht wanderte, und Simon entging auch nicht der rasche Blick, den sie mit ihrem Mann wechselte.

Doch wenn die beiden etwas bedrückte, schien Sludig nicht davon sprechen zu wollen. »Ist das zu glauben?«, sagte er und nahm dankbar die große Bierflasche entgegen, die ein Diener ihm reichte. »Alles vollkommen falsch. Alva spricht viel mehr von Drachen und Feen als ich, sie ist selbst schon eine halbe Hexe! Und sie ist im abergläubischen Norden aufgewachsen und versteht rein gar nichts von ädonitischer Frömmigkeit, da mag sie noch so oft in die Kirche gehen.«

»Wunderbar«, sagte Miriamel, »umso lieber spreche ich mit Euch. Kommt schnell und setzt Euch zu uns, Gräfin Alva!«

Simon führte Sludig zu den Männern, die auf der anderen Seite der gewaltigen Feuerstelle auf Bänken saßen. Mit der herzoglichen Familie waren auch die Kinder und viele Diener gegangen. Es war ruhiger geworden und die Halle wirkte größer, wenigstens erschien es Simon so. *Der Norden schlägt mir immer auf die Stimmung*, dachte er. *Es wird früh dunkel und spät wieder hell – und erst die Kälte! Und zu wissen, dass in der Dunkelheit draußen Wesen lauern, die uns nicht mögen.*

Binabik sprang mit einem erfreuten Ausruf auf, eilte auf Sludig zu und umarmte ihn, was aufgrund ihres Größenunterschieds komisch gewirkt hätte, hätte es Simon nicht zutiefst gerührt. »Auch wenn wir sonst nichts zustande gebracht hätten«, sagte er zu den anderen, die das Wiedersehen ebenfalls mitbekamen,

»würde man uns dafür in Erinnerung behalten, dass wir eine so innige Freundschaft zwischen einem Rimmersmann und einem Troll gestiftet haben, wie die Dichter sie nicht schöner besingen könnten.« Er war mit seiner Bemerkung so zufrieden, dass er sie laut wiederholte.

Sludig sah ihn ein wenig verdrossen an. »Majestät belieben immer noch zu scherzen. Ich werde mich jedenfalls nicht für meine Gefühle für diesen kleinen Mann entschuldigen.«

Binabik grinste. »Und ich nicht für meine Gefühle für diesen großen Mann.« Er drehte sich zu seiner Frau um. »Sisqi! Sludig ist hier!«

»Ich denke, sie weiß es«, sagte Eolair. »Sie unterhält sich gerade mit Sludigs Frau.«

»Seht Euch uns an«, sagte Sludig und ließ sich dankbar neben Binabik auf einer Bank nieder.

»Einige sind ein wenig dicker geworden«, meinte Simon.

»Einige von uns bestehen eben nicht nur aus Beinen und Schnabel wie Störche, Majestät«, brummte Sludig. »Es ist nur normal, dass Männer im Alter gewichtiger werden. Eine große Vogelscheuche, wie Ihr es seid, erschreckt nur die Kinder, egal ob sie König ist oder nicht.«

»Von wegen! Ihr seid noch zu nüchtern, um vernünftig zu argumentieren. Trinkt aus!« Simon suchte sich einen Platz auf einer anderen Bank, wo er seinen Freunden von etwas weiter weg beim Reden zusehen konnte. Er hatte das Gefühl, als habe sich mit Sludigs Eintreffen ein Kreis geschlossen, sich etwas vervollständigt. Die alten Freunde, die einander seit der Zeit des Sturmkönigskrieges kannten, verloren sich rasch in Erinnerungen und gedachten vergangener Schrecken und vergangener Momente der Freude und des Staunens. Das Geplauder der vertrauten Stimmen hüllte ihn ein.

Jemand setzte sich neben ihn. »Es geht dir gut, Freund Simon?«

»Sehr gut, Binabik, und jetzt, wo ich dich sehe und deine

Stimme höre, noch viel besser. Wo sind deine Tochter und ihr Mann heute Abend?«

»Ob du es glaubst oder nicht, alter Freund, sie leisten deinem Prinzen Morgan Gesellschaft. Klein-Snenneq ist ihm zugetan und sie verbringen viel Zeit miteinander.«

Simon wollte lieber nicht zu viel an seinen aufsässigen Enkel denken. »Bist du zufrieden mit ihm als Gefährte deiner Tochter? Also mit Snenneq?«

Binabik lachte. Sein Lachen war herzerwärmend und einen Augenblick hatte Simon tatsächlich das Gefühl, als könnte man der Zeit ein Schnippchen schlagen. »Meine Meinung wäre nicht von Belang, denke ich doch. Die Frauen der Qanuc suchen sich selbst den Gefährten, den sie wollen, so wie Sisqi es getan hat, als sie mich gegen den Willen ihrer Eltern wählte.« Er warf seiner Frau einen Blick zu und Simon spürte einen Stich in der Brust. Warfen er und Miriamel einander auch noch solche Blicke zu? Er hoffte es. »Aber zufällig mag ich Snenneq«, fuhr Binabik fort. »Es stimmt, dass er ein wenig zu viel Stolz hat, wie viele begabte junge Leute. Er ist ›ein Mann, der nur auf Schnee treten will, den noch keiner betreten hat‹, wie wir bei uns sagen. Ja, manchmal ist Klein-Snenneq wirklich ein Widder mit Zöpfen.«

Ein Moment der Stille kehrte ein und plötzlich war Tiamaks Stimme über den anderen zu hören. »Nein, nein, was Eolair sagt, stimmt. Ich habe geheiratet.«

»Bei Gott, dann wünsche ich Euch von Herzen alles Gute!«, sagte Sludig. »Wie heißt die Dame, damit ich für ihre arme Seele beten kann?«

Tiamak wollte schon empört auffahren, da hörte er die anderen lachen und merkte, dass Sludig nur gescherzt hatte. Bei Sludig Zwieaxt wusste man manchmal nicht, woran man war. In seinen jüngeren Tagen war er ein ernster, oft verdrossen dreinblickender Mensch gewesen, aber das Alter – oder vielleicht Gräfin Alva – hatte ihn offenbar milde gemacht. »Ihr seid mir ein

Schlingel, Jarl Sludig«, sagte Tiamak mit erhobenem Zeigefinger, »aber ich sage es Euch trotzdem. Sie heißt Thelía.«

»Aus Nabban?«

»Dort wurde sie geboren, ja. Kennengelernt habe ich sie in Kwanitupul. Sie war eine Nonne.«

»Eine Nonne?« Sludig sah sich in gespieltem Erstaunen um. »Der Bursche hier hat eine Braut Ädons aus einem Nonnenkloster entführt? Kein Wunder hielt Isgrimnur ihn für geeignet, mit ihm durch ein Ghantnest zu stiefeln!«

»Spart Euch den Spott«, sagte Graf Eolair freundlich. »Thelía lebte nicht mehr im Kloster, als Tiamak sie kennenlernte. Sie war bei den Astalinischen Schwestern in den Armenvierteln von Kwanitupul als Heilerin tätig. Eine Frau von edler Gesinnung.«

»Was sich auch darin zeigt, dass sie Tiamak geheiratet hat, gewiss«, sagte Sludig. »Wenigstens scheint sie ihm beigebracht zu haben, Schuhe zu tragen! Aber der Graf hat recht, ich mache zu viele Witze. Ich freue mich wirklich für Euch, Tiamak. Eine gute Ehe kann den größten Schurken auf den rechten Weg zurückführen, und Ihr wart schon vorher einer der besten Männer.«

Tiamak lächelte. »Dem könnte ich nicht zustimmen, mein guter Graf, aber ich glaube wie Ihr, dass wir zwei mit unseren Frauen eine glückliche Wahl getroffen haben.«

»Hört Euch das an!«, rief Simon und hob seinen Becher. »Auf alle verheirateten Männer! Und ein Hoch auf ihre Frauen, die ihresgleichen suchen!«

»Mir scheint, der König hat zu viel getrunken«, sagte die Königin, doch ihre Augen glänzten.

Der Prinz und die beiden Trolle marschierten im fahlen Schein des Mondes zu dem See im Herzen der Stadt hinunter. Die Burg von Elvritshalla war hinter der mächtig aufragenden

Kathedrale verschwunden. Es schneite nicht mehr, aber der Nordwind schnitt immer noch wie mit Messern durch ihre Kleider. »Ich könnte jetzt noch mehr von diesem Kangkang vertragen«, sagte Morgan. »Ein Schluck reicht gegen diese Kälte nicht aus.«

»Nein, mein Bedauern, Morgan-Prinz«, erwiderte Klein-Snenneq. »Danach, sagte ich, und danach muss es sein. Zum einen ist es gefährlich, aber Ihr braucht auch einen klaren Kopf, um die Originalität meiner Erfindung zu würdigen.«

Ein mit den Trollen in der Burg verbrachter Tag war das eine – Morgan hatte seinen Spaß daran gehabt, den feurigen Kangkang zu trinken und dem seltsam lustigen und schwer verständlichen Kauderwelsch zuzuhören, in dem Snenneq und Qina sich unterhielten. Weil er mehr davon wollte, hatte er an diesem Abend sogar abgelehnt, Astrian und die anderen in die Kopstade zu begleiten. Doch Klein-Snenneq durch die eisige Kälte zu diesem gottverlassenen Stadtteil zu folgen, war etwas anderes. Morgan fing bereits an, seine Entscheidung zu bereuen.

Hier war es überwiegend dunkel. Nur gelegentlich beleuchtete eine einsame Laterne Straße und Gebäude, und in einigen der kleinen Häuser mit den steilen Dächern brannten Feuer. Morgan, der bisher die meiste Zeit in Elvritshalla damit verbracht hatte, den Wachen zu entkommen, die seine Großeltern zu seiner Begleitung abgestellt hatten, musste plötzlich daran denken, was wohl passieren würde, wenn er und die Trolle in diesem trostlosen Viertel von Räubern überfallen würden. Wollte Klein-Snenneq ihm deshalb nichts mehr von dem so belebenden Schnaps geben? Weil er etwa damit rechnete, dass sie mit dem Messer gegen aufgebrachte Rimmersmänner kämpfen mussten? Die Nordmänner hatten jedenfalls nicht viel für Klein-Snenneq und andere Trolle übrig.

Morgan hatte keine Gelegenheit mehr, zu fragen, denn Snenneq blieb in diesem Moment mit ausgestrecktem Arm stehen.

»Nicht weiter. Noch nicht. Hier kommt gleich ein vereister Rutschhang. Ich war schon hier, weil ich groß bin im Lernen und im Vorbereiten. Das stimmt doch, nicht wahr, Qina?«

Seine Verlobte, die ihnen lautlos wie ein Schatten gefolgt war, nickte heftig. »Vorbereiten, ja«, sagte sie. »Und auch Lernen. Ständig lernt mein *nukapik*, oh ja.« Morgan meinte sie lächeln zu sehen.

»Denn so muss es sein. Ich werde eines Tages Singender Mann vom ganzen Mintahoq sein. Lernen ist meine Pflicht, Weisheit meine Bestimmung!« Er wandte sich an Morgan. »Ihr seht, nicht nur Prinzen haben solche Bestimmungen.«

Morgan konnte nur verwirrt den Kopf schütteln. »Warum halten wir an? Sollen wir umkehren?«

»Aha. Nicht umkehren, aber so kann ich Euch meine schlaue Erfindung zeigen.« Klein-Snenneq ließ seinen Rucksack von seinen Schultern gleiten, durchsuchte ihn, zog verschiedene klirrende Gegenstände heraus und stapelte sie auf einem Stein. »Zieht die an«, sagte er und ließ zwei davon neben dem Prinzen in den Schnee fallen.

»Was ist das?« Morgan hob einen auf und stach sich schmerzhaft in den Finger. Der Gegenstand ähnelte am ehesten noch einem Hufeisen, nur länger und nach unten und zur Seite mit Stacheln besetzt, die so lang waren wie sein erstes Fingerglied. Außerdem baumelten an den stachligen Hufeisen lange Lederriemen wie eine Art modischer Schnickschnack.

»Klettereisen sind das natürlich.« Snenneq schnallte gerade selbst ein Paar an. Geschickt schlang er die Riemen um seine Füße, durch verschiedene Ösen und zu den Knöcheln hinauf. Morgan fühlte sich an die Bänder um einen Maiabaum erinnert. »Wir benützen sie meist für Reisen in den höchsten Bergen, aber es ist auch Eis dort, wo wir jetzt hingehen. Außerdem gehören sie zu meiner Überraschung.«

Morgan sah ihn nur verständnislos an. Er konnte sich beim

besten Willen nicht denken, wie man diese Dinger benutzen sollte, und war sich auch gar nicht sicher, ob er das überhaupt wollte. Qina bemerkte es und kam ihm zu Hilfe. Sie zeigte ihm, wie man die Hufeisen mit der flachen Seite an die Stiefelsohlen legte und anschließend die Riemen um Füße und Knöchel wickelte und oberhalb der Waden befestigte. Morgan brauchte einige Versuche, bis er herausgefunden hatte, wie man damit aufstand, ohne gleich wieder umzufallen oder sich zu stechen, da die Stacheln ja nicht nur nach unten, sondern auch zur Seite abstanden.

»So!«, sagte Snenneq. »Jetzt seht Ihr gewiss wie ein großer Troll aus, Morgan-Prinz. Ihr seid bereit?«

»Bereit für was?«

»Gut. Dann kommt und ich werde es Euch zeigen.« Damit schob Klein-Snenneq sich zwischen zwei Trümmerhaufen hindurch, die einmal Häuser gewesen waren, aber schon vor langer Zeit eingestürzt und von den Bewohnern der umliegenden Gebäude ausgeschlachtet worden waren.

»Es ist kein tödlicher Sturz«, sagte Qina beruhigend. »Geht nur, Freund Prinz. Tiefländer können hier hinuntersteigen ohne ängstlich.«

Wie sie versprochen hatte, ging es jenseits der Trümmer nicht senkrecht in die Tiefe. Stattdessen führte ein Hang aus überwiegend ebenem Fels mit gelegentlichen Spalten und Höckern allmählich nach unten. Dort öffnete sich eine weite, nebelverhangene Fläche. Einzelheiten konnte Morgan nicht erkennen, nur dass die Fläche glatt und weiß war wie ein brachliegendes, schneebedecktes Feld.

»Was …?«, setzte er an, doch dann spürte er, wie sein Fuß unter ihm wegrutschte. Die Felsplatten, auf denen er stand, waren vereist. Im letzten Moment vor dem Aufprall konnte er sich noch abstützen, indem er ein aufgeschlagenes Knie und abgeschürfte Handflächen in Kauf nahm.

»Nicht mit Qina reden!«, rief Snenneq von weiter unten über die Schulter. Der kräftige junge Troll kletterte überraschend behende über das Eis und auf die nebelverhangene Fläche zu und seine Worte waren im Wind nur schwach zu hören. »Ihre Worte mögen verständig sein, aber sie bringen Ablenkung und Stolpern. Stattdessen müsst Ihr auf Eure Füße sehen!«

Hinkend und verärgert balancierte Morgan mit größtmöglicher Vorsicht über den spiegelglatten Felsen. In einem hatte Klein-Snenneq jedenfalls recht: Mit den Klettereisen auf einem solchen Untergrund unterwegs zu sein, erforderte vollste Aufmerksamkeit, weil die Stacheln auf der Sohle nur kurz waren. Wie er feststellte, war es oft besser, den Fuß mit Hilfe der längeren seitlichen Stacheln zwischen zwei Steinen einzuklemmen, dann konnte er langsamer gehen und besser das Gleichgewicht halten. Doch auch wenn ihm das nach einer Weile einigermaßen gelang, war es deshalb keine angenehme Art der Fortbewegung. Das Schlimmste waren die mitleidigen Blicke der kleinen Qina aus den Tiefen ihrer pelzbesetzten Kapuze, immer wenn er stürzte. Sie blieb offenbar absichtlich die ganze Zeit hinter ihm. Selbst hatte sie keine Klettereisen angelegt, sondern sprang nur in ihren weichen Stiefeln über das Eis wie ein besonders anmutiges Bärenjunges.

Er näherte sich dem Fuß des Hangs und die Silhouetten der Türme und Mauern der Burg ragten vor dem abnehmenden Mond hoch auf. Jetzt erst sah Morgan, dass das, was er für ein großes, verschneites Feld gehalten hatte, in Wirklichkeit ein mit Eis bedeckter See mitten in der Stadt war. Er hatte davon gehört, aber das war nicht dasselbe, wie mitten in dunkler Nacht und nur in Begleitung von Trollen plötzlich vor einer so weiten, stillen Fläche zu stehen.

Klein-Snenneq war schon längst unten angekommen, hatte sich gesetzt und wartete. Er strahlte ihn vergnügt an, als habe er den See eigenhändig erschaffen. »Bridvattin heißt dieses Gewässer. Der Kleine Gratuvask macht hier eine Kehre und dadurch ist der See entstanden. Auf dem See liegt ein Vorfahrenhaus.«

»Ein was?« Morgan blickte mit zusammengekniffenen Augen zu einer kleinen Insel in der Mitte des Sees hinaus. Durch den Nebel konnte man in Umrissen einen niedrigen Turm und verschiedene Dächer erkennen. Hinter einigen Fenstern brannte Licht, ansonsten war alles dunkel. »Vorfahrenhaus?«

»Ja, gewiss. Ein Ort, an dem ihr zusammenkommt, um zu den Vorfahren zu beten.«

»Du meinst eine Kirche«, sagte Morgan. »Ich glaube sogar, es ist ein Kloster.«

»Kloster«, wiederholte Klein-Snenneq, wie um den Klang zu prüfen. »Ein gutes Wort. Jedenfalls werde ich Euch hier die Hauptsache meiner Erfindung zeigen. Seht!« Er hob den Fuß, doch Morgan sah nichts Interessantes. »Für das Gleiten auf Eis«, sagte der Troll und wackelte mit dem Bein.

Im schwachen Licht der Mondsichel konnte Morgan erkennen, dass der Troll das Klettereisen auf der Sohle seines Schaffellstiefels durch eine Art Messerklinge ersetzt hatte. »Schlittschuhe?«, fragte der Prinz ein wenig gereizt. »Das ist doch nichts Neues. Die Leute laufen hier die ganze Zeit Schlittschuh. Das machen wir sogar bei uns in Erkynland.«

Snenneq schüttelte den Kopf. »Ihr seht nicht die Schönheit meines Werks. Hier, setzt Euch. Gebt mir Euren Fuß.«

Morgan brummte unwillig, setzte sich aber auf einen vereisten Stein und hob den Fuß. Klein-Snenneq kniete sich vor ihn und begann, an den seitlichen Stacheln zu ziehen. Nach einigem Klicken und Klirren, das Morgan sogar durch die Schuhsohlen hindurch kitzelte, hob der Troll die Hände. »Seht Ihr? Mit meiner Idee kann man die Klettereisen abnehmen und umdrehen – also so – und wenn man sie wieder befestigt, werden daraus Kufen zum Eisgleiten!«

»Eis*laufen*.« Doch Morgan war wider Willen beeindruckt. In

kürzester Zeit hatte der Troll die Klettereisen in Schlittschuhkufen verwandelt. Während Snenneq sich an seinem anderen Fuß zu schaffen machte, dämmerte ihm plötzlich, was das bedeutete.

»Heißt das, wir fahren hier Schlittschuh? Auf dem See?«

Snenneq gluckste. »Seid unbesorgt! Die Kirchenmänner im Vorfahrenhaus haben sicher nichts dagegen.«

Morgan hatte das Gefühl, dass der Troll nicht besonders viele ädonitische Priester kannte. »Aber ... ich bin noch nie Schlittschuh gelaufen.«

Qina tauchte wieder auf. Sie war aus irgendeinem Grund umgekehrt und den Hang wieder hinaufgestiegen. Jetzt zog sie einen schweren Ast hinter sich her, der länger war als sie selbst.

»Nichts zu fürchten, Morgan-Prinz«, sagte Snenneq. »Ich werde Euch unterrichten. Ich bin ein seltener Lehrer und habe Qina viele Dinge beigebracht!«

»Viele, ja«, bestätigte sie und setzte sich mit ihrem langen Ast auf einen Stein am Seeufer. »Also ich mache heute kein Eisgleiten. Ich sitze hier. Wenn Ihr in das kalte Nasse fallt, Prinz Hoheit« – sie klopfte auf den Ast –, »dann ich ziehe Euch damit heraus.«

Wenn Qina nicht auf das Eis wollte, so wollte Morgan es noch viel weniger. Seine Großeltern hatten ihm viele schreckliche Geschichten darüber erzählt, wie tückisch und gefährlich Eis und Schnee im hohen Norden waren. Doch da scheuchte Snenneq ihn schon auf die glasige Oberfläche des Sees hinaus. »Jetzt tut, was ich tue. Eure Knie müssen sich beugen!«

Morgan bemühte sich nach Kräften, aber jedes Mal, wenn die Füße unter ihm wegrutschten und er hinfiel, meinte er, das Eis ganz bestimmt unter sich knacken zu hören. Und es war schwer, die Freuden des Eislaufens auf einem zugefrorenen, mondbeschienenen See zu genießen, wenn man ständig an das kalte, schwarze Wasser denken musste, das unter dem Eis lauerte.

»Hoppla, Pech!«, rief Snenneq zum wohl vierten oder fünften

Mal so fröhlich, dass Morgan ihm am liebsten einen Tritt verpasst hätte. Stattdessen musste er sich darauf konzentrieren, aufzustehen, ohne gleich wieder hinzufallen. »Keine Angst haben zu fallen, Morgan-Prinz! Damit findet Ihr zum wahren Lernen! Und deshalb haben unsere Schöpfer uns ein Hinterteil aus Fleisch und schützendem Fett gegeben! Haben Wölfe solche Fundamente? Oder Schafe? Nein, nur wir, die wir bei jedem Sturz lernen.«

Morgan wünschte, er wäre mit den anderen in die Kopstade gegangen, selbst wenn der Abend in einer Schlägerei geendet hätte. Er wäre inzwischen angenehm betrunken, und selbst die Fäuste wütender Rimmersmänner waren bestimmt nicht so schmerzhaft wie Snenneqs Eislaufen.

»Gütiger Gott, ich habe mir Knie und Hintern gleichzeitig zertrümmert! Wie kann das sein?«

»Keine Angst haben, Morgan-Prinz. Für das erste Mal schlagt Ihr Euch gut!« Wenigstens der Troll amüsierte sich. »Ja, Ihr müsst die Arme bewegen, so, hin und her, damit Ihr nicht stürzt! Kommt hierher zu mir, weiter nach draußen. Natürlich weiß ich, dass Euer Knie schmerzt, aber seht Ihr? So ein guter Lehrer bin ich, dass Ihr jetzt schon lernt! Bald Ihr werdet eisgleiten wie der geschickteste Qanuc!«

»Und ich halte den langen Stock bereit«, versicherte Qina Morgan, doch so leise, dass Snenneq es nicht hören konnte. »Nur für vorsichtig.«

✣

Das Gespräch hatte sich um alle möglichen Dinge in Vergangenheit und Gegenwart gedreht, vom Drachenkampf bis zur Viehzucht. Isgrimnur hatte Sludig und seiner Frau zusammen mit der Grafschaft ein paar Hundert Nordrinder mit langgestreckten Rümpfen und kurzen Beinen gegeben, und die Tiere waren zu Sludigs großer Leidenschaft geworden.

»Ihr würdet es nie glauben«, sagte er immer wieder, »aber sie sind auf ihre Art so interessant wie Menschen!«

»Das liegt womöglich mehr an den Menschen, mit denen Ihr zu tun habt, als an den Kühen, die Ihr aufzieht, Baron«, warf Tiamak ein. Alle lachten, nur Sludig schwieg.

»Ehrlich gesagt sind es nicht die Menschen von Engby, die uns Sorgen machen«, meinte er schließlich.

»Vergiss nicht, wir wollen heute Abend fröhlich sein«, sagte Alva.

Der angenehme Nebel aus Bier und Stimmengeräuschen, der Simon einhüllte, zerstreute sich ein wenig. Den Blicken nach zu urteilen, die Sludig und seine Frau jetzt wechselten, hatte er sich nicht getäuscht: Den beiden lag etwas auf dem Herzen, das sich nicht so einfach abtun ließ. »Was meint Ihr damit?«, fragte er. »Nicht die Menschen?«

Sludig schüttelte den Kopf. »Bitte, lasst uns über etwas anderes reden, Majestät. Sprechen wir über Eure Enkel. Wie ich höre, ist Morgan zu einem Mann herangewachsen. Ich würde ihn gerne sehen!«

»Ich auch.« Simon runzelte die Stirn. »Wenigstens hin und wieder.« Dass Sludig ihn ablenken wollte, beunruhigte ihn. »Sagt mir, was Euch bedrückt, Sludig.«

»Nichts, worüber Eure Majestäten sich Sorgen zu machen bräuchten. Der Norden ist immer ein wenig eigen und in diesem Winter vielleicht mehr als sonst, das ist alles.«

»Geht es um die Weißfüchse?«

»Simon«, sagte Miriamel in einem Ton, den er nur zu gut kannte. »Sludig will darüber jetzt nicht reden.«

»Mit Verlaub, die Königin hat recht«, sagte Sludig. »Nicht, wenn wir hier bei gutem Wein und Bier zusammensitzen und uns über die alten Zeiten unterhalten. Aber wir sollten über die anderen Dinge sprechen, solange Ihr noch hier im Norden weilt … und das werden wir auch.«

Sie wandten sich wieder anderen Themen und Geschichten zu, aber die Stimmung hatte sich verändert und Simon fand nicht zu seiner bisherigen Unbeschwertheit zurück. »Das ist das Schlimme daran, wenn man König ist«, sagte er schließlich zu Binabik. »Man kann alles haben, aber stattdessen macht man sich den ganzen Tag Sorgen.«

»Das gilt, fürchte ich, nicht nur für Monarchen, sondern für die meisten erwachsenen Männer und Frauen.« Binabik lächelte. »Was macht dir Sorge, Freund Simon? Sludigs Worte von eben oder das Schweigen der Sithi, wie du schon früher gesagt hast?«

Miriamel war hinter Simon getreten und er spürte ihre kühle Hand im Nacken. »Das Schweigen der Sithi beschäftigt uns beide«, sagte sie, »aber Simon noch mehr als mich.«

»Alle sollten darüber beunruhigt sein.« Simon fand, dass seine Stimme sehr laut klang. Leiser fuhr er fort: »Wir haben seit mehreren Jahren nichts mehr von ihnen gehört.«

»Wie sehr sonderbar das ist!« Binabik schüttelte den Kopf. »Nicht einmal von Jiriki oder Aditu? Sie haben keinen Boten geschickt?«

Simon zuckte die Schultern. »Nichts. Dabei haben wir ihnen viele Nachrichten geschickt oder es zumindest versucht. Vielleicht will ihre Mutter Likimeya keinen Kontakt. Sie war mit uns nie so glücklich – stimmt's, Eolair?«

Der Graf war gerade an keinem anderen Gespräch beteiligt. »Likimeya war uns gewiss nicht freundlich zugetan wie Jiriki und seine Schwester«, sagte er. »Aber ich habe sie kennengelernt und kann auch nicht behaupten, dass sie die Sterblichen verabscheut. Sie ist einfach vorsichtig, würde ich sagen. Und nach dem, was die Sterblichen ihrem Volk angetan haben, kann man ihr das kaum verdenken.«

Simon verzog das Gesicht. »Ihr sprecht wie der Diplomat, der Ihr ja auch seid, stets darauf bedacht, niemanden zu kränken. Aber was glaubt Ihr wirklich?«

Eolair zuckte unbehaglich mit den Schultern. »Ihr verlangt zu viel, Majestät, ich kann lebenslange Gewohnheiten nicht so einfach in wenigen Momenten ablegen. Doch ich vermute, es geht etwas vor sich, von dem wir nichts wissen, vielleicht ein Streit unter den Sithi. Anders kann ich mir das Schweigen nicht erklären.«

Miriamel nickte. »Ihr könntet durchaus recht haben, Eolair. Und nach dem, was Simon über die Monate erzählte, die er bei ihnen verbracht hat, scheinen sie mit der Zeit anders umzugehen als wir.«

»Trotzdem ist es seltsam, dieses so lange Schweigen«, sagte Binabik. Dann bemerkte er, dass seine Tochter Qina wie aus dem Nichts aufgetaucht war und stumm in der Tür stand. Er winkte sie zu sich und wechselte einige leise Worte mit ihr. Sie nickte den anderen schüchtern zu und verschwand wieder so rasch und leise wie eine Maus.

»Die jungen Leute sind von ihrem Abenteuer zurück«, sagte Binabik. »Morgan der Prinz ist müde und ihm tut alles weh, sagt Qina, deshalb geht er früh zu Bett.«

Miriamel sah ihn besorgt an. »Er fühlt sich nicht gut?«

Binabik lächelte. »Nur ein kleiner Sturz, sagt Qina. Eine harmlose Prellung, für die er sich schämt, ansonsten unversehrt. Er ist in guten Händen bei meiner Tochter und ihrem *nukapik*, der die Heilkunst studiert. Ich glaube tatsächlich, dass die drei Freunde werden.«

Die Königin zögerte, aber Simon drehte sich zu ihr um. »Dem Jungen geht es gut. Sie sind spazieren gegangen und er ist gestürzt. Wahrscheinlich hat er zu viel getrunken. Du bringst ihn nur in Verlegenheit, wenn du jetzt gleich zu ihm eilst. Die Trolle passen schon auf ihn auf.«

Miriamel schien immer noch nicht ganz überzeugt, seufzte aber und ließ sich von Sisqi zu einem Sessel führen. Schon bald wandte sich das Gespräch wieder den Sithi zu.

»Wir Qanuc sind den Zida'ya – dem Volk der Sithi, wie du sie nennst – in den vergangenen Jahren nicht oft begegnet«, sagte Binabik. »Aber wir haben auch keine große Veränderung in ihrem Verhalten zu uns bemerkt. Stimmst du zu, Sisqi, meine Frau?«

Sisqi nickte entschieden. Die anderen Gespräche waren inzwischen beendet und alle am Feuer hörten ihnen zu. »Viele Sithi kommen erst vor drei Sommern zum Blauschlammsee«, sagte sie. »Sie geben uns Nachricht von vielen Dingen und teilen ihre Mahlzeit mit uns. Sie singen.« Simon bemerkte, wie ihre Stimme sich bei dieser Erinnerung veränderte. »Nachts, unter den Sternen. Es hatte eine solche Schönheit!«

»Aber von Schweigen zwischen den Zida'ya und ihren Freunden vom Hochhorst war nicht die Rede«, fügte Binabik hinzu. Er runzelte die Stirn. »Es waren auch ganz normale Sithi – also nicht welche vom Haus der Tanzenden Jahre, das wir am besten kennen, keine Verwandten von Aditu, Jiriki und ihrer Familie.«

»Wir können uns wohl nur in Geduld üben«, sagte Simon. »Nachrichten haben wir ihnen genug geschickt. Vielleicht werden sie eines Tages darauf antworten.« Aber er konnte die tiefe Traurigkeit in seiner Stimme nicht verbergen. Einst hatte er große Hoffnungen auf eine Versöhnung der Sithi und der Sterblichen gesetzt, aber eine engere Freundschaft zwischen den beiden Völkern schien seit vielen Jahren nur noch ein törichter, leerer Traum zu sein. Er starrte in das Feuer, sah den Flammen zu und dachte an seine letzte, schreckliche Nacht in Jao é-Tinukai'i zusammen mit Jiriki und den anderen, die Nacht, in der die Nornen ihre Sithi-Verwandten überfallen und Amerasu die Schiffgeborene den Tod gefunden hatte.

Die anderen hingen ihren eigenen Gedanken nach. Für eine Weile kehrte Stille ein und nur das Knacken des Feuers war zu hören. Dann wandte der König sich an Sludig. »Es tut mir leid, dass ich uns die Feierlaune verdorben habe, alter Freund, aber jetzt könnt Ihr mir genauso gut sagen, was Ihr von den Nornen gehört habt. Handelt es sich nur um ein Gerücht oder um mehr? Ich weiß, dass im Norden jede Menge Gerüchte umlaufen, die Weißfüchse würden zurückkehren. Daran hat sich seit den Tagen des Sturmkönigskrieges nichts geändert. Grimbrand meinte, man habe sich auch in diesem Winter so manches erzählt, aber es sei nicht viel anders als in anderen Jahren gewesen.«

»Nicht, Simon«, sagte Miriamel. »Es war doch abgemacht.«

Sludig schüttelte den Kopf. »Vielleicht hat Euer Mann ja recht, Majestät. Und vielleicht erzählt man sich hier in Elvritshalla andere Geschichten – Elvritshalla ist eine große, gut geschützte Stadt. Engby, wo wir leben, liegt weiter nördlich, näher an den Nornfjällen. Aber meine Frau soll die Geschichte erzählen, sie hat sie schließlich erlebt.«

Alle sahen Alva an. »Was für eine Geschichte?«, fragte die Königin.

Alva wirkte ein wenig überrumpelt. »Ich habe nicht damit gerechnet, dass ... sie hört sich bestimmt töricht an, zumindest teilweise ...« Einige drängten sie, weiterzusprechen. »Also gut«, willigte sie schließlich ein. »Auch wenn es kein angemessenes Ende für einen so schönen geselligen Abend ist.« Sie wandte sich an Sludig. »Schick doch bitte den Knappen in unsere Gemächer, er soll holen, was wir gefunden haben.«

Sludig rief einen jungen Burschen, der im Vorzimmer der Halle wartete, und gab ihm den entsprechenden Befehl. Der Bursche verbeugte sich, hatte aber Mühe, ruhig zu bleiben. Simon meinte in seinem Gesicht Widerwillen oder gar Angst zu erkennen.

»Was soll er denn holen?«, fragte er.

»Ich bitte Eure Majestäten um Geduld«, sagte Gräfin Alva. »Ihr werdet bald alles erfahren. Aber zuerst muss ich Euch Folgendes erzählen.« Sie machte eine kurze Pause, dann fuhr sie fort. »Elvritshalla, Kaldskryke und Saegard sind große Städte wie Erchester, umgeben von zahlreichen Dörfern. Egal auf welcher Landstraße man unterwegs ist, wird man doch über kurz oder lang den Karren eines Bauern oder das Hufgetrappel eines königlichen Boten hören oder man sieht im nahen Wald einen Jäger oder Köhler. Wenn man dagegen in Engby, wo ich aufgewachsen bin und wo Sludig und ich jetzt leben, über Land reist, kann es passieren, dass man tagelang keiner Menschenseele begegnet. Auf bestimmten Straßen ist manchmal sogar ein ganzes Jahr lang oder noch länger kein einziger Reisender unterwegs. Das bedeutet allerdings nicht, dass man allein ist.

Wir im Norden wussten schon immer, dass das Land der Weißfüchse – der Nornen – nahe an unserem liegt. Ein unmittelbar nordöstlich von uns gelegenes Tal heißt *Refarslod* – Straße des Fuchses. Der Name geht auf die Zeit meiner Urgroßmutter zurück, weil die Nornen das Tal schon immer als Straße benutzen.«

»Einen Augenblick bitte, Gräfin«, sagte Tiamak, von Neugier getrieben, die in diesem Moment seine Schüchternheit überwog. »Eure Heimat Engby liegt doch weit östlich von Elvritshalla, sogar noch östlich von Kaldskryke, nicht wahr? Warum sollten dort Nornen unterwegs sein? Östlich des Dimmerskog-Waldes kommen doch nur noch Schnee und Einsamkeit.«

»Ich will ja nicht gekränkt sein, wo vermutlich keine Kränkung beabsichtigt war«, sagte Binabik mit einer gewissen Schärfe, »aber mit ›Schnee und Einsamkeit‹ meint Ihr doch wohl nicht Yiqanuc, das Land unseres Volkes?«

Tiamak sah ihn betroffen an. »Verzeiht, nein! Natürlich nicht, Binabik. Die Berge von Yiqanuc liegen doch viele Wegstunden entfernt und ich habe nicht gehört, dass Nornen in den Trollfjällen gesichtet worden wären.«

»Nein«, stimmte Binabik zu. »Zumindest nicht seit jener alten Zeit, bevor das große Tumet'ai im Eis verschwand.«

»Ich stehe wirklich vor einem Rätsel«, sagte Eolair. »Die Nornen sind immer auf zwei Wegen nach Süden gereist, zumindest wenn sie zum Kampf gerufen wurden: auf der alten Nordstraße im Schatten des westlichen Gebirges und auf der breiten Frostmarkstraße, die an dieser Stadt vorbei und durch den Osten von Rimmersgard führt.«

Simon war verwirrt. »All diese Kartennamen, ich bin ganz durcheinander. Miriamel, ergibt das für dich einen Sinn?«

»Ein wenig, glaube ich«, sagte Miriamel. »Aber ich möchte zuerst noch Alvas Geschichte hören.«

Simon nickte. »Ich auch. Ich habe nur schon so viel getrunken, dass ich keine Geduld mehr habe. Fahrt bitte fort, Gräfin Alva.«

»Eure Geduld reicht hoffentlich für meine Geschichte aus«, sagte die Gräfin. »Denn ich muss Euch von einem Traum erzählen, den ich als Kind hatte.«

»Nur zu«, sagte Simon. »Ich hatte selbst schon viele Träume, die sich dann als wahr herausstellten.«

»So haben wir das gemeinsam. Ich habe schon immer von Dingen geträumt, die danach tatsächlich passiert sind. Meist waren es Kleinigkeiten – verlorengegangene Gegenstände, unerwartete Besucher oder Nachrichten von Verstorbenen, die nur die verstehen können, die sie kannten.«

»So ist es«, bestätigte Sludig. »In Engby wissen alle von Gräfin Alvas Träumen.«

»Als kleines Mädchen träumte ich einmal, der heilige Helvard persönlich sei zu mir gekommen. Er war ganz in Weiß gekleidet wie auf den Bildern an den Wänden unserer Kirche. Er führte mich aus dem Haus meiner Eltern und durch den Schnee. In meinem Traum stürmte es heftig und ich hörte Stimmen im Wind, die sangen und lachten. Sie waren wunderschön und zugleich furchterregend und ich wusste irgendwie, dass ich die Weißfüchse hörte, die Eisdämonen, die zu fürchten man mich gelehrt hatte, seit ich denken konnte.

In meinem Traum führte Helvard mich einen Hang hinauf und über die Kuppe auf die andere Seite. Von dort blickte ich in ein Tal hinunter, in dem die Refarslod verlief. Ein geisterhaftes Heer zog auf ihr entlang, im Schneetreiben kaum auszumachen. Doch ich erkannte Speere und Fahnen. Deutlich konnte ich nur die Augen der Krieger sehen. Sie funkelten wie die von wilden Tieren und es waren unzählig viele.

›Sie marschieren zu einer Stadt, die es nie gab‹, sagte der Heilige. ›Sie wollen das Alles gewinnen, das Nichts ist.‹ Dann wachte ich auf. Ich lag zitternd im Bett.«

Simon schüttelte den Kopf. »Merkwürdig«, meinte er schließlich. »Ihr sagt, Ihr hättet diesen Traum als Kind gehabt?«

»Ich hatte damals viele seltsame Träume, aber keinen wie diesen.«

Miriamel sah Simon an. »Du wirkst so verblüfft.«

»Die weise Frau Geloë pflegte zu sagen, ich sei der Straße der Träume näher als viele. Aber in letzter Zeit habe ich … habe ich keine …« Simon brach ab. »Mir ist gerade aufgefallen, dass ich nicht mehr träume.«

»Was?« Nicht nur die Königin starrte ihn an, als redete er vollkommenen Unsinn.

»Aber es stimmt! Es fällt mir erst jetzt auf. Ich kann mich nicht erinnern, wann ich das letzte Mal geträumt habe. Es ist schon Tage her – nein, Wochen!« Simon wandte sich wieder an die Gräfin. »Bitte entschuldigt die Unterbrechung, Gräfin Alva. Ich will später versuchen, das zu begreifen. Aber eines ist mir immer noch nicht klar. Ihr sagtet, Ihr hättet diesen Traum als Kind gehabt. Warum erzählt Ihr ihn uns dann jetzt?« Er blickte von ihr zu Sludig. »Verstehe ich etwas falsch?«

»Nein, Majestät«, erwiderte Alva. »Ich bin ja noch nicht fertig. Wir wollten eigentlich noch warten und Euch später davon berichten, aber offenbar ist jetzt der richtige Zeitpunkt dafür.« Sie zuckte mit den Schultern. »Hier folgt der Rest meiner Geschichte. Ich habe den Traum vom heiligen Helvard nie vergessen, doch deutete nichts darauf hin, dass er je Wirklichkeit werden könnte. Im Gegenteil, die Nornen schienen die Refarslod, auf der sie generationenlang gereist waren, überhaupt nicht mehr zu benutzen. Doch seit einigen Jahren kursieren wieder Gerüchte, es seien Nornen gesehen worden. Auf der alten Feenstraße und in ihrer Umgebung kommt es offenbar zu seltsamen Vorfällen. Dann, einen knappen Monat bevor Sludig und ich nach Elvritshalla aufbrachen, entkamen in einer Nacht, in der es heftig schneite, ein Dutzend Rinder aus einer Scheune. Mein braver Mann ging mit ein paar Leuten auf die Suche. Die Hälfte der Kühe konnten sie wieder einfangen, die anderen blieben spurlos verschwunden.«

»Ich machte mich mit einem Teil meiner Leute und den Kühen, die wir gefunden hatten, auf den Rückweg«, sagte Sludig. »Mein Vorarbeiter, meine Frau und einige weitere blieben, um weiter nach versprengten Tieren zu suchen.« Er nickte seiner Frau zu. »Jetzt bist du wieder dran, Alva.«

Sludigs Knappe kehrte zurück, wartete aber geduldig, während sein Herr und seine Herrin mit ihrer Geschichte fortfuhren. Simon sah, dass er einen in Stoff eingeschlagenen Gegenstand in der Hand hatte. Er hielt ihn allerdings von sich weg, als stinke er oder fühle sich unangenehm an.

»Es ist egal, wer von uns die Geschichte erzählt, das Ende ist dasselbe«, sagte Gräfin Alva. »Wir konnten es uns nicht leisten, so viele Kühe zu verlieren, deshalb suchten wir noch, als wir schon längst hätten zurückkehren sollen. Als es dämmerte, entdeckten wir am östlichsten Rand unseres Gebiets eine Gruppe von Fremden. Es schneite und die Sicht war schlecht, deshalb glaubten wir zuerst, sie würden schlafen – was, wie Ihr mir zustimmen werdet, in einem Schneesturm ungewöhnlich gewesen wäre. Doch als wir näher kamen, sahen wir, dass sie tot waren. Einige waren blutverschmiert. Noch überraschender war allerdings, dass es sich nicht um Menschen handelte.«

»Um Nornen?«, fragte Simon. »Weißfüchse?«

»Ja, aber nicht ausschließlich. Einige Tote hatten zwar ähnlich seltsame Gesichter und Körper, aber eine goldfarbene Haut.«

»Goldfarben?« Simon sah Miriamel an und dann Binabik. »Ihr meint, es waren Sithi?«

»Möglich. Sicher kann ich es nicht sagen, weil ich noch nie selbst welche gesehen habe.«

»Aber Euer Mann schon, er hat welche gesehen!«, rief Simon. »Waren es Sithi, Sludig?«

»Ich habe die Leichen nicht gesehen, Majestät. Meine Frau eilte mit den Männern zurück, um mich zu holen, aber als wir an die Stelle zurückkehrten, an der sie die Toten gefunden hatten, waren sie verschwunden.«

»Verschwunden?«

»Während wir die anderen holten, müssen irgendwelche Leute gekommen sein«, erklärte die Gräfin. »Sie haben die Leichen weggebracht und die Spuren verwischt, allerdings nicht alle, dafür reichte die Zeit nicht – das Blut im Schnee war noch zu sehen. Und noch etwas lag da, halb vom Schnee bedeckt.« Sie wandte sich an Sludig. »Zeig du ihnen, was wir gefunden haben. Ich will es nicht anfassen.«

Sludig nahm den Gegenstand, den sein Knappe hielt, und wickelte ihn aus dem dicken Tuch. »Das haben wir gefunden.« Er hielt einen eigenartig geformten Dolch hoch. Die Klinge glänzte schwach kupferfarben, der Griff war aus einem polierten Stein gefertigt. An seinem Ende, unmittelbar unterhalb des Knaufs, verlief ein schmaler, grau glänzender Ring. Simon glaubte zuerst, es handle sich um eine andere Sorte Stein. Doch dann sah er, dass der graue Stein gemasert war. »Bei Gottes blutigem Baum«, rief er und zeigte erschrocken mit dem Finger auf die graue Substanz. »Ist das etwa … Hexenholz?«

Auch Binabik betrachtete den Dolch. »Das ist ein Bronzedolch aus Nakkiga«, sagte er. »Und ja, die Verzierung besteht aus Hexenholz.«

Die Ädoniten schlugen das Zeichen des Baums. Sisqi legte die Hand an ihr Herz, ihr Mann tat dasselbe.

»Ich weiß, was das Zeichen bedeutet, das in das Hexenholz eingeschnitzt ist«, sagte Tiamak. »Seht Ihr es hier?« Auch er schien den Dolch nicht berühren zu wollen und zeigte nur auf den grauen Ring unterhalb des Knaufs, in den eine kleine, spiralförmige Rune eingeschnitzt war. »Ich kenne es aus alten Büchern. Es steht für den Orden des Sanges, zu dem die wichtigsten Zauberer der Nornenkönigin gehören.«

Simon starrte den Dolch an. So klein und harmlos er aussah, so schwerwiegend war seine Bedeutung. Ihm war auf einmal, als hätte er einen kalten Stein in der Brust statt eines warmen, schlagenden Herzens. Seit dem Tod Johan Josuas war ihm nicht mehr so angst und bang gewesen. Er warf Miriamel einen Blick zu. Sie war leichenblass geworden. »Es sind also nicht nur Nornenkrieger unterwegs, sondern auch Nornenzauberer?«, sagte er. »Kämpfen sie gegen die Sithi? Ziehen die Weißfüchse wieder gegen ihre Verwandten in den Krieg? Wenn ja, wollen die Unsterblichen es offenbar vor uns geheim halten. Aber keine Angst, Freunde – wenn unsere Gegner wieder etwas gegen uns im Schilde führen, werden wir sie daran erinnern, wie der Kampf das letzte Mal ausging.«

Er sprach mit einer Überzeugung, die er nicht im Entferntesten verspürte. Eigentlich hatte er gehofft, dass auch die anderen sich ähnlich mutig äußern oder zumindest einige beruhigende Worte sprechen würden. Aber alle schwiegen und nur das Knacken des Feuers war zu hören.

14

GEISTER DES GARTENS

»Nezeru, komm und knie dich vor mich.«

Es war das erste Mal, dass Makho mit ihr sprach, seit der Kapitän der *Hringleit* sie zur Küste des Festlands zurückgebracht und sofort wieder abgelegt hatte, sichtlich erleichtert darüber, zusammen mit Schiff und Mannschaft überlebt zu haben.

Nezeru lief durch das provisorische Lager, das die Klauen der Königin auf dem Steilufer über dem Meer errichtet hatten. Diesmal hob Saomeji nicht einmal den Kopf, als sie an ihm vorbeiging, so fasziniert war er von den heiligen Knochen in seiner Obhut. Er betrachtete sie schon seit Stunden wie ein Goldschmied, der an einem geheimen Aufbewahrungsort Edelsteine aus dem Verlorenen Garten entdeckt hatte. Nezeru blieb vor Makho stehen, ohne ihn anzusehen.

»Ich sagte *knie dich hin.*« Der Handführer drückte sie nach unten. Sie senkte den Kopf und versuchte nicht daran zu denken, was als Nächstes kommen würde. *Unnütze Spekulationen schüren nur die Angst*, hatte ihr Vater immer gesagt. Viyeki hatte vielleicht keine genaue Vorstellung von ihrem Leben als Opfermutige, aber er wusste, dass man mächtigen Gegnern mit klarem Kopf gegenübertreten musste. Doch trotz dieses Ratschlags konnte Nezeru nicht verhindern, dass ihr in einem fort Schauder über den Rücken liefen. Es kam im Orden der Opfermutigen durchaus vor, dass Mitglieder noch auf dem Schlachtfeld hingerichtet wurden, und sie hatte ein besonders schlimmes Verbrechen begangen.

»Opfermutige Nezeru Seyt-Enduya, du hast einen eindeutigen Befehl erhalten, aber die Mutter Aller enttäuscht«, sagte Makho. »Deswegen mussten die Mitglieder dieser Hand um ihr Leben kämpfen. Unser Einsatz im Namen der Königin wurde gefährdet und wäre fast gescheitert. Durch deine Schuld hätten nützliche Hikeda'ya zu Tode kommen können. Bestreitest du das?«

Wie konnte sie? »Nein, Handführer. Mein Verbrechen wiegt schwer.«

»Hast du eine Erklärung dafür?«

Sollte sie sagen, dass sie es im letzten Moment nicht über sich gebracht hatte, ein wehrloses sterbliches Kind zu töten? Wie konnte das eine Erklärung sein? Genauso gut hätte sie sagen können, sie sei verrückt geworden. »Nein, Herr.«

»Die heiligen Geister des Gartens hören dich. Sie werden dich richten, nicht ich. Und jetzt sieh mich an.« Makho wartete, bis sie den Blick hob. »Weißt du, was ich in der Hand halte?«

Die anderen hatten ihre jeweiligen Beschäftigungen unterbrochen, sogar Saomeji blickte von den heiligen Knochen auf. Erneut überlief ein kalter Schauder Nezeru. »Euer Schwert Kaltwurz.« Ihre Strafe war also der Tod. Sie würde ihr Bestes tun, sie tapfer anzunehmen, wie es sich für eine Opfermutige der Königin gehörte, schlimm war nur, was sie dadurch dem Stolz und der Stellung ihres Vaters zufügen würde, von ihrer Mutter Tzoja ganz zu schweigen, die am Boden zerstört sein würde. Doch Nezeru weinte nicht. Opfermutige vergossen keine Tränen vor Schmerzen oder Angst. Wenigstens auf diese Weise würde sie ihnen bis zum Ende treu bleiben, ungeachtet ihrer Verbrechen.

Makho drehte das schwere Schwert um. Auf der Rückseite der Scheide ragte unmittelbar unter dem Heft ein beinerner Griff aus dem Leder. Er zog daran und eine lange, dünne Rute aus Hexenholz glitt aus einer eigenen kleinen Scheide. Er hielt sie Nezeru vor das Gesicht. »Und weißt du auch, was das ist?«

Nezeru erschauderte heftiger. Sie war auf den Tod gefasst gewesen, zumindest so gefasst, wie man es sein konnte, und hatte sich damit getröstet, dass es wenigstens schnell gehen würde. »Das ist die *hebi-kei*, Handführer Makho. Die Schlange.«

Makho schwang die biegsame Gerte durch die Luft und ließ sie vor einem Himmel tanzen, der fast die gleiche graue Farbe hatte. »Richtig, die Schlange. Und du wirst als Strafe für dein Verbrechen dazu verurteilt, von ihr gebissen zu werden. Kemme! Komm und zieh die Opfermutige aus.«

Sofort stand Kemme neben ihr und riss ihr das Wams herunter, ohne sich damit aufzuhalten, die Riemen zu öffnen. Im nächsten Moment war Nezeru bis zur Hüfte nackt. Auf ein Nicken Makhos hin packte Kemme sie an den Armen und zerrte sie zu einer Kiefer am Rand der Lichtung des Lagers. Er drückte sie mit dem Gesicht dagegen, dann nahm er von der anderen Seite ihre Arme und hielt sie fest, sodass sie sich nicht bewegen konnte. Die grobe Rinde kratzte an ihren Brüsten und Wangen. Den Handführer konnte sie nicht sehen, aber sie hörte ihn hinter sich hin und her gehen. Kemme ließ sich keinerlei Gefühlsregung anmerken, aber daran, wie fest er ihre Handgelenke umklammert hielt, merkte sie, dass er Gefallen daran fand, sie zu misshandeln.

»Ich könnte dir das Leben nehmen«, sagte Makho. »Aber du scheinst ungewöhnliche Fähigkeiten zu besitzen und bist mit Zustimmung der Königin und des Großmagisters der Opfermutigen zu uns gekommen, deshalb verschone ich dich und überlasse dein Urteil denen über mir. Allerdings hast du unsere heilige Mission gefährdet und das muss bestraft werden. Die Schlange wird zwanzig Mal zuschlagen.«

Zwanzig Mal! Aus Nezerus Beinen wich zu ihrer Beschämung alle Kraft und ihre Knie wollten sie nicht mehr tragen. Wenn Kemme sie nicht festgehalten hätte, wäre sie zu Boden gesackt. Schon ein Dutzend Hiebe mit der *hebi-kei* konnten tödlich sein.

»Wenn du wahrhaftig aus dem Holz der Opfermutigen geschnitzt bist, wirst du morgen, wenn wir nach Nakkiga zurückreiten, zu Fuß neben uns hergehen«, sagte Makho. »Wenn nicht, lassen wir dich zum Sterben hier. Die Knochen des großen Hakatri sind viel wichtiger als einer von uns. Hältst du Nezeru auch gut fest, Kemme?«

»Jawohl.«

»Dann soll die Schlange zubeißen.« Nezeru hörte Makhos Schritte hinter sich näher kommen. Da überkam sie plötzlich eine animalische Angst, wie sie sie noch nie gespürt hatte, und sie versuchte sich loszureißen. Aber Kemme war zu stark. Der Baumstamm zerkratzte ihre Brustwarzen, bis sie bluteten, aber in ihrer Angst spürte sie es nicht. »Halte still, Opfermutige«, fauchte Makho. »Sei tapfer.«

Nezeru beruhigte sich ein wenig und hörte auf zu zappeln.

»Du verdankst der Königin deinen Leib«, rief Makho, und dann fiel der erste Hieb der *hebi-kei*.

Nezeru hörte den Knall der Rute nur wie von fern, denn schon im nächsten Augenblick fuhren ihr sengende Schmerzen durch den Rücken. Sie wand sich in Qualen und hätte fast geschrien, aber sie hatte Angst, den Mund aufzumachen, Angst, sie könnte sich, das Gesicht an den Baum gedrückt, übergeben. Die Schmerzen, die im ersten Moment so heftig waren, dass sie fürchtete, ihr Herz könnte stehen bleiben, wurden mit jedem weiteren Moment noch schlimmer.

»Du verdankst der Königin dein Herz«, rief Makho und schlug erneut zu.

Sterne tanzten vor ihren Augen und erloschen, und ihr war, als müssten gleich ihre Knochen brechen, so heftig drückte sie sich an den Baum, weg von den Schlägen. Doch Makho wartete nur kurz und fuhr dann ruhig fort.

»Du verdankst der Königin deinen Geist.«

Wieder biss die Schlange zu und riss eine tiefe, hässliche Wunde. Nie hatte Nezeru solche Schmerzen gespürt, nicht einmal an den schlimmsten Tagen ihrer Ausbildung, den Tagen der Feuerprüfung, der Eisprüfung oder der Halle der Speere. Sie wollte einatmen, aber es kam keine Luft, und sie sah nur noch roten Nebel.

»Du verdankst der Königin dein Leben.«

Immer wieder schlug Makho zu und jedes Mal dachte Nezeru, dass sie es jetzt nicht mehr aushalten konnte, dass sich mit dem nächsten Hieb ihr schreiender Geist für immer von ihrem geschundenen Körper verabschieden würde. Gegen Ende breitete sich eine große Dunkelheit in ihr aus, ähnlich den heiligen schwarzen Blumen auf den hochgelegenen Wiesen Nakkigas, eine Dunkelheit, die alles ausfüllte und die Schweigen brachte, Nacht.

Ihre Mutter Tzoja folgte ihr in ihren Träumen durch einen einsamen Wald mit toten Bäumen und nasser, schwarzer Erde und rief sie, aber Nezeru wollte nicht gefunden werden.

Lass mich in Ruhe!, wollte sie schreien. *Deine Art als Sterbliche und deine Schwächen waren mein Verderben!* Aber sie hatte den Mund voll und ihre Zunge wollte ihr nicht gehorchen. Erde, ihr Mund war voller Erde. Sie war in der Erde begraben und nur die sterbliche Frau, die sie zur Welt gebracht hatte, suchte sie noch. Doch das Gewicht der schweren Erde war zu viel, und obwohl Nezeru ihre Meinung geändert hatte und jetzt gefunden werden wollte, konnte sie sich nicht rühren und nicht sprechen und die Stimme ihrer Mutter wurde immer leiser …

Sie wachte mit furchtbaren Schmerzen auf und spürte ein schweres Gewicht auf sich. Sie wollte schreien, aber eine Hand hielt ihr den Mund zu. Im nächsten Moment bekam sie eine Ohrfeige, die auf der Haut brannte. Ihr Kopf flog nach hinten.

»Sei still, Halbblut! Willst du die anderen wecken? Morgen früh brechen wir auf!«

Es war Makho. Einen Augenblick lang wehrte Nezeru sich in

ihrer Verwirrung und vor Schmerzen noch weiter. Der Anführer ließ die Hand von ihrem Mund zu ihrem Hals hinuntergleiten und drückte zu, bis sie aufhörte zu zappeln, blieb aber auf ihr liegen. Sie spürte, wie er die Schnürbänder ihrer Hose löste.

»W-was macht Ihr da?«

»Ich werde dir beiwohnen.« Er zerrte ihre Hose grob zu den Knien hinunter. »Glaubst du, wegen deiner Strafe entgehst du deiner Pflicht gegenüber deinem Volk?«

Die Schmerzen waren allgegenwärtig, sämtliche Muskeln und Sehnen schrien auf, als seien sie schwarz verbrannt. Nezeru konnte kaum einen klaren Gedanken fassen, aber sie spürte, wenn er sie jetzt nähme, würde das Herz in ihrer Brust aufhören zu schlagen.

»Nein!«, keuchte sie. »Das geht nicht!«

»Du verweigerst dich mir?«

Er schlug sie wieder, aber die Schmerzen ihrer Wunden waren so viel stärker, dass sie es kaum bemerkte.

»Ich könnte dich dafür töten …«

»Nein, Makho, es ist … ich bin …« Ihr fiel keine andere Entschuldigung ein, keine andere Möglichkeit, ihn aufzuhalten. »Ich bin schwanger. Wir dürfen nicht riskieren, dass dem Kind etwas passiert.«

Er holte gerade zum dritten Mal aus, doch jetzt verharrte die Hand in der Luft. Sein Gesicht war immer noch wutverzerrt. »Schwanger? Stimmt das auch?«

Es war zu spät, die Lüge zurückzunehmen. »Ja.«

»Warum hast du das nicht früher gesagt?«

»Ich war mir erst gestern auf dem Schiff sicher. Auf der Knocheninsel hatte ich nur einen Verdacht.«

»Du hast zwanzig Hiebe mit der Schlange über dich ergehen lassen, ohne es mir zu sagen? Du hast das Leben eines neuen Untertanen der Mutter Aller aufs Spiel gesetzt?« Er schien drauf und dran, sie wieder zu schlagen. »Selbstsüchtiges Luder!«

»Ich dachte nicht … es ging alles so schnell …«

Er packte sie am Arm und zog sie hoch, bis sie saß. Obwohl er nicht besonders grob war, bereitete die plötzliche Bewegung ihr neue Qualen. »Ist das Kind von mir?«

Panik überrollte sie wie eine Lawine. Die Lüge war ihr so plötzlich eingefallen wie der Entschluss, den fliehenden Jungen auf dem Berg zu verschonen, aber die Folgen würden genauso schwerwiegend sein. *Ach Mutter des Volkes, was geschieht mit mir?* Doch sie hatte keine Zeit, darüber nachzudenken. Wenn sie mit ihrer Antwort zu lange brauchte, würde Makho Verdacht schöpfen. »Ich … ich denke, es muss so sein, Handführer. Ich habe mich seit unserem Aufbruch aus Nakkiga im vergangenen Mond mit niemandem gepaart.« Und auch davor längere Zeit nicht, wie sie wusste, aber sie wollte ihre Geschichte möglichst einfach halten. *Selbst wenn du einmal zu einer Lüge greifen musst*, hatte ihr Vater in einem Augenblick ungewöhnlicher Offenheit gesagt, *erzähle eine, die möglichst viel Wahrheit enthält, dann musst du dir weniger erfundene Einzelheiten merken.*

Sie begriff, dass sie wie durch Zufall die einzige Lüge gewählt hatte, mit der sie ihre Lage tatsächlich verändern konnte. Die alten Gesetze Nakkigas waren nach den schrecklichen Verlusten im verlorenen Rückkehrkrieg geändert worden. Jetzt wurden adlige Hikeda'ya dazu ermutigt, sich mit Sterblichen oder Mischlingen zu paaren. Das Blut der Sterblichen war fruchtbarer als das der Unsterblichen und ihre Nachkommen waren selbst bei einem reinblütigen Hikeda'ya-Elternteil schon in einem verblüffend jungen Alter erwachsen. Als Nezeru Yedades Kasten gelöst und ihren Weg im Orden der Opfermutigen begonnen hatte, war sie in einem Alter gewesen, in dem reinblütige Hikeda'ya-Kinder praktisch noch in der Wiege lagen, und sie hatte im Orden erste Erfolge gefeiert, als gleichaltrige reinblütige Nornenkinder noch von ihren Müttern auf dem Arm getragen wurden. Alle Hikeda'ya wussten jedenfalls, dass mehr Geburten und Kinder eine heilige

Notwendigkeit waren. Makho hatte auf einmal kaum noch Möglichkeiten, sie zu benutzen oder zu bestrafen, denn die Kinder, die die Hikeda'ya so dringend brauchten, mussten geschützt werden.

Nur dass Nezeru nicht schwanger war.

»Zieh dich an, Opfermutige«, sagte Makho. »Du kannst trotz deiner Strafe reiten und brauchst nicht zu Fuß zu gehen, aber du wirst trotzdem alles tun, was deine Stellung erforderlich macht und was ich dir befehle.«

»Natürlich, Handführer Makho.«

Er war sichtlich enttäuscht, aber Nezeru glaubte nicht, dass es nur daran lag, dass er sich nicht mit ihr paaren konnte. »Wir brechen auf, sobald die Morgendämmerung sich in den Baumwipfeln zeigt, Opfermutige. Halte dich bereit – denn du genießt keine besonderen Vorrechte. Die Hikeda'ya verwöhnen die, die unsere neuen Opfermutigen in sich tragen, nicht, denn wir wollen keine Generation von Weichlingen großziehen.« Damit entfernte er sich und ließ sie allein. Sie zog ihre Hose hoch, wickelte sich in ihren Mantel und legte sich mit dem Rücken zu den anderen schlafenden Opfermutigen.

Jetzt bin ich eine doppelte Lügnerin, dachte sie, benommen von der Schwere ihrer Verbrechen. *Wenn je eine Lüge auffliegt, ist mein Tod besiegelt.*

Obwohl sie die Demütigung und die Qualen einer Paarung gegen ihren Willen verhindert hatte, war ihr zumute, als hätte sie etwas unaussprechlich Wichtiges verloren. Tränen traten ihr in die Augen, zum ersten Mal seit man ihr diese Angewohnheit in der frühen Kindheit ausgetrieben hatte. Sie kam sich vor wie eine leere Hülle, die jemand weggeworfen hatte. Unglücklich und schlaflos lag sie noch lange da, unfähig zu verstehen, wie sie auf solche Irrwege hatte geraten können.

Später konnte Nezeru sich kaum noch daran erinnern, wie sie an den ersten beiden Tagen nach ihrer Bestrafung geritten war. Die Stunden verschwammen zu einem langen Fiebertraum – und sie hatte auch tatsächlich Fieber, denn noch am Abend wurde sie krank. Die Bäume schwankten vor ihr wie in einem starken Wind, obwohl sich kaum ein Lüftchen regte. Ihre Haut fühlte sich vor allem auf dem Rücken an, als krabbelten Scharen glühend heißer Ameisen darüber. Niemand sprach mit ihr, und Makho tat ihr zwar keine Gewalt an, gewährte ihr aber auch wie angekündigt keinerlei Erleichterungen. Unter den Hikeda'ya waren Schmerzen und sogar der Tod kleine Opfer im Vergleich zum größten denkbaren Opfer, dem Entschluss der Königin, zuerst ihre Heimat im Garten zu verlassen und sich später vom Rest der Familie zu trennen, alles zum Nutzen ihres Volkes. Alle Hikeda'ya wussten, dass Königin Utuk'ku bereits seit über hundert Großjahren – in der Zählung der kurzlebigen Sterblichen seit vielen tausend Jahreszeiten – ohne Mann und Sohn lebte, dass sie nach deren Tod weitergemacht hatte, weil das Volk einen Herrscher brauchte. Und das war das Maß allen Leidens.

Alles, was wir haben, haben wir durch unsere Königin, hatte ihr Vater immer gesagt. *Wir verdanken ihr nicht nur unser Leben, sondern jeden Gedanken, den wir haben. Sie weiß es ganz gewiss, wenn du ihr nicht dankbar bist, und ist enttäuscht.*

Nezeru hatte Utuk'ku nie gesehen, weil die Königin die ganze Zeit ihres bisherigen kurzen Lebens geschlafen hatte und erst vor kurzem aufgewacht war, aber in ihren Träumen und ihrer Phantasie war sie ihr schon tausendmal begegnet. Und in diesen Träumen drückte die unbewegte silberne Maske der Königin ihre Traurigkeit besser aus, als ein lebendiges Gesicht es je vermocht hätte – ihre Traurigkeit über Nezerus Ungenügen, Nezerus unreine Abstammung und Nezerus Unfähigkeit, ihre Gefühle und ihr Temperament zu zügeln. Und wie viel größer mochte Utuk'kus Kummer jetzt sein, da sie sah, wie Nezeru versagt hatte?

Die Königin hat für uns den Garten verlassen, hatte ihr Vater gesagt. *Den heiligen Garten. Müssen wir ihr zum Dank dafür nicht alles geben, was wir haben?*

»Makho sagt, ich dürfe deine Wunden säubern«, sagte Saomeji am dritten Abend, nachdem die Klauen ihr kärgliches Mahl eingenommen hatten. »Darf ich sie mir ansehen?«

Nezeru war seltsam gehemmt, sich dem Sänger zu zeigen, nicht zuletzt deswegen, weil sie nicht wusste, ob er die Lüge ihrer Schwangerschaft entlarven konnte. Doch das war nicht alles. Womöglich hing ihr Unbehagen auch damit zusammen, dass er zwar wie sie ein Halbblut war, aber die Mutter Aller nicht hintergangen hatte. Er hatte den Anführer nicht angelogen und brauchte nicht zu fürchten, eines schändlichen Todes zu sterben, wenn die Wahrheit über ihn je herauskam.

Zögernd knöpfte sie ihr Wams auf und zog es mit größtmöglicher Vorsicht aus. Trotzdem blieb es noch an der abheilenden Haut ihres Rückens hängen und es durchzuckte sie jedes Mal wie mit Messern. Sie ließ es fallen, hob aber ihren Umhang und bedeckte damit ihre Brüste. Wäre ihr nicht so elend zumute gewesen, ihre Schamhaftigkeit hätte sie selbst belustigt und befremdet. Sie passte besser zu einer Dame am Hof von Nakkiga, einer verwöhnten Adligen, nicht zu einem Halbblut und ganz sicher nicht zu einer Opfermutigen. Im Orden der Opfermutigen badeten Männer und Frauen zusammen und rannten gemeinsam nackt durch den Schnee. Ihr Körper war nur eine Waffe im Dienst der Königin. Warum hätte sie Schamgefühle wegen etwas empfinden sollen, das ihr gar nicht gehörte?

Doch vor diesem Sänger fühlte sich die Nacktheit, die im Haus ihres Ordens so selbstverständlich gewesen war, ganz anders an. Als Saomeji sich über sie beugte, um ihre Wunden zu untersuchen, spürte sie seinen Atem. »Sie sind tief, aber sie heilen«, befand er. »Der Biss der *hebi-kei* ist grausam, aber sauber.« Er klang so sachlich, dass sie für einen Moment ganz vergaß, dass er über ihren malträtierten Rücken sprach. Doch dann betupfte er eine Wunde mit einem feuchten Tuch und glühende Schmerzen durchfuhren sie. Sie holte scharf Luft und hätte fast den Umhang fallen gelassen. »Ah«, sagte er, »es tut immer noch weh. Aber ich muss sie säubern, Opfermutige Nezeru. Von meinem Lehrer weiß ich, dass man an einer tiefen Wunde sterben kann, wenn man sie nicht versorgt. Und es wäre doch schlimm für dich, jetzt zu sterben, wo alles überstanden ist und wir schon fast wieder in der Heimat sind.«

Er säuberte die Wunden, holte dann einen Tiegel aus seinem weiten Gewand und entfernte den Deckel. »Eislauch«, sagte er. Das beinerne Gefäß enthielt eine helle Salbe. »Sehr kostbar. Gehört mir.«

»Warum solltest du etwas Kostbares an jemanden wie mich verschwenden?« Saomeji hatte bisher nichts über ihre angebliche Schwangerschaft gesagt, Makho hatte ihn also vermutlich noch nicht eingeweiht. Es war demnach zweifellos am sichersten, auch selbst nicht davon anzufangen, aber sie hatte die Frage gestellt, ohne nachzudenken.

»Warum sie an dich verschwenden?«, wiederholte Saomeji. »Weil an dir etwas ist, das mich interessiert, Opfermutige Nezeru.«

Sie wollte keine Vertraulichkeit mit ihm, nicht einmal ein Gespräch, und anfangs war es noch leicht, das zu vermeiden, denn er rieb die Salbe in den längsten, tiefsten Schnitt und sie musste die Lippen zusammenpressen, um nicht laut zu schreien. Es war dumm gewesen, zu glauben, sie wüsste, wie schmerzhaft die Versorgung der Wunden sein würde. Der Eislauch fühlte sich an wie eine Handvoll Schotter, der gewaltsam in ihr zerschnittenes rohes Fleisch gedrückt wurde. Doch schon nach wenigen Momenten spürte sie statt der heißen Folterqualen eine lindernde Kühle. Die Schmerzen waren noch da, aber gleichsam ein wenig von ihr abgerückt, sodass sie sie mit größerer Gelassenheit betrachten konnte.

Saomeji begann wieder zu sprechen. »Ich kenne nicht viele, die meine … Behinderung teilen. Anders als Makho und die anderen Reinblütigen war ich in meiner Kindheit ganz allein, sogar ohne die Gesellschaft anderer Mischlinge. Du warst das vermutlich auch. Vielleicht können wir uns über einiges austauschen … und sogar voneinander lernen.«

Es fiel Nezeru schwer, sich auf das zu konzentrieren, was er sagte. Die lindernde Kühle auf ihrem Rücken machte ihr bewusst, wie viel Anstrengung sie die letzten Stunden und Tage gekostet hatten, eine Aneinanderreihung von qualvollen Momenten. Zum ersten Mal seit ihrer Auspeitschung wollte sie nur noch loslassen und schlafen. Aber was redete Saomeji für wirres Zeug? Wollte er ihr eine Art Freundschaft anbieten? Und wenn ja, was bedeutete das?

»So, Handschwester, das müsste helfen.« Er verstaute den kleinen Tiegel wieder in einer Innentasche seines weißen Gewands. »Ich werde Makho sagen, dass deine Wunden heilen. Und vielleicht denkst du über meine Worte nach.«

Nezeru war alles zu viel und sie spürte auf einmal die Nacht und die ganze Welt wie ein unerträgliches Gewicht auf ihrer Brust. Sie zog nicht einmal mehr ihr Wams an, sondern wickelte sich nur in ihren Umhang und legte sich zum Schlafen auf den kalten, steinigen Boden.

Am Fuß der Berge ritten sie weiter in Richtung Osten. Der kalte Wind kehrte zurück und brachte Schnee mit. Zwar linderte die Kälte, die von den hohen Gipfeln herabwehte, nicht Nezerus Schmerzen, aber sie half auf andere Weise. Der wirbelnde Schnee war wie ein Vorhang, den sie um sich ziehen konnte, um ihre Gedanken für sich zu behalten. Darüber war sie froh, denn ihre Gedanken wurden immer seltsamer.

Sie wusste, warum sie gelogen hatte, sie sei schwanger – die Vorstellung, dass Makho sich ihr aufzwang, obwohl sie von der Auspeitschung halb tot war, war unerträglich gewesen. Dagegen hatte sie immer noch keine Erklärung dafür, warum sie auf der Knocheninsel gezögert hatte, den jungen Sterblichen zu töten. Sie hatte genauso gut wie Makho gewusst, in was für einer Gefahr sie sich befanden und wie viel schwieriger es sein würde, von der Insel zu entkommen, wenn die Dorfbewohner gewarnt waren. Und der Junge war zusammen mit den anderen Einheimischen mit ziemlicher Sicherheit sowieso ums Leben gekommen, ihre Nachsicht hatte also nichts bewirkt. Und am schlimmsten war, dass sie im Moment des Zögerns die drohenden Folgen so klar gesehen hatte, als seien sie schon eingetreten. Trotzdem hatte sie das Messer nicht geworfen.

Es ist deine heilige Pflicht als Opfermutige, die zu töten, die dich töten wollen. Wenn es eine Freude ist, dein Leben für die Königin hinzugeben, ist es nicht eine noch viel größere Freude, den Feinden der Königin das Leben zu nehmen? Das hatte Nezeru zusammen mit Runenlesen und Rechnen schon im ersten Jahr im Ordenshaus gelernt. Die Sätze waren ihr so vertraut wie ihr eigener Name. Trotzdem war sie bei der ersten Gelegenheit zurückgeschreckt und hatte versagt. Warum?

Es muss an meinem Blut liegen. Die sterbliche Hälfte von mir, der Teil, der schwach und verwirrt ist, hat die andere, bessere Hälfte behindert.

Es war nicht nur der Zorn Makhos und der anderen, der sie beschämte, sondern das Wissen um ihre Unreinheit, um die Sterbliche in ihr, das *shu'do-tkzayha*-Blut ihrer Mutter, das Blut von Leibeigenen und Sklaven. Sie brauchte nur daran zu denken, wie der Schwarze Rimmersmann, der Kapitän, und seine Leute den Hikeda'ya geholfen hatten, als diese Frauen und Kinder, die Sterbliche waren wie sie, mit ihren Schwertern niedergemäht hatten! Nur eine Schwäche des Bluts konnte Nezerus Feigheit erklären. Wenn ihre eigene Familie angegriffen worden wäre, hätte sie bis zum letzten Blutstropfen gekämpft und sich noch im Tod in den Hals eines Gegners verbissen. Warum hatte sie es dann nicht fertiggebracht, ein einzelnes Kind zu töten, um ihr Volk zu schützen?

Und jetzt hatte sie auch noch ihren Anführer angelogen – eine furchtbare, gottlose Lüge –, nur um sich Ungemach zu ersparen. Sie hatte fälschlich behauptet, mit einem Kind schwanger zu sein, einem neuen Untertan der Königin. Nichts stand bei den Hikeda'ya in höherem Ansehen. Welcher Wahn hatte sie überkommen?

Ich liege im Streit mit mir selbst, dachte sie. *Wenn ich der Königin dienen und dem Orden der Opfermutigen Ehre machen will, muss ich die Schwäche in meinem Blut, die Schwäche der Sterblichen ausmerzen. Anders geht es nicht.*

Es war ein langer Ritt zurück nach Nakkiga, durch das Hügelland am Fuß des Gebirges, das bei den Hikeda'ya Schimmergrat hieß und bei den Sterblichen Weißfjälle. Einmal übernachteten die Klauen in einem Posten des Ordens der Opfermutigen, einer Höhle, die sich tief in einen Felshang hineinzog und vom Tal unten so gut wie nicht zu sehen war. Die Kundschafter waren schon länger dort stationiert, Nezeru kannte sie deshalb nicht – ihr Dienst hatte schon lange vor ihrer heiligen Berufung begonnen –, aber Makho und Kemme kannten viele. Sie tranken den ganzen Abend den aus Quecksilber hergestellten Schnaps *analita*, und Ibi-Khai hatte eine stundenlange geheime Unterredung mit dem Anführer der Echos. Sogar Saomeji verbrachte kurze Zeit mit Mitgliedern seines Ordens, obwohl die meisten Sänger von Natur aus Einzelgänger waren und das Gespräch entsprechend nicht lange dauerte. Nur Nezeru blieb ganz allein. Doch nach den Geschehnissen auf der Insel hatte sie kein Bedürfnis nach Geselligkeit und Geschichtenerzählen. Außerdem glaubte sie, dass die anderen auch über sie sprechen würden, sie suchte sich also einen Ort abseits, um sich ein wenig auszuruhen.

Am Morgen darauf hatte sie das Gefühl, als würden ihre Gastgeber sie anders ansehen. Die Hikeda'ya-Krieger, die ihr begegneten, schienen sie neugierig zu mustern, obwohl das Interesse bei einigen vor allem aus Verachtung zu bestehen schien. Sie schämte sich aufs Neue. Bestimmt hatten Makho und Kemme den anderen von ihrem Versagen und ihrer Bestrafung erzählt. Ihre Wunden waren inzwischen zwar so weit verheilt, dass sie sich schon fast wieder mit der ihr eigenen Anmut bewegen konnte, aber sie hatte das Gefühl, als könnten alle durch ihre Kleider sehen. Unwillkürlich fragte sie sich, ob Makho den anderen von dem Kind erzählt hatte, das sie in sich zu tragen behauptet hatte. Ihr Bauch würde nie wachsen, aber ihre Lügen und Verbrechen fühlten sich mit jedem Tag größer an und schwerer zu verbergen.

»Wir haben neue Befehle bekommen«, sagte Ibi-Khai, als Makho die Klauen zum Aufbruch versammelte. »Sie wurden an den Anführer der Echos dieses Postens übermittelt, zusammen mit dem maßgeblichen Wahrwort meines Magisters als Beweis ihrer Echtheit. Wir sollen nicht nach Nakkiga zurückkehren, sondern die Knochen Hakatris stattdessen zur Burg Bittermond bringen.«

Die Klauen waren über diese Änderung der Route überrascht und unzufrieden, am meisten Makho, der sich, wie Nezeru zu wissen glaubte, auf eine triumphale Rückkehr nach Nakkiga gefreut hatte. Jetzt sollte er stattdessen zu einer einsamen Grenzfestung reisen. Doch jede vom Großmagister des Echoordens beglaubigte Nachricht kam gleichsam im Auftrag von Königin Utuk'ku persönlich, deshalb lauschten die Klauen ihr mit der gebührenden Achtung. Nur Saomeji wagte es, ein anderes Gefühl zu zeigen, und setzte ein fast schon triumphierendes Gesicht auf. Auf dem Weg aus der befestigten Höhle, vorbei an Reihen von Hikeda'ya-Soldaten mit ihren Brustpanzern und Helmen, beugte er sich zu Nezeru herüber und sagte mit golden funkelnden

Augen: »Offenbar haben meine Herren diesen Triumph den Anführern deines Ordens weggeschnappt.«

Nezeru wusste nicht, was er damit meinte, aber sie wollte nicht mehr mit ihm zu tun haben als unbedingt nötig, deshalb fragte sie nicht nach.

Auf frischen Pferden ritten sie einige Tage lang auf einem weiter südlich gelegenen Weg, als sie sonst genommen hätten, durch den immer tieferen Schnee, bis eines Morgens, an dem der Himmel klar war, am Horizont vor ihnen die Burg Bittermond auftauchte. Die aus Granit erbaute Festung saß auf dem Drachenhalspass und war zu einer Zeit, in der die Hikeda'ya mächtig waren, erbaut worden, um eine der wichtigsten Straßen von und nach Nakkiga zu bewachen. Der Aufstieg auf gewundenen Pfaden war sehr anstrengend und nicht nur Nezeru tat alles weh, als sie endlich oben auf dem Pass angekommen waren und sich vor ihnen die gerodete Fläche vor den Mauern der Burg erstreckte.

Als sie sich den abweisenden Mauern näherten, ging zu Nezerus Erstaunen das Tor auf und eine lange Prozession von gut hundert Opfermutigen kam ihnen entgegen. Einige wenige saßen auf Pferden, die meisten marschierten zu Fuß zum Takt gedämpfter Trommelschläge. An der Spitze des Zuges fuhr ein Gefährt, wie Nezeru noch nie eins gesehen hatte, ein gewaltiger Schlitten, der von zwei hechelnden Wölfen über den Schnee gezogen wurde. Auf dem Schlitten lag festgebunden ein in Stoff eingewickeltes Etwas, das so groß war wie ein kleines Haus.

Makho bedeutete den Klauen, anzuhalten und zu warten. Dies war kein normaler Empfang. Nezeru hätte gern gewusst, was da auf dem Schlitten lag. Was hatte es mit ihnen zu tun?

Die seltsame Prozession hielt an und ein einzelner, weiß gekleideter Reiter auf einem gewaltigen, bläulich-weißen Pferd ritt auf sie zu. Als er näher kam, packte Nezeru ein Gefühl der Hilflosigkeit, eine seltsam unterschwellige Panik, wie sie sie noch nie gespürt hatte – ähnlich wie Saomejis Salbe, nur dass sie Gedanken kühlte statt Wunden. Sie sank im Schnee auf die Knie, in der Erwartung, dass die hochgewachsene Gestalt nach Belieben über sie verfügen würde. Die anderen Mitglieder der Hand und sogar ihr Anführer Makho taten dasselbe.

»Wo ist der Sänger dieser Hand von Klauen?«, fragte der Reiter, dessen Gesicht durch eine Kapuze verhüllt war, mit einer Stimme, die wie Eis auf Stein klirrte. Nezeru hatte das Gefühl, als könnte die Stimme einen ganzen Berg zu Geröll zertrümmern, wenn man ihr genügend Zeit gab.

»Hier bin ich, Euer gehorsamer Diener, großer Herr des Sanges.« Saomeji eilte nach vorn und kniete sich vor den Reiter. »Es ist mir eine Freude, für Euch und unsere Königin zu leben und zu sterben, Herr.«

»Schöne Worte«, sagte der Reiter. »Vielleicht wirst du früher als du denkst zu beidem Gelegenheit haben. Hast du die Knochen, kleiner Sänger? Die kostbaren Knochen Hakatris?«

»Ich habe sie den ganzen Weg eigenhändig getragen.«

Makho stand hastig auf und schien sogar ein wenig zu stolpern, was Nezeru erstaunte. »Halt! Mit welchem Recht beansprucht Ihr, was der Königin gehört?«

Einige Hikeda'ya-Soldaten an der Spitze des Zugs traten vor und richteten ihre Speere auf die Klauen, aber eine kaum merkliche Handbewegung des weißen Reiters ließ sie anhalten. »Mit welchem Recht?«, wiederholte der Reiter. »Kind unseres langen Exils, ich *bin* das Recht.« Er hob eine weiß behandschuhte Hand und schob seine Kapuze zurück. Nezerus Herz setzte einen Schlag aus und fand kaum die Kraft, weiterzuschlagen.

»Fürst Akhenabi!« Makhos Stimme klang gepresst und war kaum zu hören. Er fiel wieder auf die Knie und drückte das Gesicht in den Schnee. »Ich wusste nicht, dass Ihr es seid, Magister. Ich bitte Euch um Verzeihung. Ich wusste nicht …!«

Nezeru konnte den Reiter nur anstarren, während ihr Herz schlug, als wollte es ihr aus der Brust springen. Akhenabi! Sie spürte, wie ihre Haut sich spannte und ihre Haare sich sträubten. Der Großmagister vom Haus des Sanges, der engste Vertraute und Ratgeber der Königin, war bei den Hikeda'ya eine legendäre und schreckliche Gestalt. Der große Zauberer war einer der Erstgeborenen in diesem Land nach der Ankunft der Acht Schiffe aus dem verlorenen Garten und gehörte schon so lange zu den Mächtigen Nakkigas, wie kein Hikeda'ya sich erinnern konnte, von Utuk'ku und einigen sehr alten Hikeda'ya abgesehen.

Und wie die Königin trug der Herr des Sanges immer eine Maske. Zwar trugen alle Hikeda'ya der ersten Generationen traditionell Masken, aber die von Akhenabi war so seltsam, wie Nezeru noch nie eine gesehen hatte, gefertigt aus einem dünnen, hellen Material, das so fest an seinem Gesicht und Hals klebte, dass es jede Bewegung darunter mitmachte. Nur seine Augen, die Nasenlöcher und der Mund waren zu sehen, von der Maske so fest umschlossen wie von einer zweiten Haut.

Akhenabi wandte sich wieder an den knienden Saomeji. »He du. Bring die Knochen.«

Der Sänger näherte sich ihm mit ehrfürchtigen Schritten, kniete sich neben seinen Steigbügel und hielt das Bündel hoch. Akhenabi streckte seinen langen Arm danach aus und schlug den Stoff zurück, in den die Knochen eingewickelt waren. Sein maskiertes Gesicht blieb vollkommen unbewegt und zeigte kein Gefühl, aber Nezeru meinte zu spüren, wie Zufriedenheit aus ihm loderte wie die Hitze eines Feuers.

»Das habt ihr gut gemacht.« Der Herr des Sanges wandte das maskierte Gesicht Makho und den anderen Klauen der Königin zu. »So gut, dass die Mutter Aller euch mit einer neuen Aufgabe beschenkt – einer zweiten wichtigen Aufgabe. Ihr könnt sehr stolz darauf sein.«

Makho brauchte einen Moment, bis er etwas sagen konnte. »Das sind wir auch, großer Fürst. Der Königin zu dienen bedeutet uns alles. Dürfen wir erfahren, aus was diese Aufgabe besteht?«

»Eurem Echo wurde das Notwendige bereits mitgeteilt«, schnarrte der Herr des Sanges. »Das Wissen wurde ihm eingegeben und er wird euch den Weg weisen, Handführer. Die Königin persönlich gibt euch diese Aufgabe, die euch zur ewigen Ehre gereichen wird.« Er machte eine Pause und nickte, als lasse er sich etwas auf der Zunge zergehen. »Du wirst mit deiner Hand einen lebenden Drachen suchen und ihn zu uns bringen. Die Königin braucht sein Blut, aber der Drache muss leben, wenn wir es ihm abnehmen.«

»Einen *lebenden* Drachen?« Makho war hörbar erstaunt, riss sich aber mit sichtlicher Willensanstrengung zusammen. »Und davor kehren wir nicht nach Nakkiga zurück, Magister?«

»Habe ich nicht gesagt, dies sei der Wunsch der Königin? Zweifelst du an mir?« Akhenabi klang schrill und wütend und Nezeru zitterte unwillkürlich, obwohl sein Zorn nicht ihr galt.

»Nein, großer Fürst!« Makho verbeugte sich, doch an Mut hatte es ihm noch nie gefehlt, und an der Steifheit seines Rückens konnte man ablesen, dass er sich nicht so schnell zufriedengeben wollte. »Ich hatte nur eigentlich vor, nach Nakkiga zurückzukehren, um eine meiner Klauen ihrer Bestrafung zuzuführen. Durch ihre Schuld hätten wir die Knochen fast nicht bekommen. Wie kann ich ihr bei der neuen Aufgabe vertrauen?«

Akhenabis maskiertes Gesicht wandte sich den Klauen zu, die hinter Makho knieten, und sein Blick blieb mit kalter Endgültigkeit an Nezeru hängen. Nezeru erschauderte. »Du«, sagte er. »Komm her.«

Ihr Herz raste, als wollte es sich gar nicht mehr beruhigen, und ihre Beine gehorchten ihr noch weniger als am ersten Tag nach ihrer Auspeitschung. Endlich schaffte sie es, zu stehen. Taumelnd trat sie vor, sank wieder auf die Knie und blickte statt auf den Herrn des Sanges auf die schieferfarbenen Hufe seines Pferdes.

»Blicke auf. Sieh mich an.«

Sie gehorchte und hätte fast erschrocken aufgeschrien. Akhenabi hatte seine Maske nicht einfach über das Gesicht gezogen, wie sie erst jetzt erkannte, sondern an Augen, Mund und Nase mit kleinen Stichen festgenäht – an seiner eigenen Haut, davon war sie überzeugt. Die perlmuttfarbene, durchscheinende Maske war mit Runen bemalt, die fast genauso klein wie die Stiche waren, mit winzigen, silbern glänzenden Buchstaben, die sie nicht lesen konnte, Symbolen, die nur zu sehen waren, wenn das Licht der Sterne in einem bestimmten Winkel darauf fiel, und die jetzt, als der Herr des Sanges sie betrachtete, auf Wangen und Stirn im Wechsel auftauchten und verschwanden.

»Nein, sieh mir in die Augen«, befahl er.

Das wollte sie zwar um keinen Preis – nicht bei ihrem Eid und ihrem Totenlied –, aber sie konnte der barschen, mächtigen Stimme nicht widerstehen. Ihre Blicke begegneten sich. Einen Moment lang schienen die dunklen Brunnen der Augen des Zauberers immer kleiner zu werden, bis sie nur noch so groß waren wie der Stich einer Knochennadel, doch zugleich war Nezeru, als würde sie in diese Augen hineinfallen wie in klaffende Löcher eines gefährlichen, zugefrorenen Teichs.

Einen Moment lang fiel sie wehrlos in die leeren schwarzen Augen des Zauberers, dann waren diese Augen auf geheimnisvolle Weise *in* ihrem Kopf und wühlten sich wahllos durch ihre Gedanken. Schutzlos und nackt war sie ihnen preisgegeben wie zwei riesigen Händen, die sie festhielten und nach Belieben ihres Besitzers berührten. Nezeru war überzeugt, dass der Herr des Sanges alles sah – ihre Lügen, ihre verräterischen, feigen Gedanken und sogar ihr verderbtes, sterbliches Blut. Nichts konnte sie vor ihm verbergen.

Endlich wandte Akhenabi sich ab, und sie fiel schlaff und kaum noch bei Sinnen mit dem Gesicht voran in den Schnee, in ihr Schicksal ergeben.

»Es besteht keine Notwendigkeit, sie nach Nakkiga zurückzubringen«, verkündete der Herr des Sanges. »Sie wird für das genügen, was als Nächstes kommt.«

Nezeru war verblüfft. Wie konnte der große Akhenabi ihre innersten Geheimnisse übersehen haben? Aber er hatte sie ja gesehen, davon war sie überzeugt – sie hatte gespürt, wie seine Neugier sie kaum merklich und vollkommen unbewegt durchdrungen hatte. Also warum bestrafte er sie nicht?

»Aber, großer Herr«, protestierte Makho, »… ein lebendiger Drache? Wie soll eine einzige Hand, selbst wenn sie aus Klauen der Königin besteht, ein solches Ungeheuer fangen und nach Nakkiga bringen können? Hakatri, dessen Knochen wir Euch bringen, war einer der Größten der Zida'ya und trotzdem hat der Lindwurm Hidohebhi ihm schwere Verbrennungen zugefügt.«

»Willst du damit sagen, fünf unserer Art können nicht vollbringen, was ein Zida'ya allein vollbracht hat?«, rief Akhenabi und seine Stimme fauchte wie die *hebi-kei*. Makho wollte den Blick seiner schwarzen Augen erwidern, schaffte es aber nur einen kurzen Moment. »Die Angst zu scheitern macht dich zu einem Feigling, Handführer. Aber die Königin persönlich will, dass du erfolgreich bist, und Utuk'ku ist immer großmütig. Sie schickt dir dieses Geschenk, um dir bei der Erfüllung deiner Aufgabe zu helfen.« Akhenabi hob erneut die Hand, und die Kutscher des Wolfsschlittens schlugen auf die Wölfe ein, dass sie aufsprangen und losrannten. Der mächtige Schlitten war zwar inzwischen festgefroren, doch schließlich brach das Eis und er setzte sich knarrend und ächzend in Bewegung und glitt auf seinen gewaltigen Kufen auf Akhenabi und seinen Schimmel zu.

»Gebt Anführer Makho den Stachelstock«, befahl Akhenabi. Ein Schlittenfahrer trat vor und reichte Makho einen Stab aus zinnoberrot leuchtendem Kristall. »Nimm das, Handführer.« Der Herr des Sanges sprach wie in Ausführung eines nur ihm bekannten Rituals. »Warte, bis du seine Wärme in der Hand spürst, und dann sprich das Wort ›Erwache‹.«

Makho starrte einen Moment lang ihn an und dann den Schlitten und den darauf festgebundenen Berg. Dann hob er den Kristallstab. »Erwache.«

Zuerst geschah nichts. Dann begannen sich die Seile um den Berg knarrend zu spannen. Das erste riss mit einem Knall, bei dem sogar Makho zusammenzuckte. Dann riss ein zweites und ein drittes und die in Stoff gehüllte Masse begann zu beben. Die an den Schlitten geschirrten riesigen Wölfe begannen unbehaglich zu winseln und zu jaulen. Im nächsten Augenblick riss der schwere Zeltstoff wie Pergament und das Ding auf dem Schlitten richtete sich auf. Die abgerissenen Seile, die es hinter sich herzog, wirkten im Vergleich zu ihm wie Spinnweben.

Sogar Saomeji war überrascht, Nezeru hörte ihn leise etwas murmeln. Es klang wie ein Gebet.

Der auf dem Schlitten hockende Riese sah sich verwirrt um. Er war bei weitem der Größte seiner Art, den Nezeru je gesehen hatte, fast doppelt so groß wie ein Sterblicher oder ein Hikeda'ya, und hatte ein grauweißes Fell. Nur das Gesicht mit den vorspringenden Brauenbögen war haarlos und stattdessen von einer ledrigen, dunkelgrauen Haut bedeckt. Um den Hals trug das Tier einen breiten, grauen Ring aus Hexenholz.

»Siehst du das Joch, das er trägt?«, fragte Akhenabi. »Die Königin hat es ihm persönlich angelegt. Damit muss er dem zu Diensten sein, der den Stab hält. Aber setze den Stab sparsam ein, sonst gewöhnt er sich an die Schmerzen und lässt sich nichts mehr befehlen.«

Der Riese blickte sich mit trüben Augen um. Dann machte er einen Buckel und knurrte so laut und tief, dass die zuschauenden Hikeda'ya sich angesichts der schieren Kraft des Knurrens unwillkürlich duckten. Die Bestie sprang vom Schlitten herunter und landete mit einer solchen Wucht, dass Nezeru spürte, wie der Boden unter ihr erzitterte. Die Wölfe begannen in ihrer Aufregung und Furcht zu heulen.

»Unterwirf ihn deinem Willen!« Akhenabi klang geradezu belustigt. »Aber beeil dich, Handführer, sonst reißt er dich in Stücke!«

»Wie denn?«, rief Makho aufgeregt.

»Nimm den Stab fest in die Hand! Stell dir vor, deine Hände würden sich um seinen Hals schließen und ihn würgen, während du ihm sagst, was du willst.« Jetzt lachte Akhenabi sogar, ein schreckliches, schrilles Lachen. »Sonst wird das Ungeheuer euch ganz gewiss alle töten!«

»Stehengeblieben, Riese!«, rief Makho und hielt den Stab der Kreatur entgegen. »Auf die Knie.«

Wieder knurrte der Riese so laut, dass Nezerus Herz raste, doch er rührte sich nicht.

»Runter!«, brüllte Makho.

Der Riese ächzte und griff sich an den Hals, dann sank er langsam auf die Knie und spreizte verdrossen die mit schwarzen Nägeln besetzten Finger seiner Pranken.

»Das ist Goh Gam Gar, der Älteste seiner Art«, sagte Akhenabi. »Er ist euer neuer Begleiter – ein Freund wird er wohl nie werden. Geht jetzt und bringt uns das Blut eines Drachen. Die Königin der Welt wartet auf eure erfolgreiche Rückkehr.«

15

AUF DEM HEILIGBAUMTURM

Es war ein warmer Tag, und die Hunderte schmaler Stufen hinaufzusteigen strengte ziemlich an, aber Großkanzler Pasevalles schien es der Mühe wert zu sein.

Ich bin wie eine Katze, dachte er stillvergnügt. *Immer dann am glücklichsten, wenn ich irgendwo hoch droben sein und auf alles andere hinabblicken kann.*

Er trat auf die Plattform des Heiligbaumturms hinaus, und die kühle Luft, die vom Kynslagh heranwehte, übte augenblicklich ihre beruhigende Wirkung auf sein Denken aus. Er drehte der Morgensonne den Rücken zu und blickte von der Westseite des Turms hinab, doch bis auf diverses Getier, das auf dem Burganger weidete, und Burgbewohner, die ihren verschiedenen Tätigkeiten nachgingen, gab es nicht viel zu sehen. Er fragte sich, wie es diese seltsam verkürzten Männlein und Weiblein fänden, wenn sie wüssten, dass sie von hoch droben beobachtet wurden. Dann kam ihm ein anderer Gedanke: *Sieht Gott so die Welt vom Himmel aus? Kein Wunder, dass wir ihn nicht sonderlich kümmern. Wir sind kleine Krabbelwesen.*

Nach einem Weilchen glitt die Sonne hinter ein paar Wolken. Von ihrem Gleißen abgeschirmt und mittlerweile auch nicht mehr schweißfeucht vom Aufstieg, begann Pasevalles, auf der rechteckigen Turmplattform umherzuspazieren, wie immer, wenn er diesem Katzenbedürfnis nach Überblick und Ruhe nachgeben konnte. Der Heiligbaumturm war in den Jahren nach dem Sturmkönigskrieg erbaut worden, da die beiden höchsten Türme des Hochhorst nicht mehr zur Verfügung standen. Der Hjeldinsturm – der gedrungene, düstere Steinzylinder, auf den er jetzt hinabblickte – war auf Befehl des Königspaars zugemauert worden, und der Engelsturm, der alles andere weit überragt hatte, war in den letzten Stunden der Schlacht eingestürzt. Eine Burg ohne Turm aber war wie ein reicher Mann ohne Augen, leichte Beute für Diebe und Räuber, daher hatte man an der Mauer des Inneren Zwingers einen neuen Turm gebaut, damit Wachen hoch über der Burg stehen und auf das Herzland des Hochkönigsbanns – der unter dem Schutz des Königspaars stehenden Gebiete – hinausblicken konnten.

Pasevalles sah auf den trutzigen Hjeldinsturm hinab, den zu betreten jetzt schon so viele Jahre verboten war, und ging dann die Zinnen entlang, bis er auf die Stelle hinabschauen konnte, wo sich einst der mächtige Engelsturm in den Himmel gereckt hatte. *Wie es wohl gewesen sein muss*, dachte er, *dort oben zu stehen – doppelt so hoch wie hier, wenn nicht höher – und auf die Welt hinauszublicken. So ein Aussichtspunkt dürfte wohl auch die anspruchsvollste Katze zufriedenstellen!*

Selbst der Schutt des Engelsturms war längst verschwunden; man hatte ihn fortgekarrt, um damit nach jener schrecklichen letzten Schlacht die beschädigten Teile der Burg zu reparieren. Viele Jahre lang waren die Fundamente noch erkennbar gewesen, jetzt waren auch sie weg, denn der Boden war aufgeschüttet und eingeebnet worden, um als Baugrund für eine neue Halle zu dienen, die die königliche Bibliothek werden sollte. Tiamak war der Meinung, eine Stätte der Gelehrsamkeit sei das passende Monument an jenem Ort, wo es dem Sturmkönig beinahe gelungen wäre, die Welt aufzureißen und umzukrempeln, aber Pasevalles war sich da nicht so sicher.

Gelehrsamkeit als solche kann weder der Zerstörung wehren noch deren furchtbare Folgen wiedergutmachen, dachte er, plötzlich wieder von alten Sorgen und Kümmernissen eingeholt. *Sie kann nur dafür sorgen, dass man begreift, was man alles verloren hat.*

Er richtete sich auf und streckte sich. Solchen Gedanken wollte er nicht nachhängen. Er hatte jene schlimmen Zeiten bewusst in die Vergangenheit abgeschoben und ihnen den Rücken gekehrt. Jetzt hatte er zu arbeiten, ein Königreich zu verwalten.

Er hörte Schritte und Stimmen. Die Wachen, die er weggeschickt hatte, sich etwas zu trinken und ein zweites Morgenmahl zu genehmigen, kamen wieder die Turmtreppe herauf. Pasevalles atmete tief ein und schmeckte nahenden Regen. Der König und die Königin würden in ein paar Wochen zurückkehren, und es gab viel zu tun.

Trotzdem bedauerte er, dass er wieder hinabsteigen musste, nicht der ermüdenden Treppe wegen, sondern weil er die Stille und Abgeschiedenheit der Höhe so ungern verließ. Ihm war vorher gar nicht klar gewesen, welch einsame Aufgabe es war, ein Königreich zu regieren, wie er es jetzt in Abwesenheit des Königspaars tat. Und noch einsamer war es, wenn man von den Gesichtern und Stimmen all derer umgeben war, die etwas von einem wollten.

»Gott gebe Euch einen guten Tag, Großkanzler!«, sagte der erste Wachsoldat, der die Plattform erreichte. Sein Bart glänzte von Butter, und an den Ärmeln seines Kettenhemds hingen Krümel. »Habt Ihr ein wenig frische Luft genossen?« Der zweite Wachsoldat erschien jetzt auch; beide stellten sich vor Pasevalles auf und präsentierten formell ihre Piken.

»Ja«, sagte Pasevalles lächelnd. »Genießt die Aussicht, Männer. Ihr wisst es nicht, aber ihr habt einen besseren Posten als ich.«

Als er in den Treppenschacht trat, sah er noch die verwunderten Blicke der Wachen.

Pasevalles war viele Stufen hinab- und hinaufgestiegen, bis er schließlich das Schlafzimmer des Wohngebäudes im Inneren

Zwinger erreichte, in dem er die verwundete Sitha untergebracht hatte. Ihm war jedoch keine Zeit zum Ausruhen vergönnt. Statt des Wachsoldaten, der vor der Tür hätte stehen sollen, drückten sich dort zwei verängstigte Kammermädchen herum, bleich wie gekochter Fisch, und hinter der Tür hörte er Männer brüllen. Er zog sein Messer und eilte hin.

»Was ist passiert?«, wollte er wissen.

Eins der Kammermädchen sagte: »O Herr, sie ist wach – und wütend!«

Er stürmte an dem Mädchen vorbei, stieß die Tür auf und sah zu seiner Verblüffung Bruder Etan und einen bewaffneten Soldaten der Erkynwache mit einer nackten Frau ringen. »Was geht hier vor?«, rief er.

Bruder Etan hatte mehrere lange Kratzer im Gesicht, und von seinem Kinn tropfte Blut. »Sie ist aufgewacht und hat mich angegriffen!« Er mühte sich, die langen Fingernägel der Sitha von sich fernzuhalten. »Helft uns, Herr! Bei meinem Gelübde, sie hat übermenschliche Kräfte!«

Der Wachsoldat hatte einen Arm über die schlanke Frau geworfen und tat sein Bestes, sie auf dem Bett festzuhalten, während sie auf seinen behelmten Kopf einschlug. Etan hatte einen ihrer Arme zu fassen bekommen, also stürzte Pasevalles hinzu und bemächtigte sich des anderen. Der Mönch hatte recht – die Frau, die noch vor zwei Tagen so gut wie tot gewirkt hatte, war erstaunlich stark, und der Schweiß machte ihre Haut glitschig. Schließlich zwang Pasevalles ihren Arm auf die Matratze und legte sich drauf, aber sie ruckte und zerrte und wand sich noch immer unter ihm wie eine der mächtigen Schlangen der südlichen Sümpfe.

»Gute Frau!«, rief er. »Gute Frau! Ihr seid unter Freunden! Hört auf, gegen uns zu kämpfen! Wir tun Euch nichts!«

Er drehte den Kopf zur Seite, um sie besser sehen zu können, und hätte es beinahe mit dem Verlust seiner Nase bezahlt, als sie grimmig nach ihm biss und ihre Zähne nur einen Daumenbreit vor seinem Gesicht aufeinanderschlugen. »Erlöser steh uns bei, ist sie irre?«, rief er.

»Spielt das eine Rolle?«, krächzte Etan. Die Mönchskutte war ihm halb übers Gesicht hochgerutscht, sodass es aussah, als wäre er geschrumpft. »Irre oder nicht, auf jeden Fall ist sie wie ein wildes Tier. Ruft noch mehr Wachen!«

Doch als wären Pasevalles' Worte langsam zu ihr durchgedrungen, beruhigte sich die Sitha. Er riskierte noch einen Blick und sah, wie ihr Kopf zurücksank und ihre seltsam goldenen Augen sich nach oben drehten. Sie erschlaffte, und einen Moment lang lagen sie alle vier, drei kräftige Männer und eine schlanke Frau, auf dem Bett und rangen nach Luft.

Pasevalles fühlte etwas Feuchtes unter sich und drehte sich etwas auf die Seite, um nachzusehen, was es war. »Bei Ädon, da ist Blut! Überall! Etan, ist das alles Eures?«

Der Mönch stöhnte. »Es fühlt sich zwar so an, Herr, aber ich fürchte, es ist ihres. Sie hat die Wunden, die ich genäht hatte, wieder aufgerissen. Gott helfe uns, ich muss sie wieder schließen, sonst verblutet sie.«

Pasevalles lockerte den Griff um ihren Arm, um zu sehen, ob sie weiterkämpfen würde, aber ihr blassgoldenes Gesicht und ihre Gliedmaßen regten sich nicht. »Hol etwas, um sie festzubinden«, befahl er dem Wachsoldaten. »Kein Seil, etwas Weicheres. Die Vorhangbänder da.« Er sah den Soldaten zögernd vor dem Fenster stehen, den Helm abnehmen und auf die Vorhänge starren wie eine Kuh auf einen hohen Zaun, den zu überspringen man ihr befohlen hat. »Verdammt, Mann, steh nicht da und glotz!«, rief Pasevalles. »Reiß sie ab!«

Der Soldat trat mit einem Ausdruck tiefen Unbehagens im schweißglänzenden Gesicht und einem Vorhangband in jeder Hand ans Bett. Pasevalles entriss ihm die Bänder und fesselte, obwohl sich die Sitha nicht mehr wehrte, deren Fußgelenke stramm ans Fußteil des Betts. Bruder Etan drehte ihren Oberkörper auf die Seite, um ihre blutenden Wunden untersuchen zu können. Sie schien jetzt bewusstlos zu sein, aber bei dieser Kreatur, die nur aussah wie eine Menschenfrau, wollte sich Pasevalles auf gar nichts verlassen, daher schickte er den verwirrten Soldaten auch noch die Bänder des anderen Vorhangpaars holen und benutzte dann eins davon, um die Handgelenke der Sitha zusammenzubinden, ehe er den Mann wieder auf seinen Posten schickte. Der bullige Soldat rannte förmlich hinaus und sah sich noch einmal mit weit aufgerissenen Augen um, bevor er die Tür hinter sich schloss.

Pasevalles hätte die Arme der Sitha lieber einzeln fixiert, so wie die Beine, aber er wollte Bruder Etan, der das Bluten der Wunden zu stillen versuchte, nicht in die Quere kommen. Also hockte er sich auf den Boden und hielt die gefesselten Hände der Sitha fest. »Was meint Ihr?«

»Was ich meine? Ich meine, dass ich von dem Feenvolk keine Ahnung habe, Herr. Sie hat eine Menge Blut verloren.« Der Mönch schüttelte den Kopf. »Wie ich auch! Aber sie hatte schon viel mehr Blut verloren, bevor sie hierher kam, und das hat sie überlebt.«

Ihre Nacktheit war verstörend – wenn sie so still dalag, sah sie im Grund einfach nur aus wie eine schlanke junge Frau. Pasevalles wollte nach der Bettdecke greifen, um sie ihr über die untere Körperhälfte zu ziehen, doch in dem Moment flatterten die Lider der Sitha und öffneten sich wieder. Kurz schienen ihre Augen ziellos umherzublicken, dann verengten sie sich. Sie versuchte wieder, sich vom Bett zu stürzen, aber die Fußfesseln verhinderten es, und sie schaffte es nur, Etan nach der anderen Seite hinabzuwerfen, wo er mit dem Kopf hörbar auf die Steinfliesen schlug. Unterdes konnte Pasevalles nicht mehr tun, als das um ihre Handgelenke geknotete Vorhangband festzuhalten. Sie rief etwas, vermutlich in ihrer Sithi-Sprache, aber der Schwall schneller, fließender Laute ergab keinen Sinn für ihn.

»Gute Frau!«, rief er wieder, während Etan aufs Bett zurückkrabbelte, schon jetzt eine rote Beule überm Auge. »Gute Frau, haltet ein! Wir tun Euch nichts! Ihr seid verwundet und dürft Euch nicht so wehren.«

Es dauerte einen Moment, aber dann sah er so etwas wie Verstehen in ihren Augen, und ihre Züge wurden weicher, aber sie kämpfte noch immer gegen die Fesseln an.

»Wo … wo sind sie?«, fragte sie in völlig verständlichem Westerling. »Wo sind meine Sachen?«

»Sachen? Gute Frau, hört auf, Euch zu wehren, wir wollen Euch nichts Böses. Meint Ihr Eure Satteltaschen? Die haben wir mitgebracht. Bruder Etan, sie stehen da in der Ecke. Bringt sie ihr!«

Der Mönch stolperte hastig in die betreffende Zimmerecke und hielt sich dabei den Kopf, als könnte er ihn sonst verlieren. Er fand die weißen Ledertaschen und brachte sie ihr. Sie entriss sie ihm und begann mit ihren gefesselten Händen darin herumzuwühlen. Pasevalles hatte die Taschen selbst durchsucht, als die Sitha hergebracht worden war, und wusste, dass sie nicht viel mehr enthielten als ein paar kleine Werkzeuge, eine Rolle extrem starker, aus Haaren gedrehter Schnur und eine Holzschale. Er konnte den Anblick ihrer Nacktheit nicht meiden, ohne ganz wegzuschauen. Bruder Etan hatte den Blick abgewandt, aber Pasevalles war aus irgendeinem Grund wie gebannt.

Die Sitha war schlank, mit langem Rücken und schmalen Hüften, doch unter ihrer glatten, gleichmäßig goldenen Haut bewegten sich feste Muskeln, und Pasevalles wusste nun, welche Kraft in ihnen steckte. Das wirre Haar der Sitha war silbrig und feucht von Schweiß und Blut. Ihr Gesicht unterschied sich subtil von einem Menschengesicht: Wangen, Stirn und Kinn waren auf eine Weise schrägwinklig, die ihr etwas fast schon Katzenhaftes gab. Sie hätte eine heidnische Jagdgöttin sein können, die im Mondschein unbekleidet vor einem wilden Rudel herlief. Wäre sie eine Sterblichenfrau gewesen, hätte er ihr Alter auf weniger als zwei Dutzend Sommer geschätzt.

Er starrte auf ihre kleinen Brüste, merkte Pasevalles plötzlich. Verwirrt schaute er weg.

»Er ist nicht da!«, jammerte die Sitha unvermittelt. »Ist das alles, was Ihr gefunden habt? Wo ist Spinnenseide? Habt Ihr sie gesehen?« Wieder rann etwas Blut aus ihrer Brustwunde, und Etan versuchte, es mit einem Tuch zu stillen.

»Spinnenseide? Wer ist das? Ihr wart allein, als wir Euch fanden. Wir hielten Euch für tot«, sagte Pasevalles.

»Mein Pferd! Wo ist es?«

»Wir haben kein Pferd gefunden. Die Taschen hingen im Gebüsch. Wahrscheinlich ist das Pferd weggerannt, und sie haben sich dort verfangen.«

Sie schwankte und ließ die Taschen fallen, als hätten sie sich plötzlich entzündet. Sie sah Pasevalles an, und wieder war ihr Blick ziellos und verwirrt. Er konnte jetzt sehen, dass es ihr schwerfiel, aufrecht sitzen zu bleiben. »War da … habt … war da noch etwas anderes?«

»Nein. Aber wir können ja noch mal suchen, wenn Ihr mir sagt, was Ihr verloren habt.«

Sie sank aufs Bett zurück und legte sich den Unterarm über die Augen, als wollte sie nicht mehr sehen, was um sie herum war. »Nein … Ich muss hin …«

»Dazu seid Ihr nicht in der Verfassung.« Pasevalles bedeutete Etan, mit dem Verbinden ihrer Wunden fortzufahren. Er hob die Decke vom Boden auf, legte sie der Sitha über die Beine und zog sie dann bis an ihren Hals hinauf. Als das getan war, verspürte er so etwas wie Erleichterung. Ihre feuchte Haut glänzte honigfarben im hellen Mittagslicht, das durchs Fenster hereinfiel.

Sie sagte etwas in ihrer Sprache, was er nicht verstand; ihre Stimme war schwer und träge wie Sirup. Sie öffnete den Mund, als wollte sie noch etwas sagen, doch dann kippte ihr Kopf zur Seite und ihre Augen schlossen sich.

Pasevalles starrte sie an. »Ist sie …?«

»Sie lebt noch, Gott sei gepriesen«, sagte Etan. »Aber sie hat ihre ganze Kraft verausgabt … und meine im Übrigen auch, mal ganz davon abgesehen, dass sie mir fast einen Schädelbruch beschert hat. So kann ich sie wenigstens wieder verbinden.«

»Wenn Ihr damit fertig seid, werde ich eine Weile bei ihr sitzen, für den Fall, dass sie wieder aufwacht«, sagte Pasevalles. »Ihr müsst Euch ausruhen. Doch zuerst möchte ich Euch noch um einen Gefallen bitten. Es ist etwas, das ich selbst tun wollte, aber ich bringe es nicht fertig.«

Bruder Etan sah aus, als wäre es ihm lieber, ohne weitere Aufträge entlassen zu werden, aber er nickte nur und brachte trotz seiner abgrundtiefen Müdigkeit ein Lächeln zustande. »Natürlich, Herr.«

Der Mönch war eine geduldige alte Seele in einem jungen Körper. Pasevalles beschloss, sich das zu merken. »Ich bin Euch dankbar, Bruder. Aber zuerst geht und wascht Euch, versorgt Eure Wunden und zieht etwas nicht so Blutiges an. Mit der Frau, zu der ich Euch schicke, braucht Ihr nicht zu kämpfen.« Er lachte trotz seiner eigenen Erschöpfung. »Jedenfalls nicht auf diese Art. Aber sie wird vielleicht nicht allzu freundlich sein, wenn sie feststellt, dass ich Euch geschickt habe, statt selbst zu kommen.«

»Solange sie nur ihre Fingernägel aus dem Spiel lässt«, sagte Etan, »werde ich Gott danken und zufrieden sein.« Er begann, seine im ganzen Zimmer verstreuten Arzneien einzusammeln, hielt aber inne und fragte: »Was ist mit den Habseligkeiten der Sitha? Den Sachen aus ihren Satteltaschen?«

»Die packe ich wieder ein«, sagte Pasevalles. »Ihr habt hier genug getan, Bruder.«

Sein Klopfen hallte nach. Bruder Etan wartete, klopfte dann erneut. Schließlich öffnete eine hübsche junge Frau die Tür.

»Ihre Hoheit erwartet Euch«, sagte sie, sah aber aus, als sei er ganz und gar nicht derjenige, den man erwartet hatte.

Etan trat ein. Das Rückzugszimmer war hübsch eingerichtet. Die hohen Wände bedeckten Tapisserien mit Szenen aus der berühmten Geschichte des Ritters Tallistro von Perdruin. Der Raum war um ein Vielfaches größer als Etans Zelle im Dormitorium von St. Sutrin. Prinzessin Idela saß auf einem hochlehnigen Stuhl an einem der Fenster, eine Näharbeit im Schoß. Die Sonne schien so auf ihr rotes Haar, dass es fast wie ein feuriger Heiligenschein aussah.

»Hoheit«, sagte Etan, fiel auf die Knie und beugte den rasierten Kopf fast bis auf den Boden. »Verzeihung, aber Großkanzler Pasevalles sagte, Ihr wünschtet Rat bezüglich einiger Bücher aus dem Besitz des verstorbenen Prinzen, Eures Gemahls. Ich bin Bruder Etan.«

»Sehr freundlich von Euch, Bruder Etan. Ich kenne Euch – vom Sehen.« Aber sie wirkte nicht allzu erfreut über die Gelegenheit, ihn persönlich kennenzulernen. »Und wie geht es dem Großkanzler? Er ist doch hoffentlich nicht krank?«

»Nein, Hoheit. Nur müde von der Arbeit eines langen Tages, und er hat noch weitere Pflichten vor sich. Aber er wollte Euch so schnell wie möglich behilflich sein, auch wenn er nicht selbst kommen konnte.«

»Großkanzler Pasevalles ist zu gütig.« Ihr Ton sagte etwas anderes. »Möchtet Ihr etwas Wein, Bruder?«

Etan zögerte. »Normalerweise würde ich ja dankend ablehnen, Hoheit, aber heute möchte ich Euer freundliches Angebot gern annehmen. Der Herr wird mir hoffentlich vergeben.«

Sie winkte einer ihrer Dienerinnen. »Dann nehmt doch bitte Platz.« Erst jetzt, da Etan sich nach einem geeigneten Stuhl umsah, bemerkte die Prinzessin die roten Kratzer auf seiner Wange. »Barmherzige Elysia! Das sind doch frische Wunden da in Eurem Gesicht! Seid Ihr schlimm verletzt? Was ist geschehen?«

Er berührte die Kratzer. Über dem seltsamen Auftrag, die Mutter des Kronprinzen aufzusuchen, hatte er sie ganz vergessen.

»Oh, nicht weiter wichtig, Hoheit. Eine Kranke, die ich behandelt habe, ist in ihrer Verwirrung gewalttätig geworden.«

Sie sah ihn scharf an. Vielleicht erriet sie ja, dass Pasevalles' Ausbleiben etwas mit der besagten Patientin zu tun hatte. »Eine meiner Kammerfrauen wird sich darum kümmern, wenn Ihr erlaubt.«

»Oh, aber es ist wirklich nicht weiter schlimm.«

»Trotzdem.« Sie gab einer dunkelhaarigen Frau ein Zeichen, worauf diese ihre Näharbeit weglegte und aus dem Zimmer ging. »Begga versteht sich auf die Heilkunst, sie ist bei einer nordländischen *Valada* in die Lehre gegangen. Ah, da kommt ja der Wein.«

Während die Dienerin ein Tablett mit einem Krug und Bechern hereinbrachte und Wein einschenkte, betrachtete Etan die Prinzessin. Idela, die selbstsicher und aufrecht in ihrem dunkelgrünen Kleid vor ihm saß, hatte wundervoll glatte, helle Haut, zierliche Hände und Handgelenke und ein schmales, hübsches Gesicht. Ein paar Sommersprossen auf ihrer Nase und ihrem Dekolletee waren überpudert worden, doch durch die Hitze des Tages hatte die Deckkraft nachgelassen.

Etan wurde bewusst, dass er auf das sahnefarbene Fleisch über dem Mieder starrte, und er spürte, wie er errötete. Idela gab nicht zu erkennen, ob sie es bemerkt hatte – außer dass da vielleicht der Hauch eines Lächelns um ihre Mundwinkel spielte.

»Trinken wir auf die Gesundheit des Königs und der Königin«, sagte sie.

»Und auf ihre sichere Heimkehr.« Etan nahm einen, wie er hoffte, höflichen Schluck und war verblüfft, wie viele Aromen er schmeckte. Das war nicht das saure Zeug, das er und seine Brüder an Festtagsabenden am Refektoriumstisch tranken, und auch nicht der übersüße nabbanaische Südwein, den er gelegentlich an der Tafel des Erzbischofs gekostet hatte. Er nahm einen zweiten, größeren Schluck.

»Ah, da ist ja Begga«, sagte die Prinzessin. »Schlagt Eure Kapuze zurück, Bruder. Es ist ein Privileg, einem Gottesmann Hilfe leisten zu dürfen.«

Die kühlen Finger der jungen Rimmersfrau strichen bereits leicht über seine Wange, berührten die langen Kratzer ganz sanft und sachte. Um zu kaschieren, dass ihm wieder Hitze ins Gesicht stieg, trank Etan abermals von seinem Wein. »Hoheit sind zu gütig.«

»Unsinn. Ich wollte, wir könnten Großkanzler Pasevalles ebenfalls helfen. Ihr sagt, er hatte einen anstrengenden Tag?«

»Ich glaube, jeder seiner Tage ist anstrengend, Hoheit. Er trägt große Verantwortung, besonders jetzt, da der König und die Königin nicht hier sind.«

»Ah, ja, ich vermisse sie beide sehr.« Sie trank aus ihrem Becher, und kurz kam ihre Zunge hervor, um einen Tropfen von ihrer Unterlippe zu lecken. Als sie seinen Blick bemerkte, lächelte sie scheu. Die junge Rimmersfrau schmierte jetzt etwas auf Etans Wange, und es brannte und kühlte gleichzeitig, dort wo die Haut aufgekratzt war. »Und meinen lieben Sohn Morgan natürlich auch«, sagte Idela. »Gebe Gott, dass auch er wohlbehalten zurückkehrt.«

»Wir alle schließen ihn in unsere Gebete ein, Hoheit. Immer. Und Eure Tochter auch. Es ist sicher ein gewisser Trost, Prinzessin Lillia um Euch zu haben.«

»Lillia? Ja, natürlich.« Aber es klang eher zerstreut. »Darf ich Euch etwas fragen, Bruder? Kennt Ihr Großkanzler Pasevalles gut?«

»Gut? Das würde ich nicht sagen, Hoheit. Ich helfe ihm manchmal bei kleineren Sachen.« Doch noch während er es sagte, fand Etan, dass es unbedeutend und lächerlich klang, als wäre er der Bursche, der die Gemächer des Großkanzlers ausfegte. »Ich bin ganz gut mit Zahlen und Buchstaben. Kammerherr Jeremias nimmt meine Dienste auch manchmal in Anspruch.«

»Zweifellos. Ein gelehrter Mann ist ein Juwel, dessen Glanz

viele anspricht, auch wenn er nur Gott gehört.« Sie lächelte, und diesmal war es ein richtiges, strahlendes Lächeln. »Aber erzählt mir doch ein wenig von Pasevalles. Er ist immer so beschäftigt, ich habe in all den Jahren, die ich jetzt hier bin, kaum je Gelegenheit gehabt, mit ihm zu reden. Man sagt, er sei ein braver Mann.«

»Oh ja, Hoheit. Das sagen alle, und ich finde es auch.« Er dachte an das, was noch keine Stunde her war: wie Pasevalles alles dafür getan hatte, eine Frau am Leben zu erhalten, in der manch anderer nur eine tückische, unheimliche Gefahr sehen würde, auch wenn das Königspaar angeblich noch so viel von den Sithi hielt. »Er ist ein braver Mann.«

»Aber er hatte ein schweres Leben, oder? Ich habe Geschichten darüber gehört.«

»Die Geschichten kenne ich nicht«, sagte er nicht ganz ehrlich. Etan hatte allmählich das Gefühl, dass hier etwas vor sich ging, was er nicht verstand, und er merkte auch, dass ihm der Wein zu Kopfe gestiegen war, sodass sich alles im Raum zu ihm hinzuneigen schien, einschließlich Prinzessin Idelas schöner grüner Augen, die aufmerksam in seine blickten. Die dunkelhaarige Frau namens Begga tupfte immer noch lindernde Salbe auf sein Gesicht, und die seltsame Mischung aus Schmerz und Lust machte ihn zittern. »Wirklich, Hoheit, ich bin ein stumpfes Werkzeug, um die Geschichte des Großkanzlers freizulegen. Ich weiß nichts über ihn, außer dass er sehr gütig ist.« Er zwang sich, sich gerader aufzusetzen. Begga war jetzt mit der Behandlung fertig, und auf ein Zeichen ihrer Herrin hin packte sie ihre Tiegelchen ein und ging mit ihrem Korb hinaus. »Aber es tiff … trifft sich gut, dass Ihr von Geschichtlichem sprecht.« Er trank, ohne zu überlegen, sein Glas vollends aus und unterdrückte dann den Impuls, es erschrocken wegzuziehen, als die Prinzessin ein Zeichen gab, es wieder zu füllen. Etan schwor sich im Stillen, nie wieder Wein zu trinken, und sei er noch so gut. *Gott hasst Trunkenbolde*, rief er sich in Erinnerung, *weil sie sich in seinen Augen zum Tier machen und seine wertvollsten Gaben zurückweisen.* »Großkanzler Pasevalles sagte mir, Ihr hättet einige Bücher aus dem Besitz Eures verstorbenen Gemahls und wünschtet eine Begutachtung.«

Sein Bemühen, sich zusammenzureißen, schien sie zu amüsieren. »Ah, Ihr seid ein pflichtbewusster Diener Eurer Herren, des weltlichen wie des himmlischen, Bruder Etan.«

Während er noch herauszufinden versuchte, was von diesem Kompliment zu halten war, stand sie auf und schickte mit einer Geste, die er nicht sehen konnte, ihre Dienerinnen hinaus. »Dann kommt mit, Bruder. Ich sehe, Ihr seid einer dieser vortrefflichen, nüchternen Männer, die nicht ruhen können, solange eine Aufgabe noch unerledigt ist. Kein Wunder, dass Ihr ein auserwählter Diener Gottes seid.«

Er wünschte, es wäre so, war sich aber leider sicher, dass der leichte Schweißglanz auf Prinzessin Idelas Brustbein und der Schwung ihrer Hüften, als sie ihn jetzt ins Nachbarzimmer führte, einen Mann, dessen einziges Interesse es war, Gott zu dienen, niemals so in ihren Bann ziehen könnten.

Schwäche, dein Name ist Mann, sagte er sich, St. Agar zitierend. *Ablenkung, dein Name ist Weib.* Zu seiner Bestürzung merkte er, dass er seinen frisch gefüllten Becher noch immer in der Hand hielt.

»Hier herein, Bruder«, sagte sie. »Ich habe mir einige der neueren Bücher bringen lassen. Im Studierzimmer meines Gemahls sind noch Dutzende weiterer, viele davon so altersmürbe, dass ich mich nicht getraut habe, sie zu bewegen. Aber ein paar möchte ich auch gern behalten, zur Erinnerung an meinen lieben Johan Josua.«

»Natürlich, Hoheit.« Er konnte nicht umhin zu bemerken, dass ihnen keine der Kammerfrauen in diesen intimen Raum gefolgt war – eindeutig das Ankleidezimmer der Prinzessin, denn auf einem Tisch standen ein Spiegel und ein Sortiment Schmuckkästchen. Der Raum war mit Samt ausgekleidet, sodass es sich anfühlte, als wölbten sich weich behandschuhte Hände um ihn.

Sein Gesicht war wieder heiß. Er setzte an, noch einen Schluck zu trinken, besann sich dann aber eines Besseren.

»Dort.« Sie zeigte auf eine an der Wand stehende Kiste, über die eine hernystirische Webdecke gebreitet war, vielleicht, damit man sie als Sitzgelegenheit benutzen konnte. »Bitte schaut doch, ob etwas davon in die große Bibliothek kommen sollte, die Herr Tiamak zum Gedenken an meinen Mann erbauen lässt. Ich verstehe nichts von solchen Dingen und vermag kaum eins dieser Bücher zu lesen. Die meisten sind auf Nabbanai, aber einige sind auch in einer Schrift geschrieben, die ich noch nie gesehen habe.« Sie schauderte. »Ich habe meinem lieben Johan Josua immer gesagt, er verbringe zu viel Zeit in dunklen Zimmern mit alten Wörtern. Aber es war nun mal seine Freude, Gott hab ihn selig.«

»Gott hab ihn selig«, wiederholte Etan und kniete sich dann vor die Kiste. Er merkte, dass er ein bisschen tolpatschig war; er brauchte eine ganze Weile, um die Decke ordentlich zu falten und wegzulegen, zumal er auch wusste, dass die schlanke Prinzessin hinter ihm stand und ihn beobachtete. Er öffnete mit einiger Mühe die Schließe und klappte den Deckel hoch.

Die Kiste war tatsächlich voller Bücher. Es waren mindestens ein Dutzend, wenn auch auf den ersten Blick keins viel älter als ein-, zweihundert Jahre schien und das Gros wesentlich neuer war, eine willkürliche Ansammlung geschichtlicher Werke und einige Versromane, soweit er sehen konnte. Anitulles' *Schlachten*, *Die Heldentaten des Ritters Emettin*, alles nichts Besonderes. Etan besaß selbst ein ziemlich zerlesenes Exemplar von *Eine wahre Geschichte des erkynländischen Volkes*, und wenn es auch nicht mit dieser kalbsledergebundenen und reich illustrierten Ausgabe vergleichbar war, stand doch das Gleiche darin. Wie schon Vaxo von Harcha erklärt hatte: *Auch die Reichen und Edlen können nichts lesen, was nicht geschrieben wurde, und der arme Mann, der des Lesens mächtig ist, kann sich an dem, was geschrieben wurde, ebenso laben wie ein Prinz …*

Doch dann sah Etan auf dem Grund der Kiste etwas, das ihn stutzig machte. Er nahm den *Plesinnen* weg, der darauf lag, und hob dann das Buch heraus. Der Einband war rußgeschwärzt und altersrissig. Während er das Buch behutsam aufschlug, konnte er nicht glauben, was er da sah, und die Gedanken hüpften in seinem Kopf herum wie zu Boden geprasselte Haselnüsse.

Ich bin betrunken, dachte er. *Bestimmt bin ich betrunken und sehe Dinge, die gar nicht da sind.*

Aber da stand es, in archaischen nabbanaischen Buchstaben auf der ersten Seite: *Tractit Eteris Vocinnen* – eine Abhandlung über die ätherischen Flüsterstimmen. Es musste ein Irrtum sein – nein, ein Trick, eine Art Fälschung. Etan wusste nur von einem Exemplar des berüchtigten Werks von Fortis, und das lag tief im Inneren der Sancellanischen Ädonitis, unter den wachsamen Augen der priesterlichen Zensoren. Wie konnte sich dieses Buch hier auf dem Hochhorst befinden, als wäre es nur ein höfisches Liebesgedicht oder eine Abhandlung über die beste Verwendung urbaren Bodens?

Die Weinnebel verflogen wie von einem scharfen Winterwind weggeblasen. Etans Hände zitterten; er versuchte es zu verbergen, indem er das Buch zuklappte. »Dieses hier ist von einem gewissen Interesse, Hoheit, und einige der anderen sind es vielleicht auch. Ich werde mich mit meinen Oberen beraten, wenn Ihr mir erlaubt, das hier mitzunehmen. Da es Eurem Gemahl, Gott hab ihn selig, gehörte, werde ich es mit meinem Leben schützen.«

Die Prinzessin erteilte mit einer desinteressierten Handbewegung ihr Einverständnis. Sie wirkte fast enttäuscht, als hätte sie mit einer stärkeren Reaktion seinerseits gerechnet. »Wie Ihr meint, Bruder. Mir sagt das alles nichts. Natürlich könnt Ihr es mitnehmen.«

»Bitte hütet all diese Bücher gut, Hoheit.« Sein Herz raste. Das Buch in seinen Händen schien schwer wie Marmor. »Jedenfalls, bis ich mit anderen gesprochen habe, die mehr von alten Büchern verstehen als ich. Und vielleicht wäre es gut, irgendwann auch den Rest der Sammlung zu sichten.«

»Gewiss. Und wenn etwas Wertvolles dabei ist, möchte Großkanzler Pasevalles es ja vielleicht auch sehen. Ihr könnt ihn nächstes Mal gern mitbringen.«

»Danke, Hoheit. Einige dieser Werke könnten durchaus wertvoll für die Gelehrten sein, die eines Tages in die Gedenkbibliothek für Euren Gemahl strömen werden.« Die helle Haut der Prinzessin, der starke Wein, die hübschen, lachenden Dienerinnen, die kühlen Finger auf seiner Haut, das alles bedeutete Etan im Moment nichts. Er verabschiedete sich so schnell und höflich, wie er konnte, dann ging er hinaus, das Buch an sich gedrückt.

Als er den Gang entlangeilte, fühlte es sich fast an, als presste er eine glühende Kohle an seine Brust und kein altes Buch. Dieses berüchtigte, dunkle Werk, von Mutter Kirche verboten und unter Gelehrten seit Jahrhunderten nur im Flüsterton erwähnt – er hielt es jetzt in Händen! Konnte das wahr sein? Wem sollte er davon erzählen? Dem Erzbischof? Das würde er nicht wagen. Gervis war ein braver, frommer Mann, der die ganze Kiste mit den Büchern ohne nähere Inspektion verbrennen lassen würde, zum Schutz der Gläubigen. Und Herr Tiamak war noch mehrere Wochen unterwegs. Aber würde Etan es so lange für sich behalten können? Wem sonst konnte er trauen?

Und wichtiger noch, würde Gott verstehen und vergeben, dass er, Etan, so fasziniert von dieser Entdeckung war? Oder war es nicht einfach nur ein Buch, das er hier mit sich herumtrug, sondern sein eigenes Verdammnisurteil?

16

FRISCH GEFALLENER SCHNEE

»Warum denn?« Morgan konnte sie nicht ansehen. Wenn er ihr gegenüber so patzig war, fühlte er sich wieder wie ein Kind, dumm und unverantwortlich, und das machte ihn noch patziger. »Großvater will mich dort nicht haben.«

»Aber ich will dich dort haben«, erklärte die Königin. »Das sollte genügen.« Sie hauchte auf ihre Finger, um sie aufzuwärmen. Als er die kalten roten Hände seiner Großmutter sah, war Morgan wütend auf sie und auf sich selbst, ohne recht zu wissen, warum.

Nachdem sie Elvritshalla verlassen hatten, um sich auf den Heimweg zu machen, hatte ein Frühjahrsschneesturm das Königspaar und sein Gefolge gezwungen, die Reise zu unterbrechen, also waren sie auf Burg Blarbrekk zu Gast, dem Sitz des Grafen Halli und seiner Familie. Der Graf war ebenfalls zu Isgrimnurs Beisetzung und Grimbrands Inthronisierung nach Elvritshalla gereist und noch nicht zurück, aber seine Tochter und die Bediensteten hatten dem Königspaar einen freundlichen Empfang bereitet. Gräfin Gerda entschuldigte sich immer noch, dass sie nicht genügend Essen und saubere Bettwäsche vorrätig hatte, doch dank der Planungskünste des Kammerherrn Jeremias führte das königliche Gefolge genug von beidem mit sich, um auch für unerwartete Widrigkeiten gerüstet zu sein.

»Hör auf zu schmollen«, sagte die Königin. »Dein Großvater will sehr wohl, dass du an der Ratssitzung teilnimmst.«

»Ach, ja, will er das? Du hast ihn doch gehört, Großmutter – er wollte mich in Schimpf und Schande nach Erchester zurückschicken, das hat er gesagt. Weil ich verantwortungslos bin.«

»Und warum hat er das gesagt, Morgan? Weil du absichtlich deine Wachen zurückgelassen und dich mitten in der Nacht in einer fremden Stadt herumgetrieben hast. Und noch dazu auf einem zugefrorenen See!«

»Warum regt sich der König so darüber auf? *Er* ist doch nicht von oben bis unten voller blauer Flecken.« Morgan wusste, dass das kein besonders gutes Argument war, aber auch jetzt noch, Tage später und Meilen vom Ort des peinlichen Geschehens entfernt, tat ihm alles weh. »Und warum bekommt Klein-Snenneq keinen Ärger? Es war doch seine Idee.«

Die Königin schüttelte den Kopf, halb amüsiert, halb schockiert. »Ihr Heiligen helft.«

»Warum ich?« Er merkte, dass er laut wurde, was auch immer ein sicherer Weg war, sich zum Gespött zu machen. *Horcht mal, Prinz Morgan ist draußen und schreit die Königin an. Er benimmt sich wirklich wie ein verzogenes Kind.* »Warum hacken immer alle auf mir herum?«

»Ich sagte, hör auf zu schmollen, junger Mann.« Königin Miriamel zog die Hände gerade lange genug aus den Ärmeln ihres Gewands, um Morgan eine Strähne nassen rotgoldenen Haars aus dem Gesicht zu streichen, was ihm wieder einmal klar machte, dass er für das alte Königspaar wahrscheinlich nie ein erwachsener Mann sein würde. »Das ist kein sonderlich gewinnendes Verhalten für einen Prinzen«, fuhr die Königin fort. »Und deine Schwester Lillia fängt auch schon damit an. Ja, deinem Großvater ist der Kragen geplatzt, aber aus gutem Grund. Du bist der Erbe des Hochkönigsthrons, Morgan. Das Leben all der Menschen in all den Landen, durch die wir seit Neujahr gereist sind, wird einmal in deiner Hand liegen. Wenn du im Eis einbrichst und ertrinkst, wer wird dann unser Erbe sein?«

»Ich *weiß!* Ich bin ja nicht blöd.«

Seine Großmutter seufzte. »Ich habe hierfür nicht die Kraft, Hoheit. Komm zur Ratssitzung oder komm nicht. Aber ein richtiger Prinz muss lernen, um des Wohls seines Volkes willen seine Gefühle im Zaum zu halten.«

»Was hat diese Ratssitzung mit irgendjemandes Wohl zu tun? Endloses Gerede, jede Menge langweilige alte Geschichten ...«

Seine Großmutter schloss kurz die Augen und atmete tief durch. »Es besteht ein gewichtiger Unterschied zwischen ›alten Geschichten‹ und ›Geschichte‹, auch wenn man manchmal nur schwer erkennen kann, was was ist. Manches wirkt wie eine alte Geschichte, aber es ist nicht zu Ende und heute noch genauso aktuell wie vor hundert Jahren. Die Nornen waren schon hier, lange bevor unser Erkynland existierte, und sie leben immer noch in ihrem schrecklichen Berg droben im Norden und wimmeln dort im Dunkeln herum wie weiße Insekten. Falls sie wieder hervorkommen, werden sie uns alle mit Freuden töten, selbst deine kleine Schwester. Ist das nur eine ›alte Geschichte‹?«

Morgan blickte auf seine Füße. Ihm war klar, dass sie auf ihre Art Frieden schließen wollte, aber etwas Dunkles, Wütendes hielt ihn in seinem Griff, und er konnte es nicht abschütteln.

»Wenn die Nornen so schrecklich sind«, sagte er schließlich, »warum habt ihr sie dann nicht alle getötet, als ihr Gelegenheit dazu hattet? Warum hat Großvater nichts gegen sie unternommen, statt zu Hause zu bleiben und diesen alten Nordländerherzog Isgrimnur loszuschicken, Jagd auf sie zu machen?« Es erfüllte ihn mit einer perversen Befriedigung, das Gesicht seiner Großmutter zornrot werden zu sehen.

»Du weißt nicht, was du für ein Glück hast, Morgan, dass ich dich genauso liebe, wie ich deinen Vater geliebt habe.« Der Ton der Königin war streng kontrolliert, kälter als der wirbelnde Schnee. »Sonst würde ich dir dafür eine Ohrfeige verpassen. Du sprichst von Dingen, die du nicht verstehst. Nein, sieh mich an.«

Morgan hatte einfach nur um sich geschlagen, ohne damit zu rechnen, dass er tatsächlich jemanden verletzen könnte, und jetzt wollte er seine Großmutter nicht ansehen. Seine schneebestäubten Stiefel interessierten ihn mehr.

»Bei Sankt Rhiapen und der Heiligen Mutter, Junge, ich sagte, *sieh mich an.*«

Morgan hob den Blick und wünschte, er hätte es nicht getan. Der Zorn auf dem Gesicht der Königin war etwas viel Beängstigenderem gewichen, einem Ausdruck, der gar keiner war, wie bei der Prozessionsstatue einer Kriegerheiligen. Er wusste nicht, ob er sie seinetwegen jemals so unglücklich gesehen hatte, und ihm krampfte sich der Magen zusammen. »Na gut«, sagte er, wie ihm klar war, mit wenig Anstand. »Entschuldigung. Der Herzog war euer Freund – ich weiß, ich weiß. Er war ein großer Mann. Ich entschuldige mich, ich habe keine Ahnung, und ich nehme alles zurück.«

»Du nimmst es zurück?« Die Königin beugte sich vor und senkte die Stimme. »Hör mir gut zu, Junge. Wenn du es nicht schaffst, dich durch irgendwelche Kindereien umzubringen und uns damit das Herz zu brechen, wirst du eines Tages König sein. Du musst lernen zu denken, nicht nur, bevor du etwas tust, sondern auch, bevor du etwas sagst. Innerhalb deiner Familie und unter unseren Höflingen und Bediensteten verletzt du vielleicht nur Gefühle, aber anderswo könntest du einen Krieg auslösen – jawohl, einen Krieg –, indem du einfach nur dumm über Leute und Zustände daherredest, von denen du keine Ahnung hast.« Sie holte tief Luft. »Aber ich habe jetzt nicht die Zeit, deiner ganzen Unwissenheit abzuhelfen. Ich gehe jetzt hinein. Du bist eingeladen, dich zu beteiligen – was, wenn ich dich noch einmal daran erinnern darf, von einem Prinzen deines Alters erwartet wird und nicht irgendein lästiges Ansinnen ist –, aber tu, was du willst.« Sie wandte sich zum Gehen, blieb jedoch in der Tür noch einmal stehen. »Das ist noch nicht alles. Wenn du es nicht schaffst, dir vorher zu überlegen, was du sagst, dann rate ich dir, lerne, weniger zu reden, junger Prinz. Sehr viel weniger.«

Morgan wusste, er sollte ihr folgen, aber seine düstere Stimmung verlangte nach Kälte, Leiden und Einsamkeit, also blieb er noch in dem Säulengang stehen. Obwohl es ganz still war, hörte er nichts, bevor er eine Berührung am Arm spürte. »Heiliger Erlöser!«, rief er erschrocken aus, doch als er sich umdrehte, stand da kein lautloser Norne, sondern eine Gestalt, die wie ein dickes Kind in einer Kapuzenjacke aussah. »Snenneq, hast du mich erschreckt!«

»Es ist wahr«, sagte der Troll grinsend, »dass ich leise bin wie die U'ituko-Bestie, die über Schnee geht ohne Zerbrechung der Kruste.«

Qina erschien hinter ihrem Verlobten. »Ja, leise«, sagte sie mit einem Nicken und einem zärtlichen Lächeln. »Trapp, Trapp! Knirsch, knirsch! O nein, jetzt ist Kaninchen weggerannt!«

»Sie macht nur Neckerei, Morgan-Freund«, versicherte ihm Snenneq. »Sie weiß, dass ich viele Talente habe, aber sie macht gern lustig über mich. Frauen haben nicht immer genug Ernsthaftigkeit, meint Ihr nicht auch?«

»Zweifellos. Wo wart ihr denn?« Trotz des Ärgers, den ihm die Eisgleit-Expedition der Trolle eingebracht hatte, war er froh über die Gesellschaft oder doch wenigstens über die Ablenkung. Es zeigte sich immer klarer, dass es keine besonders gute Idee gewesen war, hier draußen in der Kälte herumzustehen. »Ich habe euch vorhin gesucht.«

»Küche«, sagte Snenneq prompt. »Es war sehr lehrreich und voller Wohlgeruch. Die Küchenfrau-Dame hat einen Namen von großer Macht und Länge, sie sagt, sie heißt Erna-aber-ich-will-verdammt-sein-wenn-mich-je-jemand-anders-nennt-als-wo-bleibt-mein-Essen. Wir waren sehr beeindruckt. Niemand in Yiqanuc hat so einen Mundvoll Namen!«

»Und ich habe einen Knösel gegessen!«, sagte Qina stolz.

»Knösel?«

»Knötel«, erklärte Snenneq. »Von dem Fleischtopf, den Erna Langname im Machen hatte.«

»Ah«, sagte Morgan. »Knödel.«

»Er war so gut«, sagte Qina mit verträumtem Blick. »So luftvoll.«

Klein-Snenneq schien der Meinung, dass sich das Gespräch zu weit vom eigentlichen Thema entfernt hatte, und warf daher seiner Verlobten einen bedeutsamen Blick zu. Dann unternahm er einen neuen, ernsthafteren Anlauf. »Nun, Freund Morgan-Prinz, in Wahrheit sind wir hier, um zu fragen, kommt Ihr mit uns einen Ausflug machen? An den See?«

»Nein! Bei allen Heiligen, warum sollte ich?« Morgan schlang sich die Arme um den Oberkörper und verzog das Gesicht. »Mir tut vom letzten Mal noch alles weh! Und meine Großeltern hätten mich beinahe nach Hause geschickt, weil ich mich mit euch davongeschlichen habe. Was wollt ihr denn schon wieder an einem See? Es ist doch eiskalt.«

»Fische fangen!«, sagte Klein-Snenneq. »Es ist gut, wenn der See gefroren ist, dann können wir auf dem Eis gehen. Wir schneiden ein Loch hinein und lassen dann die Schnur hinab, für den Fisch. Mit dem … dem …« Er sah Qina an und krümmte den Zeigefinger.

»Hacken«, sagte sie.

»Haken?«, fragte Morgan.

Snenneq sah den Prinzen freudig an. »Das ist es, ja! Ein Haken an der Schnur, und die Fische kommen. Hungervolle Fische, drunten auf dem kalten Grund. Wir werden viele fangen!«

»Ich kann nicht. Meine Großeltern sind immer noch böse, weil ich mit euch an dem See in Elvritshalla war.«

Klein-Snenneq schüttelte den Kopf. »Ich für mein Teil bin voll Bedauern. Meine zukünftigen Schwiegereltern waren auch böse mit mir. ›Snenneq‹, haben sie gesagt, ›du hast kein Recht, den Prinzen in Gefahr zu führen.‹ Aber wir können ja Eure Wachen suchen oder Eure Ritter-Freunde, damit sie unsere See-Expedition begleiten.«

Aber dieser Vorschlag gefiel Morgan nicht. War er ein Kind, auf das man ständig aufpassen musste, so wie seine Schwester? »Ich sage euch, wenn es nach den alten Leuten ginge, würden wir den ganzen Tag zu ihren Füßen sitzen und warten, dass sie ein Wort an uns richten.« Er dachte über sein langweiliges Los nach. »Habt ihr was von diesem Kangkang dabei?«

Rein zufällig hatte Klein-Snenneq einen Schlauch von dem herben, brustwärmenden Getränk bei sich. Morgan nahm einen langen Schluck. »Ich brauche keine Wachen«, sagte er, als er den Schlauch zurückgab, »aber meine Großmutter will, dass ich mit in die Halle komme, wo sie alle sitzen – die ganzen Adligen und so. Sie reden über die Nornen und ob es Krieg gibt.« In Wahrheit neigte er immer noch stark dazu, sich vor der Ratssitzung zu drücken. Bestimmt hatten Astrian und Olveris inzwischen ein warmes Plätzchen gefunden, wo man trinken und Lügengeschichten erzählen konnte, ohne dass einem irgendwelche prinzlichen Verpflichtungen dazwischenkamen.

»Ach«, sagte Snenneq beeindruckt. »Dann ist das von Wichtigkeit und Ihr müsst natürlich Euren Rat beisteuern. Ihr habt ein großes Glück, Prinz Morgan!« Und Qina nickte zustimmend.

»Glück?«

»Dass sie Eure Weisheit schon in Eurem jungen Alter anerkennen. Ich studiere und übe schon mein ganzes Leben für Wichtigkeit in meinem Stamm, aber mein Lohn war immer nur Verschmähung. Erst Qinas Vater, der hochweise Binbinaqegabenik, hat erkannt, wie klug ich bin. Alle anderen von den älteren Qanuc hielten mich immer für töricht – sogar für prahlerig.« Er runzelte die Stirn, schlug sich dann mit der Faust auf die Brust. »Es war eine Verletzung selbst für ein Herz von großer Tapferkeit wie das meine. Aber Eure Leute denken richtiger von Euch, Morgan-Prinz. Sie suchen Euren Rat. Sie wissen um Eure Wertvollkeit.«

Morgan bezweifelte, dass seine Großeltern und die anderen ihn für besonders wertvoll hielten – er war sich da ja selbst nicht sicher –, doch wenn er über Snenneqs Worte nachdachte, musste er zugeben, dass er auch wütend gewesen wäre, wenn ihn der König und die Königin nicht zu der Ratssitzung eingeladen hätten. Würden sie es noch mal tun, wenn er diesmal nicht kam? Sie würden es ihm garantiert als ›schmollen‹ auslegen, ein Wort, das er von tiefstem Herzen hasste. Nein, je länger er darüber nachdachte, desto klarer wurde ihm, was die einzig vernünftige Strategie war. Er würde hingehen, und wenn sie ihn wie immer ignorierten, würde seine Großmutter zugeben müssen, dass er recht hatte.

»Jedenfalls sollte ich jetzt wohl gehen«, sagte er. »Viel Glück beim Angeln. Fallt nicht rein.« Er hatte das scherzhaft dahingesagt, merkte aber plötzlich, wie schrecklich es wäre, wenn einem der beiden etwas passieren würde, und schlug hastig das Zeichen des Baums.

Doch Snenneq schien gegen solch abergläubische Ängste immun zu sein. »Oh ho! Ich werde genaueste Achtung darauf geben. Es wird der Fisch sein, der herauskommt, Morgan-Prinz, nicht Klein-Snenneq, der hineinfällt!«

»Stimmt«, sagte Qina. »Weil sein Bein festgehalten wird. Von mir.«

Morgan sah sie durch den Hof davongehen, zwei kleine Gestalten, Hand in Hand. Als sie weg waren, straffte er die Schultern und ging hinein, um zu versuchen, ein Prinz zu sein.

Wenn das Alter Eolair von Nad Mullach etwas gelehrt hatte, dann, dass der gegenwärtige Moment nicht verlässlicher war als eine Schicht frisch gefallenen Schnees. Wie er heute Morgen bei einem gemächlichen Spaziergang um die Burg Blarbrekk gesehen hatte, wirkte zwar durch den Schnee alles neu und sauber, aber darunter waren immer noch dieselben Bäume und Steine und dieselbe Erde. Je älter er wurde, desto besser begriff er, wie selten sich wirklich etwas änderte.

Diese Gedanken waren dadurch ausgelöst worden, dass Prinz Morgan aus der Kälte hereinkam und sich zu ihnen an den Tisch im Studierzimmer des Grafen setzte. Warum er es tat, war nicht ganz klar, denn der Prinz sah aus, als erwartete er, für irgendetwas gescholten zu werden. Es war schon komisch: Eolair hatte König Simon zwar noch nicht so gut gekannt, bevor dieser als junger Mann den erkynländischen Thron bestiegen hatte, aber er war sich sicher, in Simons ersten Regierungsjahren auf dessen Gesicht den gleichen verwirrten, wütenden Ausdruck gesehen zu haben. Und doch reizte jetzt ebendiese Miene bei seinem Enkel den König bis aufs Blut.

Ehrlicherweise musste Eolair gestehen, dass ihn Morgans unglücklicher Blick auch ein bisschen ärgerte. Er hoffte, dass das Erscheinen des Prinzen zu dieser Sitzung der Beginn einer echten Veränderung war, nicht bloß eine frische Schneeschicht. Morgan musste sich allmählich mehr für die Staatsangelegenheiten interessieren, nicht nur wegen der möglichen neuen Bedrohung aus dem Norden. Eolair war zunehmend beunruhigt wegen König Hugo von Hernystir und wegen des Brudergezänks in Nabban, ja überhaupt, was die Zukunft des Hochkönigsfriedens anging. Mit jedem Jahrzehnt, so schien es, verschwanden mehr von den alten Mitspielern von der Bühne, aber ihre Nachfolger übernahmen dieselben Rollen, vollführten die gleichen Rituale von Habgier und Torheit.

Aber es ist ja nicht alles ihre Schuld, dachte Eolair. *Die Jungen wissen nicht, dass sie fast nichts wissen und dass nichts je wirklich neu ist. Das ist ihr Privileg und ihre gefährlichste Schwäche.*

»Was wir jetzt am dringendsten brauchen, ist Wissen«, verkündete König Simon, als ob er Eolairs Gedanken gelesen hätte. »Bei Usires, wie ich Doktor Morgenes vermisse! Und natürlich auch Geloë, Gott hab sie selig. Ohne ihr Wissen und ohne Nachricht von den Sithi können wir nur spekulieren, was die Nornen planen.«

»Ja, aber sie sind nun mal nicht mehr da«, sagte Miriamel. »Wir müssen überlegen, was wir wissen – und was es in Erfahrung zu bringen gilt.«

Prinz Morgan sah auf. »Morgenes – nach ihm hat mich Vater doch benannt, oder? Das habe ich nie verstanden, da alle sagen, sie kannten sich gar nicht.«

»Dein Vater ist ihm nie begegnet, aber er hatte Morgenes' Buch über deinen Großvater, König Johan, gelesen«, sagte Simon. »Daher kannte er ihn, und deshalb hat er ihn – und dich – mit dieser Namenswahl geehrt.« Er sah den Prinzen streng an. »Und du hättest das Buch inzwischen auch lesen sollen, wie du es immer wieder versprochen hast. Ich habe es geschafft, als ich noch jünger war als du, und damals konnte ich kaum lesen! Du hättest durch die Lektüre viel darüber lernen können, was es heißt, König zu sein, und du wüsstest auch etwas über deinen Namenspatron.«

»Doktor Morgenes war in der Tat von großer Weisheit.« Binabik tat jetzt das, was in solchen Situationen normalerweise Eolairs Aufgabe als Hand des Throns war: Streit möglichst beizulegen, bevor er begann. Eolair war froh, dass es diesmal ein anderer übernahm. »Doch nicht alle weisen Menschen sind aus dieser Welt gegangen. Einige sind noch hier.« Der Troll lächelte. »Ich spreche mit Gewissheit nicht von mir, sondern von unserem guten Tiamak und dem Grafen Eolair, die zusammengenommen so viel gesehen und gelesen haben. Und Ihr, Majestäten, seid selbst voll Weisheit. Nur wenige haben Dinge getan, wie Ihr sie getan habt.«

»Du stellst dein Licht unter den Scheffel«, sagte Simon mit einem kleinen Lächeln. »Aber niemand hier weiß wirklich viel über die Nornen, und das täte jetzt not. Die Sithi könnten uns helfen, bei Gott, das könnten sie, aber sie hüllen sich hartnäckig in Schweigen. Deshalb vermisse ich Morgenes und seine Weisheit so sehr. Deshalb vermisse ich Geloë.«

»Wer ist denn diese Geloë?«, fragte Morgan. »Den Namen höre ich immer wieder.«

»Sie war eine *Valada*, wie die Rimmersleute sagen«, erklärte Binabik. »Eine weise Frau.«

»Eine *sehr* weise Frau«, sagte Miriamel.

»Sie war eine Gestaltwandlerin«, sagte Tiamak. »Sie konnte die Gestalt einer Eule annehmen. Ich habe es mit eigenen Augen gesehen.«

»Sie war eine Hexe«, sagte Eolair und lächelte, als er die Gesichter sah, die sich ihm zuwandten. »Natürlich war sie das! Was gäbe es für eine zutreffendere Bezeichnung? In Hernystir, wo ich aufgewachsen bin, ist das nicht so etwas Schreckliches wie für Euch Ädoniter. Sie konnte auf der Straße der Träume wandern. Bei Mirchas Regen, Tiamak hat recht, sie konnte sogar die Gestalt eines Vogels annehmen!«

»Sie war mindestens vierhundert Jahre alt«, sagte Simon.

»Tatsächlich?«, fragte Tiamak. »Woher wisst Ihr das, Majestät?«

»Aditu hat es mir gesagt.«

»Ah-die-tuh? Wer ist das schon wieder?«, fragte Morgan leicht gequält.

»Eine Frau vom Volk der Sithi«, sagte seine Großmutter. »Eine unserer engsten Verbündeten.«

»Vierhundert Jahre«, sagte Tiamak. »Erstaunlich. Als Geloë starb, habe ich gehört, wie Aditu sie ›Geliebte Ruyans‹ nannte. Vielleicht meinte sie ja ›geliebte Nachfahrin‹ – vielleicht war Geloë tatsächlich eine Ur-ur-Enkelin des Seefahrers. Die Tinukeda'ya leben fast alle länger als Menschen.«

»Das ist nicht fair«, sagte Morgan. »Ich versuche ja aufzupassen, wirklich, ich schwör's, aber wer sind all diese Leute? Wer ist der Seefahrer, und was hat er mit dieser Geloë zu tun? Was sind

Tenukida oder wie Ihr sie gerade genannt habt? Und was haben diese alten Geschichten damit zu tun, dass letzten Winter jemand tote Nornen auf einer Kuhweide in Rimmersgard gefunden hat? Ich dachte doch, darum geht es hier.«

»Nornen, ja, aber auch Sithi«, sagte Binabik. »Das ist die größte Seltsamkeit, die wir gehört haben. Es ist gut, dass Ihr Fragen habt, Prinz Morgan. Aber vielleicht ist es wirklich ein bisschen viel Lernen für einen Tag.«

Doch Eolair sah die Chance, dem Prinzen etwas beizubringen, wenn schon der seltene Fall eintrat, dass der junge Mann tatsächlich etwas wissen wollte. »Die Nornen und die Sithi waren einst eine Sippe, Hoheit – ein Volk«, erklärte er. »Nicht aber die Tinukeda'ya – das Volk Ruyans des Seefahrers. Sie waren hauptsächlich Sklaven und Knechte, zumindest zu Beginn. Selbst ihr Anführer Ruyan, so heißt es, war trotz seiner Fähigkeiten nur ein Leibeigener der Unsterblichen. Vor langer, langer Zeit bauten er und seine Leute eine Flotte von Schiffen, die die Sithi und Nornen von dem Ort, den sie den Garten nennen, hierher brachten.«

Der König nickte. »Das hat mein Sithi-Freund Jiriki auch gesagt, dass die Sithi und Nornen Ruyans Volk als Sklaven mit herbrachten. Woher die Tinukeda'ya kamen, weiß ich nicht. Jiriki sagt, das Wort bedeutet ›Kinder des Meeres‹. Und manche von ihnen leben immer noch fast ausschließlich auf Schiffen. Miriamel hat welche getroffen.«

»Die Niskies«, sagte die Königin nickend. »Eine von ihnen, Gan Itai, hat mir sogar das Leben gerettet. Die Niskies schützen die nabbanaischen Schiffe, indem sie durch ihren Gesang die Kilpa fernhalten.«

»Ah«, sagte Morgan, weil er das Bedürfnis hatte, sich an etwas festzuhalten, das er kannte. »Kilpa. Von denen habe ich schon gehört. Schreckliche, fischartige Kreaturen, die im Süden Seeleute von den Schiffen ziehen und sie ertränken.«

»Ganz recht, Hoheit«, sagte Eolair, um ihn zu ermutigen. »Und ich habe auch schon Tinukeda'ya getroffen, aber von einem anderen Stamm.« Er dachte an die verängstigten, großäugigen Unterirdischen von Mezutu'a. »Ihr müsst wissen, die Tinukeda'ya sind ein Volk von Wechselwesen, die sich äußerlich so gründlich unterscheiden können wie das Schoßhündchen einer Adligen von einem Mastiff. Und im Moment sind diese Dinge deshalb wichtig, weil all die Kreaturen, von denen wir sprechen, Sithi, Nornen und Tinukeda'ya, sehr lange leben.«

»Manche von ihnen leben praktisch ewig«, sagte König Simon. »Ich nehme an, die Nornenkönigin ist noch am Leben, auch wenn sie, wie wir von Aditu wissen, ihre Macht verloren hat. Jiriki hat mal gesagt, sie sei das älteste lebende Wesen auf der Welt.« Er wandte sich an den jungen Prinzen. »Deshalb möchten wir, dass du diese Dinge weißt, Morgan. Eines Tages werden deine Großmutter und ich nicht mehr da sein – die Nornen aber wohl.«

»Aber gibt es denn nicht noch jemanden wie diese Geloë?«, fragte Morgan, der jetzt begriffen zu haben schien, dass es wirklich um ernste Angelegenheiten ging. »Jemanden, der über die Nornen Bescheid weiß und eine Ahnung hat, was sie vorhaben könnten?«

»Es gibt keinen Jemand wie Geloë«, sagte Binabik lächelnd. »Es gab vor ihr keinen und es gibt nach ihr keinen. Und es gibt gegenwärtig auch keinen Jemand, der so viel über diese Dinge weiß wie Euer Namenspatron Doktor Morgenes, Prinz Morgan. Nein, wie es aussieht, müssen wir die Beantwortung selbst finden.«

Der Troll hatte recht, wurde Eolair klar, während die anderen bereits über die Nornen und Gräfin Alvas Geschichte zu diskutieren begannen. Es gab niemanden wie Geloë. Eolair hatte sie nicht besonders gut gekannt, er war ihr nur für ein paar Tage begegnet, als er während des Sturmkönigskriegs Prinz Josuas Feldlager besucht hatte – aber ihre leuchtenden Raubvogelaugen würde er nie vergessen. Von weitem hatte sie wie eine Bauersfrau ausgesehen, klein und kräftig, mit dem kurzgeschnittenen Haar und der unscheinbaren Kleidung einer Person, die es nicht kümmerte, was andere von ihr denken mochten. Doch wenn man direkt mit ihr zu tun hatte und einen diese gelben Augen musterten, hatte man Geloës Kraft gespürt – nicht die aggressive Kraft eines Eroberers und nicht einmal das Streben, anderen überlegen zu sein, sondern die selbstverständliche Kraft eines Felsens in der Mitte eines Stroms – die Kraft von etwas, das sich nicht bewegt, sondern alles andere in einem ziellosen Strudel aus Bewegung und Lärm um sich herumrauschen lässt.

Und sie hatte dreckige Fingernägel, erinnerte sich Eolair – noch etwas, das er an ihr gemocht hatte. Sie war zu beschäftigt damit, zu tun, was getan werden musste, um Zeit darauf zu verschwenden, irgendetwas anderes zu sein als sie selbst. *Gott, ja*, dachte er, *wir wären unermesslich viel besser dran, wenn alle Träger der Schriftrolle noch leben würden, Geloë und Morgenes und Jarnauga und Vater Dinivan, und wenn sie jetzt hier wären und uns sagen könnten, was wir tun sollen.* Aber die Nornen hatten Geloë und Jarnauga getötet, und der rote Priester Pryrates hatte Vater Dinivan in der Sancellanischen Ädonitis ermordet und Doktor Morgenes in dessen eigenen Gemächern verbrannt.

Eolair blickte in die Runde. Da saßen sie alle, der König und die Königin, die Trolle aus dem fernen Yiqanuc, Tiamak, der im sumpfigen Wran geboren war, und der junge Morgan, verwirrt und frustriert von all den Dingen, die er nicht verstand. *Und jetzt sind wir diejenigen, die das Reich schützen müssen*, dachte er. *Wir müssen jetzt diejenigen sein, von denen irgendwann andere sprechen werden, von denen sie sagen werden: »Gottseidank waren sie da.« Denn wenn wir es nicht sind – wenn die Flut der Rache von Norden hereinbricht und wir nicht zu erhalten vermögen, was uns andere beim letzten Ansturm der Dunkelheit zu bewahren halfen –, dann gibt es vielleicht nichts mehr zu sagen und niemanden mehr, der etwas sagen könnte.*

Miriamel hatte gerade ihre Zofen vorausgeschickt, das Schlafgemach zu bereiten, als sie Binabik an der Tür des gräflichen Studierzimmers warten sah. Der kleine Mann wirkte müde, aber vielleicht, dachte sie, hatte sie sich ja nur noch nicht an diese alte Version des vertrauten Gesichts gewöhnt. Sie lächelte ihn an. »Es tut so gut, dich und Sisqi zu sehen, Binabik. Und deine Tochter, Qina – sie ist ja so eine Schönheit geworden! Das alles ermutigt mein Herz.«

Er schlug sich mit der Faust auf die Brust. »Ein mutiges Herz ist manchmal von Wichtigkeit für uns alle. Wie wir in Yiqanuc sagen, *Angst ist die Mutter der Klugheit, aber jedes Kind muss eines Tages aus dem Haus gehen.*«

Miriamel versuchte noch, diesen Spruch zu deuten, als Simon sein Gespräch mit Hauptmann Kenrick über die Postierung der Wachen beendete. Da sie im Haus eines verlässlichen Verbündeten übernachteten, gab es offensichtlich nicht viel zu bereden.

Hauptmann Kenrick blieb in der Tür stehen, verbeugte sich tief vor der Königin, blickte dann auf den Troll hinab und machte eine komische Halbverbeugung, eine Art zu tief geratenes Nicken. Wie die meisten Soldaten in ihrem Gefolge wusste der vierschrötige Hauptmann nie so recht, wie er die merkwürdigen Freunde des Königspaars behandeln sollte. Ehrbezeugungen und Anreden waren oft ein Problem. Erst vor zwei Wochen war Kammerherr Jeremias den Tränen nahe gewesen, als er darüber zu befinden versuchte, was Binabiks Rang ›Singender Mann vom Berg Mintahoq‹ für die Sitzordnung an der Tafel bedeutete.

»Er ist mein ältester und bester Freund«, hatte ihm Simon erklärt, um dann rasch hinzuzusetzen, »nach dir natürlich, Jeremias.«

»Eine Frage noch«, sagte Kenrick jetzt, »wenn Majestät gestatten. Falls wir zügig nach Vestvennby gelangen, könnten wir den Männern dort vielleicht einen Tag frei geben. Es würde sie aufheitern, nach all dem Schnee und den knappen Rationen.«

»Das lässt sich sicher machen«, sagte Simon.

»Wir werden darüber nachdenken, Hauptmann Kenrick«, sagte die Königin und warf ihrem Mann einen bedeutsamen Blick zu.

»Warum sollten sie in Vestvennby keinen freien Tag bekommen?«, fragte der König, als der Hauptmann gegangen war.

»Ich habe nicht gesagt, dass sie keinen bekommen sollten, obwohl wir durch diesen Schneesturm schon Zeit verloren haben. Ich habe gesagt, *wir* würden darüber nachdenken. Gemeinsam. Bevor wir irgendetwas verkünden.«

»Ich dachte, du hast bestimmt nichts dagegen.«

»Das kannst du erst wissen, wenn du mich fragst, mein lieber Gemahl.«

Er schürzte die Lippen, nickte aber schließlich. »Da hast du wohl recht.«

Kurz wollte sie ihn umarmen, irgendwo mit ihm allein sein, ohne Verpflichtungen, einfach nur als Mann und Frau. Aber das war nicht möglich. Es war nie möglich. Sie seufzte und drückte seine Hand. »Gut. Ich glaube, Binabik möchte dich sprechen.«

»Euch beide, mit Genauigkeit gesagt«, erklärte der Troll und trat auf sie zu. »Aber es geht um etwas, das du neulich gesagt hast, Freund Simon. In Elvritshalla hast du gesagt, du hast aufgehört zu träumen. War das wahr gesagt?«

Kurz zeigte das Gesicht ihres Mannes einen Ausdruck, der sie an einen jüngeren Simon erinnerte – einen bekümmerten jungen Simon. »Ja«, sagte er. »Es ist wahr. Du weißt ja, Binabik, ich hatte immer schon seltsame Träume, vor allem aber in den Jahren des Sturmkönigs. Ich habe vom Udun-Baum geträumt, oder? Lange, bevor ich ihn sah. Und auch vom Rad, ohne zu wissen, dass ich auf eins gebunden werden würde! Und von der Sturmspitze, damals schon, und von der Nornenkönigin, als ich noch nichts von ihr ahnte. In Geloës Haus, als wir auf der Straße der Träume gewandert sind – weißt du noch?«

Binabik nickte. »Mit Gewissheit weiß ich es noch. Und ich weiß auch noch, was die große alte Sithi-Frau Amerasu zu dir gesagt hat – dass du vielleicht näher an der Straße der Träume bist als andere. Hat sich das in den Jahren unserer Fernheit geändert?«

Simon schüttelte den Kopf. »Eigentlich nicht. Manchmal war es seltener, aber in den Wochen, bevor unser Sohn Johan Josua krank wurde, habe ich jede Nacht von Pryrates geträumt. Miri kann es bezeugen.«

»Nein, kann ich nicht. Ich will nicht dran denken.« Manchmal schien es, als ob dieser schreckliche Verlust immer gegenwärtig sei, unter einer dünnen Deckschicht, und man an gar nichts, auch nichts scheinbar noch so Harmloses, rühren konnte, ohne ihn wieder freizulegen. Eben noch hatte sie an tausend andere Dinge gedacht, aber jetzt war er wieder da, der Schmerz, fast so stark und frisch wie in dem Moment, als sie ihr einziges Kind verloren hatte. »Aber es stimmt«, sagte sie, als sie sich wieder gefasst hatte. »Simon hatte in jener Zeit schlimme Träume. Schreckliche.«

»Einmal habe ich geträumt, Pryrates sei eine Katze und Johan Josua eine Maus, aber er wusste nicht …«

»Schluss jetzt!«, sagte Miriamel schärfer als beabsichtigt. Als die beiden sie erstaunt ansahen, konnte sie nur mit den Schultern zucken. »Es tut mir leid, aber ich ertrage es nicht, es noch mal zu hören.«

Binabik sah sie mitfühlend an. »Ich glaube nicht, dass es von Notwendigkeit ist, die ganze Geschichte noch einmal zu erzählen, aber ich habe noch mehr Fragen. Soll ich woanders mit deinem Mann reden?«

»Nein. Es geht schon. Wenn es wichtig ist, will ich es auch wissen. Nur zu.« Sie war eine Königin, ermahnte sie sich – *die* Königin. Sie würde sich nicht vor einem bloßen Gefühl verstecken, so schrecklich sein Ursprung und so schmerzhaft es auch sein mochte.

»Ist das Aufhören der Träume in einer bestimmten Nacht passiert? Oder hast du es erst nach und nach bemerkt?«

Er dachte darüber nach. »Wann habe ich es dir erzählt? An dem Abend, als Sludig und seine Frau kamen, richtig? Das war doch der Tag irgendeiner Heiligen, welche war es noch mal?« Er runzelte die Stirn und zupfte an seinem Bart. »Sankt Vultinia?«

Binabik lächelte. »Ich fürchte, meine Kenntnis der ädonitischen Heiligen ist nicht so gut, ich weiß nur, dass es viele sind und dass ihre Statuen fast alle verdrossene Miene machen.«

»Kein Wunder, wenn man bedenkt, was ihnen widerfahren ist«, sagte Simon. »Lillia hat ein Buch, das sie von ihrem anderen Großvater geschenkt bekam. Vultinia, ja, das war's – die habe ich mir gemerkt. Die Soldaten des Imperators haben ihr alle Finger abgehackt, aber sie hat gesagt, sie fühle immer noch die Gegenwart Gottes – stimmt's, Miri?«

Miriamel schauderte. »Wenn du's sagst. Wie kann man einem Kind so ein grässliches Buch schenken? Warum fragst du?«

»Damit ich weiß, welcher Tag es war, als mir das mit den Träumen aufgefallen ist. St. Vultiniastag ist der dritte Avrel.« Er wandte sich wieder an Binabik. »Das heißt, es muss Ende Marris gewesen sein, dass ich den letzten Traum hatte, an den ich mich erinnere. Ich war eines Abends spät ins Bett gegangen – ich glaube, es war der Abend nach Isgrimnurs Beisetzung – und hatte einen sehr sonderbaren Traum. Da war ein schwarzes Pferd auf einer Wiese, und es fohlte. Aber das Fohlen kam nicht heraus, es sah aus, als wehrte es sich dagegen, geboren zu werden. Ich weiß nicht, was das bedeuten könnte.« Er schüttelte den Kopf. »Und die schwarze Stute schrie und schrie, und es war so schrecklich, dass ich schweißgebadet aufgewacht bin. Weißt du noch, Miri?«

Sie zuckte die Achseln. »Ich habe in der Nacht nach Isgrimnurs Beisetzung auch nicht gut geschlafen, das ist alles, was ich noch weiß.«

»Jedenfalls«, sagte Simon, »sobald ich den Kopf aufs Kissen legte, schlief ich wieder ein, aber es war, wie in ein dunkles Loch zu fallen. Dunkel, Dunkel, Dunkel – aber kein Traum. Und ich schwöre, ich habe seither nichts mehr geträumt.«

Solche Reden machten Miriamel nervös. »Vielleicht erinnerst du dich ja nur nicht daran, Simon. Ich erinnere mich manchmal auch nicht an meine Träume, bis jemand etwas erwähnt, das mich dran erinnert.«

Er schüttelte nachdrücklich den Kopf. »Nein. Das ist was anderes.«

Binabik griff in sein Hemd und zog einen Lederbeutel hervor. »Die letzte Nacht im Marris. Die nennt ihr doch Narrennacht, oder?«

»Stimmt.« Simon lächelte. »Ich weiß noch, dass ich während der Beisetzung dachte, der gute alte Isgrimnur hätte vielleicht lieber eine richtige Allernarrenfeier gehabt, mit betrunkenen Priestern und Masken und allem.«

»Isgrimnur war allerdings ein Freund des Feierns und des lauten Gesanges. Aber ich glaube, an Allernarren geht es um mehr als nur um Fröhlichkeit.« Binabik schüttete den Inhalt des Beutels in seine Hand: ein Häufchen kleiner, polierter Knöchlein. »In den Bergen haben wir etwas Ähnliches, wenn der Winter Verabschiedung nimmt, was ein Zeitpunkt ist, an dem sich die Geschicke wenden. Mein Meister Ookeguk nannte es *so-hic nammu ya* – ›Nacht des dünnen Eises‹. Wenn die Wände zwischen dieser Welt und anderen Welten von größerer Durchlässigkeit sind.«

Simon starrte halb fasziniert, halb beunruhigt auf die Wurfknöchel des Trolls. »Die habe ich ja lange nicht mehr gesehen. Ich dachte schon, du benutzt sie vielleicht nicht mehr.«

»Ich und die Knöchel nicht mehr werfen? Nein. Ich lehre nur gerade Snenneq ihre Benutzung und wollte sie nicht ermüden.«

Miriamel musste lächeln bei der Vorstellung, ein Häuflein Knochen zu ermüden. »Ich habe mich immer gefragt, was es damit auf sich hat«, gab sie zu, »seit ich dir das erste Mal dort im Wald begegnet bin. Wessen Knochen sind das?«

Binabik sah sie streng an. »Meine natürlich.« Er wandte sich an Simon. »Hast du etwas dagegen, dass ich sie für dich werfe? Dass du den Zugang zur Straße der Träume verloren hast, erscheint mir von großer Seltsamkeit, und in einer solchen Nacht des dünnen Eises erst recht.«

Simon schüttelte den Kopf. »Nein, natürlich habe ich nichts dagegen.«

Binabik schüttelte die klickenden Knöchlein in der Hand und fiel dabei in einen leisen Singsang, dann hockte er sich hin und ließ sie auf die Steinfliesen kullern. Er betrachtete sie eine ganze Weile, schob sie dann wieder in seine Hand und warf sie noch einmal. Nachdem er sie noch ein drittes Mal geworfen hatte, sah er auf. »Es sind seltsame Würfe, das ist alles, was ich auf die Schnelligkeit sagen kann. Zuerst war es Schwarze Spalte, dann Rutschiger Schnee. Und jetzt beim letzten Wurf sehe ich Unerwarteter Besucher, was wir auch Kein Schatten nennen. Es sind alles Zeichen für Täuschung und Verwirrung.«

»Was bedeutet das?«, fragte Simon.

»Wer kann das sagen ohne Nachdenkung?« Binabik sammelte die winzigen, gelblichen Dinger sorgsam ein und kippte sie wieder in den Lederbeutel. Er sprach noch ein paar geflüsterte Worte darüber und steckte den Beutel dann wieder in sein Hemd. »Ich muss überlegen. Ich werde alles bedenken, was mich mein weiser Meister Ookeguk gelehrt hat. Unerwarteter Besucher habe ich seit vielen, vielen Jahren nicht mehr gesehen. Es ist von Rätselhaftigkeit für mich.« Er erhob sich mit einem Ächzen und einer Grimasse. Miriamel dachte an Zeiten zurück, da der Troll so flink und beweglich gewesen war wie ein Eichhörnchen – da sie *alle* so flink und beweglich gewesen waren –, und wurde für einen Moment traurig. Binabik fuhr fort: »Und ich werde auch darüber nachdenken, Freund Simon, ob sich etwas gegen die Traumlosigkeit tun lässt, die dich befallen hat.«

»Ich weiß nicht, ob es eine gute Tat ist, ihm seine Albträume zurückzugeben«, sagte Miriamel.

»Aber in den Zeiten des Sturmkönigskriegs hätten wir aus Simons Träumen Sachen lernen können«, erklärte Binabik. »Wichtige Sachen. Können wir es uns jetzt leisten, in Unwissenheit zu bleiben?«

»Nicht, wenn Unwissenheit eine Gefahr für unser Volk ist«, sagte Simon. »Es geht um all diese Menschen.«

Binabik drückte Miriamels Hand. »Ich habe dich eben aufgezogen«, sagte er. »Nur eine kleine Aufziehung. Die Knöchel gehören mir, aber sie sind nicht von einer Person. Es sind die Knöchel von einem Schaf.« Er bedachte sie mit dem vertrauten gelben Lächeln. »Verzeihst du meinen Scherz, Königin-Freundin Miriamel?«

»Oh, sicher«, sagte sie, aber das Gerede über Simons schlimme Träume ließ diesen aufwühlenden Tag nicht gerade heiter ausklingen.

17

DIE WEISSE HAND

Herr, ich flehe dich an, mach meinen Arm stark und mein Ziel genau, damit ich deine Feinde vernichten kann.

Den ersten Hikeda'ya hatte er problemlos getötet, ihm aus hundert Schritt windabwärts den Pfeil in den Hals gejagt. Als die weißgekleidete Gestalt in den Schnee sackte, huschte Jarnulf bereits auf seine zweite Position, den Wind immer im Gesicht. Er wusste, da war bestimmt noch ein zweiter Kundschafter, und ein ausgebildeter Opfermutiger würde die Herkunftsrichtung des Pfeils berechnen, noch ehe er bei seinem toten Kameraden ankam.

Jarnulf hatte die Stelle für seinen zweiten Schuss bereits festgelegt und erreichte sie mit ein paar schnellen Schritten. Der zweite Norne erschien unterhalb seines Standorts, bewegte sich dicht am unebenen, weiß verschneiten Boden. Seine Augen waren kaum mehr als schwarze Striche, während sie die Stelle absuchten, an der Jarnulf eben noch gestanden hatte. Zehn Meter hangaufwärts, hinter einer Reihe Espen, spannte Jarnulf seinen Bogen erneut. Selbst diese winzige Bewegung bemerkte der Norne. Jarnulf musste sich beeilen, weil sein Gegner bereits einen Pfeil einlegte. Jarnulfs Pfeil flog etwas tiefer als geplant und traf den Nornen in den Bauch, was ihn durchaus töten konnte, aber langsamer. Der Norne drehte sich weg und fiel auf die Knie, fand dann jedoch irgendwie die Kraft, hinter einen Schneehügel zu kriechen. Von dort hatte er nur noch ein kleines Stück bis in den Wald und damit in Deckung.

Jarnulf verfluchte sein Ungeschick und bereute sofort, den Namen des Erlösers unnütz im Mund geführt zu haben, wenn auch in großer Gefahr. Er wusste, er durfte nicht abwarten, ob der zweite Kundschafter ernstlich verletzt war. Falls die Kreatur entkam, würde sie vielleicht zu einem größeren Trupp Hikeda'ya zurückkehren, und dann wäre er, Jarnulf, selbst der Gejagte. Aber er konnte dem verwundeten Opfermutigen auch nicht direkt hinterhersetzen, denn wenn er den Schutz des Gegenwinds verlor, würde ihn der Norne riechen, und seinen Bogen hatte er noch. Selbst schwer verwundet, würde der Hikeda'ya nur einen Schuss brauchen, um Jarnulfs Rachefeldzug gegen die Unsterblichen jäh zu beenden.

Als er die nächste hochgelegene Stelle mit freier Sicht hangabwärts erreichte, erkannte Jarnulf zu seiner Erleichterung, dass der verwundete Opfermutige noch immer hinter dem schützenden Hügelchen kauerte. Blut aus seiner Bauchwunde färbte den Schnee um ihn herum rot … aber nicht schnell genug. Der Schusswinkel war ungünstig, also beschloss Jarnulf, statt zu schießen und den Gegner womöglich in den Wald zu treiben, sich näher an ihn heranzuschleichen. Der steinige Untergrund des Hangs war glitschig, und es gab Stellen, an denen er einem Schuss von unten ungeschützt ausgesetzt gewesen wäre, aber es kam kein Pfeil.

Schließlich, als er noch etwa zehn Ellen oberhalb des Talgrunds war, konnte Jarnulf die Beine des Verwundeten hinter dem Hügel sehen. Es lag nahe, sich im Bogen hinzuschleichen, doch wenn der Wind drehte, stünde er zeitweise windaufwärts und sein Geruch würde dem Gegner direkt zugetragen. Dann ginge es nur noch darum, wer den besten Schuss abgab. Die Vorstellung, sich mit einem Hikeda'ya-Krieger, selbst einem verwundeten, ein Gefecht zu liefern, behagte Jarnulf gar nicht. Also huschte er stattdessen zu einem überhängenden Felsen und sprang von diesem in den Schnee hinab, nur ein kleines Stück von dem verwundeten Nornen entfernt.

Der Schnee war weicher und tiefer, als er gedacht hatte. Statt sich beim Aufkommen sofort auf den Gegner stürzen zu können, steckte Jarnulf bis zur Hüfte in einer Schneeverwehung. Mit Hilfe seines Bogens schaffte er es, sich herauszugraben, aber der Norne hatte ihn schon gehört und drehte sich um. Mund und Kinn waren voll Blut, das Rot auf dem Weiß wie eine primitive Maske. Jarnulf ließ ihm nicht die Zeit, seinen Bogen zu heben, sondern stürmte auf ihn zu. Er versuchte gar nicht erst, sein Schwert zu nehmen, sondern zog seinen langen Dolch, während er über den glitschigen, verschneiten Felsen stolperte, um sich auf seinen Gegner zu werfen.

Zuerst schien die Attacke geglückt. Er rammte den verwundeten Hikeda'ya mit der Schulter, und dessen Bogen samt eingelegtem Pfeil fiel zu Boden. Doch der Opfermutige war gut ausgebildet und trotz der Wunde schnell, und er hatte ebenfalls einen Dolch.

Lange Augenblicke wälzten sie sich nahezu lautlos im Schnee, eng umarmt wie Liebende, bis es Jarnulf gelang, seinem Gegner den Dolch unterhalb der Rippen in den Leib zu stoßen, gleich über der Pfeilwunde. Der Stich tötete die Kreatur nicht sofort, aber er ging tief, und es war jetzt nur noch eine Frage der Zeit. Die Muskelkraft des Gegners ließ nach. Seine Abwehrbewegungen wurden langsamer, schwerfälliger. Schließlich, als der umliegende Schnee mehrere Armlängen weit mit Blut bespritzt war, wurde der Hikeda'ya-Kundschafter sichtlich schläfrig. Jarnulf zwang ihn auf den Rücken und stieß ihm die lange Klinge durchs Auge ins Gehirn.

Eine ganze Weile lag er einfach nur keuchend auf dem Leichnam. Mann gegen Mann mit einem verwundeten Opfermutigen zu kämpfen, war, wie mit einer Riesenschlange zu ringen, und jeder Muskel in Jarnulfs Körper zitterte. Er hatte Mühe, seine Lunge wieder mit Luft zu füllen, und wenn er nicht das Geräusch hinter sich gehört hätte, wäre er gestorben.

Er konnte sich gerade noch seitlich wegrollen, als der dritte Opfermutige auf ihn zustürzte. Der Speerstoß, der ihn hätte töten sollen, traf stattdessen den Leichnam des Opfermutigen. Wütend auf sich selbst, weil er davon ausgegangen war, dass ein Spähtrupp so weit auf feindlichem Gebiet nur aus zwei Kriegern bestand, packte Jarnulf den Speer und hielt ihn fest, damit ihn der Norne nicht zu einem erneuten Stoß herausziehen konnte. Der Hikeda'ya lehnte sich, am Speer zerrend, zurück, wodurch Jarnulf für den Moment sicher war. Der Gegner war zu weit weg, als dass er ihm den Dolch in ein lebenswichtiges Organ hätte stoßen können, also rammte er ihn in den Stiefel des Opfermutigen. In dem kurzen Moment, als die bleiche Kreatur nach Luft schnappte (aber nicht schrie – die Hikeda'ya hatten sich auch in Augenblicken größter Pein in der Gewalt), konnte sich Jarnulf den Bogen des toten Kundschafters greifen. Er schwang ihn dem dritten Nornen mit solcher Wucht ins Gesicht, dass das Griffstück entzweibrach. Als der weißgekleidete Krieger den Kopf vor einem weiteren Hieb zu schützen versuchte, stürzte sich Jarnulf auf ihn, in jeder Hand einen Teil des zerbrochenen Bogens.

Er schaffte es, die Bogensehne, die die Teile noch immer verband, dem Hikeda'ya um den Hals zu schlingen, und nutzte den Schwung seiner Bewegung, um hinter ihn zu gelangen. Sofort zog er die Sehnenschlinge mit aller Kraft zu und stemmte dabei dem Nornen das Knie in den Rücken. Die Kreatur kratzte Jarnulf die Handrücken blutig, aber die Bogensehne war in Nakkiga gefertigt und praktisch unzerreißbar, und Jarnulf war obendrein schwerer als sein Gegner. Auch wenn dieser vermutlich stärker war, brauchte Jarnulf jetzt nur noch die Bogenstücke festzuhalten.

Es dauerte dennoch lange – furchtbar lange –, aber schließlich erlahmte die Gegenwehr des weißhäutigen Wesens.

Trotzdem zog Jarnulf die Schlinge zusammen, bis seine Armmuskeln nicht mehr mitmachten. Dann ließ er los und fiel neben dem zweiten Leichnam in den Schnee. Wenn noch ein vierter Opfermutiger in der Nähe wäre, würde Jarnulf gleich sterben.

Es gab kein viertes Mitglied des Kundschaftertrupps. Zerschlagen, zerkratzt, müde wie seit Wochen nicht mehr, rappelte Jarnulf sich auf, um seine heilige Aufgabe zu vollenden. Das Töten war nur der erste Teil. Tote als solche waren bedeutungslos. Die *Furcht* – auf sie kam es an.

Er zerrte die drei Toten zum Stamm einer Tanne und lehnte sie daran. Dann nahm er eine Handvoll Blut aus der Bauchwunde des Nornen, legte seine andere Hand flach in den Schnee und blies auf das Blut, bis es in feinen Tröpfchen auf seine gespreizten Finger und deren Umgebung stob. Als er die Hand wegnahm, war da im Schnee die klar umrissene weiße Form einer Hand, umrandet von rotem Blut. Dann kniete er sich hin, um zu beten.

»Ich weihe die Leichen deiner Feinde dir, o Gott. Mögen sie alle deinen Zorn fürchten lernen.«

Doch anders als früher fühlte er, als er fertig war, keine Euphorie oder auch nur Befriedigung. Der Anblick der drei toten Nornenkundschafter verunsicherte ihn auf eine Art und Weise, wie es sonst nie der Fall gewesen war. Ihre leeren, dunklen Augen schienen seine eigene innere Leere widerzuspiegeln. Wie konnte er einfach weiterhin tun, was er so viele Jahre getan hatte, wenn die Worte des Leichenriesen alles verändert hatten? Wenn Königin Utuk'ku wach war und die Hikeda'ya zum Krieg rüsteten, waren sie nicht das erschöpfte Häuflein, für das er sie gehalten hatte, und sein ganzer Feldzug hatte nichts gebracht. Nur Tod und noch mehr Tod.

Jarnulf wusste, er durfte nicht bei den Leichen verweilen. Er fand seinen Bogen und sammelte seine Pfeile ein. Er wischte das Blut von seinen Stiefeln, um es Feinden, die vielleicht in der Nähe waren, nicht zu leicht zu machen, seiner Spur zu folgen, und stieg dann mit wackligen Beinen zum Wald hinauf. Als er genügend schützende Bäume zwischen sich und die Stelle gebracht hatte, wo die toten Opfermutigen unter dem kalten Himmel lagen, fiel Jarnulf auf die Knie, presste die noch vom Blut der sogenannten Unsterblichen gefärbten Hände aneinander und schickte ein weiteres Gebet zum Himmel, diesmal ein stilles.

Vater, *mein teurer* Vater, *wo auch immer Ihr seid, ob im Himmel bei den Heiligen oder als Gefangener in der finsteren Feste des Feindes, helft mir, meinen Weg zu erkennen.*

Und allmächtiger Gott, du mein anderer und wahrster Vater, im Namen deines heiligen Sohnes Usires Ädon, meines Erlösers, sage mir, was du von deinem Diener willst. Was nützt es, bloße Sklaven zu bestrafen, wenn ihre Herrin, die Weiße Hexe von Nakkiga, noch am Leben ist? Ich fürchte, ich weiß den Weg nicht mehr. Sage mir, was du von mir erwartest. Tu deinem Diener deinen Willen kund.

Er stand auf, hielt aber den Kopf noch eine ganze Weile gebeugt.

Ich bitte dich nur um eines – gib mir ein Zeichen, oh Herr. Gib mir ein Zeichen.

»Du da, Schwarzdrossel.« Makho wischte sich Fett vom Kinn und zeigte auf die Schneehasen, die auf dem Boden lagen wie ein Haufen blutbefleckter Schnee. »Gib die restlichen dem Riesen.«

Nezeru ergriff mit jeder Hand zwei Hasen. Sie schätzte sich glücklich, dass sie auch ein paar Handvoll gebratenen Fleischs bekommen hatte, und fragte sich, ob Makho ihr überhaupt etwas zu essen gegeben hätte, wenn er nicht glaubte, dass in ihr ein Kind heranwuchs. Sie gewöhnte sich allmählich an die niedrigen Aufgaben, die ihr Handführer Makho zuwies. Wobei ihr auch gar nichts anderes übrigblieb: Es war klar, dass Makho sie wesentlich lieber in der Bittermondfeste zurückgelassen hätte.

Aber besser duldsam sein als auffallen, ermahnte sich Nezeru. Das war einer der Lieblingssprüche ihres Vaters Viyeki, auch wenn er selbst keineswegs so zurückhaltend war, wie er sich gern gab. Doch jetzt, da sie in Schande gefallen und degradiert worden war und so viele Meilen zwischen ihr und ihrer Familie und ihrem Clan lagen, schien es ein guter Rat zu sein.

Mit knirschenden Schritten ging sie über den unebenen Schnee dorthin, wo die massige helle Gestalt des Riesen am Boden saß wie ein kleiner Berg. Sie blieb wie immer außer Reichweite der Kreatur stehen und warf ihr dann die zwei Paar Hasen hin. Der große grauweiße Kopf hob sich, und Nezeru erstarrte unwillkürlich. Die weiten Nüstern bebten.

»Ah.« Die Stimme des Riesen grollte wie ein Tunneleinsturz in den Tiefen Nakkigas. »Goh Gam Gar wird also heute Abend nicht verhungern.« Eine ledrige Hand, so dunkelbraun, dass sie fast schon schwarz wirkte, langte zu und umschloss die Hasen, als wären sie fellbedeckte Erbsenschoten. »Setz dich und rede, während ich esse«, grollte er. Seine Stimme ließ ihre Knochen vibrieren. »Oder fürchtest du dich vor dem alten Gar?«

Nezeru fand ihre Stimme wieder. »Ich fürchte nur das Versagen.«

»Ein Feind, den du sicher gut kennst. Setz dich.«

Nezeru zögerte. Sie wusste, der Riese musste dem kristallenen Stachelstock gehorchen, den Makho bei sich hatte, und der Handführer würde nicht zulassen, dass der Riese ihr etwas tat, solange er glaubte, dass sie ein Kind im Leib trug. *Außerdem bin ich immer noch eine Klaue der Königin*, sagte sie sich. *Das hat mir nicht mal mein Versagen genommen. Noch nicht.*

Sie fand einen umgestürzten Baum, der gerade außer Reichweite der langen Arme war, zumindest, solange der Riese sitzen blieb. Die Hikeda'ya kampierten an dem Waldrand, dem sie jetzt schon tagelang folgten, und es gab Bäume in Hülle und Fülle, aber Makho hatte ihr befohlen, nur ein kleines Kochfeuer zu machen und ausschließlich trockenes Holz zu verwenden. Sie fand es seltsam, dass der Handführer hier, wo es praktisch kein anderes Lebewesen gab, so viel Vorsicht walten ließ.

Der Riese starrte sie an. Seine Augen waren schwarz und unter dem knochigen Brauenwulst kaum zu sehen, aber in der Mitte schien jeweils ein hellgrüner Funke zu glimmen. »Du bist weiblich«, sagte der Riese unvermittelt. »Du siehst aus wie die anderen, aber ich rieche deinen weiblichen Schoß.« Er packte einen Hasen mit Daumen und Zeigefinger, beide so dick wie Nezerus Arme, sog die Hälfte in sich hinein, samt Fell und allem, und stopfte dann den Rest hinterher. Sie hörte die Knochen knacken, als er kaute. »Ich habe gehört, du wirst werfen, aber davon rieche ich nichts. Gar fragt sich warum.«

Panik überkam Nezeru, doch der Riese hatte diese letzten Worte eher beiläufig gesagt, also beschloss sie, so zu tun, als hätte sie sie nicht gehört. »Ja, ich bin weiblich«, sagte sie schließlich. »Wie kommt es, dass du unsere Sprache sprichst?«

»Welche Sprache sollte ich denn sonst sprechen?« Goh Gam Gar lächelte – jedenfalls hielt sie es für eine Art Lächeln, als er mächtige gelbe Zähne entblößte. Kurz wirkte er fast wie ein Mensch. Fast. »Unter uns sprechen wir nicht. Wir leben weit auseinander, und wenn sich zwei Männchen begegnen, reden sie nicht wie bei euch, sie kämpfen um das Revier. Wir müssen viel essen. Wir brauchen ein großes Gebiet, um uns zu ernähren.« Er biss dem zweiten Hasen den Kopf ab und saugte ihn aus, bis nur die leere Fellhülle übrig war, rollte diese dann zusammen und verspeiste sie fast vornehm.

»Wie hast du's dann gelernt?«

»Viele von uns lernen sprechen, wenn sie lange genug leben. Viele von uns haben für eure Königin Utuk'ku gekämpft. Wir lernen die Wörter der Befehle, die Kommandos zum Angriff. Aber das Töten muss uns niemand beibringen.« Wieder das gelbe Grinsen. »Aber ich spreche am besten, weil ich der Älteste bin. Ich bin der Größte. Dreihundert Jahrkreise oder mehr lebt Goh Gam Gar jetzt schon, und die meiste Zeit war er ein Gefangener der Königin. Ich habe für sie in den südlichen Landen gekämpft, als der Turm fiel, und von allen meiner Art, die dort waren, bin ich allein in die Berge zurückgekehrt.« Die Augen wurden schmal. »Oh ja, Gar hat viele von euren Wörtern gelernt. Peitsche. Ketten. Feuer.«

»Eure Verluste im Süden müssen groß gewesen sein«, sagte sie vorsichtig. »Ich weiß, dass viele Riesen dort gestorben sind.«

»Mein Weibchen. Meine Jungen, manche noch nicht mal ausgewachsen.« Er sah sie so finster an, dass sie den Blick senkte.

»Tut mir leid.« Das stimmte, jedenfalls in diesem Augenblick. Nezerus eigenes Volk hatte im Lauf der Jahre so große Verluste erlitten, dass sie kein Sieg, den es je erringen könnte, wettzumachen vermochte. Was Verlust bedeutete, wussten die Hikeda'ya.

Der Riese starrte sie weiter an. Zuerst hoffte sie schon fast – auch wenn der Gedanke noch so beängstigend war –, dass er sie nur als denkbare Mahlzeit abwog. Doch je länger sie dem Monster gegenübersaß, desto überzeugter war sie, dass da etwas anderes vor sich ging, dass er vielleicht sogar hinter ihr Geheimnis gekommen war.

Sie anzustarren, hinderte Goh Gam Gar nicht daran, sich die letzten beiden Hasen ins Maul zu stopfen und sie unzerkaut hinunterzuschlingen. Sie dachte, dass es ihm kaum schwerer fallen würde, das Gleiche mit ihr zu machen.

»Hierher, Schwarzdrossel«, rief Makho vom anderen Ende des Lagers herüber. Er nannte sie so wegen der alten Geschichte von der Schwarzdrossel, die aus Feigheit eine wichtige Botschaft nicht überbrachte. Es war eine alte Beleidigung unter Hikeda'ya, und sie schmerzte sie jedes Mal.

»Schwarzdrossel?« Ein tiefes Grollen ließ ihre Füße und Beine erbeben. Der Riese lachte. »Wir haben etwas gemeinsam, du und ich. Dein Herr Makho ist auch mein Herr. Er hat das kleine Geschenk der Königin bei sich. Wenn ich ihm nicht gehorchen würde oder etwas täte, was ihm nicht gefällt, könnte er mir solche Pein zufügen, dass ich mich am Boden wälzen und heulen und brüllen würde, bis es mir das Herz in der Brust zerrisse.«

Sie stand auf und ging ans Kochfeuer zurück, von dem nur noch ein feiner Rauchfaden aufstieg. Die Sonne verschwand gerade hinter den Bergen im Westen, und das ganze Tal war in Schatten getaucht. Bald würde es dunkel werden, und sie würden weiterziehen.

»Sattle die Pferde«, sagte Makho, noch bevor sie bei ihm ankam. »Kemme ist vom Kundschaften zurück. Wir brechen auf, sobald die Sterne erglühen.«

Das felsige Tal verengte sich zu einer schmalen Pfadrinne, und als über ihnen die vertrauten Sterne erschienen waren, erklommen Nezeru und die anderen hintereinander einen steilen Felshang, und nur ihre Trittsicherheit und die ihrer Pferde bewahrte sie vor dem Absturz. Direkt über dem Horizont folgte der Stern namens Gottesanbeterin einem weniger hellen namens Sturmauge, was bedeutete, dass sie weiter südlich waren, als sie gedacht hatte. Nezeru fragte sich, warum Makho sie so tief in die Menschenlande geführt hatte, wenn ihr Ziel doch so weit östlich lag.

Eine Schleiereule glitt so dicht über sie hinweg, dass sie sie hätte berühren können, ein lautloses weißes Etwas, das in dem Moment zwischen zwei Herzschlägen auftauchte und wieder verschwand. Gleich darauf hörte Nezeru den kreischenden Ruf der Eule in den Bäumen unterhalb des Felshangs, und plötzlich überkam sie ein überwältigender Wunsch nach Freiheit. Es war ein so ungewöhnliches Gefühl, dass sie es kaum benennen konnte … gehen, wohin sie wollte, leben, wie es ihr gefiel … Doch dafür müsste sie alles verraten, was sie kannte. Von ihrem Ordenseid frei sein – eher noch könnte sie wie ein Tinukeda'ya-Gestaltwandler aus den alten Sagen Federn und Flügel treiben und eine echte Schwarzdrossel werden. Und was wäre sie denn ohne diesen Eid? Ein Halbblut. Ein Feigling und eine Lügnerin. Nur diese Mission konnte das ändern, sie war ihre einzige Möglichkeit, sich zu beweisen.

»Die Gottesanbeterin ist heute Nacht hell«, sagte eine Stimme direkt hinter ihr. Mit der Selbstbeherrschung, die sie durch manche Züchtigung im Ordenshaus erlangt hatte, ließ Nezeru die Überraschung durch sich hindurchfluten. Saomeji, der weißgewandete Sänger, war lautlos und unauffällig wie ein Schneewiesel hinter ihr aufgetaucht, während sie ihren Gedanken nachhing. »Das ist ein gutes Omen für unsere Mission.«

»Unser Leben gehört der Königin.« Es war die förmlichste Antwort, die ihr einfiel.

Er folgte ihr einige Augenblicke schweigend, ehe er leise sagte: »Ich hätte dich nicht so bestraft wie Makho.«

Das schien ihr eine sehr ungewöhnliche Bemerkung. Makho und Kemme waren ein ganzes Stück vor ihnen, sie sah lediglich Ibi-Khais Kopf hinter der nächsten Biegung des Pfads, also war es wohl nicht besonders riskant, so zu sprechen, aber *warum* tat er es? Hoffte er, sie zu irgendeiner verräterischen Äußerung über den Handführer der Königin zu verleiten?

»Ich habe versagt«, sagte sie. »Ich bin bestraft worden, wie ich es verdient habe.«

»Das Versagen eines Untergebenen ist meist ebenso die Schuld des Vorgesetzten wie seine eigene.«

Nezeru kam nicht dahinter, was Saomeji von ihr wollte, und das beunruhigte sie. Der Sänger war ihr die letzten Tage aus dem Weg gegangen, aber das galt auch für die anderen – der Gestank des Versagens haftete an ihr wie der nach verfaultem Fleisch den Zähnen eines Riesen. Wollte er sich nur mit ihr paaren? Das ergab zumindest einen gewissen Sinn, aber selbst wenn der Sänger nichts von ihrer angeblichen Schwangerschaft gehört hatte, würde er es doch wohl nicht wagen, ihren Handführer zu provozieren.

Sie atmete tief durch. »Willst du Makho einen Versager nennen?«

Er lachte. Sie beneidete ihn um die Leichtigkeit, die in diesem Lachen lag. »Nein, nie und nimmer. Die Königin und mein Meister haben gut daran getan, ihn auszusuchen. Er ist wie ein Messer aus feinstem Schwarzstein, so hart und scharf geschliffen, dass er die Luft selbst zu spalten vermag.«

»Mit ›mein Meister‹ meinst du Akhenabi.« Die bodenlosen schwarzen Augen und die faltige Maske des Herrn des Sanges lauerten jetzt am Rand vieler ihrer Träume. »Willst du sagen, er hat diese Hand der Königin zusammengestellt?«

Er ging nicht auf ihre Frage ein. »Der Herr des Sanges ist mehr als nur mein Meister. Er wird der Retter unseres Volkes sein.« Saomeji sagte das so nüchtern, dass es fast klang, als glaubte er es selbst nicht, als gäbe er nur etwas auswendig Gelerntes wieder, aber in seinen befremdlichen goldenen Augen war ein Glimmen, das sie nicht kannte. »Du interessierst ihn, Handschwester. Das habe ich gemerkt.«

Seine Worte rührten etwas in ihr auf, das sie seit der Bittermondfeste beschäftigte. Durch den Abstand zum Rest des Trupps ermutigt, drehte sie sich zu ihm um und fragte: »Warum hat mich dein Meister gehen lassen?«

Der Gesichtsausdruck des Sängers war sorgsam unbeteiligt. »Diese Hand von Klauen untersteht unmittelbar der Königin und ist ihr allein durch den Treueschwur verpflichtet. Wie hätte mein Meister da eingreifen können?«

Dieses Terrain war noch viel gefährlicher als der Felshang, den sie erklommen, doch nachdem sie einmal angefangen hatte, verspürte Nezeru eine Art Freiheitsrausch, als ob diese Nacht und dieser hohe Bergkamm irgendwie außerhalb der Normalität lägen. Ein anderer Teil von ihr war entsetzt über diesen Leichtsinn, aber irgendwie schien nichts mehr wie vorher zu sein, seit Makho sie mit der *hebi-Kei* traktiert hatte. »Das ist doch bestimmt nicht alles, was du dazu sagen kannst, Sänger Saomeji. Handführer Makho wurde von der Königin dafür ausgewählt, diese Hand zu führen. Makho wollte mich zur Bestrafung nach Nakkiga zurückschicken. Warum hat Akhenabi ihn daran gehindert?«

Saomeji sagte eine Weile nichts. Nahezu lautlos arbeiteten sie sich weiter bergauf. Für einen Sänger konnte er so etwas erstaunlich gut.

»Weißt du irgendetwas über meinen Meister, Handschwester?«, fragte Saomeji schließlich. »Außer den Geschichten, die sich die Kinder erzählen?«

»Ich weiß, dass er einer der Ältesten ist«, sagte sie vorsichtig. »Einer der ersten Landgeborenen, nachdem die Schiffe hier gelandet waren. Ich weiß, dass er das Ohr und das Vertrauen der Königin hat. Ich weiß, dass ihn alle Welt fürchtet, auch Leute, die nie sein Gesicht gesehen oder seine Stimme gehört haben.« *Und auch ich*, dachte sie. *Ich wünschte, ich hätte ihn nie von so Nahem gesehen!*

Saomeji schüttelte den Kopf. »Dann weißt du sehr wenig, junge Nezeru. Wir sind gleich alt, du und ich, aber ich weiß mehr als du, viel mehr.« Er blickte geradeaus, als beschriebe er ein Bild, das nur er sehen konnte. »Ich war in den Tiefen unter Nakkiga, jenen uralten Tiefen, die unser Volk nicht mehr betritt, und ich habe Dinge gesehen, die dich in den Wahnsinn stürzen würden … und dennoch bin ich ein Kind im Vergleich zu Akhenabi und seinen engsten Verwandten. Wir alle sind Kinder, verglichen mit ihnen. Die Alten, die Maskierten, sind von einem Scharfblick und einer Weisheit, die unser Vorstellungsvermögen übersteigen. Was sind wir, die wir gerade einmal ein paar Hundert Jahre gelebt haben, verglichen mit denen, die tausend Winter hinter sich haben – oder gar zehntausend?« Er sah sie jetzt mit seinem honigfarbenen Blick an. »Mein Meister hat etwas in dir gesehen. Was, weiß ich nicht und vermag es nicht einmal zu vermuten. Ebenso gut könnte eine Schnecke die Beweggründe des Fußes zu verstehen versuchen, der sie zertritt oder verschont. Denn wir sind klein, Nezeru. Wir sind klein, du und ich und selbst Makho, und unsere Lebensspanne ist kaum länger als die der Sterblichen, die überall herumwimmeln und uns unseren Frieden rauben – ein paar Jahrhunderte, dann sind wir Staub. Die Königin stirbt nicht, und ihre Erwählten sterben auch nicht, obwohl wir übrigen endlich sind. Wie könnten wir beide, du und ich, die Gedanken derer ermessen, die mit angesehen haben, wie die Welt ihre Form veränderte – wie Berge emporwuchsen und Meere austrockneten?«

Du liebst den Klang deiner eigenen Stimme, dachte Nezeru. *Das ist eine Schwäche, die die meisten aus deinem verschwiegenen Orden nicht haben.* Aber sie sagte nur: »Dann könnte ich also gar nicht verstehen, warum mich dein Meister verschont hat, weil ich nie einen Berg habe emporwachsen sehen?«

»Wenn du so willst.« Saomeji klang wieder belustigt, und aus irgendeinem Grund machte ihr das Angst. Er konnte von Geburt nicht höher stehen als sie – er war auch nur ein Halbblut, mit dem zusätzlichen Makel der goldenen Augen ihrer verräterischen Zida'ya-Vettern –, woher also nahm der Bastard-Sänger dieses Selbstbewusstsein? »Es ist nicht deiner Jugend geschuldet, sondern deinem Mangel an Wissen und Vorstellungskraft«, fuhr er fort. »Es sind große Dinge im Gange, größer, als wir beide wissen oder wohl auch nur ahnen können. Doch wenn Makhos Zorn Verzweiflung über dich gebracht hat, gebe ich dir etwas, das diese Verzweiflung dahinschmelzen lassen sollte wie die Sonne dünnen Schnee. Und das ist Folgendes: Der Mächtigste unseres Volkes sieht etwas in dir, Opfermutige Nezeru. Und Magister Akhenabi irrt sich nie.« Er ging ein paar Schritte schweigend weiter und sagte dann: »Schau hoch.«

Der Wind hatte hier oben aufgefrischt, und im ersten Moment dachte sie, sie hätte sich verhört. »Hoch?«

»Dorthin. Siehst du die Sterne am Himmel hängen wie die Laternen über dem Schwarzwasserfeld? Mein Meister Akhenabi sieht die Wege, auf denen sie wandern, sieht, wo sie waren und wo sie sein werden. In meiner kurzen Zeit im Sängerorden habe ich gelernt, wie ihre Bewegung die unsrige hier unten beeinflusst, wie ihr Licht Leben ins Dunkel bringt, aber mein Meister sieht sogar das Dunkel zwischen ihnen. Nicht die Abwesenheit ihres Lichts wohlgemerkt, sondern das Dunkel selbst. Er vermag es zu lesen wie ein Buch.«

Sie blickte zu dem Sternenmeer hinauf. »Ich verstehe dich nicht.«

Wieder hörte sie die Belustigung in seiner Stimme. »Ich verstehe mich manchmal selbst nicht, Handschwester. Als ich im Ordenshaus die Großen Gesänge und die Minderen Gesänge studiert habe, war es, als würde ein Feuer in meinem Denken entzündet. Dieses Feuer brennt immer noch. Manchmal wärmt es mich. Manchmal habe ich das Gefühl, es wird mich verzehren, wird lodern, bis ich nur noch Asche bin, die zu jenen dunklen Orten emporschwebt, wo die Macht der Sterne nicht hinreicht.«

Allmählich glaubte Nezeru, dass dieser Halbblut-Sänger weniger scharfsichtig war als vielmehr wahnsinnig, auf seine Art so beschädigt, wie sie es durch ihre Feigheit und ihr Versagen war. Stimmte es also? Waren alle Mischlinge von Geburt an fehlerhaft?

Ehe einer von ihnen noch etwas sagen konnte, erschien Ibi-Khai vor ihnen auf dem Pfad. »Es wird bald Tag«, verkündete er. Der Echo hatte seine Kapuze zurückgeschlagen; langes schwarzes Haar umwehte sein schmales Gesicht. »Makho und Kemme haben einen Weg hinunter in die Ebene gefunden.« Ibi-Khai wartete offensichtlich, dass sie zu ihm aufschlossen, was bedeutete, dass es keine verwirrenden Gespräche mit Saomeji mehr gab. Nezeru war erleichtert. »Beeilt euch!«, drängte Ibi-Khai. »Wir werden dort haltmachen, bis der Tagstern wieder weg ist.«

»Die Königin wacht über uns«, erwiderte Saomeji.

»Unser Leben gehört ihr«, sagte Ibi-Khai und machte das Zeichen für Gefolgschaftstreue. »Sie ist nicht hoch genug zu preisen.«

Jarnulf hatte sich so lange ausgeruht, wie er es wagte. Seine Verletzungen waren nicht schwer, ein paar tiefe Schnitte, eine mäßige Schwellung am Kopf, ein paar Kratzer und Schrammen. Er hatte keine Ahnung, ob die drei toten Nornen eine weiträumige Patrouille aus der Bittermondfeste waren oder der Spähtrupp eines größeren Aufgebots, doch so gut sich das Südende des Mondfalltals auch für einen Hinterhalt geeignet hatte, so ungünstig war es, um einem entschlossenen Trupp von Opfermutigen, der Jagd auf ihn machen würde, zu entrinnen. Größere Hikeda'ya-Trupps führten oft eine Meute der schrecklichen weißen Hunde aus den Zwingern Nakkigas mit sich, damit sie bei Tag, wenn die Wolkenkinder nicht gern unterwegs waren, das Lager schützten. Zweibeinigen Verfolgern würde er hier an den bewaldeten Talflanken mit etwas Glück vielleicht entkommen können, aber gegen eine Meute von Nakkiga-Hunden, das war Jarnulf klar, hätte er keine Chance.

Ihm war auch klar, dass er wegen des steilen, windgepeitschten, eisigen Felskamms von hier aus nicht direkt über die Berge fliehen konnte. Am anderen Ende des Tals hätte er mehr Möglichkeiten, unter anderem einen Pass, der nicht ganz so steil anstieg und über den er notfalls in Hikeda'ya-Lande gelangen konnte, wo es leichter wäre, sich zu verstecken, jedenfalls so lange, bis eine größere Schar südwärts ziehender Nornen, so es sie denn gab, an ihm vorbei wäre. Normalerweise würde er sich nie so nahe an eine der Grenzfestungen heranwagen, aber er konnte die beunruhigenden Worte des Riesen nicht vergessen. Wenn die Kreatur die Wahrheit gesagt hatte und die maskierte Königin tatsächlich noch lebte, stimmte es dann auch, dass die Hikeda'ya einen neuen Einfall in die Menschenlande planten? Was bedeutete sein einsamer Feldzug dann noch? Was war schon ein toter Opfermutiger hier und da, wenn Tausende weiterer gen Süden marschierten, um sterbliche Männer und Frauen abzuschlachten?

Es war das seltsamste Kriegshäuflein, das Jarnulf je gesehen hatte. Von seinem hochgelegenen, wohlverborgenen Plätzchen am Südende des Passes aus konnte er klar erkennen, dass die fünf menschenähnlichen Gestalten allesamt Hikeda'ya waren. Fünf von ihnen hier in dieser Wildnis unterwegs – das bedeutete eine »Hand«, eine Art Kommandotrupp, denn Kundschafter agierten meist in noch kleineren Grüppchen. Wie alle derartigen Trupps bewegte sich auch diese Hand bevorzugt nachts fort und beschränkte das Feuermachen aufs Nötigste. Insoweit schien nichts an ihnen ungewöhnlich. Doch statt fünf Gestalten sah er dort unten sechs, und die sechste war monströs groß. Von hier oben sah sie, auch von den Bewegungen her, wie ein Hune aus, aber wenn es sich um einen solchen handelte, dann war es der größte, den Jarnulf je gesehen hatte, und er war etlichen begegnet. Außerdem schien die Kreatur in keiner Weise gefesselt zu sein, was überhaupt keinen Sinn ergab. Die Hikeda'ya benutzten zwar oft Riesen im Kampf, aber dann war für jeden ein eigener kleiner Trupp von Opfermutigen nötig, der dafür sorgte, dass das Monster die Feinde der Hikeda'ya attackierte und nicht diese selbst. Dieser Riese schien sich frei zu bewegen – kein Sklave, sondern ein Kampfgefährte, falls so etwas überhaupt vorstellbar war.

Jarnulf musste eine Entscheidung fällen und zwar bald. Noch ein halber Tag höchstens, und sie würden die Stelle erreichen, wo er die toten Nornenkundschafter hinterlassen und das blutige Werk mit seiner üblichen weißen Hand signiert hatte, also gebot die Vernunft, so weit wie möglich von diesen Hikeda'ya und ihrem Schoßriesen weg zu bleiben. Aber da war etwas, das er nicht verstand, etwas, das an ihm zog und zerrte und ihn dazu brachte, mehr wissen zu wollen. War das da das Zeichen, um das er Gott gebeten hatte? Oder nur ein weiteres seltsames Vorkommnis in diesem seltsamsten aller Frühjahre?

Und das ist meine Schwäche, dachte er. *Jedenfalls gibt es Leute, die das sagen würden.* Vater *hat mich immer angehalten: »Mach Neugier zu deiner Stärke.« Aber Meister Xoka hat immer gesagt: »Weisheit sucht nichts, denn zu gegebener Zeit findet der Tod uns alle, und dann sind alle Lektionen gelernt.« Und auch jetzt noch, nach all den Jahren, schwinge ich wie ein Fähnlein zwischen diesen beiden Stimmen hin und her.*

Schließlich gewann *Vater:* Jarnulf pirschte sich näher heran, aber nicht zu nahe. Er bewegte sich hoch am Hang parallel zu der seltsamen Reisegesellschaft. Ein Hune witterte, was selbst dem scharfen Geruchssinn der Hikeda'ya entging, und das Letzte, was Jarnulf wollte, war, von einem hungrigen Riesen gejagt zu werden.

Die Klauen fanden einen Lagerplatz, wo sie durch einen überhängenden Felsen vor der aufgehenden Sonne geschützt wären, doch obwohl Nezerus Beine vom Aufstieg auf die Passhöhe und dem langen Abstieg müde waren und ein, zwei Stunden Schlaf ihr guttun würden, konnte sie nicht einschlafen. Das seltsame Gespräch mit Saomeji hatte ihre Gedanken in Aufruhr versetzt.

Was konnte Akhenabi in ihr gesehen haben? Von einem der hohen Adligen Nakkigas bemerkt zu werden, war normalerweise etwas, worauf man stolz sein konnte, eine Auszeichnung, die man sein Leben lang trug. Und von einem der Landgeborenen aus der Masse herausgehoben zu werden, war eine so unermessliche Ehre, dass es praktisch nie vorkam. Warum fühlte sie sich dann, als hinge ein fürchterliches Gewicht über ihrem Kopf?

Nezeru hatte immer schon gewusst, dass sie anders war. Die Familie, die Freunde und Bediensteten ihres Vaters hatten sie immer mit schonender Distanz behandelt, aber die anderen Kinder waren nicht so rücksichtsvoll gewesen. Jeder Blick und jedes Wort derer, die das Glück hatten, dass ihre Eltern beide Hikeda'ya waren, hatten Nezeru klargemacht, dass sie nicht wie sie war, nie wirklich zu ihnen gehören konnte. Sie war eine Notwendigkeit, beruhend auf dem Ausbleiben reinblütiger Nachkommen, und deshalb eine etwas peinliche Erinnerung daran, wie sehr es mit den Hikeda'ya seit ihren großen Zeiten bergab gegangen war.

Im Garten gab es keine Mischlinge. Das hatte man ihr oft genug gesagt, mit Worten und auf manch andere, nicht minder deutliche Art.

Aber sie war andererseits eines jener Beispiele für die doch noch geglückte Fortpflanzung hochstehender Hikeda'ya, deren Ehen zum Teil schon jahrhundertelang kinderlos geblieben waren, und ob sie nun von denjenigen, deren Blut voll und ganz aus dem Garten stammte, akzeptiert wurde oder nicht – ihr war Beachtung zuteilgeworden. Im Jahr ihrer Geburt waren den adligen Familien Nakkigas nur ein paar Hundert Kinder geboren worden, und von diesen war nicht einmal ein Viertel reinblütig. Und als sie sich dann in den Kampfspielen, die man für die kleineren Kinder veranstaltete, praktisch all ihren Altersgenossen überlegen gezeigt hatte – schneller, besser, ebenso bereit, anderen Halbblutkindern Schmerzen zuzufügen wie jenen Altersgenossen, die sie wegen ihres Geburtsmakels verachteten –, war das dem Adel nicht entgangen. Der Orden der Opfermutigen war seit der furchtbaren Niederlage im alten Asu'a begierig auf Krieger. Wie ein Betrunkener, der Diebespoesie zu spielen versuchte, war sie von Anfang an im Nachteil gewesen, und doch hatte sie es irgendwie geschafft, den Makel ihres Blutes wettzumachen und Kriegerin zu werden. Aber das Getuschel und die verächtlichen Blicke waren dadurch nicht weniger geworden.

Knirschende Schritte im Schnee und ein fauliger Geruch rissen sie aus ihren Gedanken. Nezeru setzte sich auf, aber es war nur der Riese, Goh Gam Gar, der sich im letzten Nachtgrau vom Lager entfernte. Makho ging ein paar Schritte hinter der Kreatur, sein Gesicht eine undeutbare Maske.

»Leg dich hin«, sagte der Handführer. »Das geht dich nichts an.«

Sie wollte sich nicht mit Makho auseinandersetzen – im Moment wollte sie seine Aufmerksamkeit überhaupt nicht auf sich lenken –, deshalb legte sie sich wieder hin, aber sie beobachtete doch, wie er dem Riesen aus dem Schutz des Felsüberhangs folgte.

Der Riese muss pissen, begriff sie, *und unser Handführer will nicht, dass er es zu nah am Lager tut.* Jemand ohne ihre Ausbildung hätte es vielleicht lustig gefunden, dass der Anführer einer Hand der Königin seinem Riesen hinterherging wie ein Schäfer seinem Hund.

Die beiden Gestalten, die kleine und die riesige, waren Umrisse vor dem lila Himmel und den verblassenden Sternen, als sie sich wieder zum Schlafen einrollte. Kaum dass sie die Augen zugemacht hatte, schrien plötzlich alle Pferde gleichzeitig, und die Erde unter ihr hob sich mit einem scharfen Krachen, als ob ein Keil Stein spaltete. Dem folgte augenblicklich das grässlichste Schreck- und Wutgebrüll, das sie je gehört hatte; sie hätte nie geglaubt, dass ein Lebewesen solche Geräusche hervorbringen konnte.

Der Boden neigte sich – so jedenfalls schien es Nezeru, als sie sich aufrappelte. Nur wenige Schritte weiter war die trübweiße Fläche, die sich dort erstreckt hatte, jetzt ein großer, ausgezackter grauschwarzer Kreis, und kleine Kreaturen – *Hunderte* solcher Kreaturen – strömten aus dem dunklen Loch hervor. Sie hörte den Riesen noch immer brüllen, aber es klang erstickt. Nezeru begriff, dass er durchs Eis gebrochen sein musste.

»Achtung!«, schrie Kemme. »*Furi'a!*« Sie hörte das metallene Klingen seines Schwerts, als er es aus der Scheide zog. Hastig suchte sie ihr eigenes Schwert in den Eissplittern zu ihren Füßen. Die ersten der schwarzen Kreaturen kamen auf sie zugekrabbelt wie junge Spinnen; ihre Augen glitzerten im Zwielicht, und Gier und Wut verzerrten ihre kleinen Gesichter. Sie hatten bereits eins der Pferde niedergezogen und waren, nach dem panischen Schreien des Tiers zu urteilen, im Begriff, es bei lebendigem Leib aufzufressen.

Kobolde, ging ihr auf, und ihr Herz wurde kalt und schwer. *Der Riese ist in eins ihrer Nester gefallen.* Sie hörte Goh Gam Gar wieder brüllen, aber jetzt so gurgelnd, als erstickte die riesige Kreatur an ihrem eigenen Blut.

Der Riese war im gefrorenen Boden verschwunden, und die zwitschernden kleinen, menschenähnlich geformten Wesen, die die Hikeda'ya Furi'a und die Menschen ›Gräber‹ nannten, strömten aus dem Loch im Eis hervor wie Feuerameisen aus einem Nest. Schon hatten sich Dutzende auf Kemme und Ibi-Khai ergossen. Von Makho sah und hörte sie nichts. Er war höchstwahrscheinlich mit dem Riesen durchs Eis gebrochen.

Das ist das Ende, dachte Nezeru. *So vielen entkommen wir nie.* Kleine Hände mit abgebrochenen Nägeln klammerten sich an ihren Beinen fest, und zwitschernde Wesen kletterten an ihr hinauf wie an einem Baum. Sie kam nicht mal mehr dazu, noch ein letztes Mal ihren Totengesang zu singen, bevor die Kreaturen auf sie einfluteten.

18

EIN SCHLIMMES BUCH

Lillia hatte in ihrem Leben so viel Zeit damit verbracht, den gemalten Sankt Wiglaf hinter dem Altar anzustarren, dass er ihr schon fast wie ein Verwandter vorkam – einer von der langweiligen Sorte. Morgenandachten waren besonders hart. Lillia liebte Gott, wie es sich gehörte, aber es war so schwer, als Erstes am Tag stillzusitzen und zuzuhören, wie Vater Nulles aus dem Buch Ädon vorlas, was die Menschen nach Gottes Gebot alles nicht tun durften.

Wenigstens war es ein interessantes Gemälde: Noch während sie ihn an einem Baum aufhängten, weil er ein Ädonit war, weigerte sich Sankt Wiglaf, den hernystirischen Usurpator, König Tethtain, anzuerkennen. Als kleines Kind hatte sie gedacht, der Heilige hieße Wiglamp, wegen der hellen Strahlen, die auf dem Bild von seinem Kopf ausgingen, und in ihrer Vorstellung war er immer noch der tapfere Wiglamp, der Gott auch dann noch anrief, als Tethtains Männer ihn hochhieven wollten und vier von ihnen an dem Seil zerrten, während der finstere, bärtige Tethtain zuschaute. Es hatte zehn Männer gebraucht, um den einen dünnen Mönch zu hängen, was ein Wunder war, wenn Lillia auch immer schon dachte, es wäre ein noch besseres Wunder, wenn sie es erst gar nicht geschafft hätten, ihn zu hängen.

Sie zog an Gräfin Rhonas Hand, zuerst sachte, dann fester.

»*Was*, Lillia?«

»Ich muss mal.«

»Vater Nulles ist gleich fertig. Halte noch ein bisschen durch.«

Lillia stöhnte, aber nur leise. Vater Nulles war nett, auf seine rotgesichtige Art, und sie wollte ihn nicht ärgern. Sie wollte einfach nur nicht länger in der Kapelle sitzen.

Endlich war Vater Nulles mit den Großen Sünden durch und erteilte den Segen. Gewöhnlich redete Rhona hinterher noch ein bisschen mit ihm, aber diesmal hieß sie Lillia einfach nur knicksen und drückte dem Priester eine Silbermünze für die Armen in die Hand.

»Ich fühle mich nicht wohl«, sagte die Gräfin, als Lillia vom Abtritt der Kapelle zurückkam und sie beide in die lange Wandelhalle hinausgingen. »Ich glaube, ich muss mich ein bisschen hinlegen.«

»Hinlegen?« Lillia war entsetzt. »Aber ich hab' dir doch gesagt, dass heute auf dem Gemeindeanger von Erchester Jahrmarkt ist. Es gibt da sogar einen Bären, der tanzen kann!«

»Tut mir leid, Häschen, aber ich habe meinen Mondfluss und möchte mich nur hinlegen.«

Lillia zog eine Grimasse, die sich hässlich anfühlte. »Du hast gesagt, du gehst mit mir hin. Du bist eine Lügnerin!«

»Deine Manieren werden jeden Tag schlimmer.«

»Du musst mit mir hingehen. Du hast es versprochen!«

Rhona sah sie tadelnd an. »Nein, muss ich nicht, weil mir die Kraft dazu fehlt, egal, was ich versprochen habe. Und wenn ich nun todkrank wäre – mögen die Götter das Ohr abwenden –, was dann? Nein, Kind, heute musst du zu Hause bleiben.«

»Du kannst mich nicht zwingen. Eine Prinzessin ist mehr als eine Gräfin, also kannst du nicht über mich bestimmen.«

Ihre Betreuerin seufzte. »Bei Mircha in ihrem Mantel aus Regen, du bist wahrhaftig ein Dickkopf. Aber nicht einmal du, Prinzessin Ich-will-aber, kannst diesem Schmerz in meinem Leib Einhalt gebieten, also wirst du dich heute im Palast vergnügen müssen.«

Lillia war so wütend, dass sie sich liebsten losgerissen hätte und weggerannt wäre, aber an Tante Rhoners blassem Gesicht sah sie, dass es ihr wirklich nicht gut ging. Trotzdem – Lillia hatte die ganze Zeit an den Tanzbären gedacht, seit ihr am Vorabend eins der Kammermädchen von ihm erzählt hatte, und sie wollte ihn *unbedingt* sehen. »Wenn es dir später besser geht, können wir dann hingehen?«

»Kind, auch wenn es mir zehnmal besser ginge, wäre mir immer noch nicht danach. Vielleicht morgen. Und jetzt möchte ich mich bitte ein wenig hinlegen.«

Aber ein bisschen musste Lillia der Gräfin doch leidtun, denn sie nahmen den langen Weg zurück, durch den Heckengarten. Der Regen der letzten Zeit hatte die Heckenskulpturen frisches Grün austreiben lassen, und da sie schon länger nicht mehr geschnitten worden waren, konnte man die Tiere nicht auf Anhieb erkennen, was Lillia sehr gefiel. Verwandelte sich der Löwe gerade in ein Kaninchen? Wurde das edle Pferd zum Drachen? Sie wusste, dieser Umweg war ein kleines Geschenk der Gräfin, also drückte sie zum Dank ihre Hand.

Als sie an den Wachen vorbei das Wohngebäude betreten hatten, brachte Rhona Lillia in ihr Zimmer. »Bleib hier, Schätzchen. Du hast Beschäftigung genug, Lesen, Nähen und deine Puppen. Und wenn du zwischendurch Hunger hast, frag eine der Dienerinnen deiner Mutter, ob sie dir etwas holen kann. Ach ja, würdest du bitte jetzt gleich hingehen und eine von ihnen bitten, mir eine heiße Milch mit Melasse und Muskat zu bringen? Ich habe grimmige Kopfschmerzen.«

Verdrossen ging Lillia zu einer der jüngeren Dienerinnen ihrer Mutter und richtete Gräfin Rhonas Wunsch aus, lehnte es aber ab, zu warten und den Trank selbst zu überbringen, was sie als kleines Kind immer gern getan hatte. Jetzt, da sie größer war, hatte sie Wichtigeres zu tun, zum Beispiel eine Möglichkeit zu finden, wie sie doch nach Erchester kommen und den Tanzbären sehen konnte.

Wenn sie ein Junge wäre, würde sie sich vielleicht allein davonstehlen. Sie wusste, ihr Bruder Morgan hatte das mehr als einmal getan, und er war zwar dafür bestraft worden, aber Lillia hatte die Strafe nie besonders schlimm gefunden. Doch so nachsichtig Königin-Oma Miriamel auch mit Morgan gewesen sein mochte, sie, Lillia, würde nicht so leicht davonkommen. Selbst hier im Inneren Zwinger durfte sie den Bereich des Wohngebäudes nur in Begleitung eines Erwachsenen verlassen, und oft mussten auch noch Wachen mitkommen. Königin-Oma Miriamel war jetzt zwar auf Reisen, aber wenn sie wieder zurück war, wollte Lillia nicht in diese blitzenden grünen Augen blicken und gestehen müssen, dass sie gegen eine der strengsten Regeln verstoßen hatte.

Aber wie sonst sollte sie all die wunderbaren Dinge sehen können, die in Erchester auf sie warteten? Das Kammermädchen hatte gesagt, der Bär schaue ganz traurig drein und sei das Komischste, was sie gesehen habe, aber es gebe dort auch noch Jongleure und einen Feuerschlucker und Hyrka-Tänzer und Ringer und andere Wettkämpfe. In ein, zwei Tagen würde das alles vorbei sein. Und wenn Tante Rhoner nun wirklich krank war? Dann würde Lillia gar nichts davon sehen!

Je länger sie darüber nachdachte, desto klarer wurde ihr, dass sie etwas so Wichtiges nicht dem Zufall überlassen konnte. Onkel Timo oder König-Opa Simon hätte sie bestimmt überreden können, mit ihr hinzugehen, aber die waren beide nicht da, also brauchte sie einen Plan.

Sie war wieder in den Heckengarten spaziert und hatte sich auf eine Steinbank gesetzt. Mit den Beinen baumelnd, zerriss sie Blätter und ließ die Fetzchen zu Boden trudeln. Das grüne Häufchen auf dem Kies war schon fast eine halbe Hand hoch, als ihr endlich die rettende Idee kam. Aufgeregt wischte sie den Blättersaft an ihrem Kleid ab und rannte ins Wohngebäude zurück.

Als Lillia sich der getäfelten Tür zum Gemach ihrer Mutter näherte, hörte sie Stimmen. Die eine gehörte natürlich ihrer Mutter, die andere war die von Großvater Osric. Sie hoffte, dass das ein gutes Zeichen war. Ihre Mutter war für gewöhnlich am nettesten, wenn andere Leute dabei waren.

Als erfahrene Taktikerin blieb Lillia erst einmal vor der Tür stehen und versuchte zu verstehen, was drinnen gesprochen wurde. Wenn die beiden stritten, war es am besten, wegzugehen und später wiederzukommen, weil große Leute und insbesondere ihre Mutter Kindern selten einen Gefallen taten, wenn sie schlechter Laune waren. Zu ihrer Erleichterung klangen die Stimmen ziemlich normal, wenn ihre Mutter auch ein bisschen missmutig schien.

»... So einfach ist das nicht«, sagte Mutter gerade. »Sie wollen nicht, dass er jetzt schon heiratet, obwohl doch sonnenklar ist, dass es gut für ihn wäre. Sie glauben, er sei noch nicht reif genug. Reif!« Ihre Mutter lachte, aber es klang nicht fröhlich. »Er ist alt genug, um hinter allem her zu sein, was einen Rock trägt.«

»Er ist ein junger Mann«, sagte Lillias Großvater. »Was erwartest du?«

Sie war sich ziemlich sicher, dass sie von Morgan sprachen. Nach allem, was Lillia hörte, tat er zurzeit offenbar nicht viel anderes, als weiblichen Wesen nachzustellen.

»Ha! Ich erwarte, dass ihn die Königin, wenn wir lange genug zögern, mit irgendeinem zahmen Miezekätzchen ihrer Wahl verheiratet und ich dann aus dem Haus gejagt werde. Das erwarte ich.«

»Du machst dir zu viele Gedanken, Tochter. Dein Sohn würde so etwas nie zulassen, und ich auch nicht. Immerhin bin ich sein Großvater *und* Konnetabel an diesem Hof. Der Thron braucht mich. Sie werden es nicht wagen, uns zu erzürnen.«

»Ich wollte, es wäre so simpel«, sagte ihre Mutter.

Drinnen war es still, und Lillia wartete noch ein Weilchen mit

Anklopfen, damit es nicht aussähe, als hätte sie gelauscht. Eine der Dienerinnen ihrer Mutter öffnete die Tür, und Lillia marschierte hinein. Ihre Mutter saß in ihrem Sessel, einen Stickrahmen auf dem Schoß, und Großvater Osric stand am Fenster und betrachtete stirnrunzelnd irgendetwas, das draußen vor sich ging. Es sah nicht so aus, als hätte ihre Mutter schon an der Stickerei gearbeitet.

Lillia ging zu ihrer Mutter und machte einen Knicks. »Guten Morgen, Mutter.«

Ihre Mutter sah sie an und lächelte, aber es war ein müdes Lächeln. »Guten Morgen, Liebling. Solltest du heute nicht bei Gräfin Rhona sein?«

Ihr Großvater drehte sich um. Es war seltsam, ihn ohne Kopfbedeckung zu sehen: Seine rosa Glatze war nicht versteckt. Seit sie ganz klein gewesen war, wollte Lillia schon Großvater Osrics Kopf streicheln und herausfinden, ob sich die Glatze genauso anfühlte wie der Rest seiner runzligen, trockenen Haut, aber man hatte ihr es nie erlaubt. *Er ist ein Herzog*, sagten immer alle, als hätte das irgendwas damit zu tun, wie sich sein Kopf anfühlte.

»Ah, da ist sie ja!«, sagte er jetzt. »Meine kleine Prinzessin!« Aber auch er sah müde aus, und er kam nicht zu ihr, um ihr den Kopf zu tätscheln, wie er es sonst manchmal tat.

»Guten Morgen, Großvater.« Lillia knickste wieder.

»Du hast meine Frage nicht beantwortet, Kind«, sagte ihre Mutter.

»Tante Rhoner fühlt sich nicht wohl.« Lillia sah zu ihrem Großvater hinüber, der sich wieder zum Fenster umgedreht hatte, und flüsterte laut: *»Sie hat ihren Mondfluss.«*

Wieder ein müdes Lächeln. »Nun, Liebes, ich kann mich heute leider nicht um dich kümmern. Dein Großvater und ich haben viel zu besprechen, da wärst du nur im Weg. Du musst dich allein beschäftigen.«

»Aber in Erchester ist Jahrmarkt! Da ist ein Bär! Ein Bär, der tanzen kann …!«

»Die Gräfin wird mit dir hingehen, wenn ihr … wenn es ihr wieder besser geht. Wirklich, Lillia, ich habe heute einfach keine Zeit, auf dich aufzupassen, geschweige denn, mit dir auf einen Jahrmarkt zu gehen.«

»Kann nicht eine von deinen Hofdamen mit mir hingehen?«

»Nein. Keine von denen passt gut genug auf dich auf, und die Dienerinnen sind noch schlimmer.«

War Lillia denn die Einzige in der ganzen Burg, die sah, dass draußen der Himmel strahlend blau war und die Frühlingssonne nach Kräften schien? Sie zog ein mürrisches Gesicht, obwohl sie wusste, dass ihre Mutter das gar nicht leiden konnte. »Aber sonst ist niemand da, der mit mir hingehen kann.«

»Dann schlage ich vor, du liest stattdessen etwas. Was ist mit dem Buch, das dir Großvater das letzte Mal mitgebracht hat, das über Sankt Hildula? Hast du das schon ausgelesen? Wenn ja, kannst du ihm ja erzählen, was drinsteht.«

Ihr Großvater sah sie halbinteressiert an, aber Lillia erkannte eine Falle, wenn man ihr eine stellte. Ihre Mutter wusste genau, dass sie kaum mehr als die erste Seite gelesen hatte, weil es das ödeste Buch war, das sie je gesehen hatte, über eine Frau, die nichts anderes getan hatte, als Nonne zu sein, bis die Rimmersmänner kamen und sie umbrachten, wobei über diesen interessanten Teil fast gar nichts drin stand – Lillia hatte zum Ende vorgeblättert, um nachzugucken – und es immer nur darum ging, wie unglaublich fromm Hildula gewesen war und was für Visionen vom Himmel sie gehabt und wie sehr sie ihren Herrn Usires Ädon geliebt hatte.

»Ich bin noch nicht ganz durch«, gab Lillia zu.

»Dann geh und lies es zu Ende. Das ist viel sinnvoller, als dich in der Stadt herumzutreiben, wo nur üble Dämpfe und dreckige Leute sind.« Ihre Mutter rümpfte die Nase, als könnte sie all die dreckigen Bauern auf dem Jahrmarkt bis in den Inneren Zwinger riechen.

Lillia erkannte, dass sie überlistet worden war. Ihre Mutter war direkt zum Angriff übergegangen, während sie noch auf Verhandlungen gehofft hatte. »Ja, Mutter.« Nicht dass sie wirklich das Buch über Sankt Hildula lesen würde, die so ziemlich die langweiligste Heilige aller Zeiten gewesen sein musste, aber ihr war klar, dass es keinen Sinn hatte, weiter zu diskutieren. Mutter änderte ihre Meinung nie. Niemals.

»Geh jetzt, Liebling«, sagte ihre Mutter. »Wir sehen uns beim Abendessen. Und bedanke dich bei deinem Großvater für das Buch, das dir so gut gefällt. Komm, sag danke.«

»Danke für das Buch, Großvater Osric.« Lillia ging schnell hinaus, bevor sie noch jemand nach den anderen Büchern fragte, die ihr Osric geschenkt hatte – allesamt Geschichten über sehr, sehr pflichtbewusste und sehr, sehr fromme Frauen. Ihr Großvater wusste eine Menge über Soldaten und Armeen, aber von Geschenken für Mädchen, dachte Lillia, hatte er keine Ahnung.

Jetzt, da ihre Großeltern und Onkel Timo im Norden unterwegs waren, fiel Lillia als möglicher Beistand nur noch der nette Großkanzler Pasevalles ein, aber den konnte sie nirgends finden. Der knurrige alte Priester, der ihm half, sagte, der Großkanzler sei in Erchester, um mit irgendwelchen Bauleuten zu reden, die die Bibliothek zum Gedenken an ihren Vater bauten. Aber der Wachhauptmann sagte, Pasevalles sei wieder zurück und jetzt mit dem Münzmeister in der Thronkanzlei, um über langweilige Geldsachen zu reden. Wo er war, interessierte Lillia gar nicht so sehr, er war jedenfalls nicht da, wo sie ihn suchte, und das war das Problem. Sie hatte schon fast die Hoffnung aufgegeben, den Tanzbären doch noch zu sehen, als einer der Thronkanzlei-Bediensteten erwähnte, dass der Großkanzler manchmal in den Palast gehe, um nach der kranken Frau zu sehen, die dort gepflegt werde.

Lillia hatte die Frau, die Pasevalles in die Burg gebracht hatte, nicht vergessen, aber Tante Rhoner hatte alles getan, um sie vom Krankenlager der Frau fernzuhalten, und schließlich hatte Lillia es aufgegeben, sie sehen zu wollen. War der Großkanzler dort? Lillia war hin- und hergerissen zwischen der Angst, sich bei der Frau mit irgendeiner Krankheit anzustecken, und dem plötzlich dringenden Wunsch zu wissen, wie sie aussah. War sie ganz dünn und traurig, so wie manche Bettlerinnen in Erchester? Die Prinzessin stand auf und hüpfte von einem Fuß auf den anderen, während sie überlegte, was sie tun sollte. Alle sagten, sie könnte ja an einem anderen Tag auf den Jahrmarkt gehen, aber morgen war St. Savenninstag, was hieß, dass der Jahrmarkt bald schon wieder weg sein konnte. Diese Befürchtung und ihre Neugier, die nie lange Ruhe gab, trieben sie schließlich die Treppe des Wohngebäudes hinauf, am Gang zu den Gemächern ihrer Familie vorbei und bis in den zweiten Stock.

Der Wachsoldat, der mit Sicherheit am oberen Ende der Treppe hätte Wache halten sollen, redete stattdessen mit einem Kammermädchen; das Mädchen lachte so sehr über etwas, das der Wachsoldat gesagt hatte, dass es ganz rot im Gesicht war. Für Lillia war es nicht schwer, unbemerkt an den beiden vorbeizuschlüpfen.

Im Gang wurde ihr schnell klar, dass das Mädchen, das sie gerade gesehen hatte, bei der kranken Frau hätte wachen sollen, denn die Tür zu einem der Zimmer stand weit offen und drinnen war niemand außer einer schlanken weiblichen Gestalt, die unter einer dünnen Decke im Bett lag. Aus der Nähe erkannte Lillia, dass die Frau am Bett festgebunden war, und das ließ sie jetzt doch ängstlich stehen bleiben. Die kranke Frau musste sie gehört haben, denn sie drehte langsam den Kopf, bis sie Lillia sehen konnte.

Irgendwas an der Frau stimmte nicht – war irgendwie unheimlich. Lillia wusste nicht genau, was, aber es war mehr als nur das wirre silbrige Haar und die eingefallenen Wangen. Die Augen waren komisch, leuchtend gelb wie Katzenaugen, und die Form des Gesichts war auch nicht richtig.

Lillia schnappte erschrocken nach Luft. So jemanden hatte sie noch nie gesehen. Die Frau starrte her, aber ihr Blick war gar nicht richtig auf Lillia gerichtet, fast, als wäre sie nur halb wach. Dann öffnete sich der Mund der seltsamen Frau, als ob sie etwas sagen wollte.

»G … *g* … *g* …« Mehr kam nicht heraus, kein Wort, nur das leise, aus der Kehle kommende Geräusch. »G … *g* …«

»Prinzessin!«, sagte jemand hinter ihr, und Lillia stieß vor Schreck einen kleinen Schrei aus. Sie drehte sich um, und da stand Bruder Etan mit großen Augen und rotem Gesicht.

»Entschuldigung!«, sagte sie. »Ich wusste nicht … Tut mir leid!«

»Ihr gehört hier nicht her, Prinzessin«, sagte er, aber es klang eher besorgt als ärgerlich. In dem Moment kam das Mädchen, das draußen auf dem Treppenabsatz gewesen war, aufgeregt und bang hereingestürzt.

»Ich wollte sie nicht allein lassen! Es war nur, weil Tobiah, der Wächter, mich was gefragt hat, und sie hat doch geschlafen, also bin ich kurz aus dem Zimmer …«

Etan stand jetzt neben der kranken Frau. Er legte ihr die Finger an die Wange, fühlte dann ihre Stirn. Die Frau hatte es aufgegeben, etwas sagen zu wollen, und folgte stattdessen Bruder Etans Hand mit dem Blick ihrer großen, nicht richtig menschlichen Augen. Etan drehte sich zu dem Kammermädchen um.

»Du da.« Seine Worte waren schroff. »Geh zur Obersten Kammerfrau und sag ihr, ich will ein anderes Mädchen hier haben. Sie und ich werden später hierüber reden.«

»Aber ich hab' doch nur …«

Er brachte sie mit einem Blick zum Schweigen. »Geh. Ich fälle keine Urteile, außer, dass ich heute Vormittag jemand anderen hier haben will.«

Mit Tränen in den Augen drehte sich das Mädchen um und ging hinaus.

»Und nun zu Euch, Prinzessin Lillia«, sagte Etan. »Ich fürchte, auch für Euch ist hier nicht der rechte Ort.«

»Ist die Frau krank?«

»In gewisser Weise. Wer ist heute für Euch zuständig?«

Lillia wusste, wann sie wie ein Kind behandelt wurde. Sie richtete sich so hoch wie möglich auf. »Niemand. Ich brauche keinen, der mir die ganze Zeit hinterherläuft. Ich bin nicht klein.«

»Darum geht es nicht ...«

»Sie wollte was sagen. Sie hat immer ›G ... g ...‹ gesagt, aber ich weiß nicht, was das heißen soll. Wollte sie ›Guten Tag, Prinzessin‹ sagen?«

»Möglich, aber nicht wahrscheinlich. Ich glaube nicht, dass sie weiß, wer Ihr seid. Im Moment weiß sie überhaupt nicht viel. Sie hat schlimmes Fieber. Und jetzt verzeiht, Prinzessin Lillia, aber Ihr müsst hier weg. Ein Krankenzimmer ist kein Ort für ein gesundes Mädchen wie Euch.«

»Aber ich will helfen.«

»Am meisten helft Ihr mir, wenn Ihr mich jetzt meine Patientin behandeln lasst.« Er sah in Lillias Gesicht und seine Züge wurden weicher. »Vielleicht könnt Ihr mir ja ein andermal helfen, Prinzessin. Im Moment braucht diese Frau Ruhe. Ich gehe auch gleich.«

»Na ja ...« Lillia überlegte. »Ich gehe weg, wenn Ihr mir sagt, wer sie ist. Warum sieht sie so aus? Ist es, weil sie krank ist?«

Bruder Etan runzelte die Stirn, aber Lillia merkte, dass sie ihren Willen bekommen würde. Sie kannte die Anzeichen dafür, dass Erwachsene nachgaben. »Wir wissen nicht genau, wer sie ist, Prinzessin«, sagte der Mönch, »aber sie ist eine Sitha.«

»Eine Sither?« Es nur auszusprechen, war unheimlich und aufregend. »Ihr meint, sie ist eine echte Fee?«

»Sitha. Ja. Sie wurde von ihrem Volk als Botin an unseren Hof geschickt. Aber jemand hat sie überfallen.«

Lillia überlief ein kalter Schauer. »Wirklich?«

»Nicht hier auf der Burg«, sagte er schnell. »Weit weg. Hier kann ihr niemand etwas anhaben. Und die heilkundige Thelía und ich tun, was wir können, damit sie wieder gesund wird. Also würdet Ihr jetzt bitte gehen und mich meine Arbeit machen lassen?«

Widerstrebend fügte sich Lillia. »Aber ich komme wieder«, versprach sie Etan und der kranken Frau, die sie nicht zu hören schien. »Ich komme wieder und helfe, sie zu pflegen.«

Bruder Etan verdrehte die Augen, als er glaubte, Lillia schaute nicht hin. Er schien nicht so begeistert von der Idee zu sein.

Als sie durch den Gang wieder zurückging, war sie traurig. Nichts in der Burg würde auch nur annähernd so interessant sein wie die Sither-Frau, ja plötzlich schien selbst ein Tanzbär nicht mehr so aufregend. Aber man erlaubte ihr nicht zu helfen, die komische Frau wieder gesund zu machen.

»Hier passiert überhaupt nie was Gutes«, sagte Lillia hauptsächlich zu sich selbst, aber doch so laut, dass es jeder, der in der Nähe war, hören konnte. »Es ist total ungerecht, aber es ist so. Prinzessinnen dürfen *nichts* Tolles tun.«

Als Etan noch einmal nach den Wunden der Sitha sah, riss sie die Augen wieder weit auf. Sie versuchte sich aufzusetzen, aber ihre Fesseln verhinderten es. »G … «, sagte sie. »G …«

»Nicht sprechen«, sagte er. »Ihr braucht Ruhe.«

»G … *Gift!*«

»Gift? Was soll das heißen? Ich habe Euch nichts verabreicht als gute Arzneien, Kräuter, damit Eure Wunden heilen …«

Das Ersatz-Kammermädchen erschien in der Tür, aber Etan schickte es mit einer Handbewegung wieder hinaus.

Die Sitha wollte noch etwas sagen, schaffte es aber nicht. Sie fuhr sich mit der Zunge über die Lippen. Er gab ihr Wasser zu trinken. »Ich … fühle es«, sagte sie schließlich mit einer Stimme wie das Rascheln von trockenem Gras. Es war das erste Mal, dass

Etan sie sprechen hörte, seit er Pasevalles geholfen hatte, sie festzuhalten und zu binden. »Es kreist in mir. Ich glaube nicht, dass ich es besiegen kann.«

»Wollt Ihr sagen, Eure Wunden sind vergiftet?«

»Die … Pfeile.« Sie mühte sich, bis sie den Kopf so weit gedreht hatte, dass sie sein Gesicht sehen konnte. »Habt Ihr die … Pfeile noch?«

»Beim Blute des Erlösers, ich habe keine Ahnung. Großkanzler Pasevalles und ein paar Soldaten haben Euch hergebracht. Die meisten Pfeile waren da schon abgebrochen. Ich habe die Pfeilspitzen entfernt, so gut ich konnte, aber was dann damit passiert ist, weiß ich nicht.« Er konnte nicht feststellen, ob sie ihn hörte, ihr Gesicht war wieder völlig leer. »Versteht Ihr mich?«

Sie nickte nur, als hätten sie die Kräfte verlassen.

»Seid Ihr sicher, dass Ihr vergiftet worden seid? Die Wunden selbst sind weitgehend verheilt. Ich habe Heilpflanzen, mit denen ich es versuchen könnte, wenn sich wirklich Gift in Eurem Blut befindet, aber es ist Tage her, dass wir Euch hier heraufgebracht haben …«

Sie schüttelte nur den Kopf, so wacklig, als wäre er durch etwas weniger Festes als Knochen mit ihrem Körper verbunden. »Nein.« Sie schaffte es, Nachdruck in ihre Flüsterstimme zu legen. »*Findet … die Pfeile …*« Ihr Kopf sank zur Seite. Erschrocken kletterte Etan auf das Bett, um ihren Puls zu fühlen, der aber zu seiner Erleichterung kräftig schien. Er wusste nicht genug über Sithi-Frauen – wer wusste so was schon? –, um beurteilen zu können, ob sie fieberte oder nicht.

Später, als die Sitha friedlicher schlief, ließ Bruder Etan sie in der Obhut des zweiten Kammermädchens, einer vernünftigen jungen Frau. Sie nahm die strengen Ermahnungen, die Bruder Etan besser ihrer Vorgängerin hätte erteilen sollen, wie er selbst wusste, gelassen hin.

Er konnte Pasevalles nicht finden, um ihm zu berichten, was die Sitha gesagt hatte, hinterließ aber eine Nachricht beim Sekretär des Großkanzlers, bevor er sich an den einzigen Ort zurückzog, an dem er wirklich ungestört war: die Zeichenstube, wo die Pläne und Modelle für die neue Bibliothek entstanden. Der Oberbaumeister, Seth von Woodsall, besuchte gerade den Marmorbruch von Whitstan in Süderkynland, aber Etan half ihm oft mit der Buchhaltung, sodass es den anderen Ingenieuren und Bauleuten nicht weiter auffiel, wenn er sich hier aufhielt.

Da Etans Bett im Dormitorium von St. Sutrin stand, wo noch Dutzende weiterer Mönche schliefen, war die Zeichenstube auch der einzige Ort, wo er das verbotene Buch aus Prinz Johan Josuas Sammlung zu verstecken wagte. Etan betete jeden Tag, dass Tiamak vor dem Oberbaumeister zurückkäme, damit er ihm das Buch geben könnte, statt ein anderes Versteck dafür finden zu müssen. Tiamaks Frau Thelía hatte ihren Mann nicht in den Norden begleitet, doch obwohl Etan ihr Wissen über Kräuter und Arzneien höher schätzte als sein eigenes, kannte er sie letztlich nicht gut genug, um ihr die *Abhandlung über die ätherischen Flüsterstimmen* anzuvertrauen. Sie war eine kluge und in vielem äußerst verständige und aufgeschlossene Frau, aber sie war einst Nonne gewesen.

Die Ironie der Tatsache, dass er selbst geweihter Mönch eines Ädoniterordens war, entging ihm keineswegs.

Er machte die Tür der Zeichenstube hinter sich zu und kniete sich dann hin, um zu beten. Als Letztes flehte er inbrünstig: *Oh bitte, Herr, lass Tiamak heil und sicher nach Erchester zurückkehren, und zwar bald!*

Etan hatte fast sein ganzes Leben im Kloster zugebracht, inmitten seiner Mönchsbrüder, und er sehnte sich normalerweise nach dem Alleinsein. Allein konnte er ungestört lesen und denken und manchmal sogar – da war er sich sicher – Gottes Stimme deutlicher hören. Jetzt war das anders. Seine Sorge um die Sitha hätte schon genügt, um sich jemanden zu wünschen, mit dem er diese Last teilen konnte, doch die Angst wegen des verbotenen Buchs wog noch schwerer: Sie verfolgte ihn immerzu.

Als er sein Gebet beendet hatte, zog er das Buch aus der Truhe mit alten Pergamenten, in der er es versteckt hatte. Wie immer, wenn er die *Abhandlung* in Händen hielt, traute er sich kaum, sie aufzuschlagen. Es war, als stünde er an der Schwelle eines uralten, dunklen heidnischen Tempels.

Aber ich kann nicht warten, sagte er sich. Es war schon beängstigend genug, nur zu wissen, dass es existierte, dieses verrufene Buch, das selbst die Bibliothek der Sancellanischen Ädonitis abseits ihrer übrigen Sammlung aufbewahrte, als seien seine Seiten mit einer ansteckenden Krankheit behaftet.

Die Krankheit gotteslästerlicher Gedanken, dachte Etan.

Aber konnte das bedeuten, dass das Buch irgendwie Prinz Johan Josuas Tod verursacht hatte? Alle, die dabei gewesen waren, hatten erzählt, die letzten Tage des Prinzen seien grässlich schmerzhaft gewesen, kaum zu ertragen für den Kranken und für die, die ihn pflegten. Und selbst Tiamak mit seiner ganzen Erfahrung und Gelehrtheit hatte nicht sagen können, welcher Krankheit der Erbe des Hochkönigsthrons erlegen war. Es war sogar von Gift gemunkelt worden, obwohl Tiamak dem Königspaar versichert hatte, er halte das für unwahrscheinlich, da die Krankheit des Prinzen keinen Verlauf nahm, den er irgendwo in seiner Sammlung apothekarischer Schriften beschrieben gefunden hatte.

Auch wenn er sich sagte, dass der kleine Wranna solche Dinge am besten beurteilen konnte, und nicht wirklich daran glaubte, dass die Seiten im engeren Sinne giftig waren, brachte Etan es nicht oft über sich, das Buch aufzuschlagen. Wie die meisten gebildeten Menschen hatte er zahllose Gerüchte über dieses Werk gehört, wobei er über den Verfasser, Fortis den Einsiedler, nur wusste, dass er ein Bischof der Kirche gewesen war und im sechsten Jahrhundert auf der Insel Warinsten gelebt hatte, die damals noch Gemmia hieß und zum riesigen nabbanaischen Imperium gehörte. Das Buch selbst war in einer eigentümlichen Mischung aus altem Nabbanai und der Sprache von Khandia geschrieben, einem Land, das selbst zu Fortis' Zeiten schon seit Jahrhunderten im Meer versunken war. Warum Fortis diese Sprache gewählt und wo er sie gelernt hatte, wusste niemand, und seit es das Buch gab, stritten die Kirchengelehrten über die Bedeutung verschiedener besonders kryptischer Passagen.

Einig war man sich hingegen, dass der Inhalt der *Abhandlung* sehr gefährlich war. Schon die vorangestellte Auflistung der Kapitelüberschriften, in einer späteren Handschrift als der des Einsiedlers verfertigt, zeigte, um welche Art Dinge es ging: *Nachtbewohner; Worte der Macht; Geschichte der Sünde und Bestrafung; Die Götter Nascadus und des Verlorenen Südens.* Doch verboten worden war das Buch wegen seines Hauptgegenstands: der Schilderung von Versuchen, mit jenen dämonischen Kreaturen zu kommunizieren, die Bischof Fortis, wie er schwor, durch den Äther sprechen hören konnte, allein unter Verwendung eines Wahrsagesteins und dank der Weisheit, die er, laut eigener Aussage, an Orten erlangt hatte, die »zu verstörend sind, um näher darauf einzugehen«.

Doch vielleicht hatte Bischof Fortis ja am Ende selbst bereut, diese Weisheit erlangt zu haben. Angeblich verschwand er eines Nachts spurlos. Einer seiner Bediensteten hatte ihm geholfen, sich bettfertig zu machen, doch als dann im Morgengrauen ein anderer Bediensteter kam, um ihn zu wecken, war er einfach weg. Der Überlieferung zufolge waren in der Nacht seines Verschwindens Geräusche zu hören gewesen – Geräusche, die so beängstigend waren, dass seine Diener vor der Untersuchungskommission des Lektors nicht darüber zu sprechen vermochten, nicht einmal, als man ihnen mit Exkommunikation drohte. Jedenfalls hatte man nie wieder etwas von Fortis dem Einsiedler gehört, und die vorhandenen Exemplare seines Werks waren von Lektor Eogenis IV. verboten, beschlagnahmt und verbrannt worden, bis auf das Exemplar des Zensors, das in der Sancellanischen Ädonitis verblieb.

Ein schlimmes, gefährliches, gotteslästerliches Buch. Schon sein Besitz ist Sünde. Du kannst es dir zurechtlegen, wie du willst, Bruder, es bleibt Ketzerei.

Etan merkte, dass er schon eine ganze Weile auf den schweren schwarzen Buchdeckel starrte, so lange, dass die Kerze blakte und die Schatten unruhig über die Wände zuckten. Er holte einmal tief Luft, dann noch einmal, klappte endlich den Deckel auf und blätterte durch die mürben Seiten.

Es war schon verstörend genug gewesen, dieses verfemte Werk unter Prinz Johan Josuas Büchern zu finden, und noch verstörender, sich auszumalen, was ihm, Etan, widerfahren würde, wenn es herauskäme, doch inzwischen kam noch etwas viel Schlimmeres hinzu, etwas dermaßen Beunruhigendes, dass er schwankte, ob er auf Tiamak warten oder sofort zu Großkanzler Pasevalles gehen sollte, dem einzigen hohen Amtsträger momentan auf dem Hochhorst, dem er wirklich vertraute. Denn wenn es auch ein Rätsel war, wie Johan Josua an das Buch gekommen war, war es doch ganz und gar kein Rätsel, wem es vor dem verstorbenen Prinzen gehört hatte.

In einem der letzten Kapitel von Fortis' Opus, überschrieben mit *Den Schleier lüften*, hatte jemand eine Randnotiz zu einer der khandianischen Passagen gemacht. Es war eine kurze, wenn auch kryptische Anmerkung in nabbanaischer Schrift, auf die Etan gestoßen war, als er nach seinem Besuch in Prinzessin Idealas Gemächern das erste Mal in dem verbotenen Buch geblättert hatte. Sie lautete: *Mit den rechten Werkzeugen lässt sich dieser Schleier zerreißen.*

Der Satz als solcher schien harmlos, aber Etan hatte die energische, ungeduldige Handschrift sofort erkannt, denn er hatte im

Zuge verschiedener Hilfsdienste für Großkanzler Pasevalles viele Stunden damit verbracht, alte Unterlagen der Thronkanzlei durchzugehen. Der Mann, der diese Randnotiz geschrieben hatte, war seit dreißig Jahren tot, aber es gab niemanden im königlichen Haushalt, der ihn nicht kannte, und viele wagten es nicht einmal, seinen Namen auszusprechen, aus Angst vor seinem rachsüchtigen Geist. Nach seinem Tod waren seine gesamten Besitztümer verbrannt, die Fenster und Türen seines Turms mit *Caimentos* ausgegossen und vermauert worden. Aber irgendwie hatte das Buch überdauert. Es war zweifellos ein sehr übles Buch, doch das Schlimmste daran war die Handschrift am Rand, denn es war unverkennbar die von Pryrates, dem Roten Priester – dem Wahnsinnigen, der den untoten Sturmkönig wiederzuerwecken versucht hatte.

19

DAS ZEICHEN DES MONDES

König Simon war guter Laune, bemerkte Eolair erfreut. Auch die Königin war froh, nach monatelangem Reisen endlich auf dem Rückweg nach Erkynland zu sein. Tatsächlich schien vom gesamten königlichen Gefolge nur Prinz Morgan dem Essen nicht recht zuzusprechen oder, genauer gesagt, dem Wein, und Eolair wusste auch, warum: Binabiks Tochter und ihr Verlobter Klein-Snenneq hatten dem Prinzen offenbar das Versprechen abgenommen, nicht so viel zu trinken, weil sie noch eine Abendunternehmung mit ihm planten. Im Unterschied zu der heimlichen Schlittschuhexpedition war dieses Unterfangen vorher abgesegnet worden, wenn auch Königin Miriamel nur widerwillig zugestimmt hatte. Der König hatte sie erst überzeugt, indem er erklärte: »Ein bisschen körperliche Betätigung wird ihm guttun. Du willst doch nicht, dass er ein Schwächling ist, der nichts Schwereres als einen Becher Bier zu heben vermag, wenn er einmal auf den Thron kommt, oder?«

Also sah die Hand des Throns jetzt mitfühlend zu, wie der Prinz nur Wasser mit einer Spur Wein darin trank.

Draußen war es endlich ruhig geworden, nachdem den ganzen Tag der Wind geheult und den Schnee vor sich hergetrieben hatte. Ein weiterer jäher Frühjahrsschneesturm hatte die königliche Reisegesellschaft in der offenen Landschaft westlich des Dimmerskogs überrascht, vom Vennweg vertrieben und gezwungen, unangekündigt die Gastfreundschaft eines gewissen

Baron Narvi in Anspruch zu nehmen. Narvi war ein alter Ritter mit Rimmersgarder Blut, wie sein Name und das blonde Haar seines jugendlichen Konterfeis in der Eingangshalle bezeugten, aber er sprach besser Westerling als Rimmerspakk und hielt im Wohnturm von Radfisk Foss auf die schlichte osterkynländische Art Hof, mit weißgetünchten Wänden und wenig Zierat. Letzteres mochte nicht nur eine Geschmacksentscheidung, sondern auch eine Frage der Mittel sein, denn die Grenzgebiete der Frostmark waren ohnehin nicht reich, und jetzt kam noch hinzu, dass die Lachse, die den Haushalt des Barons hauptsächlich finanzierten, ihre jährliche Wanderung noch nicht begonnen hatten.

Niemand, und schon gar nicht Baron Narvi, hatte also damit gerechnet, dass das Königspaar in dieser bescheidenen Burg, gleich südlich des Waldes über der tiefen Schlucht, in dem der Vestvenn-Fluss zum fernen Meer rauschte, Zuflucht suchen würde. Doch der Beginn des Avrel hatte statt Sonne rauhes Wetter gebracht, und obwohl sich alle im königlichen Gefolge danach sehnten, wieder auf dem Hochhorst zu sein – sie waren seit Anfang Jonever unterwegs –, wollte es doch niemand riskieren, die wilde östliche Frostmark im Schneesturm zu durchqueren.

Baron Narvi, seine Gemahlin und seine Dienstleute waren entzückt, das Königspaar bewirten zu dürfen, schämten sich aber ein bisschen für die magere Kost, die sie zu bieten hatten. Doch wie schon auf Burg Blarbrekk stockte Jeremias die Vorräte des Hauses durch solche aus dem königlichen Küchentross auf, sodass jeder reichlich zu essen und zu trinken hatte. Radfisk Foss war ein zu armes Haus, um eigene Gaukler und Musikanten zu haben, daher freuten sich der Baron und die Baronin, dass das Königspaar eigene Unterhalter dabei hatte, unter anderem Artisten, von denen einer sogar mit Messern jonglieren konnte, und natürlich einen Harfner. Ein so dankbares Publikum hatte Rinan seit ihrem Aufbruch aus Erkynland nicht mehr gehabt.

Der Jugendschmelz der anderen vom Alter wird vergeh'n
Doch sie durchwandelt alle Zeit, ewig hold und schön …

Schließlich, kurz vor Mitternacht, entschuldigten sich der Baron und die Baronin. »Es ist uns eine Ehre und eine Freude, Euch hier zu haben, Majestäten«, sagte Narvi, »aber wir sind solch lange Abende nicht gewöhnt. Können wir Euch nicht doch überreden, unser Bett zu nehmen? Es ist nicht das, was Euch eigentlich zukäme, aber es ist das beste Bett im Haus.«

»Unsinn«, sagte Simon, und seine Zunge war vom Wein nur ein klein wenig schwerfällig. »Ihr habt uns bewundernswürdige Gastlichkeit erwiesen, guter Baron. Unsere Männer sind in den Stallungen bestens aufgehoben, und wir werden hier in der Halle schlafen.«

Miriamel lächelte und lehnte ebenfalls dankend ab, sah aber aus, als hätte sie Narvis Angebot gern angenommen. Eolair, der morgens kaum je ohne irgendwelche neuen Zipperlein aufwachte, die er sich offenbar im Schlaf zugezogen hatte, konnte den Zwiespalt der Königin verstehen, aber es war schön, Simon so gutgelaunt zu sehen, wie er es jetzt vom Wein, der Musik und dem prasselnden Feuer war.

König Simon, die Trolle und ein paar andere begannen, alte und weitgehend wahre Geschichten aus dem Sturmkönigskrieg zu erzählen. Der König liebte solche Geschichten, das wusste Eolair, vor allem, wenn sie ihn nicht als Helden darstellten, sondern als das ahnungslose Mondkalb, das er einst gewesen war. Mit jedem Becher Wein schien ihn seine jugendliche Einfalt mehr zu amüsieren.

»Ich war nichts damals, weißt du noch, Miri? Ich war ein Küchenjunge, noch nicht trocken hinter den Ohren. Ein Küchenjunge!«

»Ja, Simon«, sagte Miriamel mit einem kleinen Lächeln in Binabiks Richtung. »Ich glaube, das ist allen hinlänglich bekannt.«

»Aber du warst ein Küchenjunge von beträchtlicher Tapferkeit«, sagte Binabik, »ob es dir gefällt oder nicht. Nicht viele würden tun, was du getan hast, will ich meinen.« Sisqi flüsterte ihm etwas zu, und Binabik nickte. »Meine Frau erinnert mich, dass du manches Mal dein Leben für mich riskiert hast, sogar bei uns zu Hause auf dem Mintahoq, als mich mein eigenes Volk zum Tode verurteilt hatte.«

Simon zog eine Grimasse. »Genug über mich geredet. Wo ist Morgan? Erzähl ihm von Isgrimnur. Erzähl ihm, wie mich Isgrimnur das erste Mal getroffen hat. Über einen Pferderücken gebunden, mit dem Arsch nach oben!« Er lachte. »Da habt ihr euer Heldentum!« Er sah sich wieder um. »Morgan soll hören, was für ein Bild sein Großvater abgegeben hat, bäuchlings auf Sludigs Sattel …« Er runzelte die Stirn. »Aber ich sehe ihn gar nicht.«

»Er ist noch weggegangen«, sagte Miriamel. »Mit Qina und ihrem Verlobten eine Wanderung im Schnee machen. Weißt du nicht mehr?«

»Klein-Snenneq und Qina wollen ihm etwas zeigen«, sagte Binabik. »Ein großes Geheimnis haben sie darum gemacht.«

»Deshalb habe ich darauf bestanden, dass er Wachen mitnimmt«, sagte die Königin. »Erinnerst du dich wirklich nicht, mein lieber Gemahl?«

»Weggegangen, bei dem Wetter? Was denn zeigen?« Simon trank seinen Becher aus und hieb damit auf den Tisch, bis ihm einer der Diener nachschenkte. »Was gibt es denn Besseres, als zu hören, wie sein Großvater durch die Frostmark geschleppt wurde, über einen Sattel gelegt wie eine Hyrka-Braut?« Er versuchte es nachzustellen, beugte sich aber zu weit vor und wäre von der Bank gefallen, hätte ihn Hauptmann Kenrick nicht gerade noch am Arm gepackt.

»Ich glaube, es ist Zeit, dass wir alle schlafen gehen«, sagte Miriamel.

Zuerst wollte ihr der König widersprechen, doch ein aufmerksamerer Blick ins Gesicht seiner Frau hielt ihn davon ab. »Meinetwegen«, sagte er. »Aber es geht doch nichts über ein paar amüsante Geschichten, oder?«

Als der König und Miriamel durch die Halle zu ihrem Schlafplatz gingen und die Höflinge und Wachen sich allmählich zerstreuten, trat Binabik zu dem Königspaar und berührte Simon am Ellbogen. Der Troll schien etwas in der Hand zu halten. Eolair war hin- und hergerissen: Er wollte dem Königspaar seine Privatsphäre lassen, aber er war auch neugierig, und musste er nicht alles wissen, was den Hochkönigsthron betraf?

»Ich habe etwas für dich, Freund Simon«, sagte Binabik. »Trag es beim Schlafen am Leib.«

Miriamel blickte sichtlich angewidert auf das Ding in Binabiks Hand. »Was ist das?«

»Es ist ein Talisman, den ich gemacht habe. Als Hilfe, damit Simon seine Träume wiederfindet – oder seine Träume ihn.«

Ihr Mann wollte danach greifen, aber sie zog seine Hand weg. »Nein. Es ist hässlich. Es macht mir Angst.«

Da die Sicherheit des Königs vor alle Diskretion ging, beschloss Eolair jetzt doch, genauer nachzusehen. Das Ding in Binabiks ledrigem Handteller war ein Bündel von Knochen, getrockneten Blumen und schwarzen Federn, mit Faden zusammengebunden.

»Nehmt es mir nicht übel, Binabik«, sagte Graf Eolair, »aber mir gefällt es genauso wenig wie der Königin. Das sind doch Krähenfedern. Oder? Ihr wisst doch, wem die heilig sind – der Morriga, der Dunklen Mutter. Mein Volk musste deren Anbeter aus seiner Mitte vertreiben, und jüngst haben wir ihren gefürchteten Namen in beunruhigenden Zusammenhängen wieder gehört.«

Der Troll sah ihn ernst an. »Ganz und gar nicht dasselbe, denke ich doch, und wir sind hier in Rimmersgard, nicht in Hernystir. Im Norden ist alles anders. Bei meinem Volk sind die Krähen die Boten aller unter dem Himmel, Graf Eolair, nicht nur die einer grausamen Göttin. Das hier soll Simons Träumen von Hilfe sein, wieder zu ihm zu finden.«

»Egal ...«, hob Miriamel an, aber Simon riss seine Hand aus ihrer los, ergriff das Bündel aus Federn und Knochen übertrieben vorsichtig und musterte es leicht schieläugig.

»Ich werde es heute Nacht bei mir haben«, sagte er. »Wenn es auf der Straße der Träume Antworten für uns gibt, so wie früher, dann will ich sie kennen.« Er hob die Hand, als seine Frau und der Marschall ansetzten, etwas zu sagen. »Nein, scheltet mich nicht. Binabik ist mein Freund, und ich vertraue ihm. Seine Klugheit hat mich manches Mal gerettet.«

»Trotzdem hat die Königin nicht unrecht mit ihren Bedenken, und auch Graf Eolair mit den seinen nicht«, sagte der Troll. »Nichts ist je simpel, wenn es um die Straße der Träume geht. Erlaube mir, gleich morgen früh zu dir zu kommen, wenn du aufwachst, damit du mir erzählen kannst, ob du mit dem Träumen wieder begonnen hast.«

Simon nickte und ließ sich von seiner Frau zu dem behelfsmäßigen Schlafgemach ziehen, einem Geviert von Wandschirmen am anderen Ende der Halle. Miriamel schien ganz und gar nicht glücklich, und Eolair konnte es ihr nicht verdenken. Zu viele alte Geschichten wurden wach und zu viele sonderbare Vorzeichen standen im Raum, so viele wie seit der Wiederkunft des Sturmkönigs nicht mehr.

Ja, frischer Schnee fällt, aber wenn er schmilzt, kommt alles, was verborgen war, wieder ans Licht, dachte Eolair. Ändert sich denn nichts je wirklich?

»Wenn ich das sagen darf, Morgan – ich meine, Hoheit«, sagte Ritter Porto keuchend und Dampfwolken speiend wie ein Heufeuer Rauch, »also, die Troll-Freunde des Königspaars in allen Ehren, aber ...!«

Die erste Welle des Schneesturms war gleich nach Sonnenuntergang verebbt. Der Himmel war klar, aber der Bergpfad vor frischen Schneeverwehungen kaum noch erkennbar. Morgan war so damit beschäftigt, den beiden flinken Trollen den schmalen, rutschigen Weg hinauf zu folgen, noch dazu im Mondschein, dass er eine ganze Weile nicht antwortete. »Was?«, sagte er schließlich. »Was wollt Ihr sagen? Heraus damit.«

»Mir scheint das hier ein törichtes Abenteuer, Prinz Morgan.« Der alte Ritter sprach selten so entschieden. »Wir sind jetzt schon hoch in den Bergen. Die Wachen sind bereits ein ganzes Stück zurückgefallen, und ich bin nicht mehr der Kletterer, der ich mal war.«

»Ihr haltet Euch aber gut«, sagte Morgan, insgeheim froh über die Gelegenheit zu verschnaufen.

»Sehr freundlich, Hoheit, aber darum geht es mir nicht. Ich weiß ja nicht, was diese Leutchen aus Jick-Nick mit Euch vorhaben, aber meiner Meinung nach sollten wir umkehren.«

Morgan sog genug Luft in seine Lunge, um ein verächtliches Schnauben zustande zu bringen. »Niemand hat Euch zum Mitkommen gezwungen, Porto. Selbst Astrian und Olveris waren so vernünftig, im Warmen zu bleiben, und Ihr seht ja, wie besorgt meine Wachen um mich sind, wenn sie irgendwo dort unten auf einem Stein sitzen. Wenn Ihr also keine Lust mehr habt, geht doch zu ihnen.«

Doch noch während er das sagte, kamen auch Morgan Zweifel. Er war davon ausgegangen, dass Snenneq und Qina einfach nur einen Spaziergang mit ihm machen wollten, vielleicht zu einem weiteren zugefrorenen See. Die jungen Trolle hatten eine seltsame Vorliebe dafür, im Freien zu sein, wenn normale Leute drinnen am Feuer saßen. Aber jetzt erklomm er dunkle, rutschige Felshänge, ohne dass sie ihm erklären wollten, wozu. Wenn seine Großeltern wüssten, dass er sich in solche Gefahr brachte, würden sie wieder toben. Doch irgendwie war er gerade aus diesem Grund entschlossen, nicht umzukehren, nicht aufzugeben und nach Hause zu gehen wie ein Kind, das nicht mit den Großen mithalten konnte.

»Aber ich kann Euch nicht verlassen«, sagte der alte Ritter ebenso atemlos wie entrüstet. »Ihr seid mein Gefolgsherr!«

»Das hat die Wachen auch nicht gehindert, oder? Und außerdem bin ich nicht Euer Gefolgsherr.« Morgan blickte bergauf und sah Snenneq und Qina hoch über sich am Hang, nur Schemen vor dem Sternenhimmel. »Meine Großeltern sind Eure Gefolgsherren – ich bin nur der Thronerbe. Und wenn ich diesen verdammten Berg hinabstürze und sterbe, dann werde ich nie irgendjemandes Gefolgsherr sein.«

»Hoheit!« Porto war entsetzt und machte sofort das Zeichen des Baums. »Sagt so etwas nicht, noch nicht mal im Scherz!«

»Na gut. Aber ich gehe weiter, und wenn Ihr mitkommen wollt, solltet Ihr jetzt aufstehen.«

Sie kamen nicht sehr weit, bevor Porto, müde und schwindelig, wieder das Gleichgewicht verlor und diesmal beinahe den langen, steilen Hang hinabstürzte. Qina, die zurückgekommen war und jetzt hinter ihm ging, fasste den alten Mann am Arm und hielt ihn fest, bis er ein sicheres Plätzchen zum Hinsetzen gefunden hatte.

»Es muss leichter sein, wenn man so klein ist«, sagte Porto, als er Klein-Snenneq den Pfad herunter auf sie zutraben sah. »Jedes Mal, wenn ich aufstehe, neige ich dazu, rückwärts umzukippen.«

»Das hier ist guter Platz für alten Porto-Ritter«, sagte Qina, die selbst noch völlig frisch wirkte, denn sie atmete gleichmäßig und nicht besonders tief, während sie ihren Rucksack abschüttelte und ihm eine Wolldecke entnahm. Sie musste sich auf die Zehen stellen, um Porto die Decke umzulegen, obwohl er auf einer niedrigen Felsplatte saß. »Jetzt Ihr habt warm, bis wir wiederkommen.«

»Aber was soll ich dem König und der Königin sagen, wenn irgendwas passiert?«, jammerte der alte Ritter.

»Nichts.« Morgan nutzte wieder die Gelegenheit, tief zu atmen und sich Schnee aus den Schuhen zu schütteln. »Alles wird gutgehen. Die Trolle werden mir zeigen, was sie mir zeigen wollen, und dann kommen wir zurück, und wir beide trinken zusammen einen wärmenden Becher Wein. Oder auch mehrere, da ich mich vorhin kasteit habe.«

»Jetzt müssen wir weitergehen«, sagte Snenneq, der genauso frisch wirkte wie Qina. Er reichte Morgan zwar nur bis zur Brust, aber um die Körpermitte hatten sie beide etwa den gleichen Umfang, und wenn Snenneqs Beine auch kurz waren, waren seine Arme doch fast so lang wie die des Prinzen.

Er ist wirklich zum Klettern gemacht, dachte Morgan. *Und ich zum Fallen.*

»Kommt, Freund Morgan«, sagte Snenneq. »Folgt uns.«

»Erklär mir noch mal, warum ich mitgekommen bin«, sagte Morgan.

»Weil ich gesagt habe, ich will Euch etwas zum Staunen zeigen«, antwortete der Troll.

»Ach ja, natürlich.« Er tätschelte Portos wolldeckenverhüllte Schulter und sagte zuversichtlicher, als er sich fühlte: »Nur Mut, alter Kämpe. Wir sind bald zurück.«

»Morgan-Prinz!«, rief Snenneq von irgendwo über ihm. »Fast haben wir einen Machhaltplatz erreicht.«

»Oh, Ädon sei Preis!« Morgan spürte die Kälte sehr, und er wünschte, er hätte viel weniger Wasser und viel mehr Wein getrunken. »Wir sind an dem Platz, wo wir haltmachen?«

»Nein«, sagte Snenneq. »Wir sind fast an *einem* Machhaltplatz.«

Sie kletterten über ein weiteres Geröllfeld und arbeiteten sich dann einen Sims entlang, der – obwohl er mehr als schulterbreit war – so schmal schien, dass Morgan auf alle viere ging und ihn entlangkrabbelte. Er erblickte tief unter ihnen die Lichter von

Radfisk Foss, halb verdeckt von den Bäumen am Fuß des Bergs und, wie es aussah, unerreichbar fern.

»Hier ist nicht Zeit für Verweilen«, rief Snenneq, obwohl er gerade seinen Rucksack abgenommen hatte. »Unsere Langsamkeit macht mir Unruhe.«

»Na ja, ich bin auch nicht besonders entspannt«, sagte Morgan. Ihm konnte das ganze Abenteuer allmählich gestohlen bleiben. Wenn der Vollmond nicht wäre, würden sie im Dunkeln in dieser schwindelnden Höhe herumklettern. In letzter Zeit war ihm die Gesellschaft von Astrian und Olveris ein bisschen langweilig geworden – die Ritter schienen nur noch darauf zu warten, dass die Reise endlich zu Ende war –, aber so langsam erwies es sich doch auch nicht als die beste Idee, die Trolle das Programm bestimmen zu lassen. »Warum sind wir hier, Snenneq? Wo wollen wir überhaupt hin?«

»Es ist nicht nur ein *Wo*«, sagte Klein-Snenneq. »Mehr Wichtigkeit hat das *Wann.*«

»Oh, Gott bewahre mich vor verrückten Trollen!« Morgan setzte sich auf den Sims. »Es reicht jetzt! Wir gehen zurück.«

»Wirklich ist es nur noch wenig weit«, sagte Qina. »Keine Angst, Hoheit Prinz.«

»Prinz Morgan. Nein, nur Morgan. Einfacher. Was ist nur noch wenig weit?«

»Die Spitze«, erklärte Snenneq. »Aber zuerst müsst Ihr die anziehen.« Er zog etwas in Öltuch Gewickeltes aus seinem Rucksack, packte es aus, legte ein Paar Steigeisen vor Morgan hin und nahm sich das andere. Qina hatte ihre schon so blitzartig angelegt, dass Morgan nur verwirrt auf ihre Füße starren konnte. »Macht«, drängte ihn Snenneq. »Ihr wisst ja noch wie? Aber diesmal nicht für Eisgleiten, nur für Klettern.« Der Troll lachte so laut, dass Schnee vom Pelzbesatz seiner Kapuze flog. »Wie habt ihr genannt – Schlittenschuh? Schlittschuh? Das machen wir heute nicht, würde ich sagen.« Er grinste breit, wartete auf eine

Reaktion. Schließlich sagte er ein bisschen beleidigt: »Das war ein guter Witz, müsst Ihr zugeben.«

»Müssen Singende Männer gute Witze machen können?«, fragte Morgan und fluchte dann leise, weil er versehentlich seine kalten Finger in einen Rohlederriemen geknotet hatte.

»Ein Singender Mann muss alles gut können«, sagte Snenneq sehr ernst. »Hüten und jagen, machen und finden, weggehen und wiederkommen. Er muss so leise wandern, dass die Kaninchen ihn nicht hören. Er muss die Sprachen der Menschen und der Tiere und der Stürme sprechen …«

»Er muss sprechen, wenn der Mond ist zu hoch gestiegen«, sagte Qina mit strenger Miene.

»Bei der Tochter des Berges, sie hat recht!«, sagte Snenneq. »Ihr habt mich zu lange in der Unterhaltung gehalten, Morgan-Prinz. Jetzt müssen wir schnell gehen. Keine Angst, Qina und ich bringen euch heil hin.«

»Aber *wo* denn hin?«, fragte Morgan, während er vorsichtig aufstand. Wenigstens fühlten sich diesmal das Gewicht und die vorstehenden Zacken an seinen Füßen schon vertraut an.

»Ich sage Euch, während wir klettern«, sagte Snenneq. »Kommt.«

Wenn Morgan sich im Geist schon eine lebensgefährliche Fläche von schierem Eis hatte emporklimmen sehen, hätte er sich diese Angst sparen können. Der Pfad wurde steiler, und die Zacken unter seinen Füßen halfen, nicht auszurutschen, aber wenn es auch endlos bergauf zu gehen schien, fühlte er sich doch nie ernsthaft in Gefahr, abzustürzen. An geplatztem Herzen zu sterben, schien hingegen durchaus möglich.

»Jetzt hört mich, Morgan-Prinz«, sagte Snenneq und ging gerade so viel langsamer, dass Morgan ihn verstehen konnte, wenn er sich anstrengte, Schritt zu halten. »Hier ist etwas, das ich sagen will über Euer Problem.«

»Mein … Problem? Welches Problem?«

Snenneq tat die Frage mit einem Wedeln der Hand ab. »Ich werde eines Tages Singender Mann vom Mintahoq sein. Solche Dinge sind für mich klar wie eisiges Bergwasser. Also, habt Ihr meinen Reitwidder gesehen? Groß, nicht wahr? Er heißt Falku, was in Qanuc-Sprache bedeutet das schmackhafte weiße Fett. Nicht, weil ich ihn essen wollen würde, sondern weil er so viel davon hat. Der größte der Widder, das war er immer.«

Morgan konnte dem Troll nicht folgen, hatte aber nur die Kraft für ein Stöhnen, was Snenneq nicht im Mindesten bremste. Soweit Morgan bewusst war, war momentan sein einziges Problem, dass er in diesen luftlosen Höhen herumtappte, mit zwei verrückten kleinen Leutchen, die unbedingt eisige Berghänge hinaufklettern wollten.

»Weil mein Widder der größte war«, fuhr Snenneq fort und drehte sich jetzt um, damit er Morgan anschauen konnte, während er rückwärts weiterging, »mussten all die anderen ihre Kraft an ihm erproben. Immer war er im Kämpfen. An seinen Hörnern sind die Spuren vieler Kämpfe. So geht es immer, denke ich, der, der am größten ist, kann nicht leben wie die Kleinen. Versteht Ihr?«

Morgan zog schon so lange ein missmutiges Gesicht, dass sein Mund fast in dieser Stellung eingefroren war. »Ich ... verstehe nur ... dass du mich ... umbringen willst.« Er hielt inne, versuchte, den Worten des Trolls einen Sinn abzuringen. »Willst du sagen, du hasst mich, weil ich größer bin als du?«

»Ha!« Snenneq schlug sich jetzt im Rückwärtsgehen auch noch auf die Schenkel. »Siehst du, du kannst fast so wohl Witze machen wie ich.« Er schüttelte den Kopf. »Nein, so *gut* wie ich. Fast.«

»Snenneq-*henimaa!* Nicht so reden jetzt!« Qinas bestimmter Ton überraschte Morgan, weil er manchmal vergaß, dass sie zwar so groß wie ein Kind war, aber eben kein Kind. »Lass Morgan-Prinz oben erreichen, bevor du mehr Wörter machst.«

Snenneq runzelte die Stirn, drehte sich aber wieder um und stieg – sichtlich um Würde bemüht – weiter bergan.

Eine ganze Weile herrschte Stille, bis auf Morgans Ächzen und Stöhnen. Schließlich rief Klein-Snenneq herab: »Wir sind jetzt, wo wir sein sollen, und die Zeit ist noch frisch, aber wir müssen Eile machen.«

Morgan tat sein Bestes, schneller zu gehen, und erreichte schließlich, von Qina unterstützt, die ihre schmale Schulter gegen sein Hinterteil stemmte, halb kletternd, halb stürzend den Gipfel, wo er nichts mehr über sich hatte als einen sternenfunkelnden Himmel und in dessen Mitte, wie ein großes Rad, um das Schiff des Firmaments zu steuern, den hellen Vollmond. Morgan fiel erleichtert auf die Knie, musste dann aber schnell seine Haltung so korrigieren, dass er sich nicht mit seinen Steigeisen in den Hintern stach.

»Ist das alles?«, fragte er, als er wieder zu Atem gekommen war. Selbst mit seinem Schal um den Kopf hatte er so kalte Ohren, dass es schwer war, einen gleichmütigen Ton beizubehalten. »Ihr habt mich hier heraufgebracht, um den Mond zu sehen? Ich kenne den Mond. Wir haben nämlich in Erkynland denselben.« Er war so müde, dass er hätte heulen können – was er natürlich nie getan hätte, schon gar nicht vor diesen kleinen Beinahe-Fremden.

Qina setzte sich neben ihn, und Klein-Snenneq ließ sich an seiner anderen Seite nieder, sodass sie alle drei über die schneebedeckten Gebirgsausläufer hinwegblickten. Rechts erstreckte sich der Dimmerskog wie das zerknautschte Fell eines riesigen Tiers, die Baumwipfel vom Mondlicht versilbert.

»Ist es nicht schön, das alles zu sehen?«, fragte Snenneq. »Andere wünschten, sie könnten so weit schauen, aber nur die, die hoch emporsteigen, können diese Anblickung haben.«

Morgan verkroch sich tiefer in seinem Mantel. »*Niemand* wünscht, er könnte so weit schauen, denn niemand, der seine fünf Sinne beisammen hat, will nachts in der Eiseskälte auf einem Berggipfel sitzen.«

»Ist es so scheußlich wirklich?«, fragte Qina sanft. »Was seht Ihr, Hoheit Morgan?«

Er schluckte eine schnippische Antwort hinunter. Er musste zugeben, der Mond sah von hier oben erstaunlich groß aus und so nah, als könnte man ihn berühren. »Nein, so scheußlich ist es wohl nicht«, sagte er. »Aber es war trotzdem nicht nötig, hier heraufzusteigen, nur um es zu sehen.«

»Aber Ihr seid jetzt hier, oh ja, mit Gewissheit«, sagte Klein-Snenneq. »Und nicht nur, damit Ihr versteht, was andere gern sehen würden, andere, die nicht so hoch steigen können wie Prinzen, sondern auch, weil heute Nacht etwas ist, was von Besonderheit ist.«

Wieder verbiss sich Morgan scharfe Worte. Irgendwie waren die Trolle so anders, dass er sie nicht so behandeln konnte wie seine anderen Freunde, die er verspottete und die ihn verspotteten. *Na ja, außer Porto*, dachte er, *der verspottet mich nie.* Das erinnerte ihn daran, dass der alte Ritter unten am kalten Hang auf sie wartete. Was auch immer die Trolle vorhatten, es wäre gemein gegenüber dem armen alten Kerl, es durch weiteres Debattieren in die Länge zu ziehen. »Gut, dann sag mir, was heute Nacht ist, was von Besonderheit ist, Snenneq.« Er lachte trotz Zähneklappern. »Ich meine, was ist heute Nacht Besonderes?«

»Seddas Zeichen«, sagte der Troll prompt. »So sagen wir Qanuc. Sedda ist der Mond, und wenn man den Frühlingsmond mit dem größten Dickbauch – das, was Ihr ›Vollmond‹ nennt – von einem sehr hohen Platz aus sieht, bevor er seine Reise hinab ins Dunkel beginnt, dann gibt einem Sedda ein Zeichen für die Wahrheit.«

Morgan sah ihn eine ganze Weile an. »Entschuldigung, aber ich habe kein Wort verstanden.«

»Hier in dieser Nacht, an diesem hohen Platz, werden wir die Knöchel werfen. Ihr wisst doch, wie ein Singender Mann von den Qanuc die Knöchel wirft, oder? Das hat Euch Euer Großvater doch sicher erzählt, nach seinem langen Reisen mit Qinas Vater Binabik.«

Irgendwie kam diese Knöchelsache Morgan vage bekannt vor, aber er konnte nicht auch noch eine lange Erklärung ertragen, während ihn die Kälte in Ohren, Nase und Finger biss. »Ja«, sagte er. »Die Knöchel werfen. Klar.«

»Gut.« Snenneq zog einen Lederbeutel aus seiner dicken Jacke und wischte dann vor sich ein Fleckchen Fels von Schnee frei. Er schüttete mehrere helle, kleine Dinger aus dem Beutel in seine Hand. »Der Mond hat seinen dicksten Bauch, und wir sind an einem hohen Platz. Wir werden Sedda um ein Zeichen für Euch bitten.«

»Warum?«

»Weil Ihr Anleitung braucht, denke ich. Qina und ihr Vater denken es auch.«

Morgan sträubte sich etwas gegen diese Unterstellung, aber die Kälte scherte sich nicht um sein Innenleben, also sagte er nur: »Warum sollte sich diese Sedda mit jemandem abgeben, der kein Troll ist?«

»Weil sie die Mutter aller ist und nur den Wunsch hat, ihre Kinder zu beschützen.« Während Snenneq ein Gebet in der kehligen Qanuc-Sprache zu flüstern begann, dachte Morgan kurz und ein wenig verbittert an seine eigene Mutter, deren Wünsche wesentlich komplizierter zu sein schienen als die von Mond-Mutter Sedda. Dann warf Snenneq die Knöchel, als wären sie Würfel, und verfolgte gespannt, wie sie fielen. »Geduld, mein Prinz-Freund. Zweimal muss ich sie noch werfen«, sagte er. Als das getan war, sammelte Snenneq die Knöchlein bedächtig ein und legte sie wieder in den Lederbeutel. »Schwarze Spalte und Wolken im Pass, das waren die ersten beiden. Aber der dritte Wurf war einer, den ich nie vorher angeblickt habe – ich weiß nicht, ob Qinas Vater ihn je geworfen hat, obwohl er ihn mir gezeigt hat. Widernatürliche Geburt, so heißt er.«

Morgan zitterte wieder, trotz der beiden kräftigen kleinen Leutchen, die sich zu beiden Seiten an ihn drückten. »Ach, das ist ja reizend. Nennen mich deine Knochen einen Bastard?«

Der Troll schüttelte den Kopf. »Das ist nicht, was die Wörter bedeuten – oder war das wieder ein Witz von Euch? Nein, wie ich gelernt habe, haben sie die Bedeutung, dass etwas, das Ihr erwartet, das Ihr schon lange erwartet, nicht zu Euch kommt. Oder vielleicht kommt, ja, aber in ganz anderer Form, als Ihr gedacht habt.« Er runzelte die Stirn und wog den Beutel in der Hand. »Ich denke, ich sollte mit Qinas Vater über dieses sprechen, denn selbst ich, so klug ich mit Gewissheit bin, verstehe vielleicht nicht alles davon.«

»Klug du bist, ja«, sagte Qina. »Und voll Bescheidenheit.«

Morgan hörte die tiefe Zuneigung hinter dem sanften Spott und beneidete Snenneq schon fast um diese so großmütige Liebe, aber dann schob sich die Frage dazwischen, was dieses ganze Abenteuer eigentlich sollte. Das hier war doch genau der Grund, warum Vater Nulles immer vor Wahrsagerei warnte – weil sie nicht nur fremdländisch und sündig war, sondern auch nie richtig. Denn wenn der Troll recht hätte, dann würde etwas, das er schon lange erwartete, nicht eintreten – und das konnte doch nur heißen, die Königswürde.

Ein Kronprinz, der nicht König wird, dachte er. *Wie mein jung verstorbener Vater.* »War's das?«, fragte er so ruhig wie möglich. »Weil mir nämlich so kalt ist, dass ihr mich in einem Sarg runtertragen müsst, wenn wir noch lange hier oben bleiben.«

Die Trolle schwiegen auf dem langen Abstieg zu der Stelle, an der Porto wartete. Morgan war das recht, denn er hatte nichts zu sagen und nicht das Bedürfnis, noch irgendwas zu hören, ehe er genug Wein in sich hineingekippt hatte, um sein gefrorenes Herz aufzutauen.

Trotz seiner Müdigkeit und des vielen Weins brauchte Simon lange, um inmitten der großen Halle, wo so viele seiner Höflinge und Diener nächtigten, in den Schlaf zu finden. Es war lange her, dass er zuletzt zwischen lauter Leuten geschlafen hatte, die man atmen, flüstern und sogar im Traum reden hörte. Während er so im Dunkeln lag, Binabiks Talisman an sich gepresst, versetzten ihn die Geräusche in seine Jugend zurück, als er mit anderen Küchengehilfen in der riesigen Hochhorst-Küche geschlafen hatte, dicht an dicht wie Brote auf einem Blech.

Wahrscheinlich lag es an den Gedanken an damals, dass er sich bald dabei wiederfand, wie er durch die dunklen Gänge und schattigen Höfe ebenjenes Hochhorst streifte, der großen Burg, auf der er aufgewachsen war. Erstaunlicherweise war das stumme Mädchen Leleth, das er und Miriamel vor so langer Zeit gekannt hatten, bei ihm, als ob sie beide einem mächtigen Ruf hierher gefolgt wären. Er wollte Leleth fragen, was sie auf den Hochhorst zurückführte, wo sie einst Miriamels kleine Magd gewesen war, bevor die schlimmen Zeiten über die Burg hereinbrachen, aber das Mädchen wollte nicht auf ihn warten, so laut er auch rief. Sie eilte immer voraus, und ihre Röcke schwangen, während sie von Schatten zu Schatten glitt wie ein Blatt, das der Wind vor sich hertrieb.

Er folgte Leleth durch einen langen Gang, der ein bisschen so aussah wie der alte Gang zwischen den Stallungen und dem Äußeren Zwinger, aber irgendwie gleichzeitig ein von Bäumen überdachter Pfad durch den Wald um Da'ai Chikiza war, die Feenstadt, die der Aldheorte Jahrhunderte vor Simons Geburt verschlungen hatte. Er, Miriamel und Binabik waren in einem Boot, das ihnen Valada Geloë gegeben hatte, durch das dichte Tüpfelgrün dieses Waldes getrieben. Leleth war in Wirklichkeit nicht dabei gewesen, denn sie war auf der Flucht aus dem Hochhorst von brutalen Nornenhunden angefallen worden, fast an ihren

Verletzungen gestorben und für immer stumm geblieben. Als Simon und die anderen Geloë verließen, die ihnen Zuflucht und Rat gewährt hatte, war das Mädchen bei der weisen Frau geblieben. Später hatte Simon Leleth manchmal im Traum wiedergesehen, in Wachträumen wie im Schlaf, daher war es nicht allzu überraschend, sie hier zu treffen, an diesem seltsamen Ort voller Schatten und Geister. Und nur im Traum hatte Simon je ihre Stimme gehört, so wie auch jetzt wieder.

»*Hütet Euch vor den Kindern*«, rief sie ihm zu. »*Sie werden gerufen.*«

»Welche Kinder?«, fragte er oder glaubte er jedenfalls zu fragen, denn sein Traum war voller Stimmen und er war sich nicht sicher, ob er wirklich gesprochen hatte. »Welche Kinder?«

Leleth trat durch eine Öffnung, die eben noch ganz bestimmt nicht da gewesen war, eine dunkle Stelle zwischen zwei Bäumen. Alles, was blieb, war ihre Stimme.

»*Die Kinder.*« Es drang an sein Ohr wie aus der Tiefe eines vergessenen Brunnens. »*Sie sind tot.*« Doch noch während ihn ein Schauer überlief, dachte er, dass er sich vielleicht verhört hatte, dass sie vielleicht etwas anderes aus dem Dunkel gerufen hatte – »*Die Kinder sind der Tod*« oder »*Die Kinder bringen Not*«. »Leleth, wo bist du?« rief er. »Was sagst du?« Doch das Dunkel zwischen den Bäumen war leer und stumm.

Noch immer in Traummanier halb dahinschwebend, als ob nur seine Augen und Ohren lebten und mit seinen wirren, wirbelnden Gedanken verbunden wären, folgte er ihr durch die leere, dunkle Stelle, obwohl ein Teil von ihm sah, was dort war, und ihn verzweifelt davon abzuhalten suchte.

Es ist eine Höhle, dachte er. *Es ist ein Loch. Da ist ein Monster drin. Es ist ein Grab.*

Tatsächlich wusste er irgendwie, dass das, was zuerst nur wie ein Schattenfleck zwischen zwei Baumstämmen ausgesehen hatte, etwas ganz anderes war – ein Gang mit Wänden aus bröckelnder Erde. Gerade, als seine Angst so groß war, dass er sich nicht vorstellen konnte, noch einen Schritt weiter zu gehen, erschien vor ihm eine leuchtende Linie, ein senkrechter Lichtstreifen wie ein einzelner Sonnenstrahl. Seine Angst ließ schlagartig nach, und er ging darauf zu, und als er es tat, entfaltete sich das Licht zu den Seiten hin wie große, leuchtende Schmetterlingsflügel, und da war nur noch ein Klumpen Schwarz im unteren Teil.

Ein Teil von ihm begriff, dass der leuchtende Schmetterling Türflügel waren, die sich öffneten und Licht in einen dunklen Raum ließen, doch zuerst erhellte das Licht nichts. Dann erkannte er, dass der Klumpen Schwarz etwas war, das in diesem Licht stand. Kurz darauf identifizierte er es als die Gestalt eines Kindes – eine vertraute kleine Gestalt.

»Johan Josua?« Er ging auf ihn zu. Der Junge stand reglos in der Türöffnung, die Arme seitwärts ausgestreckt, um die Türflügel offen zu halten. Schlafende Gestalten lagen überall zu Füßen des Kindes, und Simon war verwirrt. Irgendwie war er wieder in der Küche, wo die Küchenjungen schliefen. Aber was machte Johan Josua hier? Er hatte doch nie in der Küche gearbeitet wie sein Vater. Ja, wie konnte er überhaupt ein Kind sein und Simon gleichzeitig auch? War die Zeit irgendwie aus den Fugen?

»Sohn?« Er machte ein paar Schritte auf ihn zu, aber Johan Josua schien tief in Gedanken versunken. Simon schaute nicht auf den Boden – er hatte Angst, den Blick von seinem Sohn zu wenden –, stieg aber, so behutsam er irgend konnte, über die schlafenden Gestalten hinweg. Manche der Schläfer bewegten sich und murrten, aber keiner wachte auf.

Jetzt bemerkte er noch etwas Rätselhaftes: Aus irgendeinem Grund war der Boden der großen Küche mit Gras bewachsen. Es schien sogar die Schläfer zu überziehen.

»Jonno? Johan Josua?« Simon trat noch näher heran und konnte jetzt den Kopf des Jungen gut genug sehen, um die unverwechselbare Stirntolle zu erkennen. Er glaubte, unter dem Anprall von Furcht und Freude zusammenzubrechen. Was hatte den Jungen zurückgebracht? Und würde er wieder Simons Sohn sein, oder umgekehrt Simon seiner? Johan Josua war gestorben, aber Simon nicht. Wer war der Ältere?

»Die Kinder erwachen«, rief von irgendwoher Leleths Stimme, leise wie leichter Wind, der über eine ungemähte Wiese weht. *»Sie werden zurückgerufen. Hütet Euch …!«*

Einige der Schläfer bewegten sich unruhig unter ihrer dicken Decke von Grün. Simon machte noch einen Schritt, war jetzt nah genug bei der Kindergestalt, um sie zu berühren, und fasste Johan Josua unterm Kinn, um ihm ins Gesicht zu blicken.

Doch als sich der Kopf des Kindes hob, waren seine Augen schwarz – das leere Schwarz des Nichts, des Endes aller Dinge.

Simon wollte schreien, konnte aber nicht. Plötzlich begann sein Sohn sich aufzulösen, im Boden zu versickern wie dunkles Wasser aus einem undichten Brunnen. Erst als Simon die verschwindende Essenz zu greifen und festzuhalten suchte, fand er seine Stimme wieder und rief voll Schmerz wieder und wieder den Namen seines einzigen Kindes, während Johan Josua zu nichts wurde.

Er war umgeben von Lichtern, unstet flackernden Lichtern. Es wurden immer mehr, als ob feurige Vögel zu einer Futterstelle herbeiflögen. So hell. Er blinzelte und merkte, dass er etwas in der Hand hielt. Er blickte hin und sah in seinen Fingern einen Fetzen weißen Stoff.

»Simon!« Das war Miriamel, irgendwo hinter ihm. Das Licht blendete ihn, und er war verwirrt, voll Schmerz. Johan Josua! Er hatte ihn berührt, hatte, wenn auch nur für den Bruchteil eines Augenblicks, seinen toten Sohn wieder berührt, und hier war der Beweis …! »Simon«, rief seine Frau, »wach auf!«

Sie stand jetzt vor ihm, ihr vertrautes Gesicht das einzig Normale in einer Horde von Fremden. Er war umringt, und einen schrecklichen Moment lang fühlte er sich wie ein gestelltes Tier, umzingelt von Jägern, die es töten wollten. Dann sah er, dass darunter eine Frau war, eine Frau, die die Arme um einen sechs- oder siebenjährigen Jungen gelegt hatte, ein Kind, das einen ähnlich schlanken Körperbau wie Johan Josua hatte, aber dunkleres Haar. Das Kind weinte, und sein Nachthemd war zerrissen.

Mit wachsendem Entsetzen erkannte Simon, dass das Nachthemd des Kindes aus demselben Stoff war wie der Fetzen in seiner Hand.

»Was …?« Simon blickte sich um, sah Tiamak und ein paar andere, die er kannte, entdeckte auch Miriamel wieder. »Was ist passiert?«

Seine Frau fasste ihn am Arm und führte ihn von der großen zweiflügligen Tür weg, zurück in die Halle. »Du hast geträumt, Simon, einen schlimmen Traum.«

»Johan Josua … ich dachte, es sei Johan Josua, der zurückgekommen war. Leleth hat versucht …« Simon konnte sich nicht genau erinnern, was geschehen war, er wusste nur, dass es wichtig war. »Die Kinder. Leleth hat mir zu sagen versucht …«

»Leleth ist seit über dreißig Jahren tot«, sagte Miriamel, und obwohl sie ärgerlich klang, hörte Simon doch noch etwas anderes in ihrer Stimme, so etwas wie Furcht, fast schon Grauen. »Vergiss es. Du hast den armen Jungen zu Tode erschreckt. Er war nur in die Halle gekommen, um zu schauen, ob noch etwas vom Abendessen übrig war.«

»Barmherziger Usires«, sagte Simon und gefror innerlich. »Was habe ich getan? Habe ich ihn verletzt?«

»Nur sein Nachthemd zerrissen. Er hat gesagt, du hättest ihn ›Sohn‹ genannt. Da wusste ich Bescheid.« Sie half ihm, sich wieder hinzulegen. »Ein schlimmer Traum. Ich bin vor allem wütend auf Binabik, weil er dir dieses Ding gegeben hat.«

Simon schüttelte den Kopf. Ein Teil von ihm war froh, dass es nicht real gewesen war, aber ein anderer Teil wollte nicht loslassen. »Es war nicht nur ein Traum. Das glaube ich nicht. Ich glaube … was hat Leleth gesagt? *Die Kinder sind tot.* Ja, ich glaube, das war es. Oder vielleicht, *die Kinder werden gerufen …?*«

»Sch-sch.« Miriamel legte ihm die Hand auf die Lippen. Ihre Finger waren kühl und sanft, aber ihr Ton war es nicht. »Schluss jetzt, Simon. Du hast alle schon genügend erschreckt.«

»Ich will nicht schlafen«, sagte er. »Wie könnte ich? Das war nicht nur ein Traum …«

»Es war einer der kleinen Großneffen des Barons«, sagte die Königin. »Was sollte es denn sonst gewesen sein? Unser Johan Josua ist tot. Bei Ädons barmherziger Mutter, Simon, das weißt du doch! Johan Josua ist im Himmel bei Usires und Gottes Engeln. Warum sollte er auf Erden herumgeistern? Du weißt doch, er ruht in Frieden.« Sie ergriff seine Hand, bog seine Finger auf. »Gib mir das Ding.«

Sie nahm den Talisman aus Federn und Blumen, den Binabik ihm gemacht hatte, warf ihn auf den Boden und zertrat ihn, dass die kleinen Knochen knackten wie dürre Zweiglein. »Ich werde es morgen früh verbrennen«, sagte sie.

Simon wollte widersprechen, doch er fühlte sich, als wäre er in einem Land eingeschlafen und in einem anderen aufgewacht. »Aber ich habe unseren Sohn gesehen!«

»Dämonen können die Gestalt vertrauter Menschen annehmen. Schluss jetzt. Schlaf wieder ein.«

Simon ließ den Kopf wieder auf die Strohmatratze sinken und versuchte sich auf Miriamels Finger zu konzentrieren, die seine Stirn streichelten. Er spürte ihre Angst und fragte sich, warum sie solche Angst hatte. *Nur ein Traum, sagt sie doch.* Im Dunkel hinter seinen geschlossenen Lidern verschwammen seine Gedanken bereits. *Sie hat recht. Was sollte es sonst sein …?*

Als Simon wieder einschlief, träumte er nicht mehr, oder wenn doch, konnte er sich beim Aufwachen nicht daran erinnern.

20

SEIN FUNKELNDES JUWEL

Der Schwarm von piepsenden, beißenden Kreaturen schien unerschöpflich zu sein. Nezeru mähte sie nieder wie ein Sklave die Gerste auf einem Feld, aber immer neue Furi'a strömten über die kleinen Leichname ihrer Artgenossen hinweg.

Sie hatte wohl ein Dutzend Mal nach Makho und den anderen gerufen, selbst nach dem Sänger Saomeji, doch wenn einer von ihnen antwortete, konnte sie es beim schrillen Gezwitscher der Kobolde nicht hören. Sie schienen überall zu sein, aus dem Boden hervorzuwimmeln wie Maden aus einem verwesenden Tierkadaver, als wäre die Erde selbst unter ihrer harten Haut aus Schnee und Eis nichts als Fäulnis.

Wo waren sie so plötzlich hergekommen? Sie erinnerte sich, dass der Riese Goh Gam Gar mitten im Gehen plötzlich verschwunden war, als ob der Boden unter ihm einbräche. Das Erdreich musste von Gängen und Nestern der Furi'a durchzogen sein, und das Gewicht des mächtigen Riesen war wohl einfach zu viel gewesen.

Sie glaubte, Makho rufen zu hören: »Hierher, zu mir!«, aber sie wusste nicht, wo es herkam. Außerdem konnte sie im Moment sowieso nichts tun, als irgendwie zu verhindern, dass die Kobolde sie überwältigten. Zwar lagen viele tot zu ihren Füßen, doch ein halbes Dutzend der abscheulichen, menschenförmigen Kreaturen kletterte an ihr hoch, manche mit scharfen Steinklingen in den missgestalteten kleinen Händen. Nezeru wusste, wenn ihre

Jacke und ihre Hose aus gepanzertem Leder nicht wären, würden die primitiven kleinen Messer bereits in ihr Fleisch schneiden.

Mit aller Anstrengung schaffte sie es, mehrere Furi'a auf einmal abzuschütteln. »Makho!«, schrie sie. »Wo seid Ihr? Ich bin hier!« Aber es kam keine Antwort. Entweder war er damit beschäftigt, sich selbst zu verteidigen, oder aber er war tot. Unwillkürlich sprach sie im Geist die Erste Anrufung aus dem Kanon der Königin, als wäre sie wieder ein Kind.

Mutter Aller, gib deiner Dienerin Kraft. Mein Leben gehört dir. Mein Leib gehört dir und mein Geist gehört dir.

Ein blasphemischer Gedanke folgte auf das Gebet, als spräche jetzt jemand anderes in ihrem Kopf: *Aber es war doch die Königin, die uns hierher in den Tod geschickt hat!* Selbst in unmittelbarer Todesgefahr schämte sich Nezeru, weil da die Feigheit sprach, die ihrem Sterblichenblut innewohnte. War sie nicht eine Klaue der Königin, eine Opfermutige, die den Eid geleistet hatte und deren Todesgesänge bereits gesungen waren? Wenn die Mutter Aller Drachenblut brauchte, dann war es die heilige Pflicht der Klauen, ihr welches zu beschaffen. Wenn sie bei dieser Mission ihr Leben ließen – wenn sie, Nezeru, hier starb, überrannt von diesen zwitschernden Albtraumkreaturen –, was spielte das schon für eine Rolle? Andere würden da sein, um der Königin zu dienen. Die Hikeda'ya würden überleben, und die Erinnerung an den Garten würde fortleben. Nur die Königin konnte das garantieren.

Das alles schoss Nezeru blitzartig durch den Kopf, dann fühlte sie plötzlich einen Schmerz, scharf wie von Feuer: Etwas biss sie ins Handgelenk. Sie schüttelte den Arm, konnte es aber nicht loswerden. Eine der Kreaturen hatte eine bloße Stelle zwischen ihrem Handschuh und ihrem Jackenärmel gefunden und sich dort festgebissen wie eine Ratte. Die übrigen Kobolde nutzten ihre Abgelenktheit, um sich auf sie zu stürzen, also hämmerte Nezeru mit dem Knauf ihres Schwerts so fest sie konnte auf das verfilzte Haar des kleinen Kopfs ein, bis sie fühlte, wie der Schädel nachgab. Der Gräber fiel von ihrem blutigen Handgelenk ab, aber ein halbes Dutzend weiterer klammerte sich bereits an ihre Beine, und noch während sie einige wegriss, versuchten andere bereits, ihr Gesicht zu erreichen. Sooft sie einen löste, schienen zwei neue seine Stelle einzunehmen, und der verschneite Boden ringsum wimmelte von Furi'a. Es waren mehr, als sie je gesehen hatte. Nie hätte sie gedacht, dass es so viele an einem Ort geben könnte. Nezeru wusste, es war hoffnungslos. Nicht einmal eine ganze Schar Opfermutiger hätte sich gegen diese riesige Menge von Furi'a behaupten können.

Sie begann, ihren Todesgesang zu singen, wie sie ihn an dem Tag, an dem sie eine Klaue der Königin geworden war, in der Arena gesungen hatte.

Hea-hai! Hea-hai!
Ja, ich lebe für den Garten,
Aber ich starb, als der geheiligte Garten starb,
Ja, ich lebe für die Königin,
Aber ich starb, als ihr Sohn, der Weiße Prinz, starb …

Plötzlich sah sie ein grelles Licht flackernd über den grauen Himmel sausen, dann zischte ein Feuerball mitten in den Furi'a-Schwarm herab, nur ein Dutzend Schritt von ihr entfernt. Feuer spritzte auf die wimmelnden Kreaturen, als der Pfeil einschlug, und im Nu wurde das hungrige Zwitschern zu panischem Kreischen, so hoch, dass sie es kaum hören konnte. Ein weiterer Feuerball kam herabgesaust, schlug diesmal noch näher bei ihr ein. Nezeru warf sich zur Seite und kroch ein Stück weg. Die Gräber, die von spritzendem Feuer getroffen worden waren, schrien und rannten in alle Richtungen, blind vor Schmerz und Angst. Etliche bewegten sich nicht mehr, sondern lagen halbverkohlt und brennend dort, wo sie das Feuer getroffen hatte, ihre hässlichen kleinen Gliedmaßen zuckten wie die Beine sterbender Insekten. Das war kein gewöhnliches Feuer, erkannte Nezeru, sondern etwas Dickflüssigeres, Heißeres, Feuer, das dort, wo es hinfiel, haften blieb und weiterloderte.

Da die Masse der Furi'a zumindest für den Augenblick zerstreut war, ging sie mit dem Messer gegen die Kreaturen vor, die noch an ihr hingen, sägte ein paar, die nicht mal im Tod ihren Klammergriff lockern wollten, von sich los. Dabei sah sie eine Gestalt den nächsten Hügel herabgleiten, eine weiße Gestalt vor dem weißen Hang; sie trug etwas, das viel heller war als das matte Morgengrauen. Es war ein flammender Pfeil, und noch im Herabgleiten schoss die Gestalt den Pfeil ab, und es war wie in einer dieser Sterblichen-Sagen von einem zürnenden Gott, der Blitze schleuderte. Der Pfeil verspritzte Feuer auf die Gräber, die noch immer aus dem Loch im Boden quollen. Zuerst dachte Nezeru, es sei Saomeji, der die Künste seines Ordens einsetzte, aber die Gestalt hatte nicht Saomejis kompakte Statur, und das Gesicht unter der Kapuze schien selbst im schwachen Licht des heraufziehenden Morgens seltsam dunkel.

Nezeru fühlte das Beben unter ihren Füßen, bevor sie es hörte, und als sie sich umdrehte, sah sie etwas Riesiges aus dem Schnee hervorbrechen, als würde ein Berg von einem Moment auf den nächsten geboren. Es war Goh Gam Gar, der sich brüllend aus der Einbruchstelle heraushievte, das Fell an vielen Stellen blutverklebt.

»Zu mir!«, rief wieder jemand, und Nezeru erkannte Makhos Stimme. Er war am Leben, auch wenn sie ihn nicht entdecken konnte. Was sie sah, war der Weißgekleidete, der wieder einen brennenden Pfeil eingelegt hatte und jetzt fast am Fuß des Hangs war. Kurz konnte sie sein Gesicht deutlich erkennen.

Ihr Retter war ein Sterblicher.

Dieser Sterbliche blieb ein paar lange Schritte über dem Ende des Hangs stehen, winkte heftig mit dem ganzen Arm und gab dann einen weiteren Schuss ab. Der Feuerball landete dort, wo der Schwarm von Gräbern am dichtesten war – an dem Loch, das vorhin den Riesen verschluckt hatte. Als das Feuer auf sie spritzte, wimmelten die kleinen Kreaturen wirr durcheinander. Manche versuchten immer noch, aus dem Loch herauszuklettern, während andere mit schlimmen Verbrennungen wieder zurückdrängten. Es war ein schrecklicher, schriller Lärm wie von panischen Fledermäusen. Nezeru sah jetzt, dass der Sterbliche einen Topf mit Feuer in der Hand trug, ihn aber jedes Mal abstellen musste, um seinen Bogen zu spannen, was ihn an dem steilen Hang beträchtlich verlangsamte.

Goh Gam Gar hatte sich inzwischen aus dem eingebrochenen Schnee hinausgegraben und hochgehangelt – nur mit einer Hand, denn mit der anderen umklammerte er den schlaffen Körper eines der Hikeda'ya wie eine Lumpenpuppe.

»Hier herauf!«, rief der Sterbliche. »Hierher, wo der Untergrund reiner Fels ist. Bis hierher reichen ihre Gänge nicht.« Und was Nezerus Verblüffung noch steigerte – er rief es in tadellosem Hikeda'yasao, der Sprache Nakkigas.

Jetzt, da kein Feuer mehr vom Himmel auf sie fiel, schöpften die Gräber wieder Mut. Die panische Schar, die eben in den Erdboden hatte zurückfliehen wollen, strömte wieder heraus ins blaue Morgenlicht. Nezeru wusste, sie sollte auf Makhos Befehle warten, aber sie sah den Handführer nirgends und hörte auch seine Stimme kaum, also lief sie über die blutigen Schneehaufen zu dem Hang, an dem der Fremde wartete. Nahezu bei jedem Schritt trat sie auf kleine verbrannte Körper.

Gleich darauf tauchte Makho auf der anderen Seite aus dem großen Loch auf. Er war sichtlich erschöpft und hatte viele Wunden davongetragen – Arme, Hals und Gesicht waren blutüberströmt –, aber er fand die Kraft, den Arm in die Grube zu strecken, einer weiteren rotverschmierten Gestalt, die wohl Kemme sein musste, herauszuhelfen und sie dann mitzuziehen, den Hang hinauf. Nach einem kleinen Stück schaffte es Kemme, aus eigener Kraft hinter Makho herzustolpern. Selbst der Riese krabbelte jetzt auf allen vieren den vereisten Hang hinauf, wobei er breite rote Spuren im morgenlichtblauen Schnee hinterließ.

Der Fremde führte Makhos Klauen den schneebedeckten Hügel hinauf, bis sie eine Stelle unter einem Felsüberhang etwa hundert Schritt über der Senke erreichten. Erst als sie weit genug unter dem Überhang waren, um festen Stein unter den Füßen zu fühlen, ließen sie sich erschöpft und keuchend zu Boden sinken. Nezerus Herz schlug noch schneller als bei ihrer Flucht von der Insel der Knochen. Sie war sich eben noch so sicher gewesen, sterben zu müssen – es war unfassbar, dass sie noch lebte. Sie zitterte bis ins Mark. Der Geruch von Blut und brennendem Koboldfleisch war überall, schlimmer noch als der Gestank des Riesen in diesem kleinen Unterstand.

Lange sagte niemand etwas, dann setzte Makho sich auf und blickte grimmig zu ihrem Retter hinüber, der ein paar Meter weiter am Boden hockte. Als Nezeru dessen goldene Hautfarbe sah, dachte sie kurz, sie hätte ihn fälschlich für einen Menschen gehalten, er müsse in Wirklichkeit ein Zida'ya sein, einer der Verräter-Verwandten der Hikeda'ya, doch der Knochenbau seines Gesichts war anders als bei ihr. Die seltsame Hautfarbe kam nur von langen Jahren in der Sonne.

»Wer bist du?«, herrschte ihn Makho an. »Wie kannst du es wagen, dich in ein Unternehmen im Auftrag der großen Königin einzumischen?«

Der Sterbliche, der Kleidung aus geschabten weißen Häuten trug, warf Makho einen Blick zu, den Nezeru nur als belustigt deuten konnte, so bizarr und tolldreist das auch sein mochte. Er war groß und fast so schlank wie ein Hikeda'ya, und sein kurzes, glattes Haar war von einem viel helleren Goldton als seine Haut, fast schon weißlich. »Ich bitte um Verzeihung«, sagte er zu Makho. »War es euer Auftrag zu sterben? Denn wenn nicht, dann habe ich mich weniger eingemischt, als vielmehr diese Hand eurer Königin davor bewahrt, von Kobolden gefressen zu werden. Man hat mich gelehrt, das Wolkenvolk habe auch höfliches Benehmen aus dem Garten mitgebracht, nicht nur Hexenholz …«

Noch ehe der Sterbliche zu Ende sprechen konnte, machte Makho einen Satz auf ihn zu, presste ihm die Spitze seines Schwertes Kaltwurz, an dem noch immer blutige Haare und Fetzen der Furi'a hingen, an die Kehle und beugte sich so weit vor, dass ihre Gesichter nur wenige Handbreit auseinander waren. »Was redest du von Hexenholz, Sterblicher?«, zischte Makho wie eine wütende Schlange. »Du bist ein Spion.«

Der Sterbliche sah ihn nur an und sagte dann. »Schaut mal abwärts.«

Nezeru sah es im selben Augenblick wie Makho: In dem Moment, in dem ihm der Handführer seine Klinge an die Kehle gesetzt hatte, war es dem Fremden gelungen, blitzartig sein langes, schmales Messer zu ziehen. Die Spitze berührte Makhos Brust, genau über dem Herzen. Nezeru war verblüfft. Selbst Makho schien trotz seiner grimmigen Miene ein wenig nervös zu sein. Kein Wunder: Wer hatte je von einem Sterblichen gehört, der so schnell war wie ein Hikeda'ya?

»Wenn ich sterbe, sterbt Ihr im selben Augenblick«, sagte der Fremde erstaunlich milde. »Wenn Euch aber ein anderer Ausgang dieser *Ra'haishu*«, er benutzte einen alten Hikeda'ya-Ausdruck, der ›Begegnung im Tunnel‹ bedeutete und für einen Fehler stand, der jäh zum Tod führen konnte, »lieber ist, dann schlage ich vor, Ihr nehmt Euer Schwert, das im Übrigen gereinigt werden sollte, von meinem Hals, und wir fangen noch mal von vorn an. Ich gehe davon aus, dass Ihr mir diesmal als Erstes danken werdet.«

Ein tiefes Grollen erfüllte die kleine Höhle. Es war Goh Gam Gar, der in einer Pfütze von seinem eigenen Blut hockte und lachte. »Das gefällt mir! Diese kleine Eisratte hat Biss!«

Makho zog den kristallenen Stachelstab aus seiner Jacke und

richtete ihn auf den Riesen. Seine Hand zitterte, was wohl das Überraschendste in dieser langen Stunde der Überraschungen war. »Mach noch einmal dein Maul auf, Monster, und ich sorge dafür, dass du dir selbst den Kopf abreißt.«

»Ihr müsst ja ein sehr beliebter Anführer sein«, sagte der Sterbliche.

»Makho«, sagte Saomeji. »Einen Augenblick ...«

»Nenn mich nicht beim Namen, Idiot.«

»Entschuldigung, aber ich muss Euch etwas sagen.« Der Sänger hob die Hände, die voll Blut waren. Sogar seine Ärmel waren fast bis zu den Ellbogen blutgetränkt. »Ibi-Khai ist tot.«

»Was?« Makho drehte sich so schnell von dem Fremden weg, dass Nezeru dachte, er sei sogar froh über die Unterbrechung. »Bist du sicher?«

Saomeji deutete auf Ibi-Khais leblose Gestalt, die der Riese ein Stück weiter abgelegt hatte. »Seht selbst. Die Furi'a haben ihm die Kehle herausgerissen. Er war schon tot, bevor wir hier oben ankamen.«

»Aber wie sollen wir dann den Weg durch unbekannte Lande finden?«, sagte Kemme in einem Ton, als ärgere er sich über den toten Kameraden. »Nur Ibi-Khai kannte ihn. Ohne einen anderen Echo, der von unseren Gebietern erfahren könnte, wo wir hinmüssen, sind wir verloren. Wir werden niemals ...«

»Schweig!« Makhos Gesicht war starr vor Wut und noch etwas anderem, das Nezeru an ihm noch nie gesehen hatte, das aber fast wie Angst wirkte. »Habt ihr alle den Verstand verloren? Wir werden uns besprechen, wenn wir beschlossen haben, was wir mit diesem Fremden machen. Einem Fremden, der passenderweise unsere Sprache spricht.« Er funkelte ihren sterblichen Retter grimmig an. »Wie heißt du und was hast du hier zu suchen, Kreatur, und woher kannst du die Sprache der Hikeda'ya?«

Das lange Messer des Fremden war genauso blitzartig wieder verschwunden, wie es erschienen war. Er sah Makho furchtlos an, zeigte aber seine leeren Hände vor. »Ich heiße Jarnulf. Und ich spreche eure Sprache, weil ich vor dem Berg aufgewachsen bin, in Nakkiga-von-einst, bevor ich ein freier Mann wurde.«

»Lügner«, sagte Makho. »Es gibt keine freien Sterblichen in Nakkiga.«

»Ich bin ja auch nicht in Nakkiga, oder? Aber ich wurde freigelassen, von meinem Herrn, Denabi sey-Xoka.«

Makho, Kemme und Saomeji starrten den Fremden verdutzt an. Selbst Nezeru kannte den Namen.

»Du lügst.« Makho hielt die Schwerthand nah an Kaltwurz' Griff. Gewalt lag in der Luft, schwer wie Weihrauch. »Jeder, der unsere Sprache spricht, könnte behaupten, einmal Waffenmeister Denabi gehört zu haben. Sein Name ist in allen Landen unseres Volkes bekannt, und jeder Lügner könnte ihn aufgeschnappt haben.«

»Ich habe ihm nicht nur gehört«, sagte Jarnulf. »Ich bin vom Meister selbst ausgebildet worden.« Wie vorhin schon das lange Messer, schien das Schwert des Sterblichen förmlich in seine Hand zu springen. »Wollt Ihr mich auf die Probe stellen, Handführer?«, fragte der Sterbliche. »Das scheint mir keine gute Idee, wo Euer Trupp doch heute schon einen Mann verloren hat.«

Makho sagte nichts, sondern schlug die Klinge des Fremden mit der bloßen Hand weg und griff dann selbst so blitzschnell an, dass Kaltwurz nur ein verwischtes silbernes Glänzen war. Nezeru wusste, wenn die Attacke ihr gegolten hätte, dann wäre sie – so schnell sie auch selbst mit der Klinge war – jetzt tot. Der Fremde aber bewegte sich kaum, lenkte Makhos Klinge lediglich mit einer sparsamen Parade aus dem Handgelenk ab und drehte sich mühelos weg, um die Wucht des Stoßes ins Leere gehen zu lassen.

Der Handführer, sichtlich überrascht von Jarnulfs geschickter Verteidigung, ließ dennoch nicht locker. Kurz wirbelten beide Klingen umeinander, stießen, hieben, stießen wieder zu, schnellten dann auseinander. Keine hatte Blut geleckt, und der Fremde sah nicht aus, als wäre er ernsthaft geprüft worden. Nezeru bemühte sich, ein ausdrucksloses Gesicht zu wahren, aber innerlich war sie verblüfft und verwirrt. Ihr Handführer galt als einer der besten Schwertkämpfer des gesamten Opfermutigen-Ordens. Sie selbst hätte es nie gewagt, mit ihm die Klingen zu kreuzen, und jetzt stand hier ein Sterblicher, ein ehemaliger Sklave, wenn er die Wahrheit sagte, der ihm gewachsen schien.

»Handführer Makho, bitte hört auf«, rief Saomeji. Er trat zwischen die beiden, eine mutige Tat, die Nezeru kaum weniger beeindruckte als die Fechtkunst des jungen Sterblichen. »Es ist jetzt heller Tag, und nur das hält die Furi'a davon ab, uns wieder anzugreifen. Wir müssen weiter von ihrem Nest wegkommen, viel weiter, bevor es wieder dunkel wird. Und wir sind schon schlimm geschwächt.«

»Sprich nur für dich«, sagte der Riese fröhlich glucksend. »Goh Gam Gar hatte nicht mehr so viel Spaß, seit er bei der Niederlage des Sturmkönigs einen der Ritter des alten Asu'a gefressen hat. Lass die beiden weiterkämpfen.«

Makho wandte den Blick nicht von Jarnulf. »Dieser Kerl ist ein Spion. Alles, was er sagt, kann nicht sein. Von Denabi selbst ausgebildet? Ein Sterblichensklave ohne Halsband?«

»Ich sagte doch, Denabi-*z'hue* selbst hat mir das Halsband abgenommen.« Jarnulf sah Makho an, richtete den Blick dann auf die anderen Hikeda'ya, senkte seine Klinge und stieß sie in den Schnee, sodass sie von allein stand. »Ich will euch etwas zeigen. Du da, die Frau – komm her und schau.« Er löste die Schnürbänder seiner Jacke aus geschabter Haut, klappte diese ein Stück auf und senkte dann den Kopf wie jemand, der darauf wartet, geopfert zu werden.

Nezeru wusste nicht, was tun. Ibi-Khai lag tot am Boden, die anderen waren noch träge vom Kampf mit den Furi'a, und Makho starrte den Fremden nur an, so grimmig wie ein Wolf, der seine

Beute verteidigt. Sie ging auf den Fremden zu, in der Erwartung, dass ihr Handführer ihr befehlen würde, stehen zu bleiben, aber Makho sagte nichts.

Die erste Überraschung war, dass der Fremde nicht viel größer war als sie. Die zweite war sein Geruch, eine befremdliche Mischung, typisch für Sterbliche, aber nur seltsam schwach, und ein starker Duft nach Kiefernharz. Nezeru beugte sich näher zu ihm vor, um ihn zu untersuchen. Ein verhornter Streifen zog sich um seinen Halsansatz, genau an der Stelle, wo ein Sklavenjoch sitzen würde.

»Er hat eine Narbe vom *Kuwa*«, meldete sie.

»Was nur beweist, dass er einmal Sklave war«, fauchte Makho, »und es vielleicht immer noch ist, trotz seiner hübschen Geschichte von Denabi. Warum sollte ein ehemaliger Sklave frei im Grenzgebiet der Hikeda'ya-Lande herumlaufen?«

»Weil ich ein Jäger der Königin und ein Sklavenfänger bin«, sagte Jarnulf und schnürte seine Jacke wieder zu. »Ich fange diejenigen, die aus den Landen der Königin zu fliehen versuchen. Wenn Ihr mir immer noch nicht glaubt, schlage ich vor, Ihr fragt meinen einstigen Herrn.«

»Denabi sey-Xoka hat sich vor drei Sommern auf den Weg in den Garten gemacht«, sagte Makho. »Aber das hast du ja sicher gewusst, denn es ist praktisch für deine Geschichte.«

Das Gesicht des Fremden nahm einen seltsamen Ausdruck an, den Nezeru nicht ganz deuten konnte: Es lag Traurigkeit darin, aber noch etwas anderes. »Nein. Ich wusste nicht, dass mein ehemaliger Herr gestorben ist. Ich war seit Jahren nicht mehr in Nakkiga. Ich mache meine Geschäfte mit den Grenzburgen.« Jarnulfs Hand hob sich und machte das Hikeda'ya-Zeichen für Gute Rückkehr. »Also ist der Waffenmeister auf der Reise zurück in den Garten. Möge sein Weg ein gerader sein.«

Er hatte das so selbstverständlich getan, so sehr wie ein Hikeda'ya, dass Nezeru nicht länger an seiner Geschichte zweifeln konnte. Selbst Makho hatte etwas von seiner üblichen Sicherheit eingebüßt, starrte den Fremden aber immer noch an, als wäre er ein umherirrender Geist oder irgendein zweifelhaftes Omen.

»Kennt Ihr die Lande jenseits unserer Grenze gut, Jäger der Königin?«, fragte Saomeji plötzlich.

Jarnulf lächelte fast schon, aber es hatte nichts Freundliches. »Natürlich. Ich komme weit herum auf der Suche nach Verrätern und anderen Feinden der Königin. Ich kenne die Lande jenseits der alten Mauern von Nakkiga so gut wie meine eigene Haut und meine eigenen Knochen.«

Saomeji wandte sich an Makho. »Handführer, vielleicht bringt uns dieser Mann ja nicht Unglück, sondern Glück. Ibi-Khai ist tot. Er war der Einzige, der unseren Weg kannte, und ohne ihn finden wir nie an unser Ziel. Wenn wir umkehren, brauchen wir mindestens einen Mond, bis wir wieder in Nakkiga sind und einen anderen Echo finden.«

»Du hast doch deinen Sang, kleiner Zauberer«, sagte Makho ärgerlich. »All deine kostbaren Geheimnisse, die Anweisungen von deinem Herrn und Meister, die du mir nicht mitgeteilt hast. *Du* kannst uns da hinführen, wo wir hinmüssen.«

Saomeji machte ein Zeichen des Bedauerns. »Mein einzig wahrer Herr ist der Wille unserer Königin – aber nein, Makho, ich kann uns nicht da hinführen, wo wir hinmüssen. Und wenn Ihr nicht wollt, dass ich vor diesem Sterblichen spreche, dem Ihr so misstraut, dann muss die Begründung warten, bis wir beide allein sind.«

Makho starrte ihn an, Augen und Gesicht so leer wie bei einer Statue. »Und was willst du sagen?«

»Der Jäger der Königin kennt diese Lande. Wir kennen sie nicht. Nach dem, was wir gerade durchgemacht – und noch keineswegs endgültig überstanden – haben, könnte das doch eine glückliche Fügung sein, die wir nicht missachten sollten. Vielleicht kann er uns ja helfen, den Weg zu finden, sodass wir nicht gescheitert und geschlagen nach Nakkiga zurückkehren müssen.« Nezeru hörte eine leichte Verzögerung vor dem ›wir‹. Was Saomeji meinte, war, »sodass *Ihr* nicht gescheitert und geschlagen zurückkehren müsst«, und Makho hatte es durchaus verstanden.

»Keiner von euch hat mich gefragt, ob ich Interesse daran habe, euch irgendwohin zu führen«, sagte Jarnulf. »Um ehrlich zu sein, ich weiß nicht, ob ich so viel Zeit in eurer Gesellschaft zubringen möchte, so erhaben sie auch einem Ex-Sklaven wie mir erscheinen mag.«

Makho funkelte ihn finster an und wandte sich wieder an Saomeji. »Dann komm mit mir beiseite und sag, was du denkst, Sänger. Aber du, Sterblicher, denk dran: Selbst wenn du ein freigelassener Sklave bist, bleibt doch der Schatten des *Kuwa* für immer an deinem Hals. Warte hier, bis ich beschlossen habe, was ich mit dir machen werde.«

Jarnulf sagte darauf gar nichts, sondern lächelte nur – lächelte schon wieder einen verärgerten Handführer der Königin an, als hätte er überhaupt keine Angst vor ihm.

Kein normales Wesen wäre so mutig – oder so töricht, dachte Nezeru. *Was für ein sonderbares Geschöpf hat uns da gefunden?*

Über zwanzig Jahre im Herzen der Sturmspitze hatten Tzoja Vorsicht gelehrt, und das waren ruhigere, sicherere Zeiten gewesen, als die Königin noch geschlafen hatte. Jetzt war Utuk'ku zurückgekehrt, und Tzoja fühlte förmlich, wie Nakkiga sich regte und zu seiner alten, dunklen Wachheit zurückfand.

Sie öffnete die Tür ihres kleinen Zimmers und spähte hinaus in den Gang, diesen Gang, der ihr manchmal das Gefühl gab, am Ende der Welt zu sein, so weit weg von allem, was sie als Kind gekannt hatte, dass selbst die Erinnerungen irgendwo auf der Strecke geblieben waren. Sie sah niemanden und, was noch wichtiger war, hörte niemanden. Erleichtert schlüpfte sie wieder in ihr Zimmer.

Sie packte den Rand ihres Bettgestells, das den Hauptteil des Raums einnahm, obwohl es nicht besonders groß war, zog es von der Wand weg und tastete nach dem verschiebbaren Wandpaneel dahinter. Als sie es gefunden hatte, nahm sie den Rauchobsidian-Schlüssel, der an einer Kette um ihren Hals hing, drehte ihn im Schloss und schob das Paneel auf.

In dem Fach lagen ihre kostbarsten Besitztümer: eine Strohpuppe, ein buntes Kopftuch, eine Münze – Relikte ihrer Kindheit und des freien Lebens, das sie einst geführt hatte. Aber das war nicht alles, was sie heimlich dort drinnen aufbewahrte. Sie schob diese Dinge zur Seite und nahm ihre Kerze und zwei Schnitzereien heraus, eine Specksteinfigur der Grünen Mutter Frayja und einen Heiligen Baum aus poliertem Holz mit dem kopfüber daran hängenden Usires. Über die Jahre hatte man versucht, sie zu überzeugen, dass es nur einen Gott gebe, aber Tzoja konnte es sich nicht leisten, nicht zu allen eventuellen Helfern zu beten.

»Bitte, ihr Großen im Himmel, bewahrt meine Tochter Nezeru vor allem Unheil. Lasst nicht den Schatten des Todes auf sie fallen. Lasst nicht zu, dass ihr schlechte Leute Dinge einflüstern oder Lieder singen, die ihr Herz furchtsam machen.

Hohe Frayja, belohne die treue Ergebenheit einer Mutter. So wie niemand dein heiliges grünes Gemach ohne deine Erlaubnis betreten darf, lasse nichts, was Nezeru Böses will, in ihre Nähe gelangen.« Sie küsste die kleine Statue und wandte sich dem Baum zu.

»Usires, Herr, belohne deine ergebene Anbeterin. So wie du dich geopfert hast, um uns vor dem Zorn deines Vaters zu bewahren, bewahre meine Tochter vor dem Zorn derer, die ihr etwas antun wollen.«

Nachdem sie ihre Gebete gesprochen hatte, blieb sie noch eine Weile auf den Knien und betrachtete die Kerzenflamme, die in der unbewegten Luft des Zimmers so still emporstand, als wäre sie aus Stein. Sie blickte hinein, bis sie das Gefühl hatte, sie könnte selbst in die Flamme schlüpfen, sich in sie hüllen wie in einen Zaubermantel und von hier wegfliegen. Oh, wenn es doch nur so wäre …!

Tzoja kämpfte sinnlose Tränen nieder und merkte dann erschrocken, dass sie überhaupt nicht wusste, wie lange sie schon in die Kerzenflamme gestarrt hatte. Die Hikeda'ya hatten einen so feinen Geruchssinn, dass jemand, der den Gang draußen entlangginge, selbst dieses kleine Flämmchen riechen könnte. Sie befeuchtete ihre Finger mit Spucke, drückte die Kerze aus und stellte sie in das Geheimfach zurück. Sie griff gerade nach dem in Ziegenleder gewickelten Bündel, das ganz hinten lag und jetzt ihr wertvollster Besitz war, als plötzlich die Türklinke gedrückt wurde. Tzoja konnte gerade noch einen Aufschrei unterdrücken, aber es gelang ihr nicht mehr, das Fach wieder zu schließen und das Bett davorzurücken.

Ihr Herr trat ein. »Meine Schöne, was machst du?«

Trotz der Erleichterung, dass er es war, zitterte sie am ganzen Leib. Sie setzte sich aufs Bett, während der Großmagister die Tür hinter sich schloss. »Oh, mein Gebieter Viyeki, Ihr habt mich erschreckt«, sagte sie. »Ich habe nur meine Sachen betrachtet, die paar Kleinigkeiten, die ich dank Eurer Güte behalten durfte.« Sie betete, dass er die Sachen nicht sehen wollen würde, denn sie hatte es nicht geschafft, das Ziegenlederbündel wieder zu verstecken.

»Du hast wieder eine Kerze angezündet«, sagte er. »Ich rieche es doch. Das ist töricht, Tzoja – eine gefährliche Torheit.« Er kniete sich vor sie hin, wobei sein schweres Magistergewand raschelte. »Du zitterst ja.«

»Euer Kommen hat mich überrascht. Ich dachte, es wäre jemand anderes … man hätte mich ertappt.«

»Schau dich nur an! So verängstigt!« Er setzte sich auf das niedrige Bett und breitete die Arme aus. »Und doch riskierst du immer wieder deine Freiheit – und meine auch, wenn ich dich daran erinnern darf – nur wegen ein paar Kinkerlitzchen, an denen du in abergläubischer Weise hängst.«

»Es tut mir leid, Herr«, sagte sie. »Ja, ich bin ein undankbares, törichtes Ding. Aber es macht mich glücklich, mich an das Leben zu erinnern, das ich hatte, bevor ich hierher kam.«

»Lebt es sich denn als meine Geliebte so unglücklich?«

Sie lehnte ihren Kopf an seine harte, schmale Brust. Er fühlte sich mehr wie ein schlanker Jüngling an denn wie ein erwachsener Mann, und dabei war er doch um ein Mehrfaches älter als sie. Manchmal empfand sie sein unvorstellbares Alter als eine Kluft, deren Tiefen sie nie ergründen konnte. Er war ihr so fremd wie ein Pferd oder ein Vogel, aber sie zweifelte nicht an seiner Herzensgüte. Manchmal liebte sie ihn sogar mit der hilflosen, dankbaren Liebe einer privilegierten Sklavin, aber was sie sonst noch für ihn empfand, konnte sie nicht sagen, die Gefühle waren zu wirr, zu seltsam. »Nein, Herr. Ihr – und unser Kind – seid das große Glück meines Lebens. Wenn Ihr mich nicht gefunden hättet, wäre ich in den Pferchen bei den anderen Zuchtsklavinnen gestorben. Wie könnte ich nicht dankbar sein?«

Viyeki lehnte sich zurück und musterte sie. »Dankbar ist nicht glücklich. Eine verhätschelte Sklavin ist immer noch eine Sklavin. Es schmerzt mich, dich betrübt zu sehen, mein funkelndes Juwel.«

Er war sehr klug, dieser Unsterbliche, der ihr solch ungewöhnliche Freiheiten gewährte, Privilegien, die weit über das hinausgingen, was je eine wie sie bei den Hikeda'ya genossen hatte. Tzoja ermahnte sich, was auch passierte, immer seine Intelligenz zu achten. Viele Hikeda'ya waren so in den alten Traditionen und dem alten Hass gefangen, dass sie Sterbliche wie sie, Tzoja, nur als Tiere betrachten konnten, aber Viyeki war anders. Er hatte die Jahre der Verwirrung, als die Königin schlief, gut genutzt, hatte Möglichkeiten sinnvoller Veränderung erkannt, wo andere nur Zerstörung, Niedergang, das Ende aller Dinge gesehen hatten.

»Wie könnte ich betrübt sein, jetzt, da Ihr mich besucht?«, sagte sie, um das Thema zu wechseln. »Eure Gesellschaft ist eine Arznei gegen alle Wehwehchen.«

Statt, wie sie gehofft hatte, über dieses hübsche Bild zu lächeln, verzog Viyeki den Mund zu einem schmalen Strich. »Aber ich habe dir etwas zu sagen, und ich glaube nicht, dass es dich in diesem Sinne froh machen wird.«

»Was meint Ihr?« Ihr stockte das Herz. War man ihr irgendwie auf die Schliche gekommen? »Ihr habt mir ja schon erzählt, wie ungern es die Königin sieht, dass Sklavinnen wie ich in den Häusern von Adligen wohnen.«

»Ich fürchte, es ist etwas anderes, etwas Neues.«

Plötzlich war ihr so kalt wie vom Wind, der um die Sturmspitze fegte. »Neues?«

»Es ist noch nicht sicher. Aber mein Amtsschreiber hat von seinem Bruder, der bei den Echos ist, gehört, dass ich einen wichtigen Auftrag von der Königin selbst erhalten soll. Es geht um eine Reise.«

Jetzt wurde die Kälte, die sie ergriffen hatte, ein tödlicher Frost, der sie auf der Stelle gefrieren lassen würde, sodass ihr Herz stehenbliebe. »Wie kann das sein? Wie kann es denn jemand anders wissen, wenn man es Euch nicht gesagt hat?« Sie hatte sowieso schon die Hoffnung aufgegeben, vor Drukhistag so weit zu sein, dass sie fliehen konnte. Wenn der Großmagister jetzt aus Nakkiga weggeschickt würde, dann würde sie das Neun-Glocken-Geläut im großen Tempel nicht mehr erleben.

Viyeki berührte ihr Gesicht. »Weinst du? Warum denn? Ein solcher Auftrag der Königin wäre doch eine große Ehre. Das würde meinem Haus großes Ansehen eintragen und meinem Kind auch. Unserem Kind. Du willst doch, dass Nezeru es weit bringt. Um wie viel leichter wird das sein, wenn ich von einer erfolgreichen Mission für die Königin zurückkehre?«

»Ich will nicht, dass meine Tochter es weit bringt! Ich will, dass sie glücklich und wohlbehalten ist!« Sie sah in sein ungläubiges Gesicht, und die Kluft zwischen ihnen schien plötzlich nicht nur unüberwindlich, sondern unfassbar riesig. »Aber es ist nicht Nezeru, um die ich fürchte. Ich fürchte um mich. Und um Euch!«

»Das verstehe ich nicht, Tzoja.«

Sie rieb sich die Tränen aus den Augen. Sie war wütend auf sich selbst. Die Nornen – selbst so kluge wie Viyeki – verstanden nicht, dass man wegen solcher Dinge weinte, und sei der Kummer noch so tief, die Verzweiflung noch so groß. Zu weinen hieß, sich noch deutlich als *anders* zu kennzeichnen, als eine Art Tier. In ihrem Elend sagte sie, obwohl ihr klar war, dass sie es nicht tun sollte: »Seid Ihr wirklich so töricht, Herr?«

Er fuhr zurück, sichtlich verärgert, auch wenn sich seine Mimik nur minimal veränderte. »Wie kannst du es wagen, so mit mir zu sprechen?«

»Weil Ihr mir etwas bedeutet. Weil ich Euer Bestes will, mehr als irgendjemand sonst. Und weil ich Angst habe.«

Er beäugte sie, als könnte sie etwas noch Unverständlicheres tun als weinen, vielleicht Flügel hervortreiben oder bellen wie ein Hund. »Angst. Vor mir?«

»Nein, Herr. Vor Euren Feinden. Vor *meinen* Feinden.«

»Du nimmst dir die Worte der Königin zu sehr zu Herzen. Du verstehst nicht, wie es bei meinem Volk zugeht.« Sein veränderter Ton sagte ihr, dass er befunden hatte, das Tier fürchte sich vor dem, was es nicht verstand, und er müsse es beruhigen. »Du lebst in einem der größten Häuser von ganz Nakkiga, und wir haben viele Sklaven, Sterbliche und Hikeda'ya. Ich bin der Großmagister des Bauleute-Ordens!«

»Und deshalb habt *Ihr* Feinde.« Manchmal konnte Tzoja einfach nicht fassen, dass Viyeki so gewieft sein konnte, was die tückische Welt dort draußen betraf, und so naiv gegenüber dem, was in seinen vier Wänden vor sich ging. »*Meine* Feinde sind hier in diesem großen Haus. Eure Diener. Eure Frau.«

»Khimabu?« Wieder war er verblüfft. »Sie mag dich nicht, das stimmt, aber sie würde es nie wagen, dir etwas zuleide zu tun. Du bist die Mutter meines einzigen Kindes.«

Tzoja konnte ihre Verzweiflung einfach nicht im Zaum halten. »Eben deshalb würde sie mich töten, wenn sie könnte, Herr. Seht Ihr das denn wirklich nicht?«

Er schüttelte den Kopf und sagte gewichtig: »Wenn ich fort muss, werde ich dafür sorgen, dass du geschützt bist. Du bist ein offizielles Mitglied meines Haushalts. Es ist alles in Ordnung, und ich habe meinen Willen klar kundgetan. Niemand wird es wagen, dagegen zu verstoßen, selbst wenn ich im Auftrag der Königin unterwegs bin. Ich verspreche dir, du bist hier sicher.«

Es kostete sie Mühe, überhaupt die Kraft zu einer Antwort aufzubringen. »Und wer wird *Euch* schützen, Herr? Wenn Euch Eure Feinde vernichten, was sind Eure Versprechen dann noch wert? Der Große Ekimeniso hat versprochen, die Freiheit seines Volkes zu schützen, doch was waren seine Versprechen wert, als er tot war?«

»Komm du mir nicht mit der Geschichte meines Volkes, Tzoja, und schon gar nicht auf eine Art, die an Ketzerei grenzt. Ich lasse dir wirklich viele Freiheiten, aber das geht zu weit.« Viyeki zog seine Kleider zurecht und stand auf. »Ich wollte dir nur wichtige Neuigkeiten mitteilen – gute Neuigkeiten im Übrigen, in einer Zeit, da unter den Adligen und Magistern große Ungewissheit herrscht.«

»Nein, bitte geht nicht, Herr«, sagte sie. »Es tut mir furchtbar leid, dass ich unbotmäßige Dinge gesagt habe. Bitte, wenn Ihr mir sonst nichts glaubt, glaubt mir wenigstens dies, dass auch Ihr in Gefahr seid. Eure Feinde warten nur auf einen solchen Moment.«

»Ich will keine solchen Reden hören, Tzoja. Du verstehst es vielleicht nicht, aber du würdigst meinen Haushalt herab.«

Es war sinnlos. Sie senkte den Kopf. »Verzeiht, Herr.«

»Dir wird nichts geschehen. Ich verspreche es dir. Und wenn ich wieder zurück bin, falls mir diese wichtige Aufgabe tatsächlich übertragen wird, dann hast du genauso viel gewonnen wie ich, denn unsere Tochter wird davon profitieren.« Er ging zur Tür. »Zünde keine Kerzen mehr an. Wenn du Angst hast, bedenke, dass unsere eigenen Fehler unsere schlimmsten Feinde sein können.«

Und mit dieser kühlen Ermahnung schlüpfte Viyeki hinaus. Wie alle Hikeda'ya bewegte er sich mit der lautlosen Anmut eines Raubtiers.

Aber für mich seid Ihr derjenige, der nichts versteht, Herr. Trotz all der Jahrhunderte, die Ihr schon lebt, versteht Ihr immer noch nicht, dass dann, wenn große Veränderungen im Gang sind, die alten Gewissheiten nicht mehr gelten. Als sie ihrem Geliebten genug Zeit gelassen hatte, aus dem Gang zu verschwinden, rückte sie ihre Sitzbank als Barrikade vor die Tür, nahm das Ziegenlederbündel aus dem Wandfach und kippte den Inhalt vorsichtig auf ihr Bett. Ein Messer, ein Stück Seil, mehrere Kerzenstummel, Feuerstein und Feuerpulver, all die Dinge, die sie schon so lange gehortet hatte, und auch die Handschuhe vom letzten Markt der Tiere. Doch sie brauchte noch mehr, viel mehr, und statt der erhofften Wochen blieben ihr jetzt noch Tage der Sicherheit.

Auch wenn ihr Geliebter es nicht erkannte, Tzoja wusste, nichts in Nakkiga würde so sein wie bisher. Die Nornenkönigin war aus ihrem langen Schlaf erwacht, und ihr Schatten hatte sich wieder über ihr Volk gelegt. Und in der Folge verdichteten sich die Schatten überall in der uralten Stadt.

Sie schob das Bündel wieder in sein Versteck, und wenn sie es auch nicht wagte, die Kerze wieder anzuzünden, betete sie doch noch einmal zu alten wie zu neuen Göttern.

Jarnulf wusste, am Ende würde er seinen Hass auf ihre ganze Sippschaft unterdrücken und sie führen müssen. Die Hikeda'ya-Kundschafter, die er am Vortag getötet hatte, lehnten noch immer am anderen Ende des Tals an einem Baum, im Schnee, der mit dem Symbol der Weißen Hand versehen war. Er musste sicherstellen, dass diese Klauen der Königin die Leichen nicht fanden. Die relativ frischen Toten und sein plötzliches Auftauchen – das wäre zu viel des Zufalls in einer so verlassenen Gegend wie dieser.

Aber seinen Racheakt geheim zu halten, war nicht der einzige Grund, warum er diese Nornen führen würde. Ob sie nun ein Kampf- oder ein Spähtrupp waren, sie waren in jedem Fall der seltsamste Haufen, dem Jarnulf je begegnet war. Ihr Anführer Makho war nicht weiter ungewöhnlich, ein kalter, routinierter Taktiker, hartgesotten und gnadenlos, bewaffnet und gepanzert nach Art der Gartenvertriebenen. Sein Stellvertreter Kemme schien ebenfalls ein vertrauter Charakter zu sein, ein Soldat, der freudig sterben würde, solange er nur die Zähne in die Kehle eines Feindes geschlagen hatte. Doch als Jarnulf die übrigen den felsigen Hang heraufkommen sah, hoch über der Stelle, wo die Gräber sie angegriffen hatten, musste er feststellen, dass er sich auf diese Truppe keinen Reim machen konnte. Die übrigen Klauen, die Halbblut-Opfermutige Nezeru und der junge Halbblut-Sänger Saomeji, mochten zwar ungewöhnlicher sein, gehörten aber doch jenen Orden an, die üblicherweise in einer Hand vertreten waren, was auch für den toten Flüsterer Ibi-Khai galt. Doch hinter ihnen her trottete der größte Riese, den Jarnulf je gesehen hatte, das zottige Fell vom Wind zerzaust. Und Goh Gam Gars Anwesenheit war das, was Jarnulf wirklich irritierte.

»Hier herauf!«, rief er ihnen zu. Der Himmel war grau und tief, und schon jetzt, am mittleren Nachmittag, schwand das Licht. Er wollte nicht auf dem Boden schlafen, nicht so nah bei einem Furi'a-Nest. Und er wollte auch nicht, dass den Klauen etwas widerfuhr, jedenfalls nicht, solange er nicht wusste, was ihr Auftrag war, auch wenn er sie sonst noch so gern allesamt tot gesehen hätte. Jarnulf hatte über die Jahre viele Krieger ihres Volkes getötet, aber die Anwesenheit des Riesen sagte ihm, dass diese Fünf etwas Besonderes waren, und bis er wusste, inwiefern, mussten sie am Leben bleiben.

Als die Hikeda'ya die Berghöhe erreichten, zeigte ihnen Jarnulf eine windgeschützte Stelle, wo sie die Pferde anbinden und das Lager aufschlagen konnten. Nachdem Makho seine Zustimmung erteilt hatte, band Jarnulf sein eigenes Pferd fest und begann, in einer langen Felsspalte unweit des improvisierten Stalls Feuer zu machen.

»Wir können hier kein verräterisches Feuer entzünden, Schwachkopf«, sagte Makho, als er es sah. »Wir sind nicht mehr auf dem Gebiet der Königin.«

»Glaubt mir, hier ist meilenweit niemand.« Jarnulf arbeitete beim Sprechen weiter, weil er wusste, dass er in eine neuerliche Auseinandersetzung verwickelt würde, wenn er Makho ansah. »Außer den Gräbern natürlich, aber die hassen Feuer. Was, wenn ich Euch daran erinnern darf, der Grund dafür ist, dass Ihr noch hier steht und Euch beschweren könnt. Ihr dürft mir ruhig danken, ich habe meinen letzten Topf perdruinesisches Feuer dafür verwendet, Euch zu retten. Es kann ein Jahr dauern, bis ich zu einem Handelsposten komme und neues kaufen kann.«

»Was ist mit Riesen?«, fragte Kemme. »Sind wir vor denen auch sicher?«

»Ich glaube nicht, dass es hier welche gibt, die größer sind als Euer Freund da.« Er deutete mit dem Kinn auf Goh Gam Gar, der sich gerade vor der Felsspalte ein Loch in den Schnee grub. Die Hände des Riesen waren fast so groß wie Kampfschilde, und er kam schnell voran. Jarnulf konnte nicht umhin, dass Hexenholzjoch um den Hals des Riesen zu bemerken – ein weit mächtigeres Sklavenhalsband, als er es getragen hatte. Es war klar, dass das

Ungeheuer irgendwie im Zaum gehalten wurde, höchstwahrscheinlich durch das rote Kristallding, das Makho geschwenkt hatte, und das war auch interessant.

»Wir Hikeda'ya sind nicht wie ihr sonnenhungrigen Sterblichen«, sagte Makho. »Wir verkriechen uns nicht während der dunklen Stunden. Wir ziehen weiter. Wir tun, was uns unsere Königin gebietet.«

»Und das wäre? Ehrlich, Handführer Makho, es ist schwer, Leute zu führen, die so viele Geheimnisse haben.«

Makho starrte ihn nur grimmig an. Der Riese lachte, ein tiefes Grollen, als ob jemand ein schweres Möbelstück über einen Holzboden schöbe.

»Nun ja, egal«, sagte Jarnulf. »Ihr könnt nachts durch die Gegend ziehen, so viel ihr wollt, aber nicht hier. Die Kobolde sind dieses Frühjahr angriffslustig, wilder als ich es je erlebt habe, und fallen alles an, was in ihre Nähe kommt. Dieses ganze Tal ist, wie ihr bemerkt habt, von ihren Gängen unterhöhlt, und es gibt noch mehr Nester, die so groß sind wie das, in das ihr gestolpert seid. Deshalb bewege ich mich nur hier oben auf dem Fels, nicht unten im Schnee, wo Schritte für diese Kreaturen wie Trommelschläge klingen.«

»Werdet Ihr uns denn nun weiter führen, Fremder?«, fragte der, der Saomeji hieß. »Oder uns zumindest erklären, wie wir sicher durch diese Ebenen kommen, die so nah am Feindesland sind?«

Wie ihre Hikeda'ya-Herren lernten auch die Sterblichensklaven in Nakkiga schon früh, die Mitglieder von Akhenabis Orden zu fürchten, also würde Jarnulf diesem Nornen mit den goldenen Augen niemals trauen, so milde dieser auch reden mochte. Es kostete ihn schon genug Mühe, seinen Hass auf sie alle zu verbergen. Dennoch fragte er sich, warum sich allein der Halbblut-Sänger mit einem sterblichen Fremden gutstellen zu wollen schien. War er einfach pragmatischer als der sture Rest? »Eine Route zu finden, das ist in diesen Landen nicht leicht. Aber ich werde euch zu einem sichereren Weg führen, wenn ich kann. Doch dafür muss ich mehr wissen: wo ihr hinwollt zum Beispiel. Und ich tue es natürlich für Gold oder einen ähnlich brauchbaren Lohn.«

»Ich hätte es wissen müssen«, sagte Makho. »Ein Sterblicher hat keine Ehre.«

»Was hat das denn mit Ehre zu tun?« Jarnulf hob die Stimme, gab Stolz und Ärger vor. »Ich habe meine eigenen Aufgaben zu erfüllen, meine Pflicht zu tun, so wie Ihr die Eure. Wenn ich Eurer Hand helfe, Euer wie auch immer geartetes Ziel zu erreichen, wird es für mich schwerer – wenn nicht gar unmöglich –, das zu tun, was von mir erwartet wird, nämlich entlaufene Sklaven und andere Flüchtige zu jagen, die die Königin der Gerichtsbarkeit von Nakkiga überstellt sehen möchte. Und selbst wenn Ihr mich ernähren würdet, entgingen mir doch die Belohnungen, die mir sonst zuteilwürden. Die sind der größte Teil meines Verdiensts. Sollte mir diese Einbuße nicht vergolten werden?« Er stemmte die Hände in die Hüften wie ein unnachgiebiger Händler. »Einen Silbertropfen für jeden Tag, den ich Euch sicher führe, zahlbar, wenn wir uns trennen.« In Wahrheit hatte er überhaupt keine Verwendung für Silbertropfen. Er würde sie nie ausgeben können, es sei denn, er riskierte sein Leben, indem er nach Nakkiga zurückkehrte, aber wenn er keine Bezahlung verlangte, verkündete er ja geradezu, dass er einen anderen Grund hatte, diesen seltsamen Haufen begleiten zu wollen.

»Wir tun etwas Wichtigeres für die Königin, als nur ein paar entlaufene Sklaven zu fangen!«, sagte der, den sie Kemme nannten, so erbost, dass ein Hauch von Röte in seine Wangen stieg, eine Schwäche, die Hikeda'ya kaum je zeigten. Kemme mochte ja ein ehrfurchtgebietender Krieger sein, aber ein Diplomat war er nicht. »Und du verlangst eine Bezahlung?« Er schien Makhos steinernes Gesicht neben sich gar nicht zu bemerken. »Du hast ja keine Ahnung, was wir tun, welch ehrenvolle Aufgabe uns die

Königin übertragen hat! Statt Unverschämtheiten von dir zu geben, solltest du auf deine jämmerlichen Sterblichenknie fallen, aus Dankbarkeit, dass wir deinen missgestalteten Kopf auf deinem Hals gelassen haben, weil ich das nämlich blitzartig ändern kann!« Kemme schien im Begriff, sein Schwert zu ziehen, aber diesmal brauchte sich Jarnulf nicht auf einen riskanten Schlagabtausch einzulassen, denn in diesem Moment der Stille machte Makho ein Geräusch – nur ein scharfes, kleines Luftholen –, und der Soldat schien sofort zu verstehen, dass er zu viel gesagt hatte. Die kaum sichtbare Röte verschwand im Nu von seinen Wangen.

»Halt den Mund und geh dich um die Pferde kümmern, Opfermutiger Kemme«, sagte Makho so kalt, wie ihn Jarnulf noch nichts hatte sagen hören. »Sofort. Und nimm die Schwarzdrossel mit.«

Kemme wandte sich ab, sein Gesicht eine überzeugende Maske einsichtigen Gehorsams. Barsch befahl er der Opfermutigen Nezeru mitzukommen und ging zu den Pferden, doch aus seiner Nackenhaltung schloss Jarnulf, dass Kemmes Züge jetzt hart und starr von Unzufriedenheit und vielleicht sogar Ärger waren. Jarnulf wusste, der Opfermutige würde ihn nur zu gern töten, aber er fragte sich, ob es vielleicht dennoch möglich wäre, einen Keil zwischen den Anführer und seinen Stellvertreter zu treiben.

Der Handführer fixierte Jarnulf jetzt mit einem Blick, der ihn an die gespannte Reglosigkeit eines Falken unmittelbar vor dem Beuteflug erinnerte. Dann veränderte sich die Miene des Handführers jäh, wie wenn das Wasser unter einem Schwimmer plötzlich dunkel und tief wird. Einen Herzschlag später war die ausdruckslose Maske wieder da. »Nun gut, Jäger. Wenn ich dir nun sagen würde, wir hätten etwas weit im Osten zu verrichten, in der Gegend, die dein Volk Urmsheim nennt? Wie kämen wir von hier dorthin?«

Urmsheim! Jarnulf wäre nie darauf gekommen, dass eine so entlegene, weitgehend menschenleere Gegend ihr Ziel sein könnte, und es war ihm schleierhaft, was sie in diesen Landen der tödlichen Bestien und noch tödlicheren Stürme wollten. »Das ist ein sehr weiter Weg durch eine furchterregende Wildnis, selbst für Hikeda'ya. Dorthin zu gelangen, ist nicht nur eine Frage der richtigen Richtung. Man muss nicht nur wissen, wo unterm Schnee die wenigen Wege verlaufen, die es gibt, sondern auch, wie man den Gefahren entgeht, die dort überall lauern.« Er tat so, als sei er gerade zu einer Entscheidung gelangt. »Also gut. Akzeptiert meinen Preis, bevor ich ihn erhöhe, wie ich versucht bin, da ich ihn genannt habe, bevor ich Euer Ziel kannte. Wenn wir einen fairen Handel schließen, werde ich Euch führen, wohin Ihr wollt.«

»Warum sollten wir dich auf dem ganzen Weg als Führer brauchen?«, sagte der Handführer, aber es lag kein Zorn mehr in seiner Stimme. Jetzt feilschte er. Das war eine der wenigen Gewohnheiten der Hikeda'ya, die Jarnulf wirklich verstand. »Ich weiß ja die Richtung, ostwärts, der aufgehenden Sonne entgegen. Und du sagst, man muss auf hochgelegenem, felsigen Terrain gehen. Das können wir doch auch ohne die Begleitung eines Sterblichen.«

Druck zu machen, hatte keinen Sinn. »Gut«, sagte Jarnulf. »Dann überlasse ich euch eben euch selbst und gehe wieder flüchtige Sklaven jagen. Aber bedenkt, dass ihr nicht nur die Kobolde meiden müsst, sondern auch Riesen, *Witiko'ya* und *Yukinva*, die es in den östlichen Hügeln allesamt reichlich gibt.«

Makho sah Saomeji an, und Jarnulf war sich sicher, an dem Handführer etwas wahrzunehmen, was er bisher noch nicht an ihm gesehen hatte: eine kalte, fast schon grimmige Belustigung. »Nun gut, Jäger«, sagte Makho. »Du sollst bekommen, was du verlangst, aber nicht bedingungslos. Wir lassen dich ein paar Tage den Weg suchen, bevor wir den Handel besiegeln, damit wir, solltest du dich als unzuverlässiger Führer erweisen, nicht zu weit in die Irre gehen. Doch eins lass dir gesagt sein: Versuchst du uns auf Abwege zu führen oder behinderst du unser Fortkommen irgendwie, wird Goh Gam Gar dich bei lebendigem Leibe zerreißen und fressen. Verstanden?«

»Was sollte daran schwer zu verstehen sein?« Er machte das beidhändige Zeichen für Übereinkunft gilt und Makho tat es ihm gleich.

Ich habe einen seltsamen Weg eingeschlagen, dachte Jarnulf. *Ich muss den Kreaturen dienen, die meine Familie vernichtet haben, um den Willen des Erlösers zu tun.* Er staunte über Gottes seltsamen Plan. *Dieses unerwartete Zusammentreffen ist vielleicht die Antwort auf all meine Gebete – oder aber mein Tod.*

Vielleicht ist es ja beides.

21

SCHEIDEWEG

Ist das da in der Ferne Vestvennby?« Miriamel schirmte ihre Augen gegen die grelle Sonne ab. Weit voraus, außer Sicht, bemühten sich königliche Fußsoldaten mit Hilfe ortsansässiger Bauern, die sich gern ein paar Kupferstücke verdienten, den Weg für die königliche Reisegesellschaft freizumachen. Hohe Schneewälle, die die Königliche Nordstraße säumten, bildeten einen Tunnel mit weißen Wänden und einer himmelgrauen Decke, aber Miriamel war überzeugt, die schwachen Umrisse von Türmen zu erkennen. »Heilige Elysia, ich bete, dass es stimmt und wir endlich kurz vor der Grenze zu Erkynland sind. Ich sehne mich so danach, wieder nach Hause zu kommen, ich glaube, noch nie habe ich mir das so sehr gewünscht.«

»Aber warum, Majestät?«, fragte Tiamak.

»Weil ich seit Jahren nicht mehr so viel geritten bin«, sagte sie. »Offen gesagt, mein Arsch ist wundgescheuert.«

Tiamak wusste nicht recht, was er erwidern sollte, doch die anderen im königlichen Gefolge lachten, sogar Sisqi, obwohl Tiamak nicht sicher war, dass die Trollfrau das Wort kannte. Tiamak, Sisqi und Binabik saßen gerade gemeinsam auf einem Pferd, damit sie sich leichter mit ihren hoch zu Ross reisenden Gefährten unterhalten konnten. Binabiks mächtige weiße Wölfin Vaqana lief neben ihnen her und beobachtete ihren Herrn auf dem seltsamen Reittier mit merklicher Unruhe und vielleicht sogar einer Spur Eifersucht. Sisqis Widder dagegen schien es wenig zu kümmern, dass er jetzt reiterlos und mit einer langen Leine am Sattel des Pferdes festgebunden war.

Simon runzelte die Stirn. »Ich glaube nicht, meine Liebe, dass eine Königin so etwas sagen sollte.«

»Was soll ich denn sonst sagen?«, fragte Miriamel. »Soll ich ›mein Gesäß‹ sagen, wie es unsere wohlerzogene Schwiegertochter zu tun pflegt?«

»Ganz so hochgestochen musst du dich wohl nicht ausdrücken«, sagte Simon belustigt. »Rachel und die Kammerfrauen, die mich aufgezogen haben, sagten dazu ›Kehrseite‹ oder ›Steiß‹ oder einfach ›Hintern‹. Aber wenn dir alles wehtut, meine Liebe, warum willst du dann nicht in der Kutsche fahren?«

»Und alle Unterhaltungen verpassen, während ihr euch prächtig amüsiert?« Sie blickte ihn finster an. »Kommt gar nicht infrage.«

»Aber wenn du die Kutsche nähmst, könnte ich mit einsteigen und behaupten, ich täte es, um dir Gesellschaft zu leisten, statt hier vor all meinen Soldaten zugeben zu müssen, dass mir der Arsch genauso wehtut.«

Darüber musste sogar die Königin lachen, und für eine Weile blieb das Gespräch leicht und heiter. Tiamak war froh darüber, denn in letzter Zeit war er in ziemlich düsterer Stimmung – ein weiterer Grund, weshalb er beschlossen hatte, nicht mehr in der Kutsche zu fahren, sondern sich ein Pferd mit Binabik und dessen Frau zu teilen. Doch *ein* Sattel bot drei Reitern nun mal keinen allzu bequemen Sitz, auch wenn zwei davon noch so klein waren.

Trotzdem, dachte er, *zur Abwechslung ist es ganz nett, nicht der Kleinste zu sein.* Normalerweise musste er zu fast allen Leuten aufblicken, mit denen er zu tun hatte, doch seit sich die vier Trolle dem königlichen Zug angeschlossen hatten, wurde ihm endlich das Gefühl zuteil, größer als jemand anderes zu sein.

✣

Eolair freute sich nicht oft darüber, alt zu sein, doch während er zusah, wie die Soldaten und Dienstleute das Lager für die Nacht errichteten, war er dankbar, dass sein Alter und sein Status es ihm erlaubten, solche Aufgaben anderen zu überlassen. Heute Abend fühlte er sich besonders betagt und von allerhand Schmerzen geplagt.

Zu lange im Sattel, dachte er. *Es gab Zeiten, da konnte ich den ganzen Tag reiten und dann bis spät in die Nacht tanzen.* Er lachte leise über sich selbst. *Wer würde denn heute mit mir tanzen wollen? Einem Steckenbündel in den Kleidern eines Höflings?*

Ein junger Wachsoldat kam heran. »Da will Euch jemand sprechen, Graf Eolair. Er sagt, er heißt Aelin und Ihr würdet ihn kennen.«

»Mein Neffe? Bei Bagbas Herde, natürlich kenne ich ihn! Schick ihn bitte zu mir!«

Aelin war eigentlich nicht sein Neffe, sondern der Enkel seiner Schwester und somit ein Großneffe. Eolair mochte ihn immer schon und war enttäuscht gewesen, ihn nicht anzutreffen, als sie im Marris durch Hernystir gezogen waren.

»Bist du das?«, fragte er, als der junge Mann kurz darauf durch den Zelteingang schlüpfte. »Bei allen Göttern, du bist's! Wie schön, dich zu sehen, Bursche!«

Aelin verbeugte sich. »Gleichfalls, Onkel.«

Eolair musterte seinen Besucher von oben bis unten und war überrascht, wie sehr sich der Junge verändert hatte, seit er vor vier, fünf Jahren einige Zeit auf dem Hochhorst verbracht hatte. Ja, er war gar kein Junge mehr: Er hatte eine breite Brust bekommen und trug wie derzeit viele junge Hernystiri-Männer im Taig einen Vollbart. Seine Kleider allerdings waren schlicht und sichtlich von einem langen Ritt gezeichnet. Von seinem Mantel tropfte es, und seine Stiefel waren schlammbespritzt.

»Du bist von Hernysadharc hergeritten?«, fragte Eolair.

»Ja, den ganzen Weg auf der Neuen Frostmarkstraße immer

durch dieses Wetter, mit wichtigen Nachrichten für dich und den Hochthron. Mircha und allen Göttern sei Dank, dass die schlimmste Zeit des Winters vorbei ist. Meine Leute und ich sind tagelang nur geritten, Onkel!«

»Aber warum du als Bote, Aelin? Ich freue mich sehr, dich zu sehen, aber …«

»Ehrlich gesagt, ich habe König Hugo gebeten, mich die Briefe überbringen zu lassen, weil ich in Nad Mullach war, als ihr durch die Hauptstadt gekommen seid.« Aelin vergewisserte sich, dass außer ihnen niemand im Zelt war. »Einer ist von der Königinwitwe, und sie hat mich beschworen, ihn niemandem außer dir zu geben, Onkel.«

»Von Inahwen? Den gib mir gleich.« Eolair streckte die Hand aus, nahm das gefaltete Pergament mit Inahwens Wachssiegel entgegen und steckte es in die Tasche an seinem Gürtel. »Und die anderen?«

»Ich habe nicht nachgesehen, Onkel. Ich glaube, sie sind von Großkanzler Pasevalles.« Er lächelte. »Ich hoffe, er macht dir inzwischen das Leben leichter. Er soll ja ein guter Mann sein, vielleicht sogar die nächste Hand des Throns, wenn du dich nach Nad Mullach zurückziehst?«

»Das wird er werden, wenn es nach mir geht. Aber ich glaube, Herzog Osric, Prinz Morgans anderer Großvater, denkt ein wenig anders darüber. Er hält Pasevalles für einen Emporkömmling.« Eolair rief einem Bediensteten zu, er solle Wein bringen. »Komm, setz dich. Du hast einen langen, anstrengenden Ritt hinter dir.«

»Lang allerdings und viel aufregender, als ich es mir wünschen würde.« Aelin nahm seinen Mantel ab und hielt ihn ausgebreitet vor sich. »Siehst du, wie zerrissen er ist? Ich bin vom Pferd gestürzt, gleich nördlich von Vestvennby.«

»Den Göttern sei Preis, dass du dich nicht verletzt hast! Da hast du wirklich Glück gehabt.«

»Mehr Glück, als du ahnst. Ich war den anderen voraus und bin aus dem Sattel gekippt, weil mich ein Riese beinah erwischt hat, nur dass das gottlose Biest noch verblüffter war als ich. Es stand mitten auf der Straße, als ich um die Kurve kam.«

»Auf der Königlichen Nordstraße? Hier?« Ihm wurde eng um die Brust. »Kann das denn sein? Seit den schlimmen alten Zeiten sind sie nicht mehr so weit in den Süden gekommen, seit den Tagen des Sturmkönigs. Bist du sicher, dass es nicht bloß ein Bär war … oder ein wilder Mann aus dem Wald mit einem Bart, der noch zottiger ist als deiner?«

Aelin lachte, aber seine Miene blieb ernst. »Es war kein bärtiger wilder Mann, Onkel. Und kein Bär könnte mir mit einem Prankenhieb fast den Kopf abreißen, wenn ich aufrecht in den Steigbügeln stehe.«

»Der Himmel sei uns gnädig.« Eolair schüttelte beklommen den Kopf. Zu viele absonderliche Ereignisse, zu viele bedrohliche Anzeichen! »Erzähl mir genau, was passiert ist.«

Aelin beschrieb die überraschende Begegnung auf der Straße, nur wenige Meilen südlich des königlichen Lagers. »Ich habe mich nicht mehr nach dem Monster umgeschaut, bin einfach nur, so schnell ich konnte, hinter meinem Pferd hergehumpelt und habe mich wieder in den Sattel gezogen. Als ich mich dann schließlich umgedreht habe, war der Riese längst weg, aber meine Begleiter haben seine Fußspuren gesehen.«

Der Wein kam, und nach ein paar weiteren Fragen lenkte Eolair das Gespräch auf weniger beunruhigende Themen, erkundigte sich nach der Gesundheit seiner Schwester Elatha und dem Stand der Dinge auf Nad Mullach, dem Stammsitz seiner Familie, den Eolair auf dieser Reise nicht hatte besuchen können, weil ihn die königliche Reisegesellschaft nicht entbehren konnte. Jetzt darüber zu sprechen, stimmte ihn schwermütig. Der Graf sehnte sich zunehmend nach dem Tag, an dem er die Bürde seines Amtes niederlegen und nach Hause zurückkehren konnte, um seine letzten Jahre in Frieden zu verbringen – ein Gutsherr, der das Land seiner Väter bestellte, so wie er es sich immer gewünscht hatte.

»Bleibst du nur über Nacht, oder kannst du eine Weile mit uns nach Süden reiten?«, fragte er Aelin schließlich.

»Ich würde nur zu gern gemächlicher zurückreisen«, sagte der junge Mann, »und es scheint mir ziemlich sicher, dass die Anwesenheit einiger hundert Erkynwachen alle Riesen fernhalten würde, aber Königin Inahwen hofft auf eine schnelle Antwort von dir. Ich fürchte, ich muss morgen mit meinen Leuten über die Frostmark nach Hernysadharc zurückreiten, sobald du die Zeit gefunden hast, ihr zu schreiben.«

Aelin gehörte zu König Hugos bevorzugten jungen Höflingen und war wie sein Großonkel dafür bekannt, die komplizierten Schrittfolgen eines Dillathi-Ringtanzes zu beherrschen und mit der gleichen Leichtigkeit die noch komplizierteren Windungen und Wendungen des Aufstiegs bei Hofe zu meistern. Doch was Eolair an seinem jungen Verwandten am meisten schätzte, war dessen umfassende Intelligenz. Es gab genug Leute auf der Welt, die sich sicher waren, die Antwort auf jede wichtige Frage schon zu kennen. Je älter Eolair wurde, desto höher achtete er Menschen – Männer wie Frauen –, die selbständig dachten, Fragen stellten und sich nicht mit einfachen Lösungen für schwierige Probleme zufriedengaben.

Etwas später, als Aelin sich auf den Weg zu einigen seiner Freunde gemacht hatte, die dem erkynländischen Adel angehörten, griff Eolair nicht ohne Furcht nach Inahwens Brief. Da sie doch erst vor so kurzer Zeit miteinander gesprochen hatten, schien es seltsam, dass sie ihm nun eine Botschaft sandte, und noch seltsamer, dass sie sich die Mühe machte, sie durch seinen Großneffen überbringen zu lassen, um sicherzugehen, dass sie nicht in falsche Hände fiel. Was war so dringend, dass es nicht warten konnte, bis Eolair wieder auf dem Hochhorst war?

Mein lieber Graf,
ich hoffe, Ihr verzeiht mir, dass ich Euch belästige, noch dazu mit einer so heiklen Bitte, wenn Ihr schon so lange unterwegs und aus Erkynland fort seid und der Hochkönig und die Hochkönigin Euch so stark beanspruchen. Aber ich bin in großer Angst, sonst würde ich es trotz unserer langen Freundschaft nicht tun.
Ihr erinnert Euch gewiss, dass wir bei Eurem Besuch im Kleinen Haus der Königin ausführlich über Gräfin Tylleth und ihren Einfluss auf König Hugo gesprochen haben. Ich sagte etwas über sie, und Ihr habt mich gefragt, ob das wirklich wahr sei oder nur Ausdruck meiner Abneigung gegen sie.

Inahwen hatte die Verlobte des Königs eine Hexe genannt, eine absonderliche Wortwahl für die sonst so sanftmütige Königinwitwe. Das hatte Eolair keineswegs vergessen.

Ich überlasse Euch das Urteil, ob ich ein zu hartes Wort gewählt habe oder nicht. Ihr wisst, was mit meiner Stieftochter Maegwin – mögen die Götter ihrer Seele gnädig sein – geschehen ist, damals in den schlimmen Zeiten nach dem Tod meines Gatten, des Königs, als Skali von Rimmersgard mit seinem Heer unser Land besetzt hielt und die Überlebenden der königlichen Familie sich in den Bergen versteckten. Erinnert Ihr Euch an diesen Ort, auf den sie gestoßen war? Sie hat Euch dorthin mitgenommen, und Ihr habt mir später erzählt, dass das, was sie an jenem Ort entdeckt hat, zu ihrem betrüblichen Befinden beigetragen und vielleicht sogar den Wahn verschlimmert habe, dem sie schließlich zum Opfer fiel.
Das Silberheim wurde er genannt, dieser Ort in der Tiefe des Berges, den die Sithi oder ihre Diener erbaut haben, obwohl die arme Maegwin ihn für die Heimstatt der Götter hielt. Ich gebe zu, dass ich mich nicht an alles erinnere, was Ihr mir darüber erzählt habt, und seit wir auf Euren Rat hin diese Tunnel vermauert haben, habe ich kaum noch daran gedacht. Bis jetzt.

Die Tunnel sind wieder geöffnet worden. Tylleth und einige ihrer Anhänger, wie ich sie in Ermangelung eines besseren Wortes nennen will, haben König Hugo dazu gebracht, die unterirdischen Gänge, die Maegwin entdeckt hat, wieder begehbar zu machen. Sie behaupten, die Höhlen seien heilige Stätten unseres Volkes und dürften niemandem vorenthalten werden.

Ich selbst war niemals dort unten, weil ich zu gebrechlich für solche Klettereien bin, aber ich habe von anderen gehört, dass die Mätresse des Königs und ihre Freunde daraus eine Art Schrein gemacht haben (keinen ädonitischen Schrein wohlgemerkt, was schon schlimm genug wäre), und dass Tylleth und andere dort in der Tiefe des Grianspog-Gebirges seltsame Zeremonien abhalten. Sie behaupten, dass sie nur den Kult Cuamhs, des Herrn der dunklen unterirdischen Stätten (den wir übrigen, wie Ihr wisst, nie zu verehren aufgehört haben), wieder aufleben lassen, aber von anderer Seite wird berichtet, es handle sich um weit finsterere Rituale als die bloße Anbetung des Erdhunds. Tatsächlich habe ich von vertrauenswürdigen Personen gehört, dass sie jemand ganz anderen anbeten. Ich will diesen Brief nicht mit ihrem eklen Namen beschmutzen, aus Furcht, sie könnte es in ihren finsteren Hallen hören und Unheil über uns alle bringen, aber Ihr wisst, wen ich meine – sie, die einst die Waisenmacherin und die Krähenmutter genannt wurde.

Eolair lehnte sich zurück und rieb sich die Augen. In seinem Alter war es nicht mehr so einfach, bei Kerzenlicht zu lesen, selbst wenn er das Pergament so dicht an die Flamme hielt, dass es fast Feuer fing. Aber er wollte sich Inahwens Worte von niemandem vorlesen lassen, nicht einmal von Aelin.

Doch nun zum Kern der Sache, lieber Freund. Es ist nicht das, was mir am meisten Angst macht, obwohl es mich wirklich sehr beängstigt, und es sind auch nicht die Berichte, dass sie einen alten Wahrsagestein der Sithi entdeckt haben und ihn benutzen, um die Gunst

ihrer grausamen Herrscherin zu erflehen. Das Allerschlimmste ist, dass mir zugetragen wurde, Tylleth habe König Hugo selbst an diesen lange verschollenen Ort gelockt und er nehme ebenfalls an diesem schauerlichen alten Kult teil.
Ich habe an diesem Hof keine Macht. Was Hugo mir gegenüber je an Loyalität empfunden haben mag, ist längst verschwunden, begraben unter der Verächtlichkeit seiner Verlobten und ihrer Höflinge. Er ist offen grob zu mir, gemein und sarkastisch vor allen Leuten, obwohl ich ihm keinerlei Anlass dazu gebe. Selbst wenn ich diese schauerlichen Praktiken in aller Deutlichkeit anprangern wollte, würde ich doch nur als verrücktes altes Weib abgetan, und alles, was ich sagte, würde als Beleg dafür gewertet, dass ich den Verstand verloren hätte. Vielleicht denkt ja selbst Ihr so über mich, aber ich schwöre Euch, dass dies alles wahr ist, dass alles, was auf Hörensagen beruht, aus vertrauenswürdigen Quellen kommt oder von vielen Berichten gestützt wird.
Bitte, Eolair, mein Freund und einstiger Geliebter, ich flehe Euch an, in den Taig zurückzukehren. Kommt, wenn irgend möglich, mit Königin Miriamel und König Simon. Nur Ihr und die beiden können diesen gefährlichen Wahn ausrotten, bevor er aus den Tiefen emporsteigt wie eine verderbliche Krankheit und das Hernystir, das wir beide lieben, überwältigt. Was immer Ihr tut, antwortet mir, so schnell Ihr könnt, und schickt mir Eure Botschaften nur durch absolut vertrauenswürdige Überbringer, so wie ich diese hier Eurem engen Verwandten Aelin anvertraut habe. Bitte, tut nicht einfach ab, was ich sage. Kommt und überzeugt Euch selbst. Seht die verschwörerischen Blicke, hört das Geflüster, riecht den Fäulnisgeruch in der Luft. Die ungute Atmosphäre, die Ihr bei König Simons und Königin Miriamels Besuch hier erlebt habt, ist noch schlimmer geworden, und jetzt, da ich den Grund kenne, kann ich nicht mehr schlafen vor Angst, was da auf uns zukommt.

Trotz ihrer bangen Worte war ihre Unterschrift so kraftvoll und sicher wie immer, seit Eolair sie kannte.

Mit einem unruhigen Gefühl im Magen las er den Brief noch einmal. Er wollte das alles nicht glauben, natürlich nicht, aber er kannte Inahwen zu gut, um daran zu zweifeln, dass sie es wirklich glaubte. Jedes Wort klang nach kritischer Selbstprüfung aus dem Bewusstsein heraus, dass das, was sie sagte, unmöglich schien. Die meisten Leute würden darüber spotten, das war Eolair klar, doch er hatte zu viele unglaubliche Dinge erlebt, um Inahwens Befürchtungen von der Hand zu weisen. Aber es war ein verflucht ungünstiger Zeitpunkt, ihn zu bitten, nach Hernysadharc zu kommen, noch dazu in Begleitung des Hochkönigspaars, nachdem sie alle gerade monatelang auf Reisen gewesen waren.

Ignorieren konnte er Inahwens Nöte aber auch nicht. Er fragte sich, ob Simon und Miriamel ihm gestatten würden, seine Rückkehr auf den Hochhorst noch um zwei oder vielleicht auch vier Wochen zu verschieben und mit Aelin nach Hernysadharc zu reiten, um herauszufinden, was dort vorging.

Eolair seufzte und rief nach dem Diener, damit er ihm Wein nachschenkte. Es war schon nach seiner Schlafenszeit, aber er spürte, dass er nur schwer in den Schlaf finden würde. Während er dem jungen Mann beim Einschenken zusah, stieg in seiner Erinnerung ungebeten und unerwünscht eine düstere Ballade auf, die er als Kind oft gehört hatte, ein Lied über Morriga die Krähenmutter.

Ich sehe die Welt der Toten
Ich sehe sie kommen
Ihre Welt, ihr zu Füßen
Sommer ohne Blumen
Kühe ohne Milch
Frauen ohne Keuschheit
Männer ohne Mut

Die Wälder entlauben sich
Und die Meere laufen leer
Sturmgewalten toben
Um verlassene Burgen
Schlachten wogen überall
Meuchelnde Prinzlinge
Hüllen alle Welt
In ein Leichentuch
Jeder Mann ein Verräter
Jeder Sohn ein Dieb

Der Graf blieb noch eine weitere Stunde auf und wartete, dass Aelin zurückkäme, doch dann befand er, dass der junge Mann sich wohl zu gut mit seinen Freunden amüsierte, um zeitig zurückzukehren und bei seinem alten Großonkel zu sitzen. Schließlich ging Eolair zu Bett und war fast schon dankbar, dass ihm seine schmerzenden Knochen Ablenkung boten.

✣

Nach der Nacht auf dem Gipfel des mondhellen Berges und Snenneqs verwirrendem Wurfknöchelorakel, ganz zu schweigen von der beunruhigenden Auslegung, dass er, Morgan, verlieren könnte, womit er so sicher rechnete, war der Prinz die Gesellschaft der Trolle ein wenig leid und hatte sich wieder seinen älteren Freunden zugewandt.

»Habt Ihr schon das Neueste gehört?«, fragte er, als er sich in ihr Zelt zwängte. »Graf Eolairs Neffe ist auf der Straße von einem Riesen angegriffen worden! Einem Hunen!«

Die anderen blickten auf, Astrian mit einer Miene, als grinste er über einen Witz, Olveris mit Schwert und Wetzstein in den Händen, Porto so verschlafen, als sei er gerade erst aufgestanden, obwohl der abendliche Wachwechsel schon lange vorbei war.

»Natürlich haben wir es schon gehört, Hoheit«, sagte Astrian. »So aufgeregt, wie Ihr hereingekommen seid, dachte ich, Ihr brächtet etwas wirklich Neues, vielleicht etwas aus den Kisten Eures Großvaters, um unsere Kehlen zu netzen, denn die sind so trocken wie Nascadu.«

»Und Ihr findet das nichts Besonderes?« Morgan schüttelte enttäuscht den Kopf. »Ein lebender Riese! Wir sind doch schon fast in Erkynland!«

»Die Erkynländer leben genauso langweilig dahin wie die Leute in Rimmersgard. Warum sollte ich ihnen nicht ein paar eigene Riesen gönnen, um etwas Abwechslung in ihre öden Tage zu bringen? Außerdem kann der Riese von Glück sagen, dass er nicht mir aufgelauert hat.« Astrian klopfte auf sein in der Scheide steckendes Schwert. »Ich hätte dem Biest ein paar Löcher verpasst, und dann wüssten wir jetzt, ob es wirklich so riesig war, wie Aelin behauptet.«

Olveris beantwortete Astrians Prahlerei mit einem säuerlichen Grinsen und bearbeitete weiter Stahl mit Stein, aber Porto richtete sich auf. »Ihr redet dummes Zeug«, rief der alte Ritter aus. »Ihr wisst nichts über Riesen. Solange Ihr keinem begegnet seid, habt Ihr keine Ahnung.«

Olveris stöhnte und legte sein Schwert hin. »Jetzt sind wir wieder bei den Riesen von Nakkiga. Und wie Porto sie dutzendweise getötet hat.«

»Ich habe nichts dergleichen behauptet, Olveris, aber ich *habe* einem Riesen gegenübergestanden.« Der alte Ritter versuchte, seinen Gleichmut wiederzufinden, aber es gelang ihm nur schwer. »Warum tutet Ihr immer in Astrians Horn, Olveris? Müsst ihr Nabbanai immer alles verhöhnen, was ihr nicht kennt?«

»Wir kennen Euch, alter Knabe«, sagte Astrian. »Ihr würdet Euer Schwert im hohen Bogen von Euch werfen und Fersengeld geben, wenn Ihr jemals auf einen lebenden *Orxis* träft.«

Porto wandte sich mit flehendem Blick an Morgan. »Er redet

Unsinn, Hoheit, ich schwöre es Euch. Er weiß nichts über den Norden oder die Zeit, als ich mit Herzog Isgrimnur gezogen bin. Auf dem Berg von Nakkiga, wie ihn die Weißfüchse nennen, haben andere Soldaten und ich einen gewaltigen, wilden Riesen erschlagen. Bei den Wunden der heiligen Honora, die Bestie hat drei meiner Kameraden getötet. Wie könnte ich das je vergessen?«

»Niemand sagt, dass Ihr es vergessen habt.« Ritter Astrian ließ sich breitbeinig auf einer Holztruhe nieder und beugte sich zu dem alten Ritter vor. »Wir sagen, Ihr habt es Euch ausgedacht. Bitte beachtet den Unterschied.«

»Das reicht, Astrian.« Nachdem er letzthin so viel Zeit mit den gutherzigen Trollen verbracht hatte, fiel es Morgan schwerer, die beiläufigen Gemeinheiten der beiden jüngeren Ritter amüsant zu finden. »Er hat recht, Ihr wisst nichts darüber.« Er wandte sich Porto zu. »Habt Ihr wirklich gegen einen Riesen gekämpft? War er so groß, wie Aelin es von diesem behauptet?«

»Das weiß ich nicht, mein Prinz.« Porto blickte seine Kameraden mit einer Miene kaum verhohlenen Triumphs an. »Kein Mensch kann über so was nachdenken, wenn eins dieser Monster vor ihm steht, und wer etwas anderes behauptet, den nenne ich einen Lügner. Ich kann Euch nur sagen, dass der Riese, gegen den wir gekämpft haben, viel, viel größer war als ich. Ich glaube nicht, dass meine Arme seinen Brustkasten auch nur halbwegs hätten umspannen können.«

»Und mit jedem Jahr, das dahingeht, wird er größer«, murmelte Astrian, aber er sagte es leise und vermied dabei, Morgan anzusehen.

»Er kann nicht größer werden, als er für mich in dem Moment war«, verkündete Porto. »Ihr könnt Euch nicht vorstellen, Prinz Morgan, wie lang seine Arme waren. Wie die Stämme ausgewachsener Birken, weiß und dick. Aber was ich nie vergessen werde – und ich habe es versucht, ganz gleich, was Euch diese beiden Nichtsnutze weismachen wollen –, das ist, wie er mich *ansah.* Seine Augen waren wie menschliche Augen. Ich könnte schwören, dass er ein denkendes Wesen war, und das war das Schrecklichste.« Er machte das Zeichen des Baums und sah Morgan fast schon klagend an. »Warum sollte unser gütiger Gott die Gabe des Verstandes auf ein solches Ungeheuer vergeuden?«

»Bei uns zu Hause heißt es, dass die Kilpa, die in den südlichen Meeren lauern, ertrunkene Seeleute seien«, steuerte Olveris bei. Es war so untypisch für ihn, etwas anderes von sich zu geben als scharfen Spott, dass selbst Porto ihm zuhörte. »Womöglich gilt das ja auch für Riesen«, fuhr er fort. »Vielleicht sind sie ja Sünder, die dazu verdammt sind, durch die Wildnis zu streifen.«

Morgan schauderte leise bei dem Gedanken – so einsam zu sein, so verhasst, und doch zu wissen, dass man einmal ein Mensch war! Es war ein Grusel, den er vielleicht sogar genossen hätte wie eine besonders schauerliche Geistergeschichte, wäre Eolairs Neffe Aelin diesem Riesen fünfzig Meilen weiter oder irgendwann in der Vergangenheit begegnet statt an diesem Tag und nur einen kurzen Ritt entfernt.

Der Wind rüttelte an den Zeltwänden. Keiner von ihnen schreckte sichtbar zusammen, aber selbst Astrians Grinsen wirkte ein wenig gezwungen, als er sagte: »Ah! Das Monster ist schon da draußen!«

»Hört auf!« Porto sprach mit einer Entschiedenheit, wie es Morgan selten bei ihm gehört hatte. »Sprecht nicht vom Teufel, sonst kommt er angelaufen. Und spottet nicht über Gottes Monster, sonst überführt er Euch der Torheit.«

»Vielleicht sollten wir von etwas anderem sprechen«, begann Morgan, aber Porto war schon wieder bei seiner Geschichte.

»Er näherte sich uns völlig geräuschlos. Ihr könnt Euch nicht vorstellen, wie etwas so Riesiges so leise sein kann.« Portos Augen waren geweitet, als befände er sich wieder auf dem Berg. »Wir ahnten nicht, dass er da war, bis er einen von uns tötete und seinen kopflosen Körper auf die Lichtung warf, wo wir standen. Dann kam er durch die Bäume anmarschiert, drückte selbst die dicksten Stämme zu Boden und zertrat die kleineren wie Binsen.« Er hielt inne und schüttelte langsam den Kopf, als ließe es sich auch nach so vielen Jahren mit bloßen Worten nicht beschreiben. »Die Angst überwältigte mich. Es war, als wäre ich in einen eiskalten Fluss geworfen worden. Ich konnte kaum stehen, so schlotterten mir die Knie. Und dann brüllte es, dieses Maul voll gelber Zähne, dieses riesige klaffende Maul …«

»Und dann?«, fragte Morgan nach einem Weilchen. »Was ist dann passiert? So weit habt Ihr mir die Geschichte noch nie erzählt.«

»Weil niemand sie hören wollte«, sagte Porto, ganz gekränkte Würde. »Manche Leute waren zu sehr damit beschäftigt, mich als Lügner zu verspotten.« Er starrte Astrian an. »Ich würde Euch gern in einem solchen Moment sehen, Ritter Furchtlos. Ihr mögt ja keinen menschlichen Feind fürchten, aber etwas so Unheimliches, das raubt Euch allen Mannesmut.«

Astrian schien zu einer Bemerkung anzusetzen, aber Morgan warnte ihn mit einem Blick. Der Ritter beugte den Kopf vor dem Prinzen, als wollte er sagen: *Sehr wohl, Hoheit, ich werde diesen Schwachsinn nicht unterbrechen, wenn Ihr ihn unbedingt hören wollt.*

»Trug er eine Rüstung, wie es von den Riesen heißt, die für die Weißfüchse kämpfen?«, fragte Morgan.

»Dieser nicht«, sagte Porto. »Sludig, der Getreue des Herzogs, hat mir erklärt, dass die meisten Riesen im hohen Norden wild leben und nur ein paar in Diensten der Nornenkönigin gehalten werden, weil die gewaltigen Biester selbst für ihre Herren zu gefährlich werden können. Dieser war nackt wie ein Tier. Das ist einer der Gründe, warum das, was ich in seinen Augen sah, diese furchtbare, menschlich anmutende Klugheit, mich immer noch verfolgt. Aber in der Situation selbst habe ich über gar nichts nachgedacht. Er war zu groß, zu schnell. Vor uns stand unser

Tod, hoch wie ein Baum und knurrend wie ein zorniger Bär, davon waren wir überzeugt.«

»Wie habt Ihr ihn getötet?« Tatsächlich hatte Morgan Portos Geschichten über den Kampf gegen Riesen und Nornen schon oft gehört, ihnen aber nie viel Aufmerksamkeit geschenkt. Zwar hatte er nicht geglaubt, was Astrian sagte, dass sie *nur* Erfindungen eines alten Trunkenbolds seien, der sich zum Helden machen wollte. Aber die besonders reißerischen Stellen hatte er nie für bare Münze genommen. Jetzt fragte er sich, ob doch etwas dran war, denn alles, was Porto sagte, wirkte wie die Erinnerung an durchlebtes Grauen.

»Wie? Durch Glück«, sagte der Ritter. »Und Gottes Gnade. Einer meiner Kameraden stieß ihm einen Speer in den Hals, ein anderer stach ihm in die Leistengegend, da, wo die Schlagader verläuft. Ich traf ihn auch, aber nur hinten am Bein, weil ich nirgends anders herankam. Immerhin hat ihn dieser Streich gelähmt. Wir kämpften noch eine ganze Weile weiter, aber am Ende war er ausgeblutet und fiel. Mein Hauptmann schnitt ihm den Kopf ab.«

»Dann habt Ihr also, genau genommen, keinen Riesen *getötet*«, sagte Astrian philosophisch. »In Wahrheit habt Ihr das Monster bewegungsunfähig gemacht. Habt Ihr dabei am Boden gelegen, Euch vielleicht totgestellt? Oder war er so viel größer als Ihr, dass Ihr wie der kleine Freund des Prinzen, Schneck der Troll, immer wieder an ihm emporspringen musstet, um diesen entscheidenden Streich zu landen?«

Doch diesmal schien Porto den Spott nicht als Kränkung zu empfinden, ja ihn gar nicht groß wahrzunehmen. »Ich nehme ja nicht für mich in Anspruch, ein großer Held zu sein wie Tallistro. Ich habe gekämpft, weil ich keine andere Wahl hatte, außer zu sterben. Aber ich entschuldige mich auch nicht dafür, weder bei Euch noch bei irgendjemandem, Nabbanai. Wenige haben einer dieser brüllenden, haarigen Kreaturen gegenübergestanden und es überlebt, und noch weniger waren daran beteiligt, eine zu töten.«

Der sachliche Ton, in dem er es sagte, überzeugte Morgan. Der Prinz lehnte sich zurück und musterte Porto, als sähe er ihn zum ersten Mal. Er war immer noch groß und musste in jungen Jahren von beeindruckender Statur gewesen sein. Und Morgan wusste, dass Porto tatsächlich dort gewesen war, denn in Elvritshalla hatte Baron Sludig, der Freund des Königs, bei einer Geselligkeit gesagt, dass ihm Porto unter Morgans Kumpanen aufgefallen sei. Er wisse den Namen des Ritters nicht mehr, kenne aber das längliche Gesicht und die große Gestalt aus der Zeit, als sie die Nornen belagert hätten. Morgan hatte sogar überlegt, Porto mit dem Baron zusammenzubringen, aber dann waren die Tage in Elvritshalla so hektisch gewesen, mit der Erforschung des Kopstade-Viertels und der neuen Bekanntschaft mit den Trollen, dass er es ganz vergessen hatte. Und kurz darauf hatten sie Elvritshalla und Sludig verlassen. Jetzt bereute es Morgan ein bisschen, dass er es versäumt hatte, ein Treffen der beiden Männer zu arrangieren.

»Das ist wahrhaftig eine erstaunliche Geschichte, Porto«, sagte er, »und ich glaube Euch. Ihr habt stolze Erinnerungen, um die Euch die meisten Männer beneiden würden.«

»Danke, Hoheit«, sagte der alte Mann mit der etwas eingerosteten Andeutung einer Verbeugung. »Aber um ehrlich zu sein, ich wollte, ich wäre tatsächlich der Lügner, als den Astrian und Olveris mich so gerne hinstellen. Meine Erinnerungen an jene Tage machen mir keine Freude, und sie verursachen mir immer noch Albträume.«

Den anderen beiden Rittern schienen die Beleidigungen ausgegangen zu sein. Alle verfielen in Schweigen. Der Wind scharrte am Zelttuch, und in diesem Moment schien jeder von ihnen dasselbe zu denken: Was draußen im Dunkeln lauern mochte, jenseits dieser hauchdünnen Wände.

22

TOTENLIEDER

Makho misstraute dem Sterblichen zutiefst, sein Misstrauen gegen Nezeru schien aber fast genauso groß zu sein. Denn als er sie beauftragte, das Gelände vor ihnen auszukundschaften, eine Aufgabe, für die sie im Ordenshaus der Opfermutigen bestens ausgebildet worden war, gab er ihr Kemme als Begleiter mit.

Fürchtet er, dass ich weglaufe? Der bloße Gedanke machte sie wütend. *Glaubt er denn, der Eid, den ich der Königin geschworen habe, bedeutet mir so wenig, dass ich mein Volk verrate, nur weil er mich ausgepeitscht hat – weil ich in Ungnade gefallen bin?* Die Striemen auf ihrem Rücken waren weitgehend verheilt. In der Kälte schmerzten sie zwar immer noch heftig, aber das war nichts im Vergleich zu dem seelischen Schmerz, den sie empfand, weil man ihr nicht vertraute. Und dass dieses Misstrauen berechtigt war – sie hatte ihre Handbrüder schon zweimal verraten –, verschlimmerte den Schmerz nur.

»Warum gehen wir so weit nach Süden?«, fragte sie Kemme, der hinter ihr einen langen, felsigen Hang hinunterstieg, vorbei an Schneewehen und Büscheln gelben Wintergrases. »So tief nach Rimmersgard hinein und fast bis zum Rand von Erkynland?«

»Schweig still, Schwarzdrossel. Hältst du dich für schlauer als Makho?« Kemme schob sich durch das hohe Gras und hinterließ eine gewundene Spur wie eine Schlange. »Der Hase sagt dem Fuchs nicht, wo er jagen soll.«

Nezeru wusste, dass es besser war, zu schweigen, aber sein verächtlicher Ton forderte sie heraus. »Der Sterbliche Jarnulf meinte, wir sollten die große Straße viel weiter nördlich überqueren, näher an der Sterblichenstadt Kaldskryke.«

»Ach, das hat er gemeint? Und woher wissen wir, dass er uns nicht in einen Hinterhalt führt, wenn wir ihm blind folgen?« Kemmes Gesicht ließ offen seinen Zorn erkennen. »Für wen hältst du dich eigentlich? Ich war ein Niemand – ein Opfermutiger aus einer namenlosen Familie, der in einem rückständigen Verband unseres Ordens unter einem faulen, eigennützigen Befehlshaber festsaß. Doch da erinnerte sich mein Herr Makho an mich und forderte mich auf, mit ihm zu kommen. Jetzt bin ich eine Klaue der Königin. Glaubst du, mich interessiert, was du zu sagen hast? Oder ein Sterblicher? Hör auf mit deinen überflüssigen Fragen, Schwarzdrossel.« Es war das erste Mal seit langem, dass Nezeru etwas gefragt hatte, aber Kemme klang, als quatsche sie ihm ständig die Ohren voll.

Der Himmel wurde schon heller, aber sie waren immer noch ein gutes Stück von ihrem Lager entfernt, was Nezerus Unbehagen verstärkte. Sie mochte das kahle, offene Gelände fernab der bewaldeten Hügel nicht, und erst recht mochte sie es nicht, so nahe an der Straße der Sterblichen unterwegs zu sein. Zwar war die Straße um diese Jahreszeit, in der noch die Stürme aus dem Gebirge durch die Frostmark fegten, weitgehend verlassen, aber das schützte sie keineswegs davor, von ihren Feinden gesehen zu werden. Der schnellste Weg zum Urmsheim im Osten führte zwischen dem Wald Dimmerskog und dem großen Drorshullven-See hindurch. Jarnulf hatte deshalb vorgeschlagen, gleich hinter Kaldskryke die Sterblichenstraße zu überqueren und am südlichen Waldrand entlang nach Osten zu reiten, aber Makho war dagegen gewesen, weil er offenbar eine Falle befürchtete. *Deshalb ziehen wir hier fast schon am helllichten Tag und für alle sichtbar durch das offene Land*, dachte Nezeru. War es denn nicht mehr wichtig, dass ihre Mission geheim blieb? Warum hatten sie die Straße nicht einfach näher am Wald überquert? Das viel dichter besiedelte Land bei Vestvennby war doch gefährlich.

Sie hatte darauf keine einleuchtende Antwort und das beunruhigte sie.

Nach längerer Zeit in offenem Gelände tauchten sie endlich in die an die Straße grenzenden Hügel ein. Nezeru war wider Willen beeindruckt, wie schnell und leise Kemme sich vorwärtsbewegte. Sie wusste, dass er im verlorenen Rückkehrkrieg bei Asu'a gekämpft und außerdem das Tor von Nakkiga gegen die einfallenden Sterblichen verteidigt hatte. Er war stark und mutig, aber Makho so blind ergeben, dass jeder Zweifel an dessen Entscheidungen für ihn einem echten Angriff gleichkam.

Sie stiegen zur Kuppe eines Hügels und zu einem kleinen Kiefernwäldchen hinauf. Vor ihnen fiel der Hang steil und nur von einigen Baumgruppen und großen Felsen unterbrochen zum Talboden hin ab. Am ihnen zugewandten Talrand verlief die alte Nordstraße, wie die Sterblichen sie nannten. Nezeru folgte ihr mit dem Blick zum südlichen Ende, wo die Straße im Tal hinter einer Kurve verschwand. Der eigentliche Talgrund lag auf der anderen Straßenseite, wo der Wind in Wellen durch das hohe, grüne Gras fuhr. Das Gras war mit dem wärmeren Wetter zwischen den schmelzenden Schneeresten aus dem Boden geschossen und der Talgrund glich einem aus zahlreichen Grün- und Weißtönen gewobenen Teppich. Hier und da leuchtete matt silbern das Wasser eines Bachs auf. Ein ganzes Netz solcher Bäche schlängelte sich durch das Tal. Später im Frühjahr würden sie über die niedrigen Ufer treten und sich zu einem einzigen, reißenden Strom entlang der Nordstraße vereinen. Nezeru, gewöhnt an die harte, schwarze Erde des Hikeda'ya-Landes, war von dem Überfluss an Wasser und frischem Grün wie betäubt, deshalb dauerte es einen Moment, bis sie erkannte, was Kemme bereits gesehen hatte: In der Ferne vor ihnen bewegte sich etwas.

Weit draußen im Tal, etwas nördlich der Stelle, an der die beiden Hikeda'ya standen, war eine Gruppe zweibeiniger Gestalten, die vornübergebeugt und mit schwingenden Armen eine Arbeit zu verrichten schienen. Aufgrund der großen Entfernung konnte Nezeru nicht erkennen, was sie taten – mit den Augen einer Sterblichen hätte sie die Gestalten noch gar nicht bemerkt –, aber Kemme warf ihr einen verächtlichen Blick zu, als würde die Anwesenheit der Sterblichen etwas beweisen, das Nezeru in ihrer Unwissenheit hartnäckig geleugnet hatte. Er bedeutete ihr, ihm am Hang oberhalb der Straße nach Norden zu folgen, um eine bessere Sicht zu haben, und sie gehorchte.

Während sie sich den fernen Gestalten näherten, ging endlich die Morgensonne über den Bergen im Osten auf und trat ihre Wanderung über den Himmel an. Auf der Suche nach Deckung stiegen sie hangaufwärts. Während Nezeru Kemme stumm durch die Bäume folgte, musste sie wieder an die in ihren Augen falschen Entscheidungen zuerst von Makho und jetzt von Kemme denken. Wenn sie die große Straße sicher und von den Sterblichen unbemerkt überqueren wollten, warum waren sie dann so weit nach Süden gegangen? Und warum schlichen sie sich jetzt mit solchem Aufwand an Leute heran, bei denen es sich fast sicher um die sterblichen Bewohner eines nahen Dorfes handelte? Denn auch in Lautlosigkeit geübte Opfermutige konnten durch unvorhergesehene Zwischenfälle verraten werden, wie etwa durch unabsichtlich verursachten Lärm oder das überraschende Auftauchen weiterer Personen. Was sollten sie hier in Erfahrung bringen können, das ein solches Risiko wert gewesen wäre?

Sie waren inzwischen näher an die Gestalten auf der anderen Seite der Straße herangekommen und sahen, dass es sich tatsächlich um zwei bis drei Dutzend Sterbliche handelte, die wie Bauern gekleidet waren. Die meisten schnitten Gras mit Sicheln, einige schienen es auch mit bloßen Händen auszureißen. Die Bauern wurden von einigen weiteren Sterblichen auf Pferden beschützt – oder an der Flucht gehindert.

Die beiden Opfermutigen sahen dem Treiben eine Weile stumm zu, und bald musste Nezeru zunehmend gegen ihre Ungeduld ankämpfen. Je länger sie hier ausharrten, desto höher stieg die Sonne und desto heller wurde es. Ihr Unbehagen drohte in Angst umzuschlagen. War sie hier die Verrückte oder Kemme? Warum ging Kemme ein solches Risiko ein, nur um eine Gruppe Bauernsklaven zu beobachten? Am Ende gefährdete er dadurch sogar den Auftrag, den die Mutter Aller ihnen gegeben hatte.

Kemmes Aufmerksamkeit schien besonders den drei Reitern zu gelten, die die Arbeiter bewachten, obwohl sie bisher nur ruhig im Sattel gesessen und den Arbeitern zugesehen hatten. Gelegentlich ritt einer von ihnen eine kurze Strecke in die eine oder andere Richtung zu einer Stelle, an der sich einige Schnitter versammelt hatten, und jedes Mal zerstreuten die Schnitter sich sofort wieder und kehrten an ihre Arbeit zurück. Einmal, als ein Reiter wendete, sah Nezeru Metall aufblitzen. Offenbar trug er ein Kettenhemd, was ihr seltsam vorkam. Welche sterblichen Bauern konnten es sich leisten, sich bei der Arbeit von Rittern beschützen zu lassen? Und welcher sterbliche Ritter hätte sich zu einer so niedrigen Aufgabe herabgelassen? Nein, dachte sie, ganz offenbar handelte es sich um Sklaven, die bewacht wurden. Und die Aufpasser griffen bei Bedarf bestimmt mit aller Härte durch, wenn so wenige für so viele ausreichten.

Ein Reiter wendete abrupt sein Pferd und ritt durch das Tal auf die Nordstraße zu, geradewegs in die Richtung ihres Verstecks. Nezeru wusste, dass er sie auf diese Entfernung unmöglich gesehen haben konnte, aber Kemme stieg bereits hangabwärts in Richtung eines Gebüschs, hinter dem sie besser gedeckt waren. Im Schutz der Büsche schlich er geduckt auf die Stelle zu, die auch der Reiter ansteuerte. Nezeru folgte ihm vorsichtig und hoffte, dass er bald genug gesehen hatte und sie in ihr Lager zurückkehren konnten.

Dann ging alles sehr schnell.

Der gepanzerte Reiter erreichte die Straße und überquerte sie. Dann trieb er sein Pferd nur wenige hundert Schritte unterhalb von Kemme den Hang hinauf. Im Schutz der Bäume weiter oben eilte Kemme lautlos zu einer Stelle unmittelbar oberhalb des Reiters, aber immer unsichtbar für ihn. Der Ritter stieg ab, band sein Pferd an den Ast eines Baums, nahm einen Weinschlauch vom Sattel und genehmigte sich einen langen Schluck. Dann setzte er den Helm ab und hängte ihn an den Sattelknauf. Er hatte einen braunen Bart und die rötlich verbrannte Haut seiner Art. Langsam ließ er den Blick über seine Umgebung wandern wie jemand, der sich zu erinnern versuchte, ob er schon einmal hier gewesen war.

Kemme stand so schnell auf, dass Nezeru es gar nicht richtig mitbekam. Den Bogen hatte er bereits gespannt. Summend wie eine tödliche Wespe flog der Pfeil durch die Luft und traf den Reiter in die Brust. Er durchbohrte das Kettenhemd des Sterblichen mit einer solchen Wucht, dass der Mann einige Schritte hangabwärts torkelte. Mit ausgebreiteten Armen blieb er liegen und rührte sich nicht mehr. Kemme sprang ihm nach, beugte sich über die Leiche und betrachtete das Gesicht, als gehörte es einem lange gesuchten Feind.

»Kein Hinterhalt, behauptet der Sterbliche?«, fauchte er, als Nezeru zu ihm trat. »Kein Hinterhalt? Warum trägt dieser Mann dann eine Rüstung? Die Leute, die das Gras mähen, sind keine normalen Bauern. Sie versorgen eine Armee und ihre Pferde mit Essen und Futter.«

Nezeru beugte sich über den Toten und betrachtete ihn eingehend. Über dem Kettenhemd trug er einen grünen Waffenrock, bestickt mit einem Wappen, das zwei Drachen zeigte, die einen Schild hielten. Ein Drache war rot, der andere weiß. »Von diesem

Abzeichen habe ich schon gehört«, sagte sie. »Meines Wissens gehört es …«

Kemme drehte sich zu ihr um und versetzte ihr so heftig einen Schlag auf den Mund, dass sie einige Schritte rückwärts taumelte.

»Ich sagte doch, ich will nichts mehr von dir hören.« Er starrte sie an, als sei sie ein Tier, und seine violetten Augen waren leer. »Makho sagte, dass ich dich wegen des Kindes, das du trägst, nicht töten darf, aber die Hände brauchst du nicht zum Gebären. Wenn du noch einen Laut machst, schneide ich dir eine ab.« Er zog sein Messer aus dem Gürtel und trennte ein Stück vom Waffenrock des toten Sterblichen ab.

Nezeru blieb vornübergebeugt stehen. Das Gesicht tat ihr weh, aber viel schlimmer war ihre plötzliche Panik. Nicht der Schlag hatte sie überrascht – strenge Disziplin war im Orden der Opfermutigen an der Tagesordnung –, sondern Kemmes unverhüllter, mühsam beherrschter Hass. Wieder einmal wurden ihr die Größe und der Umfang ihres Versagens bewusst.

Und wenn er oder der Handführer je herausfindet, dass es kein Kind gibt? Sie wollte gar nicht daran denken, was dann passieren würde.

Sie war so mit ihren Gedanken beschäftigt und Kemme mit der Durchsuchung der schweren, unhandlichen Leiche, dass sie den zweiten Reiter erst bemerkten, als er keine Bogenschussweite mehr von ihnen entfernt war.

Der Reiter konnte aufgrund des Gebüschs zwar nicht erkennen, womit sie beschäftigt waren, aber er sah ganz offensichtlich das herrenlose Pferd des toten Ritters und die Beine der Leiche, über die Kemme sich beugte, denn er zügelte abrupt sein Pferd, riss es herum und galoppierte weg. Kemme sprang mit einem Fluch auf, rannte dem fliehenden Reiter nach und spannte im Laufen seinen Bogen. Der Sterbliche hob ein Horn an den Mund und stieß drei langgezogene, schrille Töne aus. Erst dann holte

Kemmes Pfeil ihn aus dem Sattel und er stürzte zu Boden. Sein Pferd rannte über die Straße und in das Tal hinaus.

Der letzte noch übrige Reiter, der bei den Schnittern geblieben war, hatte das Signal gehört. Als er das Pferd auf sich zugaloppieren sah, stieß er in sein Horn. Der Alarmruf hallte durch das Tal und wenige Momente später antwortete ein weiteres Horn aus dem Norden.

Nezeru fühlte sich wie in einem Wachtraum gefangen. Sie waren entdeckt worden, wie sie befürchtet hatte.

Kemme riss den letzten Rest des Waffenrocks ab und stieß den Toten mit einer solchen Wut den Hang hinunter, dass die Leiche im Rollen einige Schösslinge entwurzelte und mitriss. Dann begann er hangaufwärts in Richtung ihres Lagers zu rennen.

Nezeru eilte ihm durch die Schneise von abgebrochenen Ästen nach, die er hinterließ. Mit den Händen stützte sie sich an dem steilen Hang ab. Wenigstens einer von ihnen musste überleben und die anderen warnen, und Kemmes unbedachtem Handeln misstraute sie inzwischen. Diesmal war sie nicht schuld. Sie mochte an dem Berg versagt haben, aber deshalb war sie trotzdem noch eine Opfermutige, eine von der Königin erwählte Klaue. Sie durfte nicht zulassen, dass ein weiterer Fehler Schande über ihre Familie und ihren Clan brachte.

Eine ganze Weile hatten die Rufe der Hörner über den Hang geschallt, aber jetzt hörte Nezeru etwas anderes – ein tiefes Rumpeln erfüllte das Tal, als erzitterte und erbebte die Erde selbst vor Zorn. Auf dem Hügelkamm angelangt, blickte sie durch die Bäume zurück und sah, dass eine größere Streitmacht bewaffneter Reiter auf der alten Straße vom nördlichen Ende des Tals heranbrandete wie eine Meereswelle grüner Röcke, gekrönt von silbernen Helmen und Lanzen, die in der Morgensonne glänzten wie Gischt. Es waren hundert Mann oder mehr. Einige Reiter trennten sich bereits von der Hauptgruppe und trieben ihre Pferde den Hang hinauf, über den Nezeru und Kemme flohen. Nezeru hörte sie mit jedem ihrer keuchenden, aber noch gemäßigten Atemzüge näher kommen und sie spürte bereits das Trommeln der Hufe unter ihren Füßen.

Nur ein Gedanke beherrschte sie. *Wir haben unserer Königin schlecht gedient. Hea-hai! Wir werden alle sterben, weil wir versagt haben.*

✣

Im Lager wuselte alles durcheinander wie in einem von einer Pflugschar aufgerissenen Ameisennest. »Wo ist der König?«, fragte Miriamel erregt.

»Im Waffenzelt, Majestät«, antwortete Eolair, der bei einer Gruppe von Soldaten stand.

»Im Waffenzelt? Wir haben ein Waffenzelt?«

»Leider ja«, sagte er. »Zumindest seit das Gerücht über einen Nornenangriff die Runde macht.«

Sie wollte ihn schon ausschimpfen, weil er den König Soldat spielen ließ, aber er wirkte geschwächt, geradezu krank. Du meine Güte, dachte sie, er sieht fast so alt aus wie mein Großvater zur Zeit seines Todes. Armer Eolair. Muten wir ihm zu viel zu? »Sagt mir bitte einfach, wo ich ihn finde, Marschall.«

»Ich bringe Euch hin, Majestät.«

»Ich denke, Ihr habt bei den Soldaten Wichtigeres zu tun. Oder vielleicht solltet Ihr herausfinden, was nun wahr ist und was ein Gerücht. Mir wurde jetzt schon wiederholt gesagt, von der Sturmspitze seien fünfhundert Nornen ausgerückt, die uns nach dem Leben trachten. Fünfhundert Nornen sollen am helllichten Tag so tief im Süden unterwegs sein und wir erfahren erst jetzt davon? Das kommt mir unwahrscheinlich vor.«

»Mir auch, meine Königin.« Eolair schüttelte den Kopf. »Aber Nornen sind zweifellos unterwegs, auch wenn nicht bekannt ist, wie viele. Ritter Irwyn hat welche gesehen, die in den Wald über dem Tal geflohen sind, und er ist ein vertrauenswürdiger Mann. Er war damals an der Verteidigung Asu'as beteiligt, kennt die Nornen also von früher. Und ich habe Euch von der Begegnung meines Neffen mit einem Riesen erzählt. Mit Verlaub, Herrin, wir dürfen diese Gefahr nicht unterschätzen.«

Miriamel versuchte, sich ein wenig zu beruhigen. Eolair hatte wie so oft recht, auch wenn ihr das in ihrer augenblicklichen Verfassung nicht passte. »Ich habe überhaupt nichts dagegen, Soldaten hinter diesen Mördern herzuschicken. Wenn es sich um Nornen handelt, dann befinden sie sich fünfzig Wegstunden diesseits ihrer Grenze, was natürlich Anlass zur Sorge gibt. Ich mache mir ja schon die ganze Zeit Sorgen, seit wir Gräfin Alva in Elvritshalla gehört haben. Ich verstehe nur nicht, warum mein Mann das Gefühl hat, selbst etwas tun zu müssen. Dafür haben wir doch die vielen Soldaten und Ritter mitgenommen, nicht wahr?«

»Natürlich, Majestät.«

»Schön, dass wir einer Meinung sind. Zeigt mir den Weg zum Waffenzelt.«

Abgesehen von einem Arrangement aus Kerzen auf einer Truhe war es im Zelt so dunkel, dass Miriamel im ersten Moment nur Schatten sah. Eine leise Stimme murmelte ein altes Gebet, den Soldaten-Cantis.

Obschon ich in einer Furche des Feldes stehe als einer von vielen
Und obschon ich nicht weiß, ob ich niedergemäht werde
Oder man mich unter der Sonne verdorren lässt,
Weiß ich doch, dass mein Erlöser versprochen hat, mich zu führen
und zu leiten,
Dass ich in seiner Obhut eines Tages wieder im Garten des Herrn
gedeihen werde,
Welcher der Himmel ist,
Unter mannigfaltigem Grün und an klaren Gewässern …

»Simon?«, rief sie. »Bist du da?«

»Ja, meine Liebe. Jeremias, du brauchst nicht für Ihre Majestät aufzustehen, sonst kippe ich um.«

Als ihre Augen sich an die Dunkelheit gewöhnt hatten, sah sie ihren Mann. Er hatte einen Fuß auf die Waffentruhe gestellt, und vor ihm kniete Kammerherr Jeremias und befestigte die Schnallen einer Beinschiene. Simon war fast vollständig gerüstet, nur sein Brustpanzer, der nach Miriamels Ansicht eigentlich nur für öffentliche Paraden gedacht war, lehnte noch an der Zeltwand. Zwei Knappen standen angespannt und wie in Habachtstellung hinter dem König, Bischof Putnam, der ranghöchste Priester des königlichen Gefolges, kniete unweit von Jeremias, um im Schein des Kerzenlichts aus dem Buch Ädon vorlesen zu können. »Was genau machst du da eigentlich, Simon?«, fragte die Königin mit einer, wie sie hoffte, gefassten Stimme. »Und Ihr, Kammerherr?«

Jeremias blickte zu ihr auf und erinnerte sie für einen Moment wieder an den schuldbewussten Jungen, den sie damals kennengelernt hatte. »Wenn der Kammerherr a-anwesend ist«, sagte er mit einem kaum merklichen Stottern, »ist es seine Pflicht, den König anzukleiden.«

Und seine Engel singen mit süßen Stimmen
Von der Güte unseres Gottes.
Und sie singen dieses Lied:
»Weil du die Stimme des Erlösers gehört hast,
Brauchst du nicht zu fürchten Fremde, Barbaren und wilde Tiere,
Die den Anblick des Herrn meiden und Böses im Herzen tragen.
Du brauchst nicht zu fürchten Stürme, Unwetter und Beben,
Denn was in dir ist, ist Sein, und Er kennt dich immer,
Bist du auch von übermächtigen Feinden umzingelt.«

»So ist es«, bestätigte Simon. »Und dazu gehört nun mal auch die Rüstung.«

Miriamel sah jetzt, dass seine Wangen gerötet waren, als hätte er getrunken. »Sie ist nur eine andere Art von Kleidung«, fuhr er fort. »Und sie erscheint vernünftig, wenn wir vielleicht kämpfen.«

»Sie ist noch mehr als das, Majestät.« Jeremias sprach mit solchem Nachdruck, dass der Bischof in seinem Gemurmel stockte. »Die Rüstung des Königs ist geweiht und heilig.«

Seine Eminenz Bischof Putnam machte eine Pause und fuhr dann fort.

Weil du Ihn liebst, wird Er dich erlösen.
Er sitzt auf einem hohen Thron und sieht in dein Herz,
Das gereinigt ist von der Hand seines Erlösersohnes,
Und du wirst hören Seinen mächtigen Ruf, wenn er ertönt
Dereinst, vielleicht an diesem Tag noch,
Und dich nach Hause ruft.

Putnams monotones Gemurmel störte Miriamel. Sie wollte mit ihrem Mann sprechen, aber was konnte es Schlimmeres geben, als zu einer solchen Zeit ein Gebet zu unterbrechen? Andererseits hatte sie diesen Cantis nie gemocht, weil er den Tod in der Schlacht als Sieg verklärte. Sie hatte schon so viele Tote gesehen, darunter viele geliebte Menschen, dass der Gedanke an die göttliche Gnade sie nicht wirklich trösten konnte. Die Gefallenen mochten in die Herrlichkeit von Vater und Sohn eingehen, aber den Hinterbliebenen half das nicht. Sie mussten allein zurechtkommen.

»Sie mag ja heilig sein«, sagte sie und trat näher zu ihrem Mann, damit sie nicht so laut sprechen musste. »Darüber maße ich mir kein Urteil an. Trotzdem ist es dumm, sie anzuziehen. Du darfst ein solches Risiko nicht eingehen, Simon. Vielleicht gibt es die fünfhundert Nornen ja gar nicht, von denen man spricht, aber laut Irwyn haben die Nornen Ritter Jubal aus großer Entfernung mit einem Pfeil getötet. Wenn du kämpfst, wirst du ihr Hauptziel sein.«

»Ich will ja gar nicht kämpfen, Miri«, erwiderte der König, aber die Art, wie er den Kopf abwandte, verriet ihr, dass dies höchstens die halbe Wahrheit war.

So reden Männer, wenn sie glauben, dass wir ihren verfluchten Stolz nicht verstehen, dachte Miriamel bitter. Aber diesmal empfand sie mehr Angst als Wut. »Was willst du dann damit?«

Gelobt sei der Herr!, betete der Bischof lauter, wie um die königlichen Missklänge zu übertönen.

Gelobt sei Sein Sohn!
Und der Garten, welcher der Himmel ist, in dem du wohnen wirst,
Gelobt sei er!

Zum Abschluss des Cantis wiederholte Putnam die Worte noch auf Nabbanai. Anschließend blieb er knien, als betete er stumm weiter.

Jeremias schnallte unterdessen sorgfältig Simons zweite Beinschiene fest, dann befestigte er die Poleyns, die die Knie des Königs schützten. Simon sah ihm dabei zu. »Die meisten unserer Leute haben noch nie gegen die Weißfüchse gekämpft«, sagte er. »Jetzt müssen sie es tun, vielleicht sogar schon sehr bald. Sie sind voller Aberglauben und sie haben Angst.«

»Vollkommen zu Recht. Wir wissen beide nur zu gut, wozu diese Ungeheuer fähig sind.«

»Richtig, Miri. Aber unsere Leute wissen, dass ich genauso wie Eolair den Nornen schon gegenübergestanden habe. Wir können sie durch unsere Anwesenheit lehren, dass sie nichts zu fürchten brauchen.«

»Du meinst wohl, durch eure Anwesenheit in Schussweite eines tödlichen Nornenbogens. Und indem du unnötig dein Leben riskierst. Du bist der König, Simon!«

»Und du die Königin.« Er lächelte. Sein Unterkörper war inzwischen von Stahlplatten bedeckt und er hob die Arme, damit Jeremias und die zwei jungen Knappen die beiden Hälften seines Harnischs festschnallen konnten. Simons Waffenhemd war liebevoll, wenn auch nicht besonders geschickt mit dem Heiligen Baum bestickt – Miriamel wusste noch, wie sie es vor Jahren angefertigt hatte, zu einer Zeit, als sie Grund zu der Hoffnung gehabt hatte, dass es nie in einer wirklichen Schlacht getragen werden würde. Jetzt spürte sie bei seinem Anblick einen Stich in der Brust. Einen Augenblick lang schien die breite, weiße Stirnlocke, die das Drachenblut in Simons ergrauendes Haar gebrannt hatte, wie von innen heraus zu leuchten. Miriamel hielt den Atem an und ihr Herz klopfte.

Ach Simon, dachte sie, verschwende deine Magie doch nicht an solche Kleinigkeiten! Sie wusste nicht genau, warum sie das dachte, aber eine böse Vorahnung hatte sie überkommen. »Ich wünschte, du würdest das nicht tun«, sagte sie. »Ich habe Angst.«

»Du? Die tapferste Frau, die je gelebt hat?« Er lächelte sie an und war einen Moment lang wieder nur ihr fröhlicher, sie zum Wahnsinn treibender Gatte, den sie schon so lange und durch so viele Widrigkeiten hindurch liebte. »Komm schon. Ich werde nicht zulassen, dass mir etwas passiert. Das würde ich gar nicht wagen, meine Liebe.«

Sie wusste, dass sie ihn nur mit einem heftigen Streit hätte aufhalten können und dass die Erfordernisse des männlichen Stolzes ihr töricht und gefährlich vorkommen mochten, dass sie für Männer und erst recht einen König aber wirklich und wichtig waren. »Dann versprich mir wenigstens, dass du hinten bleibst«, sagte sie schließlich. »Versprich mir, dass du nicht vorausreitest, wo diese Teufel dich sehen und auf dich schießen können.«

Er sah sie an, und in seinem Blick lag wie immer Liebe, aber auch eine Spur kindlichen Trotzes. »Wenn du darauf bestehst.«

»Unbedingt. Selbst wenn Hunderte von Nornen gegen euch

kämpfen, würde das deinen Tod nicht aufwiegen. Denk an die vielen Dinge, die wir noch tun müssen, Simon. Denk an das, was du Isgrimnur versprochen hast.«

Er nickte lebhaft. »Ich weiß. Mach mir kein schlechtes Gewissen, Miri. Ich habe nichts vergessen.«

Sie trat zu ihm, küsste ihn auf die Wange und spürte seine kratzigen Barthaare an der Wange. Schon bei seinem Geruch, dem Geruch an seinem Hals und seinen Haaren, tat ihr alles weh vor Sehnsucht. »Ich auch nicht, Simon, kein einziges Ereignis unseres gemeinsamen Lebens. Und ich will auch den Rest dieses Lebens mit dir verbringen, statt um dich zu trauern.«

Er sah ihr nach, als sie aus dem Zelt ging. Sie kannte ihn schon so lange, dass sie genau wusste, wie sein Blick sich anfühlte, sogar von hinten.

✣

Nezeru brachte Saomeji Wasser. Stumm und ohne sie anzusehen ließ er zu, dass sie es ihm in den Mund träufelte wie einem sterbenden Tier.

»Du hast uns mit deiner Magie gerettet, Sänger«, sagte sie in aufrichtiger Dankbarkeit. Saomeji schwieg und lehnte sich gegen den Felsen zurück. Er atmete regelmäßig, aber flach.

Ihr Versteck hatte zunächst gar nicht ausgesehen wie ein Versteck – ein Felsen so groß wie eine Scheune unmittelbar unterhalb der Hügelkuppe, der wie eine hinuntergefallene Melone in zwei Hälften auseinandergebrochen war. Die beiden gewaltigen Trümmer lagen ein paar Schritte auseinander, und die Kluft dazwischen hätte eigentlich schon von weitem einsehbar sein müssen. Doch der Sänger hatte einen Zauber eingesetzt, das »Steinebesingen«, wie er es nannte, und jetzt saß die ganze Gruppe einschließlich des Sterblichen Jarnulf, der Pferde und sogar des Riesen Goh Gam Gar im Schutz der beiden Halbkugeln, unsichtbar für forschende Blicke – zumindest die der Sterblichen. Nezeru hatte beobachtet, wie eine Abteilung bewaffneter Männer sie keine Bogenschussweite entfernt suchte, ohne ihr Versteck zu bemerken, obwohl Nezeru die Sterblichen umgekehrt deutlich und höchstens wie durch einen feinen Dunst sehen konnte.

»Was sehen sie eigentlich?«, fragte Jarnulf leise, als wieder drei sterbliche Soldaten an ihnen vorbeieilten, sichtlich ratlos, wie die Nornen auf einem von allen Seiten umzingelten Hügel hatten verschwinden können. Der Abend dämmerte bereits und in der hereinbrechenden Dunkelheit wurden die Sterblichen zu tapsigen Kindern, die in ihren schweren Rüstungen ständig stolperten und zusammenstießen, während die, nach denen sie suchten, sie nur wenige Schritte entfernt bei ihrem Treiben beobachteten.

»Sie sehen nur Stein«, sagte Saomeji, der immer noch nach Luft rang. Seine Augen waren gerötet, als sei er bis eben einem heftigen Sturm ausgesetzt gewesen. »Und sie hören uns so schlecht, als wären wir von dem Stein umgeben, den sie in ihrer Einbildung sehen. Trotzdem müssen wir leise sprechen.«

»Du wolltest uns in einen Hinterhalt führen, Sklave«, fuhr Kemme Jarnulf an.

»Diesen Vorwurf lasse ich mir nicht machen«, erwiderte der Sterbliche. »Ich wollte euch einige Wegstunden nördlich von hier über die Straße bringen, das wisst ihr genau.«

Kemme sah Makho an, aber der Anführer schien nicht zu einem Streit aufgelegt, also wandte Kemme sich wieder ab. Er hatte sich an den Rand des Felsens gesetzt, an die Grenze von Saomejis Lied des Nichtsehens, und betrachtete die sie suchenden Sterblichen finster wie ein hungriges Tier. Schließlich hob er seinen Bogen, wie um auf sie zu zielen. »Seht euch dieses Geschmeiß an. Ich könnte alle drei mit einem Pfeil durchbohren.«

»Und dann kämen sofort auch die anderen herbeigeeilt«, sagte Makho leise, aber seine Stimme klang scharf wie ein Messer. »Und die würden sich fragen, wie ein Pfeil der Hikeda'ya aus einem Felsen kommen kann. Bezähme deine Ungeduld, Handbruder. Du bekommst deine Chance früh genug.« Er wandte sich an Jarnulf und sein Gesicht zeigte auf einmal keinerlei Gefühle mehr – was Nezeru viel schlimmer fand als seine Wutanfälle. »Du sagst, du hättest das nicht gewollt, aber da bin ich mir nicht so sicher. Beantworte mir jetzt einige Fragen, Sterblicher, sonst töte ich dich eigenhändig, egal was für einen Lärm ich dabei mache.« Die anderen waren verstummt und sahen die beiden an. Ihr Anführer hielt einen Fetzen des grünen Waffenrocks in der Hand, der mit dem Symbol der beiden Drachen bestickt war. »Das ist das Wappen der Erkynwache, also der Soldaten, die für das Königsgeschlecht töten, das jetzt in unserer alten Hauptstadt Asu'a regiert. Viele Hundert von ihnen haben diesen Hügel umzingelt. Was haben sie so weit nördlich von ihrem Land zu suchen? Wolltest du dich mit ihnen treffen und Nachrichten austauschen oder wolltest du uns zu ihnen bringen, damit sie uns töten und du von den Sterblichen deinen Anteil der Beute fordern kannst?«

Saomeji machte eine Bewegung wie im Schlaf, und Nezeru fragte sich, was der Sänger tun würde, wenn es zum Kampf käme. Sie hatte seine Fähigkeiten ganz eindeutig unterschätzt, nur wenige selbst der besten Meister des Sanges hätten es wie er geschafft, sie zu verstecken.

Jarnulf erwiderte Makhos bohrenden Blick. Sein Gesicht war genauso ausdruckslos wie das des Handführers. Nezeru war überzeugter denn je, dass er von den Hikeda'ya abstammte. Gewiss konnte doch niemand seiner Art seine Gefühle so vollkommen verbergen. Oder hielt er sich für unbesiegbar? Sie wusste, dass man Makho nicht zweimal auf dieselbe Weise bezwingen konnte. Das nächste Mal würde der Handführer auf die verblüffende Schnelligkeit des Fremden gefasst sein.

»Ich habe Euch doch erklärt, dass der König und die Königin des Hochthrons in die große Stadt in Rimmersgard gereist sind, die die Nordländer Elvritshalla nennen«, sagte Jarnulf. »Das weiß hier jeder Sterbliche, macht mir also keine Vorwürfe, wenn Ihr es ignorieren wolltet.« Er machte die Geste für Verteidigung gegen Unwahrheit. »Der Zug des Königspaars befindet sich auf dem Rückweg und hätte eigentlich schon längst hier durchkommen müssen, aber offenbar wurde er durch das Wetter aufgehalten. Wie Ihr Euch bestimmt erinnert, war ich dafür, die Nordstraße schon vor zwei Tagen in der Nähe des Waldes zu überqueren und nach Osten weiterzuziehen, aber Ihr wolltet mir nicht vertrauen und habt darauf bestanden, eine andere Stelle zu wählen. Nein, Makho von den Klauen, es ist Euer Misstrauen, das mich töten wird.«

»Er ist wirklich unverschämt«, knurrte Kemme. »Gebt ihm den Tod, den er erwartet, dann brauchen wir uns seine Lügen nicht länger anzuhören. Er ist ein Spion und hat uns in eine Falle geführt.«

Jarnulf lächelte grimmig. »Natürlich. Und um wirklich sicherzugehen, sterbe ich gleich mit euch in derselben Falle, ja? Denn glaubt ihr, die kurzsichtigen Erkynwachen werden sich genau ansehen, wer von uns ein Hikeda'ya ist und wer ein sterblicher Sklave der Hikeda'ya, wenn wir nachher im Dunkeln einen Fluchtversuch wagen? Ein Sklave wie ich ist für sie doch etwas noch Geringeres als ihr.« Er schüttelte den Kopf. »Tötet mich, wenn ihr wollt – oder versucht es.« Er legte die Hand an sein Schwert. »Es könnte schwerer sein, als ihr denkt. Aber wenn ihr es jetzt, in dieser gefährlichen Lage, nicht versuchen wollt, lasst mich in Ruhe und ich lasse euch in Ruhe.«

Er bückte sich, zog einen kurzen, angekohlten Stock aus dem Feuer und ging damit durch den schmalen Spalt zwischen den steinernen Hälften zu seinem Bündel, das weiter hinten lag, in der Nähe des Riesen Goh Gam Gar.

»Was tust du da, Sterblicher?«, wollte Makho wissen.

Jarnulf blickte nicht zurück. »Ich schreibe mein Totenlied.«

Kemme, Makho und Saomeji, der sich rasch erholte, überlegten angestrengt, was zu tun war. Schon jetzt flackerten am Fuß des Hügels Dutzende Fackeln der Sterblichen.

Nezeru wusste, worum es ging, obwohl sie von den Gesprächen ausgeschlossen worden war. Saomeji hatte gesagt, dass er die schützende Illusion bei Tageslicht nicht lange aufrechterhalten konnte, und die Sterblichensoldaten, die den Hügel wie eine Burg belagerten, hatten ganz offensichtlich vor, bis zum Morgengrauen zu warten, statt in der Nacht Jagd auf die Hikeda'ya zu machen. Die beste Zeit für einen Ausbruchsversuch waren deshalb die letzten Stunden vor Rückkehr der Sonne, wenn die Sterblichen am schwächsten waren und am meisten Angst hatten. Aber selbst wenn die Klauen die Nacht und die Überraschung auf ihrer Seite hatten, glaubte Nezeru nicht, dass sie überleben würden – zumindest nicht alle. Die Hikeda'ya der Königin waren so wenige und die Sterblichen so viele.

Mutter Aller, gib deiner Dienerin Kraft. Mein Leben gehört dir, mein Leib gehört dir und mein Geist gehört dir. Nezeru beruhigte sich mit dem vertrauten Gebet der Pflichten, das sie noch vor ihrer ersten Blutung als Frau gelernt hatte. Lieber im Kampf und bei einem Fluchtversuch sterben, sagte sie sich, als wie ein gemeines Tier im Versteck. *Wir leben für die Königin, deshalb müssen wir auch klaglos für sie sterben. Sonst wäre unser Eid bedeutungslos.*

Weiter hinten in der verborgenen Felsspalte, noch hinter dem behaarten, massigen Leib des Riesen, sah sie den Sterblichen mit den bleichen Haaren sitzen. Er kratzte mit dem angekohlten Ast etwas auf eine getrocknete, abgeschabte Ziegenhaut, die er aus seinem Bündel gezogen und auf seinem Schoß ausgebreitet hatte. Makho hatte einmal nachgesehen, was er schrieb, war aber kopfschüttelnd zurückgekehrt. Nezeru war ebenfalls neugierig und ihr Körper sehnte sich nach Bewegung, auch wenn sie nur aufstehen und ein paar Schritte machen konnte.

Als sie an Goh Gam Gar vorbeikam, der zu schlafen schien, öffnete der Riese ein blutunterlaufenes Auge. Wie immer fiel es ihr schwer, den Blick zu erwidern, der nur bedingt der eines Tieres war. Die Stimme des Riesen war ein tiefes Poltern. »Der Tod steht bevor, kleine Drossel.«

Nezeru zögerte. »Natürlich, er steht allen bevor, mit Ausnahme der Königin des Berges. Aber er ist nur eine Tür und auf der anderen Seite liegt der Garten.«

»Schön gesagt.« Goh Gam Gar kratzte sich am Bauch mit einem klauenähnlichen Finger, der so dick war wie Nezerus Handgelenk. »Wenn man noch nie gestorben ist.«

Nezeru stieg über seine gewaltigen Beine, und von dem borstigen Fell, das an ihren Fußknöcheln entlangstrich, wurde ihr fast übel. Sie spürte ein Rumpeln – das Ungeheuer lachte.

Der Sterbliche hatte die Tierhaut mit primitiven Symbolen bedeckt, mit Strichen, sich verzweigenden Linien und einfachen Formen. Das Ganze wirkte kunstlos und es tat ihr fast leid, dass sein Tod nur mit diesem Gekritzel gefeiert werden würde. Er vollendete die letzte Reihe und hielt die Tierhaut ein wenig von sich weg, um sein Werk zu betrachten. Nezeru fand, dass die Striche aussahen wie von einem Kind, an seinem ersten Unterrichtstag bei den Chronisten gemalt.

»Hat das etwas zu bedeuten?«, fragte sie. »Was sind das für Zeichen?«

»Das sind die alten Runen meines Volkes aus der Zeit, als wir noch nicht Sklaven deines Volkes waren«, antwortete er, ohne aufzublicken. »Es ist mein Totenlied. Du verstehst das bestimmt. Opfermutige schreiben auch solche Lieder, vor allem ihr Klauen.«

Einen Augenblick lang freute sie sich fast, dass er den Unterschied zwischen Opfermutigen und Klauen kannte, dass er etwas von der Mühe und den Qualen wusste, die es sie gekostet hatte, nicht nur eine Opfermutige zu werden, sondern eine Klaue der Königin. »Aber wir schreiben unsere Lieder nicht auf Tierhäute.«

Nezeru wusste immer noch nicht, was sie von dem Sterblichen halten sollte, aber mit Totenliedern kannte sie sich aus. »Wir singen sie, wenn wir den heiligen Eid abgelegt haben.« Sie musste an die der Zeit entrückte Höhle denken, in der die Zeremonie stattgefunden hatte, an die Spalte im Boden, aus der die berauschenden, süßen Dämpfe des Quells aufgestiegen waren, und an die körperlosen Stimmen, die so leise und süß aus den dunklen Tiefen heraufgeklungen waren. »Seit damals ist kaum mehr als ein Jahreszeitenkreis vergangen. Ich erinnere mich so deutlich daran, als wäre es gestern gewesen.«

»Dann hast du Glück, Opfermutige Nezeru, dass dein Lied schon gesungen ist. Mein Volk macht es anders und deshalb habe ich weniger Glück.« Er sah sie mit einem scharfen Blick an, den sie nicht zu deuten wusste. »Geh und bitte den Riesen, herzukommen.«

Verunsichert, aber auch neugierig, was der Sterbliche vorhatte, kehrte Nezeru leise zu der Stelle zurück, an der groß und sperrig wie ein umgekippter Heuwagen Goh Gam Gar lag. Er öffnete die Augen erst, als sie sagte, Jarnulf wolle ihn sprechen. Brummend drehte er sich auf den Bauch. Er stand allerdings nicht auf, sondern kroch auf Händen und Knien zum hinteren Ende der Spalte, wo der Rimmersmann saß. Da er den schmalen Durchlass fast ausfüllte, musste Nezeru sich neben Jarnulf zwängen.

»Soll ich dir den Schädel eindrücken?«, fragte Goh Gam Gar den Sterblichen. Es klang wie eine ernstgemeinte Frage. »Ich halte dich nicht für einen Feigling, kleiner Mann, aber vielleicht willst du zu deinen eigenen Bedingungen sterben?«

Jarnulf lächelte kalt. »Wenn ich sterbe, will ich dabei so viele mitnehmen wie ich kann, Jarl Hune. Ich weiß nicht, ob du dafür der geeignete Partner wärst.« Seine hellblauen Augen wirkten in der Dunkelheit blassgrau. »Du hast vermutlich nicht allzu viel für Makho übrig, den Mann, der dir Schmerzen zufügt.«

»Nein, ich mag ihn nicht.«

»Dann hilf mir, ihm einen Streich zu spielen. Im Unterschied zu den Liedern der Hikeda'ya ist mein letztes Lied noch nicht gesungen. Es muss dazu möglichst hoch und weit durch die Luft fliegen, damit die alten Götter meines Volkes es von Himnhalla aus sehen können – vom gestirnten Himmelsgewölbe.«

»Und ich soll es für dich hochwerfen?« Der Riese sah zu, wie Jarnulf die Tierhaut um einen Pfeilschaft wickelte. Die mit Asche gezeichneten Symbole waren jetzt nicht mehr zu sehen. »Wahrscheinlich mache ich es dabei kaputt.«

»Ich kann es mit meinem Bogen weiter und höher hinaufschießen, als du es mit deinen großen Muskeln werfen könntest«, erwiderte Jarnulf. »Du sollst nur an deinem Platz sitzen bleiben und den Durchgang zwischen den Felsen versperren, damit Makho und sein hitziger Freund Kemme nicht sehen, was ich mache.«

»Und was tust du dafür für mich? Ein armer Sklave wie ich kann es sich nicht leisten, jemandem einen Gefallen zu tun, erst recht nicht einem todgeweihten Sterblichen. Außerdem habe ich dir schon einmal geholfen.«

Nezeru verstand nicht, worauf der Riese anspielte. Wie hatte er dem Sterblichen geholfen und wann?

»Ob ich todgeweiht bin, darüber bestimmst nicht du, Goh Gam Gar«, sagte Jarnulf. »Aber wie ich dich zurückzahle, das wirst du eines Tages zu entscheiden haben. Schlägst du also ein?«

Der Riese lachte und blickte verstohlen über seine mächtige Schulter. Am Ende der Spalte, noch jenseits der Pferde, sprachen Makho und die anderen beiden Hikeda'ya immer noch über die Flucht oder den heldenhaften Tod. »Der Streich gefällt mir, aber wenn die Zeit kommt, da du mich zurückzahlen sollst, ist dir vielleicht das Lachen vergangen.«

»Wir haben beide das Joch getragen«, sagte Jarnulf. »Aber das Joch nimmt einem Mann nicht die Ehre, und einem Riesen vermutlich auch nicht. Ich werde zu meinem Wort stehen.«

»Also gut.« Goh Gam Gar setzte sich so hin, dass man vom anderen Ende nicht mehr durch die Spalte sehen konnte. »Sprich mit deinen alten Göttern. Du könntest sie auch gleich fragen, warum sie die Riesen so sehr hassen, dass ihre Anhänger uns immer töten wollen.«

»Wenn ich ihnen heute Abend begegne, werde ich sie fragen, versprochen.« Jarnulf stand geduckt auf und nahm seinen Bogen. Den Pfeil hielt er in der anderen Hand. »Ach«, sagte er, »fast hätte ich vergessen, mein Totenlied ganz fertigzustellen. Es wird später wohl noch viel Blut fließen, aber ich brauche jetzt schon welches, um meinen Worten genug Kraft zu verleihen, dass die Götter sie hören.« Er zog die Pfeilspitze über den Muskel seines Beins. Anschließend drückte er die Tierhaut auf den blutigen Striemen und beschmierte sie mit dem Blut, das im Zwielicht fast schwarz aussah. »Ich gehe nur ein paar Schritte«, sagte er zu Nezeru. »Du kannst mir zusehen.«

»Was soll das heißen?«, fragte sie verwirrt. »Ich dachte, du wolltest nur einen Pfeil abschießen. Du kannst hier nicht weg! Sonst verrätst du uns.«

»Draußen ist niemand. Frag Goh Gam Gar.«

Der Riese blähte seine mächtigen Nüstern. »Er sagt die Wahrheit. Die Männer in den Rüstungen sind alle zum Fuß des Hügels hinuntergegangen und warten dort.«

»Du hast doch auch einen Bogen, Opfermutige Nezeru.« Jarnulf richtete seine bleichen Augen auf sie, aber sie hatte keine Ahnung, an was er dachte. »Wenn ich etwas anderes tue, als ich gesagt habe, zögere nicht, mich zu erschießen. Wie du siehst, habe ich in dieser Richtung über eine größere Entfernung keine Deckung. Und ich weiß, was die vom Orden der Opfermutigen Ausgebildeten können. Du kannst mich ganz leicht töten.«

»Aber ich kann nicht zulassen, dass du unserem Anführer ungehorsam bist«, sagte sie. »Wenn du aus dieser Spalte heraustrittst, habe ich keine andere Wahl, als auf dich zu schießen.«

»Ich gehe in jedem Fall, ob du schießt oder nicht. Doch wenn du überlegst, meinen Tod um einige kurze Stunden zu beschleunigen, solltest du noch etwas bedenken. Warum sind euer Sänger und Makho heute früh heimlich verschwunden, um sich mit einem Sterblichen zu treffen?«

»Wie bitte?« Nezeru war so überrascht, dass sie fast vergessen hätte, leise zu sprechen. »Was erzählst du da für einen Unsinn?«

»Das war, als du mit Kemme losgeschickt wurdest, um die Umgebung auszukundschaften. Dein Anführer befahl dem Riesen, auf mich aufzupassen, aber Goh Gam Gar erfüllte seine Aufgabe nur nachlässig und ich konnte ihm entwischen und den beiden folgen.«

»Entwischen? Ich wette, er hat dich gehen lassen.« Wenigstens wusste sie jetzt, was der andere Gefallen war, von dem Goh Gam Gar gesprochen hatte. Doch verstand sie immer noch nicht, was Jarnulf gesagt hatte. »Warum behauptest du, Makho hätte sich mit einem Sterblichen getroffen? Wie soll das gehen?«

»Ich habe es gesehen. Es war in den letzten Stunden der Nacht, bevor ihr beide die ganze erkynländische Armee auf uns aufmerksam gemacht habt. Saomeji und dein Anführer haben sich mit einem Reiter getroffen, der auf der großen Straße von Süden kam.«

»Ein Bote aus Nakkiga …«, begann sie.

»Glaubst du, nachdem ich so viel Zeit meines Lebens mit beiden Arten verbracht habe, kann ich nicht zwischen der Witterung deines Volkes und der der Sterblichen, wie ich einer bin, unterscheiden? Auch wenn du den Reiter nur aus der Ferne gesehen hättest wie ich, hättest du ihn doch sofort als Sterblichen erkannt. Neben dem Sänger und Makho sah er aus wie ein kurzbeiniger Hund zwischen zwei Rehböcken. Deine Kameraden waren über sein Auftauchen nicht überrascht und unterhielten sich eine ganze Weile mit ihm. Dann stieg der Sterbliche wieder auf sein Pferd und entfernte sich in Richtung Süden.«

»Nicht in Richtung der Armee, die uns belagert? Denn sie kam hinter uns von Norden.« Nezeru schüttelte den Kopf. »Das zeigt doch nur, dass du lügst, Jäger. Woher sollte er in dieser Wildnis kommen, wenn nicht von der Armee der Sterblichen?«

»Das weiß ich nicht, es sei denn, er war ein Kundschafter, der größere Strecken zurücklegt, aber soweit ich sehen konnte, trug er keinerlei Abzeichen, nur einen alten Mantel, als sollte man nicht gleich erkennen, wer er war. Und warum sollte dein Anführer sich heimlich mit einem Soldaten der Armee treffen, die uns jagt?« Jarnulf stand auf. »Jetzt muss ich mein Lied an die Götter schicken, und du musst dich entscheiden, ob du meinen Rücken mit einem Pfeil spicken willst oder nicht, Opfermutige Nezeru, denn die anderen werden mit ihrer Beratung bald fertig sein.«

Ungläubig sah Nezeru zu, wie er ihr den Rücken zukehrte und an den Rand des Bereichs trat, der durch den gespaltenen Felsen und Saomejis Lied geschützt wurde. Sie legte einen Pfeil ein und spannte den Bogen, aber es ging ihr wie bei dem Kind auf der Knocheninsel, sie brachte es nicht übers Herz, ihn abzuschießen. Sie senkte den Bogen wieder.

»Dann geh, und beeil dich«, flüsterte sie. »Aber wenn du auch nur einen Schritt über den umgefallenen Baumstamm dort unten hinaus machst, dann töte ich dich ganz gewiss. Und dann werden deine Götter deinen Namen nie erfahren und die Raben werden dir das Fleisch von den Knochen reißen, noch bevor die Sonne an den Himmel zurückkehrt.«

»Abgemacht.« Jarnulf ließ sich auf Hände und Knie hinunter und kroch aus der Spalte. Er bewegte sich so einige Schritte hangabwärts und richtete sich erst dann auf.

Nezeru sah ihm nach. Hinter sich spürte sie unbehaglich die Gegenwart des Riesen, der die Spalte mit seinem massigen Rumpf ausfüllte. Noch mehr Unbehagen verursachte ihr allerdings der Gedanke an ihre Kameraden dahinter.

Nachdem Jarnulf sich aufgerichtet hatte, eilte er lautlos den Hang hinunter. Kurz vor dem umgestürzten Baumstamm blieb er stehen und vergewisserte sich durch einen Blick über die Schulter, dass Nezeru ihn sah. Dann bewegte er den Mund, als singe oder rezitiere er etwas, das sie nicht hören konnte, spannte seinen Bogen und zielte nach oben und in Richtung Süden, weg von den Soldaten, die am Fuß des Hügels warteten. Er ließ die Sehne los und der Pfeil stieg auf und trug das rot verschmierte Pergament lautlos über den violetten Himmel. Der Pfeil wurde immer kleiner, und als seine Kraft verbraucht war, beschrieb er einen Bogen abwärts in Richtung Wald.

Jarnulf kehrte schneller zurück, als er gegangen war. Der Riese Goh Gam Gar schützte ihn noch vor den Blicken der anderen. Er hatte sich gerade wieder hingesetzt, da hörte Nezeru die Pferde unruhig schnauben. Vom anderen Ende kam jemand.

»Was habt ihr getan?«, fragte Saomeji leise. Er klang wütend und seine gelben Augen blickten aufgeregt hin und her. Es war das erste Mal, dass Nezeru ihn wütend erlebte. »Jemand hat den Bann meines Liedes durchbrochen!« Er stellte sich hinter dem Riesen auf die Zehenspitzen, um an ihm vorbeisehen zu können, ohne ihm zu nahe zu kommen. »Warst du das, Sterblicher? Was hast du getan?«

»Getan?« Jarnulf lachte. »Haben wir nicht schon genug Sorgen? Ich musste pinkeln und der Hune wollte mir nicht Platz machen, also bin ich nach draußen gegangen und habe es da unten erledigt.« Er schüttelte den Kopf. »Als ich mich euch anschloss, wusste ich nicht, dass ihr jetzt bestimmt, wann und wo ich austreten darf, Sänger. Wenn ihr mir das gesagt hättet, hätte ich mir womöglich andere Reisegefährten gesucht.«

Makho tauchte hinter Saomeji auf. Sein Blick war kalt. »Du machst nichts, ohne mich vorher zu fragen, Sterblicher.« Er sah Nezeru an. »Was hat er getan?«

Wieder stand sie an einer Wegscheide. »Nur was er gesagt hat, Handführer.« Ihren Anführer anzulügen fiel ihr inzwischen leicht, als hätte sie es jahrelang geübt. Das beunruhigte sie, zugleich staunte sie über ihre unerwartete Fähigkeit. »Er war draußen, bevor ich wusste, was er vorhatte, kam aber so schnell zurück, dass ich ihn nicht zu töten brauchte.«

»Du bist für meinen Geschmack viel zu nachsichtig, Schwarzdrossel.« Makho wandte sich wieder an den Sterblichen. »Und du rührst dich nicht mehr von der Stelle, bis der Mond untergeht, oder ich befehle dem Riesen, dir die Haut abzuziehen. Ich habe jetzt keine Zeit für eine Bestrafung, weil wir unser weiteres Vorgehen planen müssen, aber was du getan hast, ist nicht vergessen.«

Nezeru wusste, dass sie Makho keine Fragen stellen durfte, wenn er wütend war, aber er sah sie an, als hätte sie Zweifel geäußert. »Wenn es ganz dunkel ist, werden wir die Sterblichen das Fürchten lehren.« Er schüttelte den Kopf. »Beim Garten, den wir verlassen haben, du und der Tzudotzkay'ah, ihr macht uns mehr Ärger als ihr wert seid.«

»Ich kann ja nur für mich selbst sprechen«, sagte Jarnulf so unbekümmert, dass es geradezu fröhlich klang. »Aber ich bin ein Werkzeug, und zwar ein sehr nützliches. Ein guter Anführer sollte Verwendung für mich haben.«

Makho ging nicht darauf ein. »Wenn es mir passt, verwende ich dich, bis du kaputtgehst«, sagte er mit vollkommen ausdrucksloser Stimme. »Wie einen beliebigen Sklaven. Und dann werfe ich dich weg und werde nie mehr an dich denken, darauf kannst du dich verlassen.«

»Ich finde nur, Ihr habt so wenige Soldaten zur Verfügung, dass Ihr jemanden mit meinen Fähigkeiten nicht einfach so töten solltet«, erwiderte Jarnulf munter.

Legte er es darauf an, den Anführer zu provozieren? Nezeru verstand nicht, wie er so leichtsinnig sein konnte, aber Makho schien beschlossen zu haben, ihn zumindest vorerst am Leben zu lassen. Nezeru war inzwischen klar, wenn Makho und der Sänger sich tatsächlich heimlich mit einem Sterblichen getroffen hatten und das nicht nur eine boshafte Lüge Jarnulfs gewesen war, dann hatte sie wirklich keine Ahnung, was die Hikeda'ya in diesem merkwürdigen Land vorhatten.

Hilf mir, Mutter Aller, dachte sie in einer Mischung aus Gebet und Klage. *Ich will doch nur deinen Willen tun. Hilf mir, den rechten Weg zu finden.*

»Mach dir um mich keine Sorgen«, sagte Makho zu Jarnulf. »Ich habe alles, was ich brauche. Mein Blut fließt für die Königin und ich bin von ihrer heiligen Hand beauftragt. Bei meinem Eid als Klaue und dem legendären Schwert meines Vorfahren schwöre ich, dass der sterbliche Abschaum, der da unten wartet, uns weder lebend noch tot in die Finger kriegt. Bei Sonnenaufgang werden die Sterblichen ihre Gefallenen beweinen.« Er sah wieder Nezeru an. Die Augen in dem maskenhaft weißen Gesicht glänzten schwarz wie Perlen aus Onyx. »Schon früher haben andere an mir gezweifelt oder mich unterschätzt – Hikeda'ya wie Sterbliche. Sie sind alle tot.« Er schlug auf den Griff seines Schwerts. »Wie gesagt, wir warten, bis der Mond untergegangen ist. Dann wird das faule Blut der Tiere, die uns unser Land gestohlen haben, in einem großen, roten Strom den Hügel tränken.«

23

EINE NACHRICHT VON DER WEISSEN HAND

Lebt wohl, meine Kinder! Meine Frau, lebe wohl!
Schützen will ich, was mir teuer und was schützen ich soll.
Denn der rechte Mann flieht nicht, wenn das Horn zur
Schlacht erschallt
Und der Feind besetzt sein Vaterland mit Gewalt.
Vertreiben werden wir ihn oder liegen als Leichen,
Aber niemals aus unserem schönen Erkynland weichen!

Der junge Harfner Rinan gab sein Bestes. Er sang »Das schöne Erkynland« schwungvoll und mit Hingabe und seine klare Stimme schwebte süß durch die kühle Abendluft. Doch die Soldaten, für die er sang, würdigten ihn keines Blickes. Stattdessen beugten sie sich mit abweisenden Gesichtern weiter über das Feuer, als er näher kam.

So leb denn wohl, Familie! Ihr Nachbarn, ich wünsch euch Glück!
Es tönt des Kampfes Totengeläut, doch gibt es kein Zurück.
Gerufen bin ich, muss eilen zum Feld der Ehren,
Um dort zu kämpfen und dem Feinde zu wehren.
Vertreiben werden wir ihn oder liegen als Leichen,
Aber niemals aus unserem schönen Erkynland weichen!

Der König ritt näher. Die Soldaten, die ihn zuerst erkannten, standen mit klirrenden Kettenhemden hastig auf und fielen auf die Knie. Andere folgten eilig ihrem Beispiel. Rinan hörte auf zu singen und drehte sich um, neugierig, was die Störung verursachte. Seine Harfe klang noch einen Herzschlag lang nach, dann kniete auch er und senkte den Kopf, totenbleich im Gesicht.

Beim Anblick der vielen gebeugten Köpfe spürte Simon einen Stich im Herzen, der nichts mit seiner Angst vor dem bevorstehenden Kampf zu tun hatte. Was ist, wenn die, die mich früher kannten, tot sind?, dachte er. Dann kennt mich die ganze Welt nur noch als König. »Bei allen Heiligen«, sagte er schließlich, »steht auf, Männer. Ihr wollt euch doch so kurz vor der Schlacht nicht noch die Hosen nass machen. Später habt ihr noch Grund genug dazu.«

Einige Soldaten starrten ihn entgeistert an, aber einige lachten auch wie gegen ihren Willen, und bald lächelten die meisten. Der Volkskönig, wie viele ihn nannten, war bei seinen Soldaten beliebt. Simon wechselte ein paar Worte mit ihnen, sprach einige, die er kannte, mit Namen an und ließ sie auf alle erdenkliche Weise wissen, wie viel sie und ihr Leben ihm bedeuteten.

»Denkt dran«, sagte er, »es ist besonders schwer, langsam vorzurücken, den Mut zu bewahren ohne zu rennen und zu schreien. Genau das müsst ihr tun. Die Nornen sind schlau, aber es gibt diesen guten Spruch: Wir Erkynländer sind zu blöd, um uns Sorgen zu machen! Wir werden sie wie Hasen einfangen, Jungs, ihr werdet sehen.« Er wandte sich an Rinan, der noch kniete. »Tu mir einen Gefallen, Harfner, ja? Begleite mich auf meinem Rundgang durch das Lager.«

»Ich … ich habe kein Pferd, Majestät.«

Simon stieg aus dem Sattel. »Kein Problem, dann führe ich meins am Zügel.«

Stumm gingen sie eine Weile nebeneinander. An einigen Stellen lag noch Schnee, der unter ihren Stiefeln knirschte. Alle fünfzig Schritte brannte ein kleines Feuer in einer hastig ausgehobenen Grube. An jedem Feuer saß eine Abteilung Soldaten und dazwischen lagerten weitere. Insgesamt waren es gut achthundert Mann, alle Soldaten, die Hauptmann Kenrick entbehren konnte, ohne dass das Hauptlager weiter hinten an der Straße schutzlos zurückblieb.

»Die Männer mögen im Grunde keine Lieder über Blutvergießen und Töten«, sagte Simon schließlich.

»Majestät?«, fragte der Harfner. »Ich meine … wie bitte, Majestät?«

»Nicht so kurz bevor es wirklich stattfindet. Niemand will von sterbenden Männern hören, wenn gleich welche sterben werden.«

»Ihr meint das Lied, das ich gesungen habe, Herr?«

»Oder nein, falsch. Die Rimmersmänner mögen es. Sie sind verrückt danach. Am Abend vor der Schlacht trinken sie, bis sie kaum noch stehen können, und dann singen sie Lieder darüber, wie sie den Leuten die Köpfe abschlagen, und über den Tod der Götter. Über Riesen, die Drachen töten! Obwohl sie gar keine Heiden mehr sind.« Er lachte. »Gott steh mir bei, du hättest sie sehen sollen. Herzog Isgrimnur, der gute alte Isgrimnur, war der Lauteste von allen.«

Der Harfner lächelte, aber es wirkte halbherzig.

»Nein, lass dir Lieder einfallen, die sie aufmuntern«, fuhr Simon fort. »Wenn sie vor Rührung ein paar Tränen vergießen, ist das auch gut. Lieder über junge Frauen kommen immer gut an. Und von zu Hause. Die mögen alle. Verstehst du, was ich meine?«

»Ich … ich glaube ja, Majestät.«

»Gut. Wir sitzen alle im selben Boot, junger Mann. Wir wollen alle nach Hause, also tun wir alles, was wir können, damit uns das auch gelingt. Und du spielst dabei eine wichtige Rolle, genau wie alle anderen.«

Immer noch in Begleitung des Harfners näherte Simon sich der größten Abteilung der Armee, die im Osten am Fuß des Hügels lagerte. Eolair hatte bereits nach ihm gesehen und Hauptmann Kenrick zweimal. Sogar Jeremias war gekommen, um die Rüstung des Königs zu überprüfen, und hatte versprochen, mit besseren Oberschenkelschützern zurückzukehren, die nicht schief hingen.

»Seid Ihr nicht müde, Majestät?«, fragte Rinan. »Die Mitternachtswache ist schon vorbei.«

»Meine Männer sind alle wach, zumindest die meisten. Man darf nie unterschätzen, in welcher Situation Soldaten noch schlafen können. Im Thrithinge-Krieg vor vielen Jahren sah ich Männer im Stehen schlafen und auf das Signal der Trompete warten.« Simon nickte. »Aber egal ob sie schlafen oder nicht, ich warte mit ihnen.« Er ließ den Blick über die Männer wandern. »Du fragst dich vielleicht, warum der Hauptteil unserer Armee hier auf dieser Seite des Hügels lagert.«

Der müde Harfner konzentrierte sich angestrengt auf seine Worte. Sein Gesicht sah im schwindenden Mondlicht kränklich blass aus. »Herr?«

»Weil der Hügel auf der anderen Seite sehr steil ist. Zu steil sogar für Nornen, würde ich sagen, und Eolair und die Soldaten sind meiner Meinung. Dort führt kein Weg hinunter und deshalb haben wir dort nur ein paar Kundschafter postiert. Da oben dagegen«, er wollte hangaufwärts zeigen, doch dann fiel ihm ein, dass er trotz der dunklen Nacht ja womöglich beobachtet wurde, »haben wir jede Menge Posten aufgestellt, die Bescheid geben, sobald die Nornen kommen. Dann können die Soldaten hier hinaufsteigen und auch von den Seiten dazustoßen. Wir haben sogar Vogelnetze aufgespannt, damit die schlauen Biester nicht heimlich an uns vorbeischlüpfen.« Auf die Netze war Simon besonders stolz, sie waren seine Idee gewesen. Nie würde er vergessen, was Josua und die anderen vor so langer Zeit erzählt hatten, wie die Weißfüchse sie durch den Aldheorte gejagt hatten und dabei rasch und lautlos wie Katzen gewesen waren. »Da wir schon von diesen bleichen Teufeln sprechen, es sind womöglich gar nicht so viele«, sagte er unvermittelt. »Sicher wissen wir nur von zweien, weil Ritter Irwyn sie gesehen hat. Und Irwyn neigt nicht zu Hirngespinsten.«

Rinan nickte. Er hatte die Augen weit aufgerissen – vermutlich vor Angst, dachte Simon – und blickte immer wieder ängstlich den bewaldeten Hang hinauf.

Simon lachte leise. »Du bist wie meine Miri, also die Königin. Sie glaubt, ich würde mich in den Kampf stürzen wie seinerzeit als junger Mann, obwohl ich damals im Sturmkönigskrieg die meiste Zeit noch zu jung zum Kämpfen war. Beim Kampf gegen die Thrithingleute war ich älter. Aber kurz davor hat man immer Angst, immer.« Er schüttelte traurig den Kopf. »Wie alt bist du denn, Bursche?«

»Fünfzehn Jahre, Majestät. Aber es ist nicht mehr lang bis zum Tag meines Heiligen.«

»Aha! Ich war etwa in deinem Alter, als ich … na ja, als ich so was erlebte.« Er machte eine Handbewegung in Richtung der unsichtbaren Feinde und der wartenden Soldaten. »Natürlich nicht freiwillig. Das wollte ich dir übrigens neulich sagen, erinnerst du dich? Als ich die Geduld verlor und dich ein wenig angefahren habe.«

Jetzt war Rinans Blick unverwandt auf den König gerichtet. »Ja, Herr, ich erinnere mich.«

»Weil du ein Lied über mich gesungen hast, das aber eigentlich nicht stimmte.« Simon kratzte sich am Kinn. Die Haut, an der der Kinnriemen seines Helms gerieben hatte, juckte immer noch, obwohl er den Helm gar nicht mehr trug. »Und die Wahrheit ist wichtig, weil … weil sie eben wichtig ist.« Simon war verärgert. Einen Moment lang hatte ihm etwas Wichtiges auf der Zunge gelegen, eine Bemerkung der Art, wie Doktor Morgenes sie gemacht hätte. »Sieh mal, Junge, es gibt die Welt der Lieder und Geschichten, und die Welt, die tatsächlich passiert. Und die beiden sind nicht dasselbe. Sogar die Lieder über wirkliche Dinge – also ich meine, Lieder, die überwiegend der Wahrheit entsprechen – stammen von Leuten, die nachher über diese Dinge nachgedacht haben. Verstehst du, was ich meine?«

»Ich glaube ja, Majestät.«

»Also in einem Lied zieht jemand aus, um einen Drachen zu töten, und er ist erfüllt von vornehmen Idealen und schönen Jungfrauen, die gerettet werden müssen. Aber in der Welt, in der wir wirklich leben, geht es nur ums Überleben, und dabei passieren einem lauter merkwürdige Dinge, die man nicht versteht. Und man hat auch gar nicht vor, einen Drachen zu töten, aber plötzlich greift einen einer an und man will nicht sterben. Und wenn man Glück hat – oder sehr gut ist, was ich nicht war, wirklich nicht, ich hatte nur großes Glück –, dann braucht man das auch nicht. Und anschließend wird ein Lied über einen gedichtet, verstehst du?«

Diesmal brachte Rinan tatsächlich ein Lächeln zustande. »Ja, Herr, ich glaube ja.«

Simon war erleichtert. »Das freut mich. Weil manchmal, wenn ich Leuten etwas erkläre, sehen sie mich an, als sei ich nicht ganz bei Trost, aber sie sagen nichts, weil ich ja der König bin, die eine Hälfte des Königspaars.«

»Ihr habt das wirklich sehr gut erklärt, Majestät.«

»Also das wollte ich dir hauptsächlich sagen«, schloss der König. »Ich habe das in meinem Leben gelernt. Dass man nicht denken darf, man lebe in einem Lied, wenn du verstehst, was ich meine …«

Stimmenlärm hatte eingesetzt, noch während er sprach, ganz schwach zuerst, aber jetzt anschwellend wie ein Sturm – Menschen riefen etwas, einige schrien sogar –, und er vergaß, was er noch hatte sagen wollen. Fackeln bewegten sich wie Glühwürmchen den Hügel hinauf. Sie gehörten Soldaten, die den Kundschaftern oben helfen wollten.

Simon sah sich in der Hoffnung um, irgendwo Eolair oder Kenrick zu entdecken, doch er konnte sie in dem Durcheinander nicht finden. Er brauchte jetzt unbedingt einige vertrauenswürdige Soldaten, die den jungen Harfner in das sichere Lager zurückbringen konnten. Doch dann bäumte sich sein Pferd auf und er musste ihm mit aller Kraft in die Zügel fallen, um es am Durchgehen zu hindern. Als er sich wieder zu Rinan umdrehte, kniete der auf dem Boden, als wollte er beten. Im nächsten Augenblick sah Simon entsetzt die Silhouette eines Pfeils, der zitternd unter dem Arm seitlich in der Brust des jungen Mannes steckte. Der Harfner fiel mit dem Gesicht voran auf die schwarze Erde.

✣

»Mach mit der Rüstung weiter«, befahl Morgan seinem Knappen. Melkin starrte ihn nur an und blickte dann wie um Erlaubnis suchend zu dem kräftig gebauten Soldaten der Erkynwache am Zelteingang hinüber. Das machte Morgan so wütend, dass er schon fürchtete, er würde gleich wie ein Ofen anfangen zu rauchen. »Was willst du von dem? Ist er der Prinz oder ich?« Er wandte sich an die Wache. »Darf ich vielleicht meine Rüstung anlegen, für den Fall, dass das Lager angegriffen wird?«

Der Soldat zuckte unbehaglich mit den Schultern. Er war stämmig und schlecht rasiert und hatte so schmale Augen, dass man sie durch den dunklen Schlitz seines Helms kaum sah. »Selbstverständlich, Hoheit, das ist vernünftig. Ich soll nur aufpassen, dass Ihr hierbleibt, aber ich will Euch bei Gott nicht vorschreiben, was Ihr in Eurem eigenen Zelt tun sollt.«

»Ich soll hierbleiben, sagt meine Großmutter. Hier!« Morgan streckte ungeduldig den Arm aus, bis Melkin fortfuhr, die Teile der Armschiene festzuschnallen. »Ritter Astrian ist fort und Ritter Olveris auch. Nicht einmal Porto, der alte Saufkopf, braucht hier bei den Frauen zu bleiben.«

»Ich bin keine Frau, Hoheit«, erklärte Melkin ein wenig verunsichert. »Und der Wachsoldat auch nicht. Und sonst ist niemand hier.«

»Gut, dann sollen wir eben in der Nähe der Frauen bleiben.« Morgan fühlte sich merkwürdig schwindlig und leer und sein Gesicht brannte. Der Kampflärm, den er aus der Ferne hörte, machte ihm in Wirklichkeit Angst, statt ihn zu erregen, aber viel schlimmer war die Vorstellung, alle könnten wissen, dass er, der Prinz, nicht am Kampf teilnehmen durfte. »Himmelherrgott, ich bin im Mannesalter! Ich kann doch auch was tun!« Er fuhr herum, zeigte auf die Wache und hätte dabei fast Melkin umgestoßen. »Die Männer da draußen brauchen Hilfe!«

Der Wachmann starrte ihn an und es schien schon so, als würde er weiter schweigen. Dann sagte er langsam und mit Bedacht: »Stimmt, Hoheit. Ich würde ihnen selbst gern helfen, und mit etwas Glück könnte ich es womöglich fast genauso gut wie Ihr. Wie gesagt, mit Glück.« Unerbittlich folgte ein Wort auf das andere wie das rhythmische Knirschen marschierender Stiefel. »Stattdessen muss ich hier bei Euch bleiben – bei den Frauen, wie Ihr sagt –, weil meine Königin es so befohlen hat.«

Einen Moment lang war Morgan so heiß, als müsste er gleich platzen, und er wusste nicht, ob er lachen, weinen oder schreien sollte. Doch der empörte Blick, den er auf dem Gesicht des Soldaten zu sehen meinte, und Melkin, der sich duckte, als fürchtete er, geschlagen zu werden, brachten ihn zur Besinnung. Er kam sich kindisch vor wie seine Schwester Lillia, wenn sie sich trotzig auf etwas versteifte. Noch eine Blamage. Er schluckte, zwang sich, noch einmal zu schlucken, und ließ den Rest seiner wütenden Worte unausgesprochen. Mit fürstlicher Ruhe, zu der nur die geballten Fäuste und die sich in die Handballen bohrenden

Fingernägel nicht passen wollten, nickte er der Wache zu und setzte sich auf einen Hocker, damit Melkin ihm die Rüstung leichter anlegen konnte.

Simon spürte einen Stich im Herzen, als hätte der Pfeil ihn getroffen und nicht Rinan. Unter dem Gewicht seiner Rüstung schwankend, kniete er sich hin, um den jungen Mann umzudrehen. Ein zweiter Pfeil flog pfeifend an ihm vorbei.

Ich bin hier ein leichtes Ziel. Gott, was bin ich für ein verdammter Narr!

Mit der einen Hand hielt er sich am Zügel seines Pferdes fest, mit der anderen packte er den Harfner zuerst am Kragen, dann hinten am Gürtel. Er zog den schlaffen, überraschend schweren Leib zum Fuß des Hangs, dorthin, wo sich die meisten Soldaten aufhielten. Sein gepanzertes Pferd diente dabei als Deckung für sie beide. Das Geschrei von weiter oben war noch lauter und schriller geworden. Er hörte Männer in Panik und vor Schmerzen brüllen und blickte auf. Eine unregelmäßige Reihe von Fackeln lief gegen eine Art unsichtbare Mauer an. Die meisten fielen um, einige bewegten sich weiter, bis auch sie etwas weiter oben umfielen.

Wie viele Nornen sind da oben? Haben sie uns hereingelegt? Ist das ein Hinterhalt?

Er war bei den Soldaten angelangt, einem Haufen schattenhafter Gestalten, die schreiend durcheinanderliefen, und sah Kenrick. Der Hauptmann versuchte in den Steigbügeln stehend, die Männer um sich zu ordnen. Pfeile schwirrten durch die Luft. Es waren nicht viele, aber sie trafen mit tödlicher Präzision. Nur wenige Schritte von Simon entfernt ging ein Mann zu Boden. Dann wieherte Kenricks Pferd schrill, bäumte sich auf und stürzte klirrend zu Boden und machte alles platt. Im Chaos der durch die

Luft rudernden Hufe des panisch kreischenden Pferdes verlor Simon Kenrick aus den Augen. Männer rannten zum Hügel hin und von ihm weg, und viel zu viele lagen schon von einem Pfeil durchbohrt mit schlaffen Gliedern auf dem Boden wie Puppen, die ein wütendes Kind weggeworfen hatte. Nur wenige bewegten sich noch.

»Simon? Simon!«

Zu seinem Entsetzen erkannte er die Stimme seiner Frau. »Miri!«, brüllte er. »Weg! Kehr ins Lager zurück!« Er konnte sie nicht sehen, aber ihrer Stimme nach zu urteilen war sie ihm viel zu nah. Um ihn schien sich alles aufzulösen. »Ins Lager zurück!«

Er musste sie unbedingt finden und in Sicherheit bringen, aber er durfte den verwundeten Harfner nicht mitten in diesem Getümmel hilflos auf dem Boden liegen lassen, wo er unter die Hufe eines Pferdes geraten konnte. Denn viele Pferde waren reiterlos und halb verrückt vor Angst. Verzweifelt sah Simon sich um. Da fiel sein Blick auf ein helles Stück Stoff. In etwa zwanzig Schritt Entfernung kauerte Jeremias hinter einem Wagenrad. Seine schönen Kleider hingen in schmutzigen Fetzen an ihm hinunter, sein Gesicht verschwand zur Hälfte unter seinem Hut.

»Hilf mir!«, rief Simon. »Jeremias, hilf mir! Der Harfner Rinan wurde angeschossen!«

Jeremias wandte ihm sein rundes Gesicht zu und der Teil, den Simon davon sehen konnte, war so weiß wie ein aufgeschnittener Apfel. Er zog Rinan in die Richtung des Kammerherrn, aber noch bevor er bei ihm war, sprengte eine Gruppe von seltsam kleinen Reitern an ihm vorbei und hangaufwärts – die Reiter saßen nicht auf Pferden, sondern auf hüpfenden, langbeinigen Schafen.

Etwas stieß ihn in den Rücken. Er fuhr herum und hätte dabei fast den verwundeten Harfner losgelassen. Eine albtraumhafte Bestie starrte ihn grinsend aus der Dunkelheit an. Der Schreck fuhr ihm in die Glieder, doch dann erkannte er den weißen Wolf.

»Freund Simon!« Binabik beugte sich von Vaqana zu ihm herunter. »Tochter der Berge, ich bin so froh, dass du lebst! Ich fürchtete für dich!«

»Dieser junge Bursche wurde von einem Nornenpfeil angeschossen.«

Binabik rutschte vom Rücken des Wolfs und kniete sich neben Rinan. Das Gesicht des Harfners war so bleich und schlaff, dass Simon schon fürchtete, er sei tot. Doch Binabik hielt den Kopf an die Brust des Mannes und betastete mit den Fingern die Wunde um den Pfeilschaft.

»Er hat noch Atem«, sagte der Troll, aber bevor er weitersprechen konnte, kam ein Widder hangabwärts gesprungen und bremste rutschend neben ihm. Binabiks Tochter Qina hatte sich die Kapuze tief ins Gesicht gezogen und hielt einen Speer in der Hand.

»*Ninit-e, Afa!*«, schrie sie.

»Moment.« Binabik wandte sich an Simon. »Sie hat Angst um ihre Mutter und Klein-Snenneq, die schon oben sind und deinen Leuten helfen.« Der Troll wechselte einige schnelle, kehlige Worte mit Qina in ihrer eigenen Sprache. Qina verzog unwillig das Gesicht, lenkte dann aber ihren Widder vom Hügel weg und ritt geschwind durch den Haufen der sich vom Hang zurückziehenden Soldaten. »Sie sucht jetzt nach Hilfe für dich. Damit ist sie nicht zufrieden. Sie ist wie ihre Mutter, wild und ungebärdig wie vom Wind geformtes Eis. Ich helfe jetzt meiner Frau und Klein-Snenneq. Pass gut auf dich auf, Freund Simon! Warte auf Qina!«

Er stieg auf Vaqana und preschte davon. Wenige Augenblicke später waren Troll und Wolf nur noch ein sich rasch durch das Gebüsch bewegender Schatten.

Die Fackeln am Hang, die noch brannten, hatten sich neu zu einer zitternden Schlinge aus Licht formiert, die sich langsam nach oben bewegte. Obwohl sie erst die Hälfte des Weges zurückgelegt hatten, schien nicht einmal mehr die Hälfte zu brennen. Simon fragte sich zum wiederholten Mal, wie viele seiner Leute schon gefallen waren und wie stark der Gegner tatsächlich war. Er und Kenrick und die anderen waren zu sorglos gewesen, und er verfluchte sich dafür. Was war, wenn sie es mit einer ganzen Armee von Nornen zu tun hatten?

Aber sie wollten uns wahrscheinlich von vornherein überfallen, dachte er. Dann ist es immer noch besser, dass wir sie entdeckt haben, bevor sie uns überraschen konnten.

»Simon? Majestät? Seid Ihr noch da?«

»Jeremias? Ja, bin ich, zusammen mit dem Harfner. Komm und hilf mir.«

»Ich will ja, aber mein Mantel ist unter dem Rad dieses Wagens eingeklemmt.« Jeremias' Stimme klang schrill, als durchlebte er wieder die Schrecken seiner Jugend. Er hatte wie Simon im Sturmkönigskrieg Schreckliches durchgemacht, doch ohne dafür so viel Ruhm zu ernten wie sein Freund.

Etwas verlangsamte den panischen Rückzug der Erkynwachen vom Fuß des Hügels. Simon hörte, wie Stimmen in der Dunkelheit hinter ihm die Soldaten laut fluchend zu ihren Stellungen zurücktrieben. Er wollte gerade wieder nach Jeremias rufen, da wurden am Hang über ihm aufgeregte Stimmen laut. Und dann schnitt ein einzelner, furchtbarer Schrei durch die schwarze Nacht – aber nicht der so auf schreckliche Weise gewöhnliche, von Schmerzen und Endgültigkeit bestimmte Todesschrei eines Soldaten, sondern das hilflose Kreischen eines Mannes, der im wachen Zustand etwas sah, das bisher in den Kellern der Albträume weggesperrt gewesen war.

Der Schrei stieg auf, riss immer wieder ab und ging zuletzt in einem ohrenbetäubenden, donnernden Getöse unter, das vom Hügel selbst zu kommen schien. Im nächsten Moment waren am ganzen Hang entsetzte Rufe zu hören, begleitet von den Trommelschlägen abbrechender Bäume. Trotz der dunklen, nur von Fackeln erhellten Nacht sah Simon, wie gewaltige Bäume einzeln und in Gruppen wie in einer breiten, hangabwärts ziehenden Welle umstürzten und dabei eine Woge des Geschreis vor sich hertrieben. Er hatte den Eindruck, dass die ganze Hügelkuppe sich irgendwie losgerissen hatte und jetzt den bewaldeten Hang herunterrollte oder -rutschte und Menschen und Bäume mitriss. Er bückte sich, um den verwundeten Harfner hochzuheben und wenigstens etwas weiter aus der Gefahr zu ziehen. Dann fiel ihm sein Freund Jeremias ein, der in seiner unmittelbaren Nähe genauso hilflos festsaß.

Simon sah den Schatten, der vom Hang herunterflog, erst, als er auf dem Boden vor ihm aufschlug. Dabei hatte er noch Glück gehabt, dass der Schatten nicht auf ihm oder dem bewegungslosen Rinan gelandet war, denn um was auch immer es sich handelte, es war so groß wie ein Mann. Das Geschoss, das wie ein von einer Schleuder katapultierter Stein durch die Nacht geflogen war, rutschte mit einer merkwürdig zappelnden Bewegung über den Boden und blieb vor ihm liegen. Simon sah ein Kettenhemd matt glänzen und eine in einem unmöglichen Winkel verdrehte weiße Hand. Das Geschoss war mannsgroß, weil es ein Mann war.

Der tote Erkynländer war so hart getroffen worden, dass er fast in zwei Hälften auseinandergebrochen war. Sein Körper war so zusammengefaltet, dass die Beine dort waren, wo einmal der Kopf gewesen war – von dem nur noch ein blutiger Klumpen aus Fleisch, Knochen und abgebrochenen Zähnen übrig war. Bei seinem Anblick blieb Simon einen Moment lang die Luft weg.

Das Knallen der abbrechenden Bäume wurde noch lauter und dazu kam wieder das donnernde Getöse. Simon spürte, wie seine Beine und Arme davon zitterten, seine Zähne aufeinanderschlugen und auch in ihm alles durchgeschüttelt wurde. Er hörte dieses Getöse nicht zum ersten Mal aus einer solchen Nähe. Panik überkam ihm.

Die meisten Fackeln waren inzwischen von der Hügelflanke

verschwunden. Die letzten waren über den ganzen Hang verstreut und bewegten sich ziellos in verschiedene Richtungen. Simon hatte den verwundeten jungen Mann gerade vom morastigen Boden aufgehoben, da brach nur hundert Ellen von ihm entfernt etwas Riesenhaftes durch die Bäume wie ein Verrückter durch einen Stapel Brennholz und zerfetzte ausgewachsene Eschen und sogar Eichen.

Rinan glitt Simon aus den plötzlich gefühllosen Fingern, als sich inmitten eines Hagels von Stämmen, die durch die Luft flogen wie von Kanonen abgeschossen, eine riesige, menschenähnliche Gestalt vom Waldrand löste. Kurz schien sich die Welt zu drehen und er kehrte zu jenem schrecklichen, in den Bergen hinter Naglimund verschütteten Moment der Vergangenheit zurück, als Binabik schwer verletzt auf dem Boden gelegen und ein verwundeter Riese ihn und Miriamel angegriffen hatte. Es war, als hätte die Zeit sich um sich selbst gedreht, um ihren eigenen Schwanz zu verschlingen.

Heiliger Ädon, beschütze Miri und steh mir bei, mehr konnte er in diesem kurzen Augenblick nicht denken.

Der Riese, der da krachend aus dem Wald trat, war der größte seiner Art, den Simon je gesehen hatte, ein grauer Schatten, höher als ein Haus, brüllend und mit gebleckten Fängen. In der Hand schwang er wie eine Keule einen entwurzelten Baum, und als er Simon über dem am Boden liegenden Harfner stehen sah, wendete er sich ihm zu und kam schlingernd näher. Er hatte dicke Stummelbeine, die aber trotzdem noch so lang waren wie Simon groß, und darüber ragte der Rumpf auf. Er hob den Baumstamm hoch, um Simon damit zu erschlagen wie eine Fliege, und die Muskeln seiner mächtigen Brust und Arme traten in Wülsten unter dem bleichen Fell hervor.

Da lief eine zweite Gestalt taumelnd zwischen Simon und den Riesen, ein erkynländischer Soldat, blutüberströmt und so benommen, dass er das Ungeheuer gar nicht bemerkte. Vor Simon blieb er dagegen schwankend stehen, als erkenne er ihn. Simon konnte nicht einmal mehr eine Warnung rufen, da hatte der Riese schon mit seinem Baum zugeschlagen und die obere Hälfte des Soldaten in einen Brei aus Blut und Fleisch verwandelt.

Simon trat zwischen das Ungeheuer und den verwundeten Rinan und hob sein Schwert. Es zitterte wie der Kompass eines Seefahrers, der einem Magneten zu nahe gekommen ist, aber das fiel nicht ins Gewicht. Simon wusste, dass kein Schwert der Welt einen solchen Koloss aufhalten oder nur bremsen konnte. Der Riese kam auf ihn zu und bei jedem Schritt seiner platten Füße erzitterte der Boden so stark, dass Simon sich kaum aufrecht halten konnte. Die ängstlichen Rufe der Soldaten, die vielen kleinen Feuer am Fuß des Hügels und sogar das markerschütternde Gebrüll des Riesen, all das rückte in die Ferne, bis er nichts mehr hörte und nur noch den gewaltigen Schatten sah, der ihn zu verschlingen drohte.

Wie damals der Drache. Seine Gedanken wirbelten durcheinander wie Staub, wie Federn im Wind. Genau wie damals. Immer wieder muss man kämpfen, nie kommt man zur Ruhe …!

Er hob das Schwert. Lieber im Kampf sterben, nur noch darum ging es, er konnte mit seinem Schwert sowieso nichts bewirken. Das, was ihn, Simon, ausmachte, würde nicht mehr existieren, noch bevor er dem Ungeheuer eine Schramme zufügen konnte.

Sausend und pfeifend schwang der riesige Baumstamm durch die Nacht in seine Richtung. Simon wurde zur Seite geworfen, aber statt eines Schlags, der ihn zerschmettert hätte, spürte er nur einen heftigen Windstoß. Er stürzte.

Fühlt es sich so an, zu sterben? Bin ich tot?

Er lag auf etwas, das weder weich noch hart war. Als er die Augen öffnete, sah er, dass er über Rinan gefallen war. Ohne zu wissen, was passiert war, richtete er sich auf, um den Harfner nicht unter sich zu zerquetschen. Etwas hielt seine Beine fest, etwas …

Wieder ertönte donnernder Lärm, diesmal von Hufen, und einige bleiche Schemen lösten sich von der dunklen Hügelflanke und galoppierten an ihm vorbei. Er drehte sich hastig auf die Seite und sah den Schimmeln nach, die dem Riesen folgten. Der Riese hatte sich von Simon abgewandt und führte die fliehenden Nornen, deren Haare im Wind flatterten wie Wimpel, zur Straße, in Richtung Freiheit. Simon zählte zu seiner Bestürzung nur ein halbes Dutzend Reiter – so wenige hatten einen solchen Schrecken verbreitet, nur so wenige …!

»Aber ich … ich bin nicht tot.« Er merkte, dass er laut gesprochen hatte. Warum der Riese ihn nicht getötet hatte, war ihm ein Rätsel. Er wollte die Beine bewegen, aber es ging nicht. Einen Moment lang drohte er in Panik zu geraten, doch dann sah er, dass jemand an ihm hing.

»Jeremias?«, fragte er. Jeremias hatte die Arme fest um Simons Knie geschlungen. Simon kam alles so unwahrscheinlich vor wie ein weiterer Teil des Traums. Sein alter Freund hatte ihn gepackt und zu Boden gerissen, deshalb hatte der Schlag des Riesen ihn verfehlt. »Bei Gott, Jeremias! Du hast mir das Leben gerettet.«

Sein Freund starrte ihn einen Moment lang nur an. Sein Gesicht war schreckensbleich und mit Dreck und Asche verschmiert. Dann brach Jeremias Kerzenzieher, Kammerherr des Hochhorst, in hilflose Tränen aus.

⁂

Graf Eolair wusste, dass die Götter ihm mehr Kraft und Leben geschenkt hatten als vielen anderen, und er war dafür dankbar. In einem Alter, in dem die meisten Männer schon tot waren oder Tattergreise, verkehrte er noch mit den größten und mächtigsten Fürsten der Welt und versah Aufgaben, um die ihn jeder andere Mann beneidete, der nach Höherem strebte. Statt in der Sonne zu sitzen oder am Kamin mit seinen Enkeln zu spielen, verbrachte er die Tage mit den jungen Männern im Sattel und sann abends über das Schicksal ganzer Königreiche nach. Doch in diesem Augenblick fühlte er sich wirklich alt – älter, als er sich je gefühlt hatte. Ihm war, als hätte ihn die vergangene Nacht ausgehöhlt und nur eine zerbrechliche Hülle übriggelassen, und als müsste ein kräftiger Schlag oder auch nur ein Windstoß ihn zu Staub zerfallen lassen.

»Erzählt uns nur das Schlimmste.« Königin Miriamel klang gefasst, nur ihre geröteten Augen verrieten, wie es um sie stand. Einen Augenblick lang meinte er einen unbeugsamen Willen zu spüren, wie ihn wohl auch ihr Vater Elias gehabt hätte, wenn der Priester Pryrates ihn nicht auf Irrwege geführt hätte und er nicht dem Wahnsinn und der Umnachtung anheimgefallen wäre. »Wie viele Tote?«

»Es schmerzt mich zutiefst, Euch das sagen zu müssen, Majestät. Dreiundzwanzig sind tot und einige weitere werden den Tag nicht überleben. Doppelt so viele sind verwundet. Colfer wird seinen Arm verlieren, dabei hat er noch Glück gehabt. Der Mann neben ihm wurde zerquetscht wie eine faule Frucht …« Eolair schüttelte den Kopf. »Verzeiht, Majestäten, Ihr braucht nicht alles zu wissen, was an diesem Tag Grauenhaftes vorgefallen ist.«

»Aber natürlich müssen wir das«, erwiderte Miriamel. »Und ich werde die Verwundeten zusammen mit Euch besuchen, sobald wir hier fertig sind. Der König wurde verwundet, deshalb muss sein Besuch bis morgen warten.«

»Unsinn, Miri, ich bin kaum verletzt«, sagte Simon, aber Eolair hatte den Eindruck, dass noch etwas viel Schlimmeres mit ihm passiert war. Während die Königin aussah, als hätte sie geweint, hatte man bei ihm das Gefühl, als wüsste er nicht einmal mehr, wie man weinte, als wäre etwas Wichtiges in ihm unwiederbringlich beschädigt worden. Jedenfalls verstand er genau, warum die Königin nicht wollte, dass Simon in diesem Zustand vor seine Männer trat. Das konnte er dem König allerdings unmöglich sagen.

»Ruht Euch aus und lasst die Königin die Soldaten besuchen, Herr«, sagte er. »Ich lasse Eure Befehlshaber kommen, dann könnt Ihr mit ihnen die Lage besprechen.«

»Die Lage besprechen? Was gibt es da zu besprechen? Eine Handvoll Weißfüchse hat zwei Dutzend unserer Leute getötet, einen davon vor meinen Augen. Vor meinen Augen.« Simon konnte erst nach einer langen Pause weitersprechen. »Einen unschuldigen Menschen. Gott steh uns bei.«

»Wir müssen überlegen, ob wir eine Abteilung Soldaten hinter ihnen herschicken«, sagte Eolair.

»Zwecklos.« Der König schüttelte den Kopf. »Man erwischt sie schon kaum, wenn sie zu Fuß unterwegs sind, aber erst auf diesen Pferden von der Sturmspitze, die nie müde werden ... mit denen könnten wir nie mithalten. Glaubt mir, wenn ich eine Möglichkeit sähe, würde ich die Verfolgung selbst anführen.«

»Nichts da«, widersprach seine Frau entschieden. »Das darfst du nicht einmal sagen.«

»Warum nicht?« Der König machte eine Grimasse und legte sich auf seinem Feldbett bequemer hin. »Ich bin nicht wirklich verletzt.« Er zeigte auf Tiamak, der seine Skalpelle wieder in das Öltuch einschlug, um zu den Verwundeten zurückzukehren. »Fragt ihn.«

Tiamak drehte sich um und nickte müde. »Der König hat Schrammen und einige geprellte Rippen, aber ansonsten ist er unversehrt.« Er wechselte einen raschen Blick mit Eolair und wandte sich wieder dem König zu. »Doch müsst Ihr zu Kräften kommen, Simon.«

»Ich habe schon geschlafen, im Unterschied zu Euch.« Nur mit einer List hatte man Simon dazu bringen können, sich bei Anbruch der Morgendämmerung eine Stunde lang auszuruhen. Tiamak hatte dem unter Schock stehenden, zutiefst bekümmerten König auf Eolairs stillschweigende Anregung hin einen Becher starken perdruinesischen Branntweins zu trinken gegeben.

»Ich kann hier nicht herumliegen, wenn meine Leute verletzt sind und Angst haben und viele tot sind. Ihr habt schon einmal verhindert, dass ich zu ihnen gehe.«

»Sie brauchten dich nicht in diesem Zustand zu sehen, Simon«, sagte die Königin. »Es hätte sie nicht getröstet. Blutverschmiert und schmutzig, wie du bist, siehst du selbst wie ein Ungeheuer aus.«

Der König schien jetzt geradezu zu schmollen. »Nur, weil Jeremias mich in den Schmutz gerissen hat. Natürlich weil er mich retten wollte, er hat mir das Leben gerettet! Ich will nicht undankbar klingen. Gott segne und behüte ihn. Ich wollte meinen Augen nicht trauen, als ich hinunterblickte und …« Simon verstummte und sah sich um. Eolair wartete höflich, bis er sich wieder gefasst hatte. »Verzeihung«, sagte er schließlich. »Was gibt es noch? Warum tauchen die Nornen hier auf, so tief im Süden?«

Eolair konnte nur den Kopf schütteln. »Wir können bisher nur Vermutungen anstellen, Majestät. Oder nein, ich glaube, nicht einmal das.«

»Wissen wir denn, wie viele es waren?«, fragte Miriamel. »Haben wir welche getötet?«

»Wenn ja, würde ich mir die Leiche gerne ansehen.« Tiamak sprach leise wie immer, klang aber ungewöhnlich entschieden.

»Nein.« Eolair hob die Hände. »Unter den Gefallenen sind nur unsere eigenen Leute. Die fünf Nornen, die wir gesehen haben, scheinen alle gewesen zu sein – und der Riese natürlich.«

»Die Nornen sind schreckliche, grausame Krieger«, sagte Simon. »Völlig gewissenlos und so schwierig zu töten wie Schlangen. Ich hatte wirklich gehofft, wir würden nie wieder etwas mit ihnen zu tun haben.«

Ein Bote erschien in der Zelttür und kündigte Kenrick an, den stämmigen, bärtigen jungen Hauptmann. Kenrick hielt eine Hand an die Seite gedrückt und Eolair betrachtete ihn aufmerksam. War er verwundet? Er schien nicht zu wollen, dass man seine

Hand sah, und das beunruhigte Eolair. Er trat ein paar Schritte auf Kenrick zu und legte zugleich die Hand unauffällig an sein Schwert. Ob er noch so schnell reagierte wie früher, wenn die Situation unerwartet aus dem Ruder lief? »Was bringt Ihr uns da, Hauptmann?«, fragte er.

»Irgendeine Spur von den Scheusalen?«, rief der König von seiner Pritsche.

»Sie sind weg, Herr«, antwortete Kenrick. »In dem weitläufigen Gelände auf der anderen Straßenseite verschwunden. Man sollte meinen, der Hune würde eine Spur zurücklassen, der man leicht folgen kann, aber es gibt zwischen den Wiesen viele steinige Flächen. Sie kehren bestimmt geradewegs nach Norden zur Sturmspitze zurück.« Er hob die Hand an die Brust. »Aber mit Verlaub, Majestäten, wie der Marschall schon bemerkte, muss ich Euch etwas zeigen. Ich habe die Straße auf beiden Seiten von unseren Leuten absuchen lassen. Ich sagte den Männern, sie sollten besonders nach frischen Spuren Ausschau halten, nach möglichen Anzeichen eines weiteren Hinterhalts. Sie haben keine Hinweise entdeckt, aber ein Stück weit nach Süden steckte das hier neben der Straße in der Erde. Der Mann, der es fand, verwechselte es zuerst mit einer Frühlingsblume.« Er hielt der Königin vorsichtig den Gegenstand hin, den er in der Hand hatte.

Es handelte sich um einen Pfeil, allerdings nicht um einen mit dem schwarzen Schaft der Nornenpfeile, sondern um das hastig angefertigte Werk eines Sterblichen. Die Lederschnur war unregelmäßig um die Pfeilspitze geschlungen, als hätte jemand einen abgebrochenen Schaft mit der Spitze eines anderen Pfeils repariert. Besonders ungewöhnlich war freilich das um den Schaft gewickelte, blutbeschmierte Pergament, das mit einem weiteren Lederriemen befestigt war.

Miriamel betrachtete den Pfeil. »Ihr sagt, er sei in der Nähe der Straße gefunden worden? Sieht jedenfalls nicht wie ein Pfeil von uns aus.«

»Nein, Majestät«, bestätigte Kenrick.

»Sondern mehr wie der Pfeil von jemandem, der womöglich Hilfe braucht«, fügte Eolair hinzu. »Es ist auch nicht der erste. Wir haben heute Morgen ähnliche Pfeile auf dem Hügel gefunden – allerdings steckten sie nur in Bäumen. Soweit wir feststellen konnten, hat keiner davon einen unserer Soldaten getroffen. Unsere Toten und Verwundeten gehen ausschließlich auf Nornenpfeile zurück.«

»Bindet das Pergament los«, sagte Simon. »Was steht darauf?«

Eolair zog sein Messer und reichte es der Königin. Sie schnitt den Riemen durch und wickelte ihn ab. Dann faltete sie das Pergament so vorsichtig und langsam auseinander, dass Simon schon ungeduldig stöhnte. Eolair wollte zum ersten Mal seit dem vergangenen Tag lächeln, aber dann fühlte er sich einem Lächeln doch noch nicht gewachsen. Was ihn aufrechthielt, erschien ihm noch brüchiger als der dünne Riemen um den Pfeil.

»Was sind das für Buchstaben?«, fragte die Königin und hielt das von einem Gitter aus Falten durchzogene Pergament hoch. Es war mit unregelmäßigen Reihen seltsamer schwarzer Zeichen gefüllt. »Könnt Ihr das lesen, Eolair? Tiamak?«

Eolair hatte schon solche Zeichen gesehen, konnte sich aber nicht erinnern, wo. Er schüttelte den Kopf.

»Ich kann sie lesen«, sagte Tiamak. »Oder glaube es zumindest.«

»Dann hat es ein Wranna geschrieben?«, fragte Simon überrascht. »Das wäre aber eine seltsame Wendung!«

»Nein, Herr.« Tiamak nahm das Pergament von der Königin entgegen, hielt es ins Licht der nächsten Fackel und kniff die Augen zusammen. »Das sind Runen, wie die Rimmersleute sie früher verwendet haben.«

Simon betrachtete die Runen mit gerunzelter Stirn. »Das sieht aber nicht aus wie Rimmerspakk.«

»Es ist Rimmerspakk, aber mit anderen Runen geschrieben.

Ich sprach ja von ›früher‹. Es handelt sich um die alten Buchstaben, die die Rimmersleute aus ihrer früheren Heimat jenseits des Meeres der Eisberge mitgebracht haben. Heutzutage werden sie in Osten Ard nur noch von den Schwarzen Rimmersmännern verwendet, den Sklaven der Nornen.«

»Aber warum sollten vier oder fünf Nornen einen Sklaven dabeihaben?«, fragte Eolair. »So weit von ihrem Land entfernt? Das verstehe ich nicht, es sei denn, einer von ihnen war königlichen Geblüts.« Er wandte sich an Tiamak. »Könnt Ihr lesen, was da steht?«

»Wie gesagt, es handelt sich um altes Rimmerspakk, die alte Form der Sprache, die ich gelernt habe. Ich will versuchen, den Text zu entziffern.«

Er brauchte dazu eine ganze Weile. Während er über mögliche Bedeutungen nachsann, kam Binabik aus dem kalten Morgen herein, um zu melden, dass ihre letzten Widder gefunden worden seien, was bedeutete, dass sogar die vierbeinigen Mitglieder der kleinen Gruppe von Trollen überlebt hatten. Als er sah, womit der Wranna beschäftigt war, beugte er sich über seine Schulter, um einen Blick auf den Text zu werfen.

»Es hat mit dem Rimmerspakk, das ich lesen kann, keine große Ähnlichkeit«, gestand er.

»Ich glaube, der Sinn ist mir jetzt klar«, sagte Tiamak und blickte auf die Übersetzung, die er auf ein anderes Pergament geschrieben hatte. »Hier steht: ›Ich reise mit den Hikeda'ya. Zwar bin ich keiner von ihnen, aber ich werde trotzdem bei ihnen bleiben. Ich muss das tun. Sie reisen mit einem Auftrag nach Urmsheim, der aus einem mir unbekannten Grund für Nakkiga wichtig ist. Die Königin der Hikeda'ya ist aus ihrem langen Schlaf erwacht. Im Norden gehen Gerüchte über einen bevorstehenden Krieg um und es werden entsprechende Vorbereitungen getroffen. Ich habe einen der Gruppe sagen hören, die Königin sei auf der Suche nach der Hexenholzkrone. Ich weiß nicht, was das sein soll, aber für die Nornen ist es wichtig. Ich weiß nur, dass die Königin des Nordens wieder zum Leben erwacht ist und dass sie, solange sie das ist, auf unseren Tod sinnt.‹« Tiamak räusperte sich. »Unterzeichnet ist das Schreiben mit ›Jarnulf von der Weißen Hand‹.«

Eolair hatte plötzlich das Gefühl, als gerate etwas unter ihm in Bewegung, nicht der feste Boden aus Stein und Erde, sondern ein Konstrukt aus Plänen und Anschauungen, das ihm vor wenigen Stunden noch so stabil erschienen war, dass es sie tragen konnte.

Königin Miriamel schien es ähnlich zu gehen. »Merkwürdig … und bedrohlich. Kennt Ihr diesen Jarnulf, Graf Eolair? Kenrick? Hat jemand schon von ihm oder dieser Weißen Hand gehört?«

Alle schüttelten die Köpfe. Kenrick streckte erneut die Hand aus. »Das haben wir auch noch gefunden, es lag neben dem Pfeil. Es scheint sich beim Aufprall von ihm gelöst zu haben. Der Mann, der ihn gefunden hat, meinte, dem Winkel nach zu urteilen, in dem der Pfeil im Boden steckte, müsse er von der Hügelkuppe abgeschossen worden sein.« Der Hauptmann öffnete die Hand. In ihr lag etwas Glänzendes an einem dünnen silbernen Kettchen.

»Bei Ihm-der-stets-auf-Sand-tritt!«, rief Tiamak, ein Fluch, den Eolair bisher nur von ihm gehört hatte, wenn er unangenehm überrascht war. Der Graf trat vor, um besser sehen zu können. Es handelte sich um einen silbernen Ring, der an einer silbernen Kette hing. Quer über dem Ring lagen eine silberne Feder und noch etwas, das Eolair nicht genau erkennen konnte. »Das ist das Abzeichen des Bundes der Schriftrollenträger«, sagte Tiamak mit belegter Stimme. »Unsere Abzeichen sind allerdings aus Gold, nicht Silber – und jemand namens Jarnulf war nie Mitglied im Bund!«

König Simon starrte das silberne Amulett an, dann schwang er die Beine vom Bett und sah Graf Eolair an. Eolair seufzte innerlich. Er wusste schon, was jetzt kam.

»Alter Freund«, sagte Simon, »dieser Überfall, dieser ganze … also, er ändert alles.«

Eolair war nicht überrascht, nur ein wenig betrübt. »Jawohl, Herr, selbstverständlich. Ich gebe nur meinem Großneffen Aelin Bescheid, dass ich nicht mit ihm nach Hernysadharc zurückkehren kann. Gebt mir etwas Zeit, um einen Brief an Königin Inahwen zu schreiben.«

»Natürlich, natürlich.« Etwas in der Miene des Königs verriet, dass selbst die Entdeckungen dieses Morgens, so merkwürdig und unheilvoll sie sein mochten, ihn nicht so erschüttert hatten wie der Tod des jungen Harfners. »Tja, tut mir leid, aber so ist das, alter Freund. Wir können Euch nicht entbehren – jedenfalls nicht jetzt.«

»Natürlich, Herr, ich verstehe das.« Eolair wusste in diesem Moment nicht mehr, ob ihr Tun und ihre Pläne überhaupt noch eine Rolle spielten. Denn die Verlagerung, die er soeben gespürt hatte, schien auf etwas noch Größeres hinzuweisen, eine entscheidende Wende, die die ganze Welt grundlegend verändern und sie bald mit voller Wucht treffen würde, egal was sie unternahmen.

Zweiter Teil

WAISEN

KYNSWALD
ERCHESTER
Große Zeile
Äußerer Zwinger
Nearulagh-Tor
Mittlerer Zwinger
Heilig-Baum-Turm
Hjeldins-Turm
Alter Korn-Turm
Kapelle
Große Halle
Kanzlei
künftige Bibliothek
Turm-Garten
Wohngebäude
Innerer Zwinger
Mauer mit Wassertor
SWERTCLIFF
KYNSLAGH
HOCHHORST
2017

Der Himmel nahm mir meine Frau. Jetzt
Hat er mir auch den Sohn genommen.
Meine Augen dürfen nicht mehr
Trocknen. Es ist zu viel
Für mein Herz. Ich ersehne den Tod.
Wenn der Regen fällt und versickert
In der Erde, wenn eine Perle versinkt
In den Tiefen des Meeres, kann man
Ins Wasser tauchen und die Perle
Finden, kann man in die Erde graben
Und das Wasser finden. Aber niemand
Ist je zurückgekehrt von den
Unterirdischen Quellen. Einmal zu Ende,
Ist das Leben für immer vorbei. Meine Brust
Zieht sich um mich zusammen. Ich habe
Niemanden, an den ich mich wenden kann. Nichts,
Nicht einmal einen Schatten im Spiegel.

– Mei Yao Ch'en

24

EIN SCHRECKLICHES FEUER

In der wilden Gegend nördlich von Kwanitupul erstreckte sich der Sumpf mit Namen Varn wie eine breite Zunge nassen Tieflands bis hin zum Ufer des Unhav, des großen Sees, den die Einwohner der Stadt Nabban in ihrer Sprache Eadne nannten. Die Reiter der Grasländer kannten diesen nördlichsten Punkt des Varn gut: Im Frühjahr und Sommer jagten die Bewohner der Thrithinge hier Vögel, Fische und Otter (deren Felle bei den Steinhäuslern begehrt waren und hübsche Summen erzielten), sie lernten deshalb schon als Kinder, welche Wege sicher durch das tückische, unwegsame Gelände führten.

»Warum wollen die Leute aus der Stadt überhaupt hier wohnen?«, fragte Fremur. »Sie sind doch ganz anders als wir oder auch die Varnaleute. Sie werden von Krokodilen oder Ghants gefressen werden oder kommen vom Weg ab und ertrinken.«

»Nur einige von ihnen«, erwiderte Unver. »Und die anderen legen dann den Varn trocken und bauen Höfe.«

Fremur hoffte, dass das nicht stimmte, aber er hatte schon vor langer Zeit aufgehört, sich mit Unver anzulegen. Der großgewachsene, ruhige Mann sagte zwar nicht viel, aber was er sagte, stimmte für gewöhnlich.

»Dazu wird es nicht kommen«, widersprach Fremurs Bruder Odrig, der Than ihres Clans war, obwohl ihr Vater noch lebte. »Nur ein Feigling würde glauben, die Steinhäusler könnten uns unser Land wegnehmen. Wir treiben sie ins Meer.«

»Nur ein Feigling oder ein Dummkopf«, ergänzte Drojan und sah Odrig beifallheischend an.

Unver schwieg und sein Gesicht mit der Adlernase zeigte keine Regung, aber Fremur spürte förmlich, wie sein Zorn wuchs und er sich anspannte wie eine Bogensehne. Unver trat seinem Pferd in die Flanken und ritt ein Stück voraus. Er folgte einem alten Weg, der zwischen Schilfbüscheln und Tümpeln hindurchführte und mit dem ersten Herbstregen wieder verschwinden würde.

»Ein Dummkopf«, wiederholte Drojan, allerdings leiser. Er hatte wie Odrig eine breite Brust und war kräftig, aber auch einen Kopf kleiner als Odrig, der so groß war wie Unver, und deutlich langsamer. Wenn Drojan nicht seit Kindheitstagen Than Odrigs Freund und blind ergebener Gefährte gewesen wäre, würde er sich mit Beschimpfungen Unvers wohl eher zurückhalten, dachte Fremur.

Odrig lachte. »Fang keinen Streit an«, sagte er. »Wir werden früh genug kämpfen.«

Fremur wusste selbst nicht so genau, was er von Unver halten sollte. Unver war niemandes Freund und hatte schon oft deutlich gemacht, dass er Fremur kaum mehr schätzte als Fremurs älteren Bruder Odrig. Trotzdem ging von dem bleichen Mann etwas aus, das Fremur unwillkürlich anzog, eine Art innerer Zielstrebigkeit und Unabhängigkeit. Allerdings teilte er seine Gedanken niemandem mit. Er wirkte älter als seine dreißig Jahre, war kein Angeber und interessierte sich auch nicht für Wettkämpfe oder Saufgelage bis zum Umfallen. Insofern war er einfach anders als die anderen Thrithingleute.

So unsicher Fremur sich in seiner Einschätzung Unvers war, gegenüber seinem Bruder Odrig, dem Than, waren seine Gefühle eindeutig: Er hasste ihn. Odrig war ein Hüne und hatte ein aufbrausendes Temperament. Seit seiner Jugend führte er sich schon wie der Herr des Kranich-Clans auf, und als ihr Vater Hurvalt vor sieben Sommern von Gott niedergestreckt worden war, hatte Odrig Knochen und Banner des Clans geerbt, was ihm seiner Meinung nach auch längst zustand. Zwar lebte Hurvalt noch, aber der alte Than war kaum noch bei Verstand. Seitdem herrschte Odrig in der Familie, und im Vergleich zu ihm erschien der hartherzige Alte, ihr Vater, wie eine weiche Frau. Fremur war nicht feige und hätte in einem anderen Clan vielleicht mehr Erfolg gehabt, aber sein älterer Bruder behandelte ihn wie ein Kind.

Nein, dachte er, *nicht wie ein Kind, wie einen Hund. Er tritt mich, wenn ihm danach ist, und wirft mir einen Knochen zu, wenn es ihm gefällt. Wäre er nicht mein Bruder und Than, sondern nur ein gewöhnlicher Stammesangehöriger, ich hätte ihm schon vor Jahren ein Messer in die Brust gestoßen.*

Manchmal überlegte er, ob er den Kranich-Clan nicht einfach verlassen und sich einer anderen Sippe anschließen sollte – den Iltissen, den Turmfalken oder auch den Antilopen droben im Wiesen-Thrithing, die er einmal auf einer Versammlung kennengelernt hatte und die er für ihre großgewachsenen, schönen Frauen bewunderte. Hin und wieder glaubte er sogar, er würde lieber heimatlos und ohne Familie durch die Lande ziehen, als weiter Odrigs Misshandlungen zu ertragen, aber er durfte seine Schwester Kulva nicht ihrem Schicksal überlassen.

Es kam ihm absonderlich vor, dass er sein eigen Fleisch und Blut so sehr hasste, aber es hatte sich immer wieder gezeigt, dass Odrig Steinfaust den Hass verdiente.

Sie ritten im Trab durch die Berge, die das sumpfige Tiefland säumten. Bevor es in das breite Tal hinunterging, machten sie eine kurze Pause. Die Siedlung, die vor ihnen lag, war überwiegend dunkel, nur hier und da brannte eine Fackel entlang der hölzernen Palisaden, und Fremur meinte über dem Tor Bewegungen zu erkennen. Unver ritt wie gewöhnlich ein wenig abseits der anderen. Er hatte sich tief über den Sattel gebeugt und in seinen langen, dunklen Mantel gehüllt, und im Mondlicht war nicht zu erkennen, wo das Pferd aufhörte und der Reiter begann.

Odrig zügelte sein Pferd und ließ den Blick über die Palisaden wandern. Dahinter lagen die Weiden mit den Rindern und Schafen der Siedler und besonders ihren Pferden. Die Tiere der Steinhäusler konnten sich vielleicht nicht mit den Rössern der Thrithinge messen, aber sie waren immer noch brauchbar für die Zucht und man konnte sie, noch nützlicher, an die Leute von Varna und andere verkaufen, die sich die Preise der Pferdemärkte der Nabbanai nicht leisten konnten.

Odrig stellte sich in den Steigbügeln auf und blickte forschend in die Nacht. So sehr Fremur seinen Bruder auch verabscheute, er musste zugeben, dass er wie ein richtiger Than des Graslands aussah. Er hatte geheiratet, wie es sich für einen Than gehörte, und ließ sich seit langer Zeit einen Bart wachsen. Unver und Drojan waren zwar ungefähr gleich alt, trugen aber trotzdem nur den langen Schnurrbart und das glattrasierte Kinn unverheirateter Männer, während Fremurs eigener Schnurrbart noch nicht einmal bis zum unteren Ende des Kinns reichte.

»Wo sind Tunzdan und seine verdammten Vettern?«, knurrte Odrig, doch da tönte schon der Ruf eines Ziegenmelkers dreimal vom Nachbarhügel herüber. »Da. Gut.« Er bleckte die Zähne zu einem Grinsen. »Jetzt warten wir nur noch darauf, dass Bordelm mit dem Fest beginnt.« Er sah Unver an. »Mach dich schon mal drauf gefasst, dass ich dich den Siedlern zum Häuten dalasse, wenn dein Plan nicht klappt.«

Unver erwiderte seinen Blick unbewegt, als hätte der Than nichts Wichtiges gesagt.

Einige endlose, angespannte Momente lang saßen die Kranichmänner wie zu Stein erstarrt da und warteten. Dann schlugen am hinteren Ende der Siedlung Flammen aus den Palisaden. Plötzlich erfüllte Geschrei die Nacht, die Rufe von Bordelms Clansleuten und die Schreie der erschrockenen Wachposten an den hohen

Torflügeln. Über dem Tor bewegten sich Fackeln hin und her, da weitere Wachen dort oben zu erkennen versuchten, was am anderen Ende der Siedlung geschah.

Auf Unvers Vorschlag hin hatten Bordelm und die anderen mit Pech gefüllte Eimer mitgebracht und die Pfähle damit beschmiert, bevor sie den Brand gelegt hatten. Der Plan war aufgegangen: Als Fremur und die anderen sich der Siedlung näherten, überstrahlte das unruhig flackernde, orangefarbene Leuchten der brennenden Umzäunung bereits den Mond. Fremur hörte jetzt auch Schreie aus dem Inneren der Siedlung. Die Steinhäusler waren aufgewacht und hatten die Katastrophe bemerkt. Vereinzelte Pfeile kamen aus der Siedlung geflogen und leuchteten im Schein des Feuers einen Moment lang rot auf, aber die Kranichmänner hatten selbst Pfeile mit in Pech getränkten Lappen vorbereitet. Schon wenige Momente später flogen Dutzende dieser brennenden Geschosse in umgekehrter Richtung über die Palisaden und überall in der Siedlung gingen Strohdächer in Flammen auf.

Wenig später standen die Clansleute vor dem Tor. Die Wachen hatten es verlassen und waren zum Feuer auf der anderen Seite der Siedlung geeilt. Unver stellte sich auf den Sattel und balancierte mit ausgestreckten Armen. Sobald sein Pferd am Tor angekommen war, sprang er hoch, bekam den oberen Rand des Tors zu fassen, hielt sich mit den Fingern an zwei gespitzten Pfählen fest und zog sich hinüber. Kurz darauf wurde der Riegel zurückgeschoben und das Tor ging auf.

Odrig lachte. »Seht ihr, sie laden uns ein, ihr Blut zu schlürfen! Es wäre nicht anständig, ihre Gastfreundschaft auszuschlagen!«

Fremur ergriff die Zügel von Unvers Rappen und führte ihn durch das Tor. Unver nahm ihn wortlos entgegen, sprang in den Sattel und trieb ihn mit den Fersen an. Fremur folgte dicht hinter ihm.

Die Häuser hinter den Palisaden brannten lichterloh. Überall rannten Menschen in Panik durcheinander, doch konnte man die berittenen Thrithingmänner leicht von den Siedlern aus Nabban unterscheiden, die flatternde Nachthemden trugen oder nur halb bekleidet waren. Einige Wachen waren nicht zu den brennenden Palisaden auf der anderen Seite der Siedlung durchgedrungen und zurückgekehrt. Entschlossen stellten sie sich Odrig und seinen Plünderern entgegen, während um sie Rauchschwaden und das Geschrei der Frauen und Kinder und sterbenden Männer zum nächtlichen Himmel aufstiegen.

Doch die Kraniche ritten an ihnen vorbei. Sie hatten nicht die Absicht, die ganze Siedlung mit vielen hundert Menschen auszulöschen, nicht wenn sie selbst nicht einmal fünfzig Mann stark waren. Ihr Ziel war die umzäunte Weide in der Mitte des Dorfs mit den Tieren.

Fremur hatte schon an solchen Plünderungen teilgenommen, aber noch nie gegen ein ganzes Dorf. Bisher hatten die Kranichleute ihre Überfälle auf abgelegene Bauernhöfe beschränkt oder auf die Güter abwesender Fürsten der Nabbanai, auf denen meist nur wenige Männer zurückblieben, die den Besitz nicht gegen entschlossene Angreifer verteidigen konnten. Doch diesmal handelte es sich um eine andere Größenordnung, und Fremur fragte sich unwillkürlich, wie Odrig verkraften würde, dass Unvers Plan so offensichtlich erfolgreich war. Denn Odrig mochte den wortkargen Mann, der ihn als einziger Kranich nicht als seinen Herrn und Gebieter behandelte, schon jetzt nicht.

Die meisten Clansleute waren bereits zu den Weiden in der Dorfmitte unterwegs, doch Odrig waren stehengeblieben und hatte sich einem Siedler zugewandt, der entschlossen war, sein Dorf mit einer Hippe zu verteidigen. Er trug keinen Brustpanzer, sondern nur ein langes Hemd, aber Odrig schien sich einen Spaß daraus zu machen, nach den Händen zu schlagen, mit denen der Mann seine provisorische Waffe hielt, und seine Angriffe abzuwehren. Er lachte die ganze Zeit.

Odrig lachte oft, aber Fremur hatte früh in seinem Leben gelernt, dass jemand anders gewöhnlich blutete, wenn Odrig lachte.

Odrig begann dem Mann Schnitte im Gesicht und an den Armen zuzufügen und schon bald lief das Blut in Rinnsalen über das Nachthemd. Inzwischen war an vielen weiteren Stellen im Dorf Feuer ausgebrochen und Rauch breitete sich überallhin aus.

»Na komm, Spitzmaus!«, rief Odrig Fremur zu. »Hol dir sein Ohr oder die Nase – als Trophäe!«

Fremur hatte es nie leiden können, wenn sein Bruder ihn »Spitzmaus« nannte, was im Grunde nur ein anderes Wort für Schwächling und Feigling war, und er wollte auch nicht weiter mit ansehen, wie Odrig mit dem Siedler spielte, der inzwischen weinte und immer wieder hinfiel, während Odrig ihm eine Wunde nach der anderen zufügte. Also trat er seinem Pferd in die Flanken und trabte zur Mitte des Dorfes.

Ein großer Teil der Palisaden brannte jetzt und auch aus Dutzenden von Dächern schlugen die Flammen. Fremur hörte das verzweifelte Geschrei der in den brennenden Häusern eingeschlossenen Männer, Frauen und Kinder, aber er empfand kein Mitleid.

Das ist unser Land, das Land unserer Väter und Vorväter. Die Männer aus Nabban sollen in ihre steinernen Häuser zurückkehren oder sterben, dachte er.

Als er sich der Dorfmitte näherte, in der das Geschrei der Tiere und Menschen am lautesten war, sah er, dass eine Handvoll der Kranichleute ungeschickterweise in eine schmale Gasse zwischen den Häusern hineingegangen war, die am inneren Wall der Palisaden endete. Ein rundes Dutzend Siedler hatte ihnen den Rückweg abgeschnitten. Die Siedler schwangen Hippen und Heugabeln und zu ihnen hatten sich noch zwei oder drei Wachen mit Brustpanzern und Speeren gesellt. Im rauchverhangenen, flackernden Licht konnte er die Gesichter der Clansleute nicht erkennen, aber den Bändern nach zu schließen, die sie um die

Schwänze ihrer Pferde gewickelt hatten, handelte es sich vermutlich um die Männer Tunzdans. Sie wehrten sich verzweifelt, aber sie saßen in der Falle und die Wachen drängten sie mit ihren langen Speeren immer weiter zu den Palisaden zurück.

Fremur zögerte. Er war Tunzdan, einem wichtigen Verbündeten Odrigs, nichts schuldig, aber trotzdem gehörten diese Männer zu seinem Clan. Wie konnte er den anderen noch in die Augen blicken, wenn er sie den Bauern und Landräubern überließ? Er preschte auf den wütenden Haufen zu. Doch noch bevor er ihn erreichte, flog ein mächtiger Schatten an ihm vorbei wie der Grasdonnerer höchstpersönlich.

Es war Unver auf seinem Rappen Deofol. Wie eine rote Sichel stand sein krummes Schwert vor dem Himmel, und wie ein Berserker fiel er über die Siedler her. Einige von ihnen brachen sofort zusammen und aus ihren Schultern und Hälsen spritzte das Blut. Andere schrien entsetzt auf und mussten in dem ausbrechenden Chaos von ihren Opfern ablassen. Alles geschah blitzschnell. Fremur sah noch, wie die eingesperrten Kraniche sich, ermutigt durch die Verwirrung ihrer Gegner, nun ihrerseits auf die Siedler stürzten. Als Erste gingen die Wachen zu Boden, im nächsten Moment rannten die Siedler um ihr Leben. Die so unversehens von Opfern wieder zu Jägern gewordenen Thrithingmänner fielen mit Triumphgeschrei über die Nachzügler her.

Unver stellte sich in den Steigbügeln auf und zeigte mit seinem Schwert zur Dorfmitte. »Dorthin!«, rief er ihnen zu. »Dort warten eure Brüder!«

Wie Fremur ihn so dastehen sah mit seinen scharfgeschnittenen Gesichtszügen und dem flatternden Mantel, eine schwarze Silhouette vor dem von einem rot flackernden Schein erleuchteten Himmel, ergriff ihn eine seltsame Mischung aus Bewunderung und Schrecken. Das war nicht mehr Unver, sondern Tasdar, der Ambosszerschmetterer persönlich, einer der mächtigen Geister, die von allen Clans des Graslands verehrt wurden.

»Was stehst du hier herum, Dummkopf?«, schrie die gottähnliche Gestalt ihn an. »Wir bleiben nicht mehr lange!«

Fremur erschrak. Unver hatte recht, dachte er. Odrig würde schon bald zum Rückzug blasen, zu groß war die Überzahl der Siedler. Und es ging ja auch nicht ums Töten, sondern ums Plündern. Mit sinkendem Mut wurde ihm außerdem klar, dass er mit leeren Händen von dem Raubzug zurückkehren würde. Er wusste schon, was Odrig und seine Kumpane dazu sagen würden, nichts Nettes jedenfalls.

Hinter Unver her ritt er zur Mitte des Dorfes. Clansleute kamen ihnen entgegen. Sie trieben das Vieh der Siedlung in kleinen Gruppen zum Tor – hier ein Kranich mit einem halben Dutzend blökender Schafe, dort zwei Kraniche mit einigen augenrollenden Rindern. Ein Cousin Bordelms hielt die Geschirre zweier schwerer Ackergäule, die zwar nicht als Kriegsrösser taugten, aber als Zugpferde eines Thrithing-Wagens gute Dienste leisten würden.

Sie erreichten die offene Dorfmitte, auf der schreiende Siedler und Clansleute, die mit ihrer Beute zu entkommen trachteten, durcheinanderliefen. Wie Fremur sah, waren die Koppelzäune umgeworfen und stellenweise zerstört worden und die wertvollen Tiere bis auf wenige Ausnahmen schon verschwunden. Während Fremur hinter einer gackernden Gans herritt, die mit ausgebreiteten Flügeln vor ihm floh, sah er Unver absteigen und im dunklen Tor einer brennenden Scheune verschwinden. Als er wieder herauskam, führte er einen gewaltigen Bullen hinter sich her, ein Prachtexemplar, an dessen Nasenring ein Strick befestigt war. Sein sonst so grimmiges Gesicht war zu einem schiefen Lächeln verzogen.

»Sieh mal, was ich gefunden habe, obwohl wir so spät dran waren!«, rief er. »Fast hätte er zu lange gebraten!«

Er wirkte richtig glücklich, Fremur hatte ihn noch nie so erlebt, jedenfalls nicht soweit er sich erinnern konnte. Während er sich noch über den ungewohnten Anblick wunderte, sauste ein Pfeil an seinem Kopf vorbei und bohrte sich in einen Balken der brennenden Scheune. Einige Siedler hatten offenbar noch nicht aufgegeben.

Sofort schwang Unver sich wieder in den Sattel und führte den Bullen zusammen mit Fremur zum Eingangstor. Viele Siedler wehrten sich inzwischen ernsthaft mit Steinen und gelegentlich Pfeil und Bogen, ermutigt durch den Abzug der Thrithingmänner und in der Hoffnung, ein paar von ihnen zu töten. Fremur und Unver wurden zwar nicht selbst getroffen, aber Fremur sah ganz in der Nähe einen Reiter Tunzdans mit einem Pfeil im Bein vom Pferd fallen. Bevor der Mann wieder aufsteigen konnte, wurde er schon von aufgebrachten Siedlern in eine dunkle Gasse zwischen zwei Häusern gezerrt.

»Nicht«, sagte Unver, als Fremur zögerte. »Für den ist es zu spät. Reite weiter.«

Das ließ sich Fremur nicht zweimal sagen. Er und Unver gehörten zu den Letzten, die das Dorf verließen. Das Tor konnte jetzt jeden Moment zugehen und dann wären sie eingesperrt. Bei Raubzügen erwischte Clansleute wurden gewöhnlich verbrannt, was manchmal schon der mildeste Teil der Behandlung war, die ihnen zuteilwurde. Fremur legte den Kopf an den Hals seines Pferdes, um Bogenschützen ein möglichst kleines Ziel zu bieten.

Endlich tauchten die durchhängenden Torflügel vor ihnen auf. Sie trabten hindurch, so schnell der neben ihnen hertrottende Bulle es erlaubte, und schon wurde das Dorf hinter ihnen kleiner und Rauch und Flammen und Schreie entfernten sich mit jedem Hufschlag weiter und vergingen wie ein Traum in der Morgendämmerung.

»Ein lohnender Abend«, befand Unver, der sich tief über den Sattel beugte und mit der Hand den Strick umklammerte. Der gefangene Bulle musste für seinen Geschmack viel zu schnell neben ihnen herlaufen und brüllte und schnaubte unwillig. Unver grinste und wieder berührte es Fremur seltsam, ihn so glücklich zu sehen. »Wirklich ein lohnender Abend!«

Sie hatten die erste Anhöhe erreicht und die Palisaden des Dorfes lagen einen Steinwurf entfernt hinter ihnen, als Fremur etwas wie ein Blitzschlag gegen den Kopf traf. Einen Moment lang war er völlig benommen und wusste nicht mehr, wo oben und unten war, und die Nacht war voller gleißender Sterne. Dann streckte sich eine Art riesige Hand nach ihm aus und schlug ihn so hart, dass aus den gleißenden Sternen finsterste Nacht wurde.

Als er wieder zu sich kam, lag er auf dem Rücken und konnte die Palisaden sehen, die noch brannten. Sein Pferd war verschwunden, Unver auch, und er lag hilflos da. Als er sich auf den Bauch drehen wollte, schaffte er es nur zur Hälfte. Blut – es war doch bestimmt Blut, dachte er, so nass und dunkel, wie es war – tropfte von seinem Kopf, sammelte sich auf seinen Händen und färbte das dunkle Gras noch dunkler. Er hob den Kopf, der sich anfühlte, als würde jemand auf ihn einschlagen wie auf eine Trommel, und sah, dass sich vom Tor der Siedlung drei Gestalten näherten.

Sie haben mich getroffen, konnte er nur denken. Mit einem Pfeil in den Kopf. Er hob die Hand. Sein Helm war verschwunden, die Kopfhaut glitschig vom Blut und voller Wunden, die stechend schmerzten. Den Pfeil allerdings, der doch in seinem Schädel stecken musste, fand er nicht.

Die Siedler verfielen vor lauter Aufregung darüber, einen der verhassten Räuber erwischt zu haben, in Laufschritt. Es handelte sich um Männer aus Nabban, wie er sah, mit rasierter Oberlippe und rachsüchtig funkelnden Augen. Einer von ihnen legte bereits einen neuen Pfeil ein, die anderen beiden trugen Hippen.

Sie werden mich aufschneiden wie ein Frühjahrslamm, dachte Fremur und hätte fast lachen müssen, wenn ihm der Kopf nicht so wehgetan hätte. Dabei bin ich doch kein Lamm, sondern ein Mensch.

Da sprang etwas Dunkles über ihn hinweg und streifte fast sein Gesicht. Er hörte ein Donnern wie von einer sich entladenden Gewitterwolke. Es war ein Pferd, auf dem geduckt ein Reiter saß, aber jetzt stellte der Reiter sich in den Steigbügeln auf und hob sein krummes Schwert. Funkelnd fuhr es durch die Luft wie ein tödlicher Blitz.

Der Blitz verging und Fremur sah nichts mehr, er hörte aber noch Männerstimmen rufen und Schreie. Es wurde wieder Nacht. Lag er im Sterben? Waren einige Clanleute zurückgekehrt, um ihm zu helfen? Er wusste es nicht, aber es war ihm im Grunde auch egal.

Die Sonne war längst aufgegangen, aber er war immer noch zu schwach, um von seinem Lager aufzustehen. Mit geschlossenen Augen lag er da und lauschte auf die seltsamen Geräusche der Welt der Lebenden, zu der er immer noch zu gehören schien. Vögel – Unmengen von Vögeln! Was für ein Trällern, Pfeifen, Zwitschern und Flöten, ein geradezu ohrenbetäubender Lärm. Waren die Vögel schon immer so laut gewesen? Warum hatte er es nie bemerkt?

Etwas berührte seinen Arm. Er zuckte zusammen und wollte sich auf die andere Seite drehen, aber die Bewegung verursachte ihm so heftige Kopfschmerzen, dass er stöhnend aufgab.

Wieder eine Berührung, dann strich etwas leicht über seine Stirn.

»Fre? Bist du wach?« Eine Stimme wie eine sanfte, kühlende Brise.

»Kulva?« Er öffnete die Augen, aber nur einen Spalt. Das Licht war grell und stach ihn wie mit Messern.

»Ich habe dir Wasser gebracht«, sagte seine Schwester. »Wie geht es deinem Kopf?«

»Er fühlt sich an wie ein zerbrochener Topf. Ich glaubte schon, ich sei tot.«

»Sag so was nicht! Es würde die Geister wütend machen, die dich gerettet haben.«

Das Licht war inzwischen weniger stechend und er beschloss, sich aufzusetzen, allerdings ganz langsam. »Nicht die Geister haben mich gerettet, sondern Unver Langbein.« So musste es gewesen sein. Unver war auf Deofol über ihn hinweggesprungen, als er verwundet am Boden lag, und hatte sich auf die Siedler gestürzt wie ein Wolf auf Hühner. »Es war Unver. Er hat offenbar seinen Bullen laufen lassen, um mir zu helfen.« Fremur stützte sich auf die Ellbogen. Weiter kam er nicht, denn wieder fuhren ihm heftige Schmerzen durch den Kopf. Kulvas besorgtes Gesicht hing über ihm wie ein mittäglicher Mond.

»Unver ist ein braver Mann, aber du darfst die Geister trotzdem nicht verärgern«, sagte seine Schwester stirnrunzelnd. »Hier, trink.« Sie half ihm, den Becher an die Lippen zu führen und einen kleinen Schluck zu nehmen. Er hob die Hand, um den Becher selbst zu halten, aber sie schob ihn weg. »Lass mich dir helfen. Du bist immer so stolz!«

»Aber ich bin ein Mann des Kranich-Clans und wurde nur verwundet. Ich komme gut selbst zurecht.« Er wusste, dass er wie ein Kind klang. »Und wenn die Geister wollen, dass es mir besser geht, werden sie schon dafür sorgen.«

Auf Kulvas Lippen erschien die Andeutung eines Lächelns, aber sie unterdrückte es. »Ja, natürlich. Männer und ihre Geschäfte. Verzeih mir, wenn ich dir geholfen habe, als du stöhnend auf dem Boden lagst. Die anderen sind schon seit Stunden auf.«

»Beim Steinhalter!« Ächzend setzte er sich vollends auf. »Warum hat mir niemand Bescheid gegeben? Ist Odrig wütend?«

»Er hat nur gelacht.« Kulva klang missbilligend. »Er hat gelacht und ist dann mit Drojan zum Jagen an den See gegangen.«

Gott sei Dank. Fremur setzte sich in den Schneidersitz, um besser das Gleichgewicht halten zu können. Sein Kopf fühlte sich an wie eine prall gefüllte Blase – wenn sie noch voller wäre, würde er aus den Ohren pinkeln.

»Warum lachst du, Fre?«

»Ich weiß nicht. Der Kopf tut mir weh. Kann ich was essen?«

»Ich habe dir Brot mitgebracht.« Kulva langte in ihre Schürze und zog ein in Blätter eingeschlagenes Bündel heraus.

Fremur wickelte das Fladenbrot aus und biss hinein. Sein Kopf fühlte sich beim Kauen seltsam an, wie ein wackliger Felsblock, der beim kleinsten Stoß losrollen konnte. Er nahm ein paar Bissen und hatte plötzlich keinen Hunger mehr. Trotz des Essens im Bauch war ihm sonderbar zumute. Die Farben seiner Umgebung kamen ihm wie schon das Gezwitscher der Vögel zu kräftig vor – so leuchtend bunt war die Welt doch nie gewesen! Die Wagen des Clans leuchteten wie Edelsteine und die bunten Bänder, mit denen sie geschmückt waren, stachen ihn wie Lichtblitze in die Augen. Wenn er die Augen schloss, wurde es nicht dunkel, sondern er sah wieder Unver auf den Palisaden des Dorfes stehen. Im Schein des Feuers hatte er riesig gewirkt, wie der zum Leben erwachte Ambosszerschmetterer. Er hatte in diesem Moment ausgesehen wie vom göttlichen Feuer berührt, als wäre er ein großer Than – oder jemand noch Größeres.

»Er hat mich gerettet«, sagte Fremur leise. »Und viele andere.«

»Was hast du gesagt? Hier, trink noch mehr Wasser.« Kulva reichte ihm wieder den Becher. Fremur trank und die Farben erschienen ihm allmählich weniger grell und schmerzten ihn nicht mehr so in den Augen. Nur seine Schwester stand noch als helle Gestalt vor ihm. Sie war nicht schön, oder wenigstens nicht nach den Maßstäben der Clansleute – sie war mager und ihre Haare waren von einem gewöhnlichen, wenig anziehenden Hellbraun. Auch ihre Haut konnte aufgrund der Unmassen von Sommersprossen nicht im landläufigen Sinn als schön gelten, aber für Fremur machten ihr gütiges Wesen und der offene, aufrichtige Blick sie schön. Als ihre Mutter sie Kulva genannt hatte, was

»Taube« bedeutete, hatte ihr Vater gesagt: »Dann ist sie eine knochige, gefleckte Taube, die nur für den Kochtopf taugt.« Doch als ihre Mutter gestorben war – Fremur war damals erst vier oder fünf gewesen –, war Kulva zu seiner Beschützerin geworden. Inzwischen konnte er sich kaum noch an das Gesicht ihrer Mutter erinnern. Stattdessen sah er das Gesicht Kulvas.

Von ihrem Vater Hurvalt hatten sie nie Zuneigung erfahren, doch hatte er sie auch nicht absichtlich misshandelt. In Fremurs Augen hatte Odrig die schlechten Eigenschaften ihres alten Herrn geerbt, nicht dagegen Hurvalts Fürsorge für seine Leute, und er wusste, dass Kulva genauso dachte, obwohl sie nie etwas gegen den älteren Bruder sagte, das Oberhaupt von Familie und Clan.

»Ich muss aufstehen«, sagte er.

»Warum? Du solltest ausruhen.«

»Ich will mit Unver sprechen.« Ein Teil von ihm ärgerte sich darüber, dass eine Frau ihm widersprach, auch wenn es seine geliebte Schwester war. Niemand widersprach den Männern des Clans, zumindest nicht ihre Schwestern und Frauen. »Ich verdanke ihm mein Leben.«

»Unver wird auch noch beim Wagen seines Vaters sein, wenn du wieder gehen kannst.«

»Nein.« Fremur zog die Beine an und stand auf. Er schwankte wie ein neugeborenes Fohlen. »Ich kann jetzt schon gehen. Ich bin ein Mann des Kranich-Clans.«

Kulva seufzte. »Natürlich bist du das.«

Zhakar, der Stiefvater Unver Langbeins, saß auf der Treppe seines Wagens, rauchte Pfeife und blickte finster zu den Wolken hinauf, so wie Fremur es erwartet hatte. Er war inzwischen so alt und langsam, dass er keine Bedrohung für einen erwachsenen Mann mehr darstellte, aber weil er seinen Willen nicht mehr mit der Faust oder einem Riemen durchsetzen konnte, war er mürrisch und schlecht gelaunt. Einst ein starker, gutaussehender Mann, zumindest nach Aussage anderer Clansleute, bestand er jetzt nur noch aus Knochen und Sehnen, bedeckt von runzliger brauner Haut ähnlich einem Stück Leder, das zu lange Sonne und Regen ausgesetzt gewesen war.

»Was willst du, Kleiner?«, fragte er. »Schickt dich dein Bruder?« Than Odrig gehörte zu den wenigen Menschen, die Zhakar achtete, oder besser gesagt fürchtete, wie Fremur wusste.

»Ich will mit Unver sprechen.«

Der Alte nahm die Pfeife aus dem Mund und spuckte aus. »Mit Unver sprechen? Dieser Dummkopf spricht doch mit niemandem mehr als zwei Worte, und die Geister wissen, dass er auch sonst zu nichts taugt. Er ist zu einem Raubzug ausgeritten und mit leeren Händen zurückgekehrt.«

»Er hat mir das Leben gerettet. Deshalb hat er nichts mitgebracht.«

Einen Augenblick glaubte Fremur schon, der Alte wollte aufstehen und ihn schlagen, so finster war sein Gesicht. »Dir das Leben gerettet? Bei meinem Wagen und meiner Peitsche, das macht ihn nur zu einem noch größeren Dummkopf. Dein Vater hätte dich räudigen Welpen bei deiner Geburt ertränken sollen wie ein Kätzchen. Genauso wie ich es mit meinem Sohn hätte tun sollen.«

»Wo ist er?« Fremur wollte den Wortwechsel mit Zhakar nicht unnötig in die Länge ziehen, denn der Gang durch das Lager hatte seine Kopfschmerzen noch verschlimmert. Er stellte sich vor, wie es wäre, dem alten Lästermaul ein Messer in den Hals zu stoßen, und beim Gedanken daran begann es ihn in den Fingern zu jucken. Kein Wunder war Unver so wortkarg, wenn er niemanden sonst zum Reden hatte.

Wieder spuckte der Alte aus. »Pfuscht an diesem nutzlosen Haufen Bretter herum. Obwohl nie etwas anderes daraus werden wird als Bretter, die wie Müll auf meiner Koppel herumliegen.«

Fremur ließ den Blick langsam über das Sammelsurium von

zerbrochenen Töpfen, abgenagten Knochen und anderem Abfall wandern, das den Boden um den Wagen bedeckte. »Das ist ja wirklich schlimm.«

Diesmal fuhr Zhakar tatsächlich hoch und sein Gesicht lief rot an. Doch dann überlegte er es sich anders. »Werd nicht frech, Kleiner. Sonst reiße ich dir die Zunge heraus. Ich bin noch nicht so alt, dass ich einen Schnösel wie dich nicht Achtung lehren könnte. Meine Peitsche habe ich noch!«

»Dann viel Vergnügen damit.«

Fremur machte sich auf den Weg zur Koppel hinter dem klapprigen Wagen. Unvers mächtiger Rappe Deofol und die anderen Pferde grasten an der Fremur zugewandten Seite. Unver stand am anderen Ende außerhalb des Zauns und schlug Speichen aus Eschenholz in ein Rad, um ein Nabe zu ersetzen, die beim Anbringen der Speichen kaputtgegangen war. Der restliche, noch unfertige Wagen stand in der Nähe im Schatten einiger schütterer Espen. Die Radachse wurde durch einen Stein abgestützt, bis das neue Rad fertig war. Auch danach war noch viel zu tun, in monatelanger Arbeit mussten Verzierungen geschnitzt und Holz glattgeschliffen und gestrichen werden.

Unver blickte von seiner Arbeit auf, als Fremur kam, schwieg aber. Auch der jüngere Mann wusste zunächst nicht, was er sagen sollte, deshalb blieb er einfach stehen und sah Unver zu, bis ihm etwas einfiel.

»Also gestern Abend, Unver, da hast du mir das Leben gerettet.«

Der Hüne nahm eine Hand vom Hammer und strich sich die glatten schwarzen Haare aus den Augen. Er hatte das Hemd ausgezogen und an einen Ast gehängt, und seine Brust und seine langen Arme glänzten vor Schweiß. Er sah Fremur an, dann zuckte er die Schultern. »Es hätte nichts gebracht, dich sterben zu lassen.«

»Aber du hast wegen mir deine Beute aufgegeben. Du bist mit leeren Händen zurückgekehrt.«

Unver verzog das Gesicht. »Offenbar hast du mit meinem Stiefvater gesprochen.«

»Obwohl du nicht musstest, hast du mir geholfen. Und einigen anderen auch. Warum?«

»Warum sollte man Menschen sterben lassen?« Unver nahm den Hammer wieder auf und schlug mit präzisen, kräftigen Schlägen eine Speiche ein. »Sind wir in unserem Clan denn so viele und die Steinhäusler so wenige, dass wir uns Tote leisten könnten, nur um einige Pferde und Rinder zu stehlen? Pferde der Nabbanai?«

»Aber du hättest den Bullen verkaufen können. Für das Geld hättest du alle Farbe und Beschläge für deinen Wagen bekommen.« Wer als Thrithingmann ein wichtige Rolle spielen, heiraten und von den anderen geachtet werden wollte, brauchte einen eigenen Wagen. Fremur verstand nicht, warum Unver so lange damit gewartet hatte, sich einen zu bauen, aber er war schon immer ein sonderbarer, zurückhaltender, ja verschlossener Mensch gewesen.

»Was interessiert dich das?«, fragte Unver. »Was geht es dich an, Fremur, Hurvalts Sohn?«

»Ich bin schuld daran. Du hast deine Beute wegen mir verloren. Du hättest dir alle Farbe und alle Beschläge kaufen können, die du noch brauchst.«

»Stimmt, mehr brauche ich nicht«, sagte Unver. Zum ersten Mal seit längerer Zeit spürte Fremur wieder die Wut, die sich hinter Unvers Schweigen staute. Unver schlug eine Speiche in das nächste Loch und die Muskelstränge an seinen Armen traten hervor. Dazu machte er ein finsteres Gesicht, als passe die Speiche überhaupt nicht. »Die Pferde habe ich ja schon. Bald werde ich reisen, wie ein Mann reisen soll.« Etwas in seinem Blick änderte sich. Einen Moment lang schien etwas aus seinen Augen, das lange verborgen gewesen war. »Dann fahre ich hin, wo ich will, und tue, was ich will. Und niemand …« Er verstummte.

»Warum bist du dann zurückgekehrt, um mir zu helfen?«

»Weil jemand es tun musste. Weil …« Unver verpasste der Speiche zwei weitere, heftige Schläge, dann ließ er den Hammer unvermittelt fallen. »Ich habe keine Lust mehr auf deine Fragen. Offenbar hat dein Kopf sich noch nicht erholt, wenn du so viele stellst. Du solltest dich hinlegen.«

Fremur wusste, wann es ratsam war, zu gehen, und er wusste auch, dass er Unver genauso wenig verärgern durfte wie Odrig. Unver würde ihn zwar nicht schlagen wie sein Bruder, aber er würde tage- oder sogar wochenlang wütend auf ihn sein, und das wollte Fremur auf keinen Fall. »Gut, dann gehe ich«, sagte er. »Also danke, dass du mich gerettet hast.«

»Zu leben ist besser, als tot zu sein«, sagte Unver. Eine bessere Antwort würde Fremur auf seine Frage vermutlich nicht bekommen.

Noch im Weggehen meinte er, Unvers Wut zu spüren wie die Hitze eines prasselnden Feuers. Doch er glaubte nicht, dass er selbst oder auch Unvers unflätiger Stiefvater die Ursache dieser Wut war.

Unver brennt, dachte er. *Manchmal glimmt die Asche nur, aber sie erlischt nie ganz. Und eines Tages wird das Feuer aus ihm hervorbrechen.* Fremur musste wieder daran denken, wie Unver in der Nacht zuvor hochaufgerichtet vor den lodernden Flammen und dem schwarzen Himmel gestanden hatte, und er zitterte so, wie er gezittert hatte, wenn seine Mutter ihm Geschichten von den rachsüchtigen Geistern der Luft und des Grases in ihrer Umgebung erzählt hatte.

Ein schreckliches Feuer.

25

DAS BEISPIEL EINES TOTEN IGELS

Etwas stimmte nicht. Die Luft war schwülwarm, der Himmel nebelverhangen. Sogar das klare Wasser des Sumiyu Shisa hatte sich dunkel verfärbt und brodelte wie kochende Suppe. Stolpernd eilte Tanahaya am Flussufer entlang, inmitten dieser fremden Kulisse, die doch eigentlich ihr vertrautes Zuhause war, das Tal Shisae'ron, das sie so gut kannte. Sie war nach Weidenhall unterwegs, zum Ort ihrer Geburt, doch das Gehen bereitete ihr Mühe. Der Boden war aufgeweicht und kochte regelrecht, die feuchtheiße Luft nahm ihr den Atem. Immer wieder rutschte sie zurück, als sei sie im Begriff, einen steilen Hang hinaufzuklettern.

Endlich erreichte sie das kleine Tal am Fluss, in dem das Zuhause ihrer Familie stand, doch auch das hatte sich bis zur Unkenntlichkeit verändert.

Verdorrt, nicht abgeerntet, wüst ...!

Sogar die anmutig geschwungene Eingangstreppe aus sorgfältig verfugten weißen Steinen hatte sich in einen unförmigen Klumpen aus Schlamm und Abfällen verwandelt. Die Halle mit ihrem Dach nur aus den Ästen der mächtigen Weiden glich einem abgenagten Brustkorb aus schiefstehenden, langsam im Morast versinkenden Pfosten.

»Mutter?«, rief sie, aber nur Schweigen schlug ihr entgegen.

Von Angst übermannt, wollte sie das Refugium ihrer Kindheit betreten, doch wie zum Hohn ihrer Erinnerung fühlten die herabhängenden Weidenzweige sich schleimig an, und die Blätter lösten sich unter ihren Händen ab wie Haare vom Kopf einer Leiche. Je tiefer sie in das Haus eindrang, desto weniger erkannte sie es und desto mehr Mühe hatte sie, sich durch die stickige Hitze und über den absackenden Boden zu kämpfen. Wohin sie sich auch wandte, überall versperrte ihr ein umgestürzter Baumstamm den Weg oder ein heilloses Durcheinander, wo eigentlich ein gemusterter Steinboden hätte sein sollen. Ihr einziger Antrieb war die fixe Idee, dass sie aus einem bestimmten Grund gekommen war, dass sie wegen etwas Wichtigem zurückgekehrt war, auch wenn sie sich nicht mehr daran erinnern konnte.

Ein Abschnitt des Bodens löste sich unter ihren Füßen auf und sie wäre fast in ein Geflecht glitschiger Wurzeln gestürzt, das wie eine Kreatur des Meeres darunter lauerte. Sie konnte sich mit Händen und Knien abfangen und kroch zur Mitte des Hauses weiter, dem Ort, wo ihre Mutter das Feuer unterhalten und ihre wunderbar beruhigenden Lieder gesungen hatte, doch die Wurzeln der Weiden wanden und krümmten sich unter ihr wie Schlangen, und sie kam nur quälend langsam voran. Ihre Hände und Arme waren von schwarzem Schleim bedeckt, in ihren Augen brannte beißender Nebel.

»Mutter?« Endlich sah sie den Herd, und zu ihrer Freude war er noch heil, der einzige Teil des Hauses, der nicht dem Verfall und der Zerstörung anheimgefallen war. Alles war noch so, wie ihre Mutter es gemacht und gewünscht hatte, die Feuerstelle aus gleichmäßigen weißen Steinen, die auf dem niedrigen Holztisch angeordneten rituellen Gegenstände, die Gläser und Schalen und Büschel beruhigender und anderer Heilpflanzen, die Tanahaya während ihrer ganzen Kindheit begleitet hatten, Gegenstände, die ihr so vertraut waren, dass schon ihr Anblick eine heftige Sehnsucht nach der Vergangenheit in ihr auslöste. Doch in der Mitte des Tischs lag noch etwas, das Tanahaya nicht kannte, als hätte ihre Mutter es eben erst hingelegt – ein Ei aus glänzend poliertem Hexenholz, perlgrau und von einem Dutzend weiterer

Farben durchzogen, die so zart waren, dass man sie kaum wahrnahm. Am liebsten hätte sie das schöne Ei hochgenommen, hätte schützend die Hände darumgelegt. Warum hatte ihre Mutter es hiergelassen? Was sollte Tanahaya damit tun? Alles Vertraute war verändert, verändert und zerstört, doch dieses Rätsel blieb.

Im selben Augenblick hörte sie hinter sich ein Geräusch – nicht Schritte, sondern ein langgezogenes, schlurfendes Gleiten. Bevor sie sich umdrehen konnte, öffnete sich erneut der Boden unter ihr. Sie stürzte in ein heißes, stickiges schwarzes Loch und alles – das Haus ihrer Kindheit, das schimmernde Hexenholzei und sogar ihr eigenes Ich – löste sich im Nichts auf.

Tanahaya kämpfte einen erbitterten Kampf gegen einen mächtigen Feind, und bisher hatte sie jedes Treffen verloren. Doch sie konnte sich nicht zurückziehen, denn der Kampf fand in ihrem Körper statt.

In Momenten, in denen sie klar denken konnte, wusste sie, dass nicht die Wunden ihren Körper zerstörten, sondern ein Gift. Wie die anderen Leute aus ihrem Clan verfügte sie über große Widerstandskräfte gegen Krankheit und Verwundung, doch jetzt wurde sie täglich schwächer. Sie spürte, wie der Schmutz in ihr mit ihrem Blut zu ihrem Herzen vordrang wie ein Trupp verwegener Mordgesellen, die mit ihren Schiffen stromaufwärts ruderten, um eine große Stadt anzugreifen. Lange würde sie der Fäulnis nicht mehr standhalten können.

Aber das Gift, in das die Pfeile getunkt waren und das jetzt durch meine Adern kriecht, muss von Sterblichen hergestellt worden sein. Wenn unsere Verwandten, die Hikeda'ya, es ersonnen hätten, hätte ich den Kampf längst verloren.

Doch auch so verstand sie nicht, warum Sterbliche danach trachten sollten, sie zu töten. Wenn es gewöhnliche Pfeile gewesen wären, die sie niedergestreckt hatten, hätte sie glauben können, dass ein Wilderer nur aus Angst geschossen hatte, weil er etwas Ungewöhnliches gesehen hatte. Die Sterblichen, die Kinder des Sonnenuntergangs, neigten dazu, alles anzugreifen, was sie nicht kannten, das wussten alle Zida'ya. Aber kein Wilderer verwendete das Gift, das jetzt durch ihre Adern floss, er hätte damit ja auch das erlegte Wild vergiftet. Und warum sollte ein hungriger Mensch den Tod oder eine Gefängnisstrafe dafür riskieren, etwas zu schießen, das er nicht essen konnte?

Nein, das Gift der Pfeile sollte töten, und nur ein Kind ihres widerstandsfähigen alten Volkes konnte damit so lange überleben. Natürlich war denkbar, dass ein Feind nicht wollte, dass sie diesen Ort und das Königspaar erreichte, ein Sterblicher, der Tanahayas Volk hasste und sie um jeden Preis fernhalten wollte, aber woher hätte er wissen sollen, dass sie hierher kam? Sie musste an Sijandi denken und sein immer noch ungeklärtes Schicksal. Fürst Jiriki und Fürstin Aditu hatten doch in solch gefährlichen Zeiten bestimmt nur denen von ihrem Auftrag erzählt, denen sie am meisten vertrauten. Doch selbst wenn aus einem unerfindlichen Grund jemand aus Tanahayas eigenem Volk ihren Tod wollte, warum sollte er mit der Durchführung der Tat einen Sterblichen betrauen?

In Momenten, in denen das Pfeilfieber nachließ, gingen ihr solche Gedanken wie ein Schwarm aufgescheuchter Fische durch den Kopf. Doch wurden die Momente der Klarheit seltener. Tanahaya wusste, wenn sich nicht bald etwas änderte, würde sie diesen Kampf verlieren.

Als sie sich das nächste Mal um sich schlagend aus der Dunkelheit hocharbeitete, sah sie über sich das erschrockene Gesicht einer jungen sterblichen Frau. Die Frau hatte die Hände an die Brust gedrückt aus Angst, sie könnte versehentlich das kranke Geschöpf auf dem Bett berühren.

»Rufe … Heiler …«, würgte Tanahaya heraus. »Brauche … Heiler …«

Die Frau starrte sie entsetzt und zugleich fasziniert an und Tanahaya merkte, dass sie in ihrer eigenen Sprache gesprochen hatte, nicht in der unter den Sterblichen verbreiteten Sprache. Sie setzte noch einmal an. »Rufe … den Heiler.«

Damit war ihre Kraft aufgebraucht. Dunkelheit, Hitze und Fäulnis griffen wieder nach ihr und zogen sie in den brodelnden schwarzen Abgrund.

Warum gießt man Wasser auf Pflanzen, Tante Tia-Lia? Warum ertrinken sie nicht? Ich hab' mal gesehen, wie eine Maus im Burggraben ertrunken ist. Ich konnte sie nicht herausholen und Opa Osric hat mir nicht geholfen. Sie ist lange geschwommen, aber dann ist sie gestorben.«

»Du trinkst doch auch Wasser und ertrinkst nicht, Lillia. Ein wenig Wasser ist für Lebewesen gut, sogar notwendig. Zu viel dagegen ist schlecht. Halte die Kerze bitte etwas höher.«

Die Prinzessin überlegte. »Wie viel ist zu viel?«

Tante Tia-Lias Blick war weiter auf die Pflanzen gerichtet, nicht auf Lillia. »Das lässt sich nicht so einfach beantworten.«

Lillia hatte Tia-Lia sehr lieb, aber ihre Antworten fand sie manchmal unbefriedigend. »Kann eine Pflanze ertrinken?«

»Wenn du ihr zu viel Wasser gibst, ja. Lass mich das jetzt bitte fertig machen, Liebes, dann kannst du mir helfen, die Blumen zu zeichnen, von denen ich dir erzählt habe.«

Prinzessin Lillias nächste Frage wurde durch die lärmende Ankunft einer jungen Dienstmagd in der Tür des Treibhauses verhindert. Die Magd schien eine längere Strecke gerannt zu sein, denn sie war puterrot im Gesicht und keuchte. »Seid Ihr da drin, Herrin?«, rief sie und lehnte sich an die Tür. »Barmherzige Rhiap, ich wusste nicht, was ich tun sollte. Bruder Etan ist in die Stadt hinuntergegangen und der Frau geht es furchtbar schlecht und ich weiß nicht mehr ein und aus! Sie sagt, ich soll einen Heiler holen, aber davon verstehe ich doch nichts!«

»So beruhige dich doch, sonst kann ich dich nicht verstehen. Wer braucht einen Heiler?«

»Die seltsame Frau droben im Wohngebäude, die Ihr mit Bruder Etan pflegt! Sie stöhnte in einem fort, also ging ich nachsehen, und da machte sie die Augen auf – einfach so! Ich bekam einen heillosen Schrecken! Und sie sagte immer wieder, sie bräuchte einen Heiler, einen Heiler. Aber Bruder Etan ist in die Stadt gegangen.«

Thelía blickte zum Himmel auf. »Bekomme ich nicht einmal einen Tag für meinen Garten?«, fragte sie und stellte die Gießkanne ab. »Beruhige dich, ich komme ja. Ich wasche mir nur noch die Hände.«

Lillia verstand im Grunde nicht, warum Onkel Timo und Tante Tia-Lia geheiratet hatten, wenn sie doch so verschieden waren. Zum einen war Tante Tia-Lia viel größer als ihr Mann, was Lillia schon sehr sonderbar vorkam. Dann hatte Onkel Timo eine braune Haut und die seiner Frau war hell mit Ausnahme der Hände und des Nackens, wo die Sonne sie gebräunt hatte. Onkel Timo war ruhig und schüchtern und hinkte, Tante Tia-Lia dagegen war nie schüchtern und sie ging so schnell, dass Lillia kaum mithalten konnte – so wie jetzt, als sie durch den Inneren Zwinger gingen.

Sie hatte einmal ihre Mutter gefragt, warum man überhaupt heiratete. »Weil Gott einem jemanden schickt, mit dem man dann Kinder hat«, hatte die geantwortet, aber das erklärte in diesem Fall nichts, weil Onkel Timo und Tante Tia-Lia keine Kinder hatten. Lillias eigener Vater war schon tot, aber er und ihre Mutter hatten Kinder gehabt, Lillia und ihren großen Bruder Morgan. »Gibt es noch andere Gründe, warum man heiratet?«, hatte sie gefragt, aber ihre Mutter hatte nur gesagt, sie könne sich keine vorstellen. Ihrem Ton nach zu schließen hatte sie damit auch sagen wollen, dass sie keine Lust auf weitere Fragen hatte.

Als Lillia jetzt versuchte, mit Tante Tia-Lia Schritt zu halten, fiel ihr diese Frage wieder ein. »Warum heiratet man?«, fragte sie.

»Aus ganz vielen Gründen, denke ich.« Tante Tia-Lia drehte sich um und blickte an Lillia vorbei auf die Magd. »Beeil dich, Mädchen. Ich verstehe ja, warum du sie alleinlassen musstest, aber deshalb dürfen wir jetzt nicht trödeln.«

»Ich beeile mich doch, Herrin«, sagte die Magd. »Es sieht nur nicht so aus, weil meine Beine kürzer sind als Eure. Ich hätte die Frau nicht alleingelassen, aber Bruder Etan meinte, Martha solle nicht mehr auf sie aufpassen, also war ich allein ...«

Tante Tia-Lia verzog das Gesicht. »Genug geredet, meine Liebe, mach einfach schnell. Und was deine Frage angeht, Prinzessin Lillia, manchmal heiraten die Menschen, weil ihre Eltern es wollen. Oder sie heiraten, weil sie Gesellschaft wollen – nicht die Stirn runzeln, das steht dir überhaupt nicht. ›Gesellschaft‹ bedeutet, einen Freund zu haben, der bei einem ist, verstehst du?«

Lillia nickte. »Und was ist mit Liebespaaren, wie in den Geschichten? Heiraten die auch?«

»Ja natürlich. Und manchmal lieben sie sich weiter, aber manchmal auch nicht. Ich würde sagen, die Liebe ist für eine Ehe ein eher unzuverlässiger Grund.«

»Warum ...?« Lillia klang ein wenig atemlos. »Warum hast du Onkel Timo geheiratet?«

Tante Tia-Lia schien über die Frage ein wenig überrascht. »Warum? Also ... hm, wegen der Gesellschaft natürlich. Aber vor allem, weil ich noch nie einen so freundlichen, einen so guten Menschen kennengelernt hatte, der so viele Fragen stellte und der sich mehr dafür interessierte, Dinge zu erfahren, als andere darüber zu belehren.«

»Das verstehe ich nicht.«

Ihre Tante, die gar nicht wirklich ihre Tante war, genauso wie Onkel Timo nicht wirklich ihr Onkel war – Lillia nannte sie nur so, weil es sich richtig anfühlte –, schüttelte den Kopf, milderte das Kopfschütteln aber mit einem Lächeln ab. »Ich glaube, dass wir darüber ein anderes Mal sprechen sollten, Liebes. Wir sind gleich da und du bist ganz rot im Gesicht. Spar dir deine Kraft zum Treppensteigen.«

Lillia hörte, wie die Magd ächzend hinter ihnen die Treppe hinaufkeuchte, aber sie folgte Tante Tia-Lia unverdrossen dicht auf den Fersen. »Ich habe die Frau schon mal gesehen«, sagte sie, als sie auf dem Treppenabsatz ankamen. »Also die, die krank ist. Ich glaube, sie ist eine Hexe.«

»Inwiefern?«

»Sie sieht komisch aus. Irgendwie gruselig.«

Tante Tia-Lia sagte nichts, sondern drückte die Tür auf. Die Frau auf dem Bett war nicht mehr gefesselt wie beim letzten Mal, als Lillia sie gesehen hatte. Sie wirkte auch viel kränker als damals. Ihre goldene Haut hatte sich bläulich-grau verfärbt und auf ihrem Gesicht stand der Schweiß. »Wird sie sterben?«, fragte Lillia mit einer, wie sie meinte, angemessen gesenkten Stimme. »Bruder Etan meinte, sie sei eine Zither.«

»Eine was?« Ihre Quasi-Tante war an das Bett getreten und blickte auf die Frau hinunter. »Nein, sie ist eine Sitha. Manche nennen dieses Volk auch Feen.« Sie setzte sich vorsichtig auf das Bett und tastete die Frau an verschiedenen Stellen im Gesicht und am Hals ab. Dann beugte sie sich sogar zu ihr hinunter und legte den Kopf an ihre Brust, was Lillia ein wenig nervös machte. Sie wusste immer noch nicht, was eine Zither oder Sither war, und hielt es durchaus für möglich, dass man gleichzeitig auch eine Hexe sein konnte. Die Augen der Frau gingen auf, aber nur so weit, dass Lillia das Weiße sehen konnte, und schlossen sich wieder. Dann ging ihr Mund auf und entließ einen langen, zittrigen Atemzug, aber sonst nichts.

»Das Fieber verbrennt sie!«, sagte Tante Tia-Lia. »Tabata, kühle ihr Gesicht und Stirn mit kaltem Wasser, die Handgelenke auch. Ich sehe hier nirgends Wasser.«

»Gestern war noch welches da …«

»Du meine Güte …! Dann hol rasch welches. Einen Eimer vom Brunnen und einen sauberen Lappen. Los!«

Die Magd eilte hinaus. Sie schien nicht traurig über die Besorgung, was seltsam war, weil Lillia wütend gewesen wäre, wenn man sie fortgeschickt hätte.

Tante Tia-Lia entdeckte eine Schüssel, die noch einen Rest Wasser enthielt, und tupfte es mit ihrem Ärmel auf die Stirn der Frau. Die Lider gingen ganz auf und für einen Moment richtete sich ihr seltsam goldener Blick auf die schönen, ganz normal braunen Augen Tante Tia-Lias. Dann leckte die Frau sich die Lippen und flüsterte heiser: »G-g-gift …« Sie schloss die schlanken Finger um Tante Tia-Lias Hand und sprach wieder, so leise, dass Lillia sich trotz ihrer Vorbehalte gegen diese seltsame Person vorbeugen musste, um sie zu verstehen. »Brauche …!«

»Was brauchst du, meine Liebe?« Auch Tia-Lia beugte sich vor. »Sage es mir …«

Aber die Frau schüttelte nur den Kopf, ganz langsam, als sei er sehr schwer. Dann hob sie die Hand und hielt sie zitternd in die Luft.

»Sie will die Schüssel mit Wasser«, sagte Lillia.

»Ich glaube, du hast recht.« Die Schüssel wurde näher gerückt und die Sither-Frau tauchte die Hand hinein und hob sie wieder heraus, alles so quälend langsam, dass Lillia sich kaum beherrschen konnte, ihr nicht zu helfen. Dann streckten die langen Finger sich nach dem Hocker neben dem Bett aus. Langsam zeichneten sie die Form des Sitzes nach. Das Wasser glänzte in der Spätnachmittagssonne. Lillia und Tante Tia-Lia sahen ihr wie gebannt zu, während hinter ihnen die Tür aufgemacht wurde.

»Hast du das Wasser?«, fragte die Tante, ohne aufzublicken.

»Entschuldigt, Herrin, ich wusste nicht, dass Wasser gewünscht wird.«

Tia-Lia hob überrascht den Kopf. »Bruder Etan! Es hieß, Ihr wärt in der Stadt.«

»Das war ich auch, Herrin, auf der Suche nach einigen Kräutern, die nützlich sein könnten. Bei meinem letzten Besuch sagte die Frau, sie sei vergiftet worden – sie drückte sich ganz eindeutig aus. Ich habe Harcha-Diktam mitgebracht und ein wenig Öl der Gartenraute.«

»Ich fürchte, dass beides nicht helfen wird. Seht hier, sie hat etwas mit den Fingern gezeichnet, die Arme. Zu mehr reichte ihre Kraft nicht.« Die Augen der Sither-Frau waren wieder zugegangen, die Hand war heruntergefallen und der Arm hing über die Bettkante. Selbst diese kleine Anstrengung schien sie erschöpft zu haben. »Ich habe gestern Nacht nach ihr gesehen und sie schien friedlich zu schlafen.«

Etan ging um das Bett, um die Sitzfläche des Hockers genauer zu betrachten. »Was hat sie denn gezeichnet – ein Herz?«

»Ich weiß nicht, was es sonst sein sollte. Sollen wir vielleicht ein Kraut mit herzförmigen Blättern suchen?« Thelía schürzte die Lippen. »Lasst mich überlegen. Vielleicht finde ich in den Büchern meines Mannes etwas …«

Die Magd Tabata kehrte mit einem überschwappenden Eimer zurück, den sie mit beiden Händen schleppen musste und der das Treppensteigen offenbar noch anstrengender gemacht hatte, denn sie war vollkommen verschwitzt. »Ich glaube, ich kriege gleich einen Anfall«, erklärte sie düster. »Auf dem Weg nach oben habe ich mir ganz furchtbar das Bein angeschlagen.«

Tia-Lia nickte abwesend. »Tut mir leid, das klingt nicht gut. Lass den Eimer hier – ja, und den Lappen auch – und dann setz dich irgendwo hin und versorge deine Wunden. Wenn du einen Anfall bekommst, gib mir Bescheid.«

Nachdem die Magd gegangen war – sehr munter und beschwingt für jemanden, der sich das Knie angeschlagen hatte, fand Lillia –, betupften ihre Tante und der Mönch Stirn und Glieder der Sither-Frau mit dem Wasser. Als sie fertig waren und die Decken wieder über ihren schlanken Leib gebreitet hatten, sagte Thelía: »Bruder Etan, geht bitte in unsere Gemächer und holt das Buch meines Mannes *Von den allerbesten Arzneyen*, ach ja, und jetzt, wo ich daran denke, auch mein Exemplar des Patillan. Vielleicht finden wir unser herzförmiges Kraut dort.«

»Aber woher wissen wir überhaupt, ob sie mit dem Gift recht hat, Herrin? Heute Morgen hat sie etwas von wandernden Bergen fantasiert!«

»Wir wissen nicht einmal, warum sie hier ist, Etan«, sagte Tante Tia-Lia und Lillia fand, dass sie ein wenig verärgert klang. »Warum gleich schwarzsehen, wenn etwas vielleicht hilft? Wir müssen unser Bestes tun, um sie zu retten.«

»Natürlich, sie ist gewiss auch ein Geschöpf Gottes, egal was manche andere denken.«

»Nicht nur das, törichter Mann.« Ihre Tante drehte sich um und ihr Gesicht zeigte eine Mischung aus Belustigung und Ärger. »Könnt Ihr Euch vorstellen, was mein Mann sagt, wenn wir eine Sitha sterben lassen, bevor er die Möglichkeit hatte, sie zu sehen? Es würde ihm das Herz brechen. Ihr erinnert Euch doch, wie das mit dem Igel war. Obwohl er steinalt war und bissig und nur noch drei Beine hatte. Als er starb, trauerte Tiamak von St. Tunath bis zum darauffolgenden Frühjahr.« Sie verzog das Gesicht. »Womit ich nicht sagen will, dass das hier dasselbe ist. Arme Frau.«

»Ihr habt vollkommen recht.« Bruder Etan stand auf. »Ich werde die Bücher holen.«

Er drückte sich mit einem bekümmerten Lächeln an Lillia vorbei durch die Tür. Lillia meinte zu spüren, dass er ein wenig Angst vor Tante Tia-Lia hatte.

Der Großkanzler war eigentlich viel zu beschäftigt, um müßig am Fenster zu stehen, aber er konnte sich nur schwer von dem Anblick losreißen. Unter ihm sprenkelten Fischerboote den Kynslagh wie Wasserkäfer, und wenn der Wind die Richtung änderte, hörte er die Rufe der Fischer – nicht ihre Worte, sondern nur ihre fernen, rauhen Stimmen, mit denen sie sich von Boot zu Boot verständigten. Laut Sonnenstand waren es noch zwei Stunden bis Mittag, aber am Himmel waren dicke Wolken aufgezogen und das Wasser glänzte grau wie ein Teller aus Zinn.

Pasevalles unterdrückte einen kurzen Anflug von Egoismus: Es würde ihm leidtun, diese Aussicht wieder Eolair zu überlassen, wenn der Marschall zurückkehrte. Die Aussicht aus seinem eigenen Zimmer wurde durch den breiten Heiligbaumturm versperrt. Er stand zwar gerne auf dem Turm, aber seine düsteren Mauern vor der Nase zu haben, verursachte ihm ein bedrückendes Gefühl der Enge und des Eingesperrtseins. Lass dich nicht ablenken, ermahnte er sich. Froye braucht eine Antwort.

Mit Bedauern wandte er sich vom Fenster ab, kehrte zu seinem Schreibtisch und dem letzten Brief seines Informanten am Hof von Nabban zurück und begann ihn ein zweites Mal zu lesen.

Werter Herr, Ihr könnt nicht ermessen, wie sehr es mich schmerzt, dies zu schreiben, aber ich würde meine Pflicht gegenüber Euch, der Ihr mir so freundlich begegnet, nicht erfüllen, würde ich Euch nicht darüber in Kenntnis setzen, dass die Lage in diesem Land gegenwärtig höchst gefährlich ist.

Drusis, der Bruder des Herzogs, hat, wie Ihr wisst, die Überfälle der Grasländer auf Siedlungen der Nabbanai zum Anlass von Vorwürfen genommen. Auf jeder Sitzung des Dominiats schimpft er über die Nachlässigkeit seines Bruders. Der Konflikt sorgt für große Unruhe nicht nur in den Adelshäusern, sondern sogar bei den Kaufleuten, Arbeitern und armen Leuten auf der Straße. Zuzeiten scheinen die Leute von nichts anderem mehr zu reden.

Und Drusis hat auch nicht ganz unrecht, vor den Gefahren dieses Feindes zu warnen, gnädiger Herr. Die Menschen von Nabban haben die Thrithingleute, die kein festes Zuhause, keine Dörfer und Höfe haben und wenig mehr sind als Wilde, immer gefürchtet und verabscheut. Und es stimmt, dass die Überfälle durch ihre Reiter in letzter Zeit zugenommen haben. Im vergangenen halben Jahr haben sie mehrmals zugeschlagen, Ernte und Dörfer verbrannt und die Pächter der Herren angegriffen, die große Villen entlang der Grenze besitzen. Das ist zwar nicht neu, aber die Angreifer scheinen immer grausamer zu werden. Gebe Gott, dass wir nicht Krieg gegen sie führen müssen, denn sie sind zahlreich und außerdem furchtbare Kämpfer, wenngleich schlecht organisiert. Sie kämpfen in einem ungeordneten Haufen und kennen keine Zurückhaltung, wenn sie siegen, doch beim ersten Anzeichen einer Niederlage zerstreuen sie sich und ziehen sich zurück. Deshalb konnten Nabban und Erkynland sie auch trotz ihrer großen Anzahl all die Jahre immer wieder in das Grasland zurückdrängen.

Doch so groß die Bedrohung durch diese Reiter auch ist, nicht sie ist der Anlass für meinen Brief an Euch, sondern der Bruder des Herzogs, Drusis. Einige der Fürsten aus dem Osten und Norden stehen im Dominiat zwar auf seiner Seite, aber er hat sich in seinem Kampf gegen Herzog Saluceris bisher trotzdem nicht durchsetzen können, weil die Adligen, deren Güter weit vom Grenzland zu den Thrithingen entfernt liegen, ihn nicht unterstützen. Er ist mit seinem Versuch, den Bruder zum Handeln zu zwingen, deshalb immer gescheitert.

Doch das hat sich vor kurzem geändert. Drusis hat einen mächtigen Verbündeten gewonnen und sein Schicksal mit dem der Ingadariner verbunden, dem nach den herzoglichen Benidrivinern zweitmächtigsten Geschlecht Nabbans. Drusis und Dallo Ingadaris haben sich schon viele Male getroffen und man munkelt, dass Graf Dallo schon bald die Hochzeit seiner Tochter mit Drusis bekanntgeben wird.

Ich will mich beileibe nicht geringschätzig über die Ingadariner äußern. Schließlich weiß ich, dass die Hälfte der Vorfahren unserer

Hochkönigin Miriamel dieser Familie angehören und ihr Blut auch in den Adern des Herzogs fließt. Aber damals waren die beiden Geschlechter eng verbunden und das ist jetzt nicht mehr der Fall. In den vergangenen Jahren waren sie immer häufiger zerstritten und es ist kein Geheimnis, dass Dallo Ingadaris sich wünscht, das Dominiat, in dem er stark ist, möge mehr Mitsprache an der Regierung Nabbans bekommen. Das geht aber nur, wenn Herzog Saluceris geschwächt wird, was natürlich der Grund ist, weshalb Dallo sich Drusis zuneigt und ihm die Hand seiner Tochter anbietet …

Den Rest des Briefes las Pasevalles nicht mehr. Er handelte von den kleineren Aufgaben, die Froye für ihn übernommen hatte und bei denen es überwiegend um den anhaltenden Konflikt zwischen den beiden stärksten Handelsmächten von Osten Ard ging, dem Sindigato Perdruine und der erst jüngst zur Macht gekommenen Nördlichen Allianz. Doch keine der anderen Nachrichten Graf Froyes war so wichtig wie eine mögliche Hochzeit Drusis' mit Dallo Ingadaris' Tochter. Eine sowieso schon komplizierte und gefährliche Situation, die Pasevalles bereits seit Monaten Kopfzerbrechen bereitete, würde dadurch noch unendlich schwieriger werden. Drusis' Macht wuchs beängstigend schnell und Herzog Saluceris schien unbesorgt, oder er konnte sich nicht mehr dagegen wehren. Pasevalles witterte eine Katastrophe. Manchmal befürchtete er schon, auf den falschen Bruder gesetzt zu haben.

Was konnte man tun? König Simon und Königin Miriamel waren noch zwei Wochen vom Hochhorst entfernt. Pasevalles hatte durch Kaufleute, deren Schiffe kürzlich aus dem Süden zurückgekehrt waren, von Gerüchten gehört, nach denen der Konflikt zwischen den beiden rivalisierenden Familien Nabbans laut und gelegentlich gewalttätig geworden war. Auf den Straßen war es schon zu Schlägereien und nach den Wagenrennen im Zirkus von Larexes fast zu einem Aufstand gekommen. Den Ingadarinern war die Macht, die König Johan den Benidrivinern gegeben hatte, schon lange ein Dorn im Auge, und ihre Anhänger, die das Albatrosabzeichen der Familie trugen und sich »Sturmvögel« nannten, prügelten sich öffentlich mit den herzogstreuen »Eisvögeln«.

Es ist wie bei einer umgekippten Laterne, dachte er. Wie schnell muss ich das Feuer löschen, bevor es wächst und außer Kontrolle gerät? Denn Nabban war auch das bevölkerungsreichste Land des Hochbanns und bekannt für den eigensinnigen Stolz seiner Herrscher. Wie konnte er verhindern, dass das Feuer sich zu schnell ausbreitete?

Eigentlich kann ich gar nichts tun, dachte er. Nur der König und die Königin können die notwendigen Maßnahmen ergreifen. Und sie sind nicht hier.

Ein Klopfen riss ihn aus seinen düsteren Gedanken. Die Wache kündigte Bruder Etan an. Pasevalles faltete den Brief zusammen und steckte ihn in seine Brieftasche.

»Verzeiht, wenn ich Euch behellige, Herr.«

»Unsinn, Bruder Etan. Ich bin über jede Ablenkung froh. Um was geht es?«

Der junge Mönch druckste herum. »Fürstin Thelía und ich waren bei der Sitha-Frau. Als sie sprechen konnte, sagte sie, sie sei vergiftet worden, und das könnte durchaus stimmen. Seit ihrer Verwundung ist fast ein Monat vergangen und sie leidet immer noch unter schrecklichem Fieber.«

»Welches Gift hätte eine so lang anhaltende Wirkung, ohne zu töten?«

»Ich weiß es nicht, Herr. Ich habe diesbezüglich keinerlei Erfahrung und Ihr dürft auch nicht vergessen, dass es sich um eine … ungewöhnliche Patientin handelt.«

Pasevalles musste gegen seinen Willen lächeln. »Stimmt. Aber Ihr habt noch nicht gesagt, wie es ihr gegenwärtig geht.«

»Sie schläft vor allem, seit Fürstin Thelía sie behandelt. Ihr Schlaf scheint jetzt ein wenig ruhiger zu sein, aber es ist schwer zu sagen. Sie ist sehr geschwächt. Ihr Atem ist so schwach, dass man manchmal kaum sieht, wie ihre Brust sich hebt und senkt.«

»Ich werde für sie beten, wie Ihr es sicher auch tut.« Pasevalles musste immer wieder seine anderen Sorgen beiseiteschieben, die ihn bedrängten wie ein summender Fliegenschwarm. »Darf ich Euch ein Glas Wein anbieten, Bruder?«

»Nein, besten Dank, Herr. Ich werde zur Nonamansa wieder in St. Sutrin zurückerwartet und es wäre mir nicht recht, wenn Seine Eminenz der Erzbischof den Wein in meinem Atem riecht.«

»Aber bei der Schale der heiligen Pelippa, was solltet Ihr denn sonst trinken? Nur Brunnenwasser? Dann wäre Euer Leben kurz, traurig und voller Krankheiten, oder nicht?«

Etan lächelte, aber es schien nicht von Herzen zu kommen. »Vermutlich ja, Herr. Aber ich möchte gern über noch etwas mit Euch sprechen. Es betrifft die Prinzessin, genauer die verwitwete Prinzessin Idela.«

»Aha.« Pasevalles war bemüht, sich seine Ungeduld nicht anmerken zu lassen. »Natürlich. Ich hatte Euch gebeten, ihr mit den Büchern ihres Mannes zu helfen. Kanntet Ihr den Prinzen, Etan?«

»Prinz Johan Josua? Nein, Großkanzler. Ich lebte noch in der Abtei St. Cuthman in Meremund, als er von uns genommen wurde. Aber ich weiß, er war ein sehr beliebter junger Mann und ein großer Gelehrter.«

Auf Etans Gesicht lag immer noch ein eigenartiger Ausdruck, den Pasevalles sich nicht recht erklären konnte.

»Das stimmt, er war ein großartiger Mensch. Aber Gott hat ihm keinen starken Körper gegeben und er kränkelte oft. Das war meines Erachtens ein Grund dafür, warum er Gelehrter wurde. Die Bücher, die er sammelte, brachten ihn an viele Orte, die er mit seinem schwachen Körper nicht erreichen konnte.«

Pasevalles wollte sich wieder mit den Problemen in Froyes Brief beschäftigen. »Und sind die Bücher es wert, in der neuen Bibliothek aufbewahrt zu werden? Natürlich haben sie schon allein deshalb einen Wert, weil sie dem Prinzen gehörten, schließlich wird die Bibliothek ihm zu Ehren geschaffen.«

»Ja, Herr. Die meisten waren durchaus interessant, allerdings nicht ungewöhnlich. Jedoch …«

Etan verstummte und Pasevalles hörte den Lärm auch. Vor der Tür schien ein Handgemenge stattzufinden. Mechanisch griff er nach dem Dolch an seiner Hüfte, doch dann erkannte er eine der Stimmen – sie gehörte einem Kind und klang schrill vor Aufregung.

Die Tür flog auf und Prinzessin Lillia stürzte herein, dicht gefolgt von einem Mann der Erkynwache, der allerdings genauso gut hätte versuchen können, eine geölte Schlange festzuhalten. »Pasevalles!«, rief Lillia. »Pasevalles! Habt Ihr schon gehört?«

»Verzeiht, Herr«, keuchte der rotgesichtige Wachmann. »Ich hatte Angst, ich könnte sie verletzen, wenn ich zu fest zupacke …«

Pasevalles winkte ihn aus dem Zimmer, aber bevor er verschwinden konnte, tauchte hinter der Prinzessin ein zweites Gesicht in der Tür auf.

»Du ungezogenes Kind!«, schimpfte Gräfin Rhona. »Bei Mircha, du bist flink wie eine Katze! Verzeiht, Großkanzler, sie hat mich einfach abgehängt.«

»Habt Ihr gehört?«, rief Lillia und hüpfte aufgeregt auf und ab. »Oma und Opa kommen!«

Pasevalles sah sie verwirrt an. »Ob ich was gehört habe? Ja, sie kommen schon bald, vielleicht in zwei Wochen …«

Lillia blieb stehen und sah Pasevalles mit großen Augen an. Wie erstaunlich und wunderbar wenig dieser Mann doch wusste und wie wichtig das war, was sie ihm zu sagen hatte. »Nein! Sie sind schon da!«

Pasevalles wandte sich hilflos an die Gräfin. »Wovon redet sie?«

»Was sie sagt, stimmt tatsächlich, Großkanzler. Der Bote ist soeben eingetroffen. Sie sind noch nicht da, Lillia, Dummerchen, aber schon ganz in der Nähe. Der Bote sagte, die vergangene Nacht hätten sie in Dalchester verbracht, aber jetzt seien sie bereits auf der Straße nach Hause.«

»Dalchester? Dann werden sie morgen Abend hier sein! Warum kommen sie so früh?«

Gräfin Rhona schüttelte den Kopf. »Das wollte der Bote nicht sagen, oder jedenfalls nicht mir. Er wartet unten in der Poststube auf Euch. Wollt Ihr ihn selbst sprechen?«

»Natürlich.« Pasevalles stand auf. »Das ist eine ausgezeichnete Nachricht! Bruder Etan, wir setzen unser Gespräch ein andermal fort.«

»Jawohl, Herr.« Der Mönch wirkte ein wenig verdrossen, aber dafür waren vermutlich die Besuche bei der verwitweten Prinzessin verantwortlich.

Vielleicht ist er auf mich wütend, weil ich ihn als Schild gegen Prinzessin Idela benutze, aber egal. Egal was der Grund war, Etans Unzufriedenheit konnte warten. Der König und die Königin kehrten zurück – vorzeitig, zugegeben, aber, was Pasevalles betraf, keinen Moment zu früh. Vieles musste jetzt vorbereitet werden, um sie gebührend zu Hause zu empfangen.

26

DER INNERE RAT

Die Böen des Avrel bliesen so heftig, dass die Fahnen auf den Türmen flatterten und knallten – »ein Wind, an dem man die Kleider aufhängen könnte«, wie die alte Rachel der Drache zu sagen pflegte, in Simons Jugend die Oberste der Kammerfrauen. Simon sah sogar, wie einigen Schaulustigen die grüngoldenen Wimpel aus den Händen gerissen und himmelwärts gewirbelt wurden, wo sie mit den Wolken dahinflogen. Tausende jubelnder Menschen drängten sich auf dem Marktplatz, außerdem einige Hundert Händler, die fleißig Bier und Essen verkauften, und gewiss noch einige weitere Menschen, die ihre Mitbürger um den Inhalt ihrer Taschen erleichtern wollten. Ganz Erchester schien versammelt zu sein, um das Königspaar zu Hause willkommen zu heißen.

»Ist das zu glauben?«, fragte er seine Frau.

Miriamel lächelte, aber es war das Lächeln, das sie an langen Tagen des Hofhaltens aufsetzte, wenn sie niedergeschlagen und müde war. »Was denn?«

»Das hier.« Die Menschen riefen seinen Namen, als seien sie alte Freunde. Er hatte Miriamel nie ganz begreiflich machen können, wie seltsam ihm das vorkam. Seine Frau war schon ihr ganzes Leben lang den Blicken, der Verehrung und der Verachtung von Menschen ausgesetzt, die sie nicht kannte. Fremde hatten sich so selbstverständlich über ihre Kleider, ihre Erscheinung und sogar ihre Mimik unterhalten, als gehörten sie zur Familie. »Also, dass sie gekommen sind, um mich zu sehen, den Küchenjungen. Weil jemand anderes beschlossen hat, dass ich jetzt König bin, sagen sie alle: ›Na gut, hoch lebe König Simon!‹«

Wie Rinan, dachte er, und wieder stand ihm, wie schon seit Tagen, das bleiche, schlaffe Gesicht des jungen Mannes vor Augen. Der Harfner hatte nur den erwachsenen Mann gesehen, nur den König, nicht den früheren, verwirrten und verängstigten Jungen, so wie er selbst. Und er hatte getan, was sein König ihn geheißen hatte. Jetzt ist er tot, dachte Simon, zusammen mit zwei Dutzend anderen Männern, begraben auf einer Wiese an der Frostmarkstraße. Weil er geglaubt hat …

»Du hörst nur Jubelrufe für den König?«, fragte Miriamel.

»So habe ich das nicht gemeint, meine Liebe«, erwiderte er. »Ich meinte nur, dass du daran gewöhnt bist.« Sie gelangten vom Marktplatz auf die Große Zeile, und er blickte zu den Kindern hinauf, die sich gefährlich weit aus den oberen Fenstern der Häuser lehnten, holte tief Luft und schob den Gedanken an der Harfner beiseite. »Im Unterschied zu mir. Ich werde mich nie daran gewöhnen. Was sehen sie denn in mir?«

»Den König – und die Königin. Sie sehen uns und wissen, dass alles ist, wie es sein soll, dass Gott weiter über sie wacht.« Miriamel blickte über das Meer von Gesichtern. »Sie sehen, dass die Jahreszeiten kommen und gehen, wie es seine Richtigkeit hat, dass der Regen fällt und die Ernte wächst. Sie sehen, dass jemand da ist, der sie vor den bösen Dingen, vor denen sie Angst haben, beschützt.«

»Du klingst nicht, als würdest du das auch glauben.«

»Darum geht es doch nicht, Simon.« Miriamel sah ihn an, aber nur kurz, dann wandte sie sich wieder der Menge zu und setzte ihr Königinnenlächeln auf. »Es ist doch nur ein Schauspiel, wie an St. Tunath. Wir tun so, als würden wir auf sie aufpassen, und sie tun so, als würden sie uns lieben.«

»Aber sie lieben uns doch wirklich«, sagte Simon. »Oder nicht?«

»Solange die Jahreszeiten aufeinanderfolgen und es regnet und die Gerste sprießt, ja. Nicht dass wir zwei dazu viel beitragen würden. Und wenn wir in den Krieg ziehen und ihre Brüder und Söhne sterben, werden sie uns die Schuld geben.«

Simon blickte in ihr kluges Gesicht, das ihm so lieb und vertraut war. »Dass wir unterwegs angegriffen wurden, hat dir Angst gemacht, stimmt's? Und die Botschaft dieses Burschen von der Weißen Hand.«

»Natürlich habe ich Angst, und das solltest du auch. Weil du fast getötet worden wärst, Simon. Und weil wir glaubten, wir hätten diese Nornen endgültig ins Gebirge zurückgedrängt. Aber jetzt fängt alles wieder von vorn an. Der Krieg mit den Nornen hat uns schon damals fast das Leben gekostet, als wir jung und stark waren. Jetzt sind wir weder das eine noch das andere.«

»Ich habe auch um dich Angst gehabt«, sagte Simon. Er hatte das Gefühl, sich verteidigen zu müssen, ohne genau zu wissen, warum. »Ich habe kurz vor dem Angriff deine Stimme gehört. Ich wusste nicht, wo du warst!«

Miriamel streckte den Arm aus und nahm seine Hand, sagte aber eine Weile nichts mehr.

Sie ritten durch die breite Straße und auf den St.-Sutrinsplatz. Hier feierten die Menschen vor der großen Kirche. Als die königliche Prozession an ihnen vorbeizog, brachen sie in lauten Jubel aus. Musikanten spielten auf, und wer Platz hatte, tanzte. Simon und Miriamel hielten an und begrüßten Erzbischof Gervis und den Bürgermeister von Erchester, Thomas Austernfänger, einen dicken, geschäftstüchtigen Mann, der dafür sorgte, dass alle sahen, wie er sich vor den königlichen Hoheiten verbeugte – aber nur nicht zu tief – und wie umgekehrt sie ihn grüßten. Kaufleute und Regierung der Stadt waren eifersüchtig auf ihre Unabhängigkeit bedacht, selbst an einem solchen Festtag. Nachdem der Bürgermeister sich wieder aufgerichtet hatte, winkte er der Menge mit seiner Mütze zu, als gelte der Jubel ihm.

»Ihr packt jede Gelegenheit beim Schopf, Bürgermeister«, sagte die Königin, aber so leise, dass nur der Bürgermeister, der König und der Erzbischof sie hörten.

Die hohen Gebäude auf beiden Seiten der Großen Zeile sperrten die Sonne aus und das Königspaar ritt mit seinem Gefolge wie durch einen langen, schattigen Korridor. Die Hufe der Pferde machten im Morast schmatzende Geräusche, die Soldaten vor ihnen hatten die Helme abgenommen, um ihre Gesichter zu zeigen, und winkten den Zuschauern auf beiden Seiten zu, darunter zahlreiche Freunde und Angehörige, die sie seit Winteranfang nicht mehr gesehen hatten.

»Sieh sie dir an«, sagte Miriamel und Simon glaubte einen Moment, sie spreche von den unbehelmten Soldaten, bis ihm klar wurde, dass sie die jubelnden Bürger von Erchester meinte. Die Große Zeile verbreiterte sich vor dem Nearulagh-Tor, dem Eingang zum Hochhorst, noch einmal. »Die Hälfte von ihnen hat nie einen Krieg erlebt. Oder ein anderes Königspaar als uns.«

»Aber das ist doch gut.« Auch Simon war den ganzen Tag bedrückt gewesen, aber die Gedanken seiner Frau schienen noch düsterer zu sein, sodass er sich Sorgen um sie zu machen begann. »Dafür haben wir gearbeitet. Dass sie in Frieden leben und genug zu essen haben. Das ist doch gut, Miri.«

»Bisher ja. Aber vielleicht ändert es sich jetzt.«

Simon schob die Lippen vor und schwieg. Er hatte früh in seiner Ehe gelernt, dass er manchmal alles nur schlimmer machen konnte. Sie hat nie vergessen, was ihr Vater diesen Menschen und diesem Land angetan hat, dachte er. Und ihren Vater kann sie leider auch nicht vergessen.

Einen Moment lang dachte er an König Elias in der kurzen Blütezeit seiner Herrschaft, als er auf dem Weg zu seiner Krönung durch ebendieses Tor geritten war, unter denselben, wunderbar detailgetreuen Reliefs hindurch, die Priester Johans hundert Jahre alten Sieg über Adrivis feierten, den letzten Imperator Nabbans.

Das alte südliche Reich, einst Herrscher der Welt, war damals längst im Niedergang begriffen, und nach Johans Sieg war es zu einem bloßen Teil seines eigenen Imperiums geworden – eines Reiches, das sich von den Inseln im warmen südlichen Meer bis Rimmersgard im eisigen Norden erstreckte. Und als Johan schließlich hochbetagt gestorben und Miriamels Vater, des Königs gutaussehender, tapferer Sohn Elias, ihm friedlich auf den Thron nachgefolgt war, hatte es für kurze Zeit so ausgesehen, als sei dies ein wahrhaft großes Reich, in dem Frieden und Wohlstand herrschten und das lange bestehen würde.

Doch schon ein knappes Jahr später hatte Erchester sich in eine Stadt der Albträume verwandelt, deren Einwohner sich wie Käfer in allen möglichen zweifelhaften Löchern verkrochen, deren Häuser unter dem Gewicht des Schnees und aufgrund von Vernachlässigung einstürzten und durch deren leere Straßen nachts seltsame Schatten wandelten. Der Hochhorst mit seinen stolzen Türmen machte eine noch schrecklichere Verwandlung durch. Er wurde zu einem Labyrinth, dessen schrumpfende Einwohnerschaft sich nach Sonnenuntergang hinter verriegelte Türen zurückzog und aus dem dunkle Gerüchte und herzzerreißende Schreie drangen, die niemand ignorieren konnte, denen aber auch niemand auf den Grund ging.

Zuletzt hatte Miriamel ihren eigenen Vater töten müssen, nicht nur um ihn aufzuhalten, sondern auch um ihn und womöglich sie alle zu retten. Doch sie sprach nie darüber und auch Simon erwähnte es möglichst nicht.

Aber es darf nie mehr so werden, das lassen wir nicht zu. Miri weiß das doch auch. Gut, es werden weiter schlimme Dinge passieren – das ist eben das Schicksal der Sterblichen –, aber Miri und ich, wir sind doch dazu bestimmt, glücklich bis ans Ende unserer Tage zu leben.

Der König fand sich selbst nicht überzeugend.

Im Gegensatz zu der jubelnden Menge und dem Fahnenmeer in Erchester fiel der Empfang der königlichen Gesellschaft in der Burg ein wenig zurückhaltender aus, obwohl Höflinge und Dienerschaft über die Rückkehr ihrer Monarchen sichtlich erfreut waren. Im Äußeren Zwinger stiegen Simon, Miriamel und die anderen Adligen ab. Die meisten Soldaten begaben sich von dort auf direktem Weg zu ihrem Quartier, nur die königliche Leibgarde blieb bei König und Königin. Dann trat ein Hofbeamter nach dem anderen vor, um das Paar zu begrüßen und zu Hause willkommen zu heißen, und Simon bemühte sich um eine erfreute und dankbare Miene.

Als Letzter begrüßte sie Großkanzler Pasevalles persönlich mit den Zeremonialschlüsseln des Hochhorst. Er kniete sich vor sie und hielt ihnen den Kasten mit den glänzenden Schlüsseln hin, stand allerdings nicht gleich wieder auf. In seinen strohfarbenen Haaren war noch keine einzige graue Strähne zu sehen, stellte Simon mit einem Anflug von Neid fest, denn Pasevalles war nur wenige Jahre jünger als er.

»Wir haben vieles zu besprechen, fürchte ich«, sagte er jetzt. »Ich weiß zwar, dass Eure Majestäten müde sind ...«

»Nein, Ihr habt recht, Großkanzler«, erwiderte Simon und Miriamel nickte. »Es gibt auch Nachrichten, die Ihr sofort erfahren müsst. Wir wollen nur essen und kurz ausruhen. Wenn die Uhr zwei schlägt, erwarten die Königin und ich Euch in der Großen Halle. Die Grafen Rodson und Eolair, Herzog Osric und die anderen Mitglieder des Inneren Rats sollen ebenfalls zugegen sein. Ach ja, und sorgt bitte dafür, dass auch Prinz Morgan kommt.«

»Selbstverständlich, Majestät.« Pasevalles klang angespannt.

»Stimmt etwas nicht, Großkanzler?«, fragte Miri.

»Es ist nur ... in Eurer Abwesenheit ist viel passiert.« Pasevalles sprach vorgebeugt und leise, obwohl die nächsten Höflinge in einiger Entfernung standen. »Es ist ein Kurier eingetroffen, der von den Sithi zu kommen scheint.«

»Von Jiriki und Aditu? Tatsächlich?« Simon war erstaunt und zugleich erleichtert, das war in der Tat eine gute Nachricht. »Ausgezeichnet! Wo ist er? Hast du das gehört, Miri?«

»Ja.« Doch der Blick der Königin blieb auf das Gesicht des Großkanzlers gerichtet. Sie sah dort etwas, das Simon entgangen war. »Da ist doch noch etwas, nicht wahr? Ihr sagtet ›scheint‹.«

Pasevalles nickte. »Ja, Majestät. Es handelt sich nicht um einen Mann, sondern eine Frau. Und jemand hat versucht, sie zu töten. Ob er damit Erfolg hatte, bleibt abzuwarten. Ihr Zustand ist jedenfalls ernst.«

✣

Nach der Rückkehr der königlichen Gesellschaft herrschte in den Stallungen reger, lärmender Betrieb von Pferden, Knechten, Stalljungen und natürlich einigen Dutzend Knappen, die eifersüchtig über die edlen Rösser ihrer Herren und Herrinnen wachten. Auf dem Weg zu den Ställen prusteten und wieherten die Pferde laut, wie um die vielen Freunde und Angehörigen zu begrüßen, die sie zurückgelassen hatten.

Unter anderen Umständen, zumal nach dem langen Ritt vom Vormittag, hätte Morgan Cavan gern der Fürsorge seines Knappen Melkin überlassen. Aber der Wallach hatte auf dem letzten Abschnitt des Ritts durch Erchester angefangen zu hinken und Morgan wollte sichergehen, dass er angemessen versorgt wurde. Er winkte einen der älteren Stallknechte zu sich.

»Jawohl, Hoheit? Und willkommen zu Hause, Prinz Morgan.«

»Ist ja gut, Cavan, ganz ruhig.« Morgan tätschelte seinem Pferd den Hals. »Er schont den rechten Vorderfuß. Womöglich hat sich ein kleiner Stein unter dem Hufeisen eingeklemmt, aber ich konnte nichts finden.«

»Ich werde dafür sorgen, dass der Hufschmied ihn sich gleich ansieht, Hoheit«, sagte der Knecht mit einer Verbeugung und nahm die Zügel. »Und wir haben jede Menge gutes, süßes Sommergras für ihn, seid unbesorgt.«

Der Knecht führte Cavan durch das Gewimmel o-beiniger Männer, hin und her eilender Jungen und schnaubender Pferde. Im nächsten Moment traf Morgan etwas von hinten so heftig gegen die Beine, dass er fast in die Knie gegangen wäre. Zwei Arme schlangen sich um seine Hüften. In der ersten Überraschung stieg Panik in ihm auf, doch dann hörte er eine vertraute Stimme.

»Ich bin so wütend auf dich! Du hast gesagt, du würdest mir schreiben, aber das hast du nicht!«

Er wollte nach hinten fassen, um sich von seiner Schwester loszumachen, aber da schob sie sich schon vor ihn, zog an seinem Wams und stellte sich auf seine Füße, als wollte sie an ihm wie an einem Baum hinaufklettern.

»So warte doch!«, rief er lachend. »Ich habe dir ja geschrieben.« Er bückte sich, hob sie auf und umarmte sie. »Du bist schwerer geworden. Hast du in der Küche Süßigkeiten geklaut? Hat denn niemand auf dich aufgepasst?« Er hielt sie von sich weg, was schwierig war, da sie heftig zappelte. Ein wenig betroffen stellte er fest, dass sie älter aussah, dass ihr Gesicht ganz eindeutig länger und schmaler geworden war, auch wenn sie es gerade zu einer Grimasse verzerrt hatte. »Und du hast einen Zahn verloren, Lil! Du siehst aus wie eine alte Bettlerin!«

Sie wollte nach seinem Gesicht schlagen, aber er wich ihr aus. »Du hast mir einen einzigen Brief geschrieben, Morgan«, sagte sie, »und das ist schon ewig lang her – im Feyever! Ich weiß es, weil ich ihn kurz nach Kyndelmess bekommen habe. Oma und Opa haben mir ganz viele Briefe mit der königlichen Post geschrieben und Onkel Timo auch, aber du nur diesen einen!« Lillia starrte ihn so wütend an wie sie nur konnte, doch dann hellte sich ihre Miene plötzlich auf. »Weißt du schon, dass wir eine Sither in der Burg haben? Sie ist fast tot, aber Tante Tia-Lia meint, sie sei eine richtige Fee.«

Morgan hatte keine Ahnung, wovon seine Schwester sprach, und musste lachen. »Ich habe dich vermisst. Tut mir leid, dass ich dir nicht öfter geschrieben habe.« Er umarmte sie und küsste sie auf die Wange, aber sie zappelte wieder. »Jetzt brauche ich ganz dringend etwas zu essen. Kannst du mir da helfen?«

»Blödmann.« Sie sah ihn mit einem Blick an, in dem sich Empörung und Zuneigung zu gleichen Teilen mischten, und erst jetzt fühlte Morgan sich richtig zu Hause. »Dazu brauchst du doch keine Hilfe. Jemand holt dir was. Du bist ein Prinz.«

»Stimmt, du hast recht, schon ganz vergessen. Dann befehle ich dir, mir sofort etwas zu bringen, damit ich frühstücken kann.«

Sie schüttelte den Kopf. »Schon wieder Blödmann. Ich bin eine Prinzessin und muss das gar nicht tun.«

»Dann muss ich dich wohl entführen und dazu zwingen!« Er bückte sich schnell, packte sie um die Hüften, hob sie hoch und warf sie sich über die Schulter. »Gefangen von einem wilden Riesen! Das Ende von Prinzessin Moppel naht!«

Lillia hörte einen Moment auf zu strampeln und zu quietschen. »Ein Riese! Das habe ich ganz vergessen! Ein Soldat hat uns erzählt, ihr wärt einem Riesen begegnet und die Ritter hätten mit ihm gekämpft! Stimmt das, Morgan? Hast du wirklich mit einem Riesen gekämpft?«

Ein Schatten legte sich auf seine Gedanken, verdunkelte den Moment des Glücks und brachte Gefühle mit sich, die er selbst nicht recht zu deuten wusste. Behutsam stellte er Lillia auf den mit Stroh bestreuten Boden. »Keine Sorge«, sagte er, »ich habe nirgends einen Riesen gesehen.«

✣

Wir haben Euch so sehr vermisst, Majestät! Bestimmt seid Ihr froh, wieder zu Hause zu sein, wo alles seine Ordnung hat.« Nach Veilchenwurzel riechend und ein wenig auch nach

Schweiß (denn es war warm geworden), beugte sich Tamar, die Frau des Barons von Aynsberry, vor und begann Miriamels Korsett zuzuschnüren. Die junge Frau war aufgrund ihrer empfindlichen Konstitution nicht in den Norden mitgekommen.

»Aber natürlich. Sehr froh.« Doch nach den vergleichsweise freien Monaten des Reisens, in denen auf jeden mit anstrengenden Staatsgeschäften verbrachten Tag viele Tage des Reitens entfallen waren, hatte Miriamel es nicht eilig, die förmliche Kleidung für die Sitzung des Inneren Rats anzulegen. Korsette hatte sie noch nie gern getragen und jetzt kam es ihr vor, als würde sie in einen Sarg gezwängt.

Rasch und mit geübten Fingern legten die Frauen ihr den Schmuck an und steckten den schweren Kopfputz mit Nadeln fest. Der Bauch der Baronin, die beim Aufbruch des Königspaars nach Rimmersgard festgestellt hatte, dass sie schwanger war, war jetzt deutlich gerundet. »Ihr seid so schön«, sagte sie, während sie das Werk der anderen Zofen begutachtete. »Euer Mann wird stolz sein!«

Miriamel seufzte nur. Sie kam sich vor wie eine Heiligenstatue, die für einen Feiertag vorbereitet wurde.

Eine weitere Zofe, Shulamit, erschien an der Tür. »Mit Verlaub, Majestät, darf ich Euch schminken? Verzeiht mir, wenn ich es sage, aber Eure Haut ist durch die Sonne stark gerötet.«

»Na gut, bitte.« Miriamel verabscheute auch das Schminken, ließ es aber für wichtige Anlässe über sich ergehen – Anlässe, bei denen sie das Gefühl hatte, dass sie wie eine vollkommene Königin aussehen musste. Sie rümpfte die Nase über den essigsauren Geruch des Bleichmittels, ließ aber zu, dass die junge Adlige es auftrug, und spürte, wie es ihre bereits trockene Haut noch weiter austrocknete. Baronin Tamar reichte ihr einen Spiegel. Weil drei Frauen sich über sie beugten und eine vierte immer wieder unangenehm gegen ihre Schienbeine stieß, während sie ihr die Schuhe anzog, hatte Miriamel Schwierigkeiten, das Glas so hoch zu heben, dass sie ihr Spiegelbild darin sehen konnte. Als sie sich schließlich sah, weiß angeschmiert wie ein Gespenst, ließ sie den Spiegel fast fallen.

»Nein!«, sagte sie. »Nein. Mach das wieder weg.«

»Was? Was soll ich wegmachen, Majestät?«

»Die Schminke. So will ich nicht aussehen, nicht heute.« Aus dem Spiegel hatte nicht ihr eigenes vertrautes, alterndes Gesicht sie angeblickt, sondern eine hässliche Erscheinung wie die Gesichter, die bei dem Angriff aus der Nacht auf sie zugekommen waren, die Leichengesichter der fliehenden Nornen. »Ich sehe damit aus wie ein Weißfuchs, Shulamit.«

Die Frauen sahen sie überrascht und erschrocken an, aber Shulamit machte sich gehorsam daran, das aus Blei und Essig bestehende Bleichmittel mit einem feuchten Lappen wieder abzureiben.

Miriamels Hände zitterten so heftig, dass sie sie auf dem Schoß falten musste. Bestimmt waren ihre Zofen verwirrt. Wie sollten sie auch wissen, was sie erlebt und gefühlt hatte? Die Frauen, die sie nach Elvritshalla begleitet hatten, hatten sich in bewachten Zelten aufgehalten, als die Nornen sie angegriffen hatten, wohingegen Miriamel draußen in der Nacht gewesen war, inmitten des Gewühls von Menschen und Tieren, und ihren Mann gesucht hatte. Die Zofen hatten nur ihre eigenen besorgten Gesichter gesehen, während sie im königlichen Zelt aneinandergedrängt darauf warteten, dass der Schrecken ein Ende hatte. Ihre Königin hatte dagegen erlebt, wie das riesenhafte Ungeheuer durch die Bäume brach und näher kam wie ein Urtier vom Anbeginn der Zeit, als noch die absonderlichsten Geschöpfe Gottes die Erde bevölkert hatten und die Menschen sich nur vor ihnen verstecken und um ihre Rettung beten konnten.

Der Riese war schon schlimm genug gewesen, aber diese Frauen konnten sich nicht einmal im Traum vorstellen, wie es gewesen war, als in seinem Gefolge auch noch die Nornen über die

Hälse ihrer schwarzen Pferde gebeugt und mit Gesichtern, die aus der Nacht auftauchten wie Totenmasken, den Hang heruntergekommen waren, wie sie kreischend und lachend durch die zehnfache Übermacht bewaffneter Männer geprescht und auf den Wiesen jenseits der Straße verschwunden waren. Zurückgelassen hatten sie die Leichen derer, die ihnen nicht hatten ausweichen können.

Nein, beschloss Miriamel, ich will im Rat nicht aussehen wie so ein schrecklicher Dämon.

»Na los, es muss alles weg«, sagte sie. »Lieber bin ich so sonnenverbrannt wie eine Bäuerin. Und ich will auch nicht den schwarzen Mantel tragen. Bringt den blauen mit den Sternen, der wie der Abendhimmel aussieht. Auch wenn wir noch um Herzog Isgrimnur trauern, heute muss ich etwas anderes tragen.«

Die Zofen verstanden die seltsame Laune der Königin zwar nicht, beeilten sich aber, ihr zu gehorchen.

Zu Miriamels Überraschung wartete ihr Mann vor dem Thronsaal auf sie.

»Wo sind die anderen?«, fragte sie. »Warum bist du noch nicht drinnen?«

»Weil ich mit meiner Frau hineingehen will, mit meiner Königin.« Er lächelte, aber sie spürte, dass auch er besorgt war. »Ich war bei der Sitha-Botin.«

»Hat sie etwas gesagt?«

Er schüttelte den Kopf. »Thelía hat ihr Möglichstes getan, und sie schläft jetzt friedlich und fast bewegungslos. Aber sie scheint sich jeden Tag weiter von uns zu entfernen.«

»Können wir denn nicht mehr für sie tun?«

»Doch, das glaube ich zumindest. Wir müssen sie zu ihrem Volk zurückbringen, Miri. Dort gibt es Heiler, die mehr wissen als sogar Tiamak oder seine Frau, zumal wenn es darum geht, die eigenen Leute zu heilen.«

Jetzt schüttelte Miriamel den Kopf. »Gütige Elysia! Ich hatte gehofft, wir könnten uns ein paar Tage erholen, in aller Ruhe beraten und über den Nornenangriff und die Botschaft des Pfeils nachdenken. Aber ich hätte es besser wissen müssen.«

»Ja, meine Liebe, vermutlich.«

Sie seufzte. »Hast du schon unsere Enkelin gesehen?«

»Ja, aber nur kurz. Lillia ist seit unserer Abreise bestimmt eine Handspanne gewachsen. Sie hat mich geschimpft, weil ich gleich zu einer Ratssitzung gehe, und ich habe ihr versprochen, dass ich mir später ansehe, wie sie auf ihrem Pony reitet.« Er hielt ihr den Ellbogen hin. »Sollen wir reingehen, meine Liebe? Die anderen warten auf uns.«

Für die Rückkehr des Hochkönigs und der Hochkönigin hatte man den großen Thronsaal eigens geputzt und die Fahnen gründlich entstaubt, doch nach den Monaten der Abwesenheit erschien er Miriamel fast fremd. Auf dem Podest am Ende des Saals stand der riesige Drachenbeinthron, der berühmte Thron des Priesters Johan, gebadet im Licht der Sonne, das durch die hohen Fenster fiel. Nur über die Lehne fiel der Schatten des düster-bedrohlichen Drachenschädels. Der Drache Shurakai hatte im Mittelpunkt einer folgenschweren Lügengeschichte gestanden. König Johan hatte seinen Tod für sich beansprucht, während in Wirklichkeit Simons Vorfahre Ealhstan der Fischerkönig ihn getötet hatte. Deshalb, und auch aus anderen Gründen, hatte Simon den Thron nie gemocht und eine Zeit lang hatte man ihn sogar ganz aus dem Thronsaal entfernt. Ein Jahr oder mehr nach der Krönung hatte der Sessel sein Dasein draußen im Hof gefristet, den Elementen preisgegeben. Aber bei aller Abneigung Simons, die Bevölkerung von Erkynland empfand anders, deshalb hatte Simon schließlich eingelenkt und zugestimmt, dass der Thron wieder einen Ehrenplatz im Saal bekam. Doch wollten weder er noch seine Frau darauf sitzen. Miriamel wusste zwar, dass der Thron für das gemeine Volk Fortdauer und Stabilität symbolisierte, aber sie verabscheute ihn, weil er sie an die letzten, verrückten Jahre ihres Vaters erinnerte.

Außerdem sind wir ja zu zweit, nicht mehr nur einer, erinnerte sie sich – König und Königin, die gemeinsam regieren, auch wenn einige Adlige das manchmal zu vergessen scheinen. Ein einziger Thron würde sowieso nicht für uns beide reichen. Und plötzlich war sie sehr dankbar für den Mann an ihrer Seite, den Küchenjungen, den sie geheiratet hatte.

Obwohl ich versucht habe, ihn aus meinem Herzen zu drängen, dachte sie. Die Heiligen wissen, dass ich es versucht habe! Ich wollte nicht, dass er dieses Leben führen muss. Ich wurde zu diesen Pflichten erzogen, die nie enden, er hätte etwas Besseres verdient. Aber Gott sei Dank habe ich ihn!

Sie drückte Simons Arm. Er konnte nicht wissen, an was sie gerade dachte, aber er drückte zurück.

Der lange Pellarinische Tisch stand am Fuß des Podests. Er befand sich schon seit Jahrhunderten in der Burg und war ein Geschenk des Imperators Pellaris von Nabban an König Tethtain, den Eroberer der Hernystiri, der für kurze Zeit Erkynland seiner Herrschaft hinzugefügt und in seinen letzten Lebensjahren sogar den Hochhorst als eine seiner königlichen Residenzen benutzt hatte. Am Tisch saßen wartend und von Dienern versorgt über ein Dutzend Ratsmitglieder in überraschend vielen Gestalten und Größen. Es war die größte Versammlung des Inneren Rats, seit Miriamel und Simon auf ihre ruhige und bedachte Art in Erkynland und über den Hochkönigsbann herrschten.

Links von Simons leerem Stuhl saß Graf Eolair in seiner Funktion als Hand des Throns. Er war so sehr mit einem Stapel von Briefen beschäftigt, dass er die Ankunft des Königspaars im Thronsaal zunächst gar nicht bemerkte. Rechts von ihm kam Großkanzler Pasevalles, ebenfalls vor einem hölzernen Behälter voller Briefe. Auf der anderen Seite saß auf dem Ehrenplatz neben Miriamels Stuhl Konnetabel Osric, der Herzog von Falshire und Wentmünd und Vater von Johan Josuas Witwe Idela. Miriamel mochte die Witwe ihres Sohnes nicht besonders, aber Osric konnte sie gut leiden. Er war ein kluger und vernünftiger Grundherr und hatte sich noch vor der Geburt seiner Tochter im zweiten Thrithinge-Krieg ausgezeichnet.

Dahinter saßen auf beiden Seiten des Tisches weitere Freunde und Würdenträger: Tiamak, Kenrick und sein Vorgesetzter Zakiel, beide hochrangige Offiziere der Erkynwache, und Seine Eminenz Erzbischof Gervis von St. Sutrin, die höchste religiöse Autorität in Erkynland, ein meist wohlwollender und gelegentlich nützlicher Mann, der auch als königlicher Almosenier fungierte. Am Tisch saßen außerdem Feran, Oberstallmeister und Verwalter des Hochhorst, und Graf Rodson von Glenwick, den Simon und Miriamel unter sich Rodson den Unvermeidlichen nannten. Als Oberhaupt einer der mächtigsten Familien von Erkynland – zu der einige der frühesten Anhänger des alten König Johan gehörten – musste er selbst zu kleineren Ratsversammlungen hinzugezogen werden, obwohl er zu den stursten und gleichgültigsten Menschen von ganz Erchester gehörte. Simon hatte eine etwas bessere Meinung von ihm, einer der vielen Gründe, weshalb er sich in Miriamels Augen glücklich schätzen konnte, mit ihr verheiratet zu sein – was natürlich genauso umgekehrt galt. Denn nur sie konnte ihn vor seiner großen Schwäche schützen, seiner Gutmütigkeit. Er brachte es nicht übers Herz, selbst dem verdorbensten und faulsten Tunichtgut eine Bitte abzuschlagen.

Am unteren Ende des langen Tischs, wo sie aufgrund der Entfernung noch kleiner wirkten, saßen Binabik und Sisqi, die von denen, die nicht mit dem königlichen Paar in den Norden gereist waren, neugierig gemustert wurden. Neben ihnen saß Tiamak, dessen Frau allerdings fehlte, weil sie die verwundete Sitha pflegte. Zu Miriamels Freude und Erleichterung war auch ihre gute Freundin Gräfin Rhona zugegen. Sowohl Miriamel als auch Simon schätzten den gesunden Menschenverstand der Gräfin, und für das, was heute zu besprechen war, brauchte man einen klaren Kopf. Außerdem fielen der Gräfin Dinge auf, die männliche Hofbeamte oft übersahen, und sie hatte ein feines Gespür für Stimmungen am Hof, für die Männer oft vollkommen unempfindlich waren.

Weniger erfreut war die Königin darüber, dass ihr Enkel erneut fehlte. Hoffentlich hatte Simon es nicht bemerkt. Er war auf Morgan schon wegen seiner vielen Verfehlungen auf der Reise in den Norden böse.

Simon sah sie vielsagend an. Sie glaubte zuerst, er hätte ihre Gedanken gelesen, doch dann wandte er sich an Graf Eolair und sie erkannte ihr Missverständnis. »Ich weiß, dass Ihr im Herzen anderswo seid, alter Freund«, sagte er leise. »Aber wir brauchen Euch jetzt. Die Königin und ich bitten Euch, dem Inneren Rat heute vorzusitzen.«

Der Marschall nickte. »Natürlich, Majestät.«

Miriamel empfand unwillkürlich Mitleid mit ihm. Sie konnte sich vorstellen, was es ihn gekostet hatte, Königin Inahwens Hilfsersuchen abzulehnen. Seit dreißig und mehr Jahren diente Eolair dem Hochkönig – ein Mann, der alle Titel und Auszeichnungen ablehnte und der nach dem Sturmkönigskrieg selbst den Thron von Hernystir hätte besteigen können und sollen, zumindest hatte Miriamel das immer gedacht und sie wusste, dass Simon derselben Meinung war. Gewiss gab es niemanden sonst im Hochkönigsbann, der mit seinen diplomatischen Fähigkeiten so nützlich war.

Und das ist zugleich seine große Schwäche, dachte sie. Wenn Simon zu gutmütig ist, dann ist Eolair zu pflichtbewusst. Er denkt nicht genug an sich. Es war ihre Idee gewesen, dass er die Sitzung leiten sollte. Sie wusste, dass den Grafen der Gedanke schmerzte, Königin Inahwen im Stich gelassen zu haben, und hatte von ihrem

Großvater und ihrem Vater gelernt, dass man sich einen guten Mann am besten dadurch neu verpflichtete, indem man ihm eine wichtige Aufgabe übertrug. Wenn doch ihr Vater nicht so weit von der weisen Erkenntnis abgekommen wäre, die sein Vater ihn gelehrt hatte!

»Hört mich an, die Ihr hier versammelt seid!«, rief der königliche Herold auf Miriamels Zeichen hin und schlug mit seinem Stab auf den steinernen Boden. Die leisen Gespräche am Tisch verstummten. »Seine Majestät der König und Ihre Majestät die Königin bitten um Aufmerksamkeit!«

Stille kehrte ein, dann sagte Simon: »Wir danken dem Herrn dafür, dass er uns wohlbehalten zu Euch zurückgebracht hat. Es ist schön, wieder in Erkyland zu sein. Wir hätten uns glücklichere Umstände gewünscht, aber in der kommenden Woche werden wir alle viel zu tun haben. Am nächsten Drorstag wird eine Gedenk-Mansa für unseren lieben Freund Herzog Isgrimnur stattfinden.« Der Anflug eines Lächelns glitt über sein Gesicht. »Vollkommen zu Recht, wie ich meine. Er war zwar ein guter Ädonit, aber in Momenten der Erregung verfiel er immer wieder in die Gewohnheit, bei den alten Göttern zu fluchen.«

Einige, die den Herzog gekannt hatten, lächelten ebenfalls, andere nickten. Die Nachricht von Isgrimnurs Tod war vor rund zwei Wochen zusammen mit der königlichen Post aus Elvritshalla eingetroffen, deshalb war niemand über die Worte des Königs überrascht.

»Nach dem Gedenkgottesdienst wird am nächsten Freytag eine Sitzung des Großen Rats stattfinden, auf der es viel zu besprechen gibt. Viele von Euch haben bereits von dem Angriff gehört, der auf der Rückreise von Rimmersgard auf uns verübt wurde. Auch Ereignisse in Nabban erfordern unsere Aufmerksamkeit, wie Großkanzler Pasevalles klargemacht hat, und der rätselhafte Fall der Botin von den Sithi.«

Kenrick und einige andere, die mit dem Königspaar gereist

waren, schienen verwirrt. »Mit Verlaub, Majestät«, sagte der Wachhauptmann, »haben wir nach all den Jahren wieder eine Nachricht vom Volk der Sithi bekommen?«

»Wie gesagt, wir werden im Großen Rat darüber sprechen«, erklärte der König. »Heute haben wir ein dringenderes Thema. Ihr habt das Wort, Marschall.« Simon wandte sich mit einer auffordernden Handbewegung an Graf Eolair. »Berichtet den Anwesenden, was geschehen ist, und wir werden gemeinsam überlegen, was es bedeuten könnte. Doch bedenkt, dass Ihr, die Ihr hier versammelt seid, dem Thron am nächsten steht und unsere engsten Freunde und Verbündeten seid. Solange die Königin und ich nichts anderes sagen, bleibt das, was wir besprechen, unter uns.«

»Aber der Überfall der Nornen ist in Erchester bereits Stadtgespräch, Majestät«, wandte Graf Rodson ein. Er klang, als könnte er dafür sorgen, dass gleich alles wieder in Ordnung kam.

»Der Überfall schon«, erwiderte Miriamel, wieder einmal verärgert über die herablassende Art des Grafen. Er mochte der Spross einer der ältesten Familien Erkynlands sein, aber das berechtigte ihn noch lange nicht dazu, ihrem Mann nach Belieben ins Wort zu fallen. »Doch gibt es wichtige Einzelheiten, die nur wenige kennen. Die wollt Ihr doch bestimmt auch erfahren, damit Ihr uns wie gewohnt sachkundig beraten könnt?«

Rodson hatte leider überhaupt kein Gespür für Ironie, eine der Eigenschaften, die Miriamel an ihm besonders missfielen. Er straffte sich und strich sich in einer Art über den Bart, die offenbar seine Weisheit verdeutlichen sollte. »Natürlich, Majestät. Ich bin nur bestrebt, dem Hochthron zu dienen.«

»Dann berichte ich jetzt, was wir wissen, meine Herren«, sagte Eolair.

Er wählte seine Worte wie immer mit Bedacht, sprach nur von dem, was sie wussten, und enthielt sich aller Vermutungen. Doch trotz seiner Leidenschaft für die Wahrheit wiederholte er nicht, was Gräfin Alva von den Leichen der Nornen und Sithi im fernen Engby berichtet hatte. Simon und Miriamel waren übereingekommen, dass sie diese Begebenheit noch nicht allgemein bekannt machen wollten, weil einige Adlige dann womöglich zu der Ansicht gelangten, es gehe nur um einen Streit zwischen zwei Clans der Unsterblichen, und die anderen Anzeichen der Gefahr nicht mehr ernst nahmen. Die meisten hatten der Freundschaft ihrer Herrscher mit den »Goldenen«, wie sie die Sithi nannten, sowieso nie ganz getraut.

»Alle, die mit uns auf der Nordstraße unterwegs waren, stimmen darin überein, noch nie einen so großen Riesen gesehen zu haben«, schloss Eolair. »Er war doppelt so groß wie ein Mensch und rund zehnmal so schwer.«

»Haben die Nornen sie so groß gezüchtet?«, fragte Herzog Osric. »Das wäre in der Tat schrecklich. Ich habe gehört, dass wir in den Schlachten der Vergangenheit für jeden getöteten Riesen ein Dutzend Männer und mehr verloren haben.«

»Wir wissen es nicht, Durchlaucht«, sagte Eolair. »Aber selbst wenn die Nornen diese Ungeheuer jetzt züchten, als wären es Jagdhunde oder Pferde, ist das keineswegs unser größtes Problem.« Er faltete das blutbesudelte Pergament auf. »Nachdem die Nornen uns entkommen waren – nach Osten, wie wir feststellten –, fand einer von Hauptmann Kenricks Soldaten das hier auf der Straße. Kennt Ihr diese Schrift, Erzbischof?«

Gervis stand auf, ging zu ihm und betrachtete das Dokument. Dabei stützte er sich auf Eolairs Stuhl.

»Das sind Rimmersgarder Runen!«, sagte er. »Warum sollten die Nornen sie benutzen?«

»Tiamak hat dafür eine Erklärung gefunden, Euer Gnaden«, antwortete Eolair. »In der Nachricht – denn darum handelt es sich, um eine Nachricht – steht, dass ihr Verfasser nicht zu den Nornen gehört, sondern nur mit ihnen reist, womöglich als Gefangener oder Sklave. Tiamak?«

Der Wranna stand ebenfalls auf und trat zu ihnen. Sein Hinken, das aus der Zeit stammte, als Miriamel ihn kennengelernt hatte, hatte sich im Lauf der Jahre verschlimmert. Er erklärte den Mitgliedern des Inneren Rats die uralte Herkunft der Runen und las die Nachricht dann vor. Als er fertig war, herrschte im Thronsaal lange Schweigen.

»Das ist eine Falle«, sagte Graf Rodson schließlich. »Eine infame List der Nornen, die uns in Sicherheit wiegen soll.«

»Möglich wäre es«, sagte Tiamak geduldig. »Aber wenn das die Absicht war, warum sich dann eine Geschichte ausdenken, die uns nicht beruhigt, sondern alarmiert? Und warum dann die umständliche Art der Übermittlung, statt sie einfach in einem verlassenen Lager zurückzulassen, wo wir sie finden?«

»Mit dem Namen Jarnulf verbinde ich nichts, aber von einer Organisation namens Weiße Hand habe ich schon gehört«, sagte Herzog Osric. »Man erzählt sich von ihr in den Nördlichen Ländern und manchmal dringt die Kunde davon auch in den Süden. Jedenfalls handelt es sich um eine Räuberbande dieses Namens, die den Nornen nachstellt und sie tötet, wenn sie die Grenze zu den Ländern der Sterblichen überqueren. Ich hielt das allerdings immer nur für die Erinnerung an einen alten Helden und seine Getreuen, eine Art Hans Mundwald.«

»Möglich«, sagte der König. »Oder jemand hat den alten Namen wiederbelebt, jemand, der einen Groll gegen die Nornen hegt. Tiamak, zeigt den anderen, was der Nachricht beigefügt war.«

Tiamak nickte, zog aus den inneren Falten seines Umhangs einen glänzenden Gegenstand und legte ihn auf den Tisch. Die Ratsmitglieder, die ihn noch nicht gesehen hatte, beugten sich vor.

»Was ist das?«, fragte Osric. »Dieses Abzeichen ist mir unbekannt.«

»Das überrascht mich nicht«, sagte Tiamak. »Denn wir machen nicht viele Worte über unsere Mitgliedschaft und das, was wir tun.«

»Wir?«, fragte Erzbischof Gervis. »Soll das heißen, Ihr seid mit dieser Person irgendwie verbunden, Tiamak? Mit dem Absender der Nachricht?«

Tiamak wandte sich an Simon und Miriamel. »Wie weit soll ich ausholen, Majestäten? Denn die Geschichte ist lang.«

»So weit wie notwendig«, sagte Miriamel. »Damit die Ratsmitglieder verstehen, warum wir das ernst nehmen müssen.«

Tiamak nickte und fuhr sich mit der Hand durch die schwarzen, schütter werdenden Haare. »Zunächst einmal, verehrte Ratsmitglieder, müsst Ihr wissen, dass Ihr bereits mehr als ein Mitglied der Organisation kennt, die dieses Symbol verwendet – des Bundes der Schriftrolle.« Er zeigte zum Tischende. »Zu ihm gehört neben mir auch Binabik von Yiqanuc, und zwar seit damals in den frühen Tagen des Sturmkönigskrieges, als sein Herr ihm ein solches Abzeichen verliehen hat.«

Binabik griff in den Kragen seines einfachen Hemds, zog einen glänzenden Gegenstand heraus und hielt ihn mit seinen kurzen, dicken Fingern hoch. »Das ich seitdem mit Stolz trage«, erklärte er. »Der Bund hat viel zur Verteidigung von Frieden und Wissen gegen die beigetragen, die keines von beidem schätzen.«

»Mit Verlaub, Tiamak«, sagte Erzbischof Gervis, »ich bin nun doch einigermaßen alarmiert. Heißt das, Ihr als Berater des Hochkönigs seid schon die ganze Zeit über Mitglied einer geheimen Zunft? Sind denn alle Mitglieder Ausländer?«

Tiamak schüttelte den Kopf. »Wenn Ihr mit ›Ausländern‹ die meint, die anders aussehen als Ihr, Exzellenz, lautet die Antwort nein. Sogar Prinz Josua selbst, der jüngere Sohn König Johans, gehörte vor seinem Verschwinden viele Jahre zu uns. Und wenn er noch lebt, was der Himmel geben möge, trägt er das Abzeichen vielleicht noch immer.« Tiamak lächelte höflich. »Aber andere Mitglieder dieser geheimen Zunft, wie Ihr Euch ausdrückt, sind Euch noch vertrauter. Mein Freund Vater Strangyeard gehörte ihr ebenfalls an. Ihr erinnert euch doch sicher an ihn?«

»Strangyeard? Der Hofgeistliche?« Gervis sah ihn verwirrt an. »Natürlich erinnere ich mich an ihn und bin immer noch über sein Hinscheiden betrübt. Ein braver, gottesfürchtiger Mann. Erklärt uns das genauer. Was ist das für eine geheimnisvolle Gesellschaft?«

»Sehr wohl, wenn Ihre Majestäten es erlauben«, sagte Tiamak. »Die Mitglieder des Bundes der Schriftrolle sind Gelehrte, die sich durch Eid der Bewahrung des Wissens verpflichtet haben. Die Mitgliedschaft ist eine große Ehre, aber auch eine beschwerliche Pflicht mit zuweilen tödlichen Folgen, da man das Wissen manchmal nur bewahren kann, indem man gegen die kämpft, die die Welt in die Nacht des Unwissens zurückzerren wollen. Einige unserer Mitglieder sind im Sturmkönigskrieg gefallen. Die Mitgliedschaft ist also mit Gefahren verbunden, aber man kann sie nicht erstreben wie etwa eine königliche Gunst. Stattdessen bekommt man die Mitgliedschaft von einem Schriftrollenträger, wie wir uns nennen, zugesprochen, oft dann, wenn dieses Mitglied glaubt, dass sein Ende nah ist. Bei dieser Gelegenheit wird auch, wenn es möglich ist, das Abzeichen, das Ihr hier seht, oder ein ähnliches mitgegeben. Ihr habt das von Binabik gesehen, das sein Herr ihm geschenkt hat. Ich bekam meins von einem anderen guten Ädoniter, Vater Dinivan von Nabban, der den Lektor selbst gegen den roten Priester Pryrates verteidigte und dabei den Tod fand.«

»Vater Dinivan? Der Sekretär von Lektor Ranessin?« Gervis schien erstaunt, dass noch ein Geistlicher dem Bund angehörte. »Ich erinnere mich auch an ihn!«

»Ja, Dinivan. Und Strangyeard empfing sein Abzeichen von Jarnauga von Tungoldyr, diesem guten und weisen Mann, der in Naglimund zurückblieb und sein Leben dafür gab, dass Josua und seine Leute fliehen konnten, als schon alles verloren schien.«

»Moment«, sagte Herzog Osric. »Ihr spracht von Jarnauga? Der Absender der Nachricht heißt Jarnulf und ist offenbar auch ein Rimmersmann. Könnte er mit dem Mann verwandt sein, den Ihr kanntet?«

Tiamak schüttelte den Kopf. »Ich kannte Jarnauga nicht persönlich, weil ich nicht zur selben Zeit in Josuas Burg Naglimund war. Doch Strangyeard hielt große Stücke auf ihn, obwohl sie nur wenig Zeit gemeinsam verbrachten. Was Eure Frage betrifft, so haben Binabik und ich sie uns auch gestellt. Aber wir wissen keine Antwort. Wenn Jarnauga Verwandte hatte, sind ihre Namen nicht überliefert. Strangyeard hat nie von welchen gesprochen und Jarnaugas Schriftrolle und Federkielanhänger trage ich um den Hals.« Tiamak fasste in seinen Umhang und zog einen zweiten Anhänger hervor, nahm ihn vorsichtig ab und legte ihn neben den ersten auf den Tisch. »Doch dieser Jarnulf stammt seiner Schrift nach zu urteilen von dem Stamm der Rimmersmänner ab, der vor langer Zeit von den Nornen versklavt wurde. Jarnauga von Tungoldyr gehörte dagegen zu den freien Rimmersleuten, unseren Verbündeten unter den Herzögen von Elvritshalla und dem Hochkönigsbann.«

»Wenn dieser Jarnulf also Eurem Gelehrtenbund angehört«, fragte Osric, »wer hat ihn aufgenommen? Wer hat ihm das Abzeichen gegeben?«

»Mit Verlaub, Herr, aber Ihr schreitet zu rasch voran. Hier ist noch viel mehr sonderbar. Seht Ihr, dass die Abzeichen des Bundes, die der ehrenwerte Troll und ich selbst tragen, aus Gold gefertigt sind? Dieses hier ist es dagegen nicht. Ich habe nie davon gehört, dass der Bund das Abzeichen auch in Silber herstellt, auch nicht in seiner Anfangszeit. Aber nicht nur das bereitet uns Kopfzerbrechen. Binabik und ich haben das Abzeichen sorgfältig untersucht und dabei eine interessante Entdeckung gemacht.« Er nahm die Kette auf, an der sein eigenes Abzeichen hing, und die Kette, die mit Jarnulfs Botschaft gekommen war, und reichte beides dem Herzog. »Betrachtet die Anhänger selbst und sagt mir, was Ihr seht.«

Osric hielt die Anhänger dicht vor seine zusammengekniffenen Augen. »Ich sehe nichts. Vielleicht ist der des Boten etwas weniger fein gearbeitet.«

»Ihr habt vollkommen recht, Herr. Und jetzt dreht ihn um.«

Osric hob die Augenbrauen und tat wie geheißen. »Ich sehe nichts, das von Bedeutung wäre.«

»Genau. Jetzt betrachtet meinen und dreht ihn ebenfalls um.«

Der Herzog starrte den Anhänger einen Moment lang verwirrt an, dann zog er überrascht die Augenbrauen hoch. »Auf Eurem sind Schriftzeichen, allerdings so furchtbar klein, dass ich sie nicht lesen kann.«

»Sie gehören unbedingt zum Anhänger eines Schriftrollenträgers«, erklärte Tiamak. »Die kleinen Buchstaben POQM stehen für die Nabbanai-Worte ›Podos orbiem, quil meminit‹ – ›Wer sich erinnert, kann die Welt neu erschaffen‹.«

»Aber die Schrift findet sich nicht auf dem Anhänger, den dieser Jarnulf uns geschickt hat, und seiner ist aus Silber, nicht aus Gold«, überlegte Osric. »Was hat das zu bedeuten?«

»Dass der Brief, der auf der Frostmarkstraße gefunden wurde, wohl leider nicht von einem echten Schriftrollenträger stammt, Herzog Osric«, erklärte Binabik. »Oder, dass zumindest der Anhänger nicht echt ist.«

»Der Leitspruch geht auf König Simons Vorfahren Ealhstan den Fischerkönig zurück«, sagte Tiamak. »Den Gründer des Bundes. Er drückt unsere Überzeugung aus, und Ihr werdet dieselben kleinen Buchstaben auch auf Binabiks Anhänger finden, auf dem von Josua, wo immer er sein mag, und dem von Faiera von Perdruin. Wir sind die letzten Schriftrollenträger.«

»Die letzten?«, fragte Erzbischof Gervis. Er klang geradezu erleichtert.

»Wir haben viele unserer weisesten Mitglieder verloren, und

wir Übriggebliebenen, die dem Bund noch treu dienen, sind auf der Suche nach neuen Kandidaten, die der Verantwortung gerecht werden. Ich muss gestehen, dass wir uns in den Jahren relativen Friedens von anderen Dingen haben ablenken lassen. Doch jetzt … es genüge zu sagen, dass es so aussieht, als würde der Bund wieder benötigt.«

»Aber warum?«, wollte Graf Rodson wissen. »Ich bin im Moment vielleicht etwas durcheinander, aber ein Angriff von einem Dutzend Nornen und einem Riesen bedeutet doch wohl nicht das Ende der Welt. Warum tut Ihr alle, als würde gleich der Himmel über uns einstürzen? Was soll der ganze Quatsch mit Bünden und Schriftrollenträgern?«

»Das hängt mit dem Inhalt der Nachricht dieses Jarnulf zusammen, Herr.« Graf Eolair hatte lange geschwiegen und sogar Miriamel zuckte zusammen, als er sich jetzt plötzlich zu Wort meldete. »Der Mann behauptet oder deutet an, mit dem Bund zu tun zu haben und er schreibt, die Nornenkönigin sei erwacht und wolle sich an uns rächen. Aber wir haben es keineswegs nur mit Worten zu tun! Es gibt noch etwas, von dem Ihr nichts wisst – etwas Wichtiges, das wir von einem alten Freund und seiner Frau gehört haben.« Auf seine Worte hin kehrte wieder vollkommenes Schweigen ein. Eolair sah das Königspaar um Erlaubnis bittend an. Die beiden wechselten einen stummen Blick, dann nickte Miriamel. »Ich danke Euch.« Eolair wandte sich wieder den Ratsmitgliedern zu. »Unser alter Verbündeter Sludig von Engby und seine Frau haben festgestellt, dass die Nornen nach Jahrzehnten der Abwesenheit wieder durch das östliche Rimmersgard ziehen, und dass sie auch gegen ihre Verwandten, die Sithi, Krieg zu führen scheinen. Dazu kommt, dass sie unweit der Grenze Erkynlands auch Soldaten des Hochkönigbanns angegriffen haben – Soldaten des Königs und der Königin! –, obwohl sie sich genauso gut hätten verstecken können. Es handelt sich also nicht um eine unbedeutende Ausnahme von der Regel, sondern um zwei sehr bedeutsame Vorfälle, noch dazu zur selben Zeit. Ist das nicht ein Grund zur Sorge, mein Herr?« Man erlebte Eolair selten wütend, doch jetzt hatte er Mühe, die Fassung zu wahren. »Der König und die Königin haben beide im Sturmkönigskrieg gegen die Nornen gekämpft und ich ebenfalls. Wir haben mit eigenen Augen gesehen, was sie anrichten können – und fast angerichtet hätten. König Seoman und Königin Miriamel haben erlebt, wie unwirkliche Flammen aus dieser Burg schlugen und die Burg mehrere hundert Jahre in die Vergangenheit zurückversetzt wurde. Das stimmt doch, Majestäten?«

Simon nickte. »Bei Gott, ja. Es klingt wie eine Ballade oder ein Märchen, aber es stimmt. Wir haben es erlebt.«

»Und genau deshalb machen wir uns Sorgen, Graf Rodson«, schloss Eolair. »Wenn wir bei unseren anderen Kämpfen gegen die Nornen auch nur etwas weniger Glück gehabt hätten, wäre keiner von uns heute hier und könnte an dieser Sitzung teilnehmen.«

Sein strenger Ton hatte sogar den polternden Rodson zum Schweigen gebracht. Miriamel vermutete, dass der Graf auch wegen des ungünstigen Zeitpunkts so unglücklich war. Die neue Bedrohung hatte ihn aus Hernystir weggeholt, dem Land seiner Geburt und seines Herzens.

»Was tun wir also?«, fragte Herzog Osric. »Selbst wenn alles stimmt, was Ihr befürchtet, Großkanzler, wie sollen wir auf so vage Warnungen reagieren? Wenn die Nornen uns offen angreifen, können wir gegen sie kämpfen, aber wenn sie sich bis zum Sankt-Nimmerleins-Tag in ihrem Berg verstecken, kommen wir nicht an sie ran. Das musste Isgrimnur schon vor Jahren feststellen.«

Eolair sah den König und die Königin an. Simon hing seinen Gedanken nach, deshalb nickte Miriamel und sagte: »Wir haben noch keine konkreten Pläne, uns ist nur klar, dass wir mehr wissen müssen, und dass dies beunruhigende Anzeichen sind. Da sich die Unruhen bisher überwiegend auf den Norden beschränken, erscheint es verfrüht, mehr Soldaten dorthin zu schicken, doch wäre es wohl klug, dafür zu sorgen, dass sie bereitstehen, wenn wir sie brauchen.« Sie machte eine Pause und überlegte. »Tiamak und auch Binabik, wenn er die Freundlichkeit hat – er ist schließlich unser Gast –, sollten nach Möglichkeit mehr über diesen Schwarzen Rimmersmann Jarnulf herausfinden. Und es wäre vielleicht noch wichtiger, die Bedeutung seiner Worte über die ›Hexenholzkrone‹ herauszufinden. Wir wissen natürlich, was Hexenholz ist – die Nornen verwenden es für ihre Schwerter und Rüstungen –, aber von einer daraus gefertigten ›Krone‹ haben wir nie gehört. Um was auch immer es sich handelt, wenn Utuk'ku diese Krone will, bedeutet das für uns ganz gewiss nichts Gutes. Das sollte vorerst genügen, denn wir anderen haben genug mit den schon bestehenden Problemen zu tun, zumal der König und ich so lange vom Hochhorst abwesend waren.« Sie wandte sich an Simon. »Habe ich noch etwas vergessen?«

Simon starrte sie an. »Entschuldige, meine Liebe, aber ich war in Gedanken gerade bei Geloë und Morgenes. Gott im Himmel, was würde ich darum geben, die beiden Weisen jetzt hier zu haben …« Er verstummte.

»Wir kennen sie nicht, mein König«, sagte Erzbischof Gervis, nachdem er eine Zeit lang darauf gewartet hatte, dass Simon weitersprach.

»Nein«, sagte Simon, und Miriamel hörte in seiner Stimme die Trauer, die er seiner Miene vorenthielt. »Nein, Ihr kennt sie nicht.«

Ihr Mann hatte eine empfindsame Seele.

27

MITTAG IN DER DRALLEN MAID

Morgan war erleichtert, zurück an seinem liebsten Aufenthaltsort zu sein, dem Mittelpunkt seines Reiches, dem sicheren Hafen, in dem er ungestört herrschen konnte. Doch freute er sich aus Gründen, die ihm selbst rätselhaft waren, nicht so darüber, wie er erwartet hatte.

Das Fenster neben der Tür stand offen. Ob der Gestank des heißen Tages von draußen in die Schenke wehte oder der Gestank der Schenke nach draußen, darüber mochten sich Philosophen streiten. Morgan wusste nur, dass es unerträglich heiß war, und dass sich der Geruch der Zivilisation nach den überwiegend unter freiem Himmel verbrachten Monaten auf der Straße nur schwer ignorieren ließ. Draußen lag immer noch der Abfall des gestrigen Durchzugs herum, als er mit seinen Großeltern und dem restlichen königlichen Gefolge hier vorbeigeritten war. Die Menschen hatten auch ihm zugejubelt, aber nicht so wie dem König und der Königin.

Bestimmt erzählt man sich schon Geschichten über mich, dachte er. Dass ich mich in der Frostmark im Lager versteckt habe, während die anderen mit den Nornen gerungen haben – sogar mein alter Großvater hat gekämpft! Dabei wollte ich doch auch gegen sie ins Feld ziehen. Aber Großmutter hat eigens eine Wache dazu abgestellt, das zu verhindern.

»Wenn Ihr niedergeschlagen seid, Hoheit«, bemerkte Ritter Astrian, »was ich aus Eurer mürrischen Miene schließe, empfehle ich, dass Ihr Euer Leben in den Dienst an Euren Mitmenschen stellt und Euch dadurch von Eurer schlechten Laune erlöst. Ein weiterer Eimer Bier für alle wäre ein schöner erster Schritt in diese Richtung.«

»Ich hätte auch nichts gegen einen Schluck Bier einzuwenden«, fiel Ritter Porto ein. »Aber es gehört sich schwerlich, den Prinzen danach zu schicken.« Er überlegte stirnrunzelnd. »Holt Ihr das Bier, Olveris.«

Ritter Olveris hob nur die Augenbrauen und starrte Porto herablassend entlang seiner langen, schmalen Nase an.

»Da hier offenbar niemand die Tatkraft besitzt, zu tun, was getan werden muss«, sagte Astrian, »werde ich mich der Mühe unterziehen, die Ihr scheut.« Er wandte sich der anderen Seite des Schankraums zu, in dem der Wirt gerade den Kellnerjungen ausschimpfte. »He, Hatcher, noch einen Eimer Bier für den Tisch des Prinzen!«

Der Wirt bedachte ihn mit einem keineswegs freundlichen Blick und wandte sich wieder dem Jungen zu. Was er über dessen Vorfahren zu sagen wusste, erschien sogar Morgan in seinem ein wenig beschwipsten Zustand reichlich phantastisch.

»Bringt er uns jetzt was?«, fragte Porto schließlich.

»Den Thronfolger nicht zu bedienen wäre eine Schmähung des Hochkönigtums«, sagte Astrian. »Die Gesellschaft geriete ins Wanken und Erkynland würde schon bald von barbarischen Horden überrannt. Und die Barbaren sind bekannt dafür, dass sie Schankwirten kein Geld für Bier geben, das sie viel leichter mit Waffengewalt bekommen. Natürlich bringt Hatcher uns welches.«

»Als wir im Norden waren«, sagte Olveris, »habe ich immer gehofft, Astrian würde zu einem Eiszapfen gefrieren. Ich wollte wissen, ob er nach dem Auftauen genau an der Stelle weiterspricht, an der er aufgehört hat.«

»Was redet Ihr da, Olveris.« Astrian bedachte ihn mit einem empörten Blick. »Aus allem, was ich sage, leuchtet die Weisheit, und je mehr ich sage, desto heller scheint die Sonne für alle. Ihr dagegen sagt zehn Worte in zwei Jahren und keins davon lohnt das Warten.«

Morgan hörte ihm nur mit halbem Ohr zu. Etwas nagte an ihm wie eine Maus an der Mauer eines Hauses.

Es liegt an diesen blöden Trollen, dachte er. Es ging mir prima, bis ich mitten in der Nacht mit Snenneq auf diesen Berg steigen musste. Alles war prima. Jetzt ist mir, als hätte ich mich verliebt, doch die Frau ist mit einem anderen durchgebrannt.

»Was beschäftigt Euch, Hoheit?«, fragte Astrian. »Der Ehrlichkeit halber muss gesagt werden, dass Ihr ausseht wie ein Märtyrer mit Verstopfung.«

So sehr Morgan solche Frotzeleien sonst mochte, im Moment waren sie ihm lästig. Etwas hatte sich geändert und er wollte darüber nachdenken. Zum Beispiel hatte er den Gefallen daran verloren, den Tag mit Trinken zu verbringen. »Was soll sein? Nichts beschäftigt mich.«

»Tapfer gesprochen und tapfer gelogen, mein Prinz. Kommt, Ihr müsst es uns sagen. Mitfühlendere Ohren als meine und die von Olveris findet Ihr nicht, auch wenn Olveris' Ohren sehr hoch sitzen und er sich bücken muss, um Euch zu hören.«

»Und ich?« Porto klang quengelig wie ein Kind, das seinen Mittagsschlaf brauchte. »Habe ich etwa keine mitfühlenden Ohren?«

»Nur Gott der Herr weiß, wozu die Riesenlappen gut sind«, sagte Astrian. »Zum Hören? Nein, wohl eher dazu, den Wind einzufangen und nach Harcha zu segeln.«

»Ich lasse mir schon die Haare lang wachsen, damit man sie nicht sieht«, sagte Porto traurig. »Es stimmt, sie sind groß.«

»Groß? Genauso gut könntet Ihr sagen, das riesige Meer sei ein wenig feucht. Oder ein Löwe eine streunende Katze!«

Hatcher, der Schankwirt, näherte sich und verbeugte sich vor Morgan. Beim Sprechen wrang er unablässig den schmutzigen

Lappen aus, den er in den Händen hielt wie ein frommer Mann seine Gebetsperlen.

»Ich bitte um Verzeihung, Hoheit«, sagte er. »Ich freue mich wie immer über Euren Besuch in der DRALLEN MAID …«

»Das solltet Ihr auch«, warf Astrian ein. »Denn welche andere Spelunke dieser Art – verzeiht, wenn ich offen spreche – kann sich einer so vornehmen Kundschaft rühmen? Und jetzt bringt uns endlich das Bier.«

»Bitte, sagt das nicht.« Hatcher war ein behaarter Schrank von einem Mann, aber jetzt sah er aus, als würde er gleich in Tränen ausbrechen. »Auf was sitzt Ihr denn? Einer Bank, und zwar einer guten. Und was ist das?« Er beugte sich vor und klopfte auf das Holz des Tisches. »Ein Tisch. Meine Schenke ist die erste in der Dachsstraße oder überhaupt am Marktplatz mit einem richtigen, wahrhaftigen Tisch. Ich verlange nicht von Seiner Hoheit, dass er auf dem Boden sitzt und die Bierschale auf dem Schoß abstellt. Nein, ich biete in meiner Schenke Qualität.«

Morgan blickte zu den anderen Gästen hinüber. Ihre Tische bestanden aus Planken, die man auf Fässer gelegt hatte. Die anderen Gäste sahen zu seinem Tisch herüber, wie immer erfreut über jede Ablenkung. »Qualität«, wiederholte er.

»Jawohl, Hoheit. Und mit Verlaub, mein Prinz, Ihr werdet feststellen, dass die Beine dieses Tisches alle gleich lang sind. Hier wackelt und kippelt nichts.«

»Bis auf Porto«, sagte Astrian.

Morgan musste lachen. Der alte Ritter setzte sich auf – er hatte sich tatsächlich bedenklich zur Seite geneigt – und blickte empört um sich.

»Aber diese Qualität kostet eben auch«, sagte Hatcher, der sich nicht ablenken ließ. »Und damit kommen wir zu einem heiklen Punkt, Hoheit, wenn Ihr erlaubt.«

»Als könnten wir es verhindern«, sagte Astrian. »Ihr seid offenbar fest entschlossen, uns zu langweilen, bis wir uns einen anderen Ort suchen, an dem unsere strapazierten Nerven zur Ruhe kommen können.«

»Scherzt nicht, Ritter Astrian. Ihr wart immer gut zu mir – der Prinz war gut zu mir – und er ist hier stets als Gast willkommen. Da wir von Qualität sprechen: Erst gestern Abend war Elisabeth Curiosa persönlich hier.«

»Lisa? Wie ich das Mädel vermisse«, sagte Astrian. »Was treibt sie dieser Tage? Sind die roten Pickel verschwunden?«

»Also«, sagte der Wirt, ohne darauf einzugehen, »Lisa Curiosa persönlich, und Ihr wisst, auch sie steht für Qualität. Geht nicht mit einem Mann ins Bett, wenn er kein Einkommen und kein Haus hat.« Er schien selbst durcheinandergekommen zu sein und schwieg verwirrt. Dann setzte er erneut an und wandte sich an Morgan. »Jedenfalls wie gesagt, ich bin dankbar für Euren Besuch, Hoheit«, sagte er, »aber mit Verlaub, da wäre das Problem einiger unbezahlter Rechnungen.«

Morgan seufzte. »Mein Gott, schickt sie doch einfach Jeremias, dem königlichen Kammerherrn. Er wird sie begleichen.«

»Aber das ist ja das Problem«, rief Hatcher. »Bevor Ihr in den Norden aufgebrochen seid, hat er mir in einem Brief, einem sehr förmlichen Brief mitgeteilt, der königliche Haushalt werde nicht länger für Eure Wirtshausrechnungen aufkommen. Das hat er geschrieben. Ich solle aufhören, ihn ständig zu mahnen, und Ihr würdet Euch in Zukunft selbst darum kümmern.«

Aus einem kleinen Ärgernis drohte nun rasch ein bedrohlich großes zu werden. »Das ist ein Versehen«, sagte Morgan, »ganz bestimmt. Schreibt ihm noch mal.«

»Ich habe ihm schon drei Mal geschrieben. Das letzte Mal hat er geantwortet.« Hatcher schien schmerzlich hin- und hergerissen zwischen dem Bedürfnis, es dem Prinzen recht zu machen, und der Angst, sein Geld zu verlieren. »Und es ist so, Hoheit, dass Ihr mir …« Er beugte sich vor und hielt sein bärtiges Gesicht an Morgans Ohr. »Dass Ihr mir schon zwei Goldstücke schuldet und eine Handvoll Silber. Und dazu kommt noch die Tür, die im vergangenen Decander kaputtgegangen ist. Ich musste sie mitsamt der Angeln und Scharniere ersetzen.«

»Ihr wollt mir also sagen, dass ich hier nicht mehr willkommen bin?« Morgan legte die ganze Herablassung eines entrüsteten Adligen in seine Stimme.

»Bei allen Heiligen, nein!« Der Mut, den Hatcher bisher gezeigt hatte, schien ihn jetzt zu verlassen. »Aber versteht doch, Hoheit, ich kann Euch nicht ewig Kredit gewähren. Das hat nichts mit Euch zu tun. Aber jetzt, wo Ihr wieder da seid, dachte ich, wir könnten darüber reden. Damit ich nicht weitere Maßnahmen ergreifen muss.«

»Weitere Maßnahmen?« Astrian beugte sich über den Tisch. »Ihr droht uns, Ihr Wicht?«

Morgan sah die Angst in Hatchers Gesicht und griff ein. »Genug, Astrian. Hier droht niemand irgendwem.« Höchstens meine schlechte Laune mir, dachte er, weil ich mir soeben die Möglichkeit genommen habe, mich in eine bessere Stimmung zu trinken. Er stand auf. Die düstere, nach Hopfen und Schweiß stinkende Schenke war auf einmal der letzte Ort, an dem er sein wollte. »Ihr bekommt Euer Geld, Hatcher. Ich schwöre es bei meiner Ehre als Prinz von Erkynland.«

»Also«, sagte der Wirt lächelnd und wischte sich den Schweiß von seinem breiten, roten Gesicht. »Also. So freundlich und höflich gesagt, wie man es sich nur wünschen kann. Eure Gefährten können sich ein Beispiel an Euch nehmen, Hoheit. So benimmt sich der Adel, ehrlich und großzügig.« Seine Augen verengten sich kaum merklich. »Dürfte ich fragen, wann, wenn es nicht zu unhöflich ist, Herr? Denn Ihr müsst wissen, ich schulde dem Bierbrauer selbst Geld und er hat sich in Andeutungen ergangen, die sich gar nicht schön anhören.«

»Ich gebe Euch noch Bescheid, Hatcher. Kommt jetzt, Ihr anderen.« Morgan wartete darauf, dass seine Freunde aufstanden.

Porto schwankte ein wenig wie ein hoher Baum mit flachen Wurzeln. Astrian und Olveris wirkten fast ganz nüchtern, aber Morgan wusste, dass das täuschte. Man merkte ihnen lange nicht an, dass sie betrunken waren, manchmal erst dann, wenn Astrian in Zorn geriet oder Olveris im Sitzen einschlief, was ihm fast so oft passierte wie dem alten Porto. Morgan hätte nicht einmal sagen können, ob die beiden überhaupt je ganz nüchtern waren.

Was mache ich also heute? Er hatte gehofft, nicht darüber nachdenken zu müssen, hatte sich nur treiben lassen und die Reise nach Elvritshalla vergessen wollen, die Demütigung, nicht gegen die Nornen kämpfen zu dürfen, und die merkwürdige Nacht auf dem Berg unter dem Mond, der ihn zu verspotten schien. Was soll ich überhaupt tun? Im Moment fiel ihm nichts ein, das ihn gereizt hätte, nichts, das ihn aus seiner sonderbar düsteren Laune geholt hätte.

Warum haben diese schrecklichen Trolle mich auf den Berg geführt? Ich hatte seitdem keinen ruhigen oder glücklichen Moment mehr.

Er wünschte fast, er wäre von dem Berg abgestürzt.

✣

Thelía war die damenhafteste und zugleich am wenigsten damenhafte Frau, die er kannte, dachte Bruder Etan unwillkürlich. In mancher Hinsicht war sie der Inbegriff einer Dame: Sie verlor in der Öffentlichkeit nie die Fassung, soweit er das beurteilen konnte, und sie begegnete jedem, von der Magd bis zum Konnetabel, mit derselben Unvoreingenommenheit. Dagegen hatte sie anders als die meisten Frauen bei Hof keinerlei Skrupel, sich die Hände schmutzig zu machen. Blut oder sonstige zum Leben gehörenden natürlichen Dinge machten ihr überhaupt nichts aus, und in Situationen, in denen andere adlige Damen weggelaufen oder in Ohnmacht gefallen wären, blühte sie regelrecht auf.

Natürlich unterschied sie sich von diesen Damen auch darin, dass sie aus einer bodenständigen Kaufmannsfamilie kam, einer Familie, die nie versucht hatte, sich einen Titel zu kaufen, obwohl sie überdurchschnittlich erfolgreich war und in den Bergen von Nabban eine keineswegs bescheidene Villa bewohnte. Und bevor Thelía Tiamak kennengelernt und geheiratet hatte, der selbst ein höchst ungewöhnlicher ädonitischer Adliger war, war sie Nonne gewesen.

Sie ist keine verwöhnte Frau, die schon der leiseste Windstoß umweht, dachte Etan, während sie die Sitha-Frau untersuchte, diesmal vor den Augen ihres Mannes.

»Sie hat seit Tagen nicht gesprochen und atmet weiterhin schnell und flach, wie du siehst.« Thelía hob das Augenlid der Sitha an und untersuchte den Augapfel darunter so furchtlos, als handelte es sich um eine Münze oder einen Stein. Wer nicht einige Tage in ihrer Gesellschaft verbracht hatte, wie Bruder Etan in den vergangenen zwei Wochen, musste sie für gleichgültig, ja gefühllos halten. Doch Bruder Etan wusste, wie unglücklich sie darüber war, dass sie dieser Fremden nicht helfen konnte.

»Ich kann mir durchaus vorstellen, dass sie vergiftet wurde«, sagte Tiamak. Er wandte sich an Etan. »Weiß denn niemand, wo die Pfeilspitzen sind, die aus den Wunden gezogen wurden?«

Etan schüttelte den Kopf. »Nein. Am einen Tag waren sie noch da, am nächsten verschwunden. Ich erinnere mich noch, wie sie anfangs blutverschmiert auf einem weißen Tuch lagen. Auch Fürst Pasevalles weiß nicht, was mit ihnen passiert ist.«

Tiamak nickte. »Könnt Ihr sie mir beschreiben?«

»Ich will es versuchen.« Der Mönch schloss die Augen und rief sich den Tag ins Gedächtnis, an dem er der Sitha begegnet war. Sie hatte mit bloßen Händen gegen eine bewaffnete Wache gekämpft, ohne dass diese sie hätte überwältigen können. »Die abgebrochenen Schäfte waren schwarz, wenn ich mich recht entsinne, wie mit Tinte getränkt.«

»Wie Nornenpfeile. Überzeugt bin ich davon allerdings nicht. Wenn Euch noch etwas einfällt, Bruder, lasst es mich bitte sofort wissen.« Er wandte sich an seine Frau. »Schwarze Pfeile. Ob sie wirklich von den Nornen stammen?«

Thelía verzog das Gesicht. »Frag mich nicht so was. Du verstehst von Pfeilen mehr als ich, schließlich hast du jahrelang im Sumpf Enten gejagt. Warum ist das so wichtig?«

»Weil schwarze Pfeile in diesem Teil der Welt ungewöhnlich sind, wenn man von den Pfeilen der Nornen absieht. Aber ich glaube, dass ich in meiner Jugend im Süden solche schwarzen Schäfte gesehen habe. Sie waren mit Lampenruß eingerieben.«

»Soll das heißen, sie könnten von Leuten aus dem Wran stammen?«, fragte Etan.

»Nein! Du meine Güte, nein, obwohl es dort Clans gibt, die Gift verwenden. Aber unsere Pfeile sind viel zu klein für so große Löcher, wie die Frau sie Euch zufolge hatte, als sie aus dem Kynswald hier hergebracht wurde. Mit unseren Bögen wären die Pfeile nie so tief in das Fleisch eingedrungen – sie taugen nur für Nahschüsse auf Vögel, Schlangen und andere kleine Tiere. Die Wunden dieser Frau wurden von Kriegspfeilen verursacht.«

Thelía hatte die Wunden der Patientin untersucht. Sie waren großenteils verheilt, doch das Fieber war immer noch nicht abgeklungen. »Die vermutlich vergiftet waren. Kennst du noch einen anderen Stamm oder ein anderes Volk, das seine Pfeile so präpariert?«

»Mit Gift? Über das Volk dieser Sitha und ihre Verwandten, die Nornen, kann ich nichts sagen«, erwiderte Tiamak. »Ein schwerwiegendes Problem – wir wissen so wenig über den Alltag dieser Völker. Doch gibt es andere Völker in den Ländern südlich von Nabban. Dort haben die Sterblichen ihre Pfeile früher mit Gift behandelt, wenn sie in den Krieg zogen, oder wenn sie einen Mord planten und das Opfer auf keinen Fall überleben durfte.« Er runzelte die Stirn. »Jetzt, wo ich darüber nachdenke, fällt mir sogar ein, dass es in den Thrithingen, vor allem im Seen-Thrithing, Clans gibt, die ein Gift hergestellt haben, das sie nur auf Pfeilspitzen schmierten. Sie nannten es Helm der Dämonen – du kennst es als Eisenhut. Ich glaubte allerdings, es sei nicht mehr in Gebrauch.«

Etan wurde auf einmal übel. »Wenn die Frau mit Eisenhut vergiftet wurde, gibt es kein Heilmittel!«

»Dass wir sie mit unserer Kunst nicht heilen können, wissen wir schon«, sagte Thelía.

»Ich muss leider sagen, dass meine Frau recht hat.« Tiamak schüttelte den Kopf. »Aber vielleicht könnten wir ihr mit einer sehr kleinen Dosis Fingerhut helfen.«

»Fingerhut? Ihr meint die Pflanze, die die Kinder Feenhäuschen nennen? Aber die ist doch auch giftig.«

»Wie Ihr wisst, Bruder, sind viele Dinge je nach Dosis giftig oder heilsam«, erklärte Tiamak. »Ich glaube zwar leider nicht, dass Fingerhut sie heilen wird, aber vielleicht erweckt er sie wieder ein wenig zum Leben und sie kann vor ihrem Ende noch mit uns sprechen.« Er zuckte mit den Schultern. »Etwas anderes fällt mir nicht ein. Dir vielleicht, Thelía?«

»Nein«, erwiderte Thelía. »Ich werde den Fingerhut für dich zubereiten, ein paar Pflanzen habe ich im Kräutergarten.« Sie breitete die Decke wieder über die bleiche, reglos daliegende Sitha und ging.

»Meine Frau könnte mich mit ihrem Garten bei einem einzigen Frühstück fünfmal umbringen, wenn sie wollte«, sagte Tiamak mit einem Lächeln, das Etan überraschte – er klang eher ernst. »Das ist ein wichtiger Grund, ein guter Ehemann zu sein, wenn ich nicht schon genügend andere Gründe hätte.« Er legte noch einmal die Hand auf die Stirn der Sitha-Frau, dann wandte er sich ab. »Ihr sagtet, Ihr wolltet mich noch wegen etwas anderem sprechen, Bruder?«

Etan hatte so geduldig wie er nur konnte darauf gewartet, ihm von dem Buch zu berichten, das er bei den Sachen von Prinz Johan Josua gefunden hatte. »Ja, Herr. Während Ihr weg wart, bat Großkanzler Pasevalles mich, einige Bücher des verstorbenen Prinzen Johan Josua anzusehen. Prinzessin Idela hatte überlegt, ob wir sie vielleicht für die Bibliothek brauchen.«

»Wie freundlich von ihr«, sagte Tiamak. »Aber ich dachte, wir hätten schon alle Bücher von Johan Josua.«

»Offenbar nicht, Herr. Sie hat noch mindestens eine Truhe, die Ihr noch nicht gesehen habt. Ich weiß das wegen des Buches, das ich dort gefunden habe.«

Er beschrieb seine Entdeckung der *Abhandlung über die ätherischen Flüsterstimmen* und was er über ihren Verfasser Fortis den Einsiedler wusste. Tiamak hörte ihm mit sonderbar abwesend wirkender Miene zu und Etan fragte sich unwillkürlich, ob er vielleicht etwas durcheinandergebracht hatte, ob es sich am Ende gar nicht um das berüchtigte Buch handelte, wie er so fest geglaubt hatte.

»… Und deshalb habe ich es im Zeichensaal der Bauleute versteckt, Herr, obwohl mir das gar nicht recht ist«, schloss er. »Anschließend bin ich die Sachen von Prinz Johan Josua noch einmal durchgegangen. Zwar konnte ich nichts finden, das mich ähnlich erschreckt hätte wie diese Abhandlung, doch muss ich gestehen, dass dort noch einige weitere Bände waren, die ich nicht kannte, und andere, von denen ich nicht einmal die Sprache kenne, in der sie geschrieben sind. Habe ich etwas falsch gemacht?«

Tiamak schwieg eine Weile und in Etan wuchs die Überzeugung, einen Fehler gemacht zu haben.

»Habt Ihr noch jemandem von diesem Buch erzählt?«, fragte der kleine Mann schließlich. »Etwa Prinzessin Idela?«

»Nein. Ich wollte nicht, dass sie sich Sorgen macht. Ich wollte es Großkanzler Pasevalles melden, aber wir wurden unterbrochen.«

Tiamak nickte. »Ich würde mir das Buch gerne ansehen. Ich

habe davon gehört, aber nur sehr wenig. So wusste ich nicht, dass die Kirche es so sehr verurteilt.«

»Es steht seit zweihundert Jahren auf der Liste der verbotenen Bücher, Herr.« Etan machte das Zeichen des Heiligen Baums. »Es bloß zu berühren … Ich fürchte, dass ich meine Seele in Gefahr bringe.«

Zu Etans großer Erleichterung lachte Tiamak ihn nicht aus. Er lächelte nicht einmal. »Ihr habt in letzter Zeit offensichtlich einiges durchmachen müssen. Ich sehe es Eurem Gesicht an, Bruder.«

»Das Buch macht mir Angst«, gestand Etan. »Nur zu wissen, dass es sich in der Burg befindet, ängstigt mich, aber dass ich es an mich genommen habe, ist noch viel schlimmer.«

Tiamak nickte. »Das verstehe ich, aber ich kann Euch natürlich nicht sagen, ob Ihr recht habt, es zu fürchten. Es war für mich in meinem alten Leben sehr schwer, in Erfahrung zu bringen, mit was andere Gelehrte sich beschäftigten. Ich erfuhr nur, was meine Freunde im Bund der Schriftrolle mir mitteilten und was ich von den wenigen Weisen lernen konnte, denen ich in Kwanitupul begegnete. Ich weiß nicht, ob die Kirche recht hat, sich wegen des Buchs des Bischofs so zu sorgen, aber wie gesagt, ich würde es mir gerne ansehen. Könnt Ihr es mir später heute Abend bringen?«

»Ich werde leider erst nach dem Abendgebet in der Kathedrale frei sein, Herr.«

Jetzt lächelte Tiamak. »Dann bis heute Abend. Bis dahin muss ich meiner Frau helfen, für die arme Patientin hier zu tun, was wir können. Und dann muss ich noch zum König und zur Königin.«

Etan spürte, dass er nicht mehr gebraucht wurde und entlassen war, aber er zögerte trotzdem. »Darf ich noch etwas fragen, Herr?«

»Ja, natürlich.«

»Habt Ihr die Nornen gesehen, die den Zug des Königs und der

Königin überfallen haben? Die Weißfüchse, wie die Nordländer sie nennen? Sind sie so furchterregend, wie es in der Legende heißt?«

»Diesmal habe ich sie nicht gesehen, nein. Er-der-stets-auf-Sand-tritt hat an diesem Abend über mich gewacht und ich war nicht an den Kämpfen beteiligt. Aber ich habe sie früher gesehen – sogar in dieser Burg, in den letzten Tagen des Sturmkönigskrieges. Was ich von dem Buch, das Ihr gefunden habt, und seinem üblen Ruf halten soll, weiß ich nicht, Bruder Etan, aber ich kann Euch versichern, was man über die Nornen erzählt, stimmt – sie sind wild und verschlagen und sie hassen uns. Ja, die Angst vor ihnen ist berechtigt. Möge der Himmel dafür sorgen, dass wir ihnen in unserem Land nie wieder begegnen.«

Etan wünschte sich plötzlich, er hätte nicht gefragt. Er schlug erneut das Zeichen des Baums und ging nach draußen.

Es tut mir leid, dass hier alles noch ein solches Durcheinander ist«, sagte Jeremias. »Es war sehr … die Lage war …«

»Es war für uns alle ein Durcheinander«, sagte Simon. »Keine Sorge.«

»Es ist nur …« Jeremias hielt inne. Sein Blick war an Miriamel hängen geblieben, der zwei Zofen hinter einem Wandschirm aus dem Kleid halfen. Sie merkte es und erwiderte den Blick, und Jeremias wurde rot.

»Kammerherr ist ein Ehrentitel, Jeremias«, sagte sie. Ihre Schultern waren bereits von dem Kleid befreit und darunter trug sie nur einen dünnen Unterrock. »Ihr müsst nicht die ganze Zeit bei uns bleiben.«

Das Rot auf Jeremias' Wangen vertiefte sich. »Ich bitte um Verzeihung, Majestät.«

»Es war ja auch wirklich ein langer Tag«, fügte Simon hinzu. Er fragte sich, warum Jeremias dem Wink nicht folgte. »Wir sind alle müde.«

»Ich wollte mich nur bedanken. Dafür, dass ich beim Inneren Rat dabei sein durfte.«

Simon machte eine Handbewegung. »Du warst mir immer ein treuer Gefährte, Jeremias, und du hast mir auf der Frostmarkstraße das Leben gerettet. Dafür will ich dich ehren – auch mit neuen Aufgaben, keine Bange. Mir ist allerdings aufgefallen, dass du nicht viel gesagt hast.«

Der Kammerherr zuckte mit den Schultern und wich seinem Blick aus. Manchmal erinnerte er sehr an den schüchternen Jugendlichen aus Simons Kindheit, versetzt in den fülligeren Leib eines Mannes mittleren Alters. »Was hätte ich sagen sollen? Ich führe die Aufsicht über das Essen und die Wäsche. Vom Krieg verstehe ich nichts.«

»Bitte, Jeremias«, sagte Miriamel und sie klang ein wenig ungeduldig, »niemand wird Krieg führen, wenigstens hoffen wir das. Wir wollen einfach auf alles vorbereitet sein. Wie Ihr mit der Wäsche und dem Essen.«

Jeremias blickte zu Boden, blieb aber stehen. »Aber Ihr seid trotzdem gut zu mir gewesen, Simon. Ihr beide.«

Simon spürte, dass ihm noch etwas auf dem Herzen lag, aber er hatte den ganzen Tag anderen Leuten zugehört und war von den vielen Worten noch ganz benommen. »Du bist mein Freund und wirst es immer bleiben, Jeremias. Begleitest du jetzt bitte die Zofen ins Vorzimmer? Wir möchten schlafen.«

Jeremias sah ihn bestürzt an. »Natürlich! Verzeihung, es ist schon spät. Wie gedankenlos von mir.«

»Die Diener können auch gehen«, sagte Simon. »Miri und ich wollen noch ein wenig allein miteinander sprechen.«

»Selbstverständlich, Majestät.« Jeremias straffte sich pflichtbewusst. Was immer ihn noch bedrückte, es war vorerst zurückgestellt. Simon behandelte Jeremias nur ungern wie einen gewöhnlichen Untertanen, aber er war inzwischen so müde, dass er den Kammerherrn auch am Kragen gepackt und zusammen mit den Zofen, Dienern und Knappen geradewegs aus dem Schlafgemach hinausbefördert hätte.

Als die Dienerschaft endlich verschwunden war, zog er sich aus und schlüpfte unter die Bettdecke. Miriamel legte ihren Schmuck in die Schatulle und setzte sich, um sich die Haare zu bürsten.

»Was war das jetzt?«, fragte er.

»Was? Mit Jeremias?«

»Ich habe mich schon gefragt, ob er überhaupt noch geht. Ich fürchtete schon, er würde darauf bestehen, mir die Pantoffeln anzuziehen.« Simon machte eine Grimasse. »Ich kann es nicht leiden, wenn er wie ein Hund um mich scharwenzelt. Er kennt mich, seit wir beide junge Hüpfer waren.«

»Du warst immer gut zu ihm, Simon. Der Gehilfe eines Wachsziehers, der Kammerherr des Hochthrons wird – da kann er sich nicht beklagen.«

Simon kannte diesen Ton. »Anders ausgedrückt, hör auf, dir so viele Sorgen zu machen.«

Sie erwiderte seinen Blick im Spiegel und lächelte müde. »Genau.«

Simon setzte sich auf und lehnte sich an das Kopfbrett, um sie besser sehen zu können. »Du hast wahrscheinlich recht. Wir haben ja auch sonst genug zu tun. Du hast gehört, was Tiamak über die Sitha-Frau gesagt hat.«

»Er und Thelía und Bruder Etan haben alles getan, was möglich war, Simon. Du musst dich nicht um alles kümmern.«

»Aber warum haben die Sithi nach all der Zeit jemanden zu uns geschickt? Und was sollen wir tun?«

»Was können wir tun?«, fragte Miriamel. »Die Frau liegt im Sterben. Wir sollten wohl herausfinden, wer auf sie geschossen hat, obwohl es wahrscheinlich Wilderer waren.«

»Mit vergifteten Pfeilen?« Simon schüttelte den Kopf. »Aber das meine ich nicht. Was tun wir mit ihr? Wenn wir sie nicht zu ihrem Volk zurückbringen, wird sie sterben.«

Miriamel stand von ihrem Platz vor dem Spiegel auf und setzte sich an das Fußende des Betts. »Selbst wenn wir wüssten, wie Jiriki und die anderen zu finden sind, wissen wir nicht, ob sie etwas für die Frau tun können. Sie liegt im Sterben, Simon. Eine Sterbliche wäre schon vor unserer Rückkehr tot gewesen. Wenn die Sithi nichts von ihr hören, werden sie einen zweiten Boten oder eine Nachricht schicken.«

»Aber wir können doch nicht einfach abwarten!« Simon wäre über ihre Gefühllosigkeit schockiert gewesen, hätte er nicht aus langer Erfahrung gewusst, dass Miriamel, wenn sie müde war, sehr herzlos sein konnte. Er holte tief Luft und fing noch einmal an. »Wir dürfen nicht warten, Miri. Glaubst du denn, es ist Zufall, dass die Sithi nach Jahren des Schweigens ausgerechnet jetzt eine Botin zu uns schicken, zur selben Zeit, in der die Nornen sich wieder regen – in der sie unsere Grenze überschreiten und diese Furie mit dem silbernen Gesicht, ihre Königin, Jagd auf einen Gegenstand macht, der Hexenholzkrone genannt wird?«

»Wir messen dieser merkwürdigen Nachricht vielleicht zu viel Bedeutung bei.«

»Aber warum sollten sie uns überhaupt eine Nachricht schicken?«

»Vielleicht fürchtete dieser Jarnalf, er würde gefangen genommen.«

»Jarnulf, oder?« Simon verschränkte die Hände hinter dem Kopf und sah seine Frau an, die sich im Spiegel betrachtete. »Nein, das ergibt auch keinen Sinn. Versteh doch, Miri, selbst wenn die Sithi uns diese Botin oder was immer sie ist nicht geschickt hätten, wäre es trotzdem an der Zeit, Kontakt zu ihnen aufzunehmen. Vielleicht weiß Jiriki, was bei den Nornen vorgeht, und wenn nicht, sollten wir ihm auf jeden Fall sagen, was wir gehört haben.« Simon seufzte. »Außerdem würde ich ihn so gern wieder einmal sehen.«

»Seine Schwester, meinst du.«

»Aditu? Ja, die auch.«

»Ja, die auch.« Seine Frau klang plötzlich kühl. »Es muss schön sein, ewig zu leben wie die Sithi«, sagte sie und starrte in den Spiegel. »Jung und schön zu bleiben, während alle anderen alt werden.«

Simon lachte. »Würdest du das wirklich wollen? Das junge Mädchen bleiben, das ich kennengelernt habe, während ich neben dir altere? Während alle um uns herum auch altern? Ich mag deine Falten und grauen Haare, Miri. Sie erinnern mich an unser gemeinsames Leben.«

Miriamel legte ihre Bürste übertrieben vorsichtig ab, als hätte sie sie am liebsten nach ihm geworfen. »Soll das heißen, du würdest Aditu, wenn sie jetzt mit ihrem dünnen Kleidchen und ihrer bezaubernden, geheimnisvollen Art hier wäre, nicht folgen wie ein Hund, der Frischfleisch wittert?«

»Was soll das? Bist du eifersüchtig? Auf Aditu? Meine Liebste, ich habe sie seit vielen Jahren nicht mehr gesehen! Ganz zu schweigen davon, dass zwischen uns nie etwas war. Ach ja, und dass sie mindestens zweihundert Jahre älter ist als wir.« Er versuchte, belustigt zu klingen, aber es war schwerer, als er erwartet hatte. »Ich dachte, Jiriki und Aditu würden dir genauso viel bedeuten wie mir, Miri.«

»Du hast mit ihnen zusammengelebt, ich nicht.« Miriamel seufzte. »Ach, ich weiß auch nicht. Sie liegen mir am Herzen. Ich habe mich genauso gefreut wie du, als ich dachte, das Verhältnis zwischen ihrem Volk und unserem würde sich ändern. Aber sie waren immer so geheimnistuerisch. Sie bleiben lieber im Verborgenen und halten sich aus unseren Angelegenheiten heraus.«

»Sie tun das, weil wir immer wieder versucht haben, sie zu

töten, meine Liebe. Ich hatte gehofft – wir beide hatten gehofft –, wir könnten das ändern. Aber noch wichtiger ist, dass sie die Nornen weitaus besser kennen als wir. Komm jetzt ins Bett. Ich möchte mit dir noch über etwas anderes reden.«

»Ich bin sehr müde, Simon.«

»Nicht darüber. Na los, komm zu mir ins Bett. Du erkältest dich noch, wenn du nur im Nachthemd dasitzt.« Er hielt die Decke für sie hoch und sie schlüpfte neben ihn, so nah, dass er durch ihr dünnes Nachthemd hindurch ihre kühle Haut spürte.

»Jetzt bin ich da. Über was wolltest du reden?«

Simon holte Luft. »Ich finde, wir sollten die Sitha-Frau zu ihren Leuten im Aldheorte zurückbringen. Und ich sollte sie begleiten. Es ist Zeit, dass wir mit Jiriki und den anderen Sithi sprechen und herausfinden, warum sie so lange geschwiegen haben.«

Miriamel erstarrte. »Auf keinen Fall.«

»Aber warum nicht? Du hast doch diese Kreaturen gesehen, gegen die wir gekämpft haben, Miri – und den Riesen! Was ist, wenn wir wieder gegen die Nornen Krieg führen müssen? Das wäre doch ohne den Rat der Sithi undenkbar. Und wir können auch nicht einfach nur abwarten und ihre Botin sterben lassen. Nicht wenn ihre Leute sie vielleicht heilen könnten.«

Die Königin antwortete ruhig, aber sie klang nicht froh. »Teilweise leuchtet mir das ein und ich muss darüber nachdenken. Aber was immer wir beschließen, du gehst auf keinen Fall mit, Simon. Du warst zuerst in Meremund und dann in Elvritshalla beim armen Isgrimnur, die Leute hier haben dich im vergangenen halben Jahr kaum gesehen. Wenn du meinst, es könnte Krieg geben, kannst du nicht gleich wieder verschwinden und dich auf Abenteuerreisen begeben, wie du es in deiner Jugend getan hast, und seien die Gründe deiner Suche nach den Sithi noch so nobel.«

»Du verdrehst meine Worte, bis ich ihren Sinn nicht wiedererkenne.« Er konnte es nicht ausstehen, wenn sie so tat, als gehe es ihm nur darum, noch einmal jung und verantwortungslos sein zu dürfen. Natürlich wünschte er sich das manchmal insgeheim – aber kannte das nicht jeder, diese kindliche Sehnsucht danach, die Fesseln des Erwachsenseins abzuwerfen? »Und ich spreche nicht als der Junge, den du kennengelernt hast, und nicht einmal als dein Mann, sondern als der König des gesamten Hochkönigsbanns.«

»Und ich spreche als die Königin. Und die Königin sagt, dass der König nicht auf Abenteuerreisen verschwinden kann, wenn wir hier so viele Probleme haben. Hast du Hernystir und die Gerüchte von Hugos Teufelsanbetung schon vergessen? Hast du nicht zugehört, als Pasevalles sagte, Nabban sei ein Pulverfass, das jeden Moment explodieren könne?«

Simon schwieg lange und wartete, bis seine Erregung sich ein wenig gelegt hatte. »Was sollen wir dann tun, Miriamel? Ich werde nicht zusehen, wie diese Frau stirbt, und hoffen, dass Jiriki noch jemanden schickt.«

Miriamel drehte ihm den Rücken zu, blieb aber so nahe, dass sie die Wärme seines Körpers weiter spürte. »Schicke Eolair, wenn du jemanden schicken musst. Er ist die Hand des Throns, da gehört das zu seinen Aufgaben. Außerdem kennt er die Sithi fast so gut wie wir.«

»Eolair macht sich solche Sorgen wegen Hernystir, dass er sich kaum auf seine momentanen Aufgaben konzentrieren kann.«

»Dann schicke ihn erst recht. Gib ihm eine wichtige Aufgabe, dann ist er beschäftigt, bis wir mehr darüber wissen, ob Hugo wirklich zu einem Problem wird. Schicke Eolair oder jemand anders. Aber du bleibst hier, Simon.«

Er lag eine Weile stumm da und überlegte.

»Miri?«

Sie antwortete nicht gleich. »Was ist?«

»Bist du jetzt böse auf mich?«

»Weil du dich auf die Suche nach den Sithi begeben willst,

während hier hundert andere Dinge deine Aufmerksamkeit erfordern? Warum sollte ich?«

»Du bist böse.«

Sie drehte sich zu ihm um und legte den Kopf auf seine Brust. »Ja, ein wenig, aber das geht vorüber. Wie immer.«

28

WIEGENLIEDER DER ROTEN SCHWEINELAGUNE

Es war ein langer Weg durch das Lager zum Rand der Wiese, wo Unver und sein Stiefvater ihre Wagen aufgestellt hatten, aber einige Tage waren vergangen, seit Fremur den hochgewachsenen Mann zuletzt gesehen hatte. Die Neuigkeit war in aller Munde, aber er fragte sich, ob Unver davon gehört hatte.

Fremur ging nicht gern zu Fuß, aber als sein Pferd nach dem Überfall auf die Siedlung der Steinhäusler schließlich zurückgekommen war, hatte sein Bruder Odrig es beschlagnahmt. »Wer sein Pferd weglaufen lässt, hat auch keins verdient«, hatte er gesagt.

Alle im Kranich-Clan schienen es mitbekommen zu haben und sie sparten nicht mit Spott, als Fremur zwischen den Wagen hindurch in Richtung Birkenwiese trottete. Er hielt den Kopf gesenkt und presste die Lippen zusammen, um nicht zurückzuschimpfen. Odrig selbst hatte nichts gegen den Spott einzuwenden. »Wenn du dir nicht das dicke Fell eines Erwachsenen zulegst, bist du weder mir noch sonst jemand etwas nütze«, hatte er erst am Abend zuvor gesagt. »Dann bist du wie ein Krieger aus Käse.« Seine Methode der Abhärtung schien darin zu bestehen, ihn vor den anderen Clansleuten immer wieder zu verprügeln und zu demütigen.

Fremur glaubte nicht, dass er seit seiner Kindheit ein dickeres

Fell bekommen hatte. Dagegen war er manchmal überzeugt, dass sein Herz geschrumpft und härter geworden war wie nasses Leder, das man in der Sonne hatte liegen lassen. Er stellte sich oft vor, sein Inneres bestehe aus verknoteten Lederriemen, die sich nur umso fester zusammenzogen, je stärker man an ihnen zerrte. In Unver spürte er etwas Ähnliches, nur dass sein Knoten einem noch viel stärkeren Zug ausgesetzt war, ähnlich wie die dicken Seile, mit denen sie die Menhire auf dem Versammlungsplatz des Clans wieder aufgerichtet hatten, die bei einem Erdbeben umgefallen waren. Die Seile hatten bei jedem Zug an den unvorstellbar schweren Steinen geknarrt und schienen zusammen mit den Muskeln der Männer einen elementaren Kampf gegen die Natur selbst zu führen. Unver war wie diese Seile, nur dass er nie erschlaffte. Die anderen Männer des Kranich-Clans mochten ihn nicht, aber sie fürchteten ihn auch, weil er so groß war und so lange Arme hatte und ein Gesicht, das hart und unbewegt war wie diese Steine, die Wind und Wetter trotzten.

Er ist zu eigensinnig und beugt den Nacken nicht vor meinem Bruder. Irgendwann wird Odrig ihn töten oder aus dem Clan verstoßen.

Niemand im Clan, außer vielleicht Unvers Stiefvater Zhakar, konnte sich überhaupt an Unvers richtigen Namen erinnern. Er war als schlaksiger Junge zum Clan gekommen und jemand hatte ihn gefragt, wie er heiße. »Unver«, hatte er geantwortet und Odrig und die anderen Jungen angestarrt wie ein von kläffenden Hunden umringter Bär. Es bedeutete »Niemand«, und seitdem hieß er im Clan so. Selbst Fremurs Schwester Kulva nannte ihn so, und sie gehörte zu den wenigen, die ihn mochten. Für die anderen war er nur ein sonderbarer, abweisender Clansmann, der mit seinem betrunkenen Stiefvater am Rand des Lagers wohnte, ein guter Reiter und wilder Krieger, dem man ansonsten lieber aus dem Weg ging.

Am Rand der Wiese angekommen, sah Fremur den alten Zhakar auf den Stufen seines Wagens sitzen und mit langen, metallisch kreischenden Strichen ein Messer schärfen. Da Fremur mit dem schlechtgelaunten Alten nichts zu tun haben wollte, nahm er den Weg durch die Bäume hinten um Zhakars verlotterten Wagen herum und zu dem Birkenwäldchen, wo er wie erwartet Unver antraf. Unver war damit beschäftigt, mit Steinen das Holz seines noch unfertigen Wagens zu glätten, während sein Rappe Deofol daneben am Gras zupfte. Um diese Jahreszeit wuchs das Gras der Ebenen üppig grün und die Pferde waren wohlgenährt und rund. Es war eine Zeit des Feierns, zumindest für die meisten im Clan.

»He, Reiter«, rief Fremur. »Mögen deine Hufe immer den Weg finden.«

Unver hob den Kopf. »Ich kann nicht dasselbe für dich sagen. Wo ist dein Pferd?«

Darüber wollte Fremur eigentlich nicht sprechen. Stattdessen zeigte er mit einem Nicken auf Unvers Wagen, der aussah, als sei er fast fertig, und viel schöner gearbeitet war als der baufällige Karren seines Stiefvaters. Er war noch nicht gestrichen, aber an den Ecken sorgfältig verfugt, und die Speichen der Räder waren so glatt poliert wie Glas. »Wie geht die Arbeit voran?«

»Ganz gut.« Unver hielt ihm einen Weinschlauch hin.

»Ich helfe dir, wenn du willst«, sagte Fremur und nahm einen Schluck des sauren roten Getränks. »Mit deinem Wagen, meine ich, nicht mit dem Wein. Ich habe kein Pferd und deshalb nichts anderes zu tun.«

Unver hob die Augenbrauen, stellte aber nicht die Frage, die in der Luft hing. »Vor dem Anstrich muss das Holz noch besser geglättet werden. Dabei könntest du mir helfen, aber der Grasdonnerer sei dir gnädig, wenn du auch nur eine Schramme hineinmachst, Spitzmaus.«

»Der Name hat mir noch nie gefallen.« Fremur wusste nicht, warum er es gesagt hatte, aber jetzt war es heraus.

Unver sah zu, wie er einen ausgiebigen Schluck trank, dann nahm er den Schlauch wieder an sich, trank selbst und wischte sich einige Tropfen aus dem langen Schnurrbart. Er war nicht so dunkel wie die meisten anderen Clansleute, deren Haut unter dem Einfluss der Sonne und des Staubs der Ebenen die Farbe von Kirschholz annahm. Unvers Haut war heller, hellbraun wie die abgeschliffenen Steine auf dem Grund eines Bachs. Außerdem hatte er eine vorspringende, schmale Nase und hohe Wangenknochen. Besonders merkwürdig waren jedoch seine Augen, die grau waren wie Regenwolken.

Fremur wartete, aber Unver fragte nicht, warum ihm sein Spitzname nicht gefiel. Stattdessen beobachtete er, wie zwei Clansmänner einen guten Bogenschuss entfernt am anderen Ende der Wiese entlangritten. Sein Blick folgte ihnen aus zusammengekniffenen Augen wie ein Raubtier seiner Beute, bis sie zuletzt verschwanden.

Sein Schweigen enttäuschte Fremur. Er war gekommen, weil er sich nach einem Freund sehnte, nach jemandem, der wusste, wie man sich als Außenseiter im eigenen Clan fühlte. »Wie findest du meine Schwester Kulva?«, fragte er und bereute es sofort. Es war kein guter Einstieg in die Nachricht, die er überbringen wollte. Aber Unvers scheinbare Gleichgültigkeit ärgerte ihn.

Unver betrachtete ihn argwöhnisch, als könnte hinter seinen Worten eine Falle lauern. »Sie ist eine Frau.« Dann schien er zu merken, dass das keine angemessene Antwort war. »Eine gute Frau.«

»Du magst sie.« Fremur sagte es wie eine Feststellung, nicht eine Frage.

Unvers Gesicht wurde unnahbar, als hätte ein kalter Wind es mit Frost überzogen. »Sie bedeutet mir nicht mehr als andere Frauen. Und dich geht das sowieso nichts an.«

»Ich habe euch zusammen gesehen.«

Unver ließ die Hand zum Messer an seinem Gürtel sinken und

seine Augen begannen furchteinflößend zu funkeln. »Du spionierst für Odrig …«

»Nein! Nein, aber ich habe euch zwei zusammen gehen und reden sehen, als ich Kulva suchte. Und ich kenne meine Schwester. Sie wäre nicht so vertraut mit dir, wenn ihr das nicht schon öfter getan hättet.«

Unver sah ihn mit seinen grauen Augen unverwandt an, nahm aber schließlich die Hand vom Messer. »Warum erzählst du mir das, Fremur? Willst du ihre Ehre verteidigen? Wenn du darauf bestehst, meinetwegen, aber du würdest wegen nichts sterben und Kulvas Ruf wäre ruiniert. Ich habe ihrer Ehre keinen Schaden zugefügt. Wir wollten uns nur ungestört unterhalten.« Er kniff die Augen zusammen. »Oder redet man bereits darüber? Kommst du deshalb?«

Fremur wollte schon antworten, da sprang Unver plötzlich auf und ging zu seinem noch nicht gestrichenen Wagen. »Offenbar hältst du mich für einen Dummkopf, wie alle anderen aus dem Clan. Warum sollte ich die Schwester des Thans rauben? Ich wäre für alle Zeiten ein Gejagter.« Er brach ab und breitete die Arme aus. »Nein! Den hier habe ich mit eigenen Händen gebaut – den schönsten Wagen des Kranich-Clans. Ich habe an jedem Raubzug teilgenommen, habe jede Aufgabe ausgeführt, die man mir gab. Sieh!« Er riss die Tür auf und holte ein in Öltuch eingeschlagenes Bündel heraus. Vor Fremurs Augen öffnete er es und verschiedene glänzende Gegenstände kamen zum Vorschein. »Echtes Gold für Zaumzeug und Geschirr der Pferde. Silber für Angeln und Beschläge, eigens angefertigt vom besten Schmied des Luchs-Clans. Wenn ich deinem Bruder diesen Wagen zeige, fallen ihm und den anderen Dummköpfen die Augen aus dem Kopf! Dann muss er mir Kulva geben.« Unver wickelte die Gegenstände wieder ein. Sein Atem ging schwer, als sei er eine weite Strecke gerannt. Er schüttelte das Bündel und die Beschläge klapperten. »Sie wird fahren wie eine Königin des Seenlands!«

Fremur war mit einem Mal richtig übel. Er hatte nur ein wenig Unfrieden zwischen Unver und seinem verhassten Bruder stiften wollen. Er hatte nicht gewusst, dass …

»Aber das ist nicht …!«

»Nicht genug?« Unver war wütend und sah Fremur nicht an. »Dann beschaffe ich noch mehr. Ich gebe deinem Bruder schöne Pferde als Brautgabe. Ich habe nicht mein ganzes Geld für den Kauf der Beschläge verwendet!«

»Nein, Unver.« Fremur schüttelte den Kopf. Er wusste nicht, wo er anfangen sollte. »Das ist nicht das, was … ich wollte dir doch nur sagen …«

In Unvers Augen war ein irres Flackern getreten. »Was denn? Was sagen?«

»Dass meine Schwester Kulva …« Fremur schluckte. Das Sprechen fiel ihm schwer, weil der Kloß in seinem Hals ihn zu ersticken drohte. »Mein Bruder hat sie Drojan versprochen. Auf der Clanversammlung beim nächsten Vollmond sollen die Hochzeitssteine ausgelegt werden.«

Unver schwieg eine lange Weile. Er sah Fremur an, als seien ihm plötzlich Federn gewachsen und als fliege er in die Luft. »Das ist eine Lüge«, sagte er schließlich, aber seine Stimme klang hohl.

»Nein. Ich habe dich seit Tagen nicht gesehen und wusste nicht, ob du davon gehört hast.« Fremur suchte krampfhaft nach Worten. Unver sollte ihn nicht ansehen wie ein in die Enge getriebenes Tier. Das machte ihm Angst. »Ich wusste nicht, dass sie dir so viel bedeutet, Unver, wirklich nicht. Aber du hast doch sicher gewusst, dass Odrig sie dir nie geben würde! Du bist …« Er wusste nicht, wie er es ausdrücken sollte, weil er ja selbst genauso war. Wie ein Fisch im Wasser hatte er kein Wort für das Wasser, das überall war, in dem sie schwammen und das sie beide atmeten. »Du bist ihrer nicht wert, denkt Odrig. Und Drojan ist sein Freund. Er tut alles, was Odrig sagt.«

Das Bündel glitt Unver aus den Händen und fiel zu Boden und

sein Gesicht wurde so fahl wie vertrocknetes Gras. Einen quälend langen Moment war Fremur überzeugt, dass Unver gleich sein Messer ziehen und ihn töten würde, und er wusste, dass er es nicht verhindern konnte. Verschiedene Empfindungen rasten so schnell über Unvers Miene, dass Fremur ihnen nicht folgen konnte. Endlich fand Unver die Sprache wieder.

»Verschwinde!«, brüllte er. »Ich will dich nicht mehr sehen! Und deine verfluchte Familie auch nicht! Du bist doch nur eine Krähe, die aufgeplustert und krächzend auf einem Ast sitzt und schlechte Nachrichten überbringt. Und deine Schwester ist so falsch wie ein Vertrag mit einem Steinhäusler!«

»Sie kann nichts dafür ...«

»Verschwinde!« Und mit diesem wütenden Aufschrei kehrte Unver Fremur den Rücken zu und ging zu seinem Wagen, an dem er so lange und mit solcher Hingabe gearbeitet hatte. Er legte die Hände an die Seitenwand und drückte, bis die Muskeln an seinem Hals hervortraten. Das Holz knarrte und der Wagen schwankte, aber er fiel nicht um. Er war so groß, dass ein einzelner Mann ihn nicht umkippen konnte. Zumindest glaubte Fremur das. Doch dann winkelte Unver die Beine an und stemmte sich mit seinem ganzen Körper gegen den Wagen, und mit einem Schrei gelang es ihm, ihn umzustürzen. Der Wagen kippte wie in einem Traum, ganz langsam, schlug donnernd auf dem Boden auf und brach auseinander.

Fremur wandte sich ab und rannte weg.

✣

Jesa wickelte Serasina sorgfältig und brachte sie ihrer Mutter, die zusammen mit drei Zofen am Fenster saß und das Licht der Nachmittagssonne für ihre Näharbeit nutzte.

»Ah, da ist sie ja, mein Schätzchen, mein Häschen«, sagte die Herzogin. Sie legte ihre Näharbeit weg und wandte sich Jesa zu, die ihr das Baby reichte und dann geduldig wartete. Es war Zeit für den Mittagschlaf der kleinen Serasina und Jesa hatte alles vorbereitet. Sie verstand nicht genau, warum eine Frau, die ihre Tochter so sehr liebte wie Herzogin Canthia, so wenig Zeit damit verbrachte, sie auf dem Arm zu halten. Im Wran, wo Jesa geboren worden war, trugen die Mütter ihre Kinder, sobald sie den Kopf selbst halten konnten, den ganzen Tag in einem Tragetuch am Bauch. Die Kinder der Trockenländer, zumindest die, die Jesa hier in Nabban kennengelernt hatte, wurden dagegen mehr wie schöne Juwelen oder Kleider behandelt. Die Mütter nahmen sie immer nur kurz hoch, um sie zu bewundern, dann gaben sie sie wieder ab.

Es war rätselhaft, aber Jesa hatte aufgegeben, es verstehen zu wollen. Bei den Trockenländern war einfach vieles anders und Jesa wollte glauben, dass Sie-die-die-Menschheit-gebar die Menschen hier aus einem guten Grund so geschaffen hatte. Doch als sie das Baby wieder von der Herzogin entgegennahm und in die große, bemalte Wiege legte, konnte sie sich nicht vorstellen, was für ein Grund das sein mochte.

Obwohl die kleine Serasina fest in Windeln eingewickelt war, strampelte und quengelte sie. Um sie zu beruhigen, hockte Jesa sich neben die Wiege und begann sie zu schaukeln. Herzogin Canthia war sehr freundlich und hätte nichts dagegen gehabt, wenn sie sich auf einen Hocker gesetzt hätte, aber Jesa war es auf einem solchen Ding nie ganz geheuer. Einige Möbel der Trockenländer erschienen ihr so wenig vertrauenswürdig wie schlampig gefertigte Boote, als könnten sie jeden Moment kippen und sie abwerfen. Sie hatte schon auf den Fersen gehockt, als sie nur wenige Monate älter als Serasina gewesen war, und so war es ihr bequem.

Die Herzogin und ihre Zofen unterhielten sich leise, aber Jesa entnahm ihren verstohlenen Blicken über die Schulter in Richtung der Wiege, dass Serasinas Geschrei einigen von ihnen lästig war, und deshalb begann sie eins der Lieder zu singen, die ihre Mutter damals vor langer Zeit in ihrem Stelzenhaus in der Roten Schweinelagune für sie gesungen hatte.

Komm, Mond, komm, süßer Mond
Komm über die Marsch, bring einen Armvoll Malven
Komm in einem Stocherkahn, bring eine Handvoll Hyazinthen
Komm über den Bach, bring eine Honigwabe
Komm auf einem Tragestuhl, bring Milch und Quark
Komm auf Füßen, bring einen Korb Heidelbeeren
Bring deine Gaben und bewache sie treu
Damit das Kind sie seh und darüber sich freu

Während Jesa sang und die Wiege schaukelte, überlegte sie, ob sie je ein eigenes Kind haben würde. Sie war selbst noch ein Kind gewesen, als sie nach Nabban gekommen war. Man hatte sie als Gefährtin und Dienerin für die Herzogin gekauft, als sie beide noch kleine Mädchen gewesen waren. Canthia hatte sie liebgewonnen. Als sie herangewachsen war und selbst Kinder bekommen hatte, zuerst ihren Sohn Blasis und jetzt das neue Kind, hatte sie Jesa als Kinderfrau behalten. Natürlich vermisste Jesa manchmal ihre Heimat und würde sich nie ganz daran gewöhnen, manchmal tagelang weder Erde noch Wasser unter den Füßen zu spüren. Doch wenn sie dann an ihre Mutter und die harte Arbeit dachte, wie sie den ganzen Tag Wurzeln gesammelt und zerstampft, Netze geflickt und auch noch auf Kinder aufgepasst hatte, oder an die vielen anderen Menschen aus dem Wran, denen sie in Nabban begegnete und deren tägliche Arbeit so schwer und gefährlich war, dann dachte sie, dass sie auch ohne eigenes Kind ganz bestimmt einer der glücklichsten Menschen der Welt war.

Sie hatte gerade mit einem neuen Wiegenlied angefangen, da klopfte es an der Tür. Eine Zofe der Herzogin stand auf und öffnete. Es war der Herzog persönlich, und als er zu verstehen gab, dass er seine Frau unter vier Augen sprechen wollte, erhoben die adligen Damen sich und rauschten nach draußen. Dabei plauderten sie munter über einen Besuch des Sancellanischen Hofgartens und taten, als hätten sie sowieso dorthin gehen wollen, auch wenn der Herzog nicht gekommen wäre.

Herzog Saluceris warf Jesa, die neben der Wiege hockte, einen kurzen Blick zu, aber der glitt rasch von ihrem Gesicht ab wie von einer Marmorstatue. Das war so seltsam an den Trockenländern, dachte Jesa: Wenn sie nicht gerade mit ihren Dienerinnen sprachen, taten sie so, als existierten diese nicht, als seien ihre Mägde und Kindermädchen Möbelstücke.

Herzogin Canthia lächelte ihrem Mann entgegen und bot ihm die Wange dar. Saluceris beugte sich hinunter und gab ihr einen Kuss. »Es tut mir leid, dass ich deine Gefährtinnen wegschicken musste, aber Tersian Vullis drängt wegen einer Antwort und ich kann ihn nicht mehr lange hinhalten.«

»Eine Antwort auf was?«

»Die Verlobung. Du erinnerst dich doch bestimmt! Ich habe auf deinen Zustand Rücksicht genommen, aber Vullis wartet jetzt schon lange.«

Canthia runzelte kaum merklich die Stirn und es kam Jesa vor, als verdunkle eine Wolke vorübergehend die Sonne und als falle ein Schatten auf den bisher so schönen Tag. »Du sprichst von der Verlobung, aber ich erinnere mich nur, dass du von einer Verlobung gesprochen hast, oder an eine entsprechende Andeutung seitens des Markgrafen. Ja, stimmt, ich erinnere mich, dass du gesagt hast, Vullis wolle seine Tochter mit unserem Blasis vermählen. Und ich weiß auch noch, dass wir darüber sprechen wollten, wenn das Baby da ist.« Sie lächelte. »Aber bevor wir das tun, solltest du dir zuerst deine schöne Tochter ansehen, dieses Geschenk, das gerade schläft wie ein Engel.«

Der Herzog seufzte. »Sei nicht schwierig. Natürlich will ich meine Tochter sehen.«

Er trat zu der Wiege und Jesa hörte auf, sie zu schaukeln. Da er sie immer noch nicht wahrnahm, sondern nur die kleine Serasina unter ihrer Decke, konnte Jesa ihn betrachten. Sie sah ihn trotz ihrer langen Verbindung mit der Herzogin selten von so nahem und war immer wieder überrascht, wie überaus gewöhnlich er aussah, dieser Mann mit der ungesund bleichen Haut und dem sorgfältig gestutzten, rötlichgelben Bart. Er war groß und sah für einen knochigen Trockenländer nicht übel aus, aber er hatte keinerlei besondere Ausstrahlung. Wie konnte es sein, dass Herzog Saluceris nach dem Hochkönig und der Hochkönigin, diesen so weit weg lebenden Menschen, die Jesa nur aus Geschichten kannte – mythischen Personen wie Sie-die-wachen-und-gestalten –, der vielleicht wichtigste Mensch der ganzen Welt war?

Bei diesem Gedanken wurde ihr wie schon so oft ein wenig schwindlig, und weil der Herzog so dicht neben ihr stand, hatte sie auf einmal Angst, sie könnte das Gleichgewicht verlieren und umfallen.

Erst jetzt, als erwachsene Frau, verstand Jesa allmählich, wie die Welt der Trockenländer funktionierte und was für eine kleine, unbeachtete Rolle ihrem Geburtsland, dem Wran, dabei zufiel. Das hatte sie erst vor ein paar Jahren begriffen. Damals hatte sie erfahren, dass ihre Herrin, die in vieler Beziehung auch ihre engste Freundin von Kindheit an war, nicht nur einen anderen Adligen heiraten würde, sondern den Herzog von Nabban selbst, den Herrn des größten und bevölkerungsreichsten Landes der Welt. Diese Vorstellung war so furchterregend gewesen, dass Jesa einige schlaflose Nächte lang überlegt hatte, ob sie weglaufen und in den Sumpf zurückkehren sollte, an die heimische Lagune. Eine Frau wie sie hatte in den Häusern solcher Herrschaften doch nichts verloren. Sie konnte kaum lesen und das wenige, was sie wusste, hatte sie sich selbst beigebracht, indem sie Canthia und ihren Lehrern zugesehen hatte, allerdings immer aus der Ferne.

Einmal, kurz vor der Hochzeit, hatte sie die ganze Nacht am Fuß von Canthias Bett verbracht und ihr war ganz elend bei der Vorstellung gewesen, in Zukunft in der Sancellanischen Mahistrevis wohnen zu müssen, dem großen Palast auf einem der höchsten Berge Nabbans, in dem schon viele Hundert Diener lebten, die sie alle bestimmt glühend beneiden würden. In diesem seltsamen Land waren sogar schon Könige ermordet worden, wie Jesa wusste. Bestimmt würden die anderen Diener sie gleich in der ersten Nacht aus dem Weg räumen. Sie würden sie verprügeln und die Sancellanische Mauer hinunterwerfen und sie würde in die Tiefe stürzen und zerschmettert auf dem Markt liegen bleiben, dem St. Galdinsplatz.

Sei keine Närrin, Jesa, hatte sie sich in dieser endlos langen Nacht immer wieder ermahnen müssen. *Grüner Honigvogel, haben die Ältesten dich genannt. Aber der Grüne Honigvogel floh nicht nach Hause in sein Nest, wenn der Baumpython ihn jagte, er trat ihm entgegen und blendete ihn mit seinem Schnabel! Bereite deinem Namensvetter also keine Schande, indem du dich wie ein Feigling benimmst.*

Und in dieser dunklen Nacht in der Fremde war Jesa auf einmal, als sei ihr Seelenvogel zu ihr gekommen. Sie hatte gespürt, wie etwas an ihrem Gesicht vorbeistrich und sich wie eine Krone aus Luft um ihren Kopf legte. Dann war es wieder weg. Aber ab da hatte sie sich nicht mehr so gefürchtet. Und als sie zwei Wochen später im Gefolge ihrer Herrin zum ersten Mal die Sancellanische Mahistrevis betrat, hatte sie erstaunt und dankbar festgestellt, dass sie keine Angst mehr hatte. Von der Roten Schweinelagune bis zu diesem seltsamen Ort – was für einen Weg hatte sie zurückgelegt!

Herzog Saluceris streichelte seine kleine Tochter vorsichtig mit dem Zeigefinger, dann verließ er die Wiege. Kurz darauf ging er vor dem großen Fenster auf und ab, von dem man auf den Hafen blickte.

»Ich sehe gerade nur noch dich«, sagte die Herzogin. »Und

weil du ständig hin und her gehst, kann ich nicht einmal dich richtig sehen. Das macht mich nervös.«

»Ich sagte, sei nicht schwierig, Canthia. Ich brauche Vullis, auch wenn ich es ungern zugebe. Nächsten Monat tagt das Dominiat und Dallo Ingadaris will irgendeinen Zoll auf Wolle vorschlagen, nur deshalb, um mich mit den Hochkönigen zu entzweien. Aber wenn ich Vullis habe, bringt er alle Fürsten im Norden und Westen auf meine Seite.«

Die Herzogin lächelte traurig. »Du Armer. Du arbeitest so hart! Du musst die Menschen doch gewiss nicht überzeugen, dass sie auf dich hören sollen – du bist der Herzog! Der König und die Königin haben dich persönlich erwählt.«

»Deswegen hasst mein Bruder mich ja. Und die verfluchten Ingadariner verwenden ihn als Waffe gegen mich, wo sie nur können.«

Die kleine Serasina wachte auf und begann zu weinen und Jesa hörte nicht mehr, worüber die Herzogin und ihr Mann sich noch unterhielten. Sie hatte schon so viele Gespräche dieser Art mitgehört, dass sie am Anfang ständig Angst gehabt hatte – die Thrithingleute plünderten und brandschatzten wieder, die Adelsgeschlechter von Nabban bekriegten einander. Doch jetzt wusste sie, dass die Welt größer war, als sie geglaubt hatte, dass Dinge, die ihr nah vorgekommen waren, wenn ihre Herrin und andere darüber sprachen, in Wirklichkeit weit entfernt waren und den Herzog wahrscheinlich nie selbst betreffen würden, von ihr selbst ganz zu schweigen.

Andererseits hatte sie auch gelernt, dass manches in Wirklichkeit näher war, als es den Anschein hatte. Das bestätigte sich auch jetzt, als Jesa das Baby mit Streicheln und Schaukeln beruhigt hatte und wieder in die Wiege legte. Eine Wache klopfte und kündigte den Bruder des Herzogs an, Drusis, den Grafen von Trevinta und Eadne.

»Wie kann das sein?« Saluceris klang erschrocken und fast

ängstlich. »Er war doch bei sich zu Hause im Osten.« Er stand auf. »Egal. Ich werde ihn unten empfangen, meine Liebe, dann verschone ich dich mit …«

Doch noch bevor er den Satz zu Ende sprechen konnte, flog die Tür auf und Drusis marschierte herein. »Verzeiht«, rief er wie zu einer großen Menge. »Der Schmutz der Straße haftet noch an meinen Kleidern und ich dringe in Eure Gemächer ein, liebe Schwägerin!«

Jesa, von Natur aus ängstlich, sprang vor Schreck über die laute Stimme des Ankömmlings fast in die Höhe. Sie war noch nie in einem so kleinen Zimmer mit Graf Drusis zusammen gewesen, obwohl sie ihm schon bei verschiedenen Anlässen bei Hof begegnet war und immer viel über ihn geredet wurde. Er war größer als sein Bruder, beeindruckend muskulös und auch in anderer Hinsicht eine stattliche Erscheinung. So hatte er ein ebenmäßiges Gesicht mit vollen Lippen und dichte, braune Locken, die wie Messing glänzten. Er trug die Rüstung eines Generals der Reiterei, obwohl er weder Reiter noch General war, zumindest hatte Saluceris sich vor Jesas Ohren oft darüber beschwert. Außerdem strotzte er förmlich vor Kraft und Jugend, obwohl er nur eine einzige Stunde jünger war als sein Bruder. Jesa musste ihn immer wieder ansehen, obwohl sie schreckliche Angst davor hatte, seinem Blick zu begegnen.

»Ihr seid natürlich jederzeit willkommen, lieber Drusis«, sagte Herzogin Canthia und hielt ihm die Hand entgegen. »Dieses Haus ist auch das Eure und wird es immer sein.«

»Ihr seid zu freundlich, Schwägerin.« Drusis verbeugte sich und küsste ihre Hand.

»Natürlich bist du willkommen«, echote Saluceris, aber nach dem pompösen Auftritt seines Bruders klangen seine Worte zurückhaltend und widerstrebend. »Wir sind nur überrascht, dich zu sehen, Bruder. Wir dachten, du wärst in der Chasu Orientis.«

»Das war ich auch. Doch dann bin ich sofort zurückgekehrt.

Die Vorstellung, dass du mit deiner jungen Familie hier im Palast sitzt, ohne von den Gefahren zu ahnen, die uns bedrohen, war mir unerträglich.«

»Gefahren? Was für Gefahren?«, wollte der Herzog wissen. Jesa hatte den Eindruck, dass er zwischen aufrichtiger Sorge und Ärger über die laute Störung durch seinen Bruder hin- und hergerissen war.

»Die Pferdefresser haben uns überfallen! Sie haben die Chasu Orientis angegriffen!«

Herzogin Canthia ließ ihre Näharbeit sinken. »Das ist ja schrecklich, Drusis. Wann ist es denn passiert?«

»Erst vor einer Woche.« Drusis ging zum Fenster und blickte auf den Hafen und die vielen Segel, die wie schlafende Möwen auf dem Wasser auf und ab hüpften.

»Ich kann nicht glauben, dass die Thrithingleute so verrückt sind, deine Burg anzugreifen. Was haben sie angerichtet?«

»Sie haben nicht die Burg selbst belagert«, sagte Drusis und machte eine Handbewegung, als wollte er nach einer lästigen Fliege schlagen. »Aber sie haben Drinas Novis angegriffen, einen Ort am Rand meines Landes, nur wenige Meilen von der Burg entfernt.«

»Eine neue Siedlung.«

»Ja, stimmt wohl. Doch wie wir es nennen, tut nichts zur Sache. Die Barbaren haben rund zwanzig unserer Leute getötet, dreimal so viele verwundet und die Hälfte der Häuser niedergebrannt. Fast zwanzig Menschen sind tot, Saluceris – Männer, Frauen und Kinder! Spielt es da eine Rolle, dass ihre Siedlung noch nicht alt ist?«

Saluceris schüttelte den Kopf. »Natürlich nicht. Aber für die Thrithingleute spielt es sehr wohl eine Rolle, dass wir auf Land, das einmal ihnen gehört hat, Siedlungen bauen.«

Drusis schüttelte empört den Kopf. »Willst du diese Mörder etwa in Schutz nehmen, Bruder? Gehört sich das für einen Herzog von Nabban, wenn unsere eigenen Leute von Wilden abgeschlachtet werden?«

»Das ist schrecklich«, sagte Canthia und sah ihren Mann an. »Aber wir können doch bestimmt etwas für sie tun.«

Jesa fand, dass Saluceris aussah wie ein Mann, der soeben entdeckt hatte, dass die Witwe, die zu heiraten er im Begriff war, bereits acht dicke, hungrige Kinder hatte. »Natürlich können wir helfen. Aber ich verstehe nicht, was du willst, Bruder. Hast du nicht vierzig oder mehr Ritter auf Chasu Orientis und jede Menge Fußsoldaten?«

Drusis' Blick verfinsterte sich und sein Gesicht durchlief eine Veränderung. Seine ausdrucksstarken, schönen Gesichtszüge verzerrten sich zu einer wütenden Fratze, die einem Pantomimen alle Ehre gemacht hätte. »Glaubst du, das ist das Einzige, was in letzter Zeit passiert ist? Das Land von Lesta Hermis wurde im Feyever drei Mal verwüstet. Im vergangenen Novander haben die verfluchten Thrithingmänner die Reisegruppe von Eskritor Raelis auf dem Weg nach Kwanitupul überfallen. Wie lange sollen wir noch warten, bis wir etwas tun? Bis sie den Mahistrevinischen Hügel in Brand setzen, unsere Kinder ermorden und unsere Frauen in ihren Häusern vergewaltigen?« Sein dunkles Gesicht war vor Zorn noch dunkler angelaufen. Doch dann begegnete er dem Blick von Herzogin Canthia und das schien ihn aus dem Konzept zu bringen. »Ich bitte um Verzeihung für meine heftigen Worte, Durchlaucht. Ich bin erregt und habe mich deshalb nicht unter Kontrolle.« Er wandte sich wieder an seinen Bruder. »Glaube nicht, dass ich, nur weil du aufgrund eines glücklichen Zufalls der Erstgeborene bist und den Ring des Herzogs trägst, untätig bleibe und zulasse, dass Barbaren unser Land überrennen, unsere Dörfer niederbrennen und unsere Leute abschlachten.«

»Du regst dich immer so schnell auf, Drusis«, sagte der Herzog. Während sein Bruder dunkel angelaufen war, war er immer bleicher geworden, sodass sie vollkommen verschieden aussahen und überhaupt nicht mehr wie die Frucht desselben Schoßes. »Untätig bleiben und zulassen, dass unser Land überrannt wird? Ich habe nichts dergleichen gesagt, das sind alles deine Worte.« Er holte tief Luft und sogar Jesa spürte, dass er um seine Fassung rang. Als er die Hand hob und sich über den Bart strich, zitterten seine Finger. »Nein, wir werden über das Problem sprechen und uns damit befassen, wie wir es immer getan haben, zusammen mit den anderen Fürsten im Dominiat. Aber du hast bestimmt einen langen Ritt hinter dir und dich kaum ausruhen und erfrischen können. Du bist noch vom Staub der Straße gezeichnet.« Saluceris klatschte in die Hände und bereits im nächsten Moment traten zwei Diener durch die Tür. »Bringt meinen Bruder in sein gewohntes Zimmer und sorgt dafür, dass er alles hat, was er braucht. Wir sprechen uns später, Drusis.«

Jesa sah, dass das Gesicht des Grafen immer noch rot vor Zorn war, aber sie meinte noch etwas anderes zu sehen, ein Funkeln in seinen Augen wie bei einem Jäger, dessen Opfer endlich aus der Deckung gekommen war.

»Also gut. Aber ich werde meine Gefühle vor Ingadaris, Albias, Claves und den anderen nicht verbergen. Wenn du mir nicht hilfst, dieses Ungeziefer aus dem Grasland zu zertreten, Bruder, tue ich es selbst!«

Mit diesen Worten drehte er sich um und marschierte aus dem Zimmer. Die beiden Diener eilten hinter ihm her.

Die kleine Serasina weinte wieder, und diesmal kam die Herzogin und nahm sie Jesa ab, drückte sie an sich und gab ihr einen Finger zum Lutschen, bis ihr abgehacktes Schluchzen sich wieder beruhigt hatte. »Hol die Amme«, sagte sie zu Jesa. »Hier ist es zu laut. Das Kind muss etwas trinken, bevor es wieder schläft.«

Auf dem Weg nach draußen hörte Jesa ihre Herrin noch zum Herzog sagen: »Ich würde deinem Bruder ja vieles verzeihen, wenn ich glauben könnte, dass er tatsächlich wütend ist.«

»Wie bitte?« Der Herzog klang verwirrt. »Was redest du da, Canthia?«

»Ich glaube, er tut nur so. Sein wütendes Gesicht und die heftigen Gefühle kommen mir vor wie eine Fassade.«

»Du kennst Drusis nicht. Er war schon als Kind ein Hitzkopf und Draufgänger. Er hat sich immer Hals über Kopf ins kalte Wasser gestürzt.«

»Ich glaube, dass er sich im Gegenteil genau überlegt, wo er sich hineinstürzt«, erwiderte Canthia und Jesa hörte zu ihrer Überraschung einen schroffen Unterton in ihrer sanften Stimme. »Sogar ganz genau.«

Die Tür fiel hinter Jesa ins Schloss und sie konnte nichts mehr hören.

29

BRAUNE KNOCHEN UND SCHWARZE STATUEN

Was macht es schon, wenn ich nicht an der Besprechung des Inneren Rats teilgenommen habe?«, wollte Morgan wissen. Er und sein Großvater saßen allein im Thronsaal, oder so allein, wie ein König und ein Prinz es bei so vielen strammstehenden Wachen sein konnten. »Das war dir doch bisher auch egal.«

Simon seufzte nur müde und sammelte sich kurz, bevor er antwortete. »Falsch, Morgan. Wir haben zwar nicht jedes Mal mit dir geschimpft, wenn du nicht zu einer Ratssitzung oder einem anderen Anlass erschienen bist, aber das heißt nicht, dass es deiner Großmutter und mir egal gewesen wäre.« Er war wütend, aber wie immer, wenn er den Prinzen ansah, fühlte er sich unwillkürlich an seinen verstorbenen Sohn erinnert. Dieselben buschigen, finster zusammengezogenen Augenbrauen, dasselbe ebenmäßige Gesicht – zumindest wenn es nicht wie jetzt in kindlichem Trotz verzogen war. Morgan war nicht so groß und schmal wie sein Vater, aber er hatte seine scharfen Gesichtszüge. Wenn Simon seinen Enkel schimpfte, hatte er manchmal das Gefühl, den armen Johan zu maßregeln. »Und jetzt ist es sowieso anders, Morgan. Es ist Zeit, dass du dich mehr engagierst, dass du Verantwortung übernimmst und nicht mit deinen Freunden in den Spelunken von Erchester herumsitzt, während wir anderen uns darum sorgen, ob wir in den Krieg ziehen müssen.«

»Verantwortung, ach so, natürlich«, sagte der Prinz bitter. »Ich soll mich wie ein Mann benehmen, weil ich der Thronerbe bin, ja, ich weiß schon. Aber als wir von den Nornen angegriffen wurden, durfte ich nicht mitkämpfen.«

Diese Beschwerde zumindest konnte Simon verstehen. »Das Verbot kam nicht von mir. Die Königin hat sich Sorgen um dich gemacht. Wir wussten nicht, wie stark der Gegner war …«

»Alle anderen durften kämpfen! Sogar Großmutter war draußen bei den Soldaten. Die Königin!«

Simon unterdrückte einen ungeduldigen Seufzer. Er wünschte sich, Miriamel hätte mit ihm gesprochen, bevor sie diese Entscheidung getroffen hatte. Den Prinzen zu schützen war ja gut und schön, aber man durfte ihn nicht demütigen.

»Was geschehen ist, lässt sich nicht mehr rückgängig machen«, sagte er schließlich. »Aber was in Zukunft sein wird, hängt immer noch von dir ab, Junge.«

Morgan starrte ihn an, und einen schrecklichen Moment lang erinnerte sein zornig funkelnder Blick Simon an Miriamels verrückten Vater. »Dann lass mich etwas tun«, drängte der Prinz. »Ich kann gut mit dem Schwert umgehen. Astrian hat mir beigebracht …«

»Astrian hat dir verschiedene Tricks gezeigt«, sagte Simon. »Ich habe es gesehen. Er kann gut kämpfen, zugegeben, aber die Kniffe, die er dir gezeigt hat, sind für Messerkämpfe geeignet, wenn es in einer Schenke zu einer Auseinandersetzung kommt. Beim Kampf in voller Rüstung und in der heißen Sonne in einer Schlacht hat derjenige die besten Überlebenschancen, der am stärksten ist. Eine Schlacht ist kein Turnier. Man kann sich nicht zwischen den einzelnen Runden erholen und auf den nächsten Gegner einstellen.« Er kam in Fahrt und seine Stimme wurde lauter. »Nein! Pfeile können dich treffen! Ein Gegner kann dich von hinten angreifen, während du noch mit einem anderen kämpfst.«

»Aber ich bin stark«, erwiderte Morgan. »Woher willst du wissen, was ich kann? Ich bin dir doch egal, du fragst mich nie etwas. Wenn du mit mir redest, dann nur, um mir zu sagen, was ich wieder falsch gemacht habe und dass ich euch ständig blamiere.«

Simon merkte, dass er die Kontrolle über seine Gefühle zu verlieren drohte, aber in diesem Moment beherrschte ihn nur eine Angst: dass sein Enkel seinem Sohn in einen frühen Tod folgen könnte, egal wie verschieden ihre jeweiligen Wege waren. »Bei Gottes blutigem Baum, Junge«, rief er. »Hörst du mir nicht zu? Ein Krieger, der sich in einer Schenke auf den Kampf vorbereitet, wird nach der Schlacht vermutlich nicht mehr in diese Schenke zurückkehren. Zahlst du deshalb die Leute nicht, die dir und deinen Freunden das viele Bier verkaufen? Willst du den Märtyrertod sterben, um deine Rechnungen zu begleichen? Dann bist du nicht nur dumm, sondern hast auch kein Herz, weil du denen, die du zurücklässt, Kummer zufügst. Haben deine Großmutter und ich nicht genug gelitten?«

Morgan öffnete den Mund und einen Moment lang fürchtete Simon schon, er würde etwas erwidern, das sie dann beide nicht mehr ungesagt machen könnten und an dem großenteils er schuld sein würde. Zur Erleichterung seiner vernünftigen Hälfte, die immer noch mit seinem Zorn um die Herrschaft über seine Gefühle kämpfte, sagte sein Enkel dann doch nichts, sondern wandte sich nur ab und ging, ohne um Erlaubnis zu fragen oder sich zu verbeugen. Simon sah ihm nach und schluckte die wütenden Worte hinunter, die alles nur schlimmer gemacht hätten.

»So«, sagte er an niemanden gerichtet als die Luft, den Knochenthron und die von der Decke hängenden alten Fahnen, »was bringt der Tag mir wohl sonst noch für schöne Überraschungen?«

»Zumindest eine, hoffe ich doch«, sagte eine Stimme von der Tür her.

Simon drehte sich um und sah Binabik dort stehen. Der Troll hatte die Kleider seiner kalten Heimat abgelegt und trug ein leichtes Gewand aus Leinen. Simon fand, dass er damit ein wenig aussah wie einer von Tiamaks Leuten. »Hat es denn schon Mittag geschlagen?«

»Es fehlt noch eine Viertelstunde, wie ich es schätze«, sagte Binabik. »Aber ich wünschte dich davor noch sprechen, nur zu zweit, weil ich weiß, dass die Königin darüber nicht sprechen mag. Ich habe darauf gewartet, dass das Gespräch mit deinem Enkel zu Ende geht, und dann habe ich ihn hinausstürmen sehen mit einem Gesicht wie ein Schneesturm auf dem Mintahoq und daraus geschlossen, dass es jetzt zu Ende ist.«

»Es ist nie zu Ende und verläuft doch immer gleich.«

»Ah, der Starrsinn der jungen Leute. Er ist genauso lästig wie der Starrsinn der alten.«

Simon hob die Augenbrauen. »Was soll das heißen?«

Hatte Binabik gelächelt? Es war schwer zu sagen, weil es gleich wieder vorbei gewesen war. »Das hat keine Bedeutung, alter Freund. Nur eine alte Redensart der Qanuc. Nein, ich komme, weil ich dich etwas fragen möchte. Hast du immer noch keine Träume?«

Simon hatte nichts dagegen einzuwenden, das Thema zu wechseln. »Nein, und ich kann dir gar nicht sagen, wie seltsam sich das anfühlt. Ich träume nicht einmal von dem armen toten Harfner, obwohl ich sein Gesicht tagsüber ständig vor mir sehe. Was ist deiner Meinung nach mit mir passiert?«

»Ich habe keine Möglichkeit, das zu beurteilen, Simon-Freund. Vielleicht nichts – denn wie Miriamel meinte, ist es für viele Menschen so normal. Aber für mich fühlt es sich anders an. Doch kann ich keine weise Erklärung anbieten und auch Tiamak und seine edle Frau haben darüber kein Wissen, obwohl wir angestrengt in ihren Büchern danach gesucht haben, wenn sie nicht gerade mit der Sitha beschäftigt waren.«

»Na gut.« Der König seufzte. Auch hier also keine befriedigende Lösung. »Gibt es irgendwelche Anzeichen der Besserung?«

Der Troll schüttelte den Kopf. »Nein, es geht ihr langsam schlechter, wenn ich darüber urteilen kann. Aber manchmal spricht sie im Fieber. Sie scheint Tanahaya zu heißen. Hast du den Namen schon einmal gehört, vielleicht als du in Jao é-Tinukai'i gelebt hast? Das könnte Licht darauf werfen, warum die Sithi sie zu dir geschickt haben.«

»Nein. Aber ich habe dort so viele Sithi kennengelernt, und nur wenige haben sich mit Namen vorgestellt. Die meisten haben nicht viel von Sterblichen gehalten.«

Binabik blickte zum Drachenbeinthron hinauf, der auf dem Podium hinter Simon stand und über den bescheidenen Thronsesseln des Königs und der Königin aufragte wie ein von der Wand einer Kathedrale vorspringender Wasserspeier. »Wie ich sehe, steht König Johans Knochenthron immer noch hier. Hast du mir nicht schon viele Male gesagt, du wolltest ihn verbergen?«

»Miri lässt es nicht zu. Aber ich hasse ihn. Jedes Mal, wenn ich ihn ansehe, fallen mir die Lügengeschichten über Priester Johan wieder ein. Ich wünschte, ich hätte nie davon erfahren.«

»Wer den Drachen wirklich getötet hat? Es wäre dir lieber gewesen, dein Nichtwissen zu behalten, als von der Heldentat deines Vorfahren zu erfahren, die König Johan für sich beansprucht hat?«

»Nein, natürlich nicht. Aber das verfluchte Ding für alle sichtbar hier stehen zu lassen, kommt mir vor wie … als wollte man sagen, die Wahrheit sei nicht wichtig.«

Binabik nickte ernst. »Vielleicht. Aber manchmal denke ich, eine Lüge ist nur die Wahrheit, die man zu einer bestimmten Zeit glaubt. Niemand wollte dir etwas Falsches beibringen, glaube ich.«

Miriamel trat aus der Kapelle, gefolgt von Sisqi und Qina. Sie sah aus wie eine Bärin mit zwei Welpen. »Ach ja, der alte Thron«, sagte sie. »Wir haben ihn eine Weile rausgestellt, aber der Bevölkerung war das gar nicht recht. Sie hat meinen Großvater Priester Johan geliebt – und liebt ihn immer noch – und für sie bleibt der Thron immer sein Thron. Also konnte ich meinen Mann davon überzeugen, ihn wieder hier im Saal aufzustellen.«

»Überzeugen?« Simon schnaubte. »Es war mehr ein Befehl.«

»Entscheidungen zwischen Frau und Mann haben manchmal Verwicklung«, warf Sisqi mit einem Lächeln ein. »Bestimmte Dinge, denke ich, muss man dem anderen erklären.«

»Ja, oft«, stimmte Miriamel zu. »Vor allem den Männern.«

»Wenn ihr fertig seid, euch über meine Dummheit und Sturheit lustig zu machen«, sagte Simon verdrossen, »könnten wir vielleicht nach draußen gehen und dort weiterreden. Ich habe den vielen Staub und die Statuen und alten Gebeine satt. Und Lügengeschichten auch.«

»Wir können erst raus, wenn Eolair da ist«, erwiderte Miriamel. »Er will uns hier treffen.«

Simon verzog das Gesicht, aber er wusste, dass es nicht zu ändern war. Er erhob sich von seinem Sessel und setzte sich auf die oberste Stufe des Podiums. Die gerunzelte Stirn seiner Frau ignorierte er geflissentlich. Sie mochte es nicht, wenn er sich so wenig wie ein König verhielt, auch wenn es nur in Anwesenheit von Freunden war. »Morgan wird nicht an der Sitzung teilnehmen«, sagte er zu Miriamel, doch ohne weiter darauf einzugehen. »Auf wen warten wir noch?«

»Ah, da seid Ihr ja alle«, rief Eolair und trat durch die prunkvolle Tür des Thronsaals.

»Dann können wir jetzt rausgehen.« Simon stand auf. Wer andere anführen wollte, egal ob es sich um ein ganzes Königreich handelte oder eine kleine Gruppe von Freunden, musste vor allem vorangehen, hatte er gelernt. Die anderen würden dann schon folgen. Das wusste Miriamel natürlich auch. Manchmal war es geradezu ein Wettrennen zwischen ihnen, wer seinen Wunsch als Erster durchsetzen konnte.

Ein Dutzend Erkynwachen begleiteten sie aus dem Thronsaal.

Sie folgten dem Königspaar stets auf Schritt und Tritt wie ein Rudel Hunde mit Helmen und in grüner Livree. Simon meinte gelegentlich, ihnen zu entkommen sei so schwer, wie mit einer Handvoll Fleischstücke unbemerkt durch den Zwinger zu schleichen.

»Eines Tages sind wir vielleicht dafür dankbar«, pflegte Miriamel darauf zu antworten.

Draußen stand die Sonne hoch am Himmel. Simon führte seine Freunde zum Turmgarten, wie er genannt wurde, weil er neben der Stelle angelegt worden war, an der einst der Engelsturm gestanden hatte. Er hatte hohe Mauern und, nach all den Jahren, hohe Bäume und wurde von einem verschlungenen Netz von Wegen durchzogen, die von Hecken gesäumt waren. Die Wachen blieben draußen, nur zwei stellten sich innen an das einzige Tor. Das größte noch übrige Stück der Engelsstatue, ihr Kopf, lag auf einem steinernen Sockel in der Mitte des Gartens. Einige Diener hatten soeben ein mittägliches Mahl aus kaltem Braten, Obst, Käse und Brot im Schatten auf dem Gras angerichtet. Simon dankte ihnen und entließ sie. Er hatte sich fest vorgenommen, dass seine Freunde und er sich den Wein wenigstens diesmal selbst einschenken würden. »Jetzt müssen wir nur noch auf Tiamak warten«, sagte er. »Er hatte noch etwas zu erledigen, meinte aber, er müsste es bis Mittag schaffen. Und auf Pasevalles.«

Miriamel sah ihn an. »Du hast das alles geplant.«

»Ich sagte doch, ich wollte nicht drinnen sein. Sieh doch, Miri, es ist ein so schöner Tag im Avrel. Warum sollten wir nicht mit unseren Freunden draußen in der Sonne sitzen?«

Miriamel lachte. »Warum nicht, du hast ja recht. Ich finde es eine sehr gute Idee, Simon.«

Tiamak traf wenig später ein, Pasevalles dagegen ließ sich durch einen Boten entschuldigen: Ein kleines Problem im Kontor verhindere sein Kommen. Also stießen sie in Abwesenheit auf ihn an. Simon trank nur wenig, obwohl es warm war und die Gesellschaft angenehm, und er sah, dass auch Miriamel sich zurückhielt. In ihren Gesprächen mieden sie stillschweigend schwierige Themen. Qina und ihr Vater sangen ein Lied der Qanuc über einen schlauen Schneehasen, der einen Fuchs überlistete. Qina spielte die Rolle des Hasen mit solch gewitztem Charme, dass alle lachten.

Als sie mit dem Essen fertig waren, stand Sisqi auf und bedeutete ihrer Tochter, mitzukommen.

»Das Mahl war gut«, sagte sie. »Wir gehen jetzt, aber zuerst sagen wir unsere Dankbarkeit.«

»Wohin wollt ihr?«, fragte Miriamel.

»Sie wollen zu Klein-Snenneq«, sagte Binabik. »Qina ist überzeugt, dass ihr junger Mann nicht genügend Nahrung empfängt, und will ihm etwas von den Sachen bringen, die wir zum Mittagessen hatten.«

Simon grinste. Der stämmige junge Troll war trotz seiner geringen Größe breiter um die Hüften als er selbst. Laut sagte er nur: »Sehr vernünftig.« Aber Binabik sah seinen Blick und lächelte.

»Du wirst unsere Fürsorge für ihn verstehen«, sagte er, »wenn du an den anderen jungen Mann denkst, der sich in einem fremden Land verirrt hatte und immer Hunger litt.«

»Ich träume manchmal noch von den Tauben, die du bei unserer ersten Begegnung im Wald für mich gebraten hast«, gestand Simon. »Ich glaube, ich habe nie etwas Besseres gegessen.«

»Der Hunger ist die beste Sauce.«

Als Mutter und Tochter gegangen waren, sahen Miriamel und Simon zuerst einander an und dann die drei, die geblieben waren, Binabik, Eolair und Tiamak.

»Ihr seid nicht nur unsere ältesten Freunde«, sagte Simon, »sondern wichtiger noch, Ihr seid im Sturmkönigskrieg dabei gewesen. Wie Ihr wisst, haben wir in letzter Zeit viele seltsame Zeichen gesehen – Gräfin Alvas Nornen und die Leichen der Sithi, außerdem die Nornen und ihr zahmer Riese, denen wir weit südlich ihres üblichen Gebiets begegnet sind. Und die Botin, die die Sithi uns nach all den Jahren geschickt haben und die in unserem Kynswald überfallen wurde.«

»Nicht zu vergessen die Botschaft dieses Jarnulf, der mit den Nornen reist«, ergänzte seine Frau. »Er sagt, die Nornenkönigin sei aufgewacht und suche eine Hexenholzkrone.«

»Ich denke, wir alle nehmen die Bedrohung durch die Nornen ernst, Majestäten«, sagte Eolair. »Aber vergesst nicht, dass Isgrimnur meinte, nach der Belagerung Nakkigas seien nur noch wenige von ihnen übrig gewesen, und sie würden sich wie die Sithi nur sehr langsam vermehren. Trotzdem habe ich Boten zu unseren Verbündeten geschickt, um sie auf einen möglichen Krieg vorzubereiten – vorerst allerdings noch heimlich. Die Festungen an der Grenze sind unser wichtigster Schutz, aber noch wichtiger ist, dass wir über sie so schnell wie möglich von einem Angriff aus dem Norden erfahren.«

Sie berieten, wie man ohne großes Aufsehen mehr Soldaten in die Festungen der Frostmark verlegen und das System der Nachrichtenübermittlung zuverlässiger machen konnte.

»Ich werde Ritter Zakiel informieren, Majestäten«, sagte Eolair, als sie damit fertig waren. »Dann können schon morgen entsprechende Vorkehrungen getroffen werden.«

»Gut«, sagte Simon. »Tiamak, konntet Ihr noch mehr über die Botschaft von dem Pfeil in Erfahrung bringen? Wisst Ihr schon, ob dieser Jarnulf tatsächlich ein Verwandter Jarnaugas ist und was er mit der Hexenholzkrone meint?«

Tiamak schüttelte den Kopf. »Über Jarnulf können wir Euch nichts sagen. Binabik und ich haben alle Dokumente durchgesehen, die uns hier auf dem Hochhorst zur Verfügung stehen. Er wird in keinem Brief der Schriftrollenträger erwähnt. Auch von einer Hexenholzkrone ist weder in Briefen noch in Büchern die Rede. Der Adlige Cais Sterna von Nabban, der das alte Asu'a zu der Zeit besuchte, als noch die Sithi dort herrschten, schreibt, die Feenherrscher hätten Kronen getragen, die zwar schön gearbeitet gewesen seien, aber aus gewöhnlichem Birkenholz gefertigt.«

»Wer könnte es sonst wissen?«, fragte Simon. »Mutter Kirche besitzt bestimmt viele Bücher. Und Ihr habt von den Schriftrollenträgern gesprochen. Besteht der Bund noch?«

»Eigentlich ja«, sagte Tiamak und runzelte die Stirn. »Binabik und ich gehören natürlich dazu, und Josua, wenn er noch lebt. Geloë bekam einmal einen Platz angeboten, sie meinte aber, wir sollten ihn lieber Faiera von Perdruin geben. Sie selbst wollte sich nie zu sehr an die Menschen binden. Im Wald war sie glücklicher, bei ihren Tieren und Vögeln.«

»Was ist denn mit dieser Faiera?«, fragte Miriamel. »Jetzt, da Ihr den Namen nennt, erinnere ich mich an ihn, aber ich habe Euch seit Jahren nicht mehr von ihr sprechen gehört.«

»Sie verstummte ungefähr zur selben Zeit, in der Josua verschwand«, erklärte Tiamak. »Ich schrieb ihr viele Briefe, bekam aber nie Antwort. In Ansis Pellipé grassierte damals die Pest und in dem Stadtteil, in dem sie wohnte, wütete ein schlimmes Feuer, es kann also leider durchaus sein, dass sie tot ist.« Er machte eine Pause und Simon und Miriamel schlugen das Zeichen des Baums. »Tut mir leid, dass ich nur wenig hoffnungsvolle Nachrichten habe, Majestäten. Ich war mit vielen anderen Dingen beschäftigt. Und da wir seit zwanzig Jahren überwiegend Frieden haben, kümmerte ich mich auch nicht so viel um den Bund, wie ich es sonst vielleicht getan hätte. Ich gestehe, dass ich seine Wiederbelebung nach der gescheiterten Suche nach Josua verschiedentlich hinausgeschoben habe. ›Es gibt hier so viel anderes zu tun‹, sagte ich mir, ›und vielleicht hören wir ja doch noch von Josua. Aber wenn es Frühling wird, werde ich nach Nabban reisen und nach weiteren Schriftrollenträgern suchen.‹ Oder: ›Wenn der König und die Königin erst aus Meremund zurückkehren, werde ich ernsthaft mit der Suche beginnen.‹« Er schwieg, in trübe Gedanken versunken. »So vergehen die Jahre und mit ihnen die Möglichkeit, zu tun, was wir tun sollten.«

»Ihr seid nicht der Einzige, der sich das vorwerfen muss, Tiamak«, sagte Miriamel. Simon wusste, dass sie trotz ihres schroffen Tons nach allem, was sie gemeinsam mit Isgrimnur und Camaris im Süden durchgemacht hatten, eine Schwäche für den Wranna hatte.

»Also können nur die Sithi uns weiterhelfen«, sagte er. »Aber ihre Botin scheint im Sterben zu liegen.«

»Vergiftet, wie sie selbst gesagt hat, als sie noch sprechen konnte«, sagte Tiamak. »Obwohl der Überfall schon so lange her ist, wird sie auch jetzt immer noch schwächer.«

»Und damit ist womöglich jede Chance auf Hilfe von den Sithi verloren.« Simon sah die Königin vielsagend an.

Miriamel nickte. »Ja, aber keine Sorge, ich wollte gerade darauf zu sprechen kommen.«

Sie wandte sich nun an die anderen. »Der König und ich haben beschlossen, die Sitha-Frau zu ihren Leuten zurückzubringen, damit die sie hoffentlich heilen können. Wir müssen wenigstens herausfinden, ob die Sithi etwas über die Pläne der Nornen wissen, und ihnen sagen, was wir in Erfahrung gebracht haben. Auch wenn die Beziehung zwischen unseren Völkern belastet ist, die Sithi waren im letzten Krieg unsere Verbündeten und sie wissen mehr über die Nornen und ihre schlimme Königin als sonst jemand.«

Miriamel machte eine Pause, dann sah sie Graf Eolair an. Sie wirkte ein wenig verlegen. »Leider müssen der König und ich Euch wieder bemühen, alter Freund. Wir wissen nicht, warum die Sithi uns meiden und sich uns gegenüber anders verhalten, deshalb müssen wir jemanden mit der verwundeten Botin mitschicken, der bereits mit den Sithi zu tun gehabt hat und der auch für den König und mich sprechen kann. Ihr seid dafür von allen am besten geeignet.«

Simon, der Eolair aufmerksam beobachtete, meinte ein kaum wahrnehmbares Zusammenzucken zu erkennen.

»Selbstverständlich, Majestät.« Im nächsten Moment war Eolair schon wieder vollkommen gefasst und pflichtbewusst. »Ich werde tun, was Ihr und der König mir auftragt. Ich habe nur ein Bedenken. Es wird eine lange Reise werden und ich bin schon alt. Wenn mir nun unterwegs etwas zustößt?«

Miriamel runzelte die Stirn. »Ihr meint, die Reise könnte zu anstrengend für Euch werden?« Sie klang enttäuscht.

»Nein, Majestät. Aber es wäre töricht, so zu tun, als sei ich noch ein junger Mann. In meinem Alter können die Götter mich jederzeit zu sich rufen. Wenn diese Mission so wichtig ist, wie wir alle glauben, sollte ich vielleicht einen Begleiter haben, der für den Fall, dass mir etwas zustößt, die Sitha-Frau abliefern und Euer Botschafter sein kann.«

»Natürlich, nehmt einen Begleiter Eurer Wahl«, sagte Miriamel. »Aber wir vertrauen auf Euch und Eure Kraft, lieber Graf.«

»Danke.« Er lächelte. »Die Götter entsprechen hoffentlich Eurem Wunsch. Aber darf ich noch etwas vorschlagen? Vielleicht täte es Prinz Morgan gut, mich als zweiter Gesandter zu begleiten.«

»Das ist eine ausgezeichnete Idee!«, sagte Simon rasch, was ihm einen wütenden Blick seiner Frau einbrachte.

»Überhaupt nicht! Der König und ich haben schon darüber gesprochen. Unser Enkel ist zu jung und die Reise zu gefährlich. Wir wissen nicht einmal genau, wo die Sithi zu finden sind. Und Morgan ist der Thronerbe!«

»Ein Thronerbe, der seine Zeit bisher in Schenken und an anderen anrüchigen Orten verschwendet hat …«, begann Simon, aber er kam nicht weit.

»Nein. Es geht nicht.« Miriamel klang so schroff und endgültig, dass Binabik, Eolair und Tiamak unbehaglich die Luft anhielten und nicht wussten, wohin sie blicken sollten.

»Gut«, sagte Graf Eolair schließlich, »dann muss ich mir einen anderen Gefährten überlegen. Außerdem sollte ich wohl Reisevorbereitungen treffen. Binabik und Tiamak, wo müssen wir die Feen Eurer Meinung nach suchen? Es dürfte schwierig sein, sie zu finden, schließlich sind sie bekannt dafür, wie geschickt sie sich vor den Sterblichen verstecken.«

»Vermutlich im südlichen Teil des Aldheorte«, antwortete Binabik. »Was ich von meinem Herrn und von Simon selbst weiß, lässt mich vermuten, dass ihre Waldstadt Jao é-Tinukai'i irgendwo dort liegt, doch sind sie über das ganze Gebiet verstreut. Wenn Ihr der Waldstraße nach Osten folgt und häufig haltmacht und Euch ankündigt, werden die Sithi Euch hören.«

»Besten Dank, Binabik. Ihr wärt eine sehr gute Hand des Throns.« Eolair lächelte müde. »Dann werde ich die Karten zu Rate ziehen, die wir von diesem Teil der Welt haben. Wann wünschen Eure Majestäten, dass ich aufbreche?«

»So früh wie möglich.« Miriamel hatte sich wieder gefasst. Sie beugte sich vor und legte ihre Hand auf die von Eolair. »Außerdem müsst Ihr natürlich eine Abteilung Erkynwachen mitnehmen. Ihr sollt schließlich wohlbehalten zurückkehren, lieber Eolair. Lange kommen wir ohne Euch nicht zurecht.«

»Selbstverständlich, Majestät.« Eolair stand ein wenig mühsam auf. Es dauerte länger, als er früher dazu gebraucht hatte. »Binabik und Tiamak, wenn Ihr mitkommen und mich bezüglich der weiteren Reiseplanung beraten wollt, wäre ich Euch dankbar.«

Die drei standen auf und wollten gehen, doch da bat Simon Tiamak, zu bleiben.

»Die anderen können auf Euch warten«, sagte er. »Wir haben leider noch ein Anliegen. Unser Gespräch über die Vergangenheit hat mich an ein Versprechen erinnert, das ich Isgrimnur gegeben habe. Ich bin dem Andenken des braven Mannes noch etwas schuldig.«

»Wovon redest du, Simon?«, fragte die Königin.

»Du weißt es schon, meine Liebe. Von den Kindern deines Onkels Josua. Die jetzt auf dem Hochthron säßen, wäre Prinz Josua willens gewesen, zu herrschen.«

»Nicht jetzt, Simon. Wir müssen uns um zu viele andere wichtige Dinge kümmern.«

»Eben darum. Deshalb frage ich ja Tiamak.« Er wandte sich wieder an den Berater, der sich auf seinen Stock stützte, um sein lahmes Bein zu entlasten. »Ihr erinnert Euch doch, dass Isgrimnur und seine Frau Gutrun die Paten der beiden Kinder von Josua und Vara waren, der Zwillinge Derra und Deornoth. Isgrimnur sagte uns auf dem Totenbett, ganz besonders schmerze ihn, nichts über ihr Schicksal zu wissen.«

Tiamak hob die Augenbrauen. »Sie sind schon sehr lange Zeit vermisst, Majestät – schon viele Jahre.«

»Fast zwanzig, glaube ich. Wann hat der Bund zuletzt von Josua gehört?«

»Das war meines Wissens im Jahr 1176 seit der Gründung, dem zehnten Jahr der Regierung Eurer Majestäten, also vor mehr als zwanzig Jahren. Inzwischen ist die Spur wohl kalt.« Er sah Simon und Miriamel mit einem Blick an, der sein Unbehagen verriet. »Was wünscht Ihr von mir?«

»Nun, sie zu finden natürlich. Möglichst alle, aber ich habe dem Herzog versprochen, dass wir zumindest herausfinden würden, was aus Josuas und Varas Kindern geworden ist.« Simon überlegte kurz. »Bei Rhiap, sie könnten inzwischen selbst Kinder haben!«

»Wenn sie noch leben, ja.«

Miriamel hatte genug gehört. »Simon, das ist doch … nein, nicht töricht, schließlich sind wir es Isgrimnur schuldig. Aber jetzt ist nicht die Zeit dazu. Nabban ist in Aufruhr, die Thrithingmänner überfallen dort Städte und Siedlungen, und dazu kommen noch die Neuigkeiten von den Nornen … wir dürfen uns nicht noch ein Problem aufhalsen.«

»Aber wenn wir Isgrimnurs Wunsch jetzt nicht erfüllen, wann dann?« Simon konnte, wenn er wollte, genauso stur sein wie seine Frau. »Wenn es nun im Grasland Krieg gibt? Wenn in Nabban wirklich Chaos ausbricht? Dann wird die Spur, die laut Tiamak schon kalt ist, noch kälter – wenn überhaupt etwas davon übrigbleibt! Josua und Vara und ihre Kinder sind neben uns die letzten Angehörigen der Familie deines Vaters. Bedeutet dir das nichts?«

»Du bist ungerecht«, sagte Miriamel und presste die Lippen zusammen. »Wirklich ungerecht.«

Langes Schweigen trat ein. »Sagt mir einfach, was ich tun soll«, sagte Tiamak schließlich. »Ich könnte die Briefe sammeln und durchsehen, die Josua geschrieben hat – ich habe meine aufbewahrt und Strangyeard hat natürlich auch viele von ihm bekommen.«

»Aber Ihr meintet doch, dass sie schon vor langer Zeit ausgewertet wurden«, sagte Simon. »Die an Miriamel und mich hattet Ihr ja auch, wenn ich mich recht entsinne, und sie gaben keinen Aufschluss darüber, wohin er gegangen ist oder was geschah. Nein, Ihr müsst nach Kwanitupul reisen, wo er und Vara lebten, und dort nach weiteren Spuren suchen. Wir müssen endlich wissen, was aus ihnen geworden ist, vor allem aus den Kindern. Das sind wir Isgrimnur schuldig. Wenn er nicht gewesen wäre, wäre vermutlich keiner von uns hier. Und wenn Prinz Josua nicht gewesen wäre, natürlich auch nicht.«

Simon sah etwas in Tiamaks Blick, das ihm neu war. Es dauerte einen Moment, bis er begriff, was es bedeutete, denn er hatte es seit seiner Thronbesteigung noch nicht oft gesehen – es war der Blick von jemandem, der seinen Wunsch am liebsten abgelehnt hätte.

»Ich weiß nicht, ob das eine gute Idee ist«, sagte Tiamak schließlich.

»Dem Erlöser sei Dank«, sagte Miriamel. »Endlich jemand, der vernünftig redet.«

»Wie bitte? Was soll das heißen, Tiamak? Josua ist – oder war – der Prinz von Erkynland und er ist spurlos verschwunden! Der Onkel der Königin! Wir haben in der Vergangenheit schon darüber gesprochen und niemand wollte es hören, aber sollte uns und unseren Kindern etwas zustoßen, was Gott verhindern möge, sind Josua und seine Kinder die einzigen Nachfahren des alten König Johan. Und selbst wenn Morgan uns eines Tages auf den Thron nachfolgt, wie die Königin und ich es hoffen, wie können wir den letzten Wunsch Isgrimnurs ignorieren?« Simon wusste, dass er rot angelaufen war, denn sein Gesicht fühlte sich heiß an. »Kommt, Tiamak, Isgrimnur war doch auch Euer Freund!«

Jetzt sah der Wranna ihn empört an. »Darum geht es nicht, Majestät.« Er hob seinen Stock und zeigte auf sein lahmes Bein. »Es fällt mir dieser Tage nur das Gehen schwer. Ich kann nicht einmal in einem Wagen ohne Schmerzen fahren.«

»Ihr seid eben erst in einem Wagen nach Elvritshalla gereist.«

»Und ich will ehrlich sein, alter Freund – ich habe ununterbrochen gelitten. Aber versteht mich recht. Es sind nicht die Schmerzen, die ich fürchte, sondern meine Langsamkeit. Wer weiß, wohin die Spuren führen werden? Ich müsste oft anhalten und Pause machen, daran führt kein Weg vorbei. Auch der stärkste Wille stößt bei einem verkrüppelten Körper an Grenzen. Ich wäre also lange unterwegs und – verzeiht mir, wenn ich stolz klinge – ich fürchte, Ihr würdet, wenn ich nicht da bin, meinen Rat in den gefährlichen Monaten, die vor uns liegen, vermissen. Binabik wird mit seiner Familie bald aufbrechen und Eolair schickt Ihr auch weg.«

Simon sah ihn grimmig an. »Ich bedaure natürlich die Unannehmlichkeiten, die ich Euch verursache – wirklich! –, aber ich glaube, dass Ihr vor allem wegen der Bibliothek hierbleiben wollt. Ihr liebt diese Aufgabe mehr als alles andere.«

»Das stimmt nicht.« Simon hörte in der Stimme seines Beraters zu seiner Überraschung etwas, das er noch nie gehört hatte – der sonst so ruhige Mann klang zornig, obwohl er nach außen weiter beherrscht wirkte. »Es stimmt nicht und es ist auch nicht gerecht. Ich wollte vor allem wegen meiner Frau hierbleiben, aber wenn es die beste Lösung wäre, würde ich selbstverständlich trotzdem gehen. Ich habe dem Hochthron und Euch beiden Gehorsam geschworen. Ihr wisst es und kränkt mich durch Eure Zweifel.«

Simon kam sich vor wie ein gescholtenes Kind, aber zugleich wusste er, dass Tiamak recht hatte – er war nicht gerecht zu ihm gewesen. »Genug. Ich entschuldige mich für meine törichten Worte. Aber was tun wir, wenn Ihr nicht geht? Wie Ihr bereits gesagt habt, gibt es sonst niemanden, den wir schicken könnten, wenn Eolair zu den Sithi aufbricht. Müssen wir die Suche also wieder verschieben und damit riskieren, dass wir nie herausfinden, was mit Josuas Familie passiert ist?«

»Nicht unbedingt.« Tiamaks Groll schien verflogen zu sein. »Es gibt einen Mann, der dazu meines Erachtens geeignet wäre, und ich habe seltsamerweise auch schon überlegt, wie ich ihm dabei helfen könnte.«

»Von wem sprecht Ihr?«

»Bruder Etan. Ihr kennt ihn.«

Simon machte eine ungeduldige Handbewegung. »Ja, den jungen Mönch mit dem erschrockenen Blick.«

Tiamak lächelte. »Ich verstehe, was Ihr meint. Ja, der mit dem erschrockenen Blick. Ihr kennt ihn allerdings nicht gut, ich dagegen schon, und er hat nicht aufgehört, mich zu beeindrucken, seit der Erzbischof ihn zu uns geschickt hat. Er hat einen wachen Verstand und ein gutes Herz und ist so offen und aufgeschlossen, wie man es selten erlebt.«

»Trotzdem, etwas so Wichtiges …« Die Vorstellung, jemanden zu schicken, den er kaum kannte, behagte Simon nicht. Es kam ihm vor, als würde er dadurch Isgrimnurs Andenken schmälern.

»Ich will Euch noch etwas über ihn sagen«, fuhr Tiamak fort. »Wie Ihr Euch vielleicht erinnert, wurde die Schriftrolle von

Vater Strangyeard – wie sehr ich ihn doch vermisse! – nie an einen anderen gegeben.«

Miriamel nickte. »Weil alles so schnell ging. Das Fieber raffte in jenem Sommer viele dahin.«

Auch Simon erinnerte sich. Er hatte erst gemerkt, wie sehr er den alten Archivar vermisste, als es zu spät war und Strangyeard tot. »Es war eine schreckliche Zeit, Gott schütze uns.«

»Er hat mich in seinen letzten Stunden gebeten, die Schriftrolle aufzubewahren, bis ich einen würdigen Nachfolger gefunden hätte. In letzter Zeit habe ich gedacht, dass Bruder Etan dieser Nachfolger sein könnte – dass wir ihn in den Bund der Schriftrolle aufnehmen sollten. Das sollte Euch zeigen, wie sehr ich ihn wertschätze.«

»Nun, das ist gewiss eine starke Empfehlung. Seid Ihr sicher, dass er dem gewachsen wäre?«

»Eurem Auftrag? Ja. Er ist jung und gesund. Außerdem vertraut er nach Art eines Gelehrten nie einfachen Antworten. Ich kann mir keinen besseren Kandidaten denken. Aber noch wichtiger ist, dass es auch für ihn selbst gut wäre.«

»Inwiefern?«

»Seit unserer Rückkehr aus Rimmersgard hat ihm … eine gewisse Sache sehr zu schaffen gemacht.«

Simon merkte, dass Tiamak sich absichtlich unklar ausdrückte, und er wurde kurz ungeduldig. »Eine gewisse Sache?«

»Nichts, worüber Ihr Euch Gedanken machen müsstet, Majestäten – eine Sache, die nur Gelehrte wie Etan und mich interessiert – aber sie beschäftigt ihn. Er hat sie sich als nachdenklicher, religiöser Mensch sehr zu Herzen genommen und schläft seitdem nicht mehr gut. Ich glaube, es würde ihm guttun, eine neue Aufgabe zu haben, die ihn herausfordert, und eine neue Umgebung anstelle der vertrauten Burg und der Kathedrale.«

Simon hob die Hand. »Wenn Ihr versichert, er sei der Sache gewachsen, reicht mir das. Miriamel?«

»Natürlich ist es uns lieber, wenn Ihr hierbleibt, Tiamak«, sagte Miriamel. »Ihr habt wohl auch gemerkt, dass ich nicht dafür bin, mit der Suche jetzt anzufangen.« Sie warf Simon einen Blick zu. »Aber wenn wir Bruder Etan schicken können, Euren … Bundesanwärter, wie wir ihn wohl nennen könnten, dann soll es mir recht sein.«

»Dann wäre das beschlossen.« Simon nickte. »Ich würde gerne mit diesem Etan sprechen, bevor er aufbricht. Macht ihm klar, wie wichtig der Auftrag ist.«

»Natürlich, Majestät.« Doch wieder wirkte Tiamak für einen kurzen Moment seltsam zögernd.

Simon beschloss, nicht darauf einzugehen. »Und Ihr werdet dafür sorgen, dass er alles hat, was er für die Suche nach Josua, Vara und den Kindern braucht? Die Suche nach der Wahrheit?«

»Das schwöre ich bei meinem Dorf, Majestäten. Und bei meinem Eid vor dem Hochthron.«

Tiamak ging und Simon vermied es, Miriamel anzusehen. Er wusste, dass ihr das alles nicht recht war, aber er war nicht dazu aufgelegt, sich zu rechtfertigen. Stattdessen betrachtete er das Essen und die leeren Becher im Gras.

»Sollen wir das reintragen? Als Küchenjunge habe ich das auch getan.«

»Nein, das erledigen die Diener«, erwiderte Miriamel kurz. Sie raffte ihre Röcke um sich und stand auf. »Ich habe nie in der Küche gearbeitet, wie du vielleicht weißt.«

Simon sah ihr nach. Sie war wieder böse auf ihn, aber er wusste nicht, warum, weil so viele Gründe infrage kamen. *Wie kann ich einen Streit verlieren, von dem ich gar nichts weiß?*

Verärgert trat er gegen einen Becher und sah zu, wie der Wein ins Gras lief. Dann folgte er seiner Frau nach drinnen.

Bei der Ankunft in seinen Gemächern stellte Tiamak fest, dass Thelía schon da war. Sie wirkte bedrückt, obwohl er nicht gleich bemerkte, aus welchem Anlass.

»Ich wünsche dir einen schönen Tag, meine Liebe«, sagte er. »Wie geht es deiner Patientin?«

»Der Sitha? Nicht besser, aber Gott sei Dank auch nicht schlechter. Doch es gibt da etwas, das sich mir, das sich uns allen entzieht. Ich kann den Finger nicht darauf legen.«

Tiamak seufzte. »Da geht es mir ähnlich, nicht nur mit ihr, sondern mit vielen anderen Dingen. Ich habe dieses Gefühl seit Wochen. Es ist wie früher in meiner Jugend, beim Betrachten der Oberfläche eines Flusses. Es gibt da Wellen, die ich nicht verstehe. Vielleicht werden sie nur durch Steine unter dem Wasser verursacht. Oder es bewegt sich etwas unter Wasser.«

»Was beschäftigt dich?«

»Ach, alles und nichts. So viel, dass ich es gar nicht erzählen kann.«

»Dann lasse ich dich im Stillen darüber nachdenken, wenn du mir nur einen Gefallen tust.«

»Und der wäre?«

»Schenke mir ein Glas von dem gelben Ampferlikör ein. Ich bin heute müde und habe Kopfweh.«

»Ein ganzes Glas?«

»Na gut, dann ein halbes. Ich trinke auch ganz langsam.« Sie sah ihn in gespieltem Ernst und mit gerunzelter Stirn an. »Du bist zu vorsichtig mit mir, Timo. Wir Trockenländerfrauen können einiges vertragen.«

»Aber das weiß ich doch.« Er entkorkte die kleine Flasche, schenkte eine großzügige Portion in eins ihrer wertvollen Kelchgläser und hielt das Glas in die Nachmittagssonne, die durch das Fenster fiel. Das Fenster war groß, was der Hauptgrund war, warum Tiamak diese Gemächer für sich und Thelía ausgewählt hatte, die anderweitig keineswegs besonders groß waren. Er vermisste mehr als alles andere das Licht seiner Heimat. Er drehte das Glas zwischen den Fingern und beobachtete, wie die trübe Flüssigkeit herumwirbelte wie Wolken an einem stürmischen Himmel.

»Ich danke dir«, sagte Thelía und nahm das Glas entgegen.

Er überließ sie dem Likör und ging zum Tisch. Was er jetzt tun wollte, hatte er vorgehabt, seit Etan ihm das verbotene Buch zum ersten Mal gezeigt hatte. Gleich beim ersten Anblick der *Ätherischen Flüsterstimmen* war ihm klar gewesen, dass er dazu die Hilfe eines anderen Gelehrten brauchte. Leider war der Bund nicht mehr das, was er einmal gewesen war – nur noch drei Schriftrollenträger waren übrig, immer vorausgesetzt, dass Faiera noch lebte! Er hatte Etan als neues Mitglied in Betracht gezogen, weil der junge Mönch einen regen Verstand und ein gutes Herz hatte, aber Etan musste erst noch zum Gelehrten und für den Bund ausgebildet werden, er konnte ihm nicht jetzt schon helfen. Und Hilfe war, was Tiamak jetzt am dringendsten brauchte.

Seine Frau las, während sie an ihrem Likör nippte, Sarchouns *Über die Bewegung des Blutes und des Odems.* Offenbar sorgte sie sich weiter um die sterbende Sitha. Seit seiner Rückkehr von der Reise im Gefolge des Königs schien sie mit nichts anderem mehr beschäftigt und kam an den meisten Tagen nur wegen eines Buchs über die Heilkunst oder zum Schlafen in ihre Gemächer. Tiamak war kein besonders fordernder Ehemann, aber er wurde allmählich ein wenig eifersüchtig auf die vergiftete Frau, die die Aufmerksamkeit seiner Frau so vollständig beanspruchte.

Solche Gedanken tun dir nicht gut, ermahnte er sich. *Danke lieber Ihm-der-stets-auf-Sand-tritt, dass Thelía gesund und munter ist und dass wir beide hier sind. Und deine Kraft könntest du auch sinnvoller einsetzen.*

Er nahm ein Blatt Pergament aus dem Schreibkasten, schnitt sich eine Feder zurecht und begann zu schreiben.

Mein lieber Freund Aengas, begann er und hielt dann kurz inne. War die Anrede zu vertraulich? Doch er ließ sie stehen.

Ich schreibe dir, weil ich dein Wissen so dringend brauche, dass dies sogar die Scham überwiegt, dich in deinem Leben und deiner Arbeit zu stören. Ein höchst ungewöhnliches Buch ist in meinen Besitz gelangt, ein übel beleumundetes Buch, das wir beide nur vom Hörensagen kennen.

Ich würde dich trotzdem nicht damit belästigen, fürchtete ich nicht, dass sein Inhalt von Belang für andere wichtige Angelegenheiten ist. Das Buch ist überwiegend in Alt-Nabbanai geschrieben, aber sein Verfasser – dessen Namen ich hier nicht nenne, du wirst ihn kennen, wie du auch das Buch kennst – verwendet als eine Art Geheimsprache für die meisten wichtigen Namen und Dinge khandische Wörter. Von der Sprache Khandias weiß ich so gut wie nichts. Ganz im Unterschied zu dir. Du wirst ermessen, vor welchem Problem ich stehe.

Ich kann dir das Buch nicht schicken, dazu müsste ich es dir persönlich bringen, was aufgrund meiner Pflichten hier in Erchester gegenwärtig unmöglich ist. Ich bitte dich auch nicht, zu kommen, weil ich weiß, dass ich das jemandem in deiner Lage nicht zumuten darf, aber ich weiß auch keine andere Lösung. Kennst du jemanden, der mir helfen könnte, alter Freund? Gibt es Gelehrte außerhalb der ädonitischen Kirche, die etwas über die alte Sprache Khandias wissen? Wenn du den Namen des Buches erraten hast, weißt du auch, warum ich mich nicht um Hilfe an die Sancellanische Ädonitis wenden kann und warum ich in einem Brief, den ich einem Boten anvertrauen muss, und sei es ein Bote des Königs, nicht mehr schreiben kann.

Ich hoffe, es geht dir den Umständen entsprechend gut und du kommst mit deiner Arbeit gut voran. Was immer du mir auf diesen Brief antwortest, ich freue mich schon jetzt auf deine Schrift über Warinsten und die Ruinen von Kementari.

Dein Bruder im Geiste,
Tiamak aus Haindorf, jetzt aus Erchester

Er las den Brief noch einmal durch, löschte ihn ab, faltete ihn und verschloss ihn mit seinem Siegel. Er würde ihn persönlich in die nächste nach Süden abgehende Post geben, damit auch wirklich niemand davon erfuhr. Wahrscheinlich würde der Brief nichts bewirken – Aengas' Desinteresse an der Arbeit anderer Leute war allbekannt –, aber Tiamak hatte das Gefühl, dass er wenigstens einen Versuch machen musste. Seit jenem Tag auf der Reise durch die Frostmark, an dem ihn eine böse Vorahnung überkommen hatte, verfolgte ihn das unerklärliche Gefühl, dass ihm nur noch wenig Zeit blieb, dass bald etwas geschehen würde, das sein ganzes bisheriges Leben und das von Thelía auf den Kopf stellen würde wie ein großer Stein, der in einen kleinen Teich fiel.

Mögen die Ältesten dafür sorgen, dass ich die Zukunft genauso schlecht voraussehe, wie ich Khandisch lesen kann, betete er. Doch da stellte sich eine neue Sorge ein. *Was mute ich Bruder Etan eigentlich zu? Sollte ich doch lieber selbst gehen?*

Auf solche Fragen gab es natürlich keine einfachen Antworten – höchstens die Götter kannten welche.

Auf dem Weg zur Tür küsste Tiamak seine Frau auf den Scheitel. Dabei sah er, dass ihr das Likörglas fast aus der Hand fiel. Sie war mit dem offenen Sarchoun auf dem Schoß eingeschlafen. Er nahm ihr zuerst das Buch weg und legte es auf den Tisch und dann das Glas, das zum Glück fast leer war. Dann ging er.

»Schlaf gut, liebste Frau«, flüsterte er, als er die Tür hinter sich schloss. »Möge dein Schlaf behütet sein.«

30

EIN LANGES SPIEL

Sie ritten nach Nordosten über die weite, von den Rimmersleuten Osterdyr genannte Ebene, die im Norden vom Wald und im Süden von dem See begrenzt wurde, der so groß war wie ein Meer und sich über Meilen hinzog. Vom Frühling im Süden gelangten sie in den Schnee, der erst viel später im Jahr schmelzen würde. Makho freute sich über ihr Entkommen aus der ›Sterblichenfalle‹, wie er es nannte, doch als Kemme zum zweiten Mal in ebenso vielen Stunden damit angab, wie sie nur zu viert und mit dem Riesen einige Dutzend der besten Leute ihrer Feinde getötet hatten, starrte er ihn verdrossen an.

»Die Königin hätte nichts anderes erwartet, Opfermutiger«, sagte er nur und Kemme sprach nicht wieder davon.

Doch Makho war mit ihrem Erfolg zufrieden, und während des tagelangen Ritts plagte er Nezeru nicht mit zusätzlichen Schikanen, auch wenn er sie nach wie vor mit Verachtung behandelte.

Auf der Ebene bliesen ihnen Stürme entgegen, aber schlechtes Wetter war für die Hikeda'ya noch nie eine Anfechtung gewesen, und weil die nördliche Einöde kaum besiedelt war, konnte die Hand der Königin Tag und Nacht reiten, immer auf den fernen, Jinyaha-yu'a genannten Gipfel zu. Jarnulf gegenüber blieb Makho allerdings vorsichtig. Da der Sterbliche das Gelände besser kannte als die Hikeda'ya, wurde er zwar häufig befragt, doch durfte er die Hand nicht anführen oder auch nur vorausreiten. Diesen Platz beanspruchte Makho für sich, unmittelbar hinter dem Riesen Goh Gam Gar, dessen Aufgabe es war, den Weg freizuräumen, wenn der Schnee zu hoch für die Pferde lag. Kemme und Saomeji ritten hinter Makho und berieten sich auch mit ihm. So kam es, dass Nezeru und der Sterbliche den Abschluss des kleinen Zugs bildeten.

Jarnulf ritt langsam, aber so, dass Nezeru es offenbar nicht bemerken sollte. Vermutlich wollte er mit ihr sprechen, weil sie in Ungnade gefallen war. Er würde versuchen, sie aus der Reserve zu locken und auf seine Seite zu ziehen. Die anderen Hikeda'ya misstrauten seinen Absichten und zumindest in dieser Hinsicht stimmte Nezeru mit ihnen überein. Die Jäger der Königin waren bekanntlich grausame Einzelgänger und unbändig stolz auf ihre Freiheit, weil ihre Brüder doch Sklaven unter dem Joch waren. Von daher fiel es schwer zu glauben, dass ein Jäger sein Geschick freiwillig mit dem einer Gruppe von Klauen verknüpfen würde.

»Opfermutige Nezeru«, sagte Jarnulf unvermittelt, »wie kommst du hierher?«

Es berührte sie immer noch sonderbar, dass jemand, der so fremd aussah, ihre Muttersprache fließend beherrschte. Sogar den sekundären K-Laut sprach er so perfekt aus wie ein Hikeda'ya, nämlich beim Einatmen statt beim Ausatmen. Auch die Feinheiten der Bedeutung waren ihm geläufig. Er hatte sie gefragt, »wie« sie hierher kam und nicht »warum«, was zu sehr nach einem Verhör geklungen hätte.

»Die Königin hat mich geschickt. Und wie kommst du hierher, Freigelassener Jarnulf?«

Er lächelte, weil er wie sie wusste, dass damit ein langes Spiel eröffnet war, das sich tagelang hinziehen konnte. In diesem Land endloser verschneiter Ebenen, grauweißer Himmel und geduckter Wälder mit dunklen, knorrigen Bäumen hatte es niemand eilig.

»Ich komme natürlich aus den Sklavengehegen Nakkigas«, sagte er. »Des Nakkiga-von-einst, um genau zu sein, der alten

Stadt außerhalb des Berges. Ich wurde in der Weißschneckenburg am Fuß der Sturmspitze geboren und mit dem ersten Atemzug wurde mir bereits eingeprägt, die Königin zu fürchten. Darin unterscheide ich mich nicht von dir.«

»Nur dass ich nicht das Joch der Sklaven getragen habe. Und man mich nicht gelehrt hat, die Königin zu fürchten, sondern sie zu lieben.«

»Was auf dasselbe hinausläuft.« Er musterte sie spöttisch. »Ich wusste schon, dass du nicht in einem Sklavengehege geboren worden bist, Opfermutige. Es zeigt sich an der Art, wie du dich bewegst.«

»Wie meinst du das?«

»Deiner Hautfarbe und Gesichtsform nach bist du ein Halbblut, aber du bewegst dich wie jemand, der unter den Adligen Nakkigas aufgewachsen ist. Habe ich recht?«

»Ja«, sagte sie ein wenig verstimmt, weil er es so genau getroffen hatte. »Findest du noch mehr über meine Vergangenheit heraus, nur indem du mich ansiehst, Jäger der Königin?«

Auf seinem Gesicht erschien wieder die Andeutung eines selbstzufriedenen Lächelns. Sterbliche waren so überaus freigebig mit ihren Gedanken, dachte Nezeru. Ihre Gesichter waren wie Bücher, in denen man lesen konnte. »Nicht nur deine stolze Haltung verrät, dass du vor dem Eintritt in den Orden in einem vornehmen Haus aufgewachsen bist«, sagte er. »Du hast auch den Hao sa-Rashi gelernt – den ›Weg der Verbannten‹, in dem die Kinder der höheren Clans unterrichtet werden. Und die Steifheit, mit der du einige der Gesten ausführst, sagt mir, dass du das Haus deiner Kindheit noch nicht lange verlassen hast.«

»Inwiefern?«

»Die Älteren von euch führen die Gesten geschmeidiger und weniger sorgfältig aus. Bei den ältesten Hikeda'ya wie den landgeborenen Beratern der Königin merkt man gar nicht mehr, dass sie sich je anders ausgedrückt oder bewegt haben.«

Nezeru sah ihn ein wenig betroffen an. Wer immer dieser Sterbliche war, dumm war er nicht. Aber das Spiel begann ihr auch Spaß zu machen. »Dann erzähle ich dir jetzt etwas über dich«, sagte sie. »Du hattest einen Lehrer, wie Sklaven ihn nur selten haben. Du hattest Unterricht in den Kampfkünsten und im Reiten, noch bevor du das Sklavenleben abgelegt hast. Und du hast versucht, die Gesten zu vergessen, wegen derer du mich verspottest, zumindest so weit, um bei anderen Sterblichen als gewöhnlicher Rimmersmann durchgehen zu können.« Ein leichtes Zucken seiner Mundwinkel belohnte sie – Treffer! »Aber warum solltest du das tun – leugnen, wie du aufgewachsen bist?«

»Meine Achtung, Opfermutige Nezeru. Du hast ein scharfes Auge, auch wenn ich ja schon von meinem Lehrer Xoka gesprochen habe. Doch der Grund, warum ich die Gesten ablegen musste, die mir als Kind beigebracht wurden, sollte auf der Hand liegen. Als Jäger der Königin streife ich durch alle Länder, von der Grenze ihres Reiches bis nach Rimmersgard hinunter – und gelegentlich, wie jetzt, auch bis an den nördlichen Rand von Erkynland. Ich muss mit anderen Sterblichen verkehren, denen ich auf meinen Reisen begegne, und ich bin oft zum Tausch von Waren in ihren Dörfern. Was, glaubst du, bekäme ich anstelle von Trockenfleisch und Getreide, wenn sie wüssten, dass ich ein Sklavenfänger Königin Utuk'kus bin?«

»Einen Strick vielleicht. Und einen eisernen Käfig für deine Gebeine.« Sie lächelte, um ihm zu zeigen, wie schön sie diese Vorstellung fand. »Wie ich höre, werden die Leichen von Verrätern oft an der Grenze der Sterblichenlande aufgehängt, um zu zeigen, was die anderen Sterblichen von Leuten halten, die das Silber der Nornenkönigin nehmen, wie sie sagen.«

»Genau.«

Sie ritten eine Weile schweigend weiter. In einiger Entfernung vor sich sah Nezeru die bucklige Gestalt des Riesen wie eine sich fortbewegende Schneewehe. Dahinter unterhielt Makho sich mit

Saomeji, Kemme folgte den beiden in geringem Abstand. Seit einigen Tagen unterhielten der Anführer und der Sänger sich häufig miteinander. Oft stritten sie auch. Nezeru hätte zu gern den Grund gewusst. Sie fragte sich auch, warum Saomejis Herr Akhenabi ihr erlaubt hatte, bei der Hand zu bleiben, obwohl Makho sie doch zur Bestrafung nach Nakkiga hatte zurückschicken wollen. Ihr Auftrag war natürlich wichtig, aber der Herr des Sanges hätte aus seinem Gefolge von Sängern und Opfermutigen doch wohl Dutzende als Ersatz auswählen können. Und er hatte, als er in ihre Gedanken eingedrungen war, doch bestimmt gesehen, dass sie in Bezug auf ihre Schwangerschaft gelogen hatte. Warum hatte er sogar das ignoriert? Denn ihrem Anführer hatte der oberste Sänger es nicht mitgeteilt, Makho glaubte ihre Lüge noch immer.

»Wenn ich, wie ich glaube, recht habe, bist du für deine Art noch jung«, sagte Jarnulf wieder unvermittelt, als habe er ihren Gedanken gelauscht. »Wie kommt es, dass du an diesem wichtigen Unternehmen teilnimmst, dessen Zweck ich nicht kenne?«

»Ich war die Beste meiner Ausbildungsgruppe im Orden der Opfermutigen.« Sie hörte, wie angespannt ihre Stimme klang, und das war ihr gar nicht recht. Jeder konnte hören, dass sie sich das auch schon gefragt hatte. »Ich habe sechs bewaffnete Sklaven mit bloßen Händen getötet und bei den Spielen zwei Konkurrenten unter den Opfermutigen zu Krüppeln geschlagen. Ich kann so gut kämpfen wie jeder Mann und besser als die meisten.«

»Oh, gewiss«, sagte Jarnulf. »Aber solche Gruppen durchlaufen den Orden der Opfermutigen doch alle paar Jahre. Es muss Dutzende von anderen Kriegern geben, die zu ihrer Zeit ebenfalls die Besten waren und seither Erfahrung im Kampf gesammelt haben. Du dagegen hast vor unserem Kampf gegen die Erkynländer noch nie richtig gekämpft, stimmt's?«

Sie war selbst überrascht, wie sehr sie das traf. »Falsch geraten, Sterblicher«, erwiderte sie hastig. »Ich habe schon ganz oft gekämpft.« Sie dachte an die Insulaner, die sie getötet hatte, aber auch an den einen, den sie hatte entkommen lassen.

»Eben.« Zu ihrem Ärger tat er so, als hätte sie ihm zugestimmt. »Also wer sind deine Eltern, Opfermutige? Sie müssen wirklich mächtig sein, wenn sie ihrer Tochter zu einer solchen Beförderung verhelfen konnten, obwohl sie noch so jung ist.«

»Mein Alter hat gar nichts zu sagen.«

»Nein? Für mich schon. Deine Leute werden hundertmal so alt wie meine – aber ich wette darauf, dass ich trotz deiner hohen und ehrenvollen Stellung schon länger in dieser Welt und unter diesen Sternen weile als du.« Er hob den Finger zum nächtlichen Himmel. »Ich habe schon achtundzwanzig Sommer gesehen. Und du?«

»Das hat nichts zu bedeuten.« Sie verzog keine Miene, aber sie hätte ihn am liebsten getötet, um seine spöttische Stimme zum Schweigen zu bringen. »Du hackst auf mir herum, damit du selbst keine Fragen zu beantworten brauchst.«

Die hellblauen Augen betrachteten sie aufmerksam. »Dann entschuldige ich mich. In gewisser Weise bin ich hier wohl ein Gast und sollte mich besser benehmen. Stell mir ruhig Fragen, Opfermutige. Gibt es einen bestimmten Grund für dein Interesse?«

»Interesse? Vielleicht.« Nezeru merkte, dass sie die Beherrschung zu verlieren drohte. Stumm sagte sie das Gebet der getreuen Diener auf, bis sie wieder wie gewohnt klar denken konnte. »Deine Pfeile sind anders als unsere«, sagte sie schließlich.

Er hob in gespielter Überraschung die Augenbrauen. »Das ist natürlich ein Grund zur Sorge.«

»Eigentlich nicht. Aber deine sind mit Falken- oder Adlerfedern befiedert. Wir Opfermutige verwenden die Federn der schwarzen Gans.«

»Willst du mit mir um die Wette schießen, um festzustellen, wessen Pfeile genauer treffen? Ich mag kein Hikeda'ya sein, aber über meine Treffsicherheit hat sich noch keiner beschwert.«

»Ich will kein Wettschießen, obwohl es interessant sein könnte, das einmal zu machen.« Sie gestattete sich ein Lächeln, allerdings nur ganz kurz. Es gab ihr Kraft, als hätte sie den Mantel angehoben und ihm ein scharfes Messer gezeigt. »Aber ich bin damals, als wir der Armee der Sterblichen entkommen sind, hinter dir den Hang hinuntergelaufen und habe viele Pfeile mit solchen Federn gesehen. Sie steckten alle in Bäumen.«

Er schwieg einen Moment. »Ich fürchte, ich verstehe dich nicht, Opfermutige.«

»Doch, das tust du sehr wohl, Freigelassener. Für jemanden, der ein guter Schütze sein will, hast du sehr wenige sterbliche Ziele getroffen.«

Er tat es mit einem Kopfschütteln ab. »In dieser Nacht wimmelte es von Sterblichen. Sie haben uns umzingelt, bevor wir uns befreien konnten. Ich bin doch wohl nicht für jeden Pfeil verantwortlich, der nicht die Federn einer schwarzen Gans trug.«

»Nein. Aber wenige unserer sterblichen Gegner haben doch wohl von hinten auf uns geschossen, deshalb verstehe ich immer noch nicht, wie so viele Pfeile, die von oben nach unten geschossen wurden, ihr Ziel verfehlen konnten – es sei denn, die Bäume waren ihr Ziel.«

Das Gesicht des Sterblichen war eine unbewegte Maske, wie das eines Hikeda'ya bei der Ausübung einer Pflicht. »Worauf willst du hinaus, Opfermutige?«

»Nenn mich doch Nezeru. Ich denke, dieses Stadium der Förmlichkeit haben wir hinter uns, oder? Schließlich haben wir schon zusammen gekämpft und Sterbliche getötet und jetzt reiten wir zusammen. Und ich werde dich Jarnulf nennen. Oder ist das gar nicht dein richtiger Name?«

»Er ist so richtig, wie ein Name nur sein kann.« Sie meinte in seinem Blick mehr Achtung zu erkennen als bisher. »Aber du hast meine Frage noch nicht beantwortet. Von wem hast du dein sterbliches Blut?«

Sie überlegte einen Moment. »Von meiner Mutter. Sie kommt aus Rimmersgard, wie du.«

»Eine Sklavin also wie ich und der Rest meiner Familie?«

»Nicht genau.« Und das stimmte auch – eine Beziehung wie die zwischen Nezerus adligem Vater und ihrer ausländischen Mutter war wirklich noch nie da gewesen. »Aber sie würde das Leben, das du geführt hast, vermutlich großenteils kennen.«

»Ich hoffe doch nicht, Nezeru. Mein Leben würde ich niemandem wünschen.« Er trieb sein Pferd plötzlich an und wurde erst wieder auf halbem Weg zwischen Nezeru und den Reitern an der Spitze langsamer.

Ja, dachte sie und der Gedanke war ihr nicht unangenehm. *Mit diesem Jarnulf wird das Spiel lange dauern.*

Seine frühesten Erinnerungen galten der Kälte. Zusammen mit den anderen Kindern hatte er in den Sklavenbaracken Schutz davor gesucht. Der Wind, der von den Nornfjällen herunterblies und um die große Sturmspitze wirbelte, schien immer in Bewegung zu sein, immer nach einem Weg in die primitiven Behausungen der Sklaven zu suchen, und sein pfeifendes Lied hatte Jarnulf während seiner ganzen Kindheit verfolgt. Selbst zusammen mit den anderen Kindern, die mageren Leiber zitternd aneinandergedrückt wie Mauslinge in einem Nest aus Lumpen, war ihm nie warm gewesen.

Er erinnerte sich an die Kälte, aber natürlich auch den Hunger. Die Hikeda'ya hatten den Kindern nur ganz leichte Arbeiten zugetraut, bis sie mit etwa zehn Jahren eine gewisse Größe erreicht hatten, und kümmerten sich entsprechend nicht übermäßig um die Ernährung des Sklavennachwuchses. Wer stark genug war, zu überleben, verdiente es, weiter versorgt zu werden, an die anderen wäre das gute Getreide ohnehin verschwendet gewesen, deshalb bekamen die Kinder nur einen dünnen Haferschleim. Wenn die größeren Kinder den kleineren das Essen wegnahmen, zeigte das nur, dass sie stärker und lebenstüchtiger waren und ihren Besitzern entsprechend mehr einbringen würden. Die Schwächlinge wurden dem Tod überlassen. Jahrhundertelang waren die Hikeda'ya mit ihren eigenen Kindern genauso verfahren – warum sollte also die Nachkommenschaft der sterblichen Sklaven anders behandelt werden?

Seine Mutter Ragna hatte Jarnulf nur wenige Jahre seines jungen Lebens gekannt. Er meinte zwar, sich an ihr Gesicht zu erinnern, aber sicher war er sich nicht. Deutlich erinnerte er sich dagegen an ihre Stimme, die zu den wenigen Lichtblicken seiner Kindheit gehörte. Sanft, angenehm und süß wie der Gesang der Vögel hatte sie geklungen. Ihre leisen Worte, wenn sie sich abends aneinanderkuschelten und die anderen nicht wecken wollten, waren seine einzigen tröstlichen Erinnerungen. Sie hatte ihm Geschichten von seiner Familie und seinem Volk erzählt und ihn sogar in den Grundlagen des Lesens und Schreibens der alten Runen unterwiesen, die ihre Vorfahren über das Meer nach Osten Ard mitgebracht hatten. Doch er war erst acht gewesen – und sein Bruder Jarngrimnur ein Jahr jünger und seine Schwester Gret knapp vier –, als eine andere Sklavin gestorben war und ihre Mutter in die Burg geholt worden war, um sie zu ersetzen. Jarnulf und seine Geschwister hatten sie nie wiedergesehen.

Jarnulf versuchte nach Kräften, sie bei seinen Geschwistern zu ersetzen, vor allem bei der kleinen Gret. Er hatte Gret in den endlos langen Nächten in die Arme genommen, wenn der Wind an den kalten steinernen Baracken gezerrt hatte, die die Hikeda'ya nur die »Ställe« nannten, und durch jede Ritze gedrungen war. Manchmal hatte Gret sogar noch im Schlaf stundenlang gezittert. Aber auch sein Bruder Jarngrimnur hatte gelitten. Im ersten Winter nach dem Weggang ihrer Mutter war er an der

Schwitzkrankheit gestorben, man hatte seine Leiche zum Feld der Namenlosen gekarrt und dort verbrannt.

Die Ställe und die Sklaven selbst gehörten zur Weißschneckenburg, einem der letzten noch existierenden großen Anwesen des Nakkiga-von-einst, der Stadt außerhalb des Berges, die sich vom Fuß der Sturmspitze weit ins Land hinein ausgebreitet hatte. Die alte Stadt war ein Wunderwerk eleganter Säulen und breiter Chausseen, großer Steinhäuser und gewaltiger Mauern gewesen, doch waren davon fast nur noch Ruinen übrig. Einige ältere Familien hatten sich allerdings geweigert, ins Innere des Berges zu ziehen. Sie lebten noch wie früher in den alten Gerfalkenburgen, die sich an den Berghang krallten, und überwachten persönlich ihre Sklaven und leibeigenen Bauern, statt diese Arbeit Aufsehern zu überlassen, die selbst Sklaven waren. Die Herren der Weißschneckenburg und der anderen außerhalb gelegenen Wohnsitze züchteten an den treppenförmig angelegten Hängen der östlichen Ausläufer der Sturmspitze Schafe, Rinder und Pferde und lebten wie ihre Vorfahren, als diese hierher ins Exil gekommen waren, das sie Do'sae né-Sogeyu nannten, Schattengarten.

Jarnulf hatte von seiner Mutter und seinem längst verschwundenen Vater mehr geerbt als die schlanke, kräftige Statur, die Körpergröße und seine Kenntnis der alten Runen. Seine Mutter hatte ihn auch gelehrt, wachen Blickes um sich zu sehen und seinen Kopf zu gebrauchen, weil man sich gegen Stärkere nicht nur dadurch wehren konnte, dass man noch stärker war.

»Verstehe mich richtig«, hatte sie mehr als nur einmal gesagt, »auch wir sind stark, obwohl wir nur Sklaven sind. Vergiss nicht, wir stammen aus dem Jarn-Clan – dem Eisernen Clan –, und die Feen verabscheuen Eisen seit je und fürchten seine Macht.« Immer wieder hatte Ragna ihm eingeschärft, dass er lernen müsse, sich zu beherrschen, und ihn daran erinnert, dass man auch auf andere Weise kämpfen und sogar gewinnen konnte. »Dein Verstand kann dich retten, wo Kraft oder Größe es nicht vermögen«, hatte sie gesagt und ihm das anhand der Geschichte des Feuergotts Loken erläutert, der einst den König der Oger überlistet hatte. »Auch mit Geduld kommst du ans Ziel, denn die Zeit vermag, was den Menschen unmöglich ist.«

Jarnulf hatte diese Geschichte besonders gemocht, weil er Riesen kannte. Er begegnete den Kolossen, die von den Hikeda'ya Raoni genannt wurden, oft bei der Arbeit, bei der sie für ihre Herren schwere Steine und Balken schleppten, denn sie waren genau wie Jarnulf Sklaven. Ihr Anblick hatte ihn gelehrt, dass es Feinde gab, gegen deren Kraft er nie ankommen würde, und er sollte diese Lektion nicht vergessen. Als seine Mutter als Haussklavin weggebracht wurde, hatte der junge Jarnulf die Aufseher, die sie abholten, nicht angegriffen, sondern seine Wut zurückgehalten. Sie hatte ihn fast verbrannt, aber er hatte nichts gesagt oder getan.

Dein Verstand kann dich retten, hatte er sich immer wieder gesagt, obwohl sein Blut kochte. *Auch mit Geduld kommst du ans Ziel.* Krampfhaft hatte er an diesen Lieblingsspruch seiner Mutter gedacht, als sie vor seinen Augen abgeführt wurde und sich nicht einmal mehr umdrehen durfte. Denn die Zeit vermag, was den Menschen unmöglich ist. Doch es war ein bitterer Tag gewesen und die Wunde war nie verheilt.

Er war herangewachsen und für Arbeiten ausgewählt worden, wie sie junge Sklaven bei den Hikeda'ya bekamen, nämlich schwarze Gerste an den Steilhängen zu schneiden, bis die Haut überall juckte, die Schnitter mit Wasser zu versorgen, den Müll zu den Müllgruben zu bringen und die Fäkalien auf die Felder. So kam er mit den Kindern der Hikeda'ya-Herren in Berührung. Die Weißschneckenburg mit ihrer Umgebung ähnelte einer kleinen Stadt und hatte die verschiedensten Bewohner. Die Riesen und die Pengi genannten Wechselwesen schienen wenig mehr als Tiere zu sein und galten noch weniger als Jarnulf und die Sterblichen. Doch auch verschiedene Kasten von Hikeda'ya lebten in der Burg – die Gebundenen, die Verpflichteten und die Anerkannten. Die Gebundenen waren Bauern, die kaum mehr Freiheit besaßen als die Sklaven, aber immerhin Hikeda'ya waren. Noch die Gemeinsten und Geringsten von ihnen konnten über Leben und Tod eines Sterblichen bestimmen. Die Verpflichteten waren die Soldaten der Herren und andere wichtige Diener und Beamte. Und die Herren und ihre Familien gehörten natürlich zu den Anerkannten, der Kaste all derer, deren adliger Rang von der Königin selbst bestätigt worden war.

Den Kindern der Anerkannten begegnete Jarnulf nur selten. Sie wuchsen im großen Wohnturm der Burg auf und wurden auch dort unterrichtet. Die jungen Söhne und Töchter der Verpflichteten dagegen kamen täglich zu einem brachliegenden Feld neben den Sklavenscheunen und übten sich dort in den Kampfkünsten. Denn von den Gebundenen abgesehen, bekamen alle Hikeda'ya Unterricht im Kämpfen.

Anfangs beobachtete Jarnulf sie nur, wenn er zufällig einen Moment frei hatte. Besonders faszinierte ihn der ältere, scharfgesichtige Hikeda'ya, der sie beaufsichtigte. Wie alt die Hikeda'ya waren, ließ sich nur schwer schätzen, da sie nicht wie Sterbliche alterten, aber dieser Lehrer bewegte sich mit einer gewissen Gelassenheit, die von Erfahrung sprach, und er trug seine Haare auch nicht weiß wie die meisten anderen Männer, sondern färbte sie hexenholzgrau, ein Farbton, der schon vor der Geburt Jarnulfs und sogar seiner Großeltern längst aus der Mode gekommen war.

Er fand heraus, dass der Alte ein berühmter Schwertkämpfer und ehemaliger Befehlshaber der Opfermutigen namens Denabi sey-Xoka war. Viel mehr wussten die anderen Sklaven nicht über ihn zu berichten, aber die durchdringende Stimme, mit der er seinen Schülern, jungen Hikeda'ya, die nur wenig älter und größer als Jarnulf waren, Befehle erteilte und sie verspottete, war über das ganze Gelände zu hören. Jarnulf war dafür dankbar, denn so konnte er sie sogar aus einiger Entfernung verstehen und sich das meiste von dem merken, was der alte Krieger seinen Schützlingen beibrachte.

Schon bald beeilte er sich mit seinen jeweiligen Arbeiten, um anschließend heimlich ein paar Augenblicke am Rand des Exerzierplatzes verbringen zu können und zuzusehen, wie die jungen Hikeda'ya lernten, mit Schwert, Speer und Pfeil und Bogen zu kämpfen. Zunehmend unglücklich darüber, keine eigene Waffe zu haben, blieb er abends, wenn seine Schwester eingeschlafen war, wach und bastelte sich aus Holzresten ein Übungsschwert, an das er mit einer gestohlenen Schnur Steine band, damit es das richtige Gewicht hatte. Er versteckte es zwischen einigen Birken in der Nähe des Platzes und ahmte dort im Schatten der Bäume, wo ihn, wie er meinte, die jungen Krieger nicht sehen konnten, nach, was sie lernten.

Es kam, wie es kommen musste. Die aufmerksamen Hikeda'ya-Schüler entdeckten ihn und ihre Vergeltung war prompt und schmerzhaft. Ein Dutzend von ihnen löste sich von der Hauptgruppe und rannte auf ihn zu. Bevor er fliehen konnte, waren sie schon über den Zaun gesprungen und hatten ihn umzingelt. Er ließ sein Holzschwert kreisen, wich ihren Angriffen aus und hielt sie kurz in Schach, doch dann drangen sie auf ihn ein und überwältigten ihn mit ihrer schieren Übermacht. Sie schlugen mit der flachen Klinge ihrer Schwerter auf ihn ein, bis er zu Boden ging, dann schlugen sie ihn noch weiter, und als er schon bewegungslos auf dem Boden lag, traten sie ihn, bis er glaubte, vor Schmerzen und aus Mangel an Luft sterben zu müssen. Zuletzt verloren sie das Interesse an ihm. Sie zerbrachen sein Holzschwert, streuten die Teile über ihn wie Blumen auf einer Beerdigung und kehrten zu ihren Übungen zurück.

Jarnulf lag lange Zeit auf dem Bauch da, das Gesicht an die kalte, nasse Erde gedrückt. Er wollte aufstehen oder wenigstens wegkriechen, denn niemand sollte ihn so sehen, aber seine Rippen schmerzten so heftig, dass er sich nicht aufrichten konnte. Er spürte, wie die Sonne über den Himmel wanderte, und wusste, wenn er über Nacht dort liegen blieb, bedeutete das seinen Tod. Doch bei jeder Bewegung war ihm, als würden gebrochene Knochen aneinanderreiben. Der Wind wurde stärker und er weinte lautlos.

»Beim Garten, was liegt denn hier?« Die Stimme klang munter und spöttisch zugleich. »Ist es eine kleine Maus, mit der die Katze gespielt hat? Arme Maus, glückliche Katze.«

Jarnulf wollte sich auf den Rücken drehen, um zu sehen, wer da sprach, aber die Schmerzen waren zu groß.

»Oder ist es ein Fisch, der aus dem Rumiya-See gesprungen ist und über Land gehen wollte wie ein Tier? Wie merkwürdig, einen Fisch so weit vom Wasser entfernt anzutreffen.«

Es war zum Verrücktwerden. Er zog die Knie an, spürte alle Quetschungen und Prellungen und keuchte vor Schmerzen. Er unterdrückte einen Schrei – zu hören war nur ein Gurgeln hinter zusammengebissenen Zähnen – und konnte sich endlich aufrichten und sehen, wer mit ihm sprach. Es war Xoka selbst, der alte Krieger und Lehrer der Verpflichteten, der mit belustigter Miene auf ihn herabblickte. Ältere Hikeda'ya sahen fast genauso aus wie junge, doch selbst auf ihren fast alterslosen Gesichtern machte sich die jahrhundertelange Einwirkung von Sonne und Wind schließlich bemerkbar. Xokas Gesicht war weniger fein geschnitten als die Gesichter jüngerer männlicher Hikeda'ya, als hätte es jemand mit stumpfen, groben Werkzeugen gemeißelt.

Jarnulf kniete auf Händen und Füßen. Es kostete ihn große Anstrengung, den Kopf zu heben.

»Hast du einen Namen, kleine Maus oder kleiner Fisch?«, fragte der Schwertkämpfer. »Oder bist du ein Hund? Du siehst wie ein Hund aus, wenn du auf allen vieren kniest.«

Warum sollte dieser bedeutende Mann sich damit aufhalten, einen sterbenden Sklaven zu verspotten? Jarnulf schwieg.

»Aber du wedelst nicht mit dem Schwanz«, sagte Xoka. »Ich werde dich San'nakuno nennen – trauriger kleiner Hund.« Er trat näher. Er trug das lose, schwarze Gewand eines Soldaten, aber ohne Rangabzeichen, und seine weißen Füße waren bloß. Mit seiner schlanken, schwieligen Hand strich er an Jarnulfs Seite entlang und betastete die Stellen, an denen die Schüler ihn getreten hatten. »Ich mag Hunde«, sagte er, »vor allem mutige Hunde. Deshalb mache ich dir einen Vorschlag. Wenn du dich heute Abend ins Sklavenquartier zurückschleppen kannst und morgen nach der Arbeit zu mir kommst, bringe ich dir bei, zu beißen, wie ein Hund beißen sollte. Würde dir das gefallen?«

Jarnulf verstand nicht, was er meinte – beißen? Er schwieg weiter.

»Oder du bleibst hier liegen. Niemand wird dir helfen, wie du bestimmt weißt. Streuner überlässt man dem Tod.« Und damit wandte Xoka sich ab und kehrte zum Exerzierplatz zurück.

Die Sonne war längst hinter dem großen Berg untergegangen, als Jarnulf endlich aufstehen konnte. Taumelnd trat er den Rückweg zu den Sklavenbaracken an. Er zitterte die ganze Nacht vor Kälte, und als er endlich einschlief, träumte er, er sei tot und liege zusammen mit seinem Bruder Jarngrimnur auf einem brennenden Beerdigungsschiff wie ihre Ahnen in grauer Vorzeit. Doch als die Glocke am nächsten Tag zur Arbeit rief, quälte er sich aus dem Bett und humpelte nach draußen.

Z'ue Xoka wartete auf ihn, wie er gesagt hatte. Statt einer Begrüßung warf er ihm nur ein Übungsschwert zu und befahl: »Zeig mir die zwölf Ausgangsstellungen, San'nakuno.«

Von da an hatte Jarnulf einen Lehrer. Der Unterricht fand nur statt, wenn der alte Schwertkämpfer dazu aufgelegt war, und das war zumindest am Anfang nicht jeden Tag der Fall, aber doch so oft, dass Jarnulf nachts, wenn die anderen Sklaven schliefen, immer etwas Neues zu üben hatte. Wieder schlich er sich dazu aus den Baracken. Das Holzschwert hatte er in den Bäumen in der Nähe der Sklavenscheune versteckt. Selbst in der größten Kälte war er draußen und vollführte in einem stummen Tanz die Bewegungen des Angriffs und der Verteidigung, während seine Füße und Hände vor Kälte blau anliefen. In manchen Nächten schaffte er es nur knapp ins Bett, bevor die Glocke läutete und ihn wieder nach draußen zur Arbeit rief.

Xoka schien von der Lernfähigkeit des Jungen und dem Fleiß, mit dem er übte, beeindruckt, auch wenn er es nie sagte. Doch behandelte er ihn mindestens genauso hart wie die Kinder der Herren: Er sprach fast nie und machte die meisten Verbesserungen, indem er Jarnulf mit der flachen Schwertklinge rasch und schmerzhaft auf das freiliegende Handgelenk oder den ungeschützten Kopf schlug. Doch wurden die strafenden Schläge im Lauf der Zeit immer seltener.

Während Jarnulf vom Kind zum Mann heranwuchs, hatte er das Gefühl, ein Doppelleben zu führen, ein Traumleben, in dem er arbeitete, und sein eigentliches Leben, die Stunden, in denen er sich mit der Schatten- und der Wassergestalt gegen Xoka verteidigte und anschließend mit komplizierten Angriffsstrategien konterte. Wenn er sich gut schlug und der Meister sich mit einem leichten Lächeln von ihm zurückzog, hatte er das Gefühl, zu seiner wahren Bestimmung gefunden zu haben.

Er begriff erst später, dass Denabi sey-Xoka sich nicht für ihn als Person interessierte, sondern als Gegenstand, den man ausbilden konnte. Es bereitete dem alten Hikeda'ya große Befriedigung, zu wissen, dass er sogar einen Mischlingswelpen – einen Sterblichen! – schulen konnte, bis er genauso kämpfte wie die hochgeborenen Kinder seines eigenen Volkes. Jarnulf musste erkennen, dass er für den Schwertkampfmeister nicht wirklicher war als ein Stück Speckstein, aus dem ein gelangweilter Mann, dessen große Zeit vorbei war, den Fetisch eines Gottes oder das

Abbild eines geliebten Jagdhunds schnitzte. Jarnulf war für Xoka keine Person, sondern ein Zeitvertreib.

Aber das begriff er erst viel später. Zuerst mussten noch Jahre vergehen – die besten Jahre seines jungen Lebens.

Dann kamen eines Tages die Soldaten der Hamakha und nahmen seine Schwester Gret mit.

»Du sagst ja gar nichts mehr«, meinte Nezeru.

Jarnulf hob verwirrt den Kopf. Er hatte blicklos geradeaus auf die breite Spur gestarrt, die der Riese durch den Schnee gebahnt hatte. Zu beiden Seiten türmte sich der Schnee wie eine gefrorene Welle. »Ich … habe an etwas anderes gedacht.«

»Das habe ich gemerkt.«

Sie war wirklich seltsam, diese Opfermutige. Sie hatte ihm mehr oder weniger zu verstehen gegeben, dass sie wusste, dass er auf ihrer gemeinsamen Flucht nicht auf die erkynländischen Soldaten geschossen hatte. Vermutlich hatte sie auch ihre Zweifel, was den Pfeil betraf, den er vom Hügel abgeschossen hatte. Doch zugleich schien ihre Neugier ihr Misstrauen zu überwiegen. Hikeda'ya, die so jung waren wie sie, gelangten kaum je über den inneren Bezirk von Nakkiga hinaus zur äußeren Grenze, aber die wenigen, denen Jarnulf begegnet war, glaubten unerschütterlich nicht nur an die Königin und den heiligen Garten, sondern auch an die Primitivität und Verderbtheit der Sterblichen. Warum war sie anders?

Natürlich war sie zu einem Teil selbst eine Sterbliche, aber er hatte in den Sklavenbaracken mit genügend Mischlingen zusammengelebt, und sie hatten die Sterblichen eher noch mehr gehasst als die reinblütigen Aufseher. Die Hikeda'ya hatten mit Menschen Kinder gezeugt, seit Jarnulf lebte. Zwar war es in den höchsten Adelskreisen weniger üblich und in den wenigen besonders alten, landgeborenen Familien kam es nahezu nie vor, doch davon abgesehen war es nicht ungewöhnlich. Selten war nur, dass ein Halbblut wie Nezeru schon in so jungem Alter eine solche Vertrauensstellung innehatte. Selbst jungen Sterblichen in den Sterblichenlanden widerfuhr diese Ehre nur selten.

Nein, dahinter steckte ein Geheimnis. Aber solange Jarnulf nicht mehr über ihren Vater und seine Stellung unter den Dienern der Königin wusste, konnte er nur spekulieren. Und Spekulationen, hatte er gelernt, standen oft dem Handeln im Wege.

Wichtig ist nur, wie ich sie am besten für mich verwenden kann. Denn ich habe eine heilige Pflicht und werde dich nicht enttäuschen, mein Gott.

»Wunderst du dich nicht manchmal auch über die Zufälle des Schicksals?«, fragte er laut.

Der Blick, mit dem sie ihn ansah, war voller Verachtung, aber zugleich meinte er darin noch etwas anderes zu entdecken. Unbehagen?

»Es gibt kein Schicksal«, erwiderte sie. »Und es gibt keine Zufälle. Ich tue, was die Königin mir aufträgt. Das ist der einzige Weg, und solange ich auf ihm bleibe, gibt es keine Verwirrung und auch keine Zufälle, wie du dich ausdrückst.«

»Wir sprechen von zwei verschiedenen Dingen.« Er vergewisserte sich mit einem Blick, dass sie immer noch ein gutes Stück hinter den anderen zurücklagen, und fuhr dann fort: »Ich spreche von Zufällen, du von Verwirrung, als hätte die Welt sich gegen dich verschworen. Ich will es anders versuchen. Wie wahrscheinlich ist es, dass dir, Opfermutige Nezeru, die Ehre widerfährt, der Königin als Klaue zu dienen, wenn dazu viele Hundert anderer Opfermutiger, die älter und erfahrener sind, übergangen werden müssen?«

»Das hast du mich schon einmal gefragt und ich habe die Frage beantwortet. Ich habe mir meinen Platz verdient.«

»Aber wenn du eine so bewundernswerte Ausnahme bist, warum hat dein Anführer dich dann so schwer bestraft?«

Sie warf ihm einen fast schon hasserfüllten Blick zu. »Du hast keine Ahnung, Sterblicher. Weder von mir noch von den anderen.«

»Ich habe deinen Rücken gesehen, die Narben, die du trägst. Sie sind nicht alle vollständig verheilt. Glaube bitte nicht, dass ich dir nachspioniert habe – ich habe es zufällig entdeckt. Du bist für jemanden deiner Art sehr scheu. Für die meisten Hikeda'ya ist Nacktheit nichts Besonderes, vielleicht weil ihr im Unterschied zu uns armen Sterblichen kaum Kälte empfindet. Aber du bist anders, Opfermutige Nezeru. Oder vielleicht willst du deine Wunden nur nicht zur Schau stellen. Aber ich habe sie trotzdem gesehen.«

Nezeru war leichenblass geworden. Sie sah so leblos aus wie eine Marmorstatue, dachte er. »Ich habe meine Strafe verdient. Ich war ungehorsam.«

»Trotzdem. Du hast vor ein paar Tagen einmal deinen Vater erwähnt. Er sei jetzt, da die Königin wach ist, sehr beschäftigt. Vermutlich ist er ein wichtiger Adliger, der ein hohes Amt bekleidet, habe ich recht?«

Sie sah jetzt aus, als wünschte sie sich an einen anderen Ort. Wie jung sie war, dachte er. Denn trotz ihrer ausdruckslosen Miene und Beherrschung hatte sie noch nicht gelernt, ihre Gefühle vollkommen zu verbergen. Jarnulf war schon lange ein Jäger und die Nornen waren schon lange seine Opfer – seine Beute. Jetzt spürte er, wie hinter Nezerus starrer Miene aufgeregte Gedanken hin und her wanderten.

»Was stellst du mir solche Fragen?«, sagte sie schließlich. »Warum gehst du nicht zu Makho und fragst ihn nach seinem Vater?«

»Weil ich dann gegen ihn kämpfen müsste und einer von uns sterben würde. Und das würde unsere Chancen in der gefährlichen Gegend vor uns verringern. Aber du bist anders als Handführer Makho. Er weiß nur das, was man ihm beigebracht hat, und das genügt ihm. Dir genügt es nicht, obwohl dich das verwirrt – das war doch dein Ausdruck, ja? Verwirrung? – und dir Angst macht. So viel ist klar. Aber warum?«

»Deine Fragen sind unsinnig und überflüssig, Sterblicher. Ich glaube immer mehr, dass du dieser Hand Schaden zufügen willst.«

»Nichts könnte weiter von der Wahrheit entfernt sein. Ich will, dass sie ihren Auftrag erfolgreich ausführt.« Diesmal brauchte Jarnulf seine Gefühle nicht zu verbergen, denn er log nicht.

Obwohl die Gesichter und Körper der Pengi denen der Sterblichen und sogar der Hikeda'ya selbst ähnelten, konnte Viyeki sich nicht dazu durchringen, die Pengi, die Wechselwesen der Tinukeda'ya, für etwas wesentlich anderes als Tiere zu halten. Die ältesten Bauleute seines Ordens behaupteten zwar, sich an eine Zeit zu erinnern, in der auch die Geringsten der Tinukeda'ya sprechen konnten, aber das war inzwischen schwer zu glauben. Und wenn er in die leeren Kuhaugen der Träger blickte, die in diesem Augenblick neben der großen Winde standen und auf das Kommando ihres Aufsehers warteten, fand er die Vorstellung noch viel abwegiger.

»Steigt bitte in den Wagen, Großmagister«, sagte eine Stimme hinter ihm. »Wir haben noch einen weiten Weg vor uns.«

Viyeki drehte sich nach dem großen Soldaten mit der silbernen Drachenmaske um. »Sag mir noch einmal deinen Namen, Soldat, damit ich weiß, wem ich Vorwürfe machen kann, wenn dieses Abenteuer schiefgeht.«

Die Wache neigte den Kopf. »Ich bin der Erste Edelknecht S'yessu von den Hamakha. Ich wurde von der Königin persönlich für besondere Dienste abgestellt.«

Viyeki betrachtete den Waffenrock des Mannes und das stilisierte Labyrinth, das er als Abzeichen trug. »Aber du trägst nur den Helm eines Hamakha, nicht sein Wappen.«

»Deshalb nennt man mich einen Edelknecht, Großmagister.«

»Wem dienst du? Nicht Königin Utuk'ku.«

»Wir alle dienen der Königin, Großmagister.«

»Sag mir einfach, wer dich schickt und mich in meinem Haus aus dem Schlaf reißt. Wenn es der Palast ist, warum sind wir dann nicht dorthin unterwegs?«

»Ich darf Euch nicht mehr sagen, Großmagister.« Die Stimme der Wache klang unverändert. »Aber wenn Ihr einfach einsteigt, werdet Ihr es früh genug erfahren.«

Was immer die, die ihn riefen, mit ihm vorhatten, geheim halten wollten sie es offenbar nicht. Fast alle Bewohner des Hauses, seine Frau Khimabu, sein Sekretär und viele Diener, hatten gesehen, wie der Soldat mit dem besonderen Abzeichen an der Haustür wartete, dem Abzeichen, das gewöhnlich eine Einbestellung in den Omeiyo-Palast bedeutete. Doch der Bote hatte vor allen verkündet, dass sie zu einem anderen Ziel unterwegs seien als dem Irrgarten, und dass Großmagister Viyeki ohne Gefolge mitkommen müsse. Khimabu hatte natürlich protestiert und ihren Mann gedrängt, abzuwarten, bis verständlichere Befehle kamen, aber Viyeki hatte in langen Jahren am Hof von Nakkiga schon so manche tödliche Gefahr bestanden und war sogar ein wenig neugierig, was eine so ungewöhnliche Einbestellung bedeuten mochte. Der breite, dampfende Schacht, vor dem er hier unter der Stadt stand, gefiel ihm allerdings nicht, und genauso wenig gefielen ihm der alte Grubenwagen und die Winde, mit deren Hilfe er in die Tiefen des großen Berges hinabgelassen werden sollte.

»Ich kann nicht glauben, dass die Königin mich an einem solchen Ort zu sprechen wünscht«, sagte er.

»Die Königin erwartet Euch auch gar nicht, Großmagister«, sagte die Wache. »Wenigstens das kann ich Euch sagen.«

»Dann Fürst Akhenabi? Großzelebrant Zuniyabe?«

Die Wache schüttelte den Kopf. »Bitte, Großmagister. Der Wagen wartet.«

Viyeki zögerte noch einen langen Moment, dann stieg er ein. Der Soldat mit dem Drachenhelm stieg hinter ihm ein, verriegelte die Tür und gab dem Aufseher der Pengi ein Zeichen. Die mächtigen Geschöpfe, die fast so groß waren wie wilde Riesen, begannen die Winde zu drehen.

Die gewaltigen Seile knarrten, ihr Gefährt erzitterte und senkte sich in die Tiefe. Sie passierten eine Ebene nach der anderen, jede eine dunkle Öffnung, die in den Berg hineinführte, wo Träger und andere Sklaven nach Schwefel und Gold gruben. Der Wagen schwankte und stieß polternd immer wieder gegen die Wände des Schachts, und die Luft wurde wärmer und stickiger und legte sich Viyeki auf die Ohren. Und noch etwas drückte ihn nieder, ein vages Unbehagen, das er nicht näher benennen konnte.

Endlich kam der Wagen ächzend zum Halt und die Wache mit der Drachenmaske stieß die Tür auf. »Steigt aus, Großmagister.«

Viyekis Unbehagen wuchs. Diesmal konnte er sein Widerstreben kaum überwinden. »Und du?«

»Ich muss einen Passagier mit zurücknehmen, und dann hole ich Euch wieder ab.« Viyekis Zögern schien den Mann ungeduldig zu machen. »Ihr braucht nichts zu befürchten, Großmagister.«

Viyeki stieg aus und ging durch einen niedrigen Gang. Sein geübtes Auge sagte ihm, dass der Gang schon vor langer Zeit durch den Fels gehauen worden war, zumindest waren dazu steinerne Werkzeuge verwendet worden und nicht solche aus Eisen oder Hexenholz wie in jüngerer Zeit. Seine merkwürdige Beklemmung wuchs, als stehe er am Bug eines heftig schaukelnden Schiffes. Aufgrund der Hitze brach ihm der Schweiß aus. Er ging langsamer, spürte aber keine Erleichterung. Also betete er stumm um Kraft für die Königin und setzte seinen Weg fort.

Der Gang machte mehrere Kurven und mündete unversehens in eine große Höhle, eine von Werkzeugen völlig unberührte Höhle, wie sein erfahrener Blick ihm sagte. Sich veränderndes rotes und gelbes Licht tauchte die Höhle in feurige Farben. In ihrer Mitte quollen aus einer großen Spalte Dampf und Rauch wie in einer kleineren Version der Quellkammer. Hin und wieder schlugen Flammen aus der Spalte wie die Zunge eines hungrigen Drachen. Davon abgesehen schien die Höhle leer zu sein, obwohl das Gefühl der Hitze und lastenden Schwere noch zugenommen hatte. Er empfand nicht nur Übelkeit, sondern etwas Stärkeres, eine wachsende Panik, die ihn umklammert hielt und ihm Mund und Kehle austrocknete.

Was ist das für ein Ort? Eine Höhle so tief unter den anderen Ebenen? Daran war kein Baumeister beteiligt, nicht zu meinen Lebzeiten.

Er starrte einen langen Moment auf das wechselhafte Licht und die Wolken in der Mitte der Höhle. Dann bemerkte er plötzlich, dass der dunkle Fleck, der oben auf den Wolken über der Spalte schwebte, mehr war als nur ein Fleck. Er hatte Arme und Beine und trug einen sich blähenden Mantel. Der Druck auf seiner Brust nahm weiter zu und sein Herz begann zu klopfen.

Haben sie hier jemanden aufgehängt?, dachte er in plötzlichem Entsetzen. *Ist das ein Hinrichtungsort? Der Garten steh mir bei, hat meine Familie mit ihren Befürchtungen recht gehabt? Hat man mich deshalb an diesen geheimen Ort gebracht?* Er blieb stehen, weil er der Spalte und dem hoch darüber hängenden, sich langsam bewegenden Schatten nicht noch näher kommen wollte.

»Ich frage mich, wie tief er wohl fallen würde, wenn ich ihn reinstoße«, sagte jemand direkt an seinem Ohr. »Ob er auf dem Weg nach unten verkocht?«

Selbst Viyeki mit seiner jahrhundertelangen Erfahrung mit den dunklen Intrigen Nakkigas schrie vor Schreck fast auf. Blitzschnell griff er nach dem Messer an seinem Gürtel und fuhr herum.

Hinter ihm stand Jijibo der Träumer, Utuk'kus sonderbarer mehrfacher Urgroßneffe, und nickte heftig mit seinem schmalen Kopf.

»Fürst Jijibo, Ihr habt mich erschreckt.« Viyekis Blick kehrte hilflos zu der Gestalt zurück, die hoch über ihnen in dem orangefarben flackernden Dunst hing. »Wer ist das? Warum wurde ich hergebracht?«

»Weiß er es wirklich nicht?«, fragte der Neffe der Königin. »Für einen solchen Narren habe ich ihn nicht gehalten. Erinnert er sich nicht, dass ich gesagt habe, seine Familie habe Aufmerksamkeit erregt?« Und einen Moment später fuhr er im selben Ton fort: »Doch, ich hätte heute wirklich gern gedörrten Lachs zum Essen.« Er zeigte mit einem knochigen Finger auf die über der Dampfwolke schwebende dunkle Gestalt. »Seht doch hin, Magister Viyeki! Die Antwort auf Eure beiden Fragen wartet dort.«

Viyeki starrte zu der Gestalt hinauf. »Ihr meint, das ist kein Gefangener?«

»Oh doch, auf jeden Fall«, sagte der Träumer. »Aber nicht von der Art, wie Ihr meint. Hm, also, ich frage mich wirklich, wie es wohl wäre, Euch die Haut abzuziehen.«

Von seinen früheren Begegnungen mit Jijibo wusste Viyeki, dass es am besten war, so zu tun, als habe er die verrückten Dinge, die er sagte, gar nicht laut gesagt, egal wie grässlich oder schockierend sie klangen. »Ich verstehe Euch immer noch nicht, Fürst Träumer. Wer hat mich hergerufen?«

»Ich kann nicht bleiben, um zu reden, Großmagister Viyeki«, sagte Jijibo und in seiner Stimme schwang Ungeduld. »Wenn wir eines Tages tot sind, werden wir alle so riechen, wusstet Ihr das? Die Schlange im Apfelwagen wartet darauf, mich in meine Gemächer zurückzubringen.«

Der Träumer grinste. Er sah aus wie eine schlecht gemachte Puppe. Die Haut spannte sich ein wenig zu straff über seine Knochen, die Augen standen ein wenig zu weit auseinander. Sogar seine Zähne standen schief. »Seht doch, wie er die Stirn runzelt!«, rief er. »Dabei hat er die Flüsternde noch gar nicht getroffen. Wie gern hätte ich jetzt seine Halbbluttochter! Ich würde ihr nicht die

Haut abziehen, oh nein. Viel zu primitiv! Wie würde ich dabei etwas erfahren?«

Er hatte zu Ende gesprochen, machte eine übertrieben tiefe Verbeugung und entfernte sich in die Richtung, aus der Viyeki gekommen war, vermutlich, weil dort der Grubenwagen wartete. Viyeki sah ihm verwirrt nach, beunruhigt über das, was Jijibo über seine Tochter gesagt hatte. Erst dann fiel ihm ein, was der Träumer noch gesagt hatte.

Die Flüsternde, dachte er. *Heißt das wirklich, dass …*

Wir haben nicht mehr viel Zeit, sagte eine Stimme, und ein Schauer überlief ihn. Diesmal erklangen die Worte nicht an seinem Ohr, sondern gleichsam in seinem Kopf. Doch hörte er nicht die Stimme der Königin, sondern eine andere, die verzerrter und ferner klang, als dringe sie durch einen Tunnel zu ihm. *Schenke dem heiligen Narren keine Beachtung*, fuhr die Stimme fort. Die Worte fühlten sich heiß und trocken an wie in der Luft schwebende Aschepartikel. *Er hat nichts mit dem zu tun, was du tun musst.*

Viyeki fuhr herum und sein Herz hämmerte, aber wer immer mit ihm gesprochen hatte, stand nicht hinter ihm und war auch sonst nirgends zu sehen. Da lenkte eine Bewegung seinen Blick erneut nach oben. Die dunkle Gestalt in dem sich blähenden Mantel wurde langsam kreiselnd von oben durch den Dampf und das flackernde Licht aus dem Schacht heruntergelassen.

Oder nein, nicht heruntergelassen, wie Viyeki im nächsten Moment sah. Sie hing nicht an Drähten oder Schnüren oder einer Schlinge. Noch nie hatte er so etwas gesehen, weder von dem großen Zauberer Akhenabi noch von Königin Utuk'ku selbst.

»Was wollt Ihr von mir?«, rief er, beschämt über das ängstliche Zittern seiner Stimme.

Die in den Mantel gehüllte Gestalt schwebte jetzt unmittelbar über der Spalte und er sah unter der Kapuze ein Gesicht ohne Gesichtszüge, bedeckt von Binden, die nicht einmal Augen oder Mund freiließen. Ein Schauer überlief ihn. Er wusste jetzt, wer ihn gerufen hatte, aber sein Herz schlug deshalb nicht langsamer. Die Gestalt hielt an und bewegte sich ein wenig in der aus dem feurigen Spalt aufsteigenden heißen Luft. Ein schrecklicher Todeshauch wehte den Magister an – nichts, was er mit seinen Sinnen hätte fassen können, sondern etwas Tieferes, ein Grauen, das ihn angstvoll zurückschrecken ließ.

Ich bin ein Adliger der Königin, dachte er, obwohl er kaum einen klaren Gedanken fassen konnte. Er atmete ein paarmal aus und ein, bis er die Kraft fand, zu sprechen. »Ommu die Flüsternde«, sagte er, und allein den Namen auszusprechen jagte ihm einen erneuten Schauer über den Rücken. »Große Herrin, habt Ihr mich gerufen, den geringen Diener der Königin?«

Das gesichtslose Wesen antwortete lange Zeit nicht und er war überzeugt, dass es auf das angstvolle Pochen seines Herzens lauschte. Selbst die Königin hatte ihn nicht in solche Angst versetzt.

Magister Viyeki, ich habe dich beobachtet. Die Worte drangen wie von unregelmäßigen Windstößen befördert in geflüsterten Bruchstücken an sein Ohr und kratzten an seinen Gedanken wie die Krallen von Ratten. *In der Wüste des Todes habe ich Dinge gesehen, die nicht einmal die Königin sehen konnte, als sie im yi'indra durch das Land der Träume und Enden trieb. Ich habe deinen Stammbaum gesehen, der wie eine glänzende Straße zu diesem Moment führte und weiter in die Zukunft.*

Am liebsten hätte Viyeki sich abgewandt und wäre weggelaufen, aber er zwang sich, stehen zu bleiben und so ruhig, wie er es vermochte, auf das furchtbare Flüstern zu antworten.

»Ich kann nicht glauben, dass ich Euch etwas bedeute, große Herrin. Nicht einem Mitglied der Roten Hand, das zwei Mal von der anderen Seite des Todes zurückgekehrt ist.«

Du bedeutest mir viel … die Umstände wollen es so. Jenseits des Todes … konnte ich viele Dinge sehen. Die Worte hallten in Viyekis Kopf lange nach. *Du bist vielleicht zu Großem berufen. Bald wird die*

Königin dich mit einer Aufgabe betrauen, aber dein Blut sagt mir, dass dir eine noch größere Aufgabe bevorsteht … nämlich das Volk der Hikeda'ya zu retten. Verstehst du mich, kleiner Magister? Unermesslich große Dinge … sind in Bewegung geraten.

Er senkte den Kopf, nicht in Demut, sondern weil er den Anblick des unnatürlichen Lichts, das dort zwischen den Binden hervordrang, wo Ommus Gesicht hätte sein sollen, nicht länger ertragen konnte. »Zwei Aufgaben, aber nur eine von der Mutter Aller? Ich verstehe Euch nicht, Herrin.«

Nein, sagte die Flüsternde und ihre Stimme wehte ihn an wie ein Windstoß vom einsamsten Ort aller Zeiten. *Du kannst mich nicht verstehen. Merk dir nur eins. Ich komme von jenseits des Todes, von den Gestaden des Nichtseins. Ich kann nur die Wahrheit sagen. Und ich sage dir, der Moment wird kommen, an dem du, um die noch größere Aufgabe auszuführen, dich entscheiden musst.*

»Was … was meint Ihr, Herrin?«

Um zu retten, was du liebst, wirst du töten müssen, was du noch mehr liebst. Wenn du versagst, ist alles verloren. Dein Volk – das auch mein Volk ist – wird sterben und vom Angesicht der Welt verschwinden.

Viyeki fühlte sich plötzlich krank und kraftlos. »Aber warum ich, Herrin? Mein Geschlecht ist nichts im Vergleich zu den Größten unseres Volkes!«

Es dauerte eine Weile, bis er die Stimme wieder hörte, so schwach und fern, als wehte sie von jenseits des Mondes und der Sterne zu ihm her. *Genauso gut könntest du fragen, warum oben nicht unten ist … oder dunkel nicht hell. Es soll so sein. Und ich kann nichts sagen als die Wahrheit. Geh jetzt. Ich möchte im Blut der Erde baden. Denn mir ist kalt in deiner Welt … schrecklich kalt!*

Ommu kehrte ihm abrupt den Rücken zu und ihr Kapuzenmantel schwang unnatürlich langsam hinter ihr her. Sie stieg wieder auf, bis sie nur noch ein dunkler Punkt hoch über den wabernden Flammen war, wie eine Spinne, die unbemerkt am Rand ihres Netzes lauert.

Viyeki verbeugte sich nicht, sondern rannte in Panik so schnell er konnte aus der Höhle, zu dem Grubenwagen und dem langen Schacht, durch den er an einen Ort zurückkehren würde, den er besser verstand. Seine Haut war eiskalt, sein Herz ein loser, in seiner Brust polternder Stein. Noch nie in seinem Leben hatte sich der Herr der Bauleute, der zahllose Jahre in den Tiefen der Erde verbracht hatte, so danach gesehnt, frische Luft einzuatmen und vielleicht sogar ein Stück des wirklichen, von Licht erfüllten Himmels zu sehen.

31

EIN HOHER, DUNKLER ORT

Es wird Wein geben«, versprach Astrian, »einen guten Tropfen. Hauptmann Kenrick will mehrere Fässer perdruinesischen Rotwein ranschaffen. Dafür kann man doch auch dem langweiligen Gerede der Soldaten eine Weile zuhören.«

Weil Morgan den Wirt Hatcher noch nicht hatte bezahlen können, hatten sie sich an diesem Abend in der DOHLE niedergelassen statt in ihrer Stammkneipe, der DRALLEN MAID.

»Nichts kann das Gerede der Soldaten erträglich machen«, sagte Olveris, der längere Zeit geschwiegen hatte. »Deshalb fange ich jetzt schon mal an, mich zu betrinken. Dann halte ich durch, bis der Perdruineser aufgemacht wird.«

»Ihr macht Eure Witze, aber Ritter Zakiel hat den Orden wirklich verdient«, sagte Porto stirnrunzelnd. »Und der Orden des Roten Drachen ist nicht irgendein Stück Blech, das jedem umgehängt wird, der sich tief genug bücken kann, um den Hof zu beeindrucken. Er ist eine hohe Auszeichnung für jeden Soldaten!«

»Wollt Ihr wirklich nicht mitkommen, Hoheit?«, fragte Astrian Morgan. »Es wird bestimmt ein lustiger Abend.«

Der Prinz schüttelte den Kopf. »Mein Großvater wird auch da sein. Ach, was sage ich, meine beiden Großväter. Sie werden sich betrinken und die ganze Nacht alte Geschichten aus dem Krieg erzählen. Und mich dabei vorwurfsvoll ansehen, weil ich bisher in keinem Krieg war.«

»Dessen muss man sich nicht schämen«, sagte Porto ernst. »Man sollte vielmehr dankbar dafür sein.«

»Das ist leicht gesagt, Mann. Ihr wart im Krieg. Ihr wart alle schon im Krieg. Das ist das Erste, was die Leute denken, wenn sie Euch sehen – aha, ein Soldat. Und was denken sie, wenn sie mich sehen? Aha, der Prinz. Der ist ziemlich verwöhnt. Er trinkt den ganzen Tag und spielt.«

»Ja, aber Ihr trinkt und spielt mit uns, den tapferen Soldaten«, sagte Astrian lächelnd. »Das zählt doch auch.«

Aber Morgan war nicht zu Scherzen aufgelegt. Die Vorwürfe des Königs hingen ihm immer noch nach. »Nein, ich komme nicht mit. Ich will mir nicht anhören müssen, wie die Erkynwache mich beim Angriff der Nornen beschützt hat. Ich hätte ja gekämpft! Es ist nicht meine Schuld, dass die Königin mir verboten hat, das Zelt zu verlassen.«

»Nein«, bestätigte Astrian. »Und Ihr seid auch nicht der Einzige, der nicht gekämpft hat. Ich war zwar am Hang, musste aber nur ein paar Pfeilen ausweichen. Einer Fee bin ich nicht begegnet.«

»Aber Ihr habt schon in jeder Menge Schlachten gekämpft. Niemand wird Euch für einen Feigling halten.«

»Euch auch nicht, Hoheit«, warf Porto ein.

»Von wegen! Alle tun das. Die Adligen am Hof und die Bevölkerung von Erchester. Habt Ihr sie bei unserem Einzug in die Stadt nicht gehört? Die Hälfte schimpfte mich einen Säufer und Prinz Trunkenbold, ich habe es genau gehört.«

»Und die andere Hälfte hat Euch zugejubelt«, sagte Astrian. »Die Menschen sind wankelmütig, das ist doch bekannt, mein Prinz. Sie sind wie Kinder, die nicht wissen, was sie wollen. Gebt ihnen Milch und sie schreien. Nehmt ihnen die Milch wieder weg und sie schreien noch lauter.«

»Oder pinkeln dich voll«, ergänzte Olveris.

»Genau.« Astrian schenkte Morgan ein. »Na los, trinkt das,

damit Ihr in Stimmung kommt, und begleitet uns. Ihr werdet den Abend genießen.«

»Nein.« Morgan richtete sich auf und erhob sich, was ihm mit einiger Mühe auch gelang. Er hatte sich schon am Vormittag nicht besonders gut gefühlt. Mit Kopfschmerzen aufzuwachen, war kein verheißungsvolles Anzeichen des Erwachsenwerdens mehr wie noch im Jahr zuvor, als er angefangen hatte, regelmäßig mit Astrian und den anderen zu trinken. »Ich finde schon eine Beschäftigung für mich. Euch wünsche ich viel Vergnügen, meine Herren. Kenricks Perdruineser hält hoffentlich, was alle sagen.«

So gerade er konnte, ging er zur Tür, doch unterwegs fiel ihm ein, dass vor dem Wirtshaus die königlichen Wachen auf ihn warteten. Also machte er kehrt und steuerte auf den Hinterausgang und den Hof mit dem Abtritt zu.

»Unser junger Prinz wirkt dieser Tage bedrückt«, hörte er den alten Porto sagen, als er in einigem Abstand am Tisch seiner Freunde vorbeikam. Er drückte die Tür auf und Ritter Astrians Antwort ging im Lärm zweier sich draußen streitender Betrunkener unter, aber er hörte die anderen lachen.

Noch vor seiner Rückkehr in die königliche Residenz war ihm klar, dass er auf keinen Fall schon zu Bett gehen wollte, doch wusste er auch nicht, mit wem er stattdessen wohin gehen sollte. Die meisten Erkynwachen waren entweder beim Bankett des Roten Drachen oder im Dienst. Die Wachräume der Burg waren leer mit Ausnahme einiger alter Veteranen, die sich am Feuer wärmten. Im Wachhaus des Nearulagh-Tors wurde zwar gewürfelt, aber er schuldete den Teilnehmern der Runde ohnehin noch Geld.

Als Stratege bin ich eine Null, dachte er. *Weil ich meine Großeltern meiden wollte, steht mir jetzt ein langweiliger, einsamer Abend bevor.*

Auf dem Weg zum Mittleren Zwinger hörte er den Festlärm von unten aus dem Rathaus von Erchester. Dem Geschrei, Gelächter und misstönenden Gesang nach zu urteilen, hatten Ritter Zakiels Waffenbrüder dem Rotwein bereits gut zugesprochen. Offenbar leisteten ihnen die meisten Bewohner des Hochhorst Gesellschaft, denn im Zwinger war niemand zu sehen. Läden und Häuser hatten bereits für die Nacht dichtgemacht.

Auch die abendliche Kühle konnte Morgans gereizte Stimmung nicht lindern, und aus irgendeinem Grund ärgerte ihn die Stille der nächtlichen Burg noch mehr als der ferne Lärm von der Großen Zeile. Zum dritten oder vierten Mal seit Betreten des Hochhorst überlegte er, ob er nach Erchester umkehren sollte, nicht um doch noch an dem Bankett im Rathaus teilzunehmen, sondern um eine weniger öffentliche Vergnügungsstätte aufzusuchen. Er wusste, dass die Torwache ihn trotz der späten Stunde jederzeit wieder hinauslassen würde, aber auch, dass seine Großeltern irgendwann davon erfahren würden.

Eine Kindheitserinnerung meldete sich, als er durch die ruhigen, schmalen Gassen schlenderte, eine Erinnerung an einen Abend wie diesen, an dem alle offenbar woanders gewesen waren und er ganz allein – der Abend der Mitsommernacht, kurz bevor sein Vater krank geworden und gestorben war. Der kleine Morgan, damals sieben Jahre alt, war gerade vom Warmwasserfieber genesen, das ihn eine Woche lang ans Bett gefesselt hatte. Seine Mutter war am selben Fieber erkrankt, doch im Unterschied zu Morgan, dessen einzige Gesellschaft eine alte Pflegerin namens Cloda gewesen war, war Prinzessin Idela von Zofen umringt und empfing ständig Besuch.

An jenem Abend schon fast wieder im Vollbesitz seiner Kräfte, hatte der Prinz sich gelangweilt und war schlecht gelaunt gewesen. Er wartete also, bis Cloda auf einem Stuhl neben dem Bett eingeschlafen war, dann zog er sich an und begab sich zu den Gemächern seiner Mutter. Seine Mutter war entsetzt, ihn zu sehen. Obwohl er das Fieber schon überstanden hatte, glaubte sie fest, er würde wieder krank werden, und befahl ihren Zofen, ihn zurückzuschicken. Ein wenig ratlos und auf der Suche nach Unterhaltung wanderte er durch den Wohntrakt. Weil er so lange krank gewesen war, hatte er ganz vergessen, dass Mitsommer war, und wunderte sich ein wenig ängstlich, wo alle anderen steckten.

Zuletzt hatte er das Wohngebäude verlassen und war zu den Gemächern seines Vaters im Alten Kornturm hinüberspaziert – im Grunde kein Turm, wie der Name vermuten ließ, sondern mehr ein an die Wand des Inneren Zwingers angebautes rundes Gebäude, das für einen Getreidespeicher zu feucht war, wie sich herausgestellt hatte. Prinz Johan Josua sperrte die Tür immer gut zu und Morgan musste oft eine ganze Weile mit den Fäusten dagegenhämmern, bis sein Vater ihn endlich hörte und verärgert über die Störung herunterkam. Im Unterschied zu dem, was Morgan Porto gesagt hatte, hatte sein Vater ihn nur einmal wirklich nicht erkannt. Aber in seinem letzten Jahr hatte Johan Josua es immer so eilig gehabt, an die Arbeit zurückzukehren, dass Morgan sich vorgekommen war wie ein gesichtsloser Diener.

Doch an jenem Abend, in einem anscheinend unbewohnten Hochhorst, kam sein Vater überhaupt nicht, obwohl Morgan an die dicken Balken hämmerte, bis seine Knöchel wund waren. Verärgert zog er schließlich an der Tür und zu seiner Verblüffung schwang sie auf.

Wachen waren keine zu sehen und auf seine Rufe antwortete auch niemand. Morgan war hin- und hergerissen zwischen der Aufregung über das, was sich ihm nach so vielen Jahren der Neugier plötzlich eröffnete, und dem Wissen, dass sein Vater, der niemanden in seine privaten Gemächer im Turm ließ, sein Eindringen ganz sicher missbilligen würde.

Doch aufgrund des seltsamen Abends und der erzwungenen, überlangen Bettruhe war er abenteuerlustiger gestimmt als sonst, und so stieg er im flackernden Schein der an den Treppenabsätzen angebrachten Fackeln die Stufen zu den Gemächern seines Vaters im obersten Stock hinauf.

Auch dort war die Tür nicht abgeschlossen, was Morgan in der Vorstellung bestärkte, dass seine Entdeckungsreise durch eine höhere Macht gewollt war. Er schlüpfte hinein. Auf einem der Tische brannte eine Laterne, als hätte sein Vater das Zimmer soeben erst verlassen. Nachdem Morgan sich so viele Jahre gefragt hatte, was sein Vater hier oben machte, war er jetzt fast ein wenig enttäuscht. Von der enormen Größe abgesehen, sah das Zimmer nicht wesentlich anders aus als das Ruhezimmer seines Vaters im Wohngebäude. Es enthielt verschiedene Tische und Bänke, und auf jeder Ablagefläche lagen hohe Stapel dicker Folianten und muffiger alter Schriftrollen. Fast alle schienen gerade in Gebrauch zu sein. Die Bücher waren an bestimmten Stellen aufgeschlagen, die Schriftrollen ein Stück weit aufgerollt und mit glatten Steinen oder anderen dicken Büchern beschwert.

Unter den Büchern schienen sich allerdings keine zu befinden, die Morgan interessiert hätten, wie Geschichten von abenteuerlustigen Rittern und Kriegen oder anderen spannenden Themen, und nur ganz wenige waren in einer Sprache verfasst, die er überhaupt lesen konnte. Deshalb ging er, nachdem er sich eine Weile umgesehen hatte, wieder nach draußen. Wenn es bei seinem Vater schon nichts Interessantes zu finden gab, lohnte es sich auch nicht, erwischt und für sein Eindringen bestraft zu werden.

Im Erdgeschoss blieb er stehen. Die Luft fühlte sich ein wenig klamm an, was im Sommer ungewöhnlich war, außerdem roch es hier ganz anders als in den oberen Stockwerken, ohne dass er den Geruch hätte zuordnen können. Zu seiner Überraschung entdeckte er eine weitere Treppe, die vom Erdgeschoss in die Tiefe führte. Beim Kommen hatte er sie nicht bemerkt, weil sie hinter der steinernen Wendeltreppe verborgen war, die er soeben hinuntergestiegen war. Eine Art Holzgitter lag darüber, wohl weniger um den Zugang zu versperren, als um zu verhindern, dass jemand versehentlich in den dunklen Treppenschacht fiel. Er beugte sich darüber und atmete tief ein. Die Luft roch nicht nur feucht, sondern irgendwie seltsam, sie roch … alt. Er wusste nicht, was das bedeutete, aber seine Neugier war geweckt. Er wollte das Gitter gerade von der Öffnung wegziehen, da ging die Eingangstür zum Turm knirschend auf. Er hob überrascht den Kopf und sah die hochgewachsene, hagere Silhouette seines Vaters in der Türöffnung.

Prinz Johan Josua bot einen seltsamen Anblick. Er schwankte ein wenig und hatte die Augen erschrocken aufgerissen. »Morgan?«, sagte er undeutlich. »Mein Gott, Junge, bist du das? Was machst du hier?« In seinen wirren, schwarzen Haaren und an seinen Schultern hingen Rosenblütenblätter und da fiel Morgan ein, dass Mittsommer war, dass es in der Burg deshalb so ruhig war, weil die meisten Bewohner offenbar draußen bei den Freudenfeuern auf dem Haycliff feierten.

Bevor Morgan noch etwas hatte antworten können, sah Johan Josua, dass er sich mit den Händen auf das Holzgitter stützte, das über dem Treppenschacht lag. Johan Josua kniff die Augen zusammen und sein Gesichtsausdruck veränderte sich. »Was machst du hier? Du sollst hier nicht herkommen und erst recht sollst du dich von dieser Treppe fernhalten! Du könntest hinunterfallen und dir das Genick brechen!«

Morgan wollte protestieren, aber da hatte sein Vater ihn schon gepackt und zerrte ihn so heftig von der Treppe weg, dass er das Gleichgewicht verlor und stürzte. Sofort hatte sein Vater ihn wieder auf die Beine gerissen. Er sah mit seinem Bart, den wirren Haaren und den aufgerissenen Augen aus wie ein Irrer von der Straße.

»Komm hier nie mehr her!«, rief er. Er stank nach Wein und Rauch. »Das ist viel zu gefährlich für ein Kind! Wo sind die Wachen? Das werden sie mir teuer bezahlen. Bin ich denn nur von Dummköpfen umgeben?«

Ohne ein weiteres Wort hatte er Morgan zur Eingangstür des Turms getragen und auf den Stufen davor abgesetzt. Dann hatte er die schwere Tür mit einem dumpfen Knall hinter sich zugeschlagen.

Sie hatten nie über diesen Abend gesprochen, und als wieder Mittsommer war, war sein Vater tot und Morgan konnte über gar nichts mehr mit ihm sprechen, zumindest nicht in dieser Welt.

Er hatte schon ganz vergessen, wo er war, und näherte sich in Gedanken versunken dem Tor des Inneren Zwingers, als er hinter sich eine Stimme hörte.

»Sieh doch! Qina, da ist unser Freund Morgan!«

Er drehte sich um und sah Klein-Snenneq und seine Verlobte über den Platz auf sich zukommen. Snenneq hatte die Arme weit ausgebreitet. »Wir wollten gerade schlafen gehen, aber da seid Ihr! Hat Binabik, mein künftiger Schwiegervater, Euch auf die Suche nach uns geschickt?«

Morgan seufzte. »Nein. Ich mache nur einen Spaziergang.«

Snenneq lächelte breit. »Ich wusste nicht, dass Euer Volk das tut, solange es nicht notwendig ist.«

»Spazieren gehen?«

»Überhaupt nach draußen gehen. Euer Volk scheint es zu verabscheuen. Es ist das, was ich am wenigsten verstehe. Qina sagt das auch, stimmt das nicht?«

»Vielleicht, weil es draußen so stinkt«, überlegte Qina.

»Stinkt?« Wie immer verstand Morgan nichts mehr, kaum hatte er ein paar Worte mit den Trollen gewechselt, aber weil er angetrunken und schlecht gelaunt war, fand er es diesmal nicht so lustig wie sonst.

»Weil Eure Leute ihren amaq und kukaq direkt vor ihre Häuser schütten«, erklärte Snenneq.

»Ja«, sagte Qina und nickte. »In den … Landfluss.«

Morgan starrte sie vollkommen verwirrt an. »Den Landfluss?«

Snenneq und Qina wechselten einige kurze, aber heftige Worte auf Qanuc. »Auf die Straße, meint sie. Der Schmutz wird auf die Straße gekippt.«

Morgan zuckte die Schultern. »Wir leben in einer Stadt. So macht man das in Städten.«

Snenneq nickte. »Und wer Reichtum hat, lässt es von anderen wegschaffen, damit sein Haus nicht den kukaq-Gestank hat. Aber an anderen Orten stapelt er sich!«

»Ich will eigentlich nicht über … kukaq reden«, sagte Morgan. »Am liebsten würde ich über gar nichts reden. Ich war nämlich auf dem Weg zum Wohngebäude, ins Bett.«

»Wie wir auch, aber dies ist eine glückliche Begegnung.« Snenneq lächelte sein breites, gelbzahniges Lächeln. Die Trolle schienen immerhin auch als Erwachsene noch alle Zähne zu haben, musste Morgan zugeben. »Denn ich hatte Fragen, für die ich Antworten gehofft hatte.«

Morgan verspürte auf einmal das dringende Bedürfnis, seine traurigen Gedanken zum Schweigen zu bringen. »Ich beantworte jede Frage, wenn du Kangkang hast. Also?«

Snenneq zeigte wieder sein gelbes Grinsen und zog einen Trinkschlauch aus seiner Kapuzenjacke. Morgan nahm ihn und genehmigte sich einen langen, aber trotzdem maßvollen Schluck. Zwar hatte er sich inzwischen an das Zeug gewöhnt, aber es schmeckte wie Teerwasser, und wenn man zu viel davon auf einmal trank, ging man hustend und spuckend in die Knie. Doch hatte es den großen Vorteil, rasch zu wirken. Schon während er sich die Lippen abwischte, spürte er, wie der Kangkang seinen Magen warm durchglühte und von dort wieder zum Kopf aufstieg.

Er tat einen tiefen Atemzug und spürte, wie sein Mund innen kribbelte. »Fragen?«, sagte er.

»Qinas Vater Binabik ist sehr beschäftigt«, sagte Klein-Snenneq. »Er hat nicht viel Zeit gegeben, uns zu zeigen Euer … wie ist das Wort? Dorf? Siedlung?«

»Stadt. Erchester ist eine Stadt. Übrigens fast die größte von ganz Osten Ard.« Zwar war er gründlich leid, was Erchester zu bieten hatte, aber mit einem Lagerplatz der Trolle im eisigen Gebirge war es natürlich trotzdem nicht zu vergleichen.

»Stadt, genau.« Snenneq nickte. »Und deshalb haben wir Fragen. Die erste ist: Warum gehen hier alle nachts nach drinnen? Selbst in Mintahoq, wo kalte Winde wehen, besuchen die Leute einander in ihren Höhlen.«

Diese Frage war nicht leicht zu beantworten. »Heute sind viele Wachen und Adlige in der Stadt zum Feiern. Aber die restliche Zeit … also, so macht man das hier eben. Weil es auf den Straßen dunkel ist. Ich meine nicht, dass sie gefährlich wären, vor allem nicht hier in der Burg, aber die Menschen wollen nicht …«

»Ah! Weil die Straßen hier voller amaq sind!«, rief Snenneq, sichtlich erfreut darüber, eine Antwort gefunden zu haben. »Ihr besucht Euch nicht in der Dunkelheit, weil Ihr nicht im Schmutz gehen wollt. Mit Gewissheit. Jetzt noch ein anderes Fragen, wenn Ihr so freundlich seid.«

Morgan machte sich nicht die Mühe, ihn zu verbessern. Die Straßen waren nachts eben leer, fertig aus. »Noch mehr Kangkang«, sagte er stattdessen. Die ölige Flüssigkeit rann brennend durch seine Kehle und er stellte fest, dass der verdorbene Abend ihm nicht mehr so viel ausmachte. Vielleicht war er ja noch zu retten.

»Snenneq, frage Morgan-Hoheit nach dem großen Korb«, drängte Qina. »Was ist das?«

Morgan konnte sie nur verständnislos anstarren, bis Snenneq durch das Tor des Inneren Zwingers und die Gasse mit den eng zusammenstehenden Häusern zeigte. Morgan kniff die Augen zusammen und sah, was der Troll meinte: die grau über den Dächern aufragende Masse des Hjeldinsturms an der Nordmauer des Inneren Zwingers.

»Korb?«, fragte er. »Du meinst den Turm?«

»Ja, Turm!«, sagte Snenneq. »Zu Hause in Yiqanuc haben wir Körbe in dieser Form. Wir kochen darin Wurzeln. Turm. Warum geht niemand hinein oder kommt heraus? Wir standen heute davor und die Tür war mit Ketten abgesperrt.«

Zuerst der Kornturm und jetzt der hier. Aus irgendeinem Grund schien es die Nacht der abgesperrten Gebäude zu sein, dachte Morgan mit einem Anflug von Aberglauben. »Er heißt Hjeldinsturm.« Der Kangkang strömte hell und warm wie die Sonne durch seine Glieder, jedenfalls fühlte es sich so an, und er vergaß den Aberglauben rasch wieder. »Es geht niemand hinein, weil es dort spukt.«

Snenneq schüttelte den Kopf. »Das Wort kenne ich nicht.«

»Weil dem Turm übel ist?«, überlegte Qina, doch es klang nicht überzeugt.

Morgan sah sie verwirrt an, dann lächelte er. »Nicht spuckt – spukt. Wenn Gespenster, böse Geister und Dämonen irgendwo umgehen, sagt man, es spukt.«

Snenneq bewegte die geballte Faust. »Kikkasut! Aber wenn dort Dämonen wohnen, warum lasst Ihr ihn dann stehen wie einen geehrten Onkel? An jedem Tag, den wir hier sind, sehe ich, wie die Menschen Häuser abreißen und neue bauen.«

»Die Dämonen wohnen dort nicht mehr.« Morgan war sich da ganz sicher, obwohl er als Kind ähnlich wie viele andere Bewohner der Burg seine Zweifel gehabt hatte. Der Prinz und seine Spielkameraden hatten sich oft gegenseitig dazu herausgefordert, die Eingangsstufen hinaufzusteigen und das gewaltige Eichentor zu berühren oder auf das Wachhaus zu klettern, das den Eingang schützte. Er konnte sich noch an das aufgeregte Kribbeln erinnern, wenn sie sich dem furchteinflößenden verbotenen Ort genähert hatten. Bei dieser Erinnerung kam ihm eine Idee. »Habt ihr noch nicht von Pryrates gehört? Ich hätte gedacht, Qinas Vater hat euch ausführlich von ihm erzählt. Bei allen Heiligen, die Leute hier reden doch ständig von dem Roten Priester.« Er schnaubte. »Man könnte meinen, dass er noch lebt. Einige Dummköpfe glauben das tatsächlich.« Er griff wieder nach dem Trinkschlauch und nahm einen tüchtigen Schluck.

»Den Namen Pryrates kennen wir, doch«, sagte Snenneq und machte wieder die Bewegung mit der Faust. »Er war Priester und hat im Sturmkönigskrieg schreckliche Dinge getan, für den Vater der Königin, Elias, als er König war.«

»Ja, aber er war nicht nur ein beliebiger, langweiliger Priester«, sagte Morgan. »Er hat Dämonen befehligt und versucht, dem Sturmkönig zur Rückkehr zu verhelfen.«

»Warum steht sein … Turm … dann?«, fragte Qina.

»Ja«, fiel Snenneq ein, »das verwirrt auch mich. Wenn auf dem Mintahoq jemand so etwas macht, räuchern wir seine Höhle aus, um sie zu reinigen, und füllen sie mit Erde und Steinen, aber nur, weil man einen Berg nicht abreißen kann.«

Morgan streckte die Hand erneut nach dem Schlauch aus und merkte, dass er ihn noch hielt. Entschlossen marschierte er durch das Tor in Richtung des dunkel aufragenden Turms und bedeutete den Trollen, ihm zu folgen. »Über ihn wurde so viel geredet, dass ich schon gar nicht mehr aufgepasst habe. Wer will ständig die alten Geschichten hören? Aber ich meine mich zu erinnern, dass meine Großeltern sagten, unter der Burg gebe es ein System von Tunneln. Also auch hier, unter unseren Füßen!« Eine Erinnerung stellte sich ein – an einen feuchtkalten Geruch, Blütenblätter und wütend aufgerissene Augen –, aber er verdrängte sie rasch. »Und es waren auch gefährliche Sachen im Turm …« Er verstummte, unsicher, ob er Dinge wiederholte, die er von Erwachsenen wusste, oder nur die Abenteuergeschichten, die er sich mit anderen Kindern erzählt hatte. »Gift und … andere schlimme Sachen. Deshalb hat man die Türen mit Ketten abgesperrt und die Fenster mit Brettern vernagelt. Und durch eine Öffnung im Dach hat man das oberste Stockwerk mit Steinen ausgefüllt, damit niemand hineinkommt.«

Snenneq sah ihn mit großen Augen an. »Der Turm ist oben offen?«

»Teilweise. Der böse Priester musste die Sterne betrachten. Zumindest hat man mir das gesagt. Er hatte da oben auch … Instrumente. Spezielle Spiegel und Kristallkugeln, glaube ich. Verschiedenes eben.« Morgan machte eine wegwerfende Handbewegung – an Einzelheiten konnte er sich nicht erinnern, und die Wärme des Schnapses breitete sich wohlig in ihm aus und zerstreute alle Sorgen. »Das stimmt wirklich. Ich war schon auf dem Dach. Man kann reinschauen und die ganzen Steine sehen.«

»Ihr wart oben drauf auf dem Turm?«, fragte Snenneq. »Aber Ihr sagtet, es sei verboten.«

»Ach was.« Morgan wedelte wieder mit der Hand. »Tut ihr immer, was die anderen euch sagen? Es ist nicht gefährlich – jedenfalls nicht, wenn man klettern kann. Als Junge bin ich auf jede Mauer und jeden Turm dieser Burg geklettert.« Das war zwar ein wenig übertrieben, aber nach einer demütigenden Nacht mit den Trollen auf dem zugefrorenen See und einer zweiten oben in den kalten Grianspog-Bergen wollte er ihnen zeigen, dass er auch über gewisse eigene Fähigkeiten und Erfahrungen verfügte.

Der Hjeldinsturm ragte vor ihnen auf. Neben der Brüstung schwebte die Mondsichel wie ein Engel des Herrn auf einem alten Gemälde, der sich flüsternd mit Usires unterhielt. Als Morgan den Turm jetzt nach längerer Zeit wieder bewusst ansah, fiel ihm auf, wie sehr er sich von den Nachbargebäuden unterschied. Kein Wunder, dass er den Trollen aufgefallen war. Seine Fenster waren schon merkwürdig schmal gewesen, bevor man sie zugenagelt hatte, wie zusammengekniffene Augen. Die einzigen größeren Öffnungen, die Fenster des obersten Stockwerks, die einst mit roten Bleiglasscheiben verschlossen gewesen waren, waren nur mehr dunkle Löcher wie die Augenhöhlen eines Schädels. Von den Fenstern und einigen Schornsteinen abgesehen, hatte der Turm keinerlei weitere Merkmale. Mit seiner gedrungen zylindrischen Form sah er vielleicht nicht wie ein Korb aus, wie die Trolle gemeint hatten, er hatte aber durchaus Ähnlichkeit mit einem großen Suppentopf aus der Burgküche.

Und was passiert, wenn man den Deckel eines kochenden Topfs zu lange offen lässt?, dachte Morgan. Er schüttelte den Kopf, um den seltsam beunruhigenden Gedanken loszuwerden. »Aber ihr könnt euch das mit den Steinen im obersten Stockwerk ja selbst ansehen«, sagte er zu den Trollen. »Ich meine, wenn ihr wollt. Aber wahrscheinlich wollt ihr nicht. Wegen der Sachen, die man sich über den Turm erzählt.«

»Ich verstehe Euch nicht, Freund Morgan«, sagte Snenneq. »Selbst ansehen? Wie soll das gehen? Es ist Nacht und wir stehen unten.« Er sah sich um. »Meint Ihr, wir sollten morgen auf diesen anderen Turm steigen?« Er zeigte auf die schattenhafte Spitze des Heiligbaumturms auf der anderen Seite der Kapelle neben dem Wohngebäude. »Und auf diesen Turm hinunterblicken?«

»Nein, ich meinte, ihr könntet diesen Turm hinaufklettern und nachsehen«, sagte Morgan so unbekümmert wie er konnte. »Ich dachte, Trolle können gut klettern.«

»Niemand klettert besser«, sagte Snenneq. »Jeder kann das wissen, egal ob er in Yiqanuc war oder nicht. Sagt man in eurer Sprache nicht ›geschickt wie ein Troll auf einem Bergpfad‹?«

»Schon, aber die Leute sagen vieles, was andere Leute ihnen als wahr verkaufen, ohne je zu überprüfen, ob es stimmt.« Kurz überkamen Morgan leichte Gewissensbisse. Snenneq meinte es gut und war in jedem Fall ein guter Schnapslieferant. Andererseits spürte Morgan schon den ganzen Abend eine Art Jucken, das er nicht recht zuordnen konnte, und sah jetzt eine Möglichkeit, es zu behandeln. »Natürlich weiß ich nicht, ob ich das noch schaffen würde. Einige Haltegriffe bröckeln und ich bin inzwischen wohl ein wenig zu schwer.« Er tätschelte sich den Bauch. »Du vermutlich auch, Snenneq.«

Der Troll sah ihn empört und zugleich misstrauisch an. »Was soll das heißen? Der König und die Königin haben verboten, auf den Turm zu klettern. Das habt Ihr vorhin selbst gesagt.«

»Ja, natürlich.« Morgan lachte. »Es gibt Verbote. Und gegen die will ich nicht verstoßen.«

Qina sagte etwas in der Trollsprache. Es klang kurz und bestimmt. Morgan fühlte sich an Gurrlaute einer unzufriedenen Taube erinnert. »Sie meint, Ihr würdet klingen, als wolltet Ihr gegen das Verbot verstoßen«, übersetzte Snenneq.

»Wie auch immer«, sagte Morgan. »Es wäre sowieso zu schwer. Du bist so was nicht gewohnt.«

Klein-Snenneq blickte an der glatten Mauer des Turms hinauf. Sein Gesicht war so rund wie ein zweiter Mond. »Wenn es nicht verboten wäre«, sagte er schließlich, »könnte ich es machen.«

Qina sagte noch etwas. Diesmal klang ihre Stimme noch schärfer. Snenneq übersetzte nicht, sondern sah Morgan nur an. Dann streifte er sein Bündel ab, legte es auf den Boden und suchte darin herum. Qina sagte wieder etwas in der Trollsprache, aber er hörte ihr nicht mehr zu. Im nächsten Moment holte er ein zusammengerolltes dünnes Seil aus dem Bündel und legte es daneben.

»Du hast ein Seil dabei?«, fragte Morgan überrascht.

»Mit Gewissheit.« Er zog seine Jacke aus. Darunter trug er ein Hemd aus einem einfachen, selbstgesponnenen Stoff, das seine dicken, braunen Arme freiließ. »Ich habe ganz viele Dinge dabei. Der Grund ist, dass ich eines Tages ein Singender Mann sein werde und da muss man auf alles Mögliche vorbereitet sein. Aber das Seil ist nicht für mich. Ich klettere hinauf, und wenn ich oben bin, lasse ich es hinunterfallen. Dann könnt Ihr auch hinaufklettern, Morgan-Prinz, und wir werden feststellen, wer recht hat und wer nicht.«

Qina hatte ganz offensichtlich die Geduld verloren. Sie kehrte ihnen beiden den Rücken zu und entfernte sich über den Innenhof.

»Qinananamookta!«, rief Snenneq ihr nach, aber sie drehte sich nicht mehr um.

Morgan beschlich angesichts der Entwicklung der Lage ein leises Unbehagen, doch da warf Klein-Snenneq ihm den Trinkschlauch zu. »Aber nur einen Schluck für Mut«, sagte er warnend. »Ihr werdet es auch mit einem Seil kein leichtes Klettern finden, vermute ich.«

Morgan wischte sich den Mund ab und genoss das Feuer in Kehle und Bauch. »Du willst da wirklich raufklettern?«

Snenneq warf ihm einen belustigten und zugleich empörten Blick zu. »Worte mögen Luft sein, aber wenn sie ausgesprochen sind, sind sie Dinge, die existieren. Glaubt Ihr, ein Troll aus Yiqanuc hat keine Ehre und keinen Stolz?« Er bückte sich, um seine rohledernen Stiefel fester zu binden. Dann ging er zum Fuß des Turms neben dem Torhaus und betrachtete die dicht verfugten Steine.

Ein weiterer rascher Schluck Kangkang half Morgan, seine letzten Vorbehalte zu überwinden. Warum sollte er sich auch Sorgen machen? Trolle waren berühmte Kletterer. Wie oft hatte der König stolz von seiner Zeit in den Bergen bei Binabik und seinem Volk gesprochen! Und Morgan selbst war in letzter Zeit zwar etwas weniger unternehmungslustig gewesen als in seiner Kindheit – aber warum nicht? Mit einem Seil würde er es ganz leicht schaffen. War er nicht von allen seinen Freunden im Klettern der Beste gewesen?

Als Snenneq die Mauer hinaufzuklettern begann, war Qina nicht mehr zu sehen, was Morgan wieder kurzes Unbehagen bereitete. Wenn sie nun geradewegs zu seinen Großeltern ging und meldete, was sie hier taten?

Nein, was Klein-Snenneq tat, verbesserte er sich. *Niemand sagt, dass ich an diesem blöden Seil da raufklettern muss.* Am besten wäre es, wenn eine Rettungsmannschaft genau in dem Moment eintreffen würde, in dem Snenneq oben ankam. Dann würde Snenneq alle Vorwürfe kassieren und er, Morgan, bräuchte nicht hinaufzuklettern, um sein Gesicht zu wahren.

Er nahm noch einen Schluck von dem Schnaps, um sein Unbehagen vollends zu betäuben. Die brennende Flüssigkeit rann durch seine Kehle und in seinen Magen und erfüllte ihn mit einer höchst angenehmen Leichtigkeit. Wenn sie Ärger bekamen, na und? Er hatte schon genug Ärger, da fiel das auch nicht mehr ins Gewicht. Entscheidend war, dass ein bisher langweiliger Abend auf einmal gar nicht mehr langweilig war.

Zu Morgans Überraschung wählte Snenneq nicht den einfachen Weg über die Mauer, an die der Turm angebaut war und die aus alten Buckelquadern mit breiten Fugen bestand, in denen man leicht Halt fand, sondern kletterte unmittelbar neben dem Torhaus den Turm selbst hinauf. Wenige Momente später hatte er das Dach des Torhauses bereits unter sich zurückgelassen. Er klebte an den Steinen wie eine die Mauer hinaufkrabbelnde Fliege.

Die Sicherheit seiner Bewegungen beeindruckte Morgan unwillkürlich. Natürlich stand der Mond am Himmel und beleuchtete alles, aber der Troll fand mit einem geradezu unheimlichen Gespür die jeweils am besten geeignete Ritze. Hatte er Fuß oder Hand irgendwo hineingeschoben, brauchte er nur selten nachzubessern und nahm den entsprechenden Finger oder Zeh erst wieder heraus, wenn es Zeit war, sich weiterzuschieben. Doch kam auch ein Troll nicht beliebig schnell eine glatte, senkrechte Mauer hoch. Ein oder zwei Mal hielten die Steine der Verkleidung seinem Gewicht nicht stand. Sie brachen heraus und dahinter kamen dunkle Ziegel zum Vorschein. Einmal hing Klein-Snenneq eine ganze Weile nur an den Händen, während er mit den Füßen nach einer Ritze für seinen Zeh suchte. Morgan wurde vom Zusehen so mulmig, dass er noch einen großen Schluck brauchte.

Doch dann war Snenneq auch schon an den Fenstern des ersten Stocks angelangt, größeren Schießscharten, die man beim

Abdichten des Turms mit Geröll verfüllt hatte. Der Troll zog mit der Hand ein paar Steine heraus und ließ sie polternd in die gepflasterte Gasse fallen. Dann schob er die Füße in die dadurch entstandene Vertiefung und ruhte sich kurz aus.

»Gute Nacht zum Klettern, ja wirklich«, rief er herunter. »Von hier sehe ich fast das ganze Dorf.«

»Die Stadt«, rief Morgan zurück. Dabei wurde ihm plötzlich bewusst, wie laut sie waren. »Ich habe übrigens nachgedacht. Vielleicht ist das doch keine so gute Idee.«

»Ich kann Euch nicht verstehen, Morgan-Prinz. Kein Wort.«

Unten in der Stadt schlug die Glocke von St. Sutrin zur Komplet. Morgan hob den Trinkschlauch erneut an den Mund, dann überlegte er es sich anders. Seine gute Laune begann ihren Glanz ein wenig zu verlieren. Wenn Klein-Snenneq es nach oben schaffte, musste er ihm nachklettern, sonst konnte er ihm nie wieder ins Gesicht sehen. Denn was war, wenn Astrian und die anderen erfuhren, dass er Snenneq herausgefordert und dann gekniffen hatte? Das würde er bis ans Ende seines Lebens zu hören bekommen. Astrian würde ein Dutzend neue Spitznamen für ihn erfinden, einer demütigender als der andere. Es würde noch schlimmer sein als damals in der Nacht an der Nordstraße, als er bei den Frauen und alten Männern im Lager bleiben musste, während nur wenige Hundert Schritte entfernt erkynländische Soldaten kämpften und starben.

Er ließ den Trinkschlauch auf Snenneqs Bündel fallen. Heute Abend nichts mehr, beschloss er – oder wenigstens erst nach dem Klettern. Dann betete er, was gar nicht typisch für ihn war, Snenneq möge aufgeben und umkehren.

Doch nichts dergleichen geschah. Vor den Augen des sich zunehmend beklommen fühlenden Prinzen schob der Troll sich höher und höher, vorbei an den Schießscharten des zweiten Stocks und die mondbeschienene Fassade des dritten hinauf. Manchmal suchte er lange nach dem nächsten Halt – einmal baumelte er kurz sogar nur an den Fingern, bis er eine Elle oder mehr seitwärts einen Halt für seinen Fuß fand –, doch keine Herausforderung schien ihn stoppen zu können. Morgan konnte trotz seiner wachsenden Sorge nicht umhin, das Geschick des Trolls zu bewundern. Snenneq mochte ein wenig füllig um die Hüften sein, vielleicht sogar dick, aber er war auch stämmig und kräftig und dazu kamen noch ein scharfes Auge und geschickte Hände und Füße.

Morgan schluckte. Im Grunde wusste er schon seit einiger Zeit, dass Snenneq viel besser klettern konnte als er. Genauso offensichtlich war, dass er, wenn nicht noch etwas Schreckliches passierte, das Dach des Turms erreichen würde. Morgans Handflächen waren trotz der kalten Nacht feucht.

Du bist ein Dummkopf, Morgan-Prinz, schalt er sich. *Ein Säufer und Dummkopf. Alles, was deine Großeltern sagen, stimmt.*

Am obersten Stockwerk angelangt, machte Snenneq einen unerwarteten Schwenk zur Seite, offenbar, um die steinernen Simse der schwarzen, leeren Fenster als Basis für den letzten Teil des Aufstiegs zu nutzen. Während er sich seitwärts über eine Fensterbank schob und sich mit den Fingern in der Fassade über ihm festhielt, sah es einen Moment lang so aus, als streckte sich etwas aus dem Dunkel nach seinen Beinen, um ihn zu packen. Morgan hielt die Luft an und sein Herz begann zu klopfen, doch es handelte sich nur um einen seltsam geformten Schatten, verursacht durch das Geröll, das im Fenster lag.

Dummkopf, schimpfte er sich. *Diese Unternehmung ist schon schlimm genug, ohne dass du Gespenster erfindest.*

Doch es fiel ihm schwer, nicht an die vielen Geschichten über Pryrates zu denken, die er als Kind gehört hatte, an den haarlosen Kopf und das grausame Gesicht des Roten Priesters und das Geräusch seiner Stiefel, wenn er nachts durch die Burg wanderte. Pryrates' Vater war ein Dämon gewesen, hieß es in einigen Geschichten. Er konnte mit den Toten sprechen.

Snenneq war am Rand des Daches angelangt und hatte nur noch die flache Kuppel über sich, die den Turm abschloss. Er zog sich über den Rand und seine Beine zappelten einen Moment lang wie die eines ins Wasser springenden Froschs, dann war er verschwunden. Morgan starrte unverwandt nach oben. Sein Herz klopfte wieder schneller.

Kurz darauf tauchte Snenneqs Kopf über dem Rand auf, ein schwarzer Fleck vor dem mondbeschienenen Himmel. »Ich habe das Seil festgebunden!«, rief er herunter. Die Entfernung dämpfte seine Stimme. Im nächsten Moment sah Morgan die Schlingen silbergrau aufleuchtend durch die Luft fallen. Das Seilende schwang wie wild hin und her und blieb dann etwa auf der Höhe der Umfassungsmauer hängen. Snenneq rief noch etwas, aber diesmal konnte Morgan ihn nicht verstehen, und dann war er auch schon wieder hinter dem Dachrand verschwunden.

Was hatte er gesagt? Dass Morgan zu ihm hinaufklettern sollte? Oder etwas anderes? Vielleicht hatte er ja gesagt, dass es zu gefährlich sei, dass er bleiben sollte, wo er war, und er selbst wieder herunterkam. Aber wo war er dann?

Morgan wartete. Und wartete.

Der Mond schlüpfte in ein Wolkennest und verschwand. Der mit Schnaps gefüllte Trinkschlauch schien ihn zu rufen und trösten zu wollen. Noch ein paar Schlucke und alles würde ihm egal sein. Er würde unten bleiben und ein Nickerchen machen, und irgendwann würde jemand kommen und sich seiner annehmen. Snenneq würde wieder herunterklettern oder Qina würde mit den Wachen oder mit ihrem Vater zurückkehren.

Oder mit meinen Großeltern …

Er begann auf und ab zu gehen, und die Nacht machte ihn auf einmal nüchtern und ihm war nur noch kalt und unwohl. Wie konnte er hier herumsitzen und warten, bis jemand kam? Er hatte Snenneq sein Wort gegeben, sein Versprechen als Prinz. Er hatte den Troll dazu angestachelt – jawohl, angestachelt –, den gefährlichen Turm hinaufzuklettern. Vielleicht war Snenneq ja im Dunkeln ausgerutscht oder gestolpert und lag hilflos und schwerverletzt auf dem Dach. Und was war, wenn Qina sich im Gewirr der Gassen der Burg verirrt hatte? Dann kam niemand, und niemand konnte Snenneq helfen außer Morgan. Er musste klettern.

Ist das die Bedeutung der Figuren, die Snenneq mit seinen Knöcheln geworfen hat? Der Schwarzen Spalte und der Widernatürlichen Geburt? Dass ich nie König sein werde, weil ich von einem Turm in den Tod stürze?

Das Seil hing im Mondlicht wie eine silberne Linie vor dem schwarzen Stein und schwankte ein wenig im Wind.

Morgan wischte sich die Hände an den Kleidern ab, bückte sich, verteilte etwas Dreck aus den Ritzen zwischen den Pflastersteinen auf seinen Handflächen und rieb sie aneinander, bis sie trocken waren. Die Kletterpartie würde auch ohne verschwitzte Hände schwer genug sein.

Dorthin zu kommen, wo das Seilende baumelte, war nicht so schwer, wie Morgan befürchtet hatte. Die Zwingermauer war seit Jahren nicht renoviert worden und zwischen den Steinen klafften breite Fugen. Nur ein oder zwei Mal musste er sein Messer aus dem Gürtel ziehen und ein wenig vom alten Mörtel herauskratzen, damit er mit Fingern oder Zehen tief genug hineinkam. Erst als er auf der Mauerkrone stand, wurde ihm die eigentliche Schwierigkeit seiner Unternehmung bewusst.

Das Seil hing außer Reichweite, zwar nur wenige Zoll, aber so, dass er sich von der Mauer zurücklehnen musste, um es zu packen. Wenn er es dann nicht zu fassen bekam, würde er geradewegs auf das Pflaster hinunterstürzen. Da er sich erst auf der Höhe des ersten Stocks befand, würde er dabei vermutlich nicht zu Tode kommen, aber von oben sah es immerhin so aus, als könnte er sich ein Bein oder einen Arm oder auch beide Beine oder Arme brechen.

Er bereute die törichte Kletterpartie inzwischen bitter. Der erste Abschnitt war zwar einigermaßen leicht gewesen, doch hatte sich der gute Kangkang dabei vollends aus seinem Kopf verflüchtigt. Zumindest fühlte er sich so. Ganz sicher war er sich nicht, denn wenn er nach unten blickte, wellte das Pflaster sich und verschwamm wie die Steine auf dem Grund eines sprudelnden Baches.

Er fand endlich einen Halt für seinen Fuß und schwang auf einem Bein und mit nur noch einer Hand an der Mauer so weit hinaus wie er konnte. Das Seilende war nur noch eine Handbreit von ihm entfernt. Er wischte sich noch einmal die Hände trocken und sprach ein Gebet an die heilige Rhiappa, ein zweites an den heiligen Sutrin und gleich noch eins an Elysia, die Mutter Ädons, mit der Bitte um alle Hilfe und Unterstützung, die er bekommen konnte. Dann drückte er sich, bevor er zu viel nachdenken konnte, von der Wand ab, streckte sich nach oben und griff nach dem Seil.

Er bekam es zu fassen und hielt sich fest, doch seine Erleichterung und Freude waren von kurzer Dauer, denn das Seil, das er mit seinem Sprung in Bewegung versetzt hatte, schwang jetzt zurück und warf ihn, der an seinem Ende hing wie ein Senkblei, unsanft gegen die steinerne Mauer des Turms. Mit einiger Mühe konnte er sich festhalten, und eine ganze Weile hing er nur da wie ein kranker Affe an einem Ast.

Schließlich ließ seine Erstarrung nach und er tastete mit den Füßen, bis er einen Spalt zwischen zwei Steinblöcken fand, in den er die Zehen stecken konnte. Zwar hatte er jetzt einen gewissen Halt für die Füße, aber er hing schräg von der Mauer weg und musste fast sein ganzes Gewicht mit den Armen halten. Er versuchte, sich auf diese Weise Zoll für Zoll nach oben zu schieben, und konnte auch an der Mauer des ersten Stocks hinaufklettern und sich mit den Beinen abstützen, wenn er das Seil mit den Händen an einer höheren Stelle packen musste. Ein kleiner Teil seines Selbstvertrauens kehrte zurück. Doch dann trat er mit einem

Fuß daneben und schwang alarmierend nach außen. Beim Zurückschwingen entdeckte er allerdings eine Spalte im Stein. Er klammerte sich daran fest, um zu verschnaufen.

Wenig später war er seiner Einschätzung nach so hoch geklettert, dass er einen Absturz gewiss nicht überleben würde. Außerdem befürchtete er, dass er mit dem Seil nicht bis ganz nach oben kam, weil seine Schultern schon jetzt vor Anstrengung brannten und er Krämpfe in den Fingern zu bekommen drohte. Er verfluchte sich selbst mit einem lautlosen Schwall von panischen Schimpfwörtern, bei denen seine Lehrer vor Schreck das Zeichen des Baums geschlagen hätten und in die Kapelle geeilt wären.

Es gibt nur eine Möglichkeit, überlegte er. *Ich muss es wie der Troll machen.* Dazu musste er zwar das Seil loslassen, aber dafür würden seine Beine dann sein Gewicht mittragen. *Lieber Ädon, steh mir bei, denn was werden die Leute denken, wenn ich abstürze? Dass ich ein Idiot war, das werden sie denken. Und damit recht haben.*

Er hatte keine andere Wahl, außer vielleicht um Hilfe zu rufen. Doch so sehr seine Arme auch schmerzten, die Vorstellung, alle Bewohner des Inneren Zwingers zu Zeugen seiner Dummheit zu machen, war noch furchterregender. Also band er sich das Seil um die Hüften für den Fall, dass er es versehentlich losließ, dann schwang er vorsichtig vor und zurück, bis er es wagte, eine Hand loszulassen und nach der Mauer auszustrecken. Beim ersten Mal konnte er sich nicht festhalten, aber beim zweiten Mal fand er eine Spalte. Er zwängte die Finger hinein und zog sich an die Mauer. Mit den Zehen suchte er nach einem Stand für seine Füße, doch da löste sich der Knoten um seine Hüften und er musste sich wieder am Seil festhalten und entfernte sich von der Wand.

Er schickte ein zweites Gebet zu Elysia und dachte dabei an das gütige, verzeihende Gesicht der Mutter Gottes, ein Gesicht, vor dem sogar betrunkene Idioten Gnade fanden, dann schwang er wieder in Richtung des Turms, ließ das Seil los und bohrte die schmerzenden Finger in die ihm nächste Ritze der Steinverkleidung. Der Knoten ging vollends auf, das Seil rutschte ihm von den Hüften, schwang zurück und blieb außer Reichweite hinter ihm hängen. Panik drohte ihn zu übermannen. Jetzt konnte er sich nur noch an der Mauer festhalten, wie Snenneq es getan hatte.

Was folgte, war ein einziger Albtraum. Morgan erinnerte sich später nicht mehr genau daran, aber jedes Tasten, jedes Loslassen, jede Bewegung von einem bröckelnden Halt zum nächsten schien Stunden zu dauern. Er wusste, dass er den Rest seines Lebens davon träumen würde, vorausgesetzt er hatte das Glück, zu überleben. Er verdrängte die Schmerzen, so gut es ging, und schob sich unendlich langsam wie eine Raupe an der senkrechten Turmmauer hinauf. So müde war er und so wund, dass er sich gar nicht mehr vorstellen konnte, wie es war, etwas anderes zu tun. Er passierte den zweiten Stock und dann den dritten. Alles kam ihm endlos lange vor, wie das Warten auf die Schneeschmelze, und ein einziger Gedanke beherrschte ihn: den nächsten Halt für Hand oder Fuß zu finden und weiter nach oben zu kriechen. Das Gewicht seines Körpers fühlte sich an wie das Gewicht eines anderen. Eine andere Person schien an seinen Armen und Füßen zu hängen, als wollte sie ihn in den tödlichen Abgrund unter ihm reißen.

Der dritte Stock zog an ihm vorbei und dann war er am vierten angelangt. Er konnte nur sehen, was über ihm kam, so dicht musste er sich an die Mauer drücken und mit den Fingern nach dem nächsten Halt suchen. Einer seiner Schuhe fiel hinunter, aber er spürte den Unterschied kaum. Unermüdlich kletterte er weiter, nur dass es inzwischen mehr und zugleich weniger war als Klettern. Eine Zeit lang bildete er sich ein, er würde auf dem Bauch über eine ebene Fläche robben, von der ihn ein starker Wind herunterwehen wollte. Dann wieder meinte er, durch einen Tunnel in ein anderes Land zu kriechen, in dem es warm und friedlich war. Doch was er auch dachte oder träumte, immer zerrte etwas an ihm, ein schrecklicher Feind, der ihn in den Abgrund stürzen, ihn auf dem Pflaster zerschmettern wollte.

Er tauchte aus seiner Trance auf, als er plötzlich feststellte, dass er über sich keinen Halt fand, weil es keinen mehr gab – seine freie Hand griff ins Leere. Zum ersten Mal seit einiger Zeit hob er den Kopf und merkte, dass er oben angekommen war. Vor lauter Überraschung hätte er fast losgelassen, aber der Schreck darüber brachte ihn vollends zu sich und er kehrte in Gedanken wieder in die Gegenwart und zum Turm zurück.

Sich über den Dachrand zu ziehen, erschien ihm als das Schwierigste, was er je unternommen hatte. Beim Versuch, das Knie anzuheben und auf das Dach zu legen, brach er in Tränen aus. Niemand kam ihm zu Hilfe. Er rief nach Snenneq oder glaubte zumindest, dass er es tat, aber niemand antwortete.

Endlich hatte er den schwersten Teil seines Körpers über den Rand gehievt. Er sank auf die flache Kuppel und kroch noch ein Stück, bis er das Dach auch unter den Beinen spürte. Keuchend drehte er sich auf den Rücken. Seine Muskeln brannten vor Schmerzen. Er hätte nicht sagen können, ob er schlief oder nur aufhörte zu denken, jedenfalls lag er eine Zeit lang wie bewusstlos da. Als er die Augen wieder aufschlug, sah er über sich die Sterne.

Ich kenne nicht mal ihre Namen, dachte er. *Jemand – Ritter Porto? Großvater? – hat einmal versucht, sie mir beizubringen, aber ich habe nicht aufgepasst.*

Wenn das wirklich seine Sterne waren. Wenn er nicht so hoch geklettert war, dass er sich jetzt in einer anderen Welt befand, einem Land im Himmel.

Endlich drehte er sich auf den Bauch und richtete sich mühsam auf alle viere auf. Snenneq war nirgends zu sehen, obwohl Morgan ihn auf dem Dach eigentlich hätte sehen müssen, das sich vor ihm sanft nach oben wölbte. Der Höhenunterschied zwischen Rand und Mitte betrug nur wenige Ellen. Es handelte sich nicht um eine lichtdurchflutete Kuppel mit vielen Fenstern wie die der St. Sutrinskathedrale, sondern eine Kuppel aus massivem Stein, so abweisend wie der ganze Rest des Hjeldinsturms. In ihre Mitte waren vier Luken eingelassen, von denen jede nach einem Himmelsquadranten ausgerichtet war. Die Deckel der Luken hatte man mit Ketten abgesperrt, aber jetzt stand eine Luke offen. Ihr Deckel war zurückgeklappt, die viereckige, schwarze Öffnung starrte wie ein hungriges Maul zum Himmel.

»Snenneq?« Morgan belastete die Kuppel vorsichtig mit seinem Gewicht. Sie wirkte stabiler als die Wände. Trotz der Nacht war der Stein noch von der Hitze des Tages warm. Morgan kletterte auf die offene Luke zu. Warum sollte Snenneq sie aufbrechen und in den berüchtigten Turm eindringen? Hat der Troll wirklich so wenig Angst vor den Gespenstern anderer Leute?

Und wenn er sie gar nicht geöffnet hat?, dachte Morgan plötzlich. *Wenn es jemand anderes gewesen war? Wenn er dagestanden hatte und sie hinter ihm aufgegangen war wie der Deckel eines Höllenschlunds … und jemand herausgekommen war und ihn gepackt hatte?*

Das Grauen dieser Vorstellung war unerträglich. Morgan schob sich weiter hinauf, den Bauch an das Blei gedrückt wie zuvor an die Turmmauer, ohne dass es ihm bewusst war. Er erreichte die offene Luke. Aber nach drinnen sehen wollte er nun wirklich auf gar keinen Fall.

Er ist wegen dir hier, sagte eine Stimme, als spreche ihm jemand ins Ohr – jemand anders, ein ehrenhafter Mensch. *Er ist wegen dir hier. Wenn er hier drin ist, musst du ihn suchen.*

Aber Morgan wollte nicht durch die Luke blicken und erst recht nicht hindurchsteigen. Wer wusste schon, was für ein gefährliches Chaos dahinter lauerte? Schließlich war der Turm über zwanzig Jahre abgeschlossen gewesen und hatte leer gestanden.

Und wenn er gar nicht leer ist? Wieder stellte Morgan sich vor, wie die Luke lautlos hinter dem Troll aufging und eine schattenhafte Gestalt daraus auftauchte …

Er streckte den Kopf über den Rand der Luke. Das oberste Zimmer des Turms war mit Steinschutt angefüllt, wie er es erwartet hatte. Allerdings entdeckte er zwischen den Steinen dunkle Stellen, die aussahen, als hätte ein riesiger Maulwurf oder eine Ratte Tunnel durch das Geröll gegraben. Morgan wünschte sich stärker als je in seinem Leben, dass er eine Fackel mitgenommen hätte, nein, eine Fackel und ein Schwert und drei oder vier kräftige Freunde. Im selben Moment sah er eine Bewegung. In dem Raum unter ihm, im dunklen obersten Geschoss des Turms, bewegte sich etwas Lebendiges.

»Snenneq?«, rief er leise. Das Blut rauschte ihm in den Ohren und die Stimme, die aus seinem Mund kam, klang nicht wie seine eigene. Da drehte sich die schattenhafte Gestalt um und blickte zu ihm auf. Nur einen kurzen Augenblick fiel das Mondlicht auf ein unbehaartes Gesicht, zwei leere schwarze Augen und eine zerlumpte Kapuze, die einmal rot gewesen sein mochte. Sein Puls dröhnte wie mit Hammerschlägen durch seinen Kopf und er wich entsetzt von der Luke zurück. Hastig sprang er auf, stolperte dabei, fiel nach vorn und schlug mit dem Kinn auf den Rand der Luke. Ein Regen von Sternen leuchtete vor ihm auf, dann wurde es Nacht um ihn.

WIDMUNG

Nach reiflichem Überlegen bin ich zu dem Schluss gelangt, dass dieses Buch den drei Menschen gewidmet werden muss, die über die Jahre am meisten dafür getan haben, dass ich nach Osten Ard zurückgekehrt bin.

Meine Verlegerinnen Betsy Wollheim und Sheila Gilbert haben mich seit einer Ewigkeit zu dieser Rückkehr animiert, indem sie mich etwa alle siebzehn Minuten daran erinnerten, dass jeder außer mir sicher sei, die Prophezeiung bei der Geburt von Josuas und Varas Zwillingen lege die Grundlage für eine Fortsetzung, und dass sie es wunderbar fänden, wenn ich eine solche schriebe. (In Wahrheit waren sie ziemlich geduldig. Aber sie haben mich ab und zu erinnert. Und mich gelegentlich mit Stöcken bedroht.) Und sie taten es nicht nur aus geschäftlichen Gründen, sondern auch, weil sie dachten, es könnte etwas Tolles dabei herauskommen.

Meine Frau und Partnerin Deborah Beale ist ebenfalls über die Jahre liebevoll und geduldig an dem Thema drangeblieben. Voller Verständnis für meinen schriftstellerischen Prozess (der, um wahrhaft effizient zu verlaufen, monatelange Phasen fast ununterbrochenen Schlafens erfordert), fragte sie mich doch in höflichen Intervallen, *warum* ich keine Fortsetzung von *Das Geheimnis der Großen Schwerter* schreiben könne.

Angeregt durch eins dieser Gespräche, habe ich mich schließlich hingesetzt, um gründlich darüber nachzudenken, warum ich es nicht konnte. Der Grund war immer, dass ich zuerst eine Story haben musste, weil mir klar war, dass ich mich sonst fühlen würde, als machte ich eine Franchise-Filiale auf. Jedes Buch beginnt bei mir mit einer Story – aber ich hatte keine neue Osten-Ard-Story in mir. Also liquidierte ich im Geist Möglichkeit um Möglichkeit – lahm, nicht wirklich neu, selbstparodistisch –, weil ich Deb (und allen, die mich je auf eine Fortsetzung angesprochen hatten) demonstrieren wollte, warum es keine Fortsetzung geben würde. Aber nach etwa einem Tag intensiven Nachdenkens war mir klar, dass ich *doch* eine Story zu erzählen hatte, und als ich sie Deb darlegte, wurde ich selbst davon gepackt. Und nicht allzu viele Wochen später schrieb ich bereits daran.

Deb hat noch etwa neunhundert andere Dinge für dieses Buch getan, angefangen mit der Lektüre und (wie immer ungemein scharfsinnigen) Analyse der ersten Entwurfsfassung bis hin zur Werbung, die sie von unserem Esstisch aus so virtuos betrieben hat wie ein P. T. Barnum im Bademantel. Metaphorisch gesprochen trägt das Buch überall ihre Fingerabdrücke.

Sheila und Betsy haben von der verlegerischen Seite aus ebenfalls sehr viel dazu beigetragen, so haben sie unter anderem für das liebevoll-gründliche Lektorat und die Gestaltung gesorgt.

Also widme ich dieses Buch den dreien – Sheila, Betsy und Deborah.

Betsy und Sheila, danke für alles und nicht zuletzt für eure Freundschaft. Ich bin wirklich froh (und, ich gebe es zu, ein bisschen gerührt), dass wir dieses Buch jetzt endlich gemeinsam in die Welt entlassen.

Deborah, du bist die Eine und Einzige. Dafür und für so vieles andere danke ich dir.

DANK

Es ist immer sehr schwer, alle, die zu einem Buch beigetragen haben, angemessen zu würdigen, aber bei diesem Buch ist es noch schwerer, weil so viele Menschen Zeit und Mühe darauf verwandt haben, es zu ermöglichen.

Hier nun all die, die mir noch definitiv präsent sind – der Arbeitsprozess hat vor über zwei Jahren begonnen. Wenn Sie auch Dank verdient haben und ich Sie hier nicht nenne, dann fühlen Sie sich bitte bedankt, aber schreiben Sie mir, damit ich Sie im nächsten Buch gebührend würdigen kann.

Zuerst möchte ich von Herzen all denen danken, die sich die Zeit genommen haben, ein sehr langes, sehr frühes Manuskript zu lesen und mir Feedback und Vorschläge zukommen zu lassen oder dafür Sorge zu tragen, dass das Register vollständig, korrekt und mit den früheren Büchern konsistent war. Jeder Name steht für eine Menge Arbeit, die ich nicht selbst machen musste!

Charlotte Cogle, Ron Hyde, Ylva von Löhneysen, Eva Maderbacher, Devi Pillai, Cindy Squires, Linda Van Der Pal, Angela Welchel und Cindy Yan.

Ihr seid meine Helden. Danke, danke, danke.

Wie immer sind natürlich die zu erwähnen, die schon am längsten am meisten für mich tun. Wie entscheidend mir meine

Frau Deborah Beale und meine Verlegerinnen Sheila Gilbert und Betsy Wollheim bei diesem Buch geholfen haben, ist ja bereits in der Widmung ausgeführt, aber ich möchte noch mal betonen, wie sie mein Leben rocken!

Mein Agent Matt Bialer war während dieses gesamten Prozesses clever, hilfreich und amüsant wie immer. Du bist ein zuverlässiger Zeitgenosse, Matt.

Lisa Tveit hat es bravourös geschafft, meine Website (und andere Online-Aspekte meines Berufs) am Laufen und in großartigem Zustand zu halten – wie immer tausend Dank, Lisa.

MaryLou Capes-Platt, die die neuen Osten-Ard-Bücher redigiert, ist sowohl eine strenge Arbeitskontrolleurin als auch eine charmante Muse, wenn sie am Rand meiner Manuskriptseiten besonders Gelungenes lobt oder behutsam aufzeigt, wo mein Text schlampig, verwirrend oder in anderer Weise ungenügend ist. Ihr Scharfblick, ihr nicht minder scharfer Verstand und ihre Nettigkeit hatten großen Einfluss auf die endgültige Version der Geschichte.

Isaac Stewart hat nicht nur tolle neue Karten beigesteuert, sondern auch viel Arbeit darauf verwandt, alle Details so hinzubekommen, dass sie mit der Geographie der früheren Bücher übereinstimmen. (Dabei hatte er Hilfe, aber darauf komme ich gleich). Die Ergebnisse sind hieb- und stichfest – und wunderschön.

Michael Whelan macht die Illustrationen für diese Bücher – was eigentlich schon alles sagt – und hat wie immer viel Mühe darauf verwandt, aus dem, was in der Geschichte steht, mit seinem Talent etwas zu machen, das mehr ist, als ich mir je hätte ausdenken können.

Joshua Starr hat – wie viele andere Leute bei DAW und Penguin Random House auch – sehr viel dafür getan, mich im Zeitplan zu halten und zu verhindern, dass ich (allzu sehr) in die Bredouille kam. Josh macht aus dem ganzen minutiösen Kleinkram, den so eine Buchveröffentlichung beinhaltet, ein Vergnügen. Vielen Dank, Josh!

Meine britischen und deutschen Verlagslektoren, Oliver Johnson bei Hodder & Stoughton und Stephan Askani bei Klett-Cotta, haben auch dieses jüngste schrecklich lange Tad-Buch auf ihre übliche nette und sachverständige Art gelesen und sich dafür starkgemacht. Ich habe großes Glück mit meinen Auslandsverlagen.

Und natürlich danke ich den loyalsten und nettesten Freunden, die ein Schriftsteller nur haben kann: der Gang auf dem *tadwilliams.com* Board. Viele Mitglieder sind hier schon namentlich genannt, aber keineswegs alle. Lasst uns in der Mint (im *Wilden Sauschwanz*) einen draufmachen. Geht auf meine Rechnung.

Zu guter Letzt möchte ich noch zwei Menschen danken, die so viel Arbeit in diese Rückkehr nach Osten Ard gesteckt haben, dass ich gar nicht weiß, wo ich anfangen soll.

Ron Hyde ist inzwischen so etwas wie der offizielle Osten-Ard-Archivar. Er hat nicht nur das Manuskript gelesen und mit mir darüber konferiert, sondern auch viele Stunden mit Isaac Stewart und den Karten verbracht und mir zu jeder Tages- und Nachtzeit Fragen beantwortet, weil ich die ursprünglichen Bücher vor dreißig Jahren geschrieben habe und Ron den Kontinent und dessen Geschichte besser kennt als ich. Zwischen einer Million Wörtern, die vor so langer Zeit geschrieben wurden (plus einem noch umfangreicheren Hintergrund, der ebenfalls damals konstruiert wurde) und diesen neuen Büchern, die vermutlich wieder eine Million Wörter umfassen werden, alle Details konsistent zu halten, ist eine Herkulesarbeit. Ohne Helfer wie Ron würde ich diese Danksagungen wahrscheinlich erst in zwei Jahren schreiben.

Ylva von Löhneysen ist ebenfalls über jedes erwartbare und vermutlich auch zumutbare Maß hinausgegangen, um zur Entstehung dieses Buchs beizutragen. Sie hat vieles von dem getan, was auch Ron getan hat, und außerdem noch eigene Beiträge geleistet, indem sie alle Entwurfsfassungen gelesen, ausführliche Kommentare abgegeben und ihr umfassendes Wissen über Osten Ard mit mir geteilt hat, damit ich mich nicht vergaloppierte. (Ja, auch Ylva weiß mehr über meine Schöpfung als ich selbst.) Sie gab mir während des gesamten Bearbeitungsprozesses immer wieder Feedback zu dieser oder jener Szene, die sie gerade gelesen hatte, was mir half, die Moral (und die Seitenproduktion) hochzuhalten, und schickte mir Ideen und Vorschläge, die, wie auch die Beiträge von Ron und anderen oben genannten Personen, zu einem guten Teil direkt in die *Hexenholzkrone*, die Sie jetzt in Händen halten, eingeflossen sind.

Ich grüße euch alle. Ohne euch hätte ich es nicht geschafft. Mögt ihr mit Glück und Segen überschüttet werden.

GLOSSAR

Personen

Erkynländer

Aedonita	Spielgefährtin von Prinzessin Lillia
Agar, St.	ädonitischer Heiliger
Avner, Vater	Tiamaks Sekretär
Begga	eine von Prinzessin Idelas Dienerinnen, in der Heilkunst ausgebildet
Benamin	königlicher Leibdiener auf dem Hochhorst
Butterblume	Bordellmutter in Erchester
Cloda	Prinz Morgans einstige Kinderfrau
Colfer	Baron in der königlichen Reisegesellschaft
Devona	Graf Gareds Frau, Gräfin von Northithe
Dregan	unschuldiger Wanderer im Kynswald
Ealhstan Fiskerne, St.	Vorfahr von König Simon und Gründer des Bundes der Schriftrolle; sechster König auf dem Hochhorst, auch der »Fischerkönig« genannt
Elias	früherer Hochkönig, Miriamels Vater
Elyweld	Aedonitas Schwester
Etan, Bruder	ädonitischer Mönch
Evoric, Baron	Baron von Haestall
Feran	Oberstallmeister auf dem Hochhorst
Gared	Graf von Northithe; Ehemann von Gräfin Devona
Gervis	Erzbischof von Erkynland

Goda	Pferdemagd
Hans Mundwald	sagenumwobener Räuber
Hatcher	Wirt der DRALLEN MAID
Idela	Prinzessin, Witwe des Prinzen Johan Josua, Tochter von Herzog Osric
Jarg von Sturmstad	Nacht-Wachführer der Erkynwache
Jeremias	Kammerherr auf dem Hochhorst
Johan Josua	Prinz, verstorbener Sohn König Simons und Königin Miriamels und Ehemann von Prinzessin Idela, Vater von Prinz Morgan und Prinzessin Lillia, von König Simon »Jonno« genannt
Johan Presbyter	früherer Hochkönig; Großvater von Königin Miriamel
Josua	Prinz, König Elias' Bruder, Königin Miriamels Onkel
Jubal	ein Ritter
Kenrick	junger Hauptmann der Erkynwache
Leleth	einst Miriamels kleine Magd
Lillia	Prinzessin, Enkelin von König Simon und Königin Miriamel; Morgans Schwester
Martha	Dienstmagd auf dem Hochhorst
Melkin	Prinz Morgans Knappe
Miriamel	Königin, Gemahlin König Simons, Hochkönigin von Osten Ard
Morgan	Prinz, Erbe des Hochkönigsthrons; Sohn von Prinz Johan Josua und Prinzessin Idela
Morgenes, Doktor	verstorbener Schriftrollenträger; einst König Simons Freund und Mentor
Natan	Förster aus dem Kynswald
Osric	Konnetabel auf dem Hochhorst, Herzog von Falshire und Wentmünd; Prinzessin Idelas Vater
Putnam, Bischof	oberster Priester in der königlichen Reisegesellschaft
Rachel	einstige Oberste der Kammerfrauen auf dem Hochhorst; auch »der Drache« genannt

Rinan	junger Spielmann
Rodson	Graf, Adliger aus Glenwick
Sangfugol	berühmter Spielmann auf dem Hochhorst
Seth von Woodsall	Oberster Baumeister am königlichen Hof
Shulamit	eine von Königin Miriamels Hofdamen
Simon	Hochkönig von Osten Ard und Gemahl Königin Miriamels; auch unter seinem Geburtsnamen »Seoman« bekannt und manchmal »Schneelocke« genannt
Sofra	junge weibliche Bekanntschaft von Prinz Morgan
Strangyeard, Vater	früherer Schriftrollenträger und Hofgeistlicher auf dem Hochhorst
Sutrin, St.	ädonitischer Heiliger, auch Sutrines genannt
Tabata	Dienstmagd auf dem Hochhorst
Tamar	Baronin, Frau des Barons von Aynsberry; eine von Königin Miriamels Hofdamen
Thomas Austernfänger	Bürgermeister von Erchester
Tobiah	Wachsoldat auf dem Hochhorst
Tostig	Baron, Wollhändler
Wibert, Vater	Sekretär von Großkanzler Pasevalles
Wiglaf, St.	ädonitischer Heiliger
Wilona	Baronin, Frau von Baron Evoric
Zakiel von Garwynswold	Oberhauptmann der Erkynwache; Kenricks Vorgesetzter

Hernystiri

Aelin	Großneffe des Grafen Eolair
Aengas ec-Carpilbin von Ban Farrig	einstiger Graf von Abaingeat; Gelehrter und Händler für alte Bücher
Airgad Eichenherz	berühmter hernystirischer Held
Bagba	Gott des Viehs
Brannan	einstiger Mönch und Koch von Aengas
Brynioch von den Himmeln	Himmelsgott
Cadrach ec-Crannhyr	Mönch unklarer Ordenszugehörigkeit

Cuamh Erdhund	Erdgott
Curudan	Baron, Kommandeur der Silberhirsche
Deanagha von den braunen Augen	Göttin, Tochter Rhynns
Elatha	Graf Eolairs Schwester
Eolair	Graf von Nad Mullach und Hand des Throns
Evan	einer von Aelins Männern
Gwythinn	Prinz, König Hugos Vater, im Sturmkönigskrieg gefallen
Hern	sagenumwobener Gründer und einstiger König von Hernystir
Hugo ubh-Gwythinn	König von Hernystir
Inahwen	Königinwitwe
Irwyn	ein Ritter
Jarreth	Aelins Knappe
Lluth	früherer König; Vater von Maegwin und Gwythinn
Llythinn	früherer König, Lluths Vater
Maegwin	Prinzessin, Tochter von König Lluth; starb während des Sturmkönigskriegs
Mircha	Regengöttin; Gemahlin des Brynioch
Morriga	auch »die Waisenmacherin«, »die Krähenmutter«; alte Kriegsgöttin
Murdo	Graf, mächtiger hernystirischer Adliger
Murhagh Einarm	Kriegsgott
Murtach	Baron, ein Höfling im königlichen Gefolge auf der Reise nach Elvritshalla
Rhona	Gräfin, eine Adlige aus Nad Glehs; Freundin von Königin Miriamel; Betreuerin von Prinzessin Lillia, die sie »Tante Rhoner« nennt
Riggan	ein Küchenbediensteter auf dem Hochhorst
Samreas	Baron Curudans Leutnant
Sinnach	früherer Prinz von Hernystir, auch »der Rotfuchs« genannt

Tethtain	Fünfter König auf dem Hochhorst; genannt »König Stechpalm«
Tylleth	Gräfin, Witwe des Grafen von Glen Orrga; verlobt mit König Hugo

Rimmersgarder

Alva	Gräfin von Engby; Jarl (Graf) Sludigs Frau
Dyrmundur	Kumpan von Jarnulf in der Räuberbande Skalijar
Elvrit	erster König von Rimmersgard, genannt »Elvrit der Weitblickende«
Fingil Blutfaust	erster menschlicher Herrscher auf dem Hochhorst; genannt »Fingil der Große« oder auch »Fingil der Blutkönig«
Fray	»die Grünmutter«, Göttin
Frode	Eskritor von Elvritshalla
Gerda	Tochter von Jarl Halli
Gret	Jarnulfs Schwester
Grimbrand	Sohn und Nachfolger von Herzog Isgrimnur
Gutfrida, St.	ädonitische Heilige
Gutrun, Herzogin	verstorbene Frau des Herzogs Isgrimnur
Halli	Jarl (Graf) auf Burg Blarbrekk
Helvard, St.	ädonitischer Heiliger
Hildula, St.	Nonne eines früheren Jahrhunderts und ädonitische Heilige, hatte Visionen
Hjeldin	Sohn König Fingils und zweiter Herrscher auf dem Hochhorst, genannt »der wahnsinnige König«
Ikferdig	König, dritter Herrscher auf dem Hochhorst, genannt »der Verbrannte«
Isbeorn	Vater von Herzog Isgrimnur
Isgrimnur von Elvritshalla	Herzog, Herrscher von Rimmersgard
Ismay	Herzog Isgrimnurs jüngere Tochter

Isorn	ältester Sohn von Herzog Isgrimnur und Herzogin Gutrun; im Sturmkönigskrieg umgekommen
Isvarr	Grimbrands Sohn
Jarnauga	früherer Schriftrollenträger, im Sturmkönigskrieg getötet
Jarngrimnur	Jarnulfs Bruder
Jarnulf Godtru	ein Jäger der Königin
Jormgrun Rothand	letzter König von Rimmersgard; getötet von König Johan Presbyter
Loken	Feuergott
Lomskur	Schmied in Elvritshalla
Maggi	Jarl (Graf), einer der wichtigsten Adligen Rimmersgards, hat große Besitzungen an der Grenze zu Hernystir
Narvi	Than (Baron) von Tach Bredan
Olov, Bruder	früherer königlicher Hoflehrer
Ragna	Jarnulfs Mutter
Roskva	Tzojas Ziehmutter, genannt »Valada« (»weise Frau«)
Signi	Herzog Isgrimnurs ältere Tochter
Skali	verstorbener Than von Kaldskryke, auch »Scharfnase« genannt
Skalijar	Räuberbande, bestehend aus ehemaligen Anhängern Skalis
Skodi	eine Hexe im nordöstlichen Rimmersgard; getötet im Sturmkönigskrieg
Sludig	Jarl (Graf) von Engby; Freund von König Simon, Königin Miriamel und Binabik
Sorde	Grimbrands Frau
Svana	aus Rimmersgard stammende junge Frau in Erchester
Tonngerd von Skoggey	Ismays Ehemann
Valfrid	Signis Ehemann

Qanuc

Binabik (Binbinaqegabenik)	Träger der Schriftrolle; Singender Mann der Qanuc; guter Freund von König Simon
Kikkasut	mythischer König der Vögel
Klein-Snenneq	Qinas Verlobter, Enkel von Snenneq
Qina (Qinananamookta)	Tochter von Binabik und Sisqi
Sedda	Mondgötttin, auch »Mond-Mutter« genannt
Sisqi (Sisqinanamook)	Tochter des Hirten und der Jägerin (Herrscherpaar von Mintahoq); Binabiks Frau
Snenneq	Herdenführer am Unteren Chugik; in der Schlacht von Sesuad'ra gefallen

Thrithingbewohner

Bordelm	ein Mann aus dem Kranich-Clan
Burtan	Schamane des Kranich-Clans
Cudberj	Than Gurdigs Vetter
Drojan	Freund von Than Odrig
Edizel Shan	Sagenheld
Fikolmij	früherer Mark-Than des Hengst-Clans und des Hoch-Thrithings; Varas Vater
Fremur	ein Mann aus dem Kranich-Clan; Bruder von Than Odrig
Gezdahn Kahlkopf	ein Reiter aus dem Kranich-Clan
Gurdig	Than des Hengst-Clans; Hyaras Ehemann
Hurvalt	früherer Than des Kranich-Clans; Fremurs Vater
Hyara	Than Gurdigs Frau; Varas Schwester
Kulva	Schwester von Fremur und Than Odrig
Mutter des Grüns	Göttin der Thrithinge
Odrig Steinfaust	Than des Kranich-Clans; Bruder von Fremur und Kulva
Rudur Rotbart	Mark-Than des Wiesen-Thrithings, mächtigster Anführer der Thrithinge
Sanver	adoptiertes Mitglied des Kranich-Clans

Steinhalter	eine Gottheit der Thrithinge
Tasdar der Amboss-zerschmetterer	einer der Mächtigsten unter den Geistern, die alle Grasland-Clans verehren
Unver	»Niemand«, ein Mann ohne Clan; auch »Unver Langbein« genannt
Utvart	von Fikolmij eigentlich zum Ehemann seiner Tochter Vara ausersehen
Vara	Prinz Josuas Frau, Tochter von Fikolmij
Zhakar	Unvers Adoptivvater
Zigvart	ein Mann aus dem Kranich-Clan; Vetter von Fremur, Kulva und Than Odrig

Nabbanai

Anitulles der Große	einstiger Imperator
Ardrivis	der letzte Imperator, bei Nearulagh von König Johan besiegt
Astrian	Ritter der Erkynwache und Trinkkumpan von Prinz Morgan
Auxis, Eskritor	nabbanaischer Kirchengesandter
Benidrivis	erster Herzog von Nabban unter König Johan Presbyter; Vater von Camaris
Blasis	Sohn von Herzogin Canthia und Herzog Saluceris
Brindalles	Pasevalles' Vater, Bruder von Seriddan; im Sturmkönigskrieg getötet
Cais Sterna	ein nabbanaischer Adliger, der Asu'a besuchte, als dort noch die Sithi herrschten
Camaris-sá-Vinitta	König Johans gewaltigster Ritter, auch »Camaris Benidrivis« genannt; im Sturmkönigskrieg verschollen
Canthia	Herzogin, Frau von Herzog Saluceris
Cornellis, St.	ein Militärheiliger
Crexis der Bock	einstiger Imperator von Nabban
Cuthman, St.	ädonitischer Heiliger

Dallo Ingadaris	Graf, Vetter von Königin Miriamel
Dinan, St.	ädonitischer Heiliger
Dinivan, Vater	einstiger Träger der Schriftrolle und Sekretär des Lektors Ranessin; in der Sancellanischen Ädonitis ermordet
Drusis	Graf von Trevinta und Eadne; Herzog Saluceris' Bruder und Rivale
Elysia	Mutter des Usires Ädon; auch »Gottesmutter« genannt
Endrian, St.	ädonitischer Heiliger
Envalles	Herzog Saluceris' Onkel
Eogenis IV.	einstiger Lektor der Mutter Kirche
Gervis	Erzbischof, die höchste religiöse Autorität in Erkynland; Schatzkämmerer auf dem Hochhorst
Granis, St.	ädonitischer Heiliger
Hylissa, Prinzessin	Mutter von Königin Miriamel
Idexes Claves	Graf, Großkanzler von Nabban
Larexes	historischer Imperator; vergiftet
Lavennin, St.	Schutzheiliger der Insel Spenit
Lesta Hermis	Adliger, der an der Grenze zu den Thrithingen lebt
Matreu	Erbgraf, Sohn des Herrschers von Spenit
Millatin von Spenit	Graf, Vater von Matreu
Nuanni (Nuannis)	alter Meergott
Nulles, Vater	Hofgeistlicher auf dem Hochhorst
Olveris	Ritter; Trinkkumpan von Prinz Morgan
Oren	Herzog Saluceris' alter Kammerdiener
Pasevalles	Großkanzler am Hochkönigsthron
Pelippa, St.	ädonitische Heilige, genannt »Pelippa von der Insel«
Pellaris	nabbanaischer Imperator (Zeitgenosse von König Tethtain)
Pryrates	Priester, Alchemist und Zauberer; einst Ratgeber von König Elias
Rhiappa, St.	ädonitische Heilige, in Erkynland »Rhiap« genannt

Rillian Albias	Graf, Generalanwalt von Nabban, Oberhaupt des albianischen Hauses
Saluceris, Herzog	regierender Herzog von Nabban
Saqualian	historische Gestalt
Serasina	Herzog Saluceris' kleine Tochter
Seriddan, Baron	einstiger Grundherr von Metessa, auch »Seriddan Metessis« genannt; Mitglied des metessianischen Hauses, im Sturmkönigskrieg getötet
Sulis	der vierte Herrscher auf dem Hochhorst; »der Reiherkönig« oder auch »der Abtrünnige« genannt
Tersian Vullis	Adliger, dessen Tochter Blasis heiraten könnte
Thelía	Tiamaks Frau; Kräuterkundige, von Prinzessin Lillia »Tia-Lia« genannt
Tiyanis Sulis	Adliger, Verbündeter des ingadarinischen Hauses
Tunath, St.	ädonitischer Heiliger
Turia Ingadaris	Graf Dallos Nichte
Usires Ädon	ädonitischer Gottessohn; auch »der Erlöser« genannt
Vidian	Lektor der Mutter Kirche
Vultinia, St.	Heilige, gefeiert am 3. Avrel

Perdruineser

Faiera	Trägerin der Schriftrolle; verschwunden
Froye	perdruinesischer Graf, der derzeit in Nabban lebt und mit Pasevalles korrespondiert
Honora, St.	ädonitische Heilige
Porto	ein Held der Belagerung von Nakkiga; Trinkkumpan von Prinz Morgan
Porto	Portos Sohn, auch »Portinio« genannt
Sallimo, St.	Heiliger insbesondere der Seeleute

Sida	Portos Frau
Streawé, Graf	früherer Herrscher von Perdruin
Tallistro	berühmter Ritter der Großen Tafel König Johans
Yissola	Graf Streawés Tochter, Herrscherin von Perdruin
Yistrin, St.	ädonitischer Heiliger

Wranna

Baumschlange	mythischer Geist
Er-der-Bäume-biegt	Windgott
Er-der-stets-auf-Sand-tritt	ein Gott
Grüner Honigvogel	mythischer Geist
Jesa	Amme von Herzog Saluceris' kleiner Tochter Serasina; auch »Grüner Honigvogel« genannt
Sie-die-darauf-wartet-alles-wieder-zu-sich-zu-nehmen	Todesgöttin
Sie-die-die-Menschheit-gebar	Göttin
Sie-die-wachen-und-gestalten	Götter
Tiamak	Träger der Schriftrolle; Gelehrter und guter Freund von König Simon und Königin Miriamel; von Prinzessin Lillia »Onkel Timo« genannt

Sithi

Aditu no'e-Sa'onserei	Tochter von Likimeya, Schwester von Jiriki
Amerasu y-Senditu no'e-Sa'onserei	Mutter von Ineluki; auch »Erste Großmutter« oder »Amerasu die Schiffgeborene« genannt

Hakatri	Amerasus Sohn, im Westen verschollen
Himano von den blühenden Hügeln	Tanahayas Clan-Oberhaupt
Ineluki	Amerasus Sohn, der »Sturmkönig«
Jiriki i-Sa'onserei	Sohn von Likimeya; Bruder von Aditu
Khendhraja'aro	Onkel von Jiriki und Aditu
Likimeya y-Briseyu no'e-Sa'onserei	Mutter von Jiriki und Aditu
Sijandi vom Kinao-Tal	verwandt mit Jiriki und Aditu; begleitete Jiriki und Simon auf ihrer Reise nach Urmsheim
Tanahaya von Shisae'ron	Botin, zum Hochthron entsandt, im Kynswald überfallen
Yeja'aro von den verbotenen Hügeln	Khendhraja'aros Neffe

Hikeda'ya

Akhenabi	Großmagister des Ordens der Sänger, auch »Herr des Sanges« genannt
Buyo	Kommandeur von Viyekis Opfermutigen-Wachen
Daigo	Bewaffneter von der Hauswache des Enduya-Clans
Denabi sey-Xoka	Schwertmeister
Drukhi	Sohn von Königin Utuk'ku und Ekimeniso
Ekimeniso Schwarzstab	Gemahl von Königin Utuk'ku; Drukhis Vater
Enah-gé	Mitglied des Sängerordens und der Roten Hand
Ibi-Khai	Mitglied des Ordens der Echos, gehört zu Makhos »Hand der Königin«
Inyakki	Khimabus Onkel, einer der obersten Helfer Akhenabis
Jijibo	naher Abkömmling von Königin Utuk'ku, genannt »der Träumer«

Kanikusi Tuya	ein Dichter
Karkkaraji	Mitglied des Sänger-Ordens und der Roten Hand
Kemme	Opfermutiger, gehört zu Makhos »Hand der Königin«
Khimabu	Großmagister Viyekis Frau
Kikiti	General des Ordens der Opfermutigen
Luk'kaya	Großsammlerin, Magisterin der Ernter
Makho	Anführer einer »Hand« aus fünf Klauen der Königin
Muyare	Marschall, Großmagister des Ordens der Opfermutigen
Nayago	Anführer von Viyekis Hauswache
Nezeru Seyt-Enduya	Tochter von Viyeki und seiner Geliebten Tzoja; gehört zu Makhos »Hand«
Nijika	Heeressängerin
Nonao	Mitglied von Großmagister Viyekis Haushalt
Ommu die Flüsternde	Mitglied des Sängerordens und der Roten Hand
Riugo	Anführer von Viyekis Hauswache
S'yessu	ein Hamakha-Edelknecht
Saomeji	Mitglied des Sänger-Ordens; gehört zu Makhos »Hand der Königin«
Shun'y'asu von der Blaugeistspitze	eine Dichterin
Sogeyu	Mitglied des Ordens der Sänger
Suno'ku	berühmte Generalin
Sutekhi	Mitglied des Ordens der Sänger und der Roten Hand
Uloruzu	Mitglied des Sängerordens und der Roten Hand
Urayeki	Hofkünstler; Viyekis Vater
Utuk'ku Seyt-Hamakha	Nornenkönigin; Herrscherin von Nakkiga
Viyeki sey-Enduya	Großmagister des Ordens der Bauleute, Nezerus Vater

Yaarike sey-Kijana	früherer Großmagister des Ordens der Bauleute
Ya-Jalamu	Enkelin von Marschall Muyare
Yemon	Großmagister Viyekis Sekretär
Zuniyabe	Großmagister des Ordens der Zelebranten

Andere

Braxas	ein Pirat
Bur Yok Kar	ein Hune
Deornoth	Sohn von Prinz Josua und seiner Gemahlin Vara
Derra	Tochter von Prinz Josua und seiner Gemahlin Vara
Fortis der Einsiedler	Bischof auf der Insel Warinsten im 6. Jh., Verfasser eines verbotenen Buchs
Gan Itai	eine Niskie, die vor dreißig Jahren starb, als sie Miriamel rettete
Geloë	weise Frau, genannt »Valada Geloë«; am Sesuad'ra getötet
Goh Gam Gar	ein Hune
Hyrkas	Wandervolk aus dem östlichen Aldheorte
Lichtlose	Bewohner der Tiefen von Nakkiga; Ursprung unbekannt
Madi	ein Hyrka-Führer
Parlippa	Madis Tochter, auch »Parlip« genannt
Plekto	Madis Sohn, auch »Plek« genannt
Qosei	ein Volk der westlichen Inseln
Ruyan Ve	mythischer Ahnherr der Tinukeda'ya; genannt »der Seefahrer«
Tertissis von Gemmia	Gelehrter von der Insel Warinsten (auf Nabbanai »Gemmia« genannt)
Tinukeda'ya	die dritte Art von Gartengeborenen, z. B. Niskies, Unterirdische Pengi, auch »Wechselwesen« genannt

Tzoja	Viyekis menschliche Geliebte; Nezerus Mutter
Vaxo von Harcha	ein Gelehrter
Widersacher	ädonitischer Teufel

Orte

Abaingeat	wichtige Handelsstadt in Hernystir, an der Mündung des Barraillean am Meer gelegen
Abtei St. Cuthman	Kloster in Meremund
Achtstädtebrücke	bedeutendes Bauwerk in Nakkiga-von-einst
Aldhame	kleine erkynländische Stadt am Wald
Aldheorte	auch Altherz, großes Waldgebiet im Norden und Osten von Erkynland
Alter Kornturm	runder Turm im Inneren Zwinger des Hochhorst, einst von Prinz Johan Josua verwendet
Antigin	Hügel in Nabban mit dem Domos Benidriyan
Asu'a	Name des Hochhorst unter der Herrschaft der Sithi
Aynsberry	Baronie in Erkynland
Ballydun	Stadt in der Frostmark in Hernystir, Heimat vieler Rimmersmänner
Birkenwiese	Teil des Lagers des Kranich-Clans
Blaue Höhle	Zuhause farbloser Spinnen und Ort, an dem die Seile der Nornen hergestellt werden
Blaugeistspitze	Berg bei Nakkiga
Bluthöfe	Exerziergelände der Opfermutigen in Nakkiga
Bridvattin	See in Rimmersgard
Burg Bittermond	Nornenfestung auf dem Drachenhalspass
Burg Blarbrekk	Wohnsitz von Jarl Halli in Rimmersgard
Carn Inbarh	Burg in Hernystir, Wohnsitz von Graf Murdo, dem Verbündeten Eolairs
Cellodshire	Stadt in Erkynland

Chasu Orientis	Burg in Nabban, im Besitz von Graf Drusis
Chidsik Ub Lingit	»Haus des Vorfahren« der Qanuc auf dem Mintahoq in Yiqanuc
Circoille	Wald im Norden und Westen von Hernystir
Da'ai Chikiza	verlassene Sithistadt im Aldheorte, auch »Baum des singenden Windes« genannt
Dalchester	erkynländische Stadt an der Straße des Königs nach Norden
Dillathi	Bergland im westlichen Hernystir
Dimmerskog	Wald nördlich von Rimmersgard
DOHLE	Schenke in Erchester
Domos Benidriyan	Familienpalast der Benidriviner in Nabban, erbaut vom ersten Benidrivis vor rund zweihundert Jahren
Drachenhalspass	Zugang zu Burg Bittermond
DRALLE MAID	Schenke in Erchester, in der Dachsstraße nahe dem Marktplatz
Draycot	kleine Stadt in Erkynland
Drinas Novis	Siedlung der Nabbanai in den Thrithingen
Drorshullven-See	See im Norden
Dunath-Turm	Festung, die das Inniscrich-Tal schützt
Dunkelgartensee	unterirdischer See in Nakkiga, entdeckt von Großmagister Viyeki und später in »Suno'ku-See« umbenannt
Eadne	großer See in Nabban
Ehrentreppe	Treppe, die vom Tor von Nakkiga hinunterführt
Eisflamme	Fluss in Nakkiga-von-einst
Elvritshalla	herzoglicher Sitz in Rimmersgard
Emettin-Bucht	Bucht zwischen Nabban und Perdruin
Engby	Jarl Sludigs Grafschaft in Rimmersgard
Erchester	Hauptstadt von Erkynland und Sitz des Hochthrons
Ereb Irigú	»Westliches Tor«, Sithi-Name für den Knoch, Ort einer berühmten Schlacht in Erkynland
Erkynland	Königreich in der Mitte von Osten Ard

Erlöserkirche	in Tellis Narassi in Nabban gelegen
Estrenin	Hügel in Nabban
Falkenweg	offene, runde Galerie in Nakkiga, wo verschiedene Treppen zusammenkommen, die zum Quell hinunterführen
Falshire	Wolle produzierende Stadt in Erkynland
Feld der Banner	Platz unmittelbar vor den Toren Nakkigas, früher der Ort ausgelassener Siegesfeiern, jetzt Veranstaltungsort des sogenannten Markts der Tiere
Feld der Namenlosen	Friedhof der Ehrlosen von Nakkiga
Firannos-Bucht	Bucht südlich von Nabban, in der viele Inseln liegen
Fischweg	Straße in Erchester
Frostmark	Gegend im nördlichen Hernystir und südlichen Rimmersgard
Frühlingsmarsch	Sumpfgelände im äußersten Süden der Frostmark
Garwynswold	Stadt im Osten von Erkynland
Gemmia	alter Name der Insel Warinsten
Glen Orrga	Ort in Hernystir
Gleniwent	Fluss, der von Kynslagh zum Meer fließt
Glenwick	Stadt in Erkynland
Glitzernder Weg	Ort in Nakkiga
Goaddi	Berg auf der Knocheninsel
Go-jao'e	»Kleine Boote«, Bezeichnung für kleine Sithi-Dörfer
Gratuvask	Fluss in Rimmersgard, der an Elvritshalla vorbeifließt
Grenburn	erkynländische Stadt an einem Fluss
Grianspog	Bergzug im westlichen Hernystir
Große Gartenpassage	wichtige Straße in Nakkiga
Große Zeile	Hauptdurchgangsstraße der Stadt Erchester
Haestall	Baronie in Erkynland
Hafenstraße	Straße, die vom Hafen beim Hochhorst nach Erchester führt
Hafenweg	breite Straße in Nabban

Haindorf	Tiamaks Heimatdorf im Wran
Hallen der Kälte und Langsamkeit	Folterkammer in Nakkiga
Harcha	Insel in der Firannos-Bucht
Hasutal	Tal und Stadt in Zentral-Erkynland
Häuser der Tränen	Ort in Nakkiga-von-einst
Haycliff	Klippen oberhalb des Kynslagh
Heiligbaumturm	neuer Turm im Hochhorst
Hernysadharc	Hauptstadt von Hernystir
Hernystir	Königreich im Westen von Osten Ard
Herzwand	Felswand in Nakkiga
Herzwandtreppe	Treppe in Nakkiga
Himilfjälle	Bergzug östlich von Nakkiga
Himnhalla	himmlisches Zuhause der Götter von Rimmersgard
Hjeldinsturm	zugemauerter Turm im Hochhorst
Hochhorst	Sitz des Hochthrons oberhalb von Erchester
Honsa Spenitis	Adelspalast auf Spenit
H'ran Go-jao	das am weitesten östlich gelegene der Go-jao'e (Kleinen Boote)
Ijsgard	legendäres Herkunftsland der Rimmersmänner jenseits des westlichen Meeres
Inniscrich	Tal und Fluss im nördlichen Hernystir
Jao é-Tinukai'i	versteckte Sithi-Wohnstätte im Aldheorte, jetzt verlassen
Kaldskryke	Lehensgut in Rimmersgard
Kaufmannsstraße	Straße in Nabban
Kementari	eine der Neun Städte der Gartengeborenen, Lage nicht überliefert
Kesselviertel	armer Stadtteil von Meremund
Khandia	mythisches Land, Lage nicht überliefert
Kiga'rasku	Wasserfall unter Nakkiga, genannt »Tränenfall«
Kleine Gärten der Erinnerung	»Sojeno nigago-zhe«, Friedhof für arme Nornen oder Nornen niedriger Abstammung, die kein Familiengrab haben

Kleiner Gratuvask	Fluss, der in den Gratuvask mündet
Kleinfeder	Fluss im Seen-Thrithing
Knocheninsel	Insel weit im Westen von Rimmersgard
Königliche Nordstraße	Straße des Königs, die von Erchester nach Norden führt
Königlicher Weg	alte Straße, die von Nakkiga nach Süden führt
Kopstade, die	Marktviertel von Elvritshalla
Kwanitupul	Stadt im Wran
Kynslagh	See in Zentral-Erkynland
Kynswald	kleiner, an den Hochhorst angrenzender Wald
Lyktenspan	Laternenbrücke über den Gratuvask nach Elvritshalla
M'yin Azoshai	Sithiname für Herns Hügel, auf dem Hernysadharc liegt
Mahistrevin	Hügel in Nabban
Mahistrevinische Straße	Straße zur Sancellanischen Mahistrevis
Markt der Tiere	von Sterblichen besuchter und abgehaltener Markt in Nakkiga
Märtyrertempel	Schrein in Nakkiga
Meremund	erkynländische Stadt an den Flüssen Greenwade und Gleniwent, Geburtsort von Königin Miriamel
Mezutu'a	»Silberheim«, verlassene Stadt der Sithi und Unterirdischen unter den Grianspog-Bergen, ursprünglicher Sithi-Name
Mintahoq	Berg der Trollfjälle mit dem Heimatdorf Binabiks
Mondfalltal	Tal unterhalb des Drachenhalspasses
Naarved	Stadt im westlichen Rimmersgard
Nabban	Herzogtum im Süden von Osten Ard, früher Kernland eines Imperiums
Nad Glehs	Wohnsitz von Gräfin Rhona in Hernystir
Nad Mullach	Graf Eolairs Wohnsitz im östlichen Hernystir

Naglimund	Ort im Norden von Erkynland, Schauplatz von Kämpfen im Sturmkönigskrieg
Nakkiga	»Maske der Tränen«, Stadt der Gartengeborenen unter der Sturmspitze, Zuhause der Hikeda'ya
Nakkiga-von-einst	Stadt vor dem Berg von Nakkiga, eine der Neun Städte der Gartengeborenen, jetzt verlassen
Naraxi	Insel in der Bucht von Firannos
Nascadu	Wüste im Süden
Nearulagh-Tor	Haupteingang des Hochhorst
Neue Frostmarkstraße	Straße, die die Städte der Frostmark mit Hernysadharc verbindet
Neumond-Markt	Marktplatz in Nakkiga
Nornfjälle	nördliches Gebirge, Heimat der Hikeda'ya
Northithe	Grafschaft in Erkynland
Omeiyo Hamakh (Irrgarten-Palast)	Königin Utuk'kus labyrinthisches Zuhause
Onestrinischer Pass	Übergang zwischen zwei Tälern in Nabban, Ort vieler Schlachten
Onestris	Tal in Nabban
Onyx-Bibliothek	Archiv des Ordens der Sänger
Osten Ard	Königreich der Sterblichen (Rimmerspakk, »Östliches Land«)
Osterdyr-Ebene	Ebene in Rimmersgard
Patorin	einer der sieben Hügel von Nabban, mit dem Palast der Ingadarines
Perdruin	Insel in der Bucht von Emettin
Platz der Königin	in Nakkiga
Purta Falessis	Hafenstadt im südlichen Nabban
Quellkammer	Herz von Nakkiga, Ort des Quells und der Atmenden Harfe
Refarslod	»Straße des Fuchses«, Straße in Rimmersgard
Rimmersgard	Herzogtum im Norden von Osten Ard
Risa	Insel in der Bucht von Firannos
Rumiya-See	See neben dem Berg von Nakkiga

Saegard	Küstenstadt in Rimmersgard
Schimmergrat	nornischer Name eines Bergmassivs im Norden, von den Sterblichen Weißfjälle genannt
Schwarzer-Spiegel-Schrein	in Nakkiga-von-einst
Schwarzwasserfeld	Versammlungsplatz in Nakkiga
Segelmacherstraße	Straße in Nabban, die im Schatten der Mauer entlang des Großen Kanals verläuft
Shisae'ron	breites Wiesental, früheres Gebiet der Sithi
Sistan	Dorf in Erkynland in der Nähe des Waldgebiets Aldheorte
Skoggey	Stadt im Osten von Rimmersgard
Spechtsberge	Quellgebiet des Ymstrecca
Spenit	Insel in der Bucht von Firannos
Spinnenwäldchen	Ort in Nakkiga
St. Ormod	Kirche in Erchester
St. Rhiappa	Kathedrale in Kwanitupul
St. Sutrin	Kathedrale in Erchester
St. Yistrin	Kloster
St. Galdinsplatz	prominenter Platz in der Stadt Nabban
St. Helvardskathedrale	Kirche im Zentrum von Elvritshalla
St. Lavenninsplatz	Platz in Nabban
St. Wiglafsmünster	heruntergekommene alte Kirche in Erchester
Stanshire	Stadt im Osten von Erkynland
Stefflod	Fluss im Osten von Erkynland, Schauplatz einer Schlacht im zweiten Thrithinge-Krieg
Straße der Gefallenen	Straße in Nakkiga, die hinter vielen Adelspalästen verläuft, deren Grundstücke vorne an die Große Gartenpassage grenzen
Straße der Heiligen	breite, gewundene Landstraße, die vom Hafen hinauf und um den Estrenin herumführt, einen Hügel in Nabban
Straße der heiligen Disziplin	enge, dunkle Straße mit alten Steinhäusern in Nakkiga
Straße der Märtyrer	bekannte Straße in Nakkiga-von-einst

Straße des Märtyrers Drukhi	Straße in Nakkiga
Sturmspitze	Berg, auch Nakkiga oder Sturmrspeik genannt
Sturmstad	Ort an der Grenze von Erkynland und Rimmersgard
Sudshire	Grafschaft im Süden von Erkynland
Sumiyu Shisa	kleiner Fluss durch das Tal Shisae'ron
Swertcliff	Berg bei Erchester mit Grabstätte der Könige von Erkynland
Tach Bredan	Baronie in Hernystir
Taig	aus Holz erbaute Burg, Sitz der Herrscherfamilie von Hernystir
Taigstraße	Straße, die durch Hernysadharc führt, auch als »Tethtains Weg« bekannt
Tellis Narassi	armes Viertel in der Stadt Nabban
Thrithinge	grasbewachsene Ebene im Südosten von Osten Ard
Tränenfall	gewaltiger Wasserfall im Herzen von Nakkiga
Trevinta	Grafschaft in Nabban
Trollfjälle	Name der Menschen für die Heimat der Qanuc
T'seya Go-jao	eins der Kleinen Boote
Tumet'ai	eine der neun Sithi-Städte, unter Eis verschwunden
Tungoldyr	Stadt im hohen Norden von Rimmersgard
Tzaaitas Stein	Felsen in Nakkiga
Unhav	Name der Thrithinge für den Eadne-See
Urmsbakkir	die Berge um den Urmsheim
Urmsheim	von Legenden umrankter Berg hoch im Nordosten
Vennweg	nach Vestvennby führende Straße
Venyha Do'sae	ursprüngliche Heimat der Sithi, Hikeda'ya und Tinukeda'ya, auch »Garten« genannt
Verlorener Garten (Venyha Do'sae)	legendärer Ort, dessen Zerstörung zur Flucht der Keida'ya führte

Vestvenn	Fluss in Zentral-Rimmersgard
Vestvennby	Rimmersgarder Stadt an der Frostmark
Vinitta	Insel in der Bucht von Firannos
Warinsten	Insel vor der Westküste und Geburtsort von König Johan Presbyter, früherer Name »Gemmia«
Weidenhall	Tanahayas Zuhause
Weißfjälle	Gebirge im Norden
Weißschneckenburg	Festung in Nakkiga-von-einst am Fuß der Sturmspitze
Wentmünd	Stadt im südlichen Erkynland, an der Mündung des Gleniwent am Meer gelegen
Whitstan	Stadt im südlichen Erkynland
Woodsall	Dorf und Baronie in Erkynland
Wran, das	Sumpfland im südlichen Osten Ard
Yakh Huyeru	»Halle des Zitterns«, Höhle unter der Sturmspitze
Yásira	heiliger Versammlungsort der Sithi
Yiqanuc	Heimat der Qanuc, auch Trollfjälle genannt
Ymstrecca	Fluss im östlichen Erkynland, auch Schauplatz einer Schlacht
Zirkus des Larexes	Amphitheater in Nabban

Geschöpfe

Bukken	Bezeichnung der Rimmersgarder für die Gräber, Trollname »Boghanik«, Nornenname »Furi'a«
Deofol	Unvers Rappe
Drochnathair	Hernystiri-Name für den Drachen Hidohebhi, der von Ineluki und Hakatri getötet wurde
Falku	Klein-Snenneqs Widder
Ghants	im Wran lebende Tiere mit Chitinpanzern
Gräber	kleine, menschenähnliche unterirdische Wesen

Hidohebhi	Drache
Hunen	Rimmersgard-Wort für Riesen
Igjarjuk	Eisdrache auf dem Urmsheim, bei den Sithi und Nornen »Likkija«, Tochter des Lindwurms Hidohebhi
Kilpa	menschenähnliche Meeresbewohner
Pengi	Sklaven der Tinukeda'ya, »Wechselwesen«
Qallipuk	der »Mann im Fluss«, ein Wassermonster
Qantaqa	Binabiks Wolfsgefährtin im Sturmkönigskrieg
Raoni	Bezeichnung der Hikeda'ya für »Riesen«
Riesen	große, zottige, menschenähnliche Wesen, im Norden »Hunen« genannt
Scand	Tiamaks Esel im Hochhorst
Shurakai	unter dem Hochhorst getöteter Feuerdrache, aus dessen Knochen der Drachenbeinthron besteht
Spinnenseide	Tanahayas Pferd
Vaqana	Binabiks gegenwärtige Wolfsgefährtin, stammt von Qantaqa ab
Witiko'ya	wildes, wolfsähnliches Raubtier im hohen Norden
Yukinva	riesige Nagetier aus den Schneebergen

Sonstige Begriffe

Ädoniten	Anhänger des Usires Ädon
Ädonszeit	heilige Zeit des Jahres, in der Usires Ädons Geburt gefeiert wird
Albier	eine der fünfzig Adelsfamilien von Nabban
Analita	auch »Analita-zé«, aus Quecksilber gewonnener Alkohol, den die Hikeda'ya trinken
Astalinische Schwestern	Gruppe von Laienschwestern, die Siedlungen für Frauen finanzierten
Atmende Harfe	Meisterzeuge in Nakkiga

Baum	»Heiliger Baum« oder »Hinrichtungsbaum«, steht für Usires Ädons Hinrichtung und den ädonitischen Glauben
Benidriviner	Herrscherfamilie in Nabban
Blutlilie	leuchtend rote Blume, die wie aus einer Wunde spritzendes Blut aussieht
Bund der Schriftrolle	exklusive Geheimgesellschaft von Gelehrten, die Wissen sammelt und bewahrt
Citril	süchtig machende Wurzel zum Kauen, wird im Süden angebaut
Clavier	eine der fünfzig Adelsfamilien von Nabban
Comis	Wein aus Nabban
Cuthmaniten-Brüder	dem heiligen Cuthman geweihter Mönchsorden, bekannt für seinen Apfelbranntwein
Diebespoesie	Spiel
Die Farbe des Wassers	*verbotene Gedichtsammlung von Shun'y'asn*
Dominiat	Rat in Nabban, der vor allem aus den fünfzig Adelsfamilien besteht
Dritter grüner Mond	Monatsname in den Thrithingen
Drukhis-Tag	Feiertag in Nakkiga
Eibe	Aengas' Schiff
Eislauch	Heilkraut, das Saomeji bei sich hat
Eisprobe	Prüfung bei der Ausbildung der Opfermutigen
Enduya	Clan von Großmagister Viyeki
Erkynwache	Wache des Hochhorst
Eskritoren-Synode	Gremium der ädonitischen Kirche
Fest der heimkehrenden Schiffe	Festtag im Wran
Feuerprobe	Prüfung bei der Ausbildung der Opfermutigen
Flanns Krähen	Gruppe von Geächteten (vor allem Hernystiri) in der südlichen Frostmark
Fünfzig Familien	die Adelsgeschlechter von Nabban
Gartengeborene	alle Hikeda'ya, die aus dem Venyha Do'sae kommen

Gebet der treuen Diener	Kindergebet der Hikeda'ya
Geschichte vom müßigen Schäfer	alte Geschichte mit einer ähnlichen Moral wie »Der Hirtenjunge und der Wolf«
Gesichtslose	Geheimpolizei des Rats von Nakkiga
Goldenes Zeitalter	frühe Epoche der Nabbanai
Grashalm	Bewegung in der Kampftechnik der Hikeda'ya
Halle der Speere	Prüfung bei der Ausbildung der Opfermutigen
Hamakha	Clan von Königin Utuk'ku
Hamakha-Gebote	von Königin Utuk'ku geschaffene Gesetze der Hikeda'ya
Hamakha-Wurmtöter-Wache	sorgt in Nakkiga für Ruhe und Ordnung
Hao sa-Rashi	»Weg der Verbannten«, Zeichensprache der Hikeda'ya
Harcha-Diktam	Kraut
Haus der Tanzenden Jahre	Sithi-Clan
Hebi-kei	»Schlange«, Rute aus Hexenholz für Bestrafungen (wörtlich: »Hexenholzschlange«)
Heiliges Kollegium	Inquisition der ädonitischen Kirche
Hersrede	Rat der Bürger in Elvritshalla
Hexenholz	seltenes Holz von Bäumen, die aus dem Garten mitgebracht wurden, hart wie Eisen
Hexenholzkrone	Sithi: »kei-jáyha«, ein Diadem für Helden, eine Gruppe von Hexenholzbäumen, ein Zug im Shaynat (Shent)
Hikeda'yasao	Sprache von Nakkiga
Hirsch	Wappen des Hauses Hern, des Herrschergeschlechts von Hernystir
Hochkönigsbann	Schutz des Hochkönigs für die Länder von Osten Ard
Hovnir	Axt des Udun Rimmer, des höchsten heidnischen Gottes von Rimmersgard
Hringleit	auch Ringsuche, Schiff der Schwarzen Rimmersmänner

Jarl	Titel aus Rimmersgard, entspricht in Westerling dem »Grafen«
Jarn-Clan	Eiserner Clan (Rimmersgard)
Juya'ha	Kunst der Sithi, Bilder aus geflochtenen Schnüren
Kaltblatt	Makhos Dolch aus Hexenholz
Kaltwurz	Makhos Schwert aus Hexenholz
Kangkang	Schnaps der Qanuc
Kanon der Königin	Gebet der Hikeda'ya, ähnlich einem Katechismus
Keida'ya	die Sithi und Hikeda'ya
Kei-in	heiliger Hexenholzsamen
Kei-vishaa	Substanz, mit deren Hilfe die Gartengeborenen ihre Feinde in einen schläfrigen und matten Zustand versetzen
Keta yi'indra	Begriff der Hikeda'ya, »gefährlicher Schlaf«, Heilschlaf von Königin Utuk'ku
Kinjada	Clan der Hikeda'ya
Klaue	Einsatztruppe von fünf speziell ausgebildeten Opfermutigen
Krone des Meereswanderers	Herrscherinsignien von Rimmersgard
Kuwa	Name der Hikeda'ya für ein Sklavenhalsband
Landgeborene	diejenigen Hikeda'ya und Sithi, die in den ersten Generationen nach der Ankunft in Osten Ard geboren wurden
Metessanier	eine der fünfzig Adelsfamilien von Nabban, zu der auch Fürst Pasevalles gehört; ihr Wappen ist der blaue Kranich
Nadel	schmales Schwert, auch unter dem erkynländischen Namen »Naidel« bekannt, gehörte einst Prinz Josua
Nonamansa	ädonitische religiöse Zeremonie um die Mittagszeit
Nördliche Allianz	Handelsorganisation und Konkurrentin des alten Sindigato Perdruine

Ölbrunnen	Sehenswürdigkeit auf dem Platz der Königin in Nakkiga
Opfermutiger	ausgebildeter Auftragsmörder, Soldat
Orden des Roten Drachen	königliche Auszeichnung für Ritter wegen Tapferkeit
Ottermond	Jahreszeit der Hikeda'ya
Pellarinischer Tisch	Tisch des kleinen Rats des Hochthrons, Geschenk von Imperator Pellaris von Nabban an König Tethtain
Plesinnen	Buch über Naturphilosophie von Plesinnen von Myrme
Prinzessin Hylissa	Schiff, benannt nach Miriamels verstorbener Mutter
Puju	Brot aus der weißen Gerste, die in den kalten Tälern unterhalb der Sturmspitze angebaut wird
Quinis	Münze der Nabbanai
Rachoun	alter Philosoph und Heiler
Rat von Erchester	herrschendes Gremium in Erchester
Ritual des Neuen Lebens	Frühlingszeremonie der Qanuc
Rückkehrkrieg	Name der Hikeda'ya für den Sturmkönigskrieg
Rückzug der Felsenschlange	Bewegung in der Kampftechnik der Hikeda'ya
Sandariner	süßer, bernsteinfarbener Wein aus Spenit
Sankt-Agars-Orden	ädonitischer Mönchsorden
Schlangenmond	Monat der Hikeda'ya
Seddas Zeichen	Frühlingsvollmond
Schuppe	Apparat der Sithi zur Verständigung über größere Entfernungen
Schwarzroggen	Getreide
Shan	Wort der Thrithinge, das »Herr der Herren« bedeutet
Shaynat	Spiel der Hikeda'ya, bei den Sithi »Shent«
Shent	Gesellschafts- und Strategiespiel der Sithi
Silberhirsche	Eliteeinheit der Hernystiri, handverlesen von König Hugh

Sindigato Perdruine	Handelsorganisation
Skalijar	organisierte Räuberbande im nördlichen Rimmersgard
Soldaten-Cantis	ädonitisches Gebet
Sommereis	eins der Häuser der Opfermutigen
Sotfengsel	König Elvrits Schiff, begraben in Skipphaven
Spinnseide	feiner Stoff der Nornen
Stummes Gericht des Rats	Teil der Elite der Hikeda'ya
Sturmvögel	Anhänger von Dallo Ingadaris, ihr Zeichen ist der Albatros
Tage der Trauer	Fest der Hikeda'ya
Tanz der Opfermutigen	Hikeda'ya-Wort für Kampf
Than	Rimmersgarder Titel, entspricht auf Westerling dem »Baron«
Thron	ertzynländische Goldmünze; eine Ausgabe mit Porträts von König Simon und Königin Miriamel
Ti-tuno	Horn des Camaris, hergestellt aus dem Zahn des Drachen Hidohebhi, auch als »Cellian« bekannt
Totenhütte	anderer Name der Hikeda'ya für Gräber
Tractit Eteris Vocinnen	»Abhandlung über die ätherischen Flüsterstimmen«, ein verbotenes Buch
Träger der Schriftrolle	Mitglieder des Bunds der Schriftrolle, einer Geheimgesellschaft, die Wissen sammelt und bewahrt
Turm	erzynländische Silbermünze
Über die Bewegung des Blutes und des Odems	Buch über Medizin von Rachoun
U'ituko	Raubtier, das über gefrorenen Schnee gehen kann, ohne einzubrechen
Unendlicher und Ewiger Ozean	Meer, über das die Gartengeborenen gekommen sind
Valada	weise Frau
Vitmaers	Wort der Thrithinge für Zeugen einer Erklärung

Von den allerbesten Arzneyen der Heiler der Wranna	von Tiamak verfasstes Buch
Weiße Hand	Zeichen, das auf einem toten Hikeda'ya zurückgelassen wird
Westerling	Sprache, entstanden auf der Insel Waristen und jetzt in ganz Osten Ard verbreitet
Wurmglas	Name der Hernystiri für gewisse alte Spiegel
Yedades Kasten	Vorrichtung der Hikeda'ya zur Prüfung von Kindern
Yerut	vergorene Stutenmilch, die die Bewohner der Thrithinge seit Urzeiten trinken
Zähne der Königin	Utuk'ku's Leibwache
Zeremonie des Verlorenen Gartens	religiöse Feier der Hikeda'ya
Zeuge	magischer Gegenstand der Sithi, mit dessen Hilfe man sich über große Entfernungen verständigen und die Straße der Träume betreten kann, oft ein Spiegel
Zögern	Zauber der Hikeda'ya

Sternbilder

Eisvogel	Nabbanai
Eule	Hikeda'ya
Flügelkäfer	Nabbanai
Hase	Erkynländisch
Hummer	Nabbanai
Gottesanbeterin	Hikeda'ya
Laterne	Hikeda'ya
Mixis der Wolf	Nabbanai
Schlange	Nabbanai und Nornisch
Spinnrad	Erkynländisch
Sturmauge	Hikeda'ya
Thron des Yuvenis	Nabbanai
Tor	Hikeda'ya

Wurfknöchel

Zu den Wahrsage-Würfen der Qanuc zählen folgende Figuren: Flügelloser Vogel, Fischspeer, Pfad im Schatten, Fackel im Höhleneingang Sich sträubender Widder, Wolken im Pass, Schwarze Spalte, Offener Wurfspieß, Steinkreis, Tanzende Berge, Herrenloser Widder, Rutschiger Schnee, Unerwarteter Besucher, Widernatürliche Geburt, Kein Schatten

Nornenorden

Ordenshaus	Gebäude mit der Schule und den Arbeitszimmern des Ordens
Genannte Orden	Opfermutige, Flüsterer, Echos, Sänger, Bauleute, Ackerbauern, Zelebranten, Sammler

Die Clans der Thrithinge (und ihr Thrithing)

Antilope	Wiesen-Thrithing
Hengst, auch »Mehrdon«	Hoch-Thrithing
Iltis	Seen-Thrithing
Kranich, auch »Kragni«	Seen-Thrithing
Libelle	Seen-Thrithing
Luchs	Seen-Thrithing
Otter	Seen-Thrithing
Turmfalke	Seen-Thrithing
Weißgeflecktes Reh	Seen-Thrithing

Die Feiertage

2. Feyever	Kyndelmess
25. Marris	Elysiamansa
31. Marris	Narrennacht

1. Avrel	Allernarrentag
2. Avrel	Sankt-Vultiniastag
24. Avrel	Sankt-Dinanstag
30. Avrel	Steinigungsnacht
1. Maia	Belthainnstag
23. Yuven	Mitsommerabend
15. Tiyagar	Sankt-Sutrinstag
1. Anitul	Hlafmansa
20. Septander	Sankt-Granistag
30. Octander	Allerheiligen
1. Novander	Allerseelen
21. Decander	Sankt-Tunathstag
24. Decander	Ädonmansa

Die Wochentage

Sonntag, Mondtag, Tiastag, Udunstag, Drorstag, Freytag, Satrinstag

Die Monate

Jonever, Feyever, Marris, Avrel, Maia, Yuven, Tiyagar, Anitul, Septander, Octander, Novander, Decander

Wörter und Sätze

Qanuc

Amaq und kukaq	»Urin« und »Kot«
Falku	»Schmackhaftes weißes Fett«, Snenneqs Widder
Henimaa!	»Nicht reden!«, »Mund halten!«
Nihut	»Greift an!«
Ninit-e, Afa!	»Na komm, Vater!«
Nukapik	»Verlobter«

Qallipuk	»Mann im Fluss«
Shummuk	»Wartet!«
So-hiq nammu ya	»Die Nacht des dünnen Eises«
Ummu Bok!	»Gut gemacht!« (in etwa)

Sithi

Chiru	»Schwanger«
Hikeda'ya	»Wolkenkinder«, die Nornen
S'hue	»Edler Herr«
Sojeno nigago-zhe	»Kleine Gärten der Erinnerung«
Staja-hikkada'ya	»Nachfahre des Pfeilträgers«
Sudhoda'ya	»Kinder des Sonnenuntergangs«, die Sterblichen
Tinukeda'ya	»Kinder des Meeres«, Niskies und Unterirdische
Tsa	Entsprechung zum Zungenschnalzen eines Menschen, oder »ts!«
Venyha s'ahn!	»Beim Garten!«
Zida'ya	»Kinder der Morgendämmerung«, die Sithi

Hikeda'yasao

Do'Nakkiga	der Berg, den die Hikeda'ya bewohnen
Do'sae né-Sogeyu	»der Schattengarten«, auch Osten Ard
Furi'a	»Gräber«
Hikeda'yasao	die Sprache von Nakkiga
Kei-in	»der heilige Hexenholzsamen«
Keta yi'indra	ein tiefer, jahrzehntelanger Schlaf
K'rei!	»Heil!«
Ra'haishu	»Tunneltreffen«, bezeichnet einen Fehler, der unversehens zum Tod führen kann
Rayu ata na'ara	»Ich höre die Königin in deiner Stimme«

San'nakuno	»Trauriger kleiner Hund«, Spitzname für Jarnulf
Shu'do-tkzayha	Name der Hikeda'ya für die Sterblichen, »Kinder der Dämmerung«
Srinyedu	Name der Hikeda'ya für die Webkunst
Z'ue	respektvolle Bezeichnung eines Älteren

Nabbanai

Agarine	von Sankt Agar
Caimentos	Zement
Exsequis	ein Gebet
Mansa sea Cuelossan	Gebet auf einer Beerdigung
Orxis	ein Riese
Podos orbiem, quil meminit	»Wer sich erinnert, kann die Welt neu erschaffen«
Secundis primis edis	»Der Zweite wird der Erste sein«

Hernystiri

Eolair Tarna	»Fürst Eolair«
Mu' harcha!	»mein Liebes!«
Och, cawer lim!	»Hilf mir!«

Rimmerspakk

Jarl	»Graf«
Refarslod	»Straße des Fuchses«
Valada	»weise Frau«

Anderes

Cockindrill	Wort aus dem Norden für »Krokodil«
Higdaja	Name der Riesen für die Nornen
Hojun	Name der Riesen für sich selbst
Samuli	»zarte Blumen«, Wranna-Wort für die weiblichen Geschlechtsteile
Njar-Hune	»Leichen-Riese«